Gerhard Göhler · Mattias Iser · Ina Kerner (Hrsg.)

Politische Theorie

Gerhard Göhler · Mattias Iser
Ina Kerner (Hrsg.)

Politische Theorie

25 umkämpfte Begriffe zur Einführung

2., aktualisierte und erweiterte Auflage

VS VERLAG

Bibliografische Information der Deutschen Nationalbibliothek
Die Deutsche Nationalbibliothek verzeichnet diese Publikation in der
Deutschen Nationalbibliografie; detaillierte bibliografische Daten sind im Internet über
http://dnb.d-nb.de abrufbar.

1. Auflage 2004
2., aktualisierte und erweiterte Auflage 2011

Alle Rechte vorbehalten
© VS Verlag für Sozialwissenschaften | Springer Fachmedien Wiesbaden GmbH 2011

Lektorat: Frank Schindler | Verena Metzger

VS Verlag für Sozialwissenschaften ist eine Marke von Springer Fachmedien.
Springer Fachmedien ist Teil der Fachverlagsgruppe Springer Science+Business Media.
www.vs-verlag.de

Umschlaggestaltung: KünkelLopka Medienentwicklung, Heidelberg
Druck und buchbinderische Verarbeitung: Ten Brink, Meppel
Gedruckt auf säurefreiem und chlorfrei gebleichtem Papier

ISBN 978-3-531-16246-1

Inhalt

Zur Einführung

Gerhard Göhler / Mattias Iser / Ina Kerner

25 umkämpfte Begriffe sollen in die politische Theorie der Gegenwart einführen. Das ist ungewöhnlich und wurde so zuvor noch nicht unternommen. Üblicherweise werden in politiktheoretischen Einführungen unterschiedliche Theorien anhand einzelner Autorinnen und Autoren oder anhand einer Einteilung in verschiedene Schulen beziehungsweise Strömungen präsentiert. Dass dieser Band in seiner ersten Auflage nicht nur große Verbreitung gefunden hat, sondern nun auch in einer erweiterten zweiten Auflage erscheint, zeigt, dass eine solche Herangehensweise von Studierenden wie Lehrenden als fruchtbar erfahren wird.

Als wir den Band konzipierten, erschien uns der begriffsorientierte Weg aus drei Gründen besonders geeignet, um in die politische Theorie einzuführen und einen Überblick über aktuelle Debatten zu bieten. Erstens entzünden sich theoretische Auseinandersetzungen und Weiterentwicklungen zumeist an konkreten Sachverhalten, die unterschiedlich interpretiert und erklärt werden und für die spezifische Begriffe stehen. Dabei ist stets umstritten, ob die gängigen Begriffe und Analysekategorien überhaupt angemessen sind oder ob es nicht neuer thematischer und begrifflicher Zugriffe durch die politische Theorie bedarf. Grundbegriffe sind damit so etwas wie ein Seismograph für theoretische Bewegungen. Zweitens eignet sich der begriffliche Zugang besonders gut, um die Vitalität der Theorie zu demonstrieren. Es gibt kaum ein Thema, zu dem nicht unterschiedliche Positionen vertreten werden. Dieser Widerstreit ist in der politischen Theorie nicht nur besonders heftig, sondern auch besonders fruchtbar – denn das stete Hinterfragen vorgebrachter Positionen fordert immer neue Präzisierungen und Konturierungen heraus. Und dabei geht es nicht nur um begriffliche Klarheit, sondern auch um empirische Angemessenheit und damit um politische Relevanz. Drittens schließlich lassen sich die verschiedenen Werke, Schulen und Strömungen besonders anschaulich kontrastieren, indem aufgezeigt wird, wie sie in der Auseinandersetzung mit spezifischen Themen wechselseitig aufeinander reagieren.

Begriffe sind ein entscheidender Faktor bei der Konstruktion von Wirklichkeit – in der Politik ebenso wie in ihrer Rekonstruktion durch die Wissenschaft. Wirklichkeit ist immer interpretiert; Begriffe benennen und kondensieren diese Interpretationen. Deshalb verhilft ihre Analyse in besonderem Maße dazu, die Wirklichkeit prägnant zu erfassen. In der Bedeutung und dem nie abgeschlossenen Bedeutungswandel von Begriffen manifestieren sich denn auch politisch folgenreiche Entwicklungspfade. Insbesondere bei umkämpften Begriffen werden die politischen und die wissenschaftlichen Kontroversen wie in einem Brennspiegel sichtbar – die *Geschichtlichen Grundbegriffe* (Brunner/Conze/ Koselleck 1972-1997) sind hierfür ein mittlerweile klassisches Beispiel. Auch in der politischen Ideengeschichte ist der begriffsgeschichtliche Zugang bereits fest etabliert. So interpretieren insbesondere Vertreter der „Cambridge School" (John G.A. Pocock, Quentin Skinner) theoretische Texte – und die in ihnen verwendeten Begriffe – als Interventionen in das politische Geschehen. In diesem Sinne interessieren sie sich nicht nur für innerakademische Theorieentwicklungen; vielmehr verorten sie die von ihnen untersuchten Theorien stets in ihrem konkreten historischen, politischen, kulturellen und linguistischen Kontext und gehen den Wechselwirkungen nach, die sich zwischen den theoretischen Entwürfen und diesen Kontexten ergeben (Mulsow/Mahler 2010, Rosa 1994, Asbach 2002). Insbesondere die Analyse umkämpfter Begriffe macht auf diese Weise nachvollziehbar, dass und auf welche Weise die akademische Auseinandersetzung auf sich verändernde politische Problemlagen reagiert (für den Nachkriegskontext ausführlich Göhler/Iser/ Kerner 2009).

Inwiefern sind die für diesen Band ausgewählten Begriffe nun tatsächlich umkämpft? Die Rede von „umkämpften" Begriffen hat innerhalb der politischen Theorie und Philosophie vor allem im Anschluss an W. B. Gallie Prominenz erlangt. Dieser interessiert sich allerdings für „essentially contested concepts", also in ihrem Wesensgehalt umkämpfte Begriffe (Gallie 1956: 167). Wesenhaft umkämpft sind Begriffe nach Gallie dann, wenn man sich hinsichtlich der Wortbedeutung nicht einmal auf einen kleinsten gemeinsamen Nenner zu verständigen vermag. Es handelt sich also um Begriffe, deren Diskussion gar nicht abgeschlossen werden kann, und damit um Themen und Probleme, für die eindeutige, endgültige und unumstrittene Lösungen undenkbar sind. Gallie möchte mit seiner Konzeption der „essentially contested concepts" verhindern, dass die andauernden und von manchen als ermüdend erachteten Kämpfe um Begriffe reduktionistisch damit erklärt werden, es ginge in solchen Debatten lediglich um die Durchsetzung der eigenen Interessen und nicht um Argumente. Vielmehr gibt es laut Gallie Auseinandersetzungen um Bedeutungen und Inhalte, bei denen alle beteiligten Seiten gute Argumente vorbringen können und sich trotzdem nicht zu einigen vermögen (ebd.: 169). Allerdings hat John N. Gray (1977: 334) darauf aufmerksam gemacht, dass die These, ein Begriff sei wesenhaft umkämpft, bereits selbst eine Festlegung über den Begriffsinhalt darstellt und somit ebenfalls umkämpft sein kann. Wenn daher im Untertitel des vorliegenden Bandes von „umkämpften Begriffen" die Rede ist, soll bewusst offenbleiben, ob es sich bei den hier verhandelten Begriffen um wesenhaft, also notwendigerweise umkämpfte Begriffe im Sinne Gallies handelt, oder ob sie lediglich faktisch umkämpft und damit einfache „contested concepts" sind.

Die argumentative, mehr oder weniger radikal ausgetragene Umkämpftheit der Begriffe bildet das Leitmotiv des Buches – denn diese Kontroversen erlauben es, kritisch in die politische Theorie der Gegenwart einzuführen. Die Texte des Bandes verfolgen und rekonstruieren dabei hauptsächlich die theoretischen Argumente, die im Zusammenhang der Problemlagen entwickelt worden sind, für welche die Begriffe stehen. Doch auch wenn es dabei um akademische Debatten geht, um Debatten, die innerhalb der politischen Theorie als wissenschaftlicher Teildisziplin geführt worden sind, liegt es bei einer Vielzahl der in den Band aufgenommenen Begriffe auf der Hand, dass die Kontroversen, die sich um sie ranken, Antworten auf das politische und gesellschaftliche Geschehen der Gegenwart darstellen – Beispiele hierfür sind „Multikulturalismus", „Globalisierung" und „Biopolitik".

Auch wenn sich der vorliegende Band vor allem darauf konzentriert, an wichtige innerakademische Auseinandersetzungen der vergangenen Jahre heranzuführen, so heißt das nicht, die aufgenommenen Debatten seien durchweg innerdisziplinär. Der begriffsorientierte Zugriff führt vielmehr dazu, dass bei einer Reihe von Begriffen auch Ansätze Beachtung finden, die nicht der politischen Theorie, sondern angrenzenden Disziplinen entstammen – die im Rahmen der politischen Theorie gleichwohl aufgegriffen und produktiv gemacht worden sind. Somit sollen die 25 Texte nicht nur Blicke über den Tellerrand ermöglichen, sondern auch zur Verschiebung allzu starrer Grenzlinien beitragen.

Insgesamt versammelt der Band Begriffe, die innerhalb der vergangenen zwanzig bis dreißig Jahre besonders umkämpft waren und es auch heute noch sind. Für die 2. Auflage wurden alle Beiträge auf den aktuellen Forschungsstand gebracht, und es kommen drei neue Beiträge hinzu, nämlich „Politik", „Recht" und „Staat". Gleichwohl ergeben die 25 Beiträge keine kanonische Liste der wichtigsten Grundbegriffe der politischen Theorie. Vielmehr fügen sie sich zu einem Mosaik jener Themen, die unserer Einschätzung nach zu besonders wichtigen und interessanten Diskussionen geführt haben. Dabei vereint der Band bewusst verschiedene politiktheoretische Traditionen, nämlich normative, poststrukturalistisch-dekonstruktive und empirisch-funktionalistische Ausrichtungen. Einige der ausgewählten Begriffe sind für die jeweiligen Richtungen zentral, beispielsweise „Freiheit" oder „Gerechtigkeit" für normative, „Performanz" für empirische oder „System" für funktionalistische Ansätze. In den rekonstruierten Kontroversen treffen allerdings zumeist mehrere dieser theoretischen Perspektiven aufeinander, weil ein umkämpfter Begriff für ganz unterschiedliche Schulen und Kontexte von Bedeutung ist. Offensichtlich ist dies der

Fall bei Begriffen wie „Gesellschaftskritik", „Macht" oder „Subjekt". Daraus ergibt sich eine bewusst durchgehaltene Perspektivenvielfalt, zumal die Autorinnen und Autoren selbstverständlich je eigene Akzente gesetzt haben, weil sie sich in unterschiedlichen Fächern und Theorietraditionen verorten.

Die einzelnen Beiträge bieten jeweils einen Überblick über die zentralen – und meist kontroversen – Positionen, die im Zusammenhang der 25 Begriffe und ihrer Sachgehalte formuliert worden sind. Gleichzeitig verdeutlichen die Beiträge, um welche Fragen und mit welcher Intensität in den 25 Debatten gekämpft wurde, wo sich die Auseinandersetzung lohnte und wo es sich eher um „Scheingefechte" handelte. Alle Texte sind in drei Teile untergliedert. In einem ersten Teil demonstrieren sie die Relevanz des verhandelten Begriffs für die politische Theorie sowie für die politische Praxis. In einem zweiten, besonders ausführlichen Teil werden die zentralen Linien der Auseinandersetzung nachgezeichnet und in ihren Argumenten rekonstruiert. In einem dritten und letzten Teil schließlich geben die Autorinnen und Autoren eine kritische Einschätzung der Diskussionslage oder stellen eine eigene Position dar. Das Literaturverzeichnis gibt jeweils einen Überblick über die wichtigste Literatur.

Für ihre Bereitschaft, sich auf das Konzept dieses Buchprojekts einzulassen und mit Geduld auf unsere Vorgaben und Korrekturvorschläge zu reagieren, möchten wir unseren Autorinnen und Autoren herzlich danken. Daniel Kubiak, Saskia Kühn und Cornelia Weigt haben uns bei der Fertigstellung der zweiten Auflage organisatorisch unterstützt. Auch ihnen sei an dieser Stelle gedankt.

Berlin und Frankfurt am Main, im Juni 2010

Gerhard Göhler
Mattias Iser
Ina Kerner

Literatur

Asbach, Olaf (2002): Von der Geschichte politischer Ideen zur „History of Political Discourse"? Skinner, Pocock und die „Cambridge School". In: Zeitschrift für Politikwissenschaft 12. 637-667.

Brunner, Otto/Conze, Werner/Koselleck Reinhart (Hg.) (1972–1997): Geschichtliche Grundbegriffe. Historisches Lexikon zur politischen Sprache in Deutschland. 8 Bände. Stuttgart: Klett-Cotta.

Gallie, W.B. (1956): Essentially Contested Concepts. In: Proceedings of the Aristotelian Society 56. 167-220.

Göhler, Gerhard/Iser, Mattias/Kerner, Ina (2009): Entwicklungslinien der Politischen Theorie in Deutschland seit 1945. In: Politische Vierteljahresschrift 50. 372-407.

Gray, John (1977): On the Contestability of Social and Political Concepts. In: Political Theory 5. 331-348.

Mulsow, Martin/Mahler, Andreas (Hg.) (2010): Die Cambridge School der politischen Ideengeschichte. Berlin: Suhrkamp.

Rosa, Hartmut (1994): Ideengeschichte und Gesellschaftstheorie. Der Beitrag der „Cambridge School" zur Metatheorie. In: Politische Vierteljahresschrift 35. 197-223.

Anerkennung

Mattias Iser

1. Die Konjunktur der Anerkennungstheorie

Theorien der Anerkennung[1] erleben derzeit eine Konjunktur, weil sie jene sozialen Bewegungen zu erfassen versprechen, die seit Beginn der 1990er Jahre verstärkt ins Bewusstsein der Öffentlichkeit getreten sind. Ob ethnische und religiöse Minderheiten, Homosexuelle oder Behinderte – all diese Gruppen scheinen sich für eine Aufwertung ihrer Identität einzusetzen. Und auch die früheren Kämpfe um gleiche Rechte – von Arbeitern, Frauen oder Menschen anderer Hautfarbe – werden mittlerweile als „Kämpfe um Anerkennung" verstanden.[2] Aber kann ein einzelner Begriff wie jener der Anerkennung diese disparaten Phänomene wirklich angemessen erfassen?

Wer *an*erkannt wird, wird nicht nur in Bezug auf bestimmte Eigenschaften *er*kannt (z.B. als Muslimin), sondern in diesen auch positiv bestätigt. Und mit dieser positiven Bestätigung geht das Bewusstsein einher, gegenüber der anerkannten Person zu einer bestimmten Haltung und folglich zu bestimmten Handlungen verpflichtet zu sein: ihr *normativer Status* wird anerkannt, z.B. als gleichberechtigtes Subjekt. Dieser Anerkennung soll nicht nur deshalb so großes Gewicht zukommen, weil sie unsere wechselseitigen Rechte und Pflichten bestimmt. Zudem soll Anerkennung deshalb so bedeutsam sein, weil sie ein *psychisches Bedürfnis* befriedigt. Die meisten Anerkennungstheorien gehen nämlich davon aus, dass Subjekte in fundamentaler Weise auf die Anerkennung durch andere Menschen (und letztlich die Gesellschaft als Ganze) angewiesen sind: Nur mittels der Reaktionen konkreter anderer und durch die Verinnerlichung gesellschaftlicher Werte und Normen sollen Subjekte eine Vorstellung davon gewinnen können, wer sie eigentlich sind und sein wollen. Nur so bilden sie eine Identität aus. Wer daher keine affektive Bestätigung erfährt, wem also ein einseitiges oder gar negatives Bild seiner selbst vermittelt bzw. wer schlicht

---

1 Einen ideengeschichtlichen Überblick bietet Girndt (1990), neuere Sammelbände sind Schild (2001), Lash/Featherstone (2002), Halbig/Quante (2003), Forst u.a. (2009) sowie Schmidt am Busch/Zurn (2009). Als Einstieg geeignet Thompson (2006).

2 Der Begriff eines „Kampfes um Anerkennung" geht zurück auf Hegels Aufnahme des Fichteschen Motivs in der Jenaer Realphilosophie und gilt vielen neueren Interpreten als fruchtbare Quelle einer systematisch angelegten Anerkennungstheorie (u.a. Siep 1979, Honneth 1992). Es ist aber auch bezweifelt worden, dass sich der Begriff der Anerkennung über die für Hegel defizitäre Form des Rechts hinaus erweitern lässt (Roth 1989).

ignoriert wird, der dürfte es schwer haben, sich selbst zu bejahen. Erst Anerkennung ermöglicht damit einen Zustand positiver Freiheit (vgl. „Freiheit" in diesem Band). Sie ist folglich „ein menschliches Grundbedürfnis" (Taylor 1993: 13ff.). So ist eindrücklich beschrieben worden, welche psychischen Beschädigungen Rassismus und Kolonialismus ihren Opfern zufügen (Fanon 1952). In Akten der Missachtung wird somit nicht „nur" der moralische Status des Opfers verletzt, sondern auch dessen psychische Integrität (Honneth 1992: Kap. 6, Iser 2010).

Die Anerkennungstheorie kann als Grundlage einer kritischen Zeitdiagnose fungieren, wenn sich zeigt, dass die Gesellschaft ihren Bürgerinnen und Bürgern das notwendige Gut sozialer Anerkennung vorenthält. Außerdem soll die Theorie den psychischen Mechanismus des Widerstands erklären, der zur Überwindung dieser Missstände führen kann. Weil nämlich Erfahrungen der ausbleibenden Anerkennung oder gar Missachtung die Subjekte in ihrer Identität verletzen, sollen die Betroffenen in besonderer Weise zum Widerstand, zu einem „Kampf um Anerkennung" motiviert sein. Und dieser Kampf, der keineswegs gewaltsam ausgefochten werden muss (man denke nur an die indische Befreiungsbewegung unter Mahatma Gandhi), soll einen moralischen Fortschritt hin zu immer gerechteren Anerkennungsbeziehungen bewirken (Honneth 1992: Kap. 8).

Bereits grundsätzlich ist innerhalb der Anerkennungstheorie jedoch umstritten, in *welchen Eigenschaften* wir eigentlich *von wem* anerkannt werden müssen und welche Rolle hierbei der Politik jeweils zukommt (2.1). Sodann stellen sich drei Folgeprobleme: Wie lassen sich legitime von illegitimen Anerkennungsforderungen unterscheiden (2.2)? Gegenüber allzu optimistischen Beschreibungen von Anerkennungskämpfen ist zudem eingewandt worden, das Streben nach Anerkennung könne nie über den Status quo hinausweisen: Vielmehr würden die Menschen hierdurch gerade vom Blick der anderen und den gesellschaftlichen Normen abhängig. Da die Infragestellung dieser Normen auch die eigene Identität unterminiere, münde das Streben nach Anerkennung notwendig in Konformismus und eine Stärkung der herrschenden Ideologie (2.3). Schließlich wurde moniert, die Konjunktur der Anerkennung verdränge die zentrale Frage der Umverteilung von der politischen Agenda (2.4). Das Verhältnis von Anerkennung und Umverteilung lässt sich aber, so werde ich abschließend zeigen, nur dann angemessen bestimmen, wenn man die zwei Aspekte der „Anerkennung" – normativer Status und psychisches Bedürfnis – klarer auseinander hält, als dies in der Literatur bislang geschehen ist (3.).

2. Anerkennung zwischen moralischem Fortschritt und Ideologie

2.1 Drei Dimensionen einer Politik der Anerkennung

In seinem mittlerweile zum Klassiker avancierten Text „Die Politik der Anerkennung" (1993) unterscheidet der kanadische Sozialphilosoph Charles Taylor zwei Formen einer Politik, in der sich die Anerkennung der Bürgerinnen und Bürger ausdrückt. Während eine „Politik der Würde" auf die Anerkennung aller in ihrem allgemeinen Menschsein abzielt, betont eine „Politik der Anerkennung" die Differenz besonderer (v.a. kultureller) Eigenschaften. Diese enge Verwendung des Begriffs der Anerkennungspolitik kann allerdings leicht in die Irre führen, weil es Taylor auch in seiner „Politik der Würde" um Anerkennung geht (Blum 1998). Es ist daher fruchtbarer, die Politiken der „Würde" und der „Differenz" als zwei Dimensionen *einer* Politik der Anerkennung zu begreifen. Zudem thematisiert Taylor die Anerkennung konkreter Individualität in Kontexten der liebevollen Fürsorge. Weil es sich hierbei um ein rein privates Phänomen handeln soll, ist es für Taylor kein sinnvolles Thema der öffentlichen Auseinandersetzung oder gar Politik. Aber gibt es wirklich keinen Bedarf für eine „Politik der Fürsorge"? Im Folgenden soll anhand dieser dreifachen Unterscheidung einer Politik der Würde, der Differenz und der Fürsorge geklärt werden, in welchen Eigenschaften wir von wem eigentlich anerkannt werden wollen und können.

Politik der Würde

Nachdem sich in der Moderne die Vorstellung allgemeiner Menschenrechte durchgesetzt hat, wird als die zentrale Form der Anerkennung gemeinhin jene angesehen, die allen eine gleiche Würde als Mensch zuspricht (vgl. „Menschenwürde" in diesem Band). Diese zentrale normative Erwartung wird besonders deutlich vor dem negativen Hintergrund extremer Formen von Demütigung, bei denen bestimmte Menschen(gruppen) symbolisch und in der Folge auch materiell aus der menschlichen Gemeinschaft ausgeschlossen, wie Tiere oder Maschinen behandelt werden. Demütigung stellt daher für den israelischen Philosophen Avishai Margalit neben physischer Grausamkeit das größte zu vermeidende Übel dar. Selbst wenn die Opfer wissen, dass die Demütigung unberechtigt ist, fühlen sie sich gedemütigt, weil ihnen das Gefühl genommen wird, ihr Leben noch selbst kontrollieren zu können (Margalit 1997: 150ff.). Misshandlung, Folter und Vergewaltigung verhöhnen die Handlungsfähigkeit des Opfers und untergraben damit dessen basales Selbst- und Weltvertrauen (vgl. Scarry 1985, Rorty 1989: Kap. 7-9). Nicht nur wird dem Opfer im Akt der vorsätzlichen Demütigung jeglicher normative Status abgesprochen; die physische Grausamkeit hat eine unmittelbar psychische Dimension.

Aber auch weniger extreme Formen der Entrechtung stellen eine Demütigung dar, weil hier zwar nicht unbedingt geleugnet wird, dass es sich bei den Betroffenen um Menschen handelt, wohl aber, dass ihnen der *gleiche* moralische und rechtliche Status zukommt. Statt als mündige Erwachsene wurden z.B. Frauen lange wie Kinder behandelt. Daher institutionalisieren erst gleiche positive Rechte in einer für das einzelne Subjekt anschaulichen Weise die Anerkennung als Gleichberechtigte und erleichtern den Einzelnen damit die Achtung ihrer selbst.

Laut Margalit fordern wir eine solche Politik der Würde oder Achtung v.a. von den staatlichen Institutionen und ihren Repräsentanten, weil diese über ein besonders großes Potenzial zur (gewaltsamen) Demütigung verfügen. Gleichwohl bezieht Margalit (sub)kulturelle Institutionen ein, weil wir auch in den Arenen der Öffentlichkeit und in der Privatsphäre in unserer Selbstachtung beschädigt werden können. Daher muss eine Politik der Achtung versuchen, auch die kulturellen Umgangsformen positiv zu verändern.

Politik der Differenz

Die großen emanzipatorischen Bewegungen der letzten beiden Jahrhunderte – etwa der Frauen oder der afro-amerikanischen Bürgerrechtler in den USA der 1960er Jahre – stritten allesamt für gleiche Achtung und für gleiche Rechte. In vielen der gegenwärtigen Auseinandersetzungen fordern Personen oder Gruppen hingegen eine Anerkennung jener *besonderen* Aspekte der eigenen Identität ein, die in den Wertvorstellungen und Normalitätsbestimmungen der dominanten Kultur bislang nicht berücksichtigt werden. Es sind diese Phänomene, die den Begriffen der „Politik der Anerkennung" und der „Identitätspolitik" zu ihrer Konjunktur verholfen haben. Allerdings ist umstritten, warum diese Differenzen berücksichtigt werden sollten: Schuldet man dies den Betroffenen als *gleichberechtigten* Subjekten oder weil ihre *besonderen Eigenschaften* als wertvoll anzuerkennen sind?[3]

Die erste Lesart, man schulde dies den Subjekten als gleichberechtigten, bezeichnet eigentlich nur eine kontextsensible Politik der Würde. Indem auf bislang unberücksichtigte Differenzen hingewiesen wird, soll aufgezeigt werden, dass die bisherige, angeblich „neutrale" Ordnung keineswegs neutral ist, sondern vielmehr auf einer parteilichen, z.B. männlich bestimmten Interpretation

---

3   Strittig ist auch, ob die jeweilige Kultur als Eigenwert oder nur in ihrem Wert für Individuen berücksichtigt werden sollte und ob der Schutz der Kultur Gruppenrechte erforderlich macht (Taylor 1993, Habermas 1993, Kymlicka 1989).

des Bürgerschaftsstatus beruht. Damit aber werden all jene Gruppen diskriminiert, die der hegemonialen Deutung nicht entsprechen. Versucht man diese Benachteiligungen durch eine angemessene Berücksichtigung der Differenzen auszugleichen, z.B. durch Quotierung, dient dies dem übergeordneten Ziel, die Menschen in ihrer ganzen Besonderheit *als Gleichberechtigte* zu behandeln (Wingert 1993, „Multikulturalismus" in diesem Band). Um zu kontextsensibleren Gesetzen und Regelungen zu gelangen, sollen die betroffenen Gruppen mittels einer vitalisierten Öffentlichkeit und formeller Anhörungen stärker als bisher in den demokratischen Rechtsetzungsprozess einbezogen werden (Habermas 1993). Zudem ist vorgeschlagen worden, unterdrückten Gruppen ein Vetorecht bei Fragen einzuräumen, die sie besonders betreffen (Young 1993).

Die zweite Lesart besagt demgegenüber, wir sollten die Besonderheit *an sich* für wertvoll erachten. Diese rechtfertige die bevorzugte Behandlung. Erst mit dieser zweiten Lesart betrifft eine Politik der Differenz nicht mehr die Achtung, sondern die Wertschätzung von Personen und Gruppen. Nur wer von anderen in seinen besonderen Fähigkeiten wertgeschätzt (und nicht nur als Mensch geachtet) wird, kann demzufolge ein starkes Selbstwertgefühl ausbilden: das Bewusstsein, sich als Individuum von den anderen positiv abzuheben.

Angesichts jenes Wertepluralismus, der moderne Gesellschaften kennzeichnet, ist freilich unklar, wer als unparteiischer Richter fungieren könnte, der festlegt, was wertvoll(er) ist und was nicht. Vielmehr läuft jede Entscheidung Gefahr, lediglich einen repressiven Mehrheitswillen auszudrücken.[4] Deswegen sollte Wertschätzung einigen Ansätzen zufolge in der Politik keine Rolle spielen: es reiche ohnehin aus, von allen geachtet, aber nur von einigen in besonderen Eigenschaften geschätzt zu werden, z.B. durch die Familie oder Vereinskameraden (Habermas 1993: 258).

Die Gegenthese lautet jedoch, diese Ausblendung der Wertschätzungsdimension werde unseren alltäglichen Erfahrungen nicht gerecht: Nicht nur Demütigungen verletzen uns, sondern auch Kränkungen (im Sinne der Missachtung *besonderer* Eigenschaften) seitens Fremder. Dies verweise eben doch auf das Bedürfnis, durch „die" Gesellschaft wertgeschätzt zu werden und somit ohne Scham in der Öffentlichkeit auftreten zu können. Als hinreichend formaler Bezugspunkt solch notwendiger Wertschätzung ist in neuerer Zeit der Begriff

---

4   Charles Taylor hat daher eine Aporie ausgemacht: Die angebliche Lösung, alle Besonderheiten und Kulturen gleichermaßen wertzuschätzen und zu fördern, sei gar keine Lösung. Eine Wertschätzung ohne genaue Kenntnis oder entgegen der eigenen Überzeugung stelle gerade keine wirkliche Wertschätzung, sondern vielmehr eine zusätzliche Kränkung dar. Daher kann es für Taylor nur darum gehen, sich der fremden Kultur mit der größtmöglichen Offenheit zu nähern und vorerst von dem Grundsatz auszugehen, traditionsreiche Kulturen enthielten mit hoher Wahrscheinlichkeit etwas Wertvolles (1993: 68).

der Leistung vorgeschlagen worden. Ihm komme nicht nur innerhalb kapitalistischer Gesellschaften ein hoher Stellenwert zu, sondern er sei auch offen genug für historisch und interkulturell verschiedene Vorstellungen davon, welche Art von „Leistung" relevant ist (Honneth 1992: 205, 2003a: 165ff.; Margalit 1997: 66f.). Der Begriff der Leistung soll individuelle Besonderheit berücksichtigen (die eigene Leistung) und doch einen gemeinsamen Bezugspunkt wahren (den Beitrag zum allgemeinen Wohl, wie immer dieses auch definiert sein mag). Aus dieser Perspektive stellt z.B. Massenarbeitslosigkeit eine gesellschaftliche Pathologie dar, weil sie großen Bevölkerungsteilen diese Form der Wertschätzung *strukturell* versagt. Dem könne nur entgegengewirkt werden, indem Tätigkeiten außerhalb des Lohnarbeitssektors als Leistung anerkannt würden, so dass jede Bürgerin und jeder Bürger die Chance erhält, sich als eine Person zu begreifen, die zum Gedeihen der Gesellschaft beiträgt. Allerdings können wir eine solche Anerkennung unseres Beitrags nur von jenen erwarten, die mit uns die gleichen Leistungskriterien teilen. Zudem bleibt auch hier eine Anerkennungslücke: Nicht alle, vielleicht nicht einmal die zentralen Eigenschaften, die uns in den eigenen Augen wertvoll machen, lassen sich als „Leistung" verbuchen. In diesen *uns wichtigen* Eigenschaften scheinen wir keine Anerkennung von allen, sondern nur noch von einigen Gleichgesinnten erwarten zu können, z.B. in einem Verein oder von einzelnen anderen in einer Intimbeziehung. Aber ist diese Anerkennung durch konkrete andere nicht eine rein private Angelegenheit, jenseits der Zuständigkeiten der (staatlichen) Politik?

Politik der Fürsorge

Obgleich die Politik für diese Art einer Anerkennung konkreter Individualität nicht *direkt* zuständig ist, gibt es doch indirekte Möglichkeiten des Schutzes und der Gestaltung von Rahmenbedingungen: Nicht nur sorgt die Politik mittels des Rechtssystems dafür, dass das in Intimbeziehungen erworbene Selbstvertrauen nicht von außen gewaltsam aufgebrochen wird, z.B. durch Misshandlung, Folter oder Vergewaltigung. Zudem können einige der sozialen Bedingungen, die gelingende Intimbeziehungen erschweren, politisch verbessert werden. Dies gilt etwa für unflexible bzw. lange Arbeitszeiten für Eltern und schlechte Betreuungsangebote für Kinder, für hohe Mobilitätsanforderungen, die Beziehungen gefährden, oder für kulturelle Wertungsmuster, die eine Reziprozität zwischen den Partnern erschweren, indem sie z.B. Rücksichtslosigkeit als „männlich" gutheißen.

Die politische Förderung der Rahmenbedingungen fürsorglicher Beziehungen ist für psychologisch ansetzende Anerkennungstheorien (Benjamin 1988, Honneth 1992) deshalb so wichtig, weil solch emotional beglückende Interaktionen die grundlegende Form der Anerkennung darstellen sollen. Die Erfahrung einer unbedingten Fürsorge durch eine konkrete Bezugsperson gibt bereits dem Säugling das Gefühl, geborgen und geliebt, damit aber auch liebens*wert* zu sein. Erst dieses Welt- und Selbstvertrauen ermöglicht es dem Kind später, die im Verlauf seiner Entwicklung zunehmend komplexer werdenden Rollenanforderungen zu vereinbaren und kritisch zu hinterfragen (Mead 1968, Habermas 1988).

2.2 Anerkennung und die Frage der Legitimität

Die Rede von Anerkennung als menschlichem Grundbedürfnis bedeutet natürlich noch lange nicht, jedes Bedürfnis nach und jeder Kampf um Anerkennung sei legitim (Alexander/Pia Lara 1996).[5] Sicherlich: Wer mehr Anerkennung einklagt, meint, sie zu verdienen. Aber offensichtlich kann diese Meinung falsch sein, wenn die Ansprüche ungerecht oder überzogen sind, z.B. wenn Rassisten als höherwertige Menschen oder mittelmäßige Maler als Genies anerkannt werden wollen.[6] Aber welcher Maßstab für Legitimität lässt sich hier anlegen? Zwei Antworten lassen sich grob unterscheiden: In der Moderne gilt allgemein als Minimalforderung der Moral, dass jeder Mensch gleiche Achtung verdient. Die erste Antwort setzt die Geltung dieses moralischen Universalismus gleicher Achtung schlicht voraus und wendet diesen auf das Phänomen der Anerkennung lediglich an. Alle Anerkennungsansprüche gelten dann als illegitim, die die Chancen anderer auf die gleiche Anerkennung schmälern. So lassen sich die Forderungen von Neonazis ausschließen, weil diese nicht auf eine reziproke und gleiche Anerkennungsordnung abzielen.

Die zweite, ambitioniertere Antwort versucht, das universalistische Moralprinzip gleicher Achtung empirisch zu fundieren. Jeder Einzelne soll nur dann hinreichend Anerkennung erfahren können, wenn er selbst *alle anderen* als Gleiche anerkennt. Diese Antwort stützt sich auf ein Strukturmerkmal von Anerkennungsbeziehungen: Weil erst die Anerkennung durch eine Person, auf deren Urteil wir Wert legen, für uns relevant sein kann, vermag die Anerkennung

---

5 Zudem ist kritisiert worden, „Selbstverwirklichung" als Ziel der Anerkennung sei ein spezifischer Wert der westlichen Moderne und tauge daher nicht für eine multikulturelle Gesellschaft, in der manchem z.B. die Treue zu Gott wichtiger sei als die Entwicklung eigener Potenziale (Zurn 2000, Fraser 2003: 46f.). Honneth hat demgegenüber betont, mit Selbstverwirklichung sei ganz formal nur die Möglichkeit für die jeweilige Person gemeint, genau das Leben ohne Scham in der Öffentlichkeit zu führen, das sie führen will (2003a: 209f.).

6 Auch kann sich die Reaktion auf eine tatsächliche Missachtung gegen die Falschen wenden oder zu illegitimen Mitteln greifen, z.B. wenn ein Schüler, der gehänselt wurde, seine Wut an Unschuldigen auslässt oder sich an den Verantwortlichen unangemessen brutal rächt.

durch jemanden, den wir verachten, unser Selbstbild nicht positiv zu bestätigen.[7] Jedoch spricht gegen die These, dass der Universalismus gleicher Achtung
bereits aus dem Eigeninteresse an Anerkennung folgt, dass in einer hierarchischen Sozialordnung jeder Adlige nur einige andere, z.B. die übrigen Adligen,
als Gleiche anerkennen muss. Vielleicht braucht er ihnen sogar nur die Fähigkeit zuzuschreiben, seine Überlegenheit in angemessener Weise zu erkennen.
Die Möglichkeit, dass sich Personen oder Gruppen am eigenen Maximum und
nicht an einer Gleichverteilung von Anerkennung orientieren, ohne dass sie
hierbei psychischen Schaden erlitten, ist historisch gut belegt. Dies zeigt, dass
die eigennutzorientierte Überlegung „Ich muss Dich anerkennen, damit Du
mich anerkennst" nicht der geeignete Ansatz ist, um zu einem universalistischen
Egalitarismus zu gelangen (Forst 1994: 383). Schließlich ist die These vertreten
worden, dass bereits der Säugling lernt, seine Bezugspersonen als intelligible,
also sinnverstehende und autonome Wesen anzuerkennen. Ganz automatisch
soll er sodann alle anderen Menschen ebenfalls *als Menschen* wahrnehmen. Erst
im Nachhinein mag das Subjekt diese „vorgängige Anerkennung" (Honneth
2005: 62) wieder aus dem Blick verlieren. Eine solche „Anerkennungsverges-
senheit" stellt sich demnach durch verselbständigte soziale Praktiken oder ideologische Überzeugungssysteme ein (71ff.). Diese verschiedenen Ansätze zeigen:
Um die gleiche Anerkennung aller zu begründen, muss man nachweisen können, dass es erstens verschiedene Facetten der Autonomie sind, die man gar
nicht umhin kann, bei zumindest einigen anzuerkennen; und dass es zweitens
inkonsistent wäre, diese Achtung nicht auch auf alle anderen Menschen auszuweiten (ausführlich Iser 2008: 195ff.).

Dass sich die Vorstellung gleicher moralischer Anerkennung historisch erst
relativ spät aus dem vormodernen Begriff der Ehre ausdifferenziert hat, der
jedem einen festen Platz im hierarchischen Sozialgefüge zuwies, verweist jedoch
darauf, dass Anerkennung nur in einem formalen Sinn ein menschliches
Grundbedürfnis – eine anthropologische Konstante – darstellt. Neue Anerkennungsforderungen verdanken sich stets *auch* den historisch etablierten und sich
wandelnden Vorstellungen davon, welche Anerkennung wir (begründet) verdienen.

---

7   Pierre Bourdieu hat am Anerkennungsverhalten des marokkanischen Kabylenstammes beobachtet,
    dass es den eigenen Status schmälerte, auf Beschimpfungen, also intentionale *Demütigungen*, seitens
    Personen mit niedrigerem Status überhaupt zu reagieren (1976: 17f.).

2.3 Anerkennung als Konformismus und Ideologie?

Wenn aber unsere Anerkennungserwartungen stets gesellschaftlich bedingt sind, wie soll dann moralischer Fortschritt möglich sein? Liegt es angesichts unserer fundamentalen Abhängigkeit vom Blick der anderen nicht näher, dass unser Streben nach Anerkennung in unkritischen Konformismus mündet und gerade nicht in einen emanzipatorischen Kampf um Anerkennung?

Gerade diesen Verdacht äußert der französische Marxist Louis Althusser, der in der Anerkennung *den* zentralen ideologischen Mechanismus erblickt, mit dem der Staat seine Bürger vor die Wahl zwischen Gehorsam und den Verlust ihrer sozialen Existenz stellt (1977). Damit folgt Althusser einer spezifisch französischen Tradition, die in der Anerkennung nicht die Bedingung intersubjektiver Freiheit, sondern eine Quelle der Entfremdung erblickt: Schon in Rousseaus zweitem Diskurs über die Ungleichheit (1755) verliert sich der Einzelne in eitler Verstellung, weil er inauthentisch nur noch darauf abzielt, den anderen zu gefallen. Und bei Jean-Paul Sartre wird das Individuum durch jede Anerkennung verdinglicht, weil die Anerkennung der anderen das Subjekt nur in seinem gegenwärtigen Zustand erfasst, damit aber sein Potenzial zur Veränderung, seine Freiheit verneint (Sartre 1952). Wir leiden also nicht primär daran, dass wir nicht *an*erkannt werden, sondern daran, dass wir uns gerade in der Anerkennung *ver*kennen (Markell 2003, Bedorf 2010). Anerkennungskämpfe scheinen uns aus dieser Perspektive nur immer tiefer in falsche Abhängigkeiten, in Machtverhältnisse zu verstricken, die wir nicht durchschauen (van den Brink/Owen 2007). Während linkshegelianische Ansätze darauf abzielen, ideologische Anerkennungsordnungen im Sinne gesellschaftlichen Fortschritts positiv zu überwinden (Honneth 2004), sollte man poststrukturalistischen Anerkennungstheorien zufolge nicht danach fragen, in Bezug *worauf* wir anerkannt werden *sollten*; hiermit bliebe man nur den alten (ideologischen) Kategorien verhaftet. Stattdessen solle man Anerkennungskämpfe daraufhin befragen, ob und inwiefern sie Freiheitsspielräume vergrößern (Tully 2000: 469, auch Butler 2001). Doch was motiviert uns überhaupt dazu, für eine „bessere" Form der Anerkennung zu kämpfen und damit die geltende Anerkennungsordnung zu überschreiten? Auf diese Frage lassen sich grob zwei Antworten unterscheiden: der Rekurs auf *emotionale Antriebe* einerseits, auf *kognitive Dissonanzen* andererseits.

Auf *emotionale Antriebe*, nämlich unterdrückte, aber unbewusst weiterwirkende Triebe und Erfahrungen, verweist die psychoanalytische Tradition. Stets wird in diesen Ansätzen in spekulativer Weise nach einem Motiv dafür gefahndet, dass Menschen die vorgegebene Anerkennungsordnung überschreiten wollen, weil sich ihnen vor dem Hintergrund dieser Triebe oder Erfahrungen die soziale Wirklichkeit als defizitär darstellt: seien es im Anschluss an Freud libidinöse

Energien oder die positiv besetzte Rückerinnerung an einen frühkindlichen Zustand der Allmacht (Whitebook 2001), sei es v.a. in neuerer Zeit im Anschluss an die Objektbeziehungstheorie das traumatisch erfahrene Ende einer ursprünglichen Symbiose, die wir zeitlebens, wenn auch in modifizierter Form, in der Anerkennung anderer wiederzugewinnen trachten (Benjamin 1988, Honneth 2003b: 151ff.).

Kognitive Dissonanzen werden hingegen zu einem möglichen Motiv für Anerkennungskämpfe, wenn man betont, dass der Mensch als sprachverwendendes Wesen immer schon nach Begründungen fragt und somit auch Anerkennungsordnungen stets auf Gründen basieren müssen. Diese Gründe können aber nicht nur angesichts neuer Erfahrungen unplausibel werden. Sie können auch normative Schlussfolgerungen nahe legen, die bislang nicht gezogen wurden – sei es aufgrund mangelnder Reflexion oder zu großer gesellschaftlicher Repression. So ist es immer möglich, bislang unberücksichtigte Aspekte unter Berufung auf ein bereits etabliertes abstraktes Anerkennungsprinzip zur Geltung zu bringen (Honneth 2003a: 219ff.). Moralischer Fortschritt vollzieht sich demnach durch das mühsame Aussortieren unplausibel gewordener Gründe.[8]

Aber ganz gleich auf welchem Wege das Subjekt zu der Überzeugung gelangt, es müsse die Anerkennung neuer oder bislang unberücksichtigter Aspekte seiner Identität einfordern: Woher gewinnt es die psychische Kraft, sich der zumindest vorläufigen Missachtung oder Indifferenz der anderen zu stellen? Spätestens hier erweist sich die Annahme als viel zu stark, ohne die Anerkennung durch *alle* anderen müssten wir psychisch zerbrechen. Die für Widerstand nötige Handlungsfähigkeit vermag sich nämlich *trotz* Missachtung aus drei motivationalen Quellen zu speisen. Erstens kann das Subjekt unter Umständen noch von jenem Selbstvertrauen zehren, das in einer (halbwegs) glücklichen Kindheit ausgebildet wurde. Zweitens schöpfen soziale Widerstandsbewegungen die psychischen Energien aus der wechselseitigen Anerkennung untereinander. Demgegenüber wiegt die Missachtung der restlichen Gesellschaft zumindest weniger schwer. Als dritte Quelle kann schließlich die Vorstellung fungieren, die imaginierten Mitglieder einer zukünftigen und besseren Gemeinschaft würden dereinst die erwünschte Anerkennung leisten.

---

8 Ernst Tugendhat argumentiert gar, die Infragestellung bisheriger Privilegierungen ließe im Laufe von Lernprozessen nur noch die Vorstellung *gleicher* Würde als plausibel erscheinen (1993: 373f.).

2.4 Anerkennung oder Umverteilung?

Um als gleichberechtigtes Mitglied der Gesellschaft gelten zu können, bedarf es jedoch nicht nur eines gelingenden Selbstverhältnisses, sondern auch ganz materieller und kognitiver Vorbedingungen, nämlich grundlegender Güter wie Geld, Nahrung, Kleidung oder Bildung. Insbesondere die amerikanische Politikwissenschaftlerin Nancy Fraser befürchtete daher Mitte der 1990er Jahre, die damals in den USA politisch immer einflussreicher werdende „Identitätspolitik" verdränge in bedenklicher Weise das mindestens ebenso wichtige Thema der Umverteilung von der politischen Agenda. Daher insistierte Fraser gegen Taylor und Honneth darauf, erst Anerkennung und Umverteilung *zusammen* ermöglichten Gerechtigkeit im Sinne einer gleichberechtigten Teilnahme am öffentlichen Leben. Während Umverteilung die objektiven Bedingungen solch eines Gerechtigkeitsideals der „partizipatorischen Parität" gewährleiste, sichere Anerkennung deren intersubjektive Voraussetzungen (2003: 55f.). Und diese intersubjektiven Voraussetzungen sollten nicht psychologisch verstanden werden, weil eine Missachtung auch dann eine Ungerechtigkeit darstellt, wenn sie nicht zu psychischen Schäden führt (47f.).

Durch zwei idealtypisch konstruierte Beispiele versucht Fraser, die Unabhängigkeit von Anerkennung und Umverteilung zu belegen: Während Homosexuelle vor allem an kulturell diskriminierenden Praktiken der Demütigung litten, seien Arbeiter insbesondere Opfer ökonomischer Ausbeutung. Zwar hätten Homosexuelle auch mit ökonomischen Nachteilen zu kämpfen, und die Leistung der Arbeiter werde ideologisch als weniger wertvoll herabgesetzt, aber die eigentliche Ursache liege im einen Fall im kulturellen Bereich, im anderen im ökonomischen (27ff.). Gleichwohl hätten wir es bei den meisten Ungerechtigkeiten mit einer Verbindung von kultureller Missachtung und ökonomischer Ausbeutung zu tun. Als besonders prägnante Beispiele führt Fraser Gruppen an, die mittels der Kategorien *gender* (Geschlecht) oder *race* (Hautfarbe) konstituiert werden. So litten Frauen und Menschen anderer Hautfarbe nicht nur unter einer diskriminierenden Statusordnung, sondern auch unter einer Ökonomie, deren Funktionieren darauf beruht, unbezahlte Hausarbeit und schlechter bezahlte Lohnarbeit weiblich und Hilfsarbeiten und überflüssige Arbeitskraft rassistisch zu kodieren. Nur durch solch eine zweidimensionale Theorie könne man praktische Konflikte zwischen Politiken der Umverteilung und solchen der Anerkennung erkennen. Verteilt man um, ohne die Anerkennungsbeziehungen zu berücksichtigen, werden die Empfänger mitunter in missachtender Weise als „Sozialschmarotzer" stigmatisiert, verlieren also an Anerkennung. Und im Prinzip richtige Politiken der Anerkennung, etwa Maßnahmen gegen die Verdinglichung von Frauen durch Prostitution und Pornographie, können den normativ unerwünschten Nebeneffekt haben, die ökonomische Position der Betroffenen drastisch zu verschlechtern (90f.).

Axel Honneth hat angesichts dieser Kritik darauf bestanden, der Begriff der Anerkennung könne, wenn er nur hinreichend in die Dimensionen der Liebe, des Rechts und der Leistung ausdifferenziert sei (vgl. ähnlich oben 2.1), auch Fragen der Verteilungsgerechtigkeit erfassen: Erstens habe sich unser Verständnis dessen, was wir anderen aufgrund ihres Status als gleichberechtigten autonomen Menschen schulden, historisch erweitert und umfasse nun auch soziale Rechte. Dementsprechend können sich die Betroffenen darauf berufen, ihnen käme gemäß der Politik der Würde ein Mindestmaß an grundlegenden Gütern *qua* gleichen Bürgern zu, um ihre rechtlichen Freiheiten auch faktisch nutzen zu können. Zweitens könnten sie darüber hinaus das für den Kapitalismus – als (auch) kulturelles Gebilde – konstitutive Leistungskriterium in Anschlag bringen, um eine angemessenere Entlohnung ihrer Arbeit einzuklagen (dazu kritisch Nullmeier 2003). Erst wenn man derart auch Umverteilung als Anerkennungsproblem verstünde, könne man überhaupt erklären, warum sich die Menschen empören – weil sie sich nämlich durch eine wahrgenommene Ungerechtigkeit in ihrer Identität getroffen fühlen. Was als Ungerechtigkeit gilt, hängt folglich von unseren begründeten Anerkennungserwartungen ab: Gerechtigkeit und Anerkennung erläutern sich wechselseitig.

3. Eine Ambivalenz im Begriff der Anerkennung

Das zentrale Problem der Verhältnisbestimmung von Anerkennung und Gerechtigkeit besteht darin, dass keineswegs klar ist, in welchem Sinne hier von „Anerkennung" gesprochen wird. Fraser und Honneth scheinen aneinander vorbeizureden, weil beide in irritierender Weise zwischen zwei Aspekten der Anerkennung schwanken – zwischen Anerkennung als einem psychischen Bedürfnis und als einem normativen Status.

Honneth scheint einen psychologisch fundierten Bedürfnisbegriff zu vertreten, wenn er die objektive Funktion der Moral als die „Sicherung unserer persönlichen Integrität" begreift (2000: 185). Anerkennung bezeichnet hier ein anthropologisch tiefsitzendes, aber in seinen historischen Formen variierendes Grundbedürfnis, weil wir ohne Anerkennung kein gelingendes Selbstverhältnis auszubilden vermögen. Missachtung beeinträchtigt durch die psychische Schädigung unsere Autonomie, also die Fähigkeit zur Verfolgung unserer begründet gewählten oder zumindest nachträglich bestätigten Ziele. Denn wer sich selbst für wertlos hält, der wird auch sein Leben und seine Ziele nicht als wertvoll begreifen und ohne nagenden Selbstzweifel verfolgen können.

Allerdings müssen neben diesen *psychischen* weitere Bedingungen erfüllt sein, damit Menschen ein autonomes Leben führen können, z.b. ausreichende Ernährung, Gesundheit und Bildung. Nur der Einbezug dieser *materiellen* Voraussetzungen unserer physischen und kognitiven Fähigkeiten lässt verständlich werden, warum man selbst dann Opfer einer Ungerechtigkeit sein kann, wenn man nicht absichtlich missachtet wurde oder die Autonomieschädigung gar nicht bewusst erlebt. Die Moral wird schlicht zu eng gefasst, wenn als ihre einzige Aufgabe der Schutz unseres intersubjektiv konstituierten Selbstverhältnisses bestimmt wird. Die Moral soll vielmehr alle unsere vitalen Interessen schützen (vgl. „Gerechtigkeit" in diesem Band). Wenn wir daher von Anerkennung sprechen, beziehen wir uns auf drei Ebenen zugleich, die aber getrennt werden müssen, nämlich

(1) die zentrale Ebene eines *normativen Status*, der es uns ermöglicht, gegenüber anderen bestimmte Ansprüche zu erheben;

(2) die Ebene *materialer Hinsichten* des moralischen Schutzes. Zu diesen gehören alle Bedingungen, die uns zur Autonomie befähigen, und zwar zur autonomen Urteilsbildung ebenso wie zum autonomen Handeln. Der Inhalt des auf der Ebene (1) Geschuldeten lässt sich nicht erläutern, ohne dass man sich auf diese materialen Hinsichten bezieht;

(3) eine, das Bild verkomplizierende, Ebene der *psychischen Rückkopplung*. Grundsätzlich zeigt eine Verletzung unseres normativen Status auf der Ebene (1) an, dass uns eine Ungerechtigkeit widerfahren ist. In dem Maße nun, in dem dies auch negative Auswirkungen auf unser Selbstverhältnis hat, unterminiert eine solche Verletzung zudem die psychischen Bedingungen unserer Autonomie. Diese psychischen Bedingungen bilden auf der Ebene (2) eine wichtige, aber eben nur *eine* materiale Hinsicht moralischen Schutzes.

Honneth schließt mitunter von dem Umstand, dass die Missachtung unseres normativen Status auf der Ebene (1) durch die Rückkopplung auf der Ebene (3) psychische Auswirkungen auf unser Selbstverhältnis haben kann, darauf, dass der Schutz dieses Selbstverhältnisses die einzige materiale Hinsicht des moralischen Schutzes auf Ebene (2) darstellt.

Das aber kann nicht stimmen. Wir wollen nicht bloß deshalb Bildung erhalten, weil wir uns sonst missachtet fühlen, also um psychisches Leid zu vermeiden. Vielmehr ist es genau anders herum: Nur weil der Bildung ein zentraler Wert für uns zukommt, glauben wir, uns ihre Bereitstellung wechselseitig zu schulden, so dass deren Vorenthaltung seitens der Gesellschaft einer Missachtung gleichkäme.

In der Diskussion zwischen Honneth und Fraser bleibt nun auf irritierende Weise ungeklärt, ob mit „Missachtung" eine jede Verletzung des normativen Status (1) oder lediglich die psychischen Effekte auf der Rückkopplungsebene (3) gemeint sind. Bezieht sich Honneth im Großteil seines Werkes auf die Ebene (3), so nimmt er in der Auseinandersetzung mit Fraser implizit die Ebene (1) in Anspruch. Ganz gleich, ob wir eine Ungerechtigkeit empfinden; jede Ungerechtigkeit verletzt unseren normativen Status. Aber so richtig diese Antwort ist, so löst sie doch nicht das Problem, dass die moralisch relevanten Sachverhalte nicht in den psychischen Effekten aufgehen, die sich auf der Rückkopplungsebene ergeben.

Allerdings weist auch Frasers Argument eine Schieflage auf. Gegen eine Verortung der Missachtung in den psychischen Effekten votiert sie für einen Statusbegriff der Anerkennung. Tatsächlich lässt sich ihre normative Leitidee der „partizipatorischen Parität" als Erläuterung dessen lesen, was es heißt, jemanden als gleichen Mitbürger oder gar als gleiche moralische Person *anzuerkennen*. Dann müsste sie aber auch eine ungerechte Verteilung als Missachtung verstehen, weil eine ungerechte Verteilung meinen Status als gleichberechtigte Person verletzt. Genau hierauf verweist Honneth in seiner Antwort. Wenn Fraser daher Fragen der Anerkennung und solche der Umverteilung als zwei verschiedene Aspekte der Gerechtigkeit begreifen will, müsste sie Anerkennung doch in einem engeren Sinn verstehen, nämlich als lediglich psychisches Bedürfnis.

Tatsächlich ist nur ein normativer Begriff der Anerkennung im Sinne von (1) umfassend genug, um die ihm zugemutete Last zu tragen. Sicherlich können wir ungerechte Handlungen *auch* als psychisch relevante Missachtung erfahren, die uns in unserem Selbstverständnis schmerzlich trifft. Auf dieser Idee gründet ja gerade die Plausibilität eines Kampfes um Anerkennung als Motor moralischen Fortschritts. Dass wir aber jedes Unrecht im *Modus* der Missachtung erfahren können, bedeutet keineswegs, dass ein jedes Unrecht *inhaltlich* in dem Aspekt aufgeht, die Psyche zu verletzen. Zudem müssen wir Unrecht gar nicht als Missachtung erfahren, etwa im Falle ideologischer Indoktrination. Gemeinhin wird also nicht genügend unterschieden zwischen *Gefühlen* der Missachtung als

A. dem zentralen psychischen *Modus*, in dem wir eine Missachtung des Status auf der Ebene (1) erfahren und die sich auf alle materialen Hinsichten der Ebene (2) beziehen kann, und

B. der *Ursache* dafür, dass die psychischen Bedingungen der Autonomie auf der Ebene (3) untergraben werden, was man als Verletzung *einer spezifischen* materialen Hinsicht auf der Ebene (2) beschreiben kann.

Diese Unklarheit in der Begriffsbestimmung zeitigt auch Konsequenzen für die Frage, ob es der Anerkennungstheorie gelingt, *alle* gesellschaftlichen Ungerechtigkeiten begrifflich zu erfassen. Dies hängt offensichtlich vom verwendeten Typ der Anerkennungstheorie ab: Während es der Bedürfnisbegriff nicht erlaubt, weil er nur auf die psychischen Bedingungen der Autonomie zielt, gelingt es dem Statusbegriff durchaus, weil er mit der Sphäre der Gerechtigkeit im Ganzen zusammenfällt. Wenn ich ungerecht behandelt werde, wird mein Status als gleichermaßen anzuerkennende Person missachtet – ganz gleich, ob die Ungerechtigkeit in einer körperlichen, psychischen oder materiellen Schädigung besteht und ob sie in der Ökonomie oder in der Kultur gründet. Nur ein solcher Begriff, der den normativen Status in den Mittelpunkt rückt, vermag daher, eine kritische Theorie der Anerkennung zu fundieren (ausführlich Iser 2008: 281ff.).

Literatur

Alexander, Jeffrey C./Pia Lara, Maria (1996): Honneth's New Critical Theory of Recognition. In: New Left Review 220. 126-136.

Althusser, Louis (1977): Ideologie und ideologische Staatsapparate. Aufsätze zur marxistischen Theorie. Hamburg: VSA.

Bedorf, Thomas (2010): Verkennende Anerkennung. Über Identität und Politik. Frankfurt/M.: Suhrkamp.

Benjamin, Jessica (1988): Die Fesseln der Liebe. Psychoanalyse, Feminismus und das Problem der Macht. Frankfurt/M.: Fischer 1990.

Blum, Lawrence (1998): Recognition, Value, and Equality. In: Constellations 5. 51-68.

Bourdieu, Pierre (1976): Entwurf einer Theorie der Praxis auf der ethnologischen Grundlage der kabylischen Gesellschaft. Frankfurt/M.: Suhrkamp.

Butler, Judith (2001): Psyche der Macht. Das Subjekt der Unterwerfung. Frankfurt/M.: Suhrkamp.

Fanon, Frantz (1952): Schwarze Haut, weiße Masken. Frankfurt/M.: Syndikat 1980.

Forst, Rainer (1994): Kontexte der Gerechtigkeit. Politische Philosophie jenseits von Liberalismus und Kommunitarismus. Frankfurt/M.: Suhrkamp.

Forst, Rainer/Hartmann, Martin/Jaeggi, Rahel/Saar, Martin (Hg.): Sozialphilosophie und Kritik. Frankfurt/M.: Suhrkamp.

Fraser, Nancy (2003): Soziale Gerechtigkeit im Zeitalter der Identitätspolitik. Umverteilung, Anerkennung und Beteiligung. In: Fraser, Nancy/Honneth, Axel: Umverteilung oder Anerkennung? Eine politisch-philosophische Kontroverse. Frankfurt/M.: Suhrkamp. 13-128.

Girndt, Helmut (Hg.) (1990): Selbstbehauptung und Anerkennung. Spinoza – Kant – Fichte – Hegel. St. Augustin: Academia.

Habermas, Jürgen (1988): Individuierung durch Vergesellschaftung. Zu G.H. Meads Theorie der Subjektivität. In: ders.: Nachmetaphysisches Denken. Philosophische Aufsätze. Frankfurt/M.: Suhrkamp. 187-241.

– (1993): Kampf um Anerkennung im demokratischen Rechtsstaat. In: Taylor, Charles: Multikulturalismus und die Politik der Anerkennung. Hg. von Amy Gutmann. Frankfurt/M.: Fischer. 147-196.

Halbig, Christoph/Quante, Michael (Hg.) (2003): Axel Honneth: Sozialphilosophie zwischen Kritik und Anerkennung. Münster: LIT.

Honneth, Axel (1992): Kampf um Anerkennung. Zur moralischen Grammatik sozialer Konflikte. Frankfurt/M.: Suhrkamp.

– (2000): Das Andere der Gerechtigkeit. Aufsätze zur praktischen Philosophie. Frankfurt/M.: Suhrkamp.

– (2003a): Umverteilung als Anerkennung. Eine Erwiderung auf Nancy Fraser. In: Fraser, Nancy/Honneth, Axel: Umverteilung oder Anerkennung? Eine politisch-philosophische Kontroverse. Frankfurt/M.: Suhrkamp. 129-224.

– (2003b): Unsichtbarkeit. Stationen einer Theorie der Intersubjektivität. Frankfurt/M.: Suhrkamp.

– (2004): Anerkennung als Ideologie. In: WestEnd. Neue Zeitschrift für Sozialforschung 1. 51-70.

– (2005): Verdinglichung. Eine anerkennungstheoretische Studie. Frankfurt/M.: Suhrkamp.

Iser, Mattias (2008): Empörung und Fortschritt. Grundlagen einer kritischen Theorie der Gesellschaft. Frankfurt/M. – New York: Campus.

– (2010): Honneth – Die Gewalt der Missachtung. In: Kuch, Hannes/Herrmann, Steffen K. (Hg.): Philosophien sprachlicher Gewalt. 21 Grundpositionen von Platon bis Butler. Weilerswist: Velbrück. 387-407.

Kymlicka, Will (1989): Liberalism, Community, and Culture. Oxford: UP.

Lash, Scott/Featherstone, Mike (eds.) (2002): Recognition and Difference: Politics, Identity, Multiculture. London: Sage.

Margalit, Avishai (1997): Die Politik der Würde. Über Achtung und Verachtung. Berlin: Fest.

Markell, Patchen (2003): Bound by Recognition. Princeton: UP.

Mead, George Herbert (1968): Geist, Identität, Gesellschaft. Frankfurt/M.: Suhrkamp.

Nullmeier, Frank (2003): Anerkennung. Auf dem Weg zu einem kulturalen Sozialstaatsverständnis? In: Lessenich, Stephan (Hg.): Wohlfahrtsstaatliche Grundbegriffe. Historische und aktuelle Diskurse. Frankfurt/M. – New York: Campus. 395-418.

Rorty, Richard (1989): Kontingenz, Ironie und Solidarität. Frankfurt/M.: Suhrkamp.

Roth, Klaus (1989): Freiheit und Institutionen in der politischen Philosophie Hegels. Rheinfelden: Schäuble.

Rousseau, Jean-Jacques (1755): Diskurs über die Ungleichheit. Paderborn: Schöningh (UTB) 2001. 5. Aufl.

Sartre, Jean-Paul (1952): Das Sein und das Nichts. Versuch einer phänomenologischen Ontologie. Reinbek b. Hamburg: Rowohlt.

Scarry, Elaine (1985): The Body in Pain. The Making and Unmaking of the World. Oxford: UP.

Schild, Wolfgang (Hg.) (2001): Anerkennung. Interdisziplinäre Dimensionen eines Begriffs. Würzburg: Königshausen & Neumann.

Schmidt am Busch, Hans-Christoph/Zurn, Christopher F. (Hg.) (2009): Anerkennung. Berlin: Akademie.

Siep, Ludwig (1979): Anerkennung als Prinzip der praktischen Philosophie. Untersuchungen zu Hegels Jenaer Philosophie des Geistes. Freiburg: Alber.

Taylor, Charles (1993): Die Politik der Anerkennung. In: ders.: Multikulturalismus und die Politik der Anerkennung. Hg. v. Amy Gutmann. Frankfurt/M.: Fischer. 13-78.

Thompson, Simon (2006): The Political Theory of Recognition. A Critical Introduction. Cambridge: Polity

Tugendhat, Ernst (1993): Vorlesungen über Ethik. Frankfurt/M.: Suhrkamp.

Tully, James (2000): Struggles over Recognition and Distribution. In: Constellations 7. 469-482.

van den Brink, Bert/Owen, David (eds.) (2007): Recognition and Power. Axel Honneth and the Tradition of Critical Social Theory. Cambridge: UP.

Whitebook, Joel (2001): Wechselseitige Anerkennung und die Arbeit des Negativen. In: Psyche 55. 755-789.

Wingert, Lutz (1993): Gemeinsinn und Moral. Grundzüge einer intersubjektivistischen Moralkonzeption. Frankfurt/M.: Suhrkamp.

Young, Iris Marion (1993): Das politische Gemeinwesen und die Gruppendifferenz. Eine Kritik am Ideal des universalen Staatsbürgerstatus. In: Nagl-Docekal, Herta/Pauer-Studer, Herlinde (Hg.): Jenseits der Geschlechtermoral. Beiträge zur feministischen Ethik. Frankfurt/M.: Fischer. 267-304.

Zurn, Christopher F. (2000): Anthropology and Normativity: A Critique of Axel Honneth's 'Formal Conception of Ethical Life'. In: Philosophy & Social Criticism 26. 115-124.

Biopolitik

Hubertus Buchstein / Katharina Beier

1. Vier Paradigmen moderner Biopolitik

Der Terminus *Biopolitik* dient zur Bezeichnung all jener politischen Interventionen, die im weitesten Sinne die Regulierung von Lebensprozessen zum Ziel haben. Insofern Menschen ihrer natürlichen Umwelt in verschiedener Hinsicht ausgeliefert sind, wächst der Politik die Aufgabe zu, sowohl direkt, z.B. durch Umweltschutz, als auch indirekt, z.B. durch Bevölkerungspolitik, auf die Lebensumstände der Menschen Einfluss zu nehmen. Dass diese Maßnahmen nicht immer unumstritten sind, zeigt sich vor allem dann, wenn der menschliche Körper selbst zum Objekt politischer Regulierung wird.

Dies ist bei der modernen Biomedizin der Fall, an der sich seit Mitte der neunziger Jahre die aktuellste biopolitische Debatte entzündet hat. Nach dem Streit um Abtreibung und In-vitro-Fertilisation (IVF) handelt es sich bei dieser neuen Kontroverse abermals um eine gesellschaftliche Reaktion auf den technischen Fortschritt im Bereich der Reproduktionsmedizin. Die politische Brisanz der damit aufgeworfenen bioethischen Fragen ergibt sich nicht nur daraus, dass sie diskutiert, beschieden und in rechtskräftige Gesetze gefasst werden müssen, sondern dabei gleichzeitig das Grundverständnis moderner Demokratien in seinem Kernbereich berühren.

Die heutigen Verwendungskontexte und -arten von *Biopolitik* beziehen sich indessen nicht allein auf biomedizinische Fragen. Insgesamt umfasst der Begriff *Biopolitik / biopolitisch* im Deutschen gegenwärtig vier semantische Felder. Diese vier Verstehensweisen moderner Biopolitik unterscheiden sich in zwei Hinsichten: erstens in Bezug auf die Bestimmungsrelation der beiden Wortbestandteile *bios* (dem belebten Teil des Kosmos) und *politik* (der Organisation des menschlichen Gemeinwesens). Je nach dem, welcher Wortbestandteil dominiert, ist entweder von einer Naturbasis der Politik oder einer politischen Basis der Natur die Rede.[1] Zweitens lassen sich die Varianten von Biopolitik dahingehend unterscheiden, inwieweit sie primär technik- oder gesellschaftsorientiert sind.

---

1 Mit dem Hinweis, dass die Grenzen zwischen Leben und Politik instabil sind, distanziert sich Lemke (2007a) von diesem Einteilungsraster. Seiner Kritik liegt dabei jedoch ein von Foucault geprägtes Verständnis von Biopolitik zugrunde, das die hier für den Begriff aufgezeigten semantischen Bedeutungsfelder nicht erschöpfend abbildet.

Bringt man die beiden Unterscheidungen in Anschlag, erhält man eine Matrix, mit deren Hilfe sich die vier unterschiedlichen Paradigmen moderner Biopolitik klar voneinander abgrenzen lassen.

Übersicht 1: Die vier Paradigmen moderner Biopolitik

	gesellschaftsorientiert	technikorientiert
Naturbasis der Politik	ökologisch	evolutionsbiologisch
Politikbasis der Natur	macht-mikroskopisch	biomedizinisch

Die heutige Dominanz dieser vier Kontexte von Biopolitik berechtigt jedoch nicht dazu, ihre begriffsgeschichtlichen Wurzeln zu verschweigen. Erstmalig belegt ist der Begriff *Biopolitik* im deutschen Sprachraum in einer Schrift aus dem Jahre 1934.[2] Sie stammt von Hans Reiter, dem Präsidenten des Reichsgesundheitsamtes (Steffens 1999: 143). Unter Biopolitik versteht Reiter eine Auffassung von Politik, die „das biologische Denken als Grundlinie, Richtung und Unterbau jeder wirklichen Politik anerkennt" (Reiter 1934: 38). Der Politik erwächst nach Reiter die Aufgabe, die „Durchsetzung unseres Volkes mit jüdischem Blut" (42) zu bekämpfen, „das Entstehen der bemitleidenswertesten Geschöpfe unmöglich (zu) machen" (42) und die „Förderung aller derjenigen, die biologisch wertvoll sind" (41). Biopolitik im nationalsozialistischen Sinn zielte auf eine systematische, mit wissenschaftlichen Methoden betriebene Schaffung eines neuen Typus Mensch und die gleichzeitige Vernichtung all derer, die diesen Vorstellungen nicht entsprachen.[3]

---

2   Es handelt es sich um einen Vortrag mit dem Titel „Unsere Biopolitik und das Auslandsdeutschtum" (Reiter 1934).

3   Zum „totalen Biologismus" im NS-Regime vgl. Baumann (1992: 107ff.) und Aly (1995: 374-382). Das politische Projekt einer biologischen „Verbesserung" des Menschen hatte auch auf Seiten der Linken Anhänger, wenngleich nicht unter diesem Namen. So versuchte Leo Trotzki im November 1932 in Kopenhagen sein Publikum mit folgenden Worten für die Sache der Weltrevolution und das Projekt eines Neuen Menschen zu begeistern: „Zwar hat die Menschheit mehr als einmal Giganten des Gedankens und der Tat hervorgebracht, die die Zeitgenossen wie Gipfel der Bergkette überragen. Warum sind diese aber so selten? (...) Auch deshalb, weil der Prozeß der Zeugung, der Entwicklung und Erziehung des Menschen im Wesen eine Sache des Zufalls blieb und bleibt; nicht durchleuchtet von Theorie und Praxis, nicht dem Bewusstsein und dem Willen untergeordnet (...). Ist er einmal mit den anarchischen Kräften der eigenen Gesellschaft fertig geworden, wird der Mensch sich selbst in Arbeit nehmen, in die Mörser, in die Retorte des Chemikers. Der Sozialismus wird den Sprung (...) in das Reich der Freiheit auch in dem Sinne bedeuten, daß der gegenwärtige, widerspruchsvolle und unharmonische Mensch einer neuen und glücklicheren Rasse den Weg ebnen wird" (Trotzki 1932: 25f.).

2. Die vier heutigen Verstehensweisen von „Biopolitik"

„Biopolitik" blieb in Deutschland ein zunächst untrennbar mit dem NS-Regime in Verbindung gebrachter Terminus. Demgegenüber waren im Englischen „biopolitics" und im Französischen „biopolitique" durchaus geläufig, und es brauchte in Deutschland erst die Phase einer etymologischen Anamnese, bevor der Begriff seit den siebziger Jahren neu besetzt wurde. Dabei ist der semantische Neustart dem Begriff „Biopolitik" vor allem über den Umweg des englischsprachigen Diskurses gelungen.

Die vier heutigen Verstehensweisen von „Biopolitik" wollen mit der des NS-Regimes nichts mehr zu tun haben, und wenn es überhaupt Verweise auf diese Begriffstradition gibt, dann nur scharf distanzierend. Im Folgenden sollen diese vier Paradigmen nun in ihren Grundzügen kurz vorgestellt werden.

2.1 Ökologische Biopolitik

In der ökologischen Lesart appelliert Biopolitik an Politik und Gesellschaft, den Erhalt des Lebens, der Gesundheit und der natürlichen Umwelt in den Fokus ihrer Bemühungen zu rücken. Seit den sechziger Jahren drückt sich dies in Forderungen nach der Durchsetzung einer radikalen Reduktion der Schadstoffproduktion, des Energie- und Wasserverbrauchs, des Bevölkerungswachstums sowie einem radikalen Richtungswechsel bei Fragen der Ernährung aus. Ökologische Biopolitik fordert von der Politik eine Grenzsetzung menschlicher Handlungsoptionen (z.B. Verzicht auf weitere Flächenversiegelung, Massentierhaltung oder Atomenergie) und die politische Unterstützung von Technologien, die auf Nachhaltigkeit und die Eindämmung der Folgen des anthropogenen Klimawandels gerichtet sind.[4] Hinter diesen Bemühungen steht das übergreifende Ziel, eine menschliche Lebensweise zu etablieren, die als ökologisch verträglich gilt. Dass die Beschreibung einer solchen Lebensweise nicht einheitlich ausfällt, lässt sich darauf zurückführen, dass die jeweils als ideal angesehene Lebensqualität im Horizont ganz verschiedener – wenn auch selten hinreichend explizierter – Ontologien steht.[5]

Obwohl sich die Umweltproblematik weiter zuspitzt, hat die ökologische Konfliktlinie in den Industrienationen im Vergleich zu Fragen der Sozial- oder Arbeitsmarktpolitik in den letzten Jahren an gesellschaftspolitischer Bedeutung

---

4 Vgl. als Überblicksdarstellung Connelly/Smith (1999).
5 Vgl. als Überblick zu den unterschiedlichen Ansätzen Eckersley (1992), Goodin (1992) und Barry (1999).

verloren. Zwar lassen die Befunde aus der vergleichenden Umweltpolitikfor-
schung zwischen einigen erfolgreicheren (z.b. Schweden und die Niederlande)
und einigen weniger erfolgreichen (z.b. USA) Politikmustern unterscheiden,[6]
angesichts der global voranschreitenden Umweltzerstörung sind diese Differenzen aber eher unerheblich. Für die absehbare Zukunft steht nicht zu erwarten,
dass liberalen Demokratien aus ihrer insgesamt mangelhaften ökologischen
Problemlösungskompetenz gravierende Legitimationsdefizite erwachsen.

2.2 Evolutionsbiologische Biopolitik

Die zweite Verwendungsweise von Biopolitik ist eine evolutionsbiologische.
Der Ansatz ist ein Teilgebiet der Soziobiologie und hat als Programm die Wiederentdeckung des „tierischen" Moments des Menschen.[7]

Die evolutionäre Biopolitik wendet sich gegen eine aus ihrer Sicht übermäßi-
ge Betonung kultureller Faktoren bei der Erklärung politischen Verhaltens.
Soziale Faktoren wie Tradition und Erziehung sollen auf diese Weise nicht
geleugnet, sondern in einen Gesamtzusammenhang mit biologischen Faktoren,
der genetischen und neurophysiologischen Ausstattung von Menschen, gebracht werden. Am Horizont eines solchen Ansatzes, der Sozial- und Biowis-
senschaften integrieren will, steht eine Einheit der Humanwissenschaften in
Gestalt einer „umfassenden Humanökologie" (Flohr 1990: 37).

Die Arbeiten, die in den letzten zwanzig Jahren innerhalb dieses Ansatzes
veröffentlicht wurden, stimmen bei allen internen Differenzen im Rekurs auf
eine neo-darwinistische Evolutionstheorie überein (Frank 1998, Singer 1999).
Mit Hilfe dieses Paradigmas und unter Rückgriff auf Methoden der vergleichenden Verhaltensforschung wird reklamiert, biologisch verankerte Ursachen
für individuelles und kollektives (Politik-)Verhalten sowie für Entstehung und
Wandel unterschiedlicher politischer Institutionen identifizieren zu können.[8] In
der Konsequenz erscheint politisches Verhalten damit nicht nur als vorhersehbar, sondern es kann durch die Einflussnahme auf biologische Zustände
(Krankheit, Stress, Drogen, Fehlernährung) unter Umständen auch gezielt modifiziert werden (Somit/Peterson 1987: 107f.). Mit dieser aktiven (z.B. medika-
tiven) Komponente geht die Soziobiologie weit über die Tradition der klassi-

---

6   Vgl. die Befunde in den ersten beiden Überblicksstudien Jahn (1998) und Scruggs (2003).
7   Als Überblick zur Soziobiologie Wuketis (1997) und Voland (2000), zum amerikanischen Ansatz, der
    häufig auch als ‚biopolitics' bezeichnet wird, Somit (1994) sowie die programmatischen Arbeiten von
    Somit/Slagter (1983) und Somit/Peterson (1987).
8   Vgl. zum Folgenden ausführlicher Flohr (1987), (1990) und die Beiträge in Kamps/Watts (1998).

schen politischen Anthropologie hinaus, die von Aristoteles über Hobbes und Rousseau bis in das 20. Jahrhundert zu Carl Schmitt und Arnold Gehlen reicht.

Ergebnis eines soziobiologisch motivierten Untersuchungsprogramms sind u.a. Theorien, die eine angeborene Disposition zu Fremdenfeindlichkeit unterstellen, ein angeborenes menschliches Aggressionspotential für die Unmöglichkeit einer friedlichen Welt verantwortlich machen und die spezifischen Schwächen der Demokratie auf biopolitische Faktoren zurückführen (angeborene Grenzen von Toleranz und Gleichbehandlung, angeborene Neigung zu Nepotismus, natürliche Anlage zur Hierarchiebildung). Einige Vertreter der Soziobiologie leiten daraus konkrete Empfehlungen in verschiedenen Politikfeldern ab (z.B. in der Familien-, Sozial-, Kriminalitäts- sowie Außen- und Sicherheitspolitik). Andere Arbeiten widmen sich neuerdings der Bedeutung von Emotionen für das politische Urteilsvermögen (z.B. in Wahlkämpfen oder in ritualisierten Politikpraktiken; vgl. Marcus 2002). Aus der Perspektive der Tierforschung versuchen Primatenforscher mit Überlegungen zu *Schimpansenmoral* und *Schimpansenpolitik* (de Waal 2000) den biopolitischen Forschungsansatz von der animalischen Seite her zu erweitern.

In der bundesdeutschen Politikwissenschaft hat dieser – zumeist von Biologen vertretene – Ansatz nicht Fuß fassen können. Denn die Einwände, die in der neueren politischen Ideengeschichte bereits mehrfach gegen biologische Begründungsmuster vorgetragen wurden,[9] konnten von den Vertretern dieses Ansatzes bislang nicht überzeugend ausgeräumt werden. Zu diesen Einwänden[10] gehört einmal die methodologische Kritik, dass die vergleichende Verhaltensforschung häufig auf den prekären Analogieschluss vom Tier auf den Menschen zurückgreift, sowie zweitens der Vorwurf, dass das Zusammenwirken von kulturellen und biologischen Faktoren bezüglich konkreter Verhaltensweisen letztlich ungeklärt bleibt. Beides hat zur Konsequenz, dass die Erklärungsversuche des evolutionsbiologischen Paradigmas doch wieder auf eine biologistisch-reduktionistische Weise erfolgen.

2.3 Biomedizinische Biopolitik

Das dritte Verwendungsfeld von Biopolitik bildet die moderne Biomedizin mit ihren kontrovers diskutierten gentechnischen Interventionsverfahren.[11] Die Natur des Menschen erhält in diesem Zusammenhang eine politische Dimensi-

---

9 Vgl. die ideengeschichtlichen Überblicke von Hofstadter (1955) und Marten (1983).
10 Vgl. zur Kritik an diesem Ansatz Saretzki (1990) und Euchner (2001).
11 Vgl. die unter dem Titel „Biopolitik" versammelten Beiträge in Geyer (2001).

on. Zu den umstrittensten therapeutischen Praktiken zählen heute die Stammzellentherapie und die damit verbundene verbrauchende Forschung an Embryonen. In reproduktionstechnologischer Hinsicht stehen die Präimplantationsdiagnostik (PID), Praktiken der genetischen Optimierung (Body- und Neuro-Enhancement) sowie die künstliche Erzeugung von Tieren und Menschen mittels Klonierung auf dem Prüfstand. Neben diesen aktuellen Fragen spielen aber auch immer wieder *bioethische Altlasten* in die Debatte hinein. Biomedizinische Praktiken, wie Abtreibung, Formen der Euthanasie sowie die Organtransplantation, zu denen bereits rechtliche Regelungen existieren, sind mit den neuen Streitfragen zum Teil so eng verbunden, dass sie im Zuge der aktuellen bioethischen Debatte erneut fragwürdig werden.

Der Gesetzgeber gerät in schwierige Abwägungsprozesse, wenn er den verschiedenen Ansprüchen gerecht zu werden versucht. Auf der einen Seite stehen die Befürworter der modernen Biomedizin, die in den von ihr bereitgestellten Verfahren in erster Linie eine *Chance* sehen, den Forderungen nach Forschungsfreiheit, dem Wunsch nach innovativen und kostengünstigeren Heilverfahren, der Hoffnung auf Befreiung von unerwünschter Kinderlosigkeit und schonendere Formen der Früherkennung gleichermaßen gerecht zu werden. Darüber hinaus rechtfertigen sie insbesondere reprogenetische Eingriffe mit dem Hinweis, dass diese der Steigerung von Selbstbestimmung und einem gesünderen Leben dienen würden (Dworkin 1994, Buchanan et al. 2000). Auf der anderen Seite werden dagegen ethische Bedenken hinsichtlich des Schutzes menschlichen Lebens, seiner Würde und der Rechte des ungeborenen Lebens vorgetragen. Damit wird die Sorge artikuliert, dass wir langfristig die normativen Grundlagen unserer humanen Existenz – wie Würde, Autonomie und Gleichheit – dem wissenschaftlichen Fortschritt preisgeben (Habermas 2001, Spaemann 2001). Den Hintergrund dieser *Gefahrendiagnose* bildet die Annahme, dass diese Normen nur dann universale Geltung beanspruchen können, wenn der Mensch und seine individuellen Eigenschaften heteronomen Eingriffen entzogen bleiben. Entsprechend neigen die Vertreter dieser skeptischen Position entweder dazu, gentechnische Eingriffe am Menschen generell zu unterbinden oder ihnen klare Grenzen zu setzen, was nicht nur die vorherrschende, sondern vor dem Hintergrund des aktuellen Forschungsstandes auch die realistischere Position sein dürfte.

In diesem Spannungsfeld, das sich konkret aus Ärzten, Genforschern, Kirchenvertretern, kranken und behinderten Menschen, verzweifelten Eltern und hoffenden Angehörigen als Akteuren aufbaut, operiert die medizinische Biopolitik, wobei sie letztlich immer vor der Aufgabe steht, rechtlich wirksame Regelungen zu finden. Eine Art *biopolitischer Unübersichtlichkeit* besteht darin, dass die Argumentationslinien quer zu bisherigen weltanschaulichen und politischen

Positionen verlaufen. Zu dieser Unübersichtlichkeit trägt ferner bei, dass sich sowohl Gegner als auch Befürworter biomedizinischer Techniken häufig auf die gleichen Argumente, Werte und Konzepte wie Leidvermeidung, Gerechtigkeit, individuelle Verantwortung, Fürsorge- und Vorsorgepflichten sowie die Menschenwürde berufen. Insofern dahinter verschiedene Verständnisse zentraler liberaler Prinzipien stehen, haben Konflikte über biomedizinische Fragen das Potential, liberale Demokratien in ihrem Bestandskern zu bedrohen (hierzu ausführlicher 3.).

2.4 Machtmikroskopische Biopolitik

Eine vierte Verwendungsweise des Terminus Biopolitik nimmt die Politikbasis der menschlichen Natur in den Blick. Dieser Ansatz geht auf den machtgenealogischen Ansatz von Michel Foucault zurück. In „Überwachen und Strafen" (1976) hatte Foucault einen Wandel von der Souveränitätsmacht zur Disziplinierungstechnologie beschrieben. In „Der Wille zum Wissen" (1977) proklamierte er eine weitere Transformationsbewegung. Seit dem 17. Jahrhunderts habe sich eine Machtform entwickelt, in deren Zentrum neben den Disziplinen medizinisch-biologische Lebensfragen stehen: Die Bio-Macht mit ihrem zentralen Element, der „Biopolitik"[12]. Im Gegensatz zur Souveränitätsmacht, die sterben macht oder leben lässt, besteht die neue Macht in dem Recht, leben zu machen und sterben zu lassen. Handelte es sich bei der Souveränität um eine negative Macht, die den Individuen das Leben rauben konnte, zeichnete sich mit der Umstellung auf die Disziplinierung des Einzelnen zum Zweck der nutzbringenden Produktivitätssteigerung eine produktivere Dimension der Machtausübung ab.

Biomacht entfaltet sich über Konzepte und Vorstellungsmuster, welche die Anschauungen einer bestimmten Zeit tief greifend prägen und damit nicht zuletzt auf eine kostengünstige Weise Macht über Körper und Geist gewinnen. „Geborenwerden, Kranksein, Gesundsein, Leben, Arbeiten, Fruchtbarkeit, Sterben (...) werden dem Zufälligen entzogen und zum Gegenstand (...) von Bio-Politik" (Braun 2000: 25). Der Begriff der Regierung (*gouvernementalité*) bildet den Übergriff des Regierens (*gouverner*) auf das Denken (*mentalité*) auch semantisch ab (Foucault 2000).[13] Entsprechend hat das Macht-Wissen keine primär

---

12 Die Foucaultsche Schreibweise ist „Bio-Politik" bzw. „Bio-Macht" (1977: 166f.).

13 Während dieses Verständnis auch in der Foucault-Rezeption weit verbreitet ist, weist Lemke in neueren Arbeiten selbstkritisch darauf hin, dass der Begriff der *gouvernementalité* zumindest von seiner Herleitung her eindeutig auf das Adjektiv „*gouvernemental*" zurückgeht und vermutet daher, dass dieser

aufklärerische oder emanzipatorische Wirkung, sondern fördert im Gegenteil die Entstehung neuer Subjektivierungsformen: Es entsteht eine „Normalisierungsgesellschaft" (Foucault 1977: 172). Mit seiner Untersuchung der bis in die persönlichsten Lebensbereiche hineinreichenden Biomacht verbindet Foucault nicht nur einen deskriptiv-genealogischen, sondern einen explizit kritischen Anspruch.

Eine Fortsetzung findet das Foucault'sche Untersuchungsprogramm gegenwärtig im Bereich der biomedizinischen Debatte.[14] So richtet sich Thomas Lemkes Kritik gegen die Tendenz zur Individualisierung sozialer Risiken, die er in den neuen biomedizinischen Diagnose- und Präventionsmöglichkeiten angelegt sieht. Indem vermeintlich ökonomisch oder sozial bedingte Dispositionen nunmehr auf biologische Ursachen zurückgeführt werden können, wird der Staat aus seiner sozialen Verantwortung entlassen. Gleichzeitig steht zu erwarten, dass sich ein effektives Regime der Selbstoptimierung herausbilden wird, indem ein indirekter Druck besteht, die eigene Identität verstärkt an den ökonomischen Erfordernissen der Moderne auszurichten. Lemke sieht daher mit der modernen Gendiagnostik das Zeitalter einer „genetischen Gouvernementalität" heraufziehen, wobei die *Genetifizierung* des menschlichen Lebens auf der einen Seite die neoliberale Transformation des Sozialen unterstützt (Lemke 2000), sich auf der anderen Seite aber auch neue Formen der Vergemeinschaftung ergeben, z.B. in Gestalt von Patientenzusammenschlüssen, die gegenwärtig unter den Begriffen der „genetic citizenship" bzw. „biosociality" diskutiert werden (vgl. Lemke/Kollek 2008).

Kathrin Braun kritisiert darüber hinaus die normierende Macht der Biomedizin, die langfristig zu einem neuen Verständnis des Menschen und dessen, was als *normal* gilt, führt. Sie illustriert dies am Beispiel des Wunsches nach Formen institutionalisierter Sterbehilfe, bei der zwangsläufig diskriminierende *Selektionsentscheidungen* getroffen werden. Folgt man Braun, so muss man den gegenwärtigen Euthanasiediskurs als Versuch verstehen, „das Todesmonopol des Staates aufzulösen und das Töten von Menschen direkt im Bereich der Normalisierungsgesellschaft zu ermöglichen" (2000: 33).

Diese Verwendungen des Foucaultschen Biomacht-Begriffs im Zusammenhang mit den modernen biomedizinischen Praktiken sind nicht unproblematisch. Denn erstens unterstellt die These von Lemke im Einklang mit den Befürwortern gentechnischer Eingriffe einen genetischen Determinismus, für den

---

Neologismus von Foucault in erster Linie als Gegenbegriff zu „Souveränität" (souveraineté) eingeführt wurde (vgl. Lemke 2007b).

14 Vgl. als Einstieg Althaus/Knobloch (2002).

es bislang wenig plausible Belege gibt.[15] Zweitens muss man bezweifeln, dass sich individuelle Wünsche und gesundheitliche Vorkehrungen tatsächlich immer zugunsten einer effektiven biomedizinischen Kontrolle standardisieren lassen. Stattdessen können sie sich eher „wie Sand im Getriebe des Klinikalltags" (Kuhlmann 2001: 106) auswirken. Auf diese Weise übersieht man die Möglichkeit, gerade mittels individueller Verfügungen ihrem vermeintlich totalisierenden Einfluss zu entkommen (vgl. Schramme 2002: 146). Und drittens drängt sich der Verdacht auf, dass die machtmikroskopischen Deutungen der Biopolitik hinter die Radikalität ihrer eigenen Kritik zurückfallen, da die von ihr auf die politische Agenda gesetzten Probleme der genetischen Diskriminierung, der Stigmatisierung behinderter Menschen oder der befürchtete Zwang zur Prävention „erstaunlich konventionell" bleiben. Dies macht machtmikroskopische Analysen nicht überflüssig, aber in jedem Fall überprüfungsbedürftig (vgl. van den Daele 2009).

3. Biomedizin als Gefahr für die liberalen Demokratien?

Während die evolutionsbiologische und die machtmikroskopische Biopolitik zwei diametral verschiedene wissenschaftliche Ansätze zur Interpretation moderner Politik repräsentieren, verfügen die ökologische und die biomedizinische Biopolitik auch über eine ganz praktische politische Dimension. Vor allem die Beharrlichkeit, mit der gegenwärtig die Verfechter unterschiedlicher biomedizinischer Positionen ihre Argumente vortragen, macht das aktuelle Konfliktpotential dieser Themen deutlich.

In Hinblick auf das ökologisch motivierte Protestpotential ist es liberalen Demokratien trotz negativer Umweltbilanzen vergleichsweise gut gelungen, sie politisch zu integrieren. Für das biomedizinische Konfliktfeld steht dieser Test noch aus, und es ist derzeit unmöglich, eine halbwegs gesicherte Prognose abzugeben. Denn viele biomedizinische Fragen weisen eine existentielle lebensweltliche Dramatik auf. Bei ihnen steht unvermittelt das Ganze des Menschen zur Debatte – sein Leben, sein Tod, seine Würde, bis hin zur Qualifizierung dessen, was als Mensch im Sinne eines Trägers von Grundrechten zu gelten hat.

Biomedizinische Fragen bringen den säkularen liberalen Staat somit in eine diffizile Situation. Auf der einen Seite sind sie wegen ihrer Vielschichtigkeit besonders schwer zu entscheiden. Auf der anderen Seite ist es unmöglich, den politischen Regelungsbedarf zu ignorieren. Die Probleme, die sich für die mo-

---

15 Zur Kritik am genetischen Determinismus vgl. Buchanan et al. (2000: 79ff.) und Schramme (2002: 144).

derne liberale Demokratie daraus ergeben, betreffen praktische Fragen der Konfliktbewältigung (3.1), institutionelle Fragen der Konfliktregulierung (3.2) und politiktheoretische Fragen, die den Kern des liberalen Begründungsmusters berühren (3.3).

3.1 Die Konfliktträchtigkeit der Biomedizin

Die Situationsbeschreibungen hinsichtlich der Konfliktträchtigkeit der biomedizinischen Materie variieren beträchtlich. Dramatisierende Szenarios und zur Nüchternheit mahnende Beschreibungen halten sich die Waage. Folgt man den dramatisierenden Einschätzungen, so geben die militanten Auseinandersetzungen um die Abtreibung in den USA der achtziger und neunziger Jahre erst einen Vorgeschmack auf die Konflikte, die modernen Gesellschaften bevorstehen. Die Besorgnis speist sich aus der Überlegung, dass politische Kontroversen, die in der Rhetorik von Mord und Rettung vorgetragen werden, in der Regel Gegensätze verschärfen (Enzensberger 2001).

Andere Autoren plädieren dagegen für einen nüchterneren Blick und weisen darauf hin, dass die bisher geführten moralischen Debatten zu den vier großen biomedizinischen Themen – Verhütung, Abtreibung, Sterbehilfe und Hirntod – die Gesellschaft nicht nachhaltig desintegriert haben. Dies gilt ihnen als Beleg für die Fähigkeit liberaler Systeme, auch zukünftig mit solch grundsätzlichen Konflikten leben zu können (Bayertz 2002). Empirische Umfragen belegen zudem, dass biomedizinische Themen durchaus differenziert bewertet werden. Die Sorge, die Bürger würden mehrheitlich für eine an Kostenersparnis orientierte oder gar behindertenfeindliche Politik votieren, ist derzeit unbegründet.

Doch selbst wenn man bezüglich der Entstehung biomedizinisch motivierter Konfliktlinien einen gelasseneren Blick bevorzugt, sieht man sich vor ein neuerliches Dilemma gestellt. Dieses ergibt sich aus den unterschiedlichen normativen Bewertungen der *Ruhediagnose* und den daraus folgenden konträren Anforderungen an den politischen Umgang mit biomedizinischen Fragen. Die einen veranlasst die *Ruhediagnose* zur zuversichtlichen Prognose, dass biomedizinische Konflikte auch in Zukunft breit akzeptierte Lösungen finden werden. In diesem Fall sollte die Politik bei der Gefahr einer Eskalation von Massenmordvorwürfen in öffentlichen Debatten in klassisch liberaler Weise, nach dem Vorbild der Pazifierung religiös motivierter Konflikte, auf eine Beruhigung der Gemüter und die Toleranz von Differenzen hinwirken. Für nicht wenige andere liegt hingegen etwas Beunruhigendes in dieser Beruhigung. Mit ihr verbindet sich die Sorge, dass sich die Kraft eines schleichenden Gewöhnungsprozesses irgendwann auch auf moralisch völlig inakzeptable Praktiken erstrecken könnte (oder diese Grenze in einigen Punkten bereits überschritten ist[16]). Um dieser Gefahr zu begegnen, müsste vielmehr konfliktverschärfend agiert und dabei auch in Kauf genommen werden, dass Dissense über *Lebensfragen* entstehen, die im Fall einer Eskalation vor den institutionellen Grundpfeilern liberaler politischer Systeme nicht Halt machen werden.

3.2 Institutionen der politischen Konfliktlösung

Wenn umstritten ist, ob biomedizinische Themen eine konfliktvermeidende oder eher eine konfliktverstärkende Behandlung verdienen, erstreckt sich das politisch-praktische Dilemma auch auf die Institutionen der Konfliktregulierung. Prinzipiell stehen liberalen Demokratien in diesem Politikfeld vier unterschiedliche Modi zur Verfügung:

1. die Individualisierung, also die völlige Freigabe von Entscheidungen, nach dem Vorbild der Religionsfreiheit. Als biomedizinische Anwendungsfälle dafür sind die Zulassung der Anti-Baby-Pille oder die Patientenverfügung für Organtransplantationen bekannt.
2. die Kompromissbildung, um die sich vor allem bei Verteilungskonflikten bemüht wird. Biomedizinische Fragen eignen sich dazu weniger; am nächsten kommen diesem Vorgehen noch der Formelkompromiss des § 218 StGB oder die Auflagen beim Stammzellenimport.
3. die Deliberation, die gemeinsame Beratung mit dem Ziel des gegenseitigen Lernens. In Bezug auf die Biomedizin ist dabei in erster Linie an die Einrichtung von Ethikkommissionen, Ethikräten oder die Abhaltung von Hearings zu denken.
4. schließlich die Selbstbindung, wie wir sie von der Zwangsberatung vor einem Schwangerschaftsabbruch oder der Informationspflicht von Patienten her kennen.

Insofern die Einigung auf bestimmte Verfahren und Praktiken zur Lösung biomedizinischer Konflikte immer schon diejenigen entfundamentalisierten Einstellungen und Motive voraussetzt, die durch diese Lösungen erst erzeugt werden sollen, *beschwören* die demokratischen Verfahren im besten Falle ihre eigenen Funktionsvoraussetzungen. Der liberaldemokratischen Institutionenpolitik verlangt dieses Dilemma die Kunst einer „Quadratur des Kreises" (Kuhl-

---

16 So sieht Zygmunt Baumann in der heutigen Praxis der pränatalen Diagnostik mit anschließender Abtreibung einen „schleichenden Holocaust". Vgl. Baumann (1996: 62-64).

mann 2001: 32) ab: Einerseits soll der Staat die Autonomie und Wahlfreiheit seiner Bürger akzeptieren, indem er seine Regelungen möglichst wenig restriktiv abfasst; andererseits dürfen mit solcher Liberalität nicht einzelne Weltanschauungen oder Interessen privilegiert werden.

3.3 Dilemmata liberaler Biopolitik

Die moderne Biomedizin wird auch zukünftig ein regelungsbedürftiges Praxisfeld bleiben. Darüber hinaus stellt sie aber auch theoretisch eine Herausforderung dar, indem sie anerkannte und bislang politisch wirksame Basistheoreme liberaler Demokratien grundlegend in Frage stellt.[17] Davon betroffen ist neben dem liberalen Prinzip der Autonomie vor allem das Neutralitätspostulat als das übergreifende liberale Regulativ. Galt die Einnahme eines unparteilichen Standpunktes bislang als Garant allgemeiner Zustimmungsfähigkeit, wird dieser durch ein biomedizinisch erweitertes Selbstverständnis des Menschen beträchtlich erschwert.

Herausforderungen für das *Autonomieprinzip* ergeben sich insofern, als angesichts einer zunehmend menschlich gesteuerten Reproduktion die Frage der individuellen Selbstbestimmung eine neue Dimension erhält. Die Sorge, dass wenn Menschen nicht natürlich gezeugt, sondern *gemacht* werden, das egalitäre Beziehungsgefüge einer Gesellschaften gefährdet wird (Habermas 2001), lässt darauf schließen, dass es bei den neuen reprogenetischen Verfahren im Unterschied zur Abtreibung nur noch zweitrangig um den Status des ungeborenen Lebens geht. Wesentlich grundlegender wird die Frage, inwiefern Menschen sich überhaupt noch als Gleiche begegnen können, wenn im Zuge moderner reprogenetischer Praktiken einige Mitglieder der Gesellschaft als „genetische Designer" agieren, indem sie gezielt über die Eigenschaften zukünftiger Personen bestimmen. Wenn Letztere sich als „Produkte" eines heteronomen Plans verstehen, stellt dies womöglich ihr Selbstverständnis als autonome Individuen, das an die Existenz symmetrischer Beziehungsverhältnisse gebunden ist, infrage (vgl. ebd.). Insofern provozieren die biotechnischen Fortpflanzungsverfahren eine Vielzahl moralischer Folgeprobleme, die sich nicht ohne Bezugnahme auf ein konkreteres Bild vom Menschen auflösen lassen. Davon betroffen ist auch die liberale Theorie der Gerechtigkeit, insofern die Möglichkeit zur genetischen Optimierung die Frage aufwirft, welche Eingriffe Menschen berechtigterweise einfordern oder ablehnen können (vgl. den Ansatz von Buchanan et al. 2000 und die Diskussion dazu bei Beier 2010).

---

17 Einen guten Überblick und auch Diskussion dieser Problematik liefert Kuhlmann (2001).

Als Reaktion auf die genannten Herausforderungen lassen sich in der politik-philosophischen Literatur bislang zwei Strategien ausmachen, um liberale Basis-theoreme in Geltung zu lassen (vgl. Beier 2009). Die eine Strategie lässt sich als Problementschärfungs-, die andere als Modifizierungsstrategie bezeichnen.

Bei der Strategie einer *Problementschärfung* wird das Ziel verfolgt, die theoreti-schen Herausforderungen des Liberalismus durch die biomedizinische Praxis derart abzuschwächen, dass sie die liberale Theorie in ihren Grundfesten unan-getastet lassen. Die bioethische Problementschärfung findet sich in zwei Varian-ten. In der ersten Variante wird dafür plädiert, umstrittene Fragen zu privatisie-ren, um sie einer öffentlichen Thematisierung zu entziehen. Auf diese Weise stellen sie sich dann gar nicht mehr als regelungsbedürftiges Problem.[18] Diese Übertragung des liberalen Prinzips der individuellen Gewissensfreiheit auf die Regelung von bioethischen Materien erweist sich allerdings in vielen Fällen als unzureichend, da reprogenetische Verfahren – über den einzelnen Familienzu-sammenhang hinaus – auch nachfolgende Generationen beeinflussen können. In der zweiten Variante der Problementschärfungsstrategie lautet das be-schwichtigende Argument, dass die besonders provozierenden biomedizini-schen Möglichkeiten nach aller Wahrscheinlichkeit technisch nie realisierbar sein werden.[19] Auch diese Argumentationsvariante ist unbefriedigend, denn gerade in der Biomedizin ist in den letzten Jahren die technische Entwicklung dem normativen Diskurs vielfach weit enteilt.

Demgegenüber ist die *Modifizierungsstrategie* eine aufrichtigere Umgangsweise mit dem sich der liberalen Theorie stellenden Problem. Statt die bioethischen Herausforderungen zu dementieren, plädiert sie für eine Veränderung liberaler Grundsätze. Der theoretische Preis dieser Operation ist hoch. Er besteht in der Aufgabe des genuin liberalen Postulats der *Begründungsneutralität*. Das liberale Credo, dass politische Entscheidungen wertneutral ausfallen müssen, läuft im Feld der Bioethik auf ein Dilemma hinaus: Permissive Regelungen entsprechen zwar liberalen Grundwerten, „doch unparteiisch sind solche Regelungen des-halb keineswegs" (Kuhlmann 2001: 32f.). Allen Regelungen, z.B. über Sterbehil-fe oder die Verwendung von Stammzellen, liegen letztlich immer bestimmte Werturteile über die Qualität menschlichen Lebens zugrunde. Und deshalb

---

18 Diese Strategie wird von Ronald Dworkin verfolgt (1994: 40).
19 Diese Strategie findet sich z.B. bei Buchanan (2000: 318). Volker Gerhardts Argument gegen die Verwirklichung der gentechnischen Selbstaufhebung schlägt eine andere Richtung ein. Ausgehend von der These, dass der Mensch und sein Wollen immer schon seine eigene Existenz mitdenkt bzw. voraussetzt, sei es unmöglich, die Bedingungen menschlichen Lebens überhaupt abzuschaffen. Inso-fern die Politik einen engen Bezug zum Leben besitzt, wird auch sie basalen menschlichen Lebens-funktionen nicht entgegenarbeiten, sondern diese schützen, im Notfall auch gegen die damit als irra-tional gebrandmarkten Perfektionierungsträume des Menschen selbst (Gerhardt 2001: 861).

lassen sich umstrittene biomedizinische Verfahren mittels weltanschaulich-neutraler Begründungen weder zulassen noch beschränken. Das begründungs-theoretische Dilemma, in das liberale Demokratien damit geraten, wird unauf-lösbar, wenn biomedizinische Streitfragen geschlichtet und zugleich liberale Grundsätze wie der der Autonomie aufrechterhalten werden sollen. Für Libera-le macht dies in zweifacher Hinsicht ein Umdenken erforderlich: Dabei handelt es sich erstens um eine Rückbesinnung auf das Gebot der Zielneutralität. Wäh-rend Liberale unter dem Deckmantel vermeintlicher Neutralität überwiegend permissive Regelungen favorisieren, gefährdet diese „Wahlverwandtschaft" im Zeitalter der modernen Biomedizin die normativen Voraussetzungen liberaler Gesellschaften. Werden im Zuge der Anwendung gentechnischer Verfahren z.B. die Symmetrie und Reversibilität der Beziehungsverhältnisse oder gar die Möglichkeit zur autonomen Lebensführung selbst in Frage gestellt, müssten folglich auch restriktive Regelungen, die beispielsweise den Verbrauch von Stammzellen oder das Klonieren von Menschen untersagen, mit dem liberalen Selbstverständnis kompatibel sein. Zur Rechtfertigung klarer Verbotsgrenzen für biomedizinische Verfahren bedarf es indessen zweitens einer stärkeren ethi-schen bzw. anthropologischen Fundierung[20] im begründungstheoretischen Repertoire des Liberalismus – und damit einer Abweichung von der strikten liberalen Neutralität gegenüber unterschiedlichen Vorstellungen des *Guten Le-bens*.[21] Aus dieser Perspektive erscheinen zum Beispiel die Praktiken der moder-nen Reprogenetik nicht gleichermaßen durch den Grundsatz der Reprodukti-onsfreiheit gedeckt. Gleichwohl muss damit gerechnet werden, dass manche Restriktionen innerhalb liberaler Demokratien nicht konsensfähig sind, sondern eher zu einer Konfliktverschärfung beitragen.

Angesichts der globalisierten biomedizinischen Forschung wird eine solche Position auch von den Bemühungen um eine Vereinheitlichung national gelten-der Restriktionen berührt. In der internationalen biomedizinischen Debatte prallt der ethisch imprägnierte Liberalismus nicht allein auf religiös motivierte Positionen, die weitergehende Restriktionen (z.B. Abtreibung) verlangen, son-dern auch auf kulturelle Traditionen wie das Judentum oder aus dem asiatischen Raum, die eine offenere Haltung gegenüber den biomedizinischen Möglichkei-ten einnehmen. Ob sich über diese interkulturellen Wertdifferenzen hinweg

---

20 Bevorzugterweise wird diese in einem an natürliche Entstehensbedingungen gebundenen Gattungs-verständnis des Menschen gefunden. In diesem Sinne argumentieren u.a. Habermas (2001) und Fu-kuyama (2002).

21 Den überzeugendsten Ansatz dazu liefert Jürgen Habermas, für den bei einigen biomedizinischen Praktiken die Grundlagen jeglicher moralischer Kommunikation auf dem Spiel stehen und der vor diesem Hintergrund für den Rekurs auf eine allen moralischen und ethischen Positionen voraus lie-gende „Gattungsethik" plädiert (2001: 121f.).

allgemein akzeptable Regelungen finden lassen, wird von der Überzeugungskraft abhängen, die ein ethisch imprägnierter Liberalismus in der Auseinandersetzung mit anderen Weltkulturen entfalten kann. Realpolitisch gesehen, stehen die Chancen für eine globale Restriktionspolitik derzeit nicht besonders gut. Es ist also damit zu rechnen, dass die biologische Gattung Mensch zukünftig weit auseinanderdriften wird.

Literatur

Althaus, Claudia/Knobloch, Clemens (2002): Biomacht-Biopolitik. Zur Debatte über die Selbstoptimierung des Menschen. In: Sozialwissenschaftliche Informationen 31. 4-11.
Aly, Götz (1995): „Endlösung". Völkerverschiebung und der Mord an den europäischen Juden. Frankfurt/M.: Fischer.
Barry, John (1999): The Campaign for Political Ecology. London: Sage.
Baumann, Zygmunt (1992): Dialektik der Ordnung. Die Moderne und der Holocaust. Hamburg: EVA.
– (1996): Gewalt – modern und postmodern. In: Miller, Max/Soeffner, Hans-Georg (Hg.): Modernität und Barbarei. Frankfurt/M.: Suhrkamp. 36-65.
Bayertz, Kurt (2002): Dissens in Fragen von Leben und Tod: Können wir damit leben? In: Andreas Frewer (Hg.): Ethische Kontroversen am Ende des menschlichen Lebens. Erlangen – Jena: Palm und Erke. 153-170.
Beier, Katharina (2009): Zwischen Beharren und Umdenken. Die Herausforderung des politischen Liberalismus durch die moderne Biomedizin. Frankfurt/M. – New York: Campus.
– (2010): Die Herausforderung der liberalen Gerechtigkeitstheorie durch die moderne Biomedizin. Überlegungen im Anschluss an Buchanans et al. „From Chance to Choice". In: Kauffmann, Clemens/Sigwart, Hans-Jörg (Hg.): Biopolitik im liberalen Staat. Baden-Baden: Nomos.
Braun, Kathrin (2000): Menschenwürde und Biomedizin. Frankfurt/M. – New York: Campus.
Buchanan, Allen/Brock, Dan W./Daniels, Norman/Wikler, Daniel (2000): From Chance to Choice. Genetics and Justice. Cambridge: UP.
Connelly, James/Smith, Graham (1999): Politics and the Environment. London: Routledge.
van den Daele, Wolfgang (2009): Biopolitik, Biomacht und soziologische Analyse. In: Leviathan 37. 52-76.
Dworkin, Ronald (1994): Die Grenzen des Lebens. Reinbek b. Hamburg: Rowohlt.
Eckersley, Robyn (1992): Environmentalism and Political Theory. London: Routledge.
Enzensberger, Hans Magnus (2001): Putschisten im Labor. In: Der Spiegel 23. 216-221.
Euchner, Walter (2001): Politische Tiere – tierische Politik. In: Leviathan 29. 371-410.
Flohr, Heiner (1987): Biological Bases of Prejudice. In: International Political Science Review 8. 183-192.

– (1990): Die Bedeutung biokultureller Ansätze für die Institutionentheorie. In: Göhler, Gerhard/Lenk, Kurt/Schmalz-Bruns, Rainer (Hg): Die Rationalität politischer Institutionen. Baden-Baden: Nomos. 21-58.

Foucault, Michel (1976): Überwachen und Strafen. Die Geburt des Gefängnisses. Frankfurt/M.: Suhrkamp.

– (1977): Der Wille zum Wissen. Sexualität und Wahrheit 1. Frankfurt/M.: Suhrkamp.

– (2000): Die „Gouvernementalität" (frz. 1978). In: Bröckling, Ulrich/Krasmann, Susanne/Lemke, Thomas (Hg.): Gouvernementalität der Gegenwart. Studien zur Ökonomisierung des Sozialen. Frankfurt/M.: Suhrkamp. 41-67.

Frank, Steven A. (1998): Foundations of Social Evolution. Princeton: UP.

Fukuyama, Francis (2002): Das Ende des Menschen. Stuttgart: DVA.

Gerhardt, Volker (2001): Biopolitik. In: Merkur 55(9-10). 859-873.

Geyer, Christian (Hg.) (2001): Biopolitik. Frankfurt/M: Suhrkamp.

Goodin, Robert E. (1992): Green Political Theory. Cambridge: Polity Press.

Habermas, Jürgen (2001): Die Zukunft der menschlichen Natur. Frankfurt/M: Suhrkamp.

Hofstadter, Richard (1955): Social Darwinism in American Political Thought. Boston: Beacon Press.

Jahn, Detlef (1998): Environmental Performance and Policy Regimes. In: Policy Sciences 31. 107-131.

Kamps, Klaus/Watts, Meredith (Hg.) (1998): Biopolitics – Politikwissenschaft jenseits des Kulturismus. Baden-Baden: Nomos.

Kollek, Regine/Lemke, Thomas (2008): Der medizinische Blick in die Zukunft. Gesellschaftliche Implikationen prädiktiver Gentests. Frankfurt/M. – New York: Campus.

Kuhlmann, Andreas (2001): Politik des Lebens, Politik des Sterbens. Berlin: Fest.

Lemke, Thomas (2000): Die Regierung der Risiken. Von der Eugenik zur genetischen Gouvernementalität. In: Bröckling, Ulrich/Krasmann, Susanne/ Lemke Thomas (Hg.): Gouvernementalität der Gegenwart. Studien zur Ökonomisierung des Sozialen. Frankfurt/M.: Suhrkamp. 227-264.

Lemke, Thomas (2007a): Biopolitik zur Einführung. Hamburg: Junius.

Lemke, Thomas (2007b): Gouvernementalität und Biopolitik. Wiesbaden: VS.

Marcus, George E. (2002): The Sentimental Citizen. Emotion in Democratic Politics. University Park: Penn State UP.

Marten, Heinz-Georg (1983): Soziobiologismus. Biologische Grundpositionen der politischen Ideengeschichte. Frankfurt/M.: Campus.

Reiter, Hans (1934): Unsere Biopolitik und das Auslandsdeutschtum. In: ders.: Das Reichsgesundheitsamt 1933-39. Berlin: Springer 1939. 37-43.

Saretzki, Thomas (1990): Biopolitics – ein erklärungskräftiger Ansatz zur Erklärung politischer Institutionen? In: Göhler, Gerhard/Lenk, Kurt/Schmalz-Bruns, Rainer (Hg.): Die Rationalität politischer Institutionen. Baden-Baden: Nomos. 85-114.

Schramme, Thomas (2002): Bioethik. Frankfurt/M. – New York: Campus.

Scruggs, Lyle (2003): Sustaining Abundance: Environmental Performance in Industrial Democracies. Cambridge/Mass.: Harvard UP.

Singer, Peter (1999): A Darwinian Left. Politics, Evolution, and Cooperation. New Haven: Yale UP.

Somit, Albert/Slagter, Robert (1983): Biopolitics. In: Flohr, Heiner/Tönnesmann, Wolfgang (Hg): Politik und Biologie. Berlin – Hamburg: Paray. 31-37.

Somit, Albert (Hg.)(1994): Biopolitics and the Mainstream: Contributions of Biology to Political Science. Greenwich: Jai Press.

Somit, Albert/Peterson, Steven A. (1987): Main Currents in Biopolitics. In International Political Science Review 8. 107-110.

Spaemann, Robert (2001): Grenzen. Zur ethischen Dimension des Handelns. Stuttgart: Klett-Cotta.

Steffens, Andreas (1999): Die Wiederkehr des Menschen. Leipzig: Reclam.

Trotzki, Leo (1932): Die russische Revolution. Kopenhagener Rede. Berlin: Voltaire 1979.

Voland, Eckart (2000): Grundriss der Soziobiologie. 2. Aufl. Heidelberg: Spektrum Akademie.

Waal, Frans de (2000): Der gute Affe. Der Ursprung von Recht und Unrecht bei Menschen und anderen Tieren. München: dtv.

Wuketits, Franz M. (1997): Soziobiologie. Die Macht der Gene und die Evolution sozialen Verhaltens. Heidelberg: Spektrum Akademie.

Demokratie

Hubertus Buchstein

1. Antiker und moderner Demokratiebegriff

Das Wort „Demokratie" stammt aus der politischen Ordnungsformenlehre der griechischen Antike und diente zur Klassifizierung einer politischen Ordnung, in der das Volk (*demos*) seine politische Macht kraftvoll ausübt (*kratein*).[1] Doch bereits in der Antike war die Wortbedeutung von ‚demokratia' heftig umstritten.[2] Und erst recht sind die heutigen Verwendungen des Begriffs in mehrfacher Hinsicht andere als in der Antike.

Schon im Hinblick auf ihre konkreten politischen Ordnungselemente hat die zeitgenössische moderne Demokratie mit ihren Vorläufern aus der Antike kaum mehr gemeinsam als den Namen.[3] Die athenische Demokratie war durch die Souveränität der versammelten Bürgerschaft auf der *agora* charakterisiert. Es wurde eine direkte Demokratie praktiziert, in der nicht nur gemeinsam beraten wurde, sondern auch alle wesentlichen Sachentscheidungen von der versammelten Bürgerschaft getroffen wurden. Die Volksversammlung war das höchste und von keiner anderen politischen Institution eingeschränkte Gremium. Demokratische Politik fand ihren Ausdruck neben der Wahl von Spitzenpositionen zudem im Losverfahren und im Rotationsprinzip bei der Besetzung politischer Ämter. Politische Systeme, die heute den Namen „Demokratie" tragen, zeichnen sich demgegenüber durch die Existenz von Repräsentativversammlungen, Wahlen für alle politischen Ämter, Gewaltenteilung und durch verfassungsmäßige Grenzen der politischen Entscheidungsfreiheit aus.

Auch der Phänomenbereich dessen, was als „Demokratie", „Demokrat" und „demokratisch" bezeichnet wird, hat sich seit der Antike ausgeweitet – heute dient das Wort nicht nur zur Bezeichnung einer spezifischen Ordnung einer *polis*, sondern auch zur Bezeichnung von Staaten, gesellschaftlichen Institutionen, internationalen Organisationen, Verfahrensweisen, Handlungen, Wertvorstellungen bis hin zu menschlichen Charaktermerkmalen. Eng verbunden mit dieser Ausweitung lässt sich schließlich beobachten, dass sich beim substantivischen Sprachgebrauch des Begriffs eine „Demokratie mit Adjektiven" (Col-

---

1   Zu dieser altgriechischen Wortbedeutung von ‚demokratia' vgl. Ober (2008).
2   Zu diesen Debatten vgl. Buchstein (2009b): 9-16).
3   Vgl. zu diesen Unterschieden: Finley (1980), Meier/Veyne (1988) und Hansen (2005).

lier/Levitsky 1997) durchgesetzt hat. „Demokratie" steht in der akademischen Diskussion nur ganz selten als Wort für sich, sondern wird zumeist unter Hinzuziehung eines Adjektivs näher qualifiziert. Häufige Qualifikatoren sind „westlich", „repräsentativ", „plebiszitär", „liberal", „modern", „pluralistisch", „sozialistisch", „deliberativ", „autoritär", „gelenkt" oder „defekt". Angesichts der vielen sich dadurch semantisch bietenden Möglichkeiten gibt es heute – anders als in der Antike – eine Vielzahl unterschiedlicher und heftig miteinander konkurrierender „Demokratietheorien", die jeweils reklamieren, über ein zutreffendes Demokratieverständnis zu verfügen.

Angesichts dieser Unterschiede zwischen den antiken und heutigen Verwendungsweisen des Demokratiebegriffs grenzt es an ein sprachhistorisches Wunder, dass der Begriff immer noch – und zwar weltweit – gleichermaßen in der Wissenschaft wie in der politischen Alltagssprache praktischen Gebrauch findet. Offensichtlich kann die Verwendung des Wortes „Demokratie" bis heute Bedeutungsmomente mobilisieren, die es unterschiedlichen Akteuren zu unterschiedlichen Zeiten immer wieder sinnvoll erscheinen ließ, sich in ihren rhetorischen Strategien auf den Demokratiebegriff zu berufen. Seit einiger Zeit mehren sich allerdings – nicht zuletzt auch angesichts der Konsequenzen aus einer vielfach behaupteten Ohnmacht der politischen Akteure gegenüber den von den Finanzmärkten ausgehenden Turbulenzen – Vorschläge, den Begriff für die Beschreibung heutiger politischer Systeme ad acta zu legen und nach neuen Bezeichnungen im Zeitalter der „Post-Demokratie" zu suchen.

2. Bedeutungsmomente der Demokratie heute

2.1 Moderne Demokratiesemantiken: empirische, formale und normative Demokratietheorie

Die Politikwissenschaft behilft sich bei der Bewältigung der vielfältigen Verwendungsweisen des Demokratiebegriffs mit einer Reihe von Sortierhilfen. Die verschiedenen Sortierungen, die Ordnung in die Vielzahl begrifflicher Verwendungen, normativer Vorschläge, Entwürfe und Argumentationen bringen wollen, lassen sich in zwei Verfahrensweisen einteilen: eine diachronische und eine synchronische. Beim ersten Verfahren werden die ideengeschichtlichen Linien des demokratischen Denkens nachgezeichnet. Der Zweck dieses Verfahrens besteht darin, grobe Phaseneinteilungen und markante thematische Änderungen im demokratischen Denken zu ermitteln, um auf diese Weise die erreichten

„Fortschritte" moderner Demokratietheorien demonstrieren zu können.[4] Beim zweiten Verfahren werden Demokratietheorien zu „Modellen" oder „Ansätzen" verdichtet; der Zweck dieses Verfahrens besteht darin, sie besser miteinander vergleichbar zu machen.[5] Ich halte es demgegenüber für sinnvoller, zunächst zwischen drei grundlegenden Typen von Demokratietheorie zu unterscheiden: dem empirischen, formalen und normativen Typus.

Alle diese Typen stellen, trotz ihrer Unterschiede, die Frage der „Rationalität" von Demokratie in den Vordergrund. Die empirische Demokratietheorie versucht zu ermitteln, welche konkrete Form von Demokratie am ehesten rationale Politikergebnisse erzeugt. Die formale Demokratietheorie leitet ihre Modelle aus bestimmten Rationalitätsannahmen von Akteuren oder Systemeigenschaften ab. Die normative Demokratietheorie bemüht sich darum, die Demokratie als die in rationaler Hinsicht beste aller politischen Ordnungssysteme zu rechtfertigen.

Empirische Demokratietheorien beanspruchen, politische Systeme, die sich Demokratie nennen, zu beschreiben. Sie bedienen sich dabei unterschiedlicher Methoden der qualitativen und quantitativen Sozialforschung. Die Theoriebildung erfolgt induktiv auf dem Wege der schrittweisen Verallgemeinerung empirischer Befunde. Empirische Demokratietheorien klassifizieren unterschiedliche Typen demokratischer Systeme, messen ihre Leistungsfähigkeit und benennen ihre Funktionsvoraussetzungen. Im Lichte ihrer Ergebnisse schneiden moderne Demokratien im Vergleich mit autoritären Regimen in den meisten Politikfeldern recht gut ab (vgl. „Performanz" in diesem Band).

Ganz anders gehen *formale Demokratietheorien* vor. Sie konstruieren formale Modelle. Die Konstruktionen basieren auf wenigen Axiomen oder Voraussetzungen, die sich je nach Theorieansatz unterscheiden. Sie gehen von bestimmten Axiomen aus, auf deren Basis sie die Eigenschaften demokratischer Systeme modellhaft entwickeln. Weder ihre Grundannahmen noch die Modelle erheben einen normativen Anspruch – etwa in dem Sinne, dass die jeweiligen Autoren sie als positive Ideale vorstellen. In der Hoffnung, zutreffende Grundannahmen gewählt und die Modelle richtig konstruiert zu haben, beanspruchen formale Demokratietheorien, eine Erklärung der Funktionsabläufe existierender Demokratien geben zu können.

Gegenwärtig konkurrieren zwei formale Theorieansätze, der akteurszentrierte Ansatz von Rational-Choice-Modellen und der systemorientierte Ansatz von Niklas Luhmann. Sie setzen an gegenüberliegenden Enden des politischen Pro-

---

4 Gute diachronische Einführungen geben Dunn (2005), Saage (2005) und Rosanvallon (2008) sowie als kritische Kontraste Canfora (2007) und Keane (2010).
5 Gute synchronische Einführungen geben Cunningham (2002) und Held (2006).

zesses an. Rational-Choice-Theorien[6] gehen zunächst von einzelnen Akteuren aus, denen sie rationale Handlungsmotivationen unterstellen. Wenn sie sich auf höheren Ebenen des politischen Prozesses mit den Handlungen kollektiver Akteure befassen, versuchen sie mit Hilfe derselben Rationalitätsannahmen, das Verhalten von Verbänden, Parteien und Staaten zu erklären. Die Systemtheorie[7] beginnt demgegenüber gleich auf der Makroebene der Gesellschaft. Sie begreift die verschiedenen Bereiche einer Gesellschaft als in sich abgeschlossene Systeme und untersucht deren Struktur sowie Funktion für die Gesamtgesellschaft. Das Handeln einzelner Akteure spielt hierbei keine Rolle mehr. Die Systeme funktionieren nach einer Eigenlogik, die von handelnden Personen unabhängig ist.

Auch wenn sich Rational Choice und Systemtheorie aller Bewertungen enthalten wollen, bergen sie doch zumindest implizit ein enorm kritisches Potenzial, denn sie legen den Finger auf zwei Schwächen der Demokratie: die Irrationalität demokratischer Willensbildung und die Folgenlosigkeit politischen Handelns. Rational-Choice-Theorien werfen einen kritischen Blick auf die „Spielregeln" des politischen Marktes, also auf die demokratischen Entscheidungsprozeduren. An diesem Punkt haben die logischen Modellkonstruktionen des Rational Choice unweigerlich normative Implikationen. So wird von der normativen Demokratietheorie als eine der wichtigsten Begründungen für Demokratie angeführt, dass sie den Mehrheitswillen fälschungsfrei zum Ausdruck bringt. Dass aber selbst eindeutige Mehrheitsentscheidungen dieser Norm nicht unbedingt genügen, geht aus dem so genannten „Ostrogorski-Paradox" hervor. Dieses Paradox besteht in dem logischen Nachweis, dass schon relativ gering erscheinende Änderungen in Abstimmungsverfahren bei den Abstimmungsresultaten zu gravierenden Unterschieden führen (Riker 1982). Dies ist in normativer Hinsicht brisant, weil hierdurch die Anerkennungswürdigkeit demokratisch erzielter Mehrheitsentscheidungen gezielt angezweifelt wird. Aus Sicht von Rational Choice sind irrationale Entscheidungen keine Abweichung von den demokratischen Normen, sondern das notwendige Ergebnis aus der Aggregation von verschiedenen Teilrationalitäten im politischen Prozess. Ähnliches gilt für die Luhmann'sche Systemtheorie. Sie begreift Demokratie zwar als eine für moderne ausdifferenzierte Gesellschaften angemessene Regierungsform, billigt ihr aber keinen normativ herausgehobenen Stellenwert zu. Die moderne Demokratietheorie erhält von Luhmann mindestens zwei wichtige Lektionen. Die erste besteht in der Erinnerung, dass die Demokratie als Staatsform eine eher unwahrscheinliche evolutionäre Errungenschaft und überaus fragil ist; die zwei-

---

6 Als Überblick vgl. Diekmann (2008).
7 Als Überblick vgl. Czerwick (2008).

te in dem nüchternen Hinweis auf die sich immer enger ziehenden Grenzen wirksamen politischen Handelns.

In Abgrenzung zu den beiden bisherigen Zugangsweisen beanspruchen *normative Demokratietheorien*, dass sie überzeugende Begründungen für demokratische Herrschaftssysteme geben können. Die Begründung und die Bewertung von Demokratie werden nicht unter dem Signum der „Wertfreiheit der Wissenschaft" in den vorwissenschaftlichen Bereich abgedrängt, sondern explizit zum Gegenstand der eigenen wissenschaftlichen Tätigkeit gemacht. Im Zusammenhang mit den anderen beiden Typen von Demokratietheorie besteht die Funktion von normativen Ansätzen darin, überzeugende Kriterien für das Lob oder die Kritik real existierender politischer Systeme bereitzustellen.

Normative Demokratietheorien unterscheiden sich voneinander sowohl in der Art der Begründung ihrer Sollensaussagen als auch darin, wie sie Demokratie konkret ausgestalten wollen. Dabei ist es in den letzten zwanzig Jahren zu einer bis dato nicht gesehenen Ausdifferenzierung und argumentativen Verästelung bestehender Grundansätze gekommen. Neben den klassischen Ansätzen der liberalen, elitären, konservativen, sozialistischen und partizipativen Demokratietheorien gehören zu den als neu präsentierten Strömungen die deliberative, neo-republikanische, neo-liberale, kommunitaristische, kosmopolitane, assoziative, feministische, grün-ökologische, subsidiäre, experimentelle, ethnozentristische, multikulturalistische und postmoderne Demokratietheorie. Die Themen der normativen Demokratietheorie umfassen mittlerweile alle denkbaren Aspekte von Demokratie: ihre Traditionen, ihre Ziele, ihre institutionelle Ordnung und ihre konkreten Verfahrensweisen. Welches Thema konkret im Zentrum der theoretischen Debatten steht, war und ist nicht zuletzt von der politischen Gesamtkonstellation beeinflusst. Deshalb bietet eine Auflistung von Periodisierungen solcher Debatten auch nur bedingte Orientierungshilfe im Gestrüpp der vielfältigen normativen Theorieangebote.

2.2 Die drei normativen Achsen der Demokratietheorie

Sinnvoller ist es, danach zu fragen, wie in der Politischen Theorie vorgegangen wird, wenn eine Antwort auf die Frage gegeben werden soll, ob konkrete (oder spekulative) politische Phänomene in normativer Hinsicht positiv oder negativ als „demokratisch" auszuzeichnen sind. Politische Theoretiker und Theoretikerinnen benötigen offensichtlich zunächst erst einmal Kriterien, an denen sie real existierende Demokratien messen können. Das sind Kriterien, die allgemein genug sind, um potenziell alle Angehörigen einer politischen Gemeinschaft überzeugen zu können, und die andererseits konkret genug sind, um bei der Bewertung wirklicher politischer Phänomene Aussagen zu generieren.

Die Entwicklung dieser Kriterien findet – auch wenn die Argumentationsgänge z.T. sehr abstrakt sind – nicht im luftleeren Raum statt, sondern ist ihrerseits immer eingebunden in bestimmte politische Problemwahrnehmungen. Die analytischen Grundraster solcher Problemwahrnehmungen, von denen die demokratietheoretischen Debatten in den letzten Dekaden im Westen geprägt waren, lassen sich als die drei „normativen Achsen der Demokratietheorie" bezeichnen.

Gegenstandsbezug

Auf der ersten – und gleichsam horizontalen – Achse geht es um die Frage, auf welchen sozialen Gegenstandsbereich sich der Demokratiebegriff überhaupt erstrecken darf und soll. Normative Theorien geben hier Antworten auf die Frage, *was* überhaupt als demokratiefähig angesehen werden kann.

Die neueren Debatten über den angemessenen sozialen Gegenstandsbereich von Demokratie haben vier Schwerpunkte. Ihnen gemeinsam ist eine inkludierende Perspektive, d.h. die Hereinnahme zusätzlicher gesellschaftlicher Phänomene in den Geltungsbereich demokratischer Prinzipien. Ein älterer Debattenschwerpunkt stammt aus der Forderung nach der „Demokratisierung weiterer Lebensbereiche" in den siebziger Jahren des 20. Jahrhunderts. Anknüpfend an Willy Brandts programmatische Formel „Mehr Demokratie wagen" sollten die Prinzipien der politischen Demokratie auch in andere institutionelle Kontexte des alltäglichen Lebens, wie Arbeitswelt, Schulen und Hochschulen Eingang finden.[8] Einen gewissen Nachklang finden diese Forderungen in Theorien der „starken" und der „radikalen" Demokratie.[9] In den achtziger und neunziger Jahren bildeten feministische Demokratietheorien einen zweiten Debattenschwerpunkt.[10] Ausgehend von der empirischen Beobachtung eines „gender gap" in modernen Demokratien besteht ihr Ziel darin, Frauen und weibliche Themen in den politischen Prozess einzubeziehen. In den meisten Ansätzen wird mit der Erfüllung dieser Forderung zugleich auch eine qualitative Verbesserung von Politik in Verbindung gebracht. Die positiven Erwartungen beziehen sich auf einen anderen, kommunikativeren Politikstil sowie eine politische Reformagenda, in deren Mittelpunkt die bessere Verbindung von Familien- und Arbeitswelt in der modernen Gesellschaft steht. Parallel zur feministischen De-

---

8 Vgl. für die damalige Diskussion: Alemann (1975) sowie als neueren Vorschlag für den Wirtschaftsbereich: Demirovic (2007).
9 Vgl. Barber (1994) und Lummis (1996).
10 Vgl. als klassische Überblicke Phillips (1994) und Holland-Cunz (1998).

mokratietheorie wurden in den achtziger und neunziger Jahren in einem dritten Inklusionsdiskurs verschiedene Konzeptionen von multikultureller Demokratie entwickelt.[11] Ausgehend von der empirischen Beobachtung, dass Minderheiten in liberalen Demokratien vielfach diskriminiert werden und ihnen eine angemessene politische Repräsentation fehlt, besteht ihr Ziel darin, die unterschiedlichen kollektiven Identitäten in einer Bürgerschaft angemessen zur Geltung gelangen zu lassen. Im Kern laufen die von diesem Anliegen ausgehenden Reformvorschläge auf die Öffnung bestehender institutioneller Arrangements hinaus. Teilweise werden auch Quotenregelungen vorgeschlagen, die dann mit dem liberalen Gleichheitsgebot austariert werden müssen.

In einem neueren und vierten Inklusionsdiskurs werden von verschiedenen Autoren seit Mitte der neunziger Jahre erheblich weitergehende Überlegungen angestellt, die darauf zielen, auch Kinder (Peschel-Gutzeit 1999, Reimer 2004), zukünftige Generationen (Dryzek 2000) oder Primaten in die Demokratie einzubeziehen. Spätestens die auf den ersten Blick bizarr erscheinende Forderung nach einer adäquaten Berücksichtigung der Interessen von Menschenaffen bei politischen Entscheidungen[12] verdeutlicht die Schwierigkeit, eindeutige Kriterien für eine Begrenzung der sozialen Gegenstandsbezüge von Demokratie zu finden. In der Semantik von „Demokratisierung" ist Demokratie ein prinzipiell unabgeschlossener Prozess, über dessen konkrete Begrenzung immer wieder neu verhandelt werden muss.

Partizipationsintensität

Auf einer zweiten – sich bildlich vertikal vorzustellenden – Achse machen normative Demokratietheorien Aussagen über die anzupeilende Partizipationsintensität und den idealen Abstand von Herrschern und Beherrschten in der Demokratie. Bei allen klassischen Kontroversen der Demokratietheorie des 20. Jahrhunderts stand die Frage der angemessenen Partizipationsintensität im Zentrum: sei es die Debatte zwischen Anhängern der Rätedemokratie und des Parlamentarismus in der zweiten Dekade und erneut in den siebziger Jahren, die politischen Auseinandersetzungen zwischen Verfechtern einer faschistischen Führerdemokratie und ihren liberalen und linken Gegnern in den dreißiger Jahren; die Kontroverse zwischen Vertretern der repräsentativen und der plebiszitären Demokratie in den sechziger und achtziger Jahren; oder der Streit zwischen Theoretikern der Elitendemokratie und der basisorientierten „Grassroot-Demokratie" in den sechziger und neunziger Jahren. In all diesen Kontroversen war umstritten, was als demokratieadäquater politischer Interaktionsmo-

---

11 Zur Einführung vgl. Kymlicka (1999) und Modood (2007).
12 Am überzeugendsten vorgetragen von Goodin/Pateman/Pateman (1997).

dus gelten soll. Autoritäre Demokratietheorien sehen in der Akklamation zum demokratischen Führertum die genuin demokratische Aktivität; liberale und elitäre Demokratievorstellungen verknüpfen ihre Version von Demokratie mit dem Repräsentationsprinzip und dem Wählen; als Gegenposition verfechten Spielarten von „Grassroot-" oder „Basis-Demokratie" die Idee des intensiv partizipierenden Aktivbürgers.

Während noch in den siebziger und achtziger Jahren eine ideologisch aufgeladene Diskussion über die Vor- und Nachteile intensiver politischer Partizipation geführt wurde,[13] ist diese Diskussion im Zuge der empirischen Auswertung von plebiszitären und direkten Demokratiepraktiken in verschiedenen westlichen Demokratien merklich abgekühlt. Weder die Befürchtungen ihrer Gegner noch die Hoffnungen ihrer Anhänger haben sich realisiert. Stattdessen deuten die Befunde darauf hin, dass direktdemokratische Verfahren zwar in bestimmten institutionellen Kontexten durchaus problemlösende Effekte zeitigen, aber auch zu einem Instrument eines antistaatlichen Populismus werden können. Als Reaktion auf die komplexen empirischen Befunde lässt sich in der normativen Demokratietheorie mittlerweile ein zurückgehendes Interesse an der Handlungsdimension von Politik und ihren Partizipationsformen beobachten. Stattdessen gilt das Interesse primär den Institutionen der Demokratie und ihren Leistungen (Schmidt 2006, Estlund 2008, Möllers 2008).

Rationalitätsniveau

Schließlich beinhalten Demokratietheorien in einer dritten normativen Dimension bestimmte Vorstellungen über den materialen Rationalitätsgehalt der demokratischen Willensbildung. Denn Demokratietheorien treffen Aussagen über die technische und sachliche Angemessenheit demokratisch ermittelter Entscheidungen und häufig auch über ihre moralische Qualität. So warfen konservative und liberale Kritiker der Demokratie häufig einen Hang zu irrationalen Entscheidungen vor, und das demokratische Zustandekommen einer Entscheidung wurde auf Seiten vieler Linker als Bedingung der Möglichkeit, wenn nicht gar als Garant „richtiger" Entscheidungen angesehen. Erst in den neueren Demokratiedebatten hat sich diese Richtungszuordnung aufgelöst.

Wie sehr die Rationalitätsfrage an Bedeutung gewonnen hat, lässt sich am Siegeszug der deliberativen Demokratietheorie in den neunziger Jahren ablesen.[14] „Deliberation" ist die gründlich reflektierende Auseinandersetzung und Beratung über politische Fragen. Die deliberative Demokratie soll dazu beitragen, dass politische Akteure nicht nur ihre richtig verstandenen Eigeninteressen

---

13 Vgl. als Übersicht die Beiträge in Wichard (1983).
14 Die besten Überblicke zu diesem Ansatz geben Hüller (2005) und D'Entréves Passerin (2006).

verfolgen, sondern ihre Version von dem, was sie für das Gemeinwohl halten. Dieser Einstellungswandel wird der Öffentlichkeit von Deliberationsprozessen zugeschrieben und wird als „moralischer Effekt der öffentlichen Diskussion" (Miller 1992: 61) oder „diskursive Kläranlage" (Habermas 2009: 93) bezeichnet. Das Ziel des Deliberationsprozesses besteht zwar nicht darin, eine feststehende „moralisch richtige" Lösung freizulegen, aber im kollektiven Prozess sollen doch all die Argumente ausgesondert werden, die allein der Verfolgung privaten Nutzens dienen. Für die Ergebnisse deliberativer Prozesse wird reklamiert, dass sie eine höherrangige Legitimität beanspruchen dürfen als beispielsweise Wahlen oder Abstimmungen.

Die polemische Stoßrichtung der deliberativen Demokratietheorie ist eine zweifache: Sie richtet sich gegen das Rational-Choice-Modell der Aggregation von Präferenzen und pocht demgegenüber auf deren Veränderbarkeit in kommunikativen Prozessen; und sie wendet sich zweitens gegen Theorien, die die Ausweitung des sozialen Bezugsfeldes von Demokratie und eine höhere Partizipationsintensität propagieren, ohne dass sie gleichzeitig plausibel machen können, wie die Bürger mit den damit für sie verbundenen erhöhten kognitiven Zumutungen positiv umgehen können.

Die institutionellen Konsequenzen der deliberativen Demokratietheorie gehen in verschiedene Richtungen. Gegenwärtig lassen sich drei Grundrichtungen erkennen: Die erste versteht unter Deliberation einen Nachdenkensprozess, der letztlich bei jedem Bürger selbst vor sich gehen soll; die politikpraktischen Konsequenzen dieses von Robert E. Goodin verfochtenen Ansatzes bestehen in der Forderung nach einer besseren kulturellen Ausbildung der Bürger, die es ihnen erlaubt, sich gedanklich in andere hineinzuversetzen (Goodin 2003: 227ff.). Eine zweite Richtung betont mit Jürgen Habermas die moralischen Rationalitätsgewinne realer politischer Kommunikation, zielt aber auf keine weitergehenden institutionellen Reformen, sondern mehr darauf, deliberative Chancen im bestehenden institutionellen Gefüge gegenwärtiger liberaler Demokratien zu optimieren (Schmalz-Bruns 1995, Fishkin 2010). Radikalere Konsequenzen zieht eine Minderheit an Autoren wie John Dryzek und Iris Marion Young. Sie betonen das Moment der Offenheit in deliberativen Politikprozessen und kritisieren vor diesem Hintergrund repressive Momente der gegenwärtigen liberalen Demokratie sowie das Desinteresse der modernen Demokratietheorie an den gravierenden sozioökonomischen Ungleichheiten (Young 2000, Dryzek 2000).

3. Die Zukunft des Demokratiebegriffs

Der Demokratiebegriff steht heute an der Schwelle zu einer dritten semantischen Transformation. Die erste semantische Transformation war die *Positivierung* des Demokratiebegriffs. In den antiken Theorien von Platon und Aristoteles sowie von Cicero und Polybios war „Demokratie" ein Negativbegriff. Alle wesentlichen Quellen, aus denen uns der antike Demokratiebegriff überliefert ist, stammen von Kritikern, wenn nicht entschiedenen Gegnern der Demokratie. Die negative Verwendung des Demokratiebegriffs setzte sich ungebrochen über das Mittelalter bis in die Neuzeit fort, und erst bei Spinoza und Rousseau finden wir in der Sache eine Positivierung des Demokratieverständnisses. Eine auch begrifflich positive Konnotierung konnte sich nur allmählich durchsetzen – nach der französischen Revolution und im Zuge der Ausweitung des Wahlrechts in den USA, verschiedenen Ländern Westeuropas, in Neuseeland und Australien im 19. Jahrhundert. Heute ist die Transformation zu einem Positivbegriff im westlichen Kulturkreis unangefochten. Franz L. Neumann hatte in der Mitte des letzten Jahrhunderts mit seiner Bemerkung „Die Demokratie ist nicht einfach ein politisches System wie jedes andere" (Neumann 1953: 133) die Sonderstellung des Demokratiebegriffs für die Selbstauslegung moderner politischer Systeme zutreffend erfasst: als „demokratisch" qualifiziert zu sein ist das moderne Äquivalent für ein Adelsprädikat. Die Demokratie hat in modernen westlichen Demokratien zwar viele interne Kritiker, aber fast keine grundsätzlichen Gegner mehr.

Die zweite semantische Transformation ist die *Futurisierung*. Bereits für die politischen Denker des Hellenismus und später Cicero und die anderen römischen Autoren war die Demokratie eine Regierungsform einer längst vergangenen Epoche. Demokratie wurde vergangenheitsorientiert gedacht und mit der Existenz kleiner Stadtstaaten aus der versunkenen Welt der griechischen Antike verbunden. Schon deshalb war sie (abgesehen von ihrem negativen Bedeutungsgehalt) für Autoren wie Montesquieu, John Locke oder für die Verfasser der Federalist Papers keine ernsthafte Begriffsoption für eine politische Zukunftsvision. Selbst ein Autor wie Rousseau, dessen Theorie einen so großen Positivierungsschritt wagte, blieb bezüglich einer möglichen Zukunft der Demokratie pessimistisch. Erst mit Tocquevilles Buch über Amerika beginnt sich eine politische Rhetorik durchzusetzen, die die bislang dominante Temporalisierungsstruktur im Bewusstsein vieler Zeitgenossen umkehrt und die Demokratie als ein Projekt der Zukunft wahrnehmen lässt. In Tocquevilles Sicht war Nordostamerika schon in weiten Teilen eine Demokratie und auch in Europa würde sie sich bald durchsetzen, so problematisch diese Tendenz aus seiner Sicht auch war. Erst diese Futurisierung machte den Demokratiebegriff zum Schlüsselbegriff der politischen Kämpfe des 19. und 20. Jahrhunderts. Gegner wie Befürworter der Demokratie wurden durch die Futurisierung elektrisiert. Die einen, weil sie nun einer Herausforderung gegenüberstanden, die für sich die Zukunft reklamierte, die anderen, weil sie ein verwirklichbares politisches Projekt mit dem Namen „Demokratisierung" vor Augen hatten. Heute ist der Zukunftscharakter der Demokratie unumstritten. Demokratie ist ein Projekt, an dessen stetiger Verbesserung wir alle mitwirken, bis es einmal voll eingelöst ist.

Die aktuelle semantische Transformation lässt sich als *Rationalisierung* des Demokratiebegriffs bezeichnen.[15] Die partizipative Komponente, die den Demokratiebegriff seit der Antike begleitet, ist für die moderne Demokratietheorie zu einem Ballast geworden. Um dennoch am Begriff festhalten zu können, ist in der normativen Demokratietheorie eine neuerliche semantische Verschiebung vorgenommen worden. Der Bedeutungskern verlagert sich von der politischen Partizipation zur Qualität von Politikergebnissen. Der heutige Mainstream der normativen Demokratietheorie ist nicht mehr „input-", sondern „output"-orientiert und zielt in seinen theoretischen Bemühungen darauf, den Rationalitätsgrad dieses Outputs zu erhöhen. Größere Differenzen ergeben sich innerhalb dieses gemeinsamen Fokus erst dort, wo es um den Inhalt der Rationalitätskriterien geht, also ob Effektivität, Implementierbarkeit, Interessenrepräsentation, Frauenanteil, Stabilität, Gerechtigkeit oder Gemeinwohl als wichtigstes Gut gelten. Die politische Partizipation behält in diesen Demokratietheorien nur dort ihren Platz, wo sie unter institutionell streng reglementierten Bedingungen zu einer Rationalitätsverbesserung beiträgt oder wenigstens einer rationalen Politik nicht im Wege steht. Die logische Konsequenz dieser Sichtweise besteht in der Unterordnung des partizipativen Moments unter die Rationalitätszumutungen moderner Politik.

Die Kritik an der mangelnden Effektivität und Irrationalität der Demokratie ist nicht neu, sie begleitet die Demokratietheorie seit ihren frühen Tagen in der Antike. In der Mitte des 20. Jahrhunderts führte sie, im Anschluss an Schumpeters „realistische Theorie der Demokratie", zur Formulierung einer Elitentheorie der Demokratie, bei der die partizipative Komponente auf den periodischen Austausch von politischen Funktionseliten beschränkt wurde. Bei der heutigen Rationalisierung handelt es sich nicht um eine bloße Weiterführung dieser Linie, sondern um eine Renovierung im paradigmatischen Kern des Demokratieverständnisses. Die liberale Elitentheorie verstand sich als ein Ansatz, der die Demokratie um der Rationalität der Politik willen eingrenzen wollte[16]; die heutige

---

15 Dazu ausführlicher: Buchstein/Jörke (2003).
16 Vgl. Sartori (1962) und die klassischen Kritiken von Bachrach (1970) und Macpherson (1977).

Demokratietheorie erklärt demgegenüber die Rationalität der Politik zum eigentlichen und tieferen Sinn des Demokratiebegriffs selbst.

Auch wenn es zwischen den wichtigen heutigen Demokratietheorien[17] erhebliche Schattierungen gibt, so lässt sich aus ihnen ein gemeinsames Anliegen herauslesen, das die viel beschworenen Differenzen zwischen deliberativen, liberalen, feministischen und zum Teil auch republikanischen Demokratietheorien in sich aufnimmt: Sie alle setzen in ihren Überlegungen auf eine „Veredelung" der Gütequalität demokratischer Politikergebnisse. Sie rechtfertigen die Demokratie als ein politisches System, das gut ist, wenn es „rationale" Politikergebnisse erzeugt oder wenigstens erzeugen soll, und stellen Überlegungen an, wie die Rationalität der Demokratie gegenüber den von Rational Choice und der Systemtheorie behaupteten Irrationalitäten abgeschirmt werden kann.

Diese Output-Legitimation hat kaum mehr etwas mit Demokratie, wie sie traditionell verstanden wurde, zu tun.[18] Der bisherige semantische Kern des Demokratiebegriffs war die Input-Legitimation, d.h. die Identität von Autoren und Adressaten der Gesetzgebung. Die Umstellung des Demokratiebegriffs auf die Output-Legitimation eröffnet die Möglichkeit, im Namen der Demokratie gegebenenfalls funktionale Äquivalente zum partizipativen Legitimationsmodus zu vertreten und damit Staatsformen, die aus traditioneller Sicht als diktatorisch, aristokratisch oder technokratisch bezeichnet wurden, zu den Demokratien zu rechnen.

Diese semantische Umstellung ist mit Blick auf die zukünftigen Perspektiven der Demokratie nicht ohne Risiko. Wenn die Demokratie primär über ihre Leistungen etwa im Bereich der Sicherheit oder Wohlfahrt legitimiert wird, darf es nicht verwundern, wenn demokratische Systeme zur Disposition gestellt werden, sobald sie diese Leistungen beispielsweise im Zuge von terroristischen Bedrohungen oder massiven Wirtschafts- und Finanzkrisen nicht mehr im gewohnten Masse erbringen.

Eine akademische Gegenreaktion auf die Rücknahme des Partizipationsgebots im modernen Demokratieverständnis kann in der Ausrufung des postdemokratischen Zeitalters gesehen werden. Sie stimmt den Beschreibungen und Bewertungen des demokratietheoretischen Mainstream im Wesentlichen zu, leitet daraus aber die Folgerung ab, auf die Bezeichnung „Demokratie" für die heutigen liberalen Demokratien des Westens zu verzichten. Folgt man etwa Danielo Zolo, der seine Thesen im Anschluss an Systemtheorie und Rational Choice entwickelt, dann ist die Demokratie zu einem formalen und praktisch

---

17 Phillips (1994), Held (1995), Schmalz-Bruns (1995), Offe (2003), Scharpf (1999), Dahl (1998), Przeworski (2000), Goodin (2003, 2009), Rawls (2003), Habermas (2009), Schmidt (2010).

18 Zur Kritik an der Dominanz der Output-Legitimation: Brunkhorst (2003: 376f.) und Niesen (2008: 252f).

folgenlosen Verfahren verkümmert, weil der Machtkreislauf in modernen politischen Systemen eine Verkehrung erfahren hat und über das Mediensystem und ein komplexes Netz vermachteter Institutionen von oben nach unten verläuft (Zolo 1998). Ihm zufolge wäre es angemessener, für moderne westliche Systeme den Begriff „liberale Oligarchien" zu verwenden. Demokratie ist ein Begriff aus der politischen Vergangenheit; heute leben wir in der Epoche der „Postdemokratie" (Crouch 2008) bzw. „verwalteten Demokratie" (Nancy 2009). Die Rede von der Postdemokratie ist eine polemische Reaktion auf die aktuelle semantische Transformation des Demokratiebegriffs. Sie will darauf aufmerksam machen, wie weit sich moderne westliche politische Systeme und die sie verteidigende Politische Theorie vom partizipatorischen Grundimpuls des Demokratiegedankens entfernt haben.

Gleichzeitig werden auch viele Verwender des Demokratiebe-griffs sein aus der Begriffsgeschichte stammendes Partizipationsversprechen zukünftig weiter ausbeuten wollen: Die Angehörigen der politischen Klasse haben naturgemäß ein strategisches Interesse daran, ihre Berufsausübung mit dem klassischen Versprechen der Demokratie zu legitimieren, und sei es in Formeln wie „asiatische Demokratie", „islamische Demokratie" oder „gelenkte Demokratie". Gleiches gilt für alle Bürger und gesellschaftlichen Gruppen, die ihre politischen Interessen aktiv wahrnehmen. Solange politische Eliten und Gegen-Eliten im Sinne von Input-Legitimation mit dem Demokratiebegriff kommunizieren, wird die partizipative Bedeutung auch in absehbarer Zeit die politische Alltagssprache dominieren. Der alltagssprachliche Gebrauch wird dadurch zu einer Ressource, auf die sich nicht nur die Ablehnung der geschilderten akademischen „Rationalisierung" des Demokratiebegriffs beziehen kann, sondern sie stellt darüber hinaus das politische Vokabular für die Kritik an mangelnden Beteiligungsrechten oder -möglichkeiten bereit.

Doch ob und inwieweit dieser Grundimpuls auch zukünftig noch reformpolitische Konsequenzen zu erzeugen vermag, ist eine derzeit völlig offene Frage. In Europa kommt der Debatte um das „Demokratiedefizit" der EU auch nach dem Vertrag von Lissabon in diesem Kontext eine Schlüsselrolle zu.[19] In diesem Zusammenhang könnte es hilfreich sein, an das Losverfahren als ein Instrument der klassischen Demokratie neu anzuknüpfen.[20] Vor dem Hintergrund der in demokratietheoretischer Hinsicht besonders problembehafteten Punkte der EU-Institutionenordnung wären beispielsweise folgende Änderungen sinnvoll: (a) die Verteilung der Sitze in einer verkleinerten Europäischen Kommissi-

---

19 Instruktive Überblicke über die divergierenden Positionen bieten Schäfer (2006) und Schwehm (2008: 35-114).
20 Zur Renaissance des Losens in modernen Demokratien vgl. Goodwin (2005), Weyh (2007: 197-219), Dowlen (2008) und Buchstein (2009a).

on auf die Mitgliedsstaaten durch eine gewichtete Lotterie, (b) die Auslosung der Mitglieder, Vorsitzenden und Berichterstatter der Ausschüsse des Europäischen Parlaments sowie (c) die Einführung einer zweiten, gelosten Kammer des Parlaments – einem europäischen ,House of Lots'.[21]

Derartige Vorschläge bieten möglicherweise sogar einen generellen Hinweis für die Richtung von Reformschritten in modernen Demokratien. Die Verfechter der sich seit Ende des 18. Jahrhunderts unter dem Namen „Demokratie" schrittweise etablierenden neuen politischen Ordnungen in Nordamerika und Westeuropa konnten den aus der Antike stammenden Namen nur deshalb erfolgreich für sich reklamieren, weil es ihnen gelang, das Institutionensystem an die *erste räumliche Transformation* ihres Herrschaftsbereichs vom Stadtstaat zum Flächenstaat anzupassen. Die Demokratien dieser zweiten Generation der nationalstaatlichen Massendemokratie nahmen unter anderem Parlamente, den Ausbau der Gewaltenteilung sowie die Wahl von Repräsentanten und anderen Amtsinhabern in ihr verändertes Demokratieverständnis auf.

Die mit dem Wandel zum nationalen Flächenstaat einhergehenden institutionellen und prozeduralen Muster prägen unsere Demokratievorstellungen bis heute, auch wenn die politische Realität sich von diesen Grenzen bereits verabschiedet hat. Der sich in Etappen vollziehende Auf- und Weiterbau der Europäischen Union ist nur ein, wenn auch ein besonders markantes Beispiel für den Tatbestand, dass die Ära exklusiv nationalstaatlich organisierter Demokratien an ihr Ende gekommen ist. Die Entstehung supranationaler Regime wie der EU wirft die so schlichte wie grundlegende Frage auf, ob und wie eine *zweite räumliche Transformation der Demokratie* hin zu einer dritten Generation der Demokratie in der postnationalen Konstellation gelingen kann.

Aus einer optimistischen Sichtweise sind gewisse Parallelen der heutigen Situation zum Beginn der ersten räumlichen Transformation der Demokratie ganz offensichtlich: Die damaligen demokratisch inspirierten Zeitgenossen sahen sich in einer mit der heutigen Situation vergleichbar schwierigen Lage. Ihre damalige Antwortstrategie geriet kurioserweise deshalb so innovativ, weil sie im Bewusstsein ihrer Zeitgenossen alles andere als innovativ war. Statt zur Lösung der demokratischen Frage ihrer Zeit völlig neue Wege zu predigen, kramten sie aus dem älteren Institutionen- und Verfahrensfundus traditionsbewährte Stücke wie das Repräsentativsystem, die Willensübertragung qua Wahl und die Gewaltenteilung hervor, interpretierten sie vor dem Hintergrund der Probleme ihrer Zeit allerdings neu. Die anstehende nächste räumliche Transformation der Demokratie könnte mit der Nutzung von Lotterien gleichfalls von einer Idee profitieren, die ihren Platz längst im traditionellen Fundus politi-

---

21 Ausführlicher werden diese Vorschläge skizziert und begründet in Buchstein/Hein (2009).

scher Verfahrensmodalitäten gefunden hat und lediglich wegen ihres angeblich veralteten und angeblich rein radikaldemokratischen Charakters unserem Blickfeld zwischenzeitlich entschwunden ist.

Ob und inwieweit solche Revitalisierungsversuche des demokratischen Impetus in naher Zukunft tatsächlich erfolgreich sein werden, ist angesichts des nicht geringen Reputationsverlustes, den die 'Demokratie' als Wertorientierung in der neueren Umfrageforschung erfährt, jedoch eher fraglich. Schon heute zählt nur eine Minderheit der Staaten auf der Welt zu den fest etablierten Demokratien und lebt die Mehrheit der Weltbevölkerung in defekten Demokratien oder autokratischen Systemen. Es ist allerdings ebenfalls nicht mehr als eine Spekulation, aus diesem ernüchternden Befund einen neuer Zyklus in der Abfolge von 'Life and Death of Democracy' (John Keane) ablesen zu wollen.

Literatur

Alemann, Ulrich von (1975): Partizipation, Demokratisierung, Mitbestimmung. Opladen: Westdeutscher Verlag.

Bachrach, Peter (1970): Die Theorie der demokratischen Elitenherrschaft. Frankfurt/M.: Europäische Verlagsanstalt.

Barber, Benjamin (1994): Starke Demokratie. Hamburg: Rotbuch.

Brunkhorst, Hauke (2003): Der lange Schatten des Staatswillenspositivismus. In: Leviathan 31. 362-382.

Buchstein, Hubertus (2009a): Demokratie und Lotterie. Das Losverfahren als politisches Instrument von der Antike bis zur EU. Frankfurt/M.: Campus.

Buchstein, Hubertus (2009b): Demokratietheorie in der Kontroverse. Baden-Baden: Nomos-Verlag.

Buchstein, Hubertus/Hein, Michael (2009): Zufall mit Absicht. Das Losverfahren als Instrument einer reformierten EU. In: Brunkhorst, Hauke (Hg.): Demokratie in der Weltgesellschaft. Baden-Baden: Nomos Verlag. 351-385.

Buchstein, Hubertus/Jörke, Dirk (2003): Das Unbehagen an der Demokratietheorie. In: Leviathan 31. 470-495.

Canfora, Luciano (2006): Eine kurze Geschichte der Demokratie. Köln: PapyRossa.

Collier, David/Levitsky, Steven (1997): Democracy with Adjectives. Conceptual Innovation in Comparative Research. In: World Politics 49. 430-451.

Crouch, Colin (2008): Postdemokratie. Frankfurt/M.: Suhrkamp.

Cunningham, Frank (2002): Theories of Democracy. A Critical Introduction. London: Routledge.

Czerwick, Edwin (2008): Systemtheorie der Demokratie. Wiesbaden: VS-Verlag.

D'Entréves Passerin, Maurizio (Hg.) (2006): Democracy as Public Deliberation. London: Polity.

Dahl, Robert (1998): On Democracy. New Haven: Yale UP.

Demirovic, Alex (2007): Demokratie in der Wirtschaft. Positionen, Probleme, Perspektiven. Münster: Westfälisches Dampfboot.

Diekmann, Andreas u.a. (2008): Rational Choice. Theoretische Analysen und empirische Resultate. Wiesbaden: VS-Verlag.

Dowlen, Oliver (2008): The Political Potential of Sortition. Charlottesville: Imprint Press.

Dryzek, John (2000): Deliberative Democracy and Beyond. Liberals, Critics, Contestations. Oxford: UP.

Dunn, John (2005): Setting the People Free. The Story of Democracy. Oxford: UP.

Estlund, David (2008): Democratic Authority. Princeton: UP.

Finley, Moses I. (1980): Antike und moderne Demokratie. Stuttgart: Reclam.

Fishkin, James S. (2010): When the People Speak. Deliberative Democracy and Public Consultation. Oxford: UP.

Goodin, Robert E. (2003): Reflective Democracy. Oxford: UP.

– (2009): Innovating Democracy. Oxford: UP.

Goodin, Robert E./Pateman, Carole/Pateman, Roy (1997): Simian Sovereignty. In: Political Theory 25. 821-849.

Goodwin, Barbara (2005): Justice by Lottery. Neuausgabe. Exeter: Imprint Press.

Habermas, Jürgen (2009): Politische Theorie. Philosophische Texte Band 4. Frankfurt/M.: Suhrkamp.

Hansen, Mogens Herman (2005): The Tradition of Ancient Greek Democracy and its Importance for Modern Democracy. Kopenhagen: University Press.

Held, David (1995): Democracy and the Global Order. Cambridge: Polity Press.

– (2006): Models of Democracy. 3. Auflage. Cambridge: Polity Press.

Holland-Cunz, Barbara (1998): Feministische Demokratietheorie. Opladen: Leske + Budrich.

Hüller, Thorsten (2005): Deliberative Demokratie. Normen, Probleme und Institutionalisierungsformen. Münster: Lit.

Keane, John (2010): The Life and Death of Democracy. New York: Simon&Schuster..

Kymlicka, Will (1999): Multikulturalismus und Demokratie. Hamburg: Rotbuch.

Lummis, Douglas (1996): Radical Democracy. Ithaca: Cornell UP.

Macpherson, Crawford B. (1983): Nachruf auf die liberale Demokratie. Frankfurt/M.: Suhrkamp.

Meier, Christian/Veyne, Paul (1988): Kannten die Griechen die Demokratie? Berlin: Wagenbach.

Miller, David (1992): Deliberative Democracy and Social Choice. In: Political Studies 40. 54-67.

Modood, Thomas (2007): Multiculturalism. Cambridge: Polity.

Möllers, Christoph (2008): Demokratie. Zumutungen und Versprechungen. Berlin: Wagenbach.

Nancy, Jean-Luc (2009): Wahrheit der Demokratie. Berlin: Passagen.

Neumann, Franz L. (1967): Zum Begriff der politischen Freiheit (erstm. 1953). In: ders.: Demokratischer und autoritärer Staat. Frankfurt/M.: EVA. 100-141.

Niesen, Peter (2008): Deliberation ohne Demokratie? In: Niederberger, Andreas/Kreide, Regina (Hg.): Transnationale Verrechtlichung. Frankfurt/M: Campus. 240-259.

Ober, Josia (2008): The Original Meaning of ‚Democracy'. Capacity to Do Things, not Majority Rule. In: Constellations 15. 3-9.

Offe, Claus (2003): Micro-Aspects of Democratic Theory (erstm. 1997). In: ders.: Herausforderungen der Demokratie. Frankfurt/M., New York: Campus. 248-275.

Peschel-Gutzeit, Lore Maria (1999): Das Wahlrecht von Geburt an. In: Zeitschrift für Parlamentsfragen 30. 556-574.

Phillips, Anne (1994): Geschlecht und Demokratie. Hamburg: Rotbuch.

Przeworski, Adam et al. (2000): Democracy and Development. Cambridge: UP.

Rawls, John (2003): Gerechtigkeit als Fairness. Frankfurt/M.: Suhrkamp.

Reimer, Franz (2004): Verfassungsrechtliche Möglichkeiten und Grenzen eines Wahlrechts von Geburt an. In: Zeitschrift für Parlamentsfragen 35. 322-338.

Riker, William H. (1982): Liberalism against Populism. San Francisco: Freeman.

Rosanvallon, Pierre (2008): Counter-Democracy. Cambridge: UP.

Saage, Richard (2005): Demokratietheorien. Wiesbaden: VS-Verlag.

Sartori, Giovanni (1962): Democratic Theory. Detroit: Wayne State UP.

Schäfer, Armin (2006): Nach dem permissiven Konsens. Das Demokratiedefizit der Europäischen Union. In: Leviathan 34. 350-376.

Scharpf, Fritz W. (1999): Regieren in Europa. Effektiv und demokratisch? Frankfurt/M., New York: Campus.

Schmalz-Bruns, Rainer (1995): Reflexive Demokratie. Baden-Baden: Nomos.

Schmidt, Manfred G. (2006): Die Zukunft der Demokratie. In: Zeitschrift für Parlamentsfragen 37. 812-822.

– (2010): Demokratietheorien. Eine Einführung. 5. Aufl. Wiesbaden: VS.

Schwehm, Johannes (2008): Theorie und Kontext. Frankfurt/M.: Campus.

Weyh, Florian Felix (2007): Die letzte Wahl. Therapien für die leidende Demokratie. Frankfurt/M.: Eichborn.

Wichard, Rudolf (1983): Demokratie und Demokratisierung. Texte zum Verständnis der modernen Demokratiediskussion. Frankfurt/M.: Suhrkamp.

Young, Iris Marion (2000): Inclusion and Democracy. Oxford: UP.

Zolo, Danielo (1998): Die demokratische Fürstenherrschaft. Für eine realistische Theorie der Politik. Göttingen: Steidl.

Diskurs

Martin Nonhoff

1. Zwei Begriffe des Diskurses

Die Rede vom Diskurs hat nun schon seit geraumer Zeit Hochkonjunktur. In den Feuilletons und Kommentarspalten der Zeitungen ist er allgegenwärtig: So kann man zum Beispiel lesen, dass der öffentliche Diskurs von bestimmten Argumenten, Denkfiguren und Themen beherrscht sei, während andere seltsamerweise außen vor blieben; oder aber, dass man eine Problemlage erst einmal diskursiv prüfen müsse. Im Alltag bekommt man gelegentlich zu hören, dass man in dieser oder jener Angelegenheit einen Diskurs „führen" müsse. In den Geistes- und Sozialwissenschaften wiederum findet der Begriff der Diskursanalyse immer häufiger dort Verwendung, wo früher von Dokumenten-, Text-, oder Inhaltsanalyse die Rede war. Ist also „Diskurs" letztlich nichts als ein diffuses Modewort für alles, was irgendwie mit Sprache, Kommunikation und Bedeutung zu tun hat? Oder nur ein alternativer Begriff für Diskussion oder Debatte? Dass man wenigstens mit der intuitiven Verortung im Raum von Sprache und Bedeutung nicht verkehrt liegt, wird die folgende Betrachtung der wichtigsten Theorien, in denen der Begriff des Diskurses eine prominente Stellung einnimmt, zeigen. Zugleich wird aber auch deutlich werden, dass zwei Diskursbegriffe unterschieden werden müssen, die auf einem je spezifischen Verständnis dessen, was Diskurse ausmacht, beruhen; in beiden Fällen geht dieses Diskursverständnis über die erste Intuition weit hinaus. Für die Politische Theorie sind beide Diskursverständnisse von Interesse, führen jedoch zu deutlich verschiedenen Schwerpunktsetzungen.

Der Begriff des Diskurses, wie er vor allem in der Diskurstheorie von Jürgen Habermas Verwendung findet, zeichnet sich durch eine starke normative Komponente aus. Hier taucht der Diskurs als ein Verfahren geregelter Argumentation auf, das es erlaubt, der Wahrheit oder Richtigkeit von Aussagen auf die Spur zu kommen. An der Politik interessiert Habermas vor allem, wie sie zu rationalen Ergebnissen geführt werden kann, und als das entscheidende Mittel hierzu propagiert er die Ausweitung und Vertiefung von institutionell abgesicherten Sphären und Prozeduren der Diskursivität. Im Kontrast zu diesem normativ orientierten Diskursbegriff kann man denjenigen, der bei Michel Foucault sowie bei Ernesto Laclau und Chantal Mouffe Verwendung findet, als analytischen Diskursbegriff bezeichnen. Mit Diskurs ist hier zunächst nichts anderes gemeint

als die fortwährende sprachliche (und z.T. auch nicht-sprachliche) Erzeugung
von Bedeutung. Um die politische Relevanz eines solchen Diskursbegriffs zu
verstehen, muss man sich vor Augen halten, dass dann, wenn man gesellschaftliche Bedeutungsbestände als Erzeugnis – und folglich nicht als schon immer
gegeben – begreift, wichtige Kategorien der öffentlich-politischen Argumentation wie das Natürliche oder das Notwendige grundlegend in Frage gestellt werden. Von dort ist es nur noch ein kleiner Schritt zu fragen, wie sich Muster der
Natürlichkeit oder Notwendigkeit (oder ähnliche Muster der Unhinterfragbar-
keit) überhaupt erst konstituieren, und inwiefern diese Muster mit Machtbeziehungen oder der Entwicklung von Hegemonien verknüpft sind. Foucault
sowie Laclau und Mouffe entwerfen Diskurstheorien, die diese Fragen thematisieren, aber sie vermitteln auch einen guten Eindruck davon, wie diesen Fragen
in Diskursanalysen, die sich mit der empirischen Untersuchung spezifischer
Diskurse befassen, nachgegangen werden kann.[1] Im Rahmen einer umfassenden
analytischen Diskurswissenschaft gehen Diskurstheorie und Diskursanalyse
ohnehin ineinander über: Diskurstheorie bereitet Diskursanalyse vor und Diskursanalyse greift immer wieder auf diskurstheoretische Vorüberlegungen zurück.[2]

---

1 Diskursanalyse bildet – auch hinsichtlich des jeweiligen methodischen Vorgehens – ein so heterogenes Feld, dass es hier bei der Vermittlung dieses Eindrucks bleiben muss. Einen weiter gehenden
   Einblick ermöglichen neben den in Fn. 2 genannten Bänden van Dijk (1985), Jaworski/Coupland
   (1999), Angermüller/Bunzmann/Nonhoff (2001) und Keller et al. (2006, 2008).

2 Von der Politischen Theorie sind die genannten diskurstheoretischen Ansätze in unterschiedlichem
   Ausmaß rezipiert worden: Die Habermas'sche Diskurstheorie gehört zum Kernbestand der Politischen Theorie der Gegenwart (vgl. zum Überblick Iser/Strecker 2010), vor allem im Rahmen der deliberativen Demokratietheorie (vgl. z.B. Bohman/Cohen/Rehg 1997, Elster 1998, Besson/Marti/
   Seiler 2006). Der Schwerpunkt der Foucault-Rezeption in der Politischen Theorie liegt auf genealogischen Macht- und Regierungsanalysen, z.B. bei Lemke (1997) und Saar (2007). Daneben wird Foucault auch für die Analyse politischer Diskurse rezipiert (vgl. Kerchner/Schneider 2006), allerdings
   eher selten aus politisch-theoretischer Perspektive. Die Diskurs- und Hegemonietheorie von Laclau
   und Mouffe findet gerade an der Schnittstelle von Politischer Theorie und Politischer Diskursanalyse
   zunehmend Resonanz – vgl. hier für die Politische Theorie besonders Marchart (2007), für die Verbindung von Theorie und Diskursanalyse Nonhoff (2006). Einen kurzen deutschsprachigen Überblick über das Feld der analytischen Diskurstheorien bieten Angermüller (2001) und Keller (2007: 13-
   60).

2. Diskursbegriffe im Vergleich

2.1 Das Diskursverständnis bei Jürgen Habermas

Die Kategorie des Diskurses spielt in weiten Teilen des Werkes von Jürgen Habermas eine zentrale Rolle. Kurz gefasst versteht Habermas unter Diskurs eine voraussetzungsreiche, rationale Art der Kommunikation, in die man freiwillig eintritt, um strittige Aspekte von Behauptungen – Habermas nennt sie Geltungsansprüche – frei von konkretem Handlungsdruck mit dem Ziel eines intersubjektiven Konsenses zu thematisieren und ihre Gültigkeit im Zuge rationaler Argumentation zu klären. Ein Diskurs unterscheidet sich vom alltäglichen kommunikativen Handeln, in welchem zwar stets Geltungsansprüche mitschwingen, aber nicht explizit zum Thema gemacht werden (Habermas 1981, Bd. 1: 128). Ein Diskurs kann also als ein Prozess intersubjektiver, auf Verständigung ausgerichteter Meinungsbildung beschrieben werden, in dessen Verlauf die Diskursteilnehmer in reflexiver Weise strittige Geltungsansprüche klären.[3]

Habermas' Diskursverständnis basiert auf einer Konsensustheorie der Wahrheit, nach welcher eine konstative, also feststellende Äußerung (über Zustände, Sachverhalte, Ereignisse etc.) dann als wahr bzw. eine normative Äußerung dann als richtig gilt, wenn alle potenziellen Gesprächspartner hinsichtlich dieser Äußerung einen intersubjektiven Konsens erzielen können (1984: 137).[4] Theoretische Diskurse dienen der Konsensfindung bezüglich der Wahrheit von Feststellungen, praktische Diskurse hingegen bezüglich der Richtigkeit von normativen Äußerungen. In seinen Untersuchungen zur Politik überträgt Habermas dem praktischen Diskurs eine entscheidende Rolle, was damit zusammenhängt, dass es ihm vor allem um die Frage geht, wie gewährleistet werden kann, dass der politische Prozess bei der Setzung von allgemein verbindlichen Normen rationale Ergebnisse generiert. Die Erörterung dieser Frage führt zur Formulierung der Diskurstheorie des demokratischen Rechtsstaats und der Theorie der „deliberativen Politik" (1992).

Die Grundlage für die Diskurstheorie des demokratischen Rechtsstaats legte Habermas mit seinem Entwurf der Diskursethik (1983, 1991). Die diesem Entwurf zugrunde liegende Leitfrage lautet, auf welche Art und Weise moralische Aussagen begründet werden müssen, damit sie „kraft Einsicht" als gut begründet und damit als „wahrheitsanalog" und vernünftig anerkannt werden

---

3 Vgl. einführend zu Habermas und auch zur Rezeption des Habermas'schen Diskursbegriffs in der Politischen Theorie Iser/Strecker (2010).

4 In jüngeren Schriften revidierte Habermas (1999: 7-64, 271-318) seine diesbezügliche Auffassung. Seitdem gilt ihm allgemeine Zustimmung nur noch als Kriterium für die Richtigkeit einer normativen, nicht aber notwendigerweise für die Wahrheit einer konstativen Äußerung.

(1983: 66f.). Der Kern von Habermas' Antwort auf diese Frage besteht darin, dass sich die allgemeine Gültigkeit von Normen nur im Zuge eines Verfahrens unparteilicher Urteilsbildung erweisen kann, das gewährleistet, dass die für gültig befundenen Normen „die Anerkennung von Seiten *aller* Betroffenen *verdienen*" (1983: 75). Die Notwendigkeit eines solchen Verfahrens – mithin des praktischen Diskurses – wird im zentralen Diskursprinzip ›D‹ nochmals betont, welches besagt, „daß nur die Normen Geltung beanspruchen dürfen, die die Zustimmung aller Betroffenen als Teilnehmer eines praktischen Diskurses finden (oder finden könnten)" (1983: 103).

Der praktische Diskurs kann die Funktion eines Verfahrens der unparteilichen Urteilsbildung deshalb erfüllen, weil er – wie auch der theoretische Diskurs – an ein Set von Bedingungen geknüpft ist, das Habermas als „ideale Sprechsituation" bezeichnet. Insbesondere umfassen diese Bedingungen die Chancengleichheit bei der Kommunikationsbeteiligung und die Irrelevanz von diskursexternen Machtbeziehungen, so dass tatsächlich nur das bessere Argument obsiegt (1984: 177f.). Zwar ist eine ideale Sprechsituation im Alltag nur selten gegeben; aber Habermas argumentiert, dass sie der Summe der Kommunikationsvoraussetzungen und -regeln gleiche, die alle kommunikativ Handelnden (auch „kontrafaktisch") unterstellen müssen, sobald sie überhaupt von der Möglichkeit der Verständigung ausgehen. Zugleich bildet die ideale Sprechsituation auch einen Maßstab, anhand dessen jeder einmal erzielte Konsens im Nachhinein auch wieder in Frage gestellt werden kann.

Habermas formuliert seine an das Diskursprinzip anschließende Theorie der Politik in der Überzeugung, dass eine diskursorientierte Politik die Integration von ausdifferenzierten und komplexen Gesellschaften dadurch ermöglichen kann, dass sie eine rationale Lösung gesellschaftlicher Probleme durch die Setzung legitimer Normen befördert. Im Raum der demokratischen Politik tritt das Diskursprinzip als Demokratieprinzip in Erscheinung. Als Demokratieprinzip legt es fest, dass die Bürger einer Demokratie einander nur diejenigen Rechtsnormen zumuten dürfen, denen sie alle in ihrer Rolle als Rechtsgenossen vernünftigerweise zustimmen können (Habermas 1992: 141f.). Damit sich der „zwanglose Zwang" des besseren Arguments in der Politik durchsetzen kann, sind nach Habermas' Auffassung zwei Bedingungen zu erfüllen. Erstens müssen innerhalb des politischen Systems durch ein Set von Rechten und Verfahren verschiedene Arenen diskursiver Willensbildung institutionalisiert und abgesichert werden. Zweitens muss dieses politische System offen sein für die Werte, Themen und Argumente, die außerhalb des politischen Systems im Kommunikationsfluss der zivilgesellschaftlichen Öffentlichkeit zirkulieren.[5] Die Rückkopplung mit der Öffentlichkeit ist aus wenigstens zwei Gründen unerlässlich: Zum einen kann die Öffentlichkeit auf Probleme aufmerksam machen, die durch die routinierten Abläufe im politischen System übersehen werden; zum anderen dient sie als Reservoir für begründete Meinungen, die dann im Zuge institutionalisierter Diskurse gefiltert werden können (1992: 429-467). Nur aus dem Zusammenspiel des „Resonanzraums" Öffentlichkeit mit einem politischen System, in dem institutionalisierte diskursive Räume geschützt und genutzt werden, können vernünftige und legitime politisch-rechtliche Normen resultieren. Politik, die solchermaßen Diskurse auf institutioneller Ebene ermöglicht und zugleich im öffentlichen Raum verankert, nennt Habermas *deliberative Politik* (1992: 349-461).

Nach Habermas kommt also dem Diskurs in der Politik die wesentliche Aufgabe zu, die Erzeugung allgemein verbindlicher, sowohl legitimer als auch vernünftiger Normen zu ermöglichen und so die Rationalisierung von Gesellschaften zu befördern. Somit steht der Diskursbegriff nicht nur für eine spezifische (mitunter institutionalisierte) Form des „reflexiv gewordenen kommunikativen Handelns" zur Klärung strittiger Geltungsansprüche. Er ist auch der Kristallisationspunkt einer Hoffnung auf gesellschaftlichen Fortschritt und menschliche Emanzipation, die beide von der Pflege und Inanspruchnahme kommunikativer Rationalität abhängen. Diskurs ist damit ein von Beginn an normativ aufgeladener Begriff.

2.2 Das Diskursverständnis der analytischen Diskurswissenschaft

Im Feld der analytischen Diskurstheorie und der Diskursanalyse wird der Diskursbegriff häufig auf die einfache Formel „language-in-use" gebracht (z.B. Jaworski/Coupland 1999: 6). Diskurse sind damit zum einen – wie Texte – sprachliche Gebilde, die über einen Satz hinausgehen; aber zum anderen werden im Begriff des Diskurses – anders als im Begriff des Textes – die Situiertheit eines sprachlichen Gebildes in seinem jeweiligen Produktionskontext und die

---

5 Habermas unterscheidet zwischen der medialen Massenöffentlichkeit einerseits und der lebensweltlichen Öffentlichkeit andererseits. Unter anderem weil es in der Medienöffentlichkeit zu weit reichenden Pathologien kommen kann (z.B. die Konzentration der Medien in den Händen weniger), kommt der lebensweltlichen Öffentlichkeit eine besonders wichtige Rolle zu. Das Gebot der Durchlässigkeit ist somit letztlich ein mehrfaches: Die Medienöffentlichkeit muss für die Diskussionen und Argumente der lebensweltlichen Öffentlichkeit offen sein, und das politische System muss die Argumentationen beider Öffentlichkeiten aufnehmen (Habermas 2008).

aus eben dieser Text-Kontext-Beziehung resultierende Produktion von Sinn
und Bedeutung mitgedacht.

Innerhalb dieses Grundverständnisses lassen sich nun zwei diskurswissen-
schaftliche Richtungen ausmachen, denen zwei unterschiedliche Diskursbegriffe
zugrunde liegen. Ein Großteil dessen, was im angloamerikanischen Raum (aber
nicht nur dort) unter dem Etikett *discourse analysis* stattfindet, befasst sich damit,
wie in relativ begrenzten Reihen von Sätzen, von Äußerungen oder von Sprech-
akten Bedeutung generiert wird (vgl. für viele Brown/Yule 1983). Dieser Diskursbegriff findet sich vor allem in den Sprachwissenschaften wieder, auch
wenn sich jüngst eine sozialwissenschaftliche Aussagenanalyse etabliert hat
(Angermüller 2007). Die Sozialwissenschaften hingegen haben eine Affinität zu
einer zweiten Richtung der Diskurswissenschaft, deren Wurzeln vor allem im
französischen (Post-)Strukturalismus liegen. Unter dem Etikett „Diskurs" werden hier großflächige gesellschaftliche Formationssysteme der Bedeutungsproduktion untersucht, und damit geht es häufig auch um Phänomene, die für die
Politische Theorie von großem Interesse sind: um politische Verfahren, Regeln
oder Institutionen, die nur aufgrund anerkannter Bedeutungszuschreibungen
funktionieren können, so z.B. Repräsentation oder Bürgerrechte; um das Funktionieren von Ideologien oder die Konstituierung politisch relevanten oder
gültigen Wissens; und folglich nicht zuletzt um verschiedene Formen von diskursiven Herrschafts- und Machtwirkungen. Dass Theorien der Politik und
Theorien des Diskurses produktiv ineinander greifen können, erhellt der komplementäre Blick auf die Diskurstheorien Foucaults sowie Laclaus und Mouffes.

Zum Diskursverständnis Michel Foucaults

Michel Foucaults langjähriger Untersuchungsgegenstand ist die neuzeitliche
Entwicklung dessen, was er Humanwissenschaften nennt. Damit ist ein Kon-
glomerat von Wissenschaften gemeint, die in der einen oder anderen Form den
Menschen und sein Handeln zum Gegenstand haben, zum Beispiel Psychiatrie
und Biologie, aber auch die Wissenschaften des Strafens und der Sexualität. Jede
dieser historisch situierten Wissenschaften lässt sich nach Foucault als „Menge
von Aussagen, die einem gleichen Formationssystem zugehören", beschreiben
und konstituiert genau dadurch das, was Foucault einen Diskurs nennt (1973:
156). Somit sind Diskurse für Foucault einerseits immer konkrete historische
Gebilde der Wissens- und Bedeutungsproduktion, andererseits aber zeichnen
sich Diskurse grundsätzlich durch bestimmte, abstrakt beschreibbare Strukturen
und Dynamiken aus – eben vor allem dadurch, dass sie sich als Formationssysteme von Aussagen beschreiben lassen.

Auf abstrakter Ebene nähert sich Foucault dem Diskursbegriff vor allem in der *Archäologie des Wissens*. Nach den dortigen Ausführungen bilden sich Diskurse aus sprachlichen Zeichen, aber die diskursive Funktion dieser Zeichen besteht nicht einfach darin, Gegenstände aller Art (Objekte, Subjekte, Bewegung, Beziehungen etc.) zu bezeichnen. Vielmehr bringen Diskurse ihre Gegenstände erst hervor (1973: 74), nicht weil sie den materiellen Gegenstand als solchen – sofern ein solcher überhaupt betroffen ist – produzieren, sondern weil sie ihn als Gegenstand von Bedeutung (und *mit* einer bestimmten Bedeutung) verfügbar machen. Somit lässt sich ein Diskurs auch nicht als eine Gesamtheit von Zeichen beschreiben, sondern muss als Prozess verstanden werden, in dem die Verknüpfung von Zeichenfolgen oder Äußerungen miteinander und mit Gegenständen dazu führt, dass diese Gegenstände in einer bestimmten Bedeutung und damit auch bestimmte Formen des Wissens überhaupt erst produziert werden (Dreyfus/Rabinow 1987: 86f.).

Als „Atom des Diskurses", als seine kleinste Einheit, bezeichnet Foucault (1973: 117) die Aussage. Um zu verstehen, was eine Aussage ist, muss sie zunächst von einer Äußerung unterschieden werden. Unter letzterer versteht Foucault jedes singuläre – weil in einem bestimmten Kontext geschehende – Ereignis einer Verknüpfung von sprachlichen Zeichen. Unter einer Aussage hingegen wird eine bestimmte Funktion von Äußerungen verstanden, die sich gelegentlich, aber nicht in allen Äußerungen aufzeigen lässt. Diese Aussagefunktion besteht darin, dass die geäußerte Folge von (sprachlichen) Zeichen in eine Beziehung zu einem „Referential" tritt (133). Ein Referential besteht nicht aus gegebenen „Dingen" oder „Fakten", sondern aus den Gesetzen, welche es gestatten oder verbieten, die „Dinge" oder „Fakten" überhaupt auf eine bestimmte Weise zueinander in Beziehung zu setzen, oder, mit anderen Worten, aus den Regeln, die es erlauben, die „Dinge" und „Fakten" so oder so zu begreifen. Auf der Aussageebene können diese Regeln bestätigt, verändert oder in Frage gestellt werden; zugleich aber wird jede Äußerung, deren Aussage die Regeln nicht bestätigt, wohl – wenigstens zunächst – auf Unverständnis oder Ablehnung stoßen, nicht weil sie nicht wahr *ist*, sondern weil sie nicht wahr *sein kann*, solange sie den etablierten Regeln widerspricht. Eines der bekanntesten Beispiele, die Foucault hierfür anführt, ist die Mendel'sche Vererbungslehre, die lange Zeit vom damals etablierten biologischen Diskurs nicht anerkannt wurde (1991: 25).

Wenn aber in verschiedenen Aussagen die „Dinge" und „Fakten" (mit Hilfe von Zeichen) in regelmäßiger Streuung reproduziert und folglich die Anordnungsregeln immer aufs Neue bekräftigt werden, so dass sie relativ dauerhaft Bestand haben können und eine etablierte Sichtweise eines Gegenstandes bzw. einen legitimen Wissensbestand begründen, dann bezeichnet man ein solches Geflecht von sich gegenseitig stützenden Aussagen als diskursive Formation

(1973: 48-60, 156). Diskursive Formationen dürfen keinesfalls statisch gedacht werden; entsprechend der dynamischen Bedeutungskomponente der französischen *formation* müssen sie eher als kontinuierliche Formierung verstanden werden, die jedoch recht stabile Anordnungen reproduziert (Pêcheux 1988: 648). Angesichts des steten, unaufhaltsamen und nie vorhersehbaren Flusses von Äußerungsereignissen erscheint die Entstehung relativ stabiler Strukturen auf den ersten Blick überraschend. Aber es ist genau diese Unberechenbarkeit der diskursiven Gezeiten, die die Entstehung von gesellschaftlichen Prozeduren zur Kontrolle des ungehinderten Sprechens provoziert und so die Stabilisierung diskursiver Formationen fördert. Einige dieser Prozeduren führt Foucault in seinem viel gelesenen Vortrag über die „Ordnung des Diskurses" (1991) aus, darunter zum Beispiel das Tabu, den regelmäßigen Bezug auf bekannte Autoritäten (den Kommentar) oder die Verknappung des Zugangs zu diskursiv akzeptierten Sprecherpositionen (durch Erziehungskriterien o.ä.).

Diese wenigen Beispiele verdeutlichen bereits, dass sich in den Foucault'schen Schriften nach der *Archäologie des Wissens* der Analysefokus weitet: Foucaults Interesse gilt nun nicht mehr nur dem Funktionieren des Diskursgeschehens selbst, das ja ausschließlich als sprachliche Praxis verstanden wird; statt dessen wendet er sich nun einerseits der Verbindung von Diskursen und Wissensformationen mit nicht-sprachlichen, nicht-diskursiven Praktiken zu – solche Verbindungen werden als Dispositive bezeichnet – und andererseits den Konsequenzen solcher Verbindungen, vornehmlich den Macht- und Subjektivierungswirkungen der Dispositive. Entsprechend steht in zwei der bekanntesten Arbeiten Foucaults, der Untersuchung der historischen Entwicklung des Dispositivs des Disziplinar- und Strafwesens (1976) sowie des Dispositivs der Sexualität (1977), der Begriff des Diskurses bei weitem nicht mehr so im Mittelpunkt wie in der *Archäologie*. Dennoch wird gerade in diesen Schriften deutlich, welche politisch relevanten Folgen Diskurse haben können und weshalb die Foucault'sche Diskurstheorie und ihre Fortentwicklungen für die Politische Theorie von Interesse sind.

Wie dargestellt gruppieren sich verschiedene Aussagen, die gemeinsam dieselben Regeln zur Anordnung von „Dingen" oder „Fakten" und damit zur Generierung bedeutungsvoller Gegenstände bekräftigen, zu diskursiven Formationen bzw. zu Formationen gültigen Wissens. Diese Formationen scheiden das Wahre vom Falschen, das Normale vom Abartigen oder Außergewöhnlichen usw. Wenn nun der Gegenstand diskursiver Formationen in irgendeiner Weise der Mensch oder das menschliche Verhalten ist – wie dies in den von Foucault untersuchten Humanwissenschaften stets der Fall ist –, dann geht von solchen Formationen Macht aus, die den Menschen als normalisierende und disziplinierende Macht konfrontiert.[6] Dabei wirkt Macht Foucault zufolge nicht primär unterdrückend oder ausschließend, sondern produktiv: zum einen, weil sie wahres Wissen und Normalität produziert, und zum anderen, weil diese Formationen des Normalen auch Individuen klassifizieren und mit Bedeutung versehen, weil sie – mit anderen Worten – Subjekte produzieren.[7] Macht ist also für Foucault nichts, worüber jemand verfügen könnte, und nichts, was sich an diesem oder jenem Gegenstand festmachen ließe. Macht entsteht anonym in der Regelmäßigkeit von Beziehungsgeflechten zwischen Elementen, die durch diskursive wie nicht-diskursive Praktiken angeordnet werden, und so ist sie „der Name, den man einer komplexen strategischen Situation in einer Gesellschaft gibt" (1977: 114).[8]

Es sind diese Überlegungen zum Zusammenhang von Diskurs, Wissen, Macht und Subjektivierung, die Foucault für die Politische Theorie zur wertvollen Inspiration machen, so z.B. für die mittlerweile zahlreichen Studien zur „Gouvernementalität", in denen soziale Beziehungen als vielschichtige Praktiken des Regierens bzw. der Menschenführung analysiert werden (Bröckling et al. 2000). Das kritische Potenzial einer Analyse von politischen Diskursen, die an die Foucault'sche Diskurstheorie anschließt, ist auf einer fundamentalen Ebene angesiedelt, weil solche Analysen auf die Historizität und Kontingenz der Diskursformationen der „natürlichen" Gegebenheiten, des „normalen" Verhaltens und des „notwendigen" Handelns hinweisen und das spezifische Geflecht der dabei wirksamen Machtbeziehungen erhellen können.[9] Foucaults Überlegungen eignen sich hingegen weniger als Grundlage für eine kritische Diskursanalyse in dem Sinne, dass einzelne, politisch relevante Diskursformationen aufgrund der in ihnen getätigten konkreten Aussagen kritisiert, d.h. normativ eingeordnet werden könnten. Schließlich eröffnet die Diskurstheorie Foucaults auch kaum Perspektiven auf Räume des Widerstands jenseits von Diskurs, Macht und Subjektivierung.[10] Hierzu fehlt ihr, was auch den Rekurs der Politi-

---

6 Dieser Druck wird häufig verstärkt durch nicht-diskursive Praktiken der Disziplinierung und der Normalisierung, die vor allem auf die Abrichtung des Körpers zielen: In *Überwachen und Strafen* legt Foucault (1976: 173-219) äußerst detailliert dar, wie die menschlichen Körper ab dem 17. Jahrhundert zunehmend räumlich und zeitlich klassifiziert, ihre Bewegungsabläufe seziert und wieder zusammengesetzt wurden und schließlich die Koordination mehrerer Körper minutiös geregelt wurde; all das mit dem disziplinarischen Ziel, Körper einheitlich verfügbar und produktiv zu machen.

7 Auf diesen Zusammenhang zwischen Diskurs und Subjektivierung sei hier nur verwiesen – für nähere Ausführungen hierzu vgl. „Subjekt" in diesem Band.

8 Der Machtbegriff Foucaults ist deutlich vielschichtiger als es hier dargestellt werden kann. Eine hervorragende Übersicht hierzu bietet Lemke (2005).

9 Vgl. zum kritischen Potenzial der foucaultschen Genealogie Saar (2007).

10 Dies ist im kaum noch der Diskurstheorie zuzuordnenden Spätwerk Foucaults (z.B. 1986) anders. Allerdings werden auch hier keine politischen Widerstandspotenziale im klassischen Sinne eines gemeinschaftlichen Handelns zur Überwindung bestimmter politischer Zustände theoretisiert, sondern

schen Theorie auf Foucault mitunter erschweren mag, ein Konzept des politischen Akteurs oder wenigstens der politischen Kraft, der bzw. die einen Diskurs zielbewusst beeinflussen könnte. Wie die Macht operiert auch der Diskurs anonym, das Subjekt tritt als sein Produkt in Erscheinung, aber nicht als Urhebersubjekt, das einen Diskurs hervorbringt oder gar steuert. Keine ordnende Hand eines Sprechersubjekts zeigt sich – vielmehr bilden sich diskursive Formationen ohne „Drahtzieher", und jenseits dieser Formationen finden wir den Diskurs als ein „unaufhörliches, und ordnungsloses Rauschen" (1991: 33).

Zum Diskursverständnis von Ernesto Laclau und Chantal Mouffe

Ernesto Laclau und Chantal Mouffe entwickeln ihre Diskurstheorie im Rahmen eines größeren theoretischen Projektes, das auf eine Erklärung der Konstituierung von politischen Antagonismen und politischen Hegemonien abzielt (Laclau/Mouffe 1991). Laclau und Mouffe leisten einen zentralen Beitrag zu einer Theorie politischer Diskurse, weil sie die relationale Diskurslogik, die bei Foucault und anderen vornehmlich im Raum der Sprache zum Tragen kommt, auf den Raum des Sozialen ausdehnen, das heißt hegemoniale Prozesse des In-Beziehung-Setzens sozialer und politischer Kräfte werden als im Wesentlichen diskursive Prozesse verstanden.[11]

Ernesto Laclau und Chantal Mouffe nehmen einige zentrale Gedanken des Foucault'schen Diskursdenkens auf, gebrauchen jedoch zum Teil andere Begriffe. Insbesondere verwenden sie statt des begrifflichen Doppels Äußerung/ Aussage den Begriff der Artikulation zur Erfassung dessen, woraus sich Diskurse zusammensetzen. Unter Artikulation wird die Praxis des kontingenten In-Beziehung-Setzens von Elementen verstanden, mit der Konsequenz, dass diese Elemente in bestimmter Weise differenziert und folglich mit Bedeutung versehen werden. Diskurse lassen sich sowohl als die Totalität dieser fortgesetzten bedeutungsgenerierenden Artikulationspraxis verstehen als auch als das umfassende, durch Differenzen strukturierte Produkt dieser Praxis. Auch Laclau und Mouffe begreifen Diskurs also als ein Phänomen, in welchem sich Struktur und Praxis durchdringen und das zugleich von Stabilität wie von Bewegung gekennzeichnet ist. Diskurse bilden Bedeutungsstrukturen aus, aber diese Bedeutungsstrukturen lassen sich nie endgültig oder vollkommen fixieren. Dennoch müssen immer Teilfixierungen existieren; anderenfalls wären – angesichts eines völlig chaotischen Zustands des Fließens und damit fehlender Abgrenzungs-

---

es geht um eher private Widerstandsräume, die durch die Sorge um das eigene Selbst ausgefüllt werden müssen.

11 Vgl. zu Laclau/Mouffe einführend auch Torfing (1999), Stäheli (2001) und Nonhoff (2008, 2009).

möglichkeiten – Differenzen und damit die Entstehung von Bedeutung grundsätzlich unmöglich (1991: 155-164).

Dementsprechend werden in Diskursen Differenzarrangements auf die eine oder andere Weise organisiert und so bestimmte Fixierungen vorgenommen. Dabei entstehen immer wieder diskursive Knotenpunkte, die den Ankerpunkt des Prozesses der Differenzierung und damit den Ankerpunkt des gesellschaftlichen Sinns bilden (1991: 164). Um derartige Knotenpunkte herum können sich wiederum so genannte hegemoniale Formationen entwickeln (1991: 195). Die von Laclau und Mouffe unternommene, an die diskurstheoretischen Überlegungen anschließende Theoretisierung und Analyse von Hegemonien – also von politischer Führung und Vorherrschaft weitestgehend ohne Zwang – stellt in jüngerer Zeit vielleicht einen der fruchtbarsten Beiträge zur Politischen Theorie dar.

Die Grundlage für die Auseinandersetzung mit dem Gegenstand der Hegemonie bildet ein Verständnis des Diskursiven, das über die Sprachebene hinausgeht: Denn der Begriff der Artikulation wird radikal formal verwendet, das heißt es geht um *jede* Praxis des In-Beziehung-Setzens und nicht nur um eine rein sprachliche Praxis (Laclau 1993: 21). Bedeutung wird nicht nur dann generiert, wenn sprachliche Zeichen miteinander oder mit Objekten/Subjekten/usw. in Beziehung gesetzt werden, sondern auch dann, wenn Objekte, Subjekte, Ereignisse oder ähnliches direkt miteinander in Beziehung gesetzt werden. Wenn zum Beispiel Menschen die Pflastersteine einer Fußgängerzone, über die sie jahrelang arglos hinweg gelaufen sind, herausbrechen und auf Schaufenster schleudern, so ist dies – auch ohne dass Worte dabei unmittelbar eine Rolle spielen – ein diskursiver Akt, in dem (wenigstens) die Steine, die Schaufenster, die Geschäfte hinter den Schaufenstern und die Steine schleudernden Menschen selbst als diskursive Elemente zueinander in Beziehung gesetzt werden und eine Bedeutungsveränderung erfahren. Diskurs als Bedeutungsproduktion qua Differenzierung schließt sprachliche *und* tätige Bedeutungsproduktion ein, die Foucault'sche Unterscheidung in diskursive und nicht-diskursive Praktiken findet bei Laclau und Mouffe also nicht statt.

Sämtliche Arten des In-Beziehung-Setzens als diskursive Akte zu begreifen, erleichtert eine stärkere Rezeption diskurstheoretischer Überlegungen durch die Politische Theorie beträchtlich. Zahlreiche politische Phänomene werden so als diskursive Phänomene begreifbar, so zum Beispiel das der Repräsentation, welche Subjekte (und eventuell Institutionen etc.) zueinander in Beziehung setzt und mit einer je spezifischen Bedeutung versieht. Aber vor allem befassen sich Laclau und Mouffe, wie erwähnt, mit dem Phänomen der Hegemonie. Kurz gefasst interpretieren sie Hegemonie als eine komplexe diskursive Praxis, in der die Vorherrschaft von bestimmten Bedeutungsmustern (im Sinne einer „wahren" Weltbeschreibung oder eines „richtigen" Verhaltens) und die Führerschaft von bestimmten Gruppen ineinandergreifen. Hegemonien beruhen auf dem Gelingen eines paradoxen Aktes der Repräsentation, bei dem ein partikulares diskursives Element an die Stelle des „Allgemeinen", also z.B. des Gemeinwohls, tritt. Wenn sich mit einer historisch und sozial spezifischen politischen Forderung das Versprechen der Realisierung des Gemeinwohls verbindet, dann wird das Arrangement von Weltbeschreibung und normativen Urteilen hinter dieser Forderung als wahr und richtig akzeptiert. Wenn sich zugleich eine bestimmte Subjektposition mit dieser Forderung verbindet, wird die Legitimität der Führerschaft von Individuen oder Gruppen, die diese Subjektposition besetzt halten, bestätigt (Laclau 2000: 302f.). In den späten 1940er und in den 1950er Jahren entwickelte sich beispielsweise in der Bundesrepublik Deutschland angesichts der allgemein wahrgenommenen wirtschaftlichen und sozialen Missstände die Forderung nach der „Sozialen Marktwirtschaft"; diese Forderung wurde von einem bestimmten sozialen und politischen Ort aus – von der liberalen, z.T. auch der katholisch beeinflussten Volkswirtschaftslehre, dann ab 1949 (programmatisch festmachbar) auch von der CDU – artikuliert, aber mit ihr wurde zugleich die Behebung des ausgemachten ökonomisch-sozialen Missstands für *alle* Betroffenen zugesichert. Die Formulierung einer Beziehung der Äquivalenz zwischen differenten politischen Kräften – „Was wir wollen, ist auch gut für euch bzw. für uns alle!" – kann als das grundlegende Muster hegemonialer Artikulationen gelten. Der Erfolg der hegemonialen Formation um die „Sozialen Marktwirtschaft" hat auch zu der in den 1950er Jahren weitgehend unangefochtenen Führungsrolle der CDU beigetragen (Nonhoff 2001, 2006).

In demokratischen Gesellschaften ringen für gewöhnlich unterschiedliche hegemoniale Projekte in verschiedenen Konfliktarenen miteinander; in populistisch zugespitzten Situationen kann es zur Verknüpfung mehrerer Konflikte und folglich zur Ausbildung eines große Teile der Gesellschaft durchdringenden Antagonismus kommen (Laclau 2005). Unabhängig von der Reichweite eines hegemonialen Kampfes geht es jedoch stets um die gleichzeitige Konfrontation von Bedeutungsarrangements und von politischen Kräften. Laclau und Mouffe machten z.B. vor dem Hintergrund der Reagan-Thatcher-Ära Ausführungen zur Hegemonie des Neoliberalismus und skizzierten die Möglichkeiten der Konstruktion einer anti-neoliberalen Gegenhegemonie, vor allem unter Bezug auf eine Kooperation der in den 1980er Jahren viel diskutierten neuen sozialen Bewegungen (NSB) (Laclau/Mouffe 1991: 234-261). In diesem Zusammenhang sei abschließend darauf hingewiesen, dass die Annäherung der Diskurstheorie an die Politische Theorie, wie sie von Laclau und Mouffe vorgenommen wird, auch dadurch erleichtert wird, dass sie im Vergleich zu Foucault dem Subjekt eine aktive Rolle zuschreiben: Zwar spielt auch hier die Beschäftigung mit der

Frage, wie Diskurse politische Subjekte und ihre Identitäten produzieren, eine maßgebliche Rolle (Laclau/Mouffe 1991: 167-176, Laclau 1996: 47-65). Gleichzeitig aber geht es – wie im gerade angeführten Beispiel der NSB – immer wieder darum, wie Subjekte diskursive und im Besonderen hegemoniale Formationen hervorbringen können. Laclau (1990: 210) betont, dass Subjekte in der Diskurs- und Hegemonietheorie durchaus nicht in einer passiven Rolle zu denken sind. Die Begründung hierfür liegt darin, dass trotz der Subjektivierung durch Diskurse der Entscheidung des Einzelnen angesichts konkurrierender diskursiver Subjektivierungsangebote eine wichtige Rolle zukommt (Laclau 1990: 30).

3. Die Fruchtbarkeit des Diskursbegriffs für die Politische Theorie

Eine eindeutige Klärung der Frage, ob und wie der Diskursbegriff für die Politische Theorie fruchtbar gemacht werden kann, ist offensichtlich nicht nur deshalb unmöglich, weil die hier vorgestellten Diskursbegriffe in sehr verschiedenen Theorieprojekten sehr Unterschiedliches meinen, sondern auch, weil eine Antwort auf diese Frage von den Erwartungen der/des Fragenden an die Politische Theorie abhängt. Wenn die Theoretikerin von der Politischen Theorie eine normative Leistung erwartet, und zwar im Sinne einer Erörterung der Bedingungen, unter denen Politik für die jeweils Betroffenen die jeweils „besten" (d.h. allgemeinsten, gerechtesten, rationalsten etc.) Ergebnisse zeitigt, dann sind die Habermas'sche Diskurstheorie und der Habermas'sche Diskursbegriff maßgebliche Bezugspunkte. Dabei muss man sich dessen bewusst sein, dass dieser Diskursbegriff ein von Beginn an normativ aufgeladener Begriff ist, weil ihm von Habermas die Aufgabe des „Fortschrittsmotors" der kommunikativen Rationalisierung zugeschrieben wird. Um diese Aufgabe erfüllen zu können, wird der Diskursbegriff sehr spezifisch formuliert und beschreibt nur eine ganz bestimmte Art der Kommunikation, die, weil sie von Zwang und Handlungsdruck befreit ist, die Rationalität der Ergebnisse garantieren soll. Damit ist deutlich, dass sich das Habermas'sche Diskursverständnis besonders dazu eignet, politische Kommunikation normativ zu evaluieren, also hinsichtlich ihres Potenzials, vernünftige Ergebnisse zu gewährleisten.

Wenn die Theoretikerin von der Politischen Theorie allerdings nicht primär eine solche normative Evaluierung erwartet, sondern eine eingehende Beschreibung und theoretische Analyse dessen, was sich in alltäglichen politischen Prozessen ereignet, sowie dessen, was in diesen Prozessen als Ergebnis produziert wird (Machtkonstellationen, Ideologien, Hegemonien etc.), dann lassen sich diese Prozesse und ihre Ergebnisse besser mit einem Diskursbegriff erfassen, der dem Feld dessen entstammt, was hier als Diskurswissenschaft bezeichnet wurde. Im Vergleich zu Habermas arbeiten Foucault sowie Laclau und Mouffe mit einem analytischen Diskursbegriff, der in deskriptiver Weise verschiedene Formen der Bedeutungsproduktion in ihrer Funktion und ihrer Wirkung zu erfassen sucht. Dass dieser Diskursbegriff als analytisch bezeichnet werden kann, heißt freilich nicht, dass Foucault oder Laclau und Mouffe nicht selbst kritische Projekte verfolgen würden. Nur verbinden sich diese Projekte eben nicht mit dem Diskursbegriff selbst, sondern mit einer grundsätzlichen Infragestellung von Normalität, Natürlichkeit oder von anerkannten Wissensbeständen – auch und gerade dann, wenn diese als in besonderem Maße rational begründet gelten. Begründet wird diese Infragestellung mit dem Hinweis, dass alle derartigen Bedeutungsformationen an einen bestimmten Raum, eine bestimmte Zeit und bestimmte politisch-gesellschaftliche Beziehungen gebunden sind.[12]

Literatur

Angermüller, Johannes (2001): Diskursanalyse: Strömungen, Tendenzen, Perspektiven. Eine Einführung. In: ders./Bunzmann, Katharina/Nonhoff, Martin (Hg.): Diskursanalyse: Theorien, Methoden, Anwendungen. Hamburg: Argument. 7-22.

Angermüller, Johannes/Bunzmann, Katharina/Nonhoff, Martin (Hg.) (2001): Diskursanalyse: Theorien, Methoden, Anwendungen. Hamburg: Argument.

Angermüller, Johannes (2007): Nach dem Strukturalismus. Theoriediskurs und intellektuelles Feld in Frankreich. Bielefeld: transcript.

Besson, Samantha/Marti, José Luis (eds.) (2006): Deliberative Democracy and Its Discontents. Aldershot: Ashgate.

Bohman, James/Rehg, William (eds.) (1997): Deliberative Democracy: Essays on Reason and Politics. Cambridge/Mass: MIT Press.

Bröckling, Ulrich/Krasmann, Susanne/Lemke, Thomas (2000): Gouvernementalität der Gegenwart. Frankfurt/M · Suhrkamp.

Brown, Gillian/Yule, George (1983): Discourse Analysis. Cambridge – New York – Melbourne: Cambridge UP.

Dreyfus, Hubert L./Rabinow, Paul (1987): Michel Foucault. Jenseits von Strukturalismus und Hermeneutik. Weinheim: Beltz Athenäum Verlag.

Dijk, Teun A. van (ed.) (1985): Handbook of Discourse Analysis. 4 Bd. London u.a.: Academic Press.

Elster, Jon (ed.) (1998): Deliberative Democracy. Cambridge: UP.

Foucault, Michel (1973): Archäologie des Wissens. Frankfurt/M.: Suhrkamp.

– (1976): Überwachen und Strafen. Die Geburt des Gefängnisses. Frankfurt/M.: Suhrkamp.

---

12 Ich danke Johannes Angermüller, Tanja Pritzlaff, Andreas Wagner und den Herausgebern für ihre kritischen Fragen und hilfreichen Anmerkungen zu früheren Versionen dieses Beitrags.

– (1977): Der Wille zum Wissen. Sexualität und Wahrheit 1. Frankfurt/M.: Suhrkamp.
– (1986): Die Sorge um sich. Sexualität und Wahrheit 3. Frankfurt/Main: Suhrkamp.
– (1991): Die Ordnung des Diskurses. Frankfurt/M.: Fischer.
Habermas, Jürgen (1981): Theorie des kommunikativen Handelns. 2 Bde. Frankfurt/M.: Suhrkamp.
– (1983): Moralbewußtsein und kommunikatives Handeln. Frankfurt/M.: Suhrkamp.
– (1984): Vorstudien und Ergänzungen zur Theorie des kommunikativen Handelns. Frankfurt/M.: Suhrkamp.
– (1991): Erläuterungen zur Diskursethik. Frankfurt/M.: Suhrkamp.
– (1992): Faktizität und Geltung. Beiträge zur Diskurstheorie des Rechts und des demokratischen Rechtsstaats. Frankfurt/M.: Suhrkamp.
– (1999): Wahrheit und Rechtfertigung. Frankfurt/M.: Suhrkamp.
– (2008): Hat die Demokratie noch eine epistemische Dimension? Empirische Forschung und normative Theorie. In: ders.: *Ach, Europa*. Frankfurt/M.: Suhrkamp. S. 138-191.
Iser, Mattias/Strecker, David (2010): Jürgen Habermas zur Einführung. Hamburg: Junius.
Jaworski, Adam/Coupland, Nikolas (eds.) (1999): The Discourse Reader. London – New York: Routledge.
Keller, Reiner (2007): Diskursforschung. Eine Einführung für SozialwissenschaftlerInnen. 3., aktualisierte Auflage. Wiesbaden: VS-Verlag.
Keller, Reiner/Hirseland, Andreas/Schneider, Werner/Viehöver, Willy (Hg.) (2006): Handbuch Sozialwissenschaftliche Diskursanalyse. Band 1: Theorien und Methoden. 2., aktualisierte und erweiterte Auflage. Wiesbaden: VS-Verlag.
– (Hg.) (2008): Handbuch Sozialwissenschaftliche Diskursanalyse. Band 2: Forschungspraxis. 3., aktualisierte und erweiterte Auflage. Wiesbaden: VS-Verlag.
Kerchner, Brigitte/Schneider, Silke (Hg.) (2006): Foucault: Diskursanalyse der Politik. Wiesbaden: VS-Verlag.
Laclau, Ernesto (1990): New Reflections on the Revolution of Our Time. London – New York: Verso.
– (1993): Discourse. In: Goodin, Robert E./Pettit, Philip (Hg.): A Companion to Contemporary Philosophy. Oxford – Cambridge/Mass: Blackwell Publishers. 431-437.
– (1996): Emancipation(s). London – New York: Verso.
– (2000): Constructing Universality. In: Butler, Judith/Laclau, Ernesto/Žižek, Slavoj: Contingency, Hegemony, Universality. Contemporary Dialogues on the Left. London – New York: Verso. 281-307.
– (2005): On Populist Reason. London, New York: Verso.
Laclau, Ernesto/Mouffe, Chantal (1991): Hegemonie und radikale Demokratie. Zur Dekonstruktion des Marxismus. Wien: Passagen.
Lemke, Thomas (1997): Eine Kritik der politischen Vernunft. Hamburg: Argument.
– (2005): Geschichte und Erfahrung: Michel Foucault und die Spuren der Macht (Nachwort). In: Michel Foucault: Analytik der Macht. Frankfurt/M.: Suhrkamp. 317-347.
Marchart, Oliver (2007): Post-Foundational Thought: Political Difference in Nancy, Lefort, Badiou, and Laclau. Edinburgh: UP.
Nonhoff, Martin (2001): Soziale Marktwirtschaft – ein leerer Signifikant? Überlegungen im Anschluss an die Diskurstheorie Ernesto Laclaus. In: Angermüller, Johannes/ Bunzmann, Katharina/Nonhoff, Martin (Hg.): Diskursanalyse: Theorien, Methoden, Anwendungen. Hamburg: Argument. 193-208.

- (2006): Politischer Diskurs und Hegemonie. Das Projekt „Soziale Marktwirtschaft". Bielefeld: transcript.
- (2008): Politik und Regierung. Wie das sozial Stabile dynamisch wird und vice versa. In: Stephan Moebius/Andreas Reckwitz (Hg.): Poststrukturalistische Sozialwissenschaften. Frankfurt/M.: Suhrkamp. 277-294.
- (2009): Ernesto Laclau und Chantal Mouffe. Konfliktivität und Dynamik des Politischen. In: Ulrich Bröckling, Robert Feustel (Hg.): Das Politische denken. Zeitgenössische Positionen. Bielefeld: transcript. 33-57.
Nullmeier, Frank (2001): Politikwissenschaft auf dem Weg zur Diskursanalyse? In: Keller, Reiner/Hirseland, Andreas/Schneider, Werner/Viehöver, Willy (Hg.): Handbuch Sozialwissenschaftliche Diskursanalyse, Band 1: Theorien und Methode. Opladen: Leske + Budrich. 285-311.
Pêcheux, Michel (1988): Discourse: Structure or Event? In: Nelson, Cary/Grossberg, Lawrence (ed.): Marxism and the Interpretation of Culture. Houndmills – London: Macmillan. 633-648.
Saar, Martin (2007): Genealogie als Kritik. Geschichte und Theorie des Subjekts nach Nietzsche und Foucault. Frankfurt/Main – New York: Campus.
Stäheli, Urs (2001): Die politische Theorie der Hegemonie: Ernesto Laclau und Chantal Mouffe. In: Brodocz, André/Schaal, Gary S. (Hg.): Politische Theorien der Gegenwart II. Opladen: Leske + Budrich (UTB). 193-224
Torfing, Jacob (1999): New Theories of Discourse: Laclau, Mouffe and Žižek. Oxford – Malden: Blackwell.

Freiheit

Bernd Ladwig

>„‚Wir wollen die Freiheit!‘ sagte Morten.
>
>‚Die Freiheit?‘ fragte sie.
>
>‚Nun ja, die Freiheit, wissen Sie, die Freiheit…!‘ wiederholte er, indem er eine vage, ein wenig linkische aber begeisterte Armbewegung hinaus, hinunter über die See hin vollführte (…). Sie schwiegen lange, indes das Meer ruhig und schwerfällig zu ihnen heraufrauschte… und Tony glaubte plötzlich einig zu sein mit Morten in einem großen, unbestimmten, ahnungsvollen und sehnsüchtigen Verständnis dessen, was ‚Freiheit‘ bedeutete" (Mann 1901: 139f.).

1. Negative und positive Freiheit

Die Freiheit ist ein Ideal, dessen Anziehungskraft mit seiner Unschärfe noch zu wachsen scheint. Mehr ahnungsvoll als verstanden ist die Sehnsucht nach ihr, und doch oder gerade deshalb vermag sie Herzen zu gewinnen. Lässt sich die erhebende Wirkung des Wortes „Freiheit" also mit beliebigen Inhalten verbinden? Was wurde nicht schon mit der Freiheit verknüpft oder zu ihrem Gegenteil erklärt: der Kapitalismus, der Sozialismus, der nationale Aufbruch, die Kolonialherrschaft, das Scheidungsrecht, der Ehezwang, das Haschisch, die Prohibition… Der Ideengeschichtler Isaiah Berlin hat daraus geschlossen, dass der Freiheitsbegriff nicht aus einem Guss sei. Vielmehr gebe es zwei Begriffe der Freiheit: einen negativen und einen positiven.

Wer im „negativen" Sinne frei ist, kann in einem geschützten *Bereich* tun und lassen, was er will. In diesem Verständnis ist Freiheit vor allem Freiheit von Zwang. Die wichtigste Form der Sicherung von Freiheitsräumen bilden subjektive Rechte, die uns vor staatlichen Übergriffen schützen. Moderne Freiheit, so scheint es, ist primär *Freiheit von etwas*. Noch die vernünftigsten Vorgaben beschränken unsere Freiheit, wenn wir sie nicht ungestraft abwehren können. Wer frei ist, darf auch das Eigensinnige und Sinnlose tun.

Dagegen wird im Namen einer „positiven" Freiheit protestiert. Wer frei ist, so sagen ihre Anhänger, unterliegt nicht irgendwelchen Launen. Vielmehr gehorcht er den Geboten der Vernunft. Der wahrhaft freie Mensch wird von der richtigen Instanz in sich *regiert*: Er bringt sein höheres Selbst als Geistwesen zur Geltung und erhebt sich damit über die Tierwelt. Brisant wird die positive Sicht der Freiheit, so Berlin, wenn sie zur Begründung *überindividuellen* Zwanges herhalten soll. Wer Freiheit mit richtigem Regiertwerden gleichsetzt, muss nicht bei sich selbst Halt machen. Rechtfertigt nicht die Einsicht in das wahre Selbst auch eine Herrschaft über andere, die noch nicht so weit sind? Muss nicht manch ein verengtes Ich mit Zangen aufgebrochen werden, um Zugang zum Wahren, Guten und Schönen zu finden? Eine etwas profanere Gestalt gewann die Doktrin positiver Freiheit im antikolonialen Kampf und der nachfolgenden Zeit formaler Selbstbestimmung der neuen Staaten: Oft genug folgten auf koloniale Statthalter lokale Despoten, die den Untertanen nicht weniger Gewalt antaten als zuvor die Fremden. Doch *Fremde* waren die neuen Herren nicht. Und sollte nicht schon das als Teil der Befreiung, ja als ihr entscheidender Schritt gelten? Richtiges Regiertwerden erscheint so im Grenzfall als Regentschaft des „richtigen Blutes".

Es war der doppelte Eindruck von parteikommunistischer und antikolonialer Freiheitsrhetorik, unter dem Isaiah Berlin stand, als er 1958 in Oxford seine Antrittsvorlesung über die „Zwei Freiheitsbegriffe" hielt. Der Text ist nicht zuletzt eine Stellungnahme im kalten Krieg der Systeme. Berlin wirbt für ein enges und eben darum trennscharfes Verständnis von Freiheit. Dabei leugnet er nicht, dass auch Tugend und Bildung, nationale Unabhängigkeit, die Überwindung von Hunger und die Verwirklichung von Gleichheit lohnende Ziele seien. Sie sollten nur nicht im Namen der Freiheit angestrebt werden. Die Freiheit sollte Einspruchsinstanz gegen fremde Übergriffe bleiben, nicht Vorwände für sie liefern. Berlin gibt damit der Freiheit als einem besonderen Wert Gewicht. Zugleich bestreitet er, dass sie der einzige Wert von politischem Gewicht sei. Wir sollten uns vom Ideal der Einheitlichkeit oder auch nur der Spannungsfreiheit verabschieden. Nichts garantiert uns die Vereinbarkeit aller wohlbegründeten Ideale. Eben darum brauchen wir Bereiche der Freiheit, in denen wir ohne fremde Führung Orientierung suchen können (Berlin 1958: 254).

Berlins Unterscheidung teilt das Schicksal wohl aller philosophischen Vorschläge: Statt die Diskussion zu beruhigen, hat sie sie angefacht. Bereits die *begriffliche* Behauptung gab Anlass zu skeptischen Nachfragen: Haben wir es wirklich mit mehr als einem Freiheitskonzept zu tun (2.1)? *Normativ* wurde bezweifelt, dass wir uns mit der Diagnose eines Nebeneinanders inkommensurabler Werte bescheiden sollten, statt der Freiheit den Rang eines übergeordneten oder schlechthin dominanten Wertes einzuräumen (2.2). Schließlich wurde auch an den *sozialontologischen*[1] Hintergrund der „zwei Freiheitsbegriffe" erinnert. Ist nicht das negative Freiheitsverständnis überaus einseitig; hat es nicht die gemeinschaftlichen Voraussetzungen und Inhalte der Freiheit vergessen (2.3)?

---

1   „Ontologisch" bedeutet, dass es um die „Seinsart" eines Gegenstandes geht.

Vereinfacht kann die erste Art von Fragen den sechziger, die zweite den siebziger, die dritte den achtziger und neunziger Jahren zugeordnet werden.

2. Dimensionen der Freiheit

2.1 XYZ – ungelöst: Konzept und Konzeptionen der Freiheit

Freiheit als dreistellige Relation

Berlins Vortrag fällt in die Hochzeit der analytischen Philosophie. Diese sah den Königsweg zu philosophischer Erkenntnis in der Klärung von Begriffen. In diesem akademischen Klima fiel die normative Emphase von Berlins Vortrag zwar auf, doch philosophische Beachtung fand zunächst eher sein konzeptueller Anspruch. Der wichtigste Gegenvorschlag kam von Gerald C. MacCallum (1967). Dieser wollte gegen Berlin die formale Einheit des Freiheitsbegriffs retten. Freiheit ist demnach stets eine dreistellige Relation. Immer ist sie *jemandes* Freiheit (des Trägers) *von* etwas (einem Hindernis) *zu* etwas (einem Gegenstand der Freiheit). Jede besondere Freiheit lässt sich somit in die folgende Formel einfügen: „x ist frei von y um zu z".

Die xyz-Formel soll den Eindruck von zwei verschiedenen Freiheitsbegriffen zugleich verständlich machen und zerstreuen. Der *Anschein* von Mehrdeutigkeit entsteht zum einen, weil manche Sprecher den Akzent eher auf das Hindernis, andere eher auf den Gegenstand der Freiheit legen: Wer vor allem betont, wovon jemand frei ist, scheint ein negatives, wer vor allem hervorhebt, wozu jemand frei ist, scheint ein positives Freiheitskonzept zu vertreten. Zum anderen kann man geteilter Meinung darüber sein, welche Hindernisse wirklich als Freiheitshindernisse zählen sollten. Manche Autoren ziehen nur ganz bestimmte Barrieren, etwa Zwang, in Betracht, andere wollen sämtliche Hindernisse berücksichtigt wissen.

Solche unterschiedlichen Markierungen im Rahmen eines und desselben *Konzepts* verweisen auf unterschiedliche *Konzeptionen* von Freiheit (Hart 1961). Ein Konzept – oder Begriff – ist das Verbindende in der Vielfalt der korrekten Äußerungen eines Wortes. In unserem Fall ist das die Anwendbarkeit der xyz-Formel. Eine Konzeption ist eine besondere, etwa normative Vorstellung, die von dem betreffenden Konzept weder vorgeschrieben noch ausgeschlossen wird. So bringt der Satz „Freiheit ist Abwesenheit von Zwang" eine besondere Konzeption zum Ausdruck. Ebenso verständlich ist aber der Satz „Freiheit ist die Möglichkeit, in Gemeinschaft zu leben". In beiden Fällen muss nur das jeweils Ungesagte hinzugefügt werden können; im ersten Fall also, woran jemand durch Zwang gehindert wird, im zweiten Fall, wovon jemand frei sein muss, um in Gemeinschaft leben zu können. Der Unterschied von negativer und positiver Freiheit ist somit nicht verschwunden, er taucht als *innerbegrifflicher* Gegensatz wieder auf. Dieser Gegensatz soll am Leitfaden der Hinderniskomponente erläutert werden.

Zwang und Möglichkeit

Die Existenz unterschiedlicher Konzeptionen von Freiheit verweist auf Unterschiede in der Beachtung und Gewichtung möglicher *Hindernisse*. Daher soll zunächst etwas über die hier einschlägigen Kandidaten gesagt werden (a). Will man unter ihnen auswählen und eine Rangordnung bilden, so benötigt man Kriterien, die sinnvollerweise aus Überlegungen zum *Wert* der Freiheit fließen (b). Diese Vorklärungen stellen den Streit über das „richtige" Freiheitsverständnis in den Raum normativer politischer Theorien (c).

(a) Manche Hindernisse, wie eine Pistole oder ein Wirbelsturm, wirken von außen auf den Gehinderten ein. Andere, wie fehlende Bildung oder Kleinwüchsigkeit, haben ihren Sitz im Gehinderten selbst. Manche sind durch Personen oder gesellschaftliche Strukturen bedingt, andere resultieren aus Naturgesetzen. Ein Wirbelsturm ist für sich genommen ein externes natürliches, Kleinwüchsigkeit ein internes natürliches Hindernis. Zwang ist der prototypische Fall eines von außen kommenden sozialen Hindernisses. Hingegen ist Mangel an Bildung ein internes soziales Hindernis. Wir erhalten somit vier Arten von Hindernissen: interne natürliche Hindernisse, externe natürliche Hindernisse, interne soziale Hindernisse und externe soziale Hindernisse (Feinberg 1973: 12f., Koller 1996: 115f.).

(b) Nicht alle Hindernisse sind normativ problematisch. Die neuzeitliche politische Philosophie jedoch zeigt sich an Freiheit als einem *Wert* interessiert und folglich an Hindernissen als möglichen Übeln. Auch betrachtet sie nicht nur einzelne Freiheiten, sondern die Freiheit in dem umfassenden Sinne einer selbstbestimmten Lebensführung. Bestimmte Freiheiten haben einen hohen Wert, weil sie unabdingbar sind für ein von eigenen Überzeugungen und Überlegungen geleitetes Leben.

Ein potentiell selbstbestimmtes Subjekt können wir *Person* nennen. Eine Person hat nicht nur einen Willen, sie kann ihren Willen durch ihre Überlegungen lenken. Nicht allein die *Handlungsfreiheit*, auch die *Willensfreiheit* liegt darum in ihrem Interesse. Handlungsfreiheit heißt, dass mein Wille entscheidet, was geschieht. Weder äußerer Zwang noch Unwissenheit oder körperliches Unvermögen hindern mich dann daran, beispielsweise nach einem Mineralwasser oder aber nach einem Whisky zu greifen. Gleichwohl mag es sein, dass ich empirisch auf eine Wahl festgelegt bin, etwa durch ein Trauma, eine Sucht oder ein unverstandenes schlechtes Gewissen. Das zeigt, dass Handlungsfreiheit für eine an Freiheit interessierte Person nicht hinreichend ist. Willentlich ist auch, was Hunde oder Katzen tun, soweit sie Handlungsfreiheit haben. Ohne Willensfreiheit aber hat eher der Wille den Handelnden als der Handelnde den Willen. Personen wollen sich daher zu ihrem Willen überlegend verhalten, zumindest von Fall zu Fall (Frankfurt 1971). Sie wollen das tun können, wofür sie gute Gründe haben und weil sie sie haben. Willensfreiheit ist das Vermögen, den eigenen Willen durch eigene Überlegung zu lenken.

Für die Existenz von Willensfreiheit kann hier nicht argumentiert werden (vgl. aber Strawson 1962, Tugendhat 1992, Bieri 2001, Seel 2002). Ein starker Grund, an sie zu glauben, liegt jedenfalls in ihrer Schlüsselstellung für unser Selbstverständnis: Wir können uns nur so lange als *verantwortlich* Handelnde verstehen, wie wir unterstellen, dass unser praktisches Überlegen für unser Tun oder Lassen den Ausschlag geben kann. Das hat auch eine politische Pointe: Es trägt zum Verständnis bei, warum uns *Freiheitsrechte* so wichtig sind. Wer Freiheitsrechte hat, gilt in seiner Gesellschaft als mündiger Mensch. Ansprüche wie das Recht auf freie Meinungsäußerung oder auf freie Berufswahl sind nur sinnvoll, soweit man unterstellen darf, dass das Rechtssubjekt aus eigener Überlegung zu wählen und zu handeln vermag.

Gewiss, eine rechtlich verbürgte Freiheit betrifft direkt nur die *Außenseite* des Handelns, wie Kant sie in seiner Bestimmung des „einen und einzigen Menschenrechts" herausgestellt hat: „Eine jede Handlung ist recht, die oder nach deren Maxime die Freiheit der Willkür eines jeden mit jedermanns Freiheit nach einem allgemeinen Gesetze zusammen bestehen kann" (Kant 1797: A 33). „Freiheit der Willkür" ist Kants Ausdruck für diese Außenseite; die Frage der angemessenen Willens*bildung* wird von seinem Rechtsbegriff der gleichen Freiheit nicht berührt. Charles Taylor (1975) hat jedoch zu Recht darauf hingewiesen, dass die Schätzung äußerer von der Schätzung „innerer" Freiheit wesentlich motiviert wird. Taylor unterscheidet daher zwischen unseren Rechten und einem Hintergrund an Wertungen, vor dem überhaupt erst verständlich wird, warum wir auf welche Rechte Wert legen. Dabei kommt der Idee der Autonomie eine Schlüsselstellung zu.

Zur Idee der Autonomie gehört, dass Freiheit *als Status* verstanden wird (Gray 1990): Personen wollen mehr als nur lokale Freiheit, wie sie auch Sklaven und Leibeigene hatten. Sie wollen nicht nur dieses oder jenes frei tun, sie wollen *als Freie* leben können. Was dieser Status allerdings impliziert, darüber gehen die Meinungen zwischen Anhängern „negativer" und „positiver" Konzeptionen auseinander. Im Folgenden seien nur die Extrempositionen umrissen.

(c) „Libertäre" Autoren, die sich auf die Tradition des frühen Liberalismus berufen, halten eine formal-rechtliche Freistellung für grundsätzlich ausreichend. Dieser Stand ist erreicht, wo feudale Schranken gefallen, wo Sklaverei, Leibeigenschaft, Hörigkeit und alle anderen Formen personaler Herrschaft über Unfreie beseitigt worden sind. In diesem „negativen" Verständnis zählen allein *externe soziale Hindernisse* als Barrieren der Freiheit. Nur wer einem fremden Willen unterliegt, soll unfrei heißen: Freiheit

> „bedeutete immer, daß ein Mensch die Möglichkeit hatte, nach seinen eigenen Entschlüssen und Plänen zu handeln, im Gegensatz zur Lage derjenigen, die unwiderruflich dem Willen eines anderen untergeordnet waren, der sie durch willkürliche Entscheidung zwingen konnte, Dinge in bestimmter Weise zu tun oder zu lassen" (Hayek 1960: 15).

Friedrich August Hayek, gewiss ein extremer Vertreter des negativen Freiheitsverständnisses, spricht hier allerdings auch von einer „Möglichkeit" der Person: im Einklang mit den eigenen Entschlüssen und Plänen zu handeln. Diese Möglichkeit aber kann auch durch andere als externe soziale Hindernisse vereitelt werden, etwa durch einen Mangel an körperlichen oder finanziellen Mitteln. Liest man daher Hayeks Definition gegen den Strich, so kann man die Beschränkung auf nur eine Art von Hindernissen aufbrechen: Warum sollten wir nicht sagen, dass ein freier Mensch in der jeweiligen Situation wirklich tun kann, was er will? Wer das bejaht, vertritt eine *Möglichkeitskonzeption* von Freiheit. Er setzt sie mit der Abwesenheit *aller* effektiven Hindernisse gleich, welcher Art sie auch seien. Eine freie Person erfreut sich demnach nicht nur formaler Rechte, sie genießt auch den Gebrauchswert dieser Rechte. Sie ist nicht nur frei *von* direkter Herrschaft, sie ist frei *zu* einem selbstbestimmt gelingenden Leben (Ladwig 2000).

Neuzeitliche Vertreter der Theorie negativer Freiheit haben immer wieder die Figur des *Vertrages* bemüht. Sie sehen darin den Inbegriff einer freiwilligen Bindung: Die Beteiligten sollen lediglich solchen Verpflichtungen unterliegen, denen sie zuvor zwanglos zugestimmt haben. Doch wie vor allem die marxistische Kritik betont hat, ist nicht jeder zwanglose schon darum ein freiwilliger Vertragsschluss. Abwesenheit von Zwang ist aus ihrer Sicht eine notwendige, jedoch keine hinreichende Bedingung für wahrhaft freie Zustimmung. Der wahre Prüfstein für Freiwilligkeit ist die effektive Möglichkeit, nein zu sagen (Cohen 1993). Effektiv ist eine Möglichkeit, wenn sie zu *tragbaren Opportunitätskosten* ergriffen werden kann. Wer etwa das „Angebot" eines entwürdigenden Arbeitsplatzes nur um den Preis des Verhungerns ausschlagen kann, verfügt nicht über die faktische Freiheit des Neinsagens und wird darum leicht zum

Opfer von Ausbeutung. In dieser Hinsicht unterscheidet sich seine Lage nicht grundsätzlich von der eines Menschen, dem ein Räuber die Pistole auf die Brust setzt. Die Alternative zu verhungern ist nicht verlockender als die Alternative, erschossen zu werden. Neben direktem Zwang können daher auch materielle Not oder Mangel an Wissen einen Menschen zu einem an Möglichkeiten armen Leben verurteilen.

Das prominenteste Beispiel für eine Möglichkeitskonzeption der Freiheit ist der Fähigkeiten-Ansatz von Amartya Sen und Martha Nussbaum. Sen hat die Grundbegriffe „Fähigkeiten" (*capabilities*) und Funktionsweisen (*functionings*) in wohlfahrtsökonomische Debatten eingeführt und gemeinsam mit Nussbaum auf Fragen der Menschenrechts-, Entwicklungs- und Frauenpolitik angewandt (Sen 1985, 1993, 1999, Nussbaum 1999). Unter „Funktionsweisen" werden Zustände und Handlungen verstanden, „Fähigkeiten" sind effektive Möglichkeiten, etwas zu tun oder in einem bestimmten Zustand zu sein. Namentlich Nussbaum traut sich substantielle Aussagen darüber zu, welche Fähigkeiten für ein wahrhaft menschliches Leben unverzichtbar sind; sie zählt dazu so elementare Dinge wie ausreichend ernährt zu sein und nicht vorzeitig sterben zu müssen, aber auch so anspruchsvolle wie den Gebrauch der praktischen Vernunft und so umstrittene wie den Zugang zu Tieren und Pflanzen. Von „Fähigkeiten" sprechen Sen und Nussbaum, weil autonome Personen sich auch gegen noch so grundlegende Güter entscheiden können. Dass sie es *können*, unterscheidet etwa die Fastenden von den Hungernden: Zu fasten vermag nur, wer nicht auf Nahrung verzichten muss.

Die Möglichkeitskonzeption entspricht dem Bild, das sich viele Menschen von einer „positiven" Freiheitskonzeption machen. Allerdings droht hier eine gewisse Verwirrung: Positive Freiheit, wie Berlin sie versteht, geht in bloßen Möglichkeiten nicht auf. Sie ist vielmehr Einsicht in die Notwendigkeit und tatsächliches Tun des Richtigen. Die Möglichkeitskonzeption hingegen ist „positiv" nur insofern, als sie auf tatsächliches Tun*können* zielt.

Weder die Möglichkeitskonzeption noch ihre negative Gegenspielerin und nicht einmal die positive Freiheit im Sinne Berlins sind begrifflich unklar. Für jede lassen sich Anhaltspunkte in unserem gewöhnlichen Wortgebrauch finden (anders Parent 1974, Seebaß 1996). Von einer „richtigen" Verwendung kann allenfalls im Sinne normativer Angemessenheit die Rede sein. Ich habe dafür argumentiert, dass die Entscheidung für ein bestimmtes Freiheitsverständnis auf die menschenrechtliche Figur der selbstbestimmten Person zugeschnitten sein sollte. Der Streit um Freiheit verweist so auf den Rahmen umfassender Konzeptionen des Politischen. Er handelt von den normativen Erwartungen, die wir mit politischem Handeln und politischen Ordnungen verbinden (sollten). Vor allem die Diskussion über Gerechtigkeit, die ausging von John Rawls' *Theorie der*

Gerechtigkeit (1971), war und ist nicht zuletzt eine Diskussion um Freiheit. Ihr will ich mich nun zuwenden.

2.2 Gerechte Freiheit

Der Inbegriff von Gerechtigkeit ist Gleichheit (vgl. „Gerechtigkeit" in diesem Band). Einem verbreiteten Vorurteil zufolge kollidiert dieser Wert mit dem der Freiheit auf ein und derselben Ebene. Dabei wird jedoch übersehen, dass auch in der liberalen Tradition nicht von Freiheit als solcher, sondern stets von *gleicher* Freiheit die Rede ist. Dabei steht Freiheit für ein Gut, Gleichheit für eine Verteilung dieses Gutes (Seebaß 1996: 768). Viele Liberale behaupten allerdings, dass Freiheit der zentrale oder gar der einzige Inhalt der Gleichheit sei. Manche setzen überdies Freiheit mit negativer Freiheit gleich, verwerfen also die Möglichkeitskonzeption. So gelangen sie zu einer „libertären" Ablehnung sozialstaatlicher Ansprüche (Nozick 1976).

Mit dieser liberalen Tradition bricht Rawls. Er hat eher die amerikanische Tradition des *new deal* der dreißiger und auch der sechziger Jahre des 20. Jahrhunderts im Sinn. In dieser Tradition werden dem Staat zentrale soziale Gestaltungsaufgaben, etwa im Bereich des Bildungswesens, zugewiesen. Rawls bekennt sich zu einer mehr als bloß formalen Chancengleichheit und bemisst die Gerechtigkeit einer Verteilung materieller Güter primär an der Lage der Schlechtestgestellten. Klassisch liberal ist allerdings der erste Grundsatz der Gerechtigkeit: Er verlangt ein gleiches Recht auf das umfangreichste Gesamtsystem gleicher Grundfreiheiten, das für alle erreichbar ist (Rawls 1971: 336). Wichtiger noch ist, dass dieser Grundsatz größtmöglicher gleicher Freiheit *unbedingten Vorrang* haben soll: Jede mögliche Umverteilung wird durch ihn kategorisch begrenzt; keine Realisierung größerer materieller Gleichheit darf auf Kosten der Grundfreiheiten gehen. Eine Freiheit darf nur um anderer Freiheiten oder ihres Gesamtsystems willen eingeschränkt werden. Rawls gebraucht den Begriff der Freiheit hier ähnlich restriktiv wie Berlin: Er beschränkt ihn auf die „bürgerrechtlichen Freiheiten", während die tatsächlichen Fähigkeiten nur über den „Wert der Freiheit" Auskunft gäben (ebd.: 232f.).[2]

Aber haben wir wirklich ein Recht auf das „umfangreichste" System gleicher Grundfreiheiten (a), und gehen diese wirklich allen anderen Grundgütern der Gerechtigkeit voraus (b)? Mit Blick auf *alle* liberalen Konzeptionen kann überdies gefragt werden, ob personale Autonomie der einzige werthafte Bezugs-

---

2   Ein Bedeutungsmoment von „positiver" Freiheit kommt jedoch mit den politischen Teilnahmerechten ins Spiel.

punkt von Gerechtigkeit ist (c). Ich meine, dass wir alle drei Fragen mit „nein" beantworten sollten.

(a) Der Ausdruck „umfangreichstes System" erweckt den Eindruck einer *Quantifizierbarkeit* der wesentlichen Freiheiten. Dieser Eindruck ist trügerisch. Sollten wir etwa die Freiheiten, auch an Sonntagen unsere Waren anzubieten oder Einbahnstraßen in der Gegenrichtung zu befahren, auf eine Stufe mit der Religionsfreiheit stellen oder zwischen diesen Freiheiten allenfalls graduelle Rangunterschiede gelten lassen? Müsste nicht selbst ein Atheist einsehen, dass die Religionsfreiheit unvergleichlich wichtiger ist als die beiden anderen Freiheiten? Ein Staat, der die Freiheit des Glaubens missachtet, gibt den Menschen in seinem Machtbereich zu verstehen, dass er ihre tiefsten Überzeugungen gering schätzt und vielleicht sogar besser als sie zu wissen glaubt, wofür ihr Leben gut sei. Er missachtet die ethische Integrität mündiger Menschen. Ein Staat, der den Gemüsehandel an Sonntagen einschränkt oder bestimmte Straßen zu Einbahnstraßen erklärt, tut nichts Vergleichbares.

Die Gewissens- und die Bekenntnisfreiheit haben daher zu Recht den Rang von *Grundrechten,* der Handel an Sonntagen und die unbeschränkte Befahrbarkeit von Straßen hingegen nicht. Ohne qualitative Bewertung wäre diese Unterscheidung nicht zu verstehen: Nur wesentliche Freiheiten kommen als Inhalte von subjektiven Rechten und somit als Grundfreiheiten im Sinne von Rawls' erstem Grundsatz in Frage. Rechte sind „Trümpfe", die Individuen ausspielen können, wenn sie sich mit guten Gründen in ihrem moralischen Eigenwert als Personen beeinträchtigt sehen (Dworkin 1990: 433f.). Auch ein größerer Nutzen für das Gemeinwesen oder die Gesamtheit der Betroffenen kann einen gültigen Rechtsanspruch normativ nicht aushebeln. Eben deshalb dürfen Grundrechtsbehauptungen nicht inflationiert werden. Das aber wäre der Fall, wenn jede noch so banale Freiheitseinschränkung als Angriff auf fundamentale Rechte gälte.[3] Ob eine Einschränkung banal oder gravierend ist, beurteilen wir anhand einer werthaften Idee der selbstbestimmten Person (Hart 1973: 143f., nun auch Rawls 1994: 203ff.).

(b) In diesem Licht verliert zugleich der unbedingte Vorrang der Freiheitsrechte seine Plausibilität. Für die Möglichkeit, ein selbstbestimmt gelingendes Leben zu führen, ist mehr als eine Art von Rechten relevant. Nicht alle relevanten Rechte lassen sich allein als Freiheitsrechte verstehen; vor allem die Bedeutung *sozialer* Rechte geht in diesem Aspekt ihrer Begründung nicht auf. Und das gilt nicht für soziale Rechte allein: Bereits die klassischen Rechte auf Leben und

---

3 Richtig ist allerdings auch dies: Ein Staat, der irgendeine Freiheit *grundlos* einschränkte, gäbe zu erkennen, dass ihm an der Mündigkeit seiner Machtunterworfenen nicht viel liegt. Jede Beschränkung der Freiheit von Personen ist darum rechtfertigungsbedürftig.

körperliche Unversehrtheit, die John Locke (1689) mit unter seinen weiten Begriff des Eigentums (*property*) gefasst hatte, sind keine Freiheitsrechte: Wer mich tötet, beraubt mich meines Lebens, nicht meiner Freiheit.

Allerdings haben liberale Autoren immer den funktionalen Zusammenhang dieser basalen Rechte mit der Selbstbestimmung der Person betont. Das lässt sich wiederum auf soziale Rechte übertragen. Auch diese sind freiheitsfunktional begründbar: Sie sichern die faktischen Voraussetzungen autonomen Urteilens und Handelns und damit den Gebrauchswert auch der eigentlichen Freiheitsrechte. Das aber spricht *gegen* einen unbedingten Vorrang der Freiheitsrechte und für eine grundsätzliche Gleichrangigkeit aller Rechte, ohne die Personen nicht auch tatsächlich selbstbestimmt zu leben vermögen. Nicht alle Rechte, nach denen freie Personen *um ihrer Freiheit willen* verlangen, sind Rechte *auf Freiheiten*.

(c) Ich meine, wir sollten noch einen Schritt weiter gehen: Freie Personen legen nicht nur um der Freiheit willen Wert auf Rechte. Sie haben mannigfache Interessen, und nicht alle sind direkt oder indirekt auf Freiheit bezogen. Ganz allgemein können wir das Interesse an Selbstbestimmung vom Interesse an *Wohlergehen* unterscheiden. So ist es unplausibel, jemandem nur deshalb ein Interesse an Schmerzfreiheit zuzuschreiben, weil ihn Schmerzen am autonomen Handeln hinderten. Starke und anhaltende Schmerzen sind als solche schlecht, es sei denn, wir haben „höhere" Gründe, etwa religiöser Art, sie dennoch zu bejahen. Einige Kategorien von Menschen sind überdies noch nicht, nicht mehr oder überhaupt nicht zu einem selbstbestimmten Leben in der Lage. Säuglinge, Alzheimer-Patienten oder schwer geistig Behinderte kommen nicht als zurechnungsfähige Akteure in Betracht. Aber das beraubt sie nicht ihrer Grundrechte, soweit diese für ihr Gedeihen erforderlich sind.[4] Wäre der unverzichtbare Schutzgürtel von Rechten allein im Namen der Freiheit begründet, so würde er gerade die Schwächsten ausschließen, die seiner am dringendsten bedürfen.

Dass alle drei Fragen mit „nein" zu beantworten sind, bestätigt Berlins Überzeugung, dass sich nicht alle politischen Werte auf einen einzigen Nenner bringen lassen. Dieser „pluralistische" Befund stellt die Freiheit in ein Spannungsfeld von Gütern, ohne sie darum abzuwerten. Für mündige oder zur Mündigkeit begabte Menschen bleibt Autonomie ein Leitgesichtspunkt der inhaltlichen Füllung von Menschenrechten und Gerechtigkeit. Das Recht auf Selbstbestimmung bleibt eine unverzichtbare Einspruchsinstanz gegen *paternalistische* Anmaßungen. Doch sollten wir uns nicht von der Furcht vor gutgemeinten Übergriffen in einen unhaltbaren Monotheismus der Werte hineintreiben lassen.

---

4   Kleine Kinder haben nichts vom Wahlrecht, wohl aber vom Recht auf Leben und körperliche Unversehrtheit.

2.3 Einsame und gemeinsame Freiheit

Bislang war vornehmlich von Personen und ihren Rechten die Rede. Doch beide existieren nicht in einem sozialen Niemandsland. Zur Person werden wir nur, indem andere uns zu unserer Verantwortung aufrufen, in einer Sprache, die uns Hinsichten des Verstehens und der Erheblichkeit gibt. Rechte „haben" wir nur, soweit sie in unserer sozialen Welt institutionell und praktisch gelten. Rechte sind genuin gemeinschaftliche Gebilde. Sie sind uns nicht angeboren wie Nase und Ohren. Vielmehr erwachsen sie aus unseren Einstellungen in moralischen Anerkennungsbeziehungen. Rechte sind, aller naturrechtlichen Rhetorik zum Trotz, institutionelle Tatsachen.

Was aber folgt daraus *normativ*? Zunächst offenbar dies: Zu jeder stimmigen Wertschätzung von Rechten gehört eine grundsätzliche Wertschätzung der gesellschaftlichen Ordnungen, in denen allein Rechte „wirklich" werden können. Diese Einsicht bildet eine Brücke zwischen den „Freiheiten der Modernen" und den „Freiheiten der Alten" (Constant 1819): Die ersteren werden gerne als subjektive Rechte auf Privatheit und auf Freiheit vom Staat verstanden, die letzteren hingegen, noch in der Tradition der antiken Demokratien, als verpflichtende Gelegenheiten zu politischer Teilnahme. Nun sind aber die öffentlichen Debatten in der Moderne zugleich das Medium, in dem über das Schicksal der „privaten" Freiheiten mitentschieden wird (Habermas 1992, Wellmer 1993). Die Teilnahme an diesen Debatten ist uns freigestellt: Auch sie wird heute in der Form von Rechten *eingeräumt*, aber nicht vorgeschrieben. Sollten wir uns aber nicht wenigstens moralisch aufgerufen fühlen, für unsere Freiheiten als Bürgerinnen und Bürger verantwortlich einzustehen?

Diese Frage gestellt zu haben, gehört zu den Verdiensten des sogenannten *Kommunitarismus*. Kommunitaristen betonen empirisch wie normativ die gemeinschaftlichen Grundlagen von Selbstverwirklichung, Moralität, subjektiven Rechten und politischer Freiheit (Honneth 1993, Forst 1994). Sie erinnern damit an ein weiteres Motiv hinter Konzeptionen „positiver Freiheit", indem sie die kollektiven Bedingungen und Inhalte wohlverstandener Freiheit hervorheben. Allerdings sind die meisten Kommunitaristen, wie Charles Taylor und Michael Walzer, als gute Nordamerikaner zugleich gute Liberale: Sie wollen nicht die Geltung subjektiver Rechte angreifen, sondern nur an deren sozialen Daseinsgrund erinnern. Auch wenn subjektive Rechte den Kern moderner Konzeptionen der Gerechtigkeit bilden, verweisen sie doch intern auf öffentliche Güter, gemeinschaftliche Praktiken und geteilte Überzeugungen.

Gleichwohl steigt damit der Begründungsbedarf für liberale Theorien der Rechte: Warum eigentlich sollen im Konfliktfall die gemeinschaftlichen Erwartungen den Grundfreiheiten weichen, wenn es doch Freiheiten ohne Gemein-

schaften gar nicht gäbe? Die liberale Antwort beginnt damit, dass nur Einzel-
menschen, nicht aber Gemeinschaften einen unbedingten moralischen Wert
haben. Das schließt eine *sekundäre* Schutzwürdigkeit von Kollektiven nicht aus:
Gemeinschaften dürfen als wertvoll gelten, soweit sie das Gedeihen wenigstens
eines Teils ihrer Angehörigen fördern, ohne die Rechte eines anderen Teils zu
missachten. Eben deshalb aber muss *jeder einzelne* zu einer zwangsbewehrten
Ordnung und ihren Regeln grundsätzlich „ja" sagen können. Ein jeder hat unter
der Bedingung der Gleichheit aller ein politisch-moralisches *Vetorecht*: Nur wer
die Möglichkeit rechtlicher Erzwingung mit seinem moralischen Wert als Gleicher unter Gleichen vereinbaren kann, hat einen Grund, den möglichen Rechts-
zwang als selbstgewollt anzusehen (Waldron 1995: 117).

Subjektive Rechte sind die Form, in der diese Unvertretbarkeit des einzelnen
von politischen Gemeinschaften im Angesicht ihrer öffentlichen Machtmittel
geachtet wird. Damit aber zieht in alle legitimen Rechtsgemeinschaften eine
konstitutive Spannung ein: Es ist möglich, dass diese Gemeinschaften einen höheren Bedarf an bürgerschaftlicher Mitwirkung haben, als ihre Angehörigen von
sich aus aufzubringen bereit sind. Gleichwohl haben die Angehörigen das weitgehende Recht, sich der Mitwirkung zu enthalten. Zwar wird niemand durch
Rechte zu privater Abkapselung gezwungen, immerhin aber ist ihm der Rückzug aus dem öffentlichen Leben erlaubt. Darin liegt gerade das Wesen liberaler
Vergemeinschaftung: Rechte *ermöglichen* die Zuwendung zum Raum politischen
Handelns, weil und indem sie zugleich die Abwendung von ihm *gestatten*.

Das Brüchige an der modernen Rechtsfigur der Bürgerfreiheit ist somit zugleich der einzige Boden, auf dem sie normativ stehen kann. Brüchig ist sie
aufgrund der Bereitschaft, selbstgewählte Zuwendung wie ungehinderte Abwendung zu erlauben. Liberale Ordnungen verzichten auf den Versuch, einen
funktional noch so dringenden Bedarf an bürgerschaftlicher Teilnahme mit
Zwangsmitteln zu decken. Diese Spannung könnten sie nicht tilgen, ohne auf-
zuhören, liberal zu sein. Moderne liberale Demokratien bieten Raum für die
„Freiheiten der Alten", doch sie bringen sie in der neuzeitlichen Form subjektiver Rechte zur Geltung. So nur vermögen sie jenes Moment von „Nichtidenti-
tät" zu schützen, an dem die Freiheitschancen der Einzelnen hängen.

3.   Die Grenzen der negativen Freiheit

Die Freiheit, welche die moderne politische Philosophie vor allem interessiert,
ist die Freiheit der Person, ein Leben nach eigenen Vorstellungen des Guten zu
führen. Eine überzeugende Konzeption der Freiheit muss diesem Wert einer
selbstbestimmten Lebensführung gerecht werden. Ein rein negatives Freiheits-

verständnis reicht hierfür nicht aus, in keiner der vier Bedeutungen von „negativ", die im Text aufgetaucht sind (siehe ausführlicher Ladwig 2007).

„Negativ" mag ein Freiheitsverständnis erstens heißen, wenn es allein externe soziale Hindernisse wie Zwang als Freiheitshindernisse gelten lässt. Aber Menschen können sich auch unabhängig von Art und Herkunft ihrer Beschränkungen unfrei fühlen, solange es ihnen faktisch verwehrt ist, zu leben, wie sie es für richtig halten, und sie zugleich wissen, dass sich an ihrer Lage politisch etwas ändern ließe.

„Negativ" mag ein Freiheitsverständnis zweitens heißen, wenn es offen lässt, ob Freiheit im tatsächlichen Erstreben des Richtigen besteht und nicht etwa in reiner Willkür oder Launenhaftigkeit. Doch nur wer den eigenen Willen durch eigene Überlegung zu lenken vermag, kann zu seinem jeweiligen Wollen Abstand nehmen und hat in diesem Sinne Willensfreiheit. Worauf aber sollten unsere Überlegungen im Ganzen zielen, wenn nicht auf ein Leben, das zu schätzen wir gute Gründe haben? Noch die Freiheit, sich gelegentlich *nicht* von Gründen bestimmen zu lassen, setzt voraus, dass man sich von Gründen bestimmen lassen *kann* (Bieri 2001: 84ff.). Deshalb ist bloße Willkürfreiheit, ohne jeden Bezug auf gute rechtfertigende Gründe, für die Selbstbestimmung der Person nicht hinreichend.

„Negativ" mag ein Freiheitsverständnis drittens heißen, wenn es jeden notwendigen Zusammenhang zu Gemeinschaften verneint. Aber existentielle Gründe prüfen wir stets in Horizonten der Bedeutsamkeit, die auch dann kein privater Besitz sind, wenn wir uns selbständig in ihnen bewegen. Horizonte der Bedeutsamkeit werden durch geteilte Praktiken, in denen die Sprache eine wesentliche Rolle spielt, aufgespannt und auch verschoben. Unter günstigen Bedingungen bilden sie zusammen mit Institutionen eine Infrastruktur der Freiheit. Augenscheinlich steigen die Aussichten der Freiheit für den Einzelnen, wenn er in einer sozialen Welt leben darf, die der Freiheit in Wort und Wirklichkeit einen hohen Stellenwert gibt. Eine solche Welt ist ein *kollektives Gut*. Vorzüge wie ein tolerantes öffentliches Klima und eine Vielzahl an wertvollen Optionen (Raz 1986) lassen sich nicht in Teile zerlegen und den Individuen zum persönlichen Gebrauch übergeben. Gleichwohl bleibt die Begründung ihres Eigenwertes an das gute Leben der Einzelnen gebunden. Die Integrität einer wahrhaft integrativen Gemeinschaft kann nicht *über* den Einzelnen stehen, sie kann nur *in* ihrem einsamen und gemeinsamen Gedeihen liegen.

„Negativ" kann ein Freiheitsverständnis viertens heißen, wenn es keine wesentliche Rolle für die kollektive Praxis politischer Selbstgesetzgebung vorsieht. Richtig ist sicher, dass die Freiheiten der Modernen in den Freiheiten der Alten nicht aufgehen. Die Selbstbestimmung beinahe aller Menschen hat eine private Seite, und bei den meisten ist sie die dominante. Dennoch ist das Schicksal der privaten Freiheiten vom selbstbewussten Gebrauch unserer öffentlichen Autonomie abhängig. Daran haben in jüngerer Zeit republikanische Autoren wie Quentin Skinner (2008) und Philip Pettit (1999) erinnert. Sie machen darauf aufmerksam, dass private Freiheiten ohne öffentliche Diskussion und Kontrolle bestenfalls *gewährt*, aber nicht wirksam *gewährleistet* wären: Die Machthaber könnten sie jederzeit in ihrem Sinne umdeuten oder auch abschaffen

Eine bloß gewährte Freiheit stünde unter einem sinnwidrigen Vorbehalt: Sie wäre Autonomie unter dem Vorzeichen von Heteronomie. Pettit meint darum, wir sollten uns nicht schon dann für frei halten, wenn gerade keiner in unsere Lebenssphären eingreift. Frei sind wir nur, soweit wir jeden Versuch eines willkürlichen Eingriffes effektiv anfechten könnten, was wiederum ohne demokratische Rechte nicht möglich wäre. Wer frei ist, so meint Pettit, ist vor allem frei von willkürlicher Herrschaft. Er unterliegt allein Gesetzen, die er aus guten rechtfertigenden Gründen selbst wollen kann.

Literatur

Berlin, Isaiah (1958): Zwei Freiheitsbegriffe. In: ders.: Freiheit. Vier Versuche. Frankfurt/M.: Fischer 1995. 197-256.

Bieri, Peter (2001): Das Handwerk der Freiheit. Über die Entdeckung des eigenen Willens. München: Hanser.

Cohen, G.A. (1991): Capitalism, Freedom, and the Proletariat. In: Miller, David (ed.): Liberty. Oxford: UP. 163-182.

Constant, Benjamin (1819): Über die Freiheit der Alten im Vergleich zu der der Heutigen. In: ders.: Werke in vier Bänden. Bd. 4. Hg. von Axel Blaeschke und Lothar Gall. Berlin: Propyläen 1972. 363-396.

Dworkin, Ronald (1990): Bürgerrechte ernstgenommen. Frankfurt/M.: Suhrkamp.

Feinberg, Joel (1973): Social Philosophy. Englewood Cliffs/N.J.: Prentice Hall.

Forst, Rainer (1994): Kontexte der Gerechtigkeit. Politische Philosophie jenseits von Liberalismus und Kommunitarismus. Frankfurt/M.: Suhrkamp.

Frankfurt, Harry G (1971): Freedom of the Will and the Concept of a Person. In: Journal of Philosophy 68. 5-20.

Gray, Tim (1990): Freedom. London: Basingstoke.

Habermas, Jürgen (1992): Faktizität und Geltung. Beiträge zur Diskurstheorie des Rechts und des demokratischen Rechtsstaats. Frankfurt/M.: Suhrkamp.

Hart, H.L.A. (1973): Rawls on Liberty and its Priority. In: University of Chicago Law Review 40. 534-555.

Hayek, Friedrich August (1960): Die Verfassung der Freiheit. Tübingen: Mohr: 1971.

Honneth, Axel (Hg.) (1993): Kommunitarismus. Eine Debatte über die moralischen Grundlagen moderner Gesellschaften. Frankfurt/M. – New York: Campus.

Kant, Immanuel (1797): Die Metaphysik der Sitten. Werkausgabe Band VIII. Hg. von Wilhelm Weischedel. Frankfurt/M.: Suhrkamp 1997.

Koller, Peter (1996): Freiheit als Problem der politischen Philosophie. In: Bayertz, Kurt (Hg.): Politik und Ethik. Stuttgart: Reclam. 111-138.

Ladwig, Bernd (2000): Gerechtigkeit und Verantwortung. Liberale Gleichheit für autonome Personen. Berlin: Akademie.

– (2007): Der Wert der Wahlfreiheit. Eine Kritik an Isaiah Berlins Verständnis negativer Freiheit. In: Deutsche Zeitschrift für Philosophie 6. 877-887.

Locke, John (1689): Über die Regierung (The Second Treatise on Government). Stuttgart: Reclam 1996.

MacCallum, Gerald (1961): Negative and Positive Freedom. In: Miller, David (ed.): Liberty. Oxford: UP 1991. 100-122.

Mann, Thomas (1901): Buddenbrooks. Verfall einer Familie. Frankfurt/M.: Fischer 1983.

Nozick, Robert (1976): Anarchie, Staat, Utopia. München: mvg.

Nussbaum, Martha C. (1999): Gerechtigkeit oder Das gute Leben. Frankfurt/M.: Suhrkamp.

Parent, William A. (1974): Some Recent Work on the Concept of Liberty. In: American Philosophical Quarterly 11. 149-167.

Pettit, Philip (1999): Republicanism. A Theory of Freedom and Government (2nd edition with postscript). Cambridge: UP.

Rawls, John (1975): Eine Theorie der Gerechtigkeit. Frankfurt/M.: Suhrkamp.

– (1994): Der Vorrang der Grundfreiheiten. In: ders.: Die Idee des politischen Liberalismus. Aufsätze 1978-1989. Hg. von Wilfried Hinsch. Frankfurt/M.: Suhrkamp. 159-254.

Raz, Joseph (1986): The Morality of Freedom. Oxford: Clarendon.

Seebaß, Gottfried (1996): Der Wert der Freiheit. In: Deutsche Zeitschrift für Philosophie 44. 759-775.

Seel, Martin (2002): Sich bestimmen lassen. Ein revidierter Begriff von Selbstbestimmung. In: ders.: Sich bestimmen lassen. Studien zur theoretischen und praktischen Philosophie. Frankfurt/M.: Suhrkamp. 279-298.

Sen, Amartya (1985): Well-Being, Agency, and Freedom: The Dewey Lectures 1984. In: The Journal of Philosophy 82. 169-221.

– (1993): Capability and Well-Being. In: Nussbaum, Martha/Sen, Amartya (eds.): The Quality of Life. Oxford: Clarendon. 30-57.

– (1999): Ökonomie für den Menschen. Wege zu Gerechtigkeit und Solidarität in der Marktwirtschaft. München – Wien: dtv.

Skinner, Quentin (2008): Hobbes and Republican Liberty. Cambridge: UP.

Strawson, Peter (1962): Freiheit und Übelnehmen. In: Pothast, Ulrich (Hg.): Seminar: Freies Handeln und Determinismus. Frankfurt/M.: Suhrkamp 1978. 201-233.

Taylor, Charles (1995): Atomismus. In: Brink, Bert van den/Reijen, Willem van (Hg.): Bürgergesellschaft, Recht und Demokratie. Frankfurt/M.: Suhrkamp. 73-106.

Tugendhat, Ernst (1992): Der Begriff der Willensfreiheit. In: ders.: Philosophische Aufsätze. Frankfurt/M.: Suhrkamp. 334-351.

Waldron, Jeremy (1995): Theoretische Grundlagen des Liberalismus. In: Brink, Bert van den/Reijen, Willem van (Hg.): Bürgergesellschaft, Recht und Demokratie. Frankfurt/M.: Suhrkamp. 107-140.

Wellmer, Albrecht (1993): Freiheitsmodelle in der modernen Welt. In: ders.: Endspiele: Die unversöhnliche Moderne. Frankfurt/M.: Suhrkamp. 15-53.

Gemeinwohl

Sandra Seubert

„Eine Politikwissenschaft, die zu dem Phänomen ‚Gemeinwohl' nichts zu sagen hat,
ähnelt einer Vorführung des Hamlet ohne den Prinzen von Dänemark."
(Fraenkel 1991: 272)

1. Die Wiederkehr des Gemeinwohls

Die Frage nach dem „gemeinen", dem allgemeinen Wohl gehört zu den Grund-
fragen des politischen Denkens: sie verweist auf die gemeinsamen Ziele und
Zwecke, zu deren Verwirklichung Menschen in einer Gemeinschaft zusammen-
geschlossen sind, und damit auf den Sinn und Zweck von Politik überhaupt.
Was die Legitimation politischer Herrschaft angeht, so kann keine politische
Ordnung darauf verzichten, aus der Förderung des wie auch immer bestimmten
Wohls der Gemeinschaft ihre Rechtfertigung zu ziehen. Unterschiedliche Dinge
hat die politische Theorie in ihrer Geschichte dafür ins Auge gefasst: das gute
Leben, kollektive Sicherheit, wirtschaftliche Prosperität, nationale Selbstbe-
stimmung, die rechtsstaatliche Gewährleistung individueller Freiheit. Für die
Moderne ist vor allem eine Entwicklung von substantiellen hin zu prozeduralen
Bestimmungen kennzeichnend, die insbesondere mit einer Pluralisierung von
Ideen des Guten zusammenhängt.

Seit dem Wiederaufleben vertragstheoretischer Konzeptionen, das durch
John Rawls' *Theorie der Gerechtigkeit* ausgelöst wurde, ist in der politischen Philosophie vielfach der Begriff der Gerechtigkeit in den Vordergrund getreten. Dies
hatte zur Folge, dass vornehmlich die Prozeduren des demokratischen Verfassungsstaats in den Blick genommen wurden, die Verfahrens- und Verteilungsgerechtigkeit sichern sollen. In jüngerer Zeit ist jedoch eine Renaissance des Gemeinwohlbegriffs zu beobachten.[1] Diese resultiert nicht zuletzt aus der Kritik,
man habe sich in problematischer Weise auf Institutionen der „checks and balances" und auf das Recht konzentriert. Die Qualität und Stabilität eines demokratischen Gemeinwesens aber hinge, so wird ins Feld geführt, nicht allein von

---

[1] Aus der Vielzahl von Beiträgen v.a. Münkler/Bluhm/Fischer (2001/2002) sowie Enquetekommission „Zukunft des Bürgerschaftlichen Engagements" (2002a, 2002b). Eine Kritik an den philosophischen Grundlagen der Rawls'schen Gerechtigkeitstheorie wurde bereits in der sogenannten „Kommunitarismus"-Debatte formuliert (Honneth 1992).

der rechtlich verfassten Grundstruktur, sondern zugleich von den gemeinschaftlichen Wertbindungen der Bürger ab: ihrer Bereitschaft, sich als Mitglieder einer aktiven Bürgergesellschaft für die gemeinsamen Angelegenheiten einzusetzen.

Um die Bedeutung des Gemeinwohlbegriffs für die moderne politische Theorie zu erfassen, wird dieser im Folgenden zunächst im Spannungsfeld von Republikanismus und Liberalismus verortet. Die Gegenüberstellung dieser beiden politiktheoretischen Strömungen ermöglicht eine Differenzierung unterschiedlicher Annahmen zu den Realisierungsbedingungen des Gemeinwohls (2.1) sowie divergierender Antworten auf die Fragen, worin das Gemeinwohl besteht bzw. wie es ermittelt werden kann (2.2) und welche Akteure zu seiner Verwirklichung beitragen (2.3). Nach diesem Durchgang wird deutlich werden, dass in der Diskussion um das Gemeinwohl sowohl die kulturellen Bedingungen des Erhalts einer gerechten Gesellschaft als auch die materialen Grundlagen der Realisierung gemeinsamer Wohlfahrt zur Debatte stehen.

2. Gemeinwohl zwischen Republikanismus und Liberalismus

2.1 Realisierungsbedingungen des Gemeinwohls

Innerhalb der gegenwärtigen Diskussion lassen sich in analytischer Hinsicht zwei Zugänge unterscheiden, die auf unterschiedliche ideengeschichtliche Wurzeln zurückgehen: das republikanische Konzept einer Gemeinwohlrealisierung durch subjektiv-motivationale Transformation im Sinne von Bürgertugend einerseits, und das liberale Konzept einer Gemeinwohlverwirklichung durch institutionelle Prozeduren, Machtteilung und Pluralismus andererseits.

Für republikanische Denker ist die Realisierung des Gemeinwohls an Tugendzumutungen gebunden, zu deren Begründung meist auf aristotelische, bürgerhumanistische oder Rousseau'sche Grundlagen Bezug genommen wird. Neoaristotelische Ansätze betonen die Nähe des Gemeinwohlbegriffs zu einem Begriff öffentlicher bzw. politischer Tugend, da im aristotelischen Denken das gute Leben in der Polis aufgehoben ist und sich durch politische Praxis verwirklicht (Sternberger 1995, MacIntyre 1995, Nussbaum 1999). An den Bürgerhumanismus der italienischen Renaissance, der etwa in den politischen Schriften Machiavellis seinen Niederschlag gefunden hat, wird angeschlossen, wenn wie dort die „virtù" als Erhaltungsbedingung der Republik in den Vordergrund tritt: die Bereitschaft, das Gemeinwohl höher zu stellen als das eigene Wohl und Seelenheil (Münkler 1991). Neuere republikanische Theorien gehen außerdem mit Rousseau davon aus, dass es zur Verwirklichung des Gemeinwohls eines

Gemein*willens* bedarf. Diesen Gemeinwillen soll und kann nur das Volk als Souverän schaffen, denn es ist Quelle aller Legitimität. Dass tatsächlich der Gemeinwille (und nicht bloß ein möglicherweise fehlgeleiteter empirischer Mehrheitswille) realisiert wird, ist allerdings an eine qualitative Voraussetzung gebunden: die Verwandlung von eigeninteressierten *bourgeoises* in gemeinwohlorientierte *citoyens*. Die moralische Transformation des Einzelnen, die die politische Autonomie eines sittlich integrierten Gemeinwesens ermöglicht, wird bereits bei Rousseau durch bestimmte sozio-ökonomische Voraussetzungen gestützt. Auch heute ist daher für republikanische Positionen die Frage wesentlich, inwieweit als Realisierungsbedingung der Tugend eine *vor*politische Sittlichkeit gedacht werden muss oder ob institutionelle Bedingungen geschaffen werden können, in denen sich diese im politischen Prozess überhaupt erst herausbildet (MacIntyre 1995, Barber 1994 sowie Abschnitt 2.2).

Stehen sich in der republikanischen Tradition Gemeinwohl und Eigennutz antithetisch gegenüber, so hat sich dieser Dualismus aus liberaler Perspektive seit Beginn der Neuzeit aufgelöst. Schon Adam Smiths Bild der unsichtbaren Hand soll anzeigen, dass das Gemeinwohl nicht intentional angestrebt werden muss, sondern sich als Resultante eigennützigen Handelns von selbst einstellt. Diese Perspektive ergibt sich aus einer Freisetzung des Leitbegriffs des Interesses, die sich auch in der von den *Federalist Papers* verfolgten Strategie niederschlägt, personale Freiräume der Interessenverfolgung nicht einzuschränken, sondern die Vielfalt und Fragmentierung von Interessen als Ausdruck individueller Verschiedenheit und Freiheit zu fördern (Hirschman 1980: 28f., Münkler 1991: 380f.). Interesse durch Interesse auszubalancieren, ist das liberale Prinzip für ein System von *checks and balances*, das nicht von der Notwendigkeit der Tugend ausgeht, sondern die Frage nach der guten politischen Ordnung auf die Ebene der *institutionellen* Organisation verlegt.[2]

Wichtig für liberale Ansätze ist daher auch eine Trennung von Recht und Moral. Die Absicherung rechtlicher Freiheiten gewährleistet den Individuen nicht nur ökonomische, sondern auch personale Freiräume zur Verfolgung des eigenen Glücks, das als Privatheit auch unabhängig von öffentlichen Tugendanforderungen verwirklicht werden kann. Durch eine Differenzierung von juridischen und moralischen Gesetzen, von Kontexten privater und öffentlicher Autonomie, wie sie sich etwa im Anschluss an Kant begründen lässt, wird der Realisierungsbereich des Gemeinwohls begrenzt. Übereinstimmung soll nur

---

2   Federalist Nr. 10, Hamilton/Madison/Jay (1993: 93ff.). Zwar spielen Tugendanforderungen auch für die *Federalists* (v.a. mit Blick auf die politische Elite der Repräsentanten) noch eine Rolle, aber sie sollen im Wesentlichen durch institutionelle Vorkehrungen ermuntert werden. Im Zentrum steht die Rechtfertigung eines politischen Systems, das liberal in dem Sinne ist, dass es nur noch den institutionellen Rahmen für individuelles Glücksstreben vorgibt (Zehnpfennig 1993).

noch für den Bereich rechtlicher Regelung erzielt werden. Da eine Konvergenz unterschiedlicher umfassender Vorstellungen des Guten nicht mehr vorausgesetzt werden kann, besteht die Aufgabe des Rechtsstaats in der „Kompatibilisierung" individueller Handlungsfreiheit. Gegenwärtige Vertreter des Kantianismus betonen daran anknüpfend, dass das Gemeinwohl sich nur noch als Ergebnis eines Rechtsetzungsverfahrens begreifen lasse, in dem die inhaltliche Allgemeinheit des Gesetzes sekundär durch die „Allgemeinheit einer demokratischen Genese des Gesetzes" verbürgt wird (Maus 1990: 371). Das Gemeinwohl realisiert sich aus dieser Sicht im Wesentlichen durch institutionelle Prozeduren einer demokratischen Rechtsetzung, die fair im Sinne allgemeiner Zugänglichkeit und egalitärer Partizipationschancen sein sollen.

2.2 Gegenstände des Gemeinwohls

Libertäre, liberale und deliberative Positionen

Aus liberaler Perspektive ergibt sich ein Bild des Gemeinwesens, das um das moderne Ideal der freien Verwirklichung des je individuellen Verständnisses von Glück zentriert ist. Eigeninteressen zu verfolgen, wird als legitimer Ausdruck individueller Freiheit angesehen, und folglich ist der Schutz vor moralischen Zudringlichkeiten der Gemeinschaft von wesentlicher Bedeutung. Das Augenmerk liegt auf einer Rechtsordnung, die die Bedingung der Verwirklichung des jeweils individuellen Guten für jeden Bürger schützt.

Vor diesem Hintergrund stellt sich die Frage, ob es überhaupt noch möglich ist, so etwas wie ein „allgemeines" Wohl zu bestimmen und welchen Gegenstand es haben kann. Am radikalsten sind in diesem Zusammenhang libertäre Theorien, weil für diese die Politik in erster Linie das Ziel hat, vorpolitisch gebildete Interessen zu aggregieren (Nozick 1976). Das Gemeinwohl kann aus dieser Sicht nicht mehr sein als die Summe der Einzelinteressen. Doch selbst wenn man diese libertäre Minimalauffassung des Politischen zugrunde legt, ist zumindest der Bestand der rechtlichen Ordnung selbst noch etwas, das für die Bürger von gemeinsamem Interesse ist. Freilich stellt die rechtliche Ordnung bis dahin nicht mehr als einen „modus vivendi" dar, an den sich die Teilnehmer aus strategischen Gründen halten (dazu Larmore 1987, Forst 1994: 147f.).

Einen Schritt weiter geht dagegen die Vorstellung, die Bürger hätten ein intrinsisches Interesse an der Aufrechterhaltung eines Systems gleicher Grundfreiheiten und fairer sozialer Kooperation. Dieser Gedanke liegt dem politischen Liberalismus von John Rawls zugrunde. Hier haben die Bürger mehr als ein instrumentelles Verhältnis zur politischen Ordnung, weil sie als moralische

Personen mit einem Sinn für Gerechtigkeit ausgestattet sind. Dieser lässt sie die Vernünftigkeit einer Gerechtigkeitskonzeption einsehen, die jeder Person als Bürgerin einen größtmöglichen Anteil an Freiheiten und Grundgütern garantiert (ausführlicher hierzu „Gerechtigkeit" in diesem Band). Rawls' politischer Liberalismus soll auf die Herausforderung reagieren, dass wir es in der Moderne mit einem Pluralismus von Konzeptionen des Guten zu tun haben. Gesucht ist daher ein „übergreifender Konsens", der auf einen politischen Bereich im engeren Sinne beschränkt sein muss, um von allen Bürgern unabhängig von ihrer kulturellen Herkunft, ihren religiösen Überzeugungen und ihrer individuellen Lebensführung bejaht werden zu können.[3] Das bedeutet vor allem, dass er nicht selbst aus einer metaphysischen „umfassenden Lehre" heraus gerechtfertigt werden kann. Der „Bereich des Politischen" umfasst diejenigen gesellschaftlichen Institutionen und „wesentlichen Verfassungsinhalte", die sicherstellen, dass die für alle Bürger verbindlichen Entscheidungen in fairer Weise getroffen werden. Zwar ist die wohlgeordnete Gesellschaft bei Rawls selbst ein Gut, doch sie bleibt letztlich ein Gut *für einzelne Personen*, insofern sie ihnen das „Gut der Gerechtigkeit und der gesellschaftlichen Grundlagen ihrer gegenseitigen Selbstachtung sichert" (Rawls 1994: 389).[4] Durch die Garantie der Grundrechte und Grundfreiheiten gewährleistet die Gesellschaft die Befriedigung der grundlegenden Bedürfnisse von Bürgern – und zu diesen gehört auch die Befriedigung ihres Gerechtigkeitssinns. Im Wesentlichen besteht für Rawls das Gemeinwohl also in der Gewährleistung von Gerechtigkeit.

An dieser Konzeption lässt sich kritisieren, dass die politischen Freiheiten im Prinzip ein Mittel zur Ermöglichung der privaten bleiben. Jürgen Habermas schlägt stattdessen einen „Kantischen Republikanismus" vor, in dem die öffentliche Freiheit zur Bedingung der Abgrenzung individueller Freiheit und damit zum Bezugspunkt des Gemeinwohls wird. So will er seiner intersubjektivitätstheoretischen Grundannahme Rechnung tragen, dass „Personen allein auf dem Weg der Vergesellschaftung individuiert werden" (Habermas 1996: 126 und 1988). Die Freiheit eines Individuums sei mit der aller anderen nicht nur negativ über gegenseitige Begrenzung verknüpft, sondern konstituiere sich über die

---

3 Zu dem Gedanken eines Grundkonsenses, der den zentrifugalen Tendenzen der modernen, heterogenen Gesellschaft gegenüberstehen soll, bereits Fraenkel (1991). Fraenkels Konzept weist allerdings einige Unklarheiten in Bezug auf das Verhältnis von prozeduralen und materialen Kriterien der Gemeinwohlverwirklichung auf: Verfahrensregeln, die den politischen Willensbildungsprozess regulieren, werden neben Grundwerten sowie nicht weiter spezifizierten Grundprinzipien „gesitteten menschlichen Zusammenlebens" (173) genannt. Zur Diskussion Buchstein (2002).

4 Rawls bezeichnet die wohlgeordnete politische Gesellschaft zwar auch als „soziales Gut", insofern sie der Kooperation vieler bedarf und auf gemeinsamer Anstrengung basiert. Aber dieser Gedanke erfährt keine eingehende Prüfung in Hinblick auf die Vereinbarkeit mit den individualistischen Grundlagen seines Gesamtkonzepts.

Teilnahme an einer gemeinsam ausgeübten Selbstgesetzgebung. Diese Idee politischer Autonomie baut darauf auf, dass sich in einer „Assoziation von Freien und Gleichen" alle gemeinsam als Autoren der Gesetze verstehen können, an die sie als Adressaten gebunden sind (Habermas 1992: Kap. III/3). Im Gegensatz zu neoaristotelischen republikanischen Positionen (etwa der Hannah Arendts) wird gleichwohl nicht die politische Praxis selbst als das gemeinsame Gute ausgezeichnet. Nicht in der Politik an sich besteht das gute Leben. Der demokratische Prozess ist vielmehr in dem Sinne *Bedingung* der Realisierung eines allgemeinen Wohls, als er festzustellen erlaubt, was im Interesse aller liegt und sich als allgemein zustimmungsfähig erweist. Die republikanische Provenienz des Modells zeigt sich gleichwohl an dem Umstand, dass politische Willensbildung nicht allein und hauptsächlich als Konkurrenz strategisch handelnder Akteure, sondern als horizontale Verständigung begriffen wird, die sich auf Überzeugung durch Gründe stützen kann. Das so ermittelte Gemeinwohl soll sich auf die Zustimmung und den Konsens von Akteuren gründen, die ihre anfänglichen Positionen nicht einfach aggregieren, sondern unter dem Gesichtspunkt der Verallgemeinerbarkeit einer diskursiven Prüfung unterzogen haben. Allerdings ist Habermas bemüht, sein Konzept deliberativer Demokratie von starken Tugendannahmen zu entlasten. Die Gemeinwohlorientierung soll nicht durch eine ethische Transformation erzielt werden, wie sie Rousseau den Bürgern zumutet. Vielmehr stehen in der „Diskurstheorie des Rechts" die Etablierung und institutionelle Absicherung von *Verfahren* im Vordergrund, die diskursive Kommunikationsbedingungen ermöglichen und Gemeinsinn als subjektive Haltung höchstens „in kleiner Münze" erheben (Habermas 1992: 165). Indem er seine Demokratietheorie derart um einen liberalen Institutionalismus erweitert, sieht Habermas sich aber ebenso wie Rawls dem Vorwurf ausgesetzt, die sozio-moralischen Grundlagen der Demokratie nicht angemessen zu erfassen (Honneth 1994: 208).

Kommunitaristische Positionen

Dass mit der institutionellen Sicherung und Verteilung von Grundfreiheiten und Grundgütern für Individuen erschöpfend umrissen ist, was als „common good", als gemeinschaftliches Gutes, gelten kann, ist seit Beginn der 1980er Jahre von den kommunitaristischen Kritikern des Rawls'schen Liberalismus in Frage gestellt worden. Die kommunitaristische Kritik hat vor allem die Differenzierung zwischen dem Gerechten und dem Guten in den Blick genommen: sie verschleiere, dass eine Theorie der Gerechtigkeit gegenüber Konzeptionen des Guten nicht neutral sein könne (indem sie von diesen einen Bereich des Politischen abspaltet). Dies wäre auch gar nicht wünschenswert. Vielmehr müsse die politische Ordnung ihrerseits eine, wenn auch partikulare, dafür aber robuste Idee des Guten vermitteln. Denn eine Gesellschaft werde nicht allein über das Recht und eine gerechte institutionelle Grundstruktur integriert, sondern bedürfe darüber hinaus eines gemeinsamen Werthorizonts, verbindender sozialer Praktiken und konkreter Gemeinschaften. Kommunitaristische Positionen lassen sich danach unterscheiden, ob sie für die Bildung eines gemeinen Wohls eher auf ein geteiltes Verständnis setzen, das aus einer vorpolitischen Identität, Kultur und aus historischen Traditionen erwächst, oder ob sie davon ausgehen, dass Identitäten und Zusammengehörigkeit sich erst durch den politischen Prozess selbst bilden und dies mit einer partizipatorisch-republikanischen Perspektive verbinden.[5] Nicht ganz leicht einzuordnen ist in dieser Hinsicht Charles Taylor, der den Zusammenhang von kultureller Praxis und „starken Wertungen" im Rahmen einer philosophischen Anthropologie am grundlegendsten ausgearbeitet hat. Für Taylor ist die soziale Wirklichkeit als Gewebe kultureller Bedeutungen aufzufassen. Diese erfahrbaren Bedeutungen prägen den öffentlichen Raum und sind im Selbstverständnis und den politischen Institutionen einer Gesellschaft verkörpert. Hierdurch beeinflussen und formen sie die personale Identität der Individuen. Die Konzeption eines guten Lebens und die Vision einer guten Gesellschaft sind daher in einer übergreifenden „moralischen Landkarte" als Selbst- und Weltinterpretation untrennbar verwoben (Taylor 1989: Teil 1/Kap. 2; Rosa 1998: 79ff., 110ff.). Die politische Gemeinschaft ist vor diesem Hintergrund ein gemeinsames Gut der Bürger, das diese um ihrer selbst willen schätzen. Nur durch die Teilnahme an der politischen Gemeinschaft können die Bürger Güter wie Sprache, Geschichte und Tradition erlangen, weil diese Güter nur gemeinsam zu realisieren sind. Gerade dieser Güter aber bedürfen sie als Artikulations- und Ausdrucksmedien, um ihr Selbstverhältnis expressiv entfalten zu können. Bei Taylor wird die Identifikation mit der politischen Gemeinschaft zwar primär durch die Ausübung politischer Freiheit realisiert, aber es ist unübersehbar, dass sie sich dennoch zu einem unverzichtbaren Teil aus der vorpolitischen Einheit einer sprachlich und kulturell konstituierten Lebensform speist. Kontrovers ist daher die Frage, inwieweit bei Taylor Kulturen (und ihrem Erhalt) ein gewisser Eigenwert zugesprochen wird, der mit dem individualistischen Zuschnitt einer liberalen Rechtsordnung kollidiert.[6]

---

5 Zu ersteren können Autoren wie Robert Bellah, Michael Sandel oder Alasdair MacIntyre gezählt werden, zu letzteren eher Michael Walzer oder Benjamin Barber.
6 Zur Auseinandersetzung um den Schutz der frankophonen Minderheit in Kanada durch Gruppenrechte Taylor (1993), kritisch dazu Habermas (1996: 237ff.). Zur unterschiedlichen Einordnung Taylors außerdem Forst (1994: 167f.), Rosa (1998: 460f.).

Rational Choice-Positionen

Jenseits der Kommunitarismus-Diskussion ist noch aus einer ganz anderen Richtung eine Frage aufgeworfen worden, die sich als Thematisierung von möglichen Gegenständen des Gemeinwohls verstehen lässt: Unter welchen Bedingungen, so fragen rational choice-fundierte Theorien kollektiven Handelns, kann eigentlich die Reproduktion sogenannter „kollektiver" oder „öffentlicher Güter" sichergestellt werden? Als öffentliche Güter werden in der ökonomischen Theorie der Politik solche Güter bezeichnet, die unteilbar sind und daher nicht privat in Besitz genommen werden können, etwa Umweltgüter wie Wasser und Luft, aber auch innere und äußere Sicherheit.[7] Als Grundproblem wurde anfangs erachtet, wie rationale, selbstinteressierte Bürger dazu gebracht werden können, ihre gemeinsame Wohlfahrt zu realisieren. Dabei vertrat Mancur Olson in seinem einflussreichen Buch „The Logic of Collective Action" (1965) die zentrale These, dass für Gruppen nicht gelte, was für Individuen richtig sei: eine *Gruppe* rationaler, selbstinteressierter Individuen handelt nicht so, dass sie ihr gemeinsames *Gruppen*interesse realisiert, es sei denn bestimmte äußere Anreize liegen vor. Unter der Prämisse individuell-rationalen Verhaltens als selbstinteressiertem Verhalten ist nämlich davon auszugehen, dass jemand, der nicht davon ausgeschlossen werden kann, die Vorteile eines kollektiven Guts zu genießen, wenn dieses von allen anderen produziert wird, wenig Anreize hat, selbst freiwillig zur Bereitstellung dieses Gutes beizutragen.[8] Auf diese Weise können vollkommen rationale Individuen Ergebnisse produzieren, die in Hinblick auf das gemeinsame Wohl nicht rational bzw. suboptimal sind. Was bei Olson als „free-rider"- oder „Schwarzfahrer"-Problem auftaucht, wird von Vertretern der Spieltheorie als Kooperationsdilemma kollektiven Handelns diskutiert („tragedy of the commons", „prisoner's dilemma game"). Nach der Theorie des kollektiven Handelns von Olson werden kollektive Güter trotz allgemein nutzenorientierter Einstellung nur deshalb produziert, weil die Staatsgewalt im Hintergrund bereitsteht und mit Bestrafung und Belohnung entsprechendes Verhalten unterstützt. Da die Gesellschaft keine Fähigkeit zur Selbstorganisation hat, hilft nur staatlicher Zwang, so die Hobbessche Implikation. Diese Auflösung des Dilemmas bestreitet Elinor Ostrom mit ihrer 1990 veröffentlichten Studie „Governing the Commons" (dt.: Die Verfassung der Allmende, 1999). Sie zeigt anhand zahlreicher erfolgreicher, aber auch gescheiterter Beispiele (Küstenfi-

---

7 Zu den theoretischen Grundlagen dieses Ansatzes Arrow (1963), Barry/Hardin (1982).

8 So ist es in diesem Sinne rational, von der Umweltfreundlichkeit aller anderen zu profitieren und selbst zu verschmutzen, weil der dadurch erzeugte Nachteil verschwindend gering ist gegenüber dem individuellen Nutzen. Wenn die anderen das merken, werden sie kein Motiv mehr haben, sich weiter ihrerseits umweltfreundlich zu verhalten und so wird das von allen gewünschte kollektive Gut, eine saubere Umwelt, nicht erzeugt.

scherei, Almbewirtschaftung, Waldwirtschaft etc.) in unterschiedlichen historischen und kulturellen Kontexten, dass Individuen durchaus in der Lage sind, zu
rationalen Lösungen zu gelangen und kollektive Güter zu produzieren. Solche
Lösungen sind dann wahrscheinlich, wenn Individuen sich selbst gemeinsam an
Regeln binden und diese ausgestalten und überwachen. Über fortdauernde Regelbefolgung wird Vertrauen aufgebaut, ein Punkt, den auch Robert Putnam
hervorhebt und als Schaffung von „Sozialkapital" bezeichnet. Putnams Studien
sind für die Bürgergesellschaftsdiskussion der letzten Jahre bedeutsam geworden, weil er nicht nur die durch die Kooperation produzierten oder gemeinsam
genutzten Güter, sondern dieses Sozialkapital selbst für ein öffentliches Gut
von Gemeinschaften hält, das deren institutionelle Performanz und ökonomische Leistungsfähigkeit beeinflusst (Putnam 1993: 170 sowie „Vertrauen" in
diesem Band).

2.3 Akteure des Gemeinwohls

Der Zusammenhang, in dem der Gemeinwohltopos hierzulande verstärkt zur
Geltung gebracht wird, ist die Diskussion um die Rolle der Bürgergesellschaft in
der Demokratie. Dabei wird die Aufmerksamkeit darauf gelenkt, dass speziell in
Deutschland der Staat traditionell als Hüter des Allgemeinen gilt.[9] Durch die
Stärkung der Bürgergesellschaft soll nun das Gewicht von der staatlichen auf
die gesellschaftliche Erzeugung von Gemeinwohl verschoben werden. Gegen
Reste obrigkeitsstaatlicher Traditionen und staatszentrierten Denkens wird die
Ermutigung demokratischer Selbstorganisation und die Freiwilligkeit gemein-
schaftsbezogenen Engagements in den Vordergrund gestellt. Im Geiste Tocquevilles wird auf die sozialisierende Funktion freiwilliger Zusammenschlüsse von
Bürgern hingewiesen, die ein Bewusstsein für das enge Band schaffen, das die
Privatinteressen mit den öffentlichen Angelegenheiten verknüpft. Wenn in
diesem Zusammenhang von „sozio-moralischen" Ressourcen die Rede ist, so
sind jene Dispositionen von Akteuren gemeint, die das eigene Interesse trans-
zendieren und nicht erzwingbar, sondern nur durch Bildung, Überzeugung und
freie Betätigung realisierbar sind (Offe/ Preuß 1991, Münkler 1992). Somit rückt
als Differenz zwischen staatlicher und gesellschaftlicher Sphäre der unterschiedliche Modus der Einwirkung in den Blickpunkt: zwangsbewehrtes Recht auf der

---

9 In dieser Funktion, die sich ideengeschichtlich im deutschen Idealismus verorten lässt, ist der Staat
   von der Sphäre der bürgerlichen Gesellschaft geschieden und hat dafür Sorge zu tragen, dass bei der
   Konfrontation der verschiedenen Interessen das „allgemeine Beste" nicht in Gefahr kommt (Hegel
   1821: § 236).

einen, freiwillige Selbstbindung auf der anderen Seite. In diesem Zusammenhang wird argumentiert, der soziale Ort der Gemeinwohlverwirklichung werde zunehmend auf die Mikroebene verschoben: das Gemeinwohl bedürfe heute mehr und mehr eines Gemein*sinns* der Bürgerinnen und Bürger (Offe 2001: 471). Als Beleg wird angeführt, dass die Erfolge von politischen Programmen und Interventionen heute immer mehr von der verständigen, nicht allein durch rechtliche Sanktionen regulierbaren Unterstützung durch die Bürger abhängen.

Zentrale Fragen in dieser Diskussion sind, wie die Motivation zu einem solchen Gemeinsinn hergestellt werden kann, welches institutionellen Hintergrundes sie bedarf und wie sich die Solidarität innerhalb bestimmter Gruppen zur Bürgerschaft des demokratisch verfassten Gemeinwesens und zur Weltgesellschaft insgesamt verhält. Möglicherweise gibt es zwar einen wachsenden Bedarf an ziviler Selbstkoordination und daraus erwachsendem Sozialkapital, aber zugleich verringern sich die Potentiale, dieses tatsächlich zu erzeugen. Denn mehr und mehr drohen jene sozialen Kontexte zu erodieren, in denen Verbindlichkeiten sowie Solidarität und somit gemeinwohlorientiertes Lernen verankert sind. In dieser Situation steht auch die soziale Bezugsgröße des Gemeinwohls zur Debatte: Inmitten von Globalisierungsprozessen ist es immer weniger möglich, die Frage, wessen Wohl denn das Gemeinwohl sei, auf den Binnenraum des Nationalstaats zu beschränken. Denn auch „Außenstehende" können die „Eingeschlossenen" unter Rechtfertigungsdruck setzen und immer neue Diskurse über die Bezugsgröße des Gemeinwohls erzwingen.[10] Außerdem führt eine Pluralisierung der Wertüberzeugungen und Lebensentwürfe im Innern des Nationalstaats dazu, dass sich auch kollektive Lebensformen unterhalb der nationalstaatlichen Ebene als verpflichtende Gemeinschaften zur Geltung zu bringen vermögen. Angesichts von Anerkennungskämpfen und postnationaler Identitätspolitik kann es zur schwierigen Herausforderung werden, jenseits überlebensnotwendiger Minima überhaupt noch einen konstruktiven Konsens über ein Verständnis von Gemeinwohl zu erlangen.

---

10 Besonders augenfällig wird dies beim Umweltschutz, nicht minder relevant ist es aber für nationale Währungspolitiken, Handelsschranken etc. Im Kontext von Entwicklungsprogrammen der Vereinten Nationen spielt daher die Diskussion um „globale öffentliche Güter" eine zunehmende Rolle. Insbesondere kosmopolitische Positionen der Politischen Theorie gehen davon aus, dass „das Gemeinwohl (...) langfristig nur durch koordiniertes multilaterales Handeln erreicht werden kann" (Held 2007: 247).

3. Welches Wohl welcher Gemeinschaft?

Der Begriff des Gemeinwohls provoziert heute vor allem Fragen nach seinen Realisierungsbedingungen, seinem Gegenstand sowie nach der Abgrenzung gegenüber dem Gerechtigkeitsbegriff. Der Unterschied zwischen Gemeinwohl und Gerechtigkeit lässt sich am plausibelsten als einer von unterschiedlichen systematischen Perspektiven fassen: der Gerechtigkeitsbegriff hat in modernen Theorien den individualistischen Zuschnitt der Rechtsordnung soweit in sich aufgenommen, dass hier primär in den Blick gerät, was dem Einzelnen in Form von Rechten oder Gütern zusteht. Demgegenüber fragt die Perspektive des Gemeinwohls, was für alle gemeinsam gut ist und worin die materielle und kulturelle Grundlage individueller Rechte besteht. Dieses gemeinsame Gute kann mehr oder weniger präzise prozedural oder inhaltlich bestimmt werden, je nachdem, an welchem Punkt der Skala zwischen Liberalismus und Republikanismus die Theorie angesiedelt ist. Wenn es auch nicht mehr einfach möglich ist, ein Gemeinwohl auszuzeichnen, das dem demokratischen Prozess vorgängig wäre, so unterscheiden sich die Positionen doch in Bezug darauf, was jeweils als Ermöglichungsbedingung dieses Prozesses aufgefasst wird.

Der Begriff des Gemeinwohls provoziert zudem die Frage nach der sozialen Referenz. Dieses Problem teilt er in der postnationalen Konstellation mit dem Gerechtigkeitsbegriff.[11] Die Herausforderung besteht darin, dass Verpflichtungshorizonte nicht mehr selbstverständlich bestehen und abgerufen werden können, sondern vielmehr immer wieder neu qua Überzeugung hergestellt und mobilisiert werden müssen. Unter diesen Bedingungen ist es ein Vorteil der Idee deliberativer Politik, wie sie im Anschluss an die Diskurstheorie formuliert wird, dass sie auf die Frage der Bezugsgruppe dynamisch reagieren kann. Da die Demokratie im spezifisch diskursiven Charakter politischer Interaktion lokalisiert wird, ist es möglich, den sozialen Bezug im Diskurs immer wieder neu zu problematisieren (Schmalz-Bruns 2002: 254). So muss die Idee des Gemeinwohls nicht von vornherein auf die ethisch-politische Identität einer Gemeinschaft verengt werden.[12]

---

11 Insofern greift der Vorschlag, den Gerechtigkeitsbegriff für eine universalistische und den Gemeinwohlbegriff für eine partikulare Dimension in Stellung zu bringen, zu kurz (Münkler/Fischer 1999: 240f.).

12 Habermas fasst das Gemeinwohl als Balance zwischen den interdependenten Größen Macht, Geld und Verständigung, die durch die „strukturierende Leistung einer Gesamtrechtsordnung", der politischen Verfassung, hergestellt werden soll. Dabei entsteht freilich das Problem, dass die Verfassung dem demokratischen Staat eine Verantwortung für „wirtschaftliche und kulturelle Bestandsvoraussetzungen" aufbürdet, die er zwar rechtlich beeinflussen, aber nicht garantieren kann. An der Unterstellung „politischer Beherrschbarkeit" hängt zwar die demokratische Substanz einer Verfassung, diese wird aber durch ein neoliberales Wirtschaftssystem zunehmend ausgehöhlt. Dadurch verschärft sich

Allerdings provoziert der Ansatz eines deliberativ zu ermittelnden Gemeinwohls auch fundamentale Bedenken: Reichen die Rationalitätserwartungen intersubjektiver Rede und rechtlich gesicherte Verfahren aus, um ein robustes Verständnis solidarischer Pflichten hervorzubringen und die Realisierung kollektiver Güter zu sichern? Vorbehalte gegen einen Prozeduralismus, der notgedrungen als das allgemeine Beste akzeptieren muss, was in einem fairen und inklusiven Verfahren ermittelt wurde, führen inzwischen zu dem Bestreben, deliberative Rationalität durch außerprozedurale Standards zu ergänzen. Dabei kann zum einen die Input-Seite der für demokratische Deliberation notwendigen Bürgerkompetenzen, zum anderen die Output-Seite der Angemessenheit der Problemlösung in den Blick genommen werden. Auf der Input-Seite anzusetzen bedeutet, eine Idee des guten Bürgers zu präzisieren, also personale Kompetenzen herauszuarbeiten und soziale Kontexte der Ermöglichung zu benennen. Bürgerschaft wird dann nicht nur als Rechtsstatus aufgefasst, der zur Durchsetzung eigener Interessen berechtigt, sondern schließt Verantwortung für die politische Gemeinschaft als Ganze ein. Das muss nicht bedeuten, im politischen Handeln die höchste Vollendung menschlicher Fähigkeiten zu sehen, sondern kann sich darauf beschränken, als politische Haltung die Fähigkeit zu einer erweiterten Denkungsart auszuzeichnen. Gemeinsinn bedeutet dann die Bereitschaft, sich an die Stelle anderer zu versetzen, die von Entscheidungen betroffen sind.[13] Diese Form des Gemeinsinns verlangt nicht nur eine differenzsensible demokratische Öffentlichkeit, sondern auch zivilgesellschaftliche Kontexte, die zu ihrer Erzeugung beitragen.

Wird die Output-Dimension in den Blick genommen, so geht es vor allem um die Qualität von Politikergebnissen. Das Gemeinwohl muss, so argumentiert in diesem Zusammenhang etwa Claus Offe, in sachlicher, sozialer und zeitlicher Hinsicht gewissen Standards genügen. Politikergebnisse müssen *alle* Angehörigen einer politischen Gemeinschaft einbeziehen, in *sachlicher* Hinsicht eine gleichmäßige Wert- und Interessenberücksichtigung zustande bringen und sich auch im *zukünftigen* Rückblick als richtig (und nicht bedauerns- oder gar bereuenswert) erweisen (Offe 2001: 486). Dies gelingt nur, wenn deliberative Prozeduren Präferenzen hervorbringen, die informiert („fact-regarding"), fair („other-regarding") und weitsichtig („future-regarding") sind (Offe 1997: 84). Um den Erfolg oder Misserfolg deliberativer Formen der Gemeinwohlbestimmung beurteilen zu können, wird schließlich aus funktionalistischer Perspektive

---

die Asymmetrie zwischen der Verantwortung, die dem demokratischen Staat zugerechnet wird, und dessen faktischem Handlungsspielraum (vgl. Habermas 2005: 342f.). Zu den Antinomien der Habermas'schen Theorie vor dem Hintergrund der Globalisierung kritisch Scheuermann (2006).

13 Zur Begründung von Gemeinsinn mit Bezug auf Kants „Maxime der erweiterten Denkungsart" Arendt (1994), Benhabib (1996: 185ff.), Seubert (1999: 107ff.).

argumentiert, die Rationalität der Ergebnisse bemesse sich am Beitrag zur Systemerhaltung, zur Stabilisierung des Ganzen. Hierfür sei Problemlösungsfähigkeit das entscheidende Kriterium. Die Gemeinwohldebatte solle sich stärker mit der Diagnose von Systemproblemen beschäftigen, „um so bei der Analyse von sozio-politischen Willensbildungsprozessen, Selbststeuerungseffekten und Aggregateffekten einen Maßstab zu haben" (Mayntz 2002: 125). Unter demokratietheoretischen Gesichtspunkten ist diese Perspektive freilich unzureichend, weil sie keinen hinreichenden normativen Standard für die Legitimität der Problemlösung angibt. Die sich an beide Ansätze anschließende Frage ist, ob die vorhandenen institutionellen Prozeduren gut genug sind, um tatsächlich gute Ergebnisse im Sinne eines gemeinen Wohls zu produzieren. Die Klagen über Politikblockaden und Verlust politischer Steuerungsfähigkeit lassen daran Zweifel aufkommen. Wem es um die Verwirklichung des Gemeinwohls geht, der sollte sich daher zugleich mit Perspektiven für institutionelle Reformen beschäftigen.

Literatur

Arendt, Hannah (1994): Kultur und Politik. In: dies.: Zwischen Vergangenheit und Zukunft. Übungen im politischen Denken. München: Piper. 277-302.

Arrow, Kenneth (1963): Social Choice and Individual Values. New York: Wiley. 2nd ed.

Barber, Benjamin (1994): Starke Demokratie. Berlin: Rotbuch Verlag.

Barry, Brian/Hardin, Russell (1982): Rational Man and Irrational Society? Beverly Hills: Sage.

Benhabib, Seyla (1996): The Reluctant Modernism of Hannah Arendt. London: Sage.

Buchstein, Hubertus (2002): Gretchenfrage ohne klare Antwort – Ernst Fraenkels politikwissenschaftliche Gemeinwohlkonzeption. In: Münkler, Herfried/Bluhm, Harald (Hg.): Gemeinwohl und Gemeinsinn. Forschungsberichte der Arbeitsgruppe „Gemeinwohl und Gemeinsinn" der Berlin-Brandenburgischen Akademie der Wissenschaften. Bd. 3. Berlin: Akademie. 217-240.

Enquetekommission „Zukunft des Bürgerschaftlichen Engagements" (2002a) (Hg.): Bürgerschaftliches Engagement und Zivilgesellschaft. Opladen: Leske + Budrich.

– (2002b): Bericht „Bürgerschaftliches Engagement: auf den Weg in eine zukunftsfähige Bürgergesellschaft. Deutscher Bundestag: Drucksache 14/8900.

Forst, Rainer (1994): Kontexte der Gerechtigkeit. Politische Philosophie jenseits von Liberalismus und Kommunitarismus. Frankfurt/M.: Suhrkamp.

Fraenkel, Ernst (1991): Möglichkeiten und Grenzen politischer Mitarbeit der Bürger in der modernen parlamentarischen Demokratie. In: ders.: Deutschland und die westlichen Demokratien. Frankfurt/M.: Suhrkamp. 261-276.

Habermas, Jürgen (1988): Individuierung durch Vergesellschaftung. Zu George Herbert Meads Theorie der Subjektivität. In: ders.: Nachmetaphysisches Denken. Frankfurt/M.: Suhrkamp. 187-241.

– (1992): Faktizität und Geltung. Beiträge zur Diskurstheorie des Rechts und des demokratischen Rechtsstaats. Frankfurt/M.: Suhrkamp.

- (1996): Die Einbeziehung des Anderen. Studien zur politischen Theorie. Frankfurt/M.: Suhrkamp.
- (2005): Eine politische Verfassung für die pluralistische Weltgesellschaft. In: ders.: Zwischen Naturalismus und Religion. Frankfurt/M: Suhrkamp. 324-365.
Hamilton, Alexander/Madison, James/Jay, John (1993): Die Federalist Papers. Hg. von Barbara Zehnpfennig. Darmstadt: Wissenschaftliche Buchgesellschaft.
Hegel, Georg Wilhelm Friedrich (1821): Grundlinien der Philosophie des Rechts. In: ders.: Werke. Bd.7. Frankfurt/M.: Suhrkamp 1986.
Held, David (2007): Soziale Demokratie im globalen Zeitalter. Frankfurt/M.: Suhrkamp.
Hirschman, Albert O. (1980): Leidenschaften und Interessen. Frankfurt/M.: Suhrkamp.
Honneth, Axel (Hg.) (1992): Kommunitarismus. Eine Debatte über die moralischen Grundlagen moderner Gesellschaften. Frankfurt/M. – New York: Campus.
- (1994): Das Andere der Gerechtigkeit. In: Deutsche Zeitschrift für Philosophie 42. 195-220.
Larmore, Charles (1987): Patterns of Moral Complexity. Cambridge: UP.
MacIntyre, Alasdair (1995): Der Verlust der Tugend. Zur moralischen Krise der Gegenwart. Frankfurt/M.: Suhrkamp.
Maus, Ingeborg (1990): Zur Theorie der Institutionalisierung bei Kant. In: Göhler, Gerhard u.a. (Hg.): Politische Institutionen im gesellschaftlichen Umbruch. Opladen: Leske + Budrich. 358-385.
Mayntz, Renate (2002): Wohlfahrtsökonomische und systemtheoretische Ansätze zur Bestimmung von Gemeinwohl. In: Münkler, Herfried/Fischer, Karsten (Hg.): Gemeinwohl und Gemeinsinn. Forschungsberichte der Arbeitsgruppe „Gemeinwohl und Gemeinsinn" der Berlin-Brandenburgischen Akademie der Wissenschaften. Bd. 2. Berlin: Akademie. 111-126.
Münkler, Herfried (1991): Die Idee der Tugend. Ein politischer Leitbegriff im vorrevolutionären Europa. In: Archiv für Kulturgeschichte 73. 379-403.
- (1992): Politische Tugend. Bedarf die Demokratie einer sozio-moralischen Grundlegung? In: ders. (Hg.): Die Chancen der Freiheit. München: Piper. 25-46.
Münkler, Herfried/Bluhm, Harald/Fischer, Karsten (Hg.) (2001/2002): Gemeinwohl und Gemeinsinn. Forschungsberichte der Arbeitsgruppe „Gemeinwohl und Gemeinsinn" der Berlin-Brandenburgischen Akademie der Wissenschaften. Bd. 1-3. Berlin: Akademie.
Münkler, Herfried/Fischer, Karsten (1999): Gemeinwohl und Gemeinsinn. Thematisierung und Verbrauch sozio-moralischer Ressourcen in der modernen Gesellschaft. In: Berlin-Brandenburgische Akademie der Wissenschaften. Berichte und Abhandlungen 7. Berlin: Akademie. 237-265.
Nozick, Robert (1976): Anarchie, Staat, Utopia. München: mvg.
Nussbaum, Martha (1999): Gerechtigkeit oder das gute Leben. Frankfurt/M.: Suhrkamp.
Offe, Claus (1997): Micro-aspects of democratic theory: what makes for the deliberative competence of citizens? In: Hadenius, Axel (ed.): Democracy's Victory and Crisis. Cambridge: UP. 81-104.
- (2001): Wessen Wohl ist das Gemeinwohl? In: Wingert, Lutz/Günther, Klaus (Hg.): Die Öffentlichkeit der Vernunft und die Vernunft der Öffentlichkeit. Frankfurt/M.: Suhrkamp. 459-488.

Offe, Claus/Preuß, Ulrich K. (1991): Democratic Institutions and Moral Resources. In: Held, David (ed.): Political Theory Today. Cambridge: Polity. 143-171.

Olson, Mancur (1994): The Theory of Collective Action. Cambridge/Mass.: Harvard UP. 15. ed.

Ostrom, Elinor (1999): Die Verfassung der Almende: Jenseits von Staat und Markt. Tübingen: Mohr Siebeck.

Putnam, Robert (1993): Making Democracy Work. Princeton/N.J.: UP.

Rawls, John (1994): Die Idee des politischen Liberalismus. Aufsätze 1978-1989. Hg. von Wilfried Hinsch. Frankfurt/M.: Suhrkamp.

Rosa, Hartmut (1998): Identität und kulturelle Praxis. Politische Philosophie nach Charles Taylor. Frankfurt/M. – New York: Campus.

Scheuermann, William (2006): Critical Theory beyond Habermas. In: Dryzek, John S./Honig, Bonnie/Phillips, Anne (eds.): The Oxford Handbook of Political Theory. Oxford: UP.

Schmalz-Bruns, Rainer (2002): Gemeinwohl und Gemeinsinn im Übergang? In: Münkler, Herfried/Bluhm, Harald (Hg.): Gemeinwohl und Gemeinsinn. Forschungsberichte der Arbeitsgruppe „Gemeinwohl und Gemeinsinn" der Berlin-Brandenburgischen Akademie der Wissenschaften. Bd. 3. Berlin: Akademie. 241-272.

Seubert, Sandra (1999): Gerechtigkeit und Wohlwollen. Bürgerliches Tugendverständnis nach Kant. Frankfurt/M. – New York: Campus.

Sternberger, Dolf (1995): Das Allgemeine Beste. In: ders.: ‚Ich wünschte ein Bürger zu sein'. Neun Versuche über den Staat. Frankfurt/M.: Suhrkamp. 170-190.

Taylor, Charles (1989): Quellen des Selbst. Die Entstehung der neuzeitlichen Identität. Frankfurt/M.: Suhrkamp.

– (1993): Die Politik der Anerkennung. In: ders.: Multikulturalismus und die Politik der Anerkennung. Hg. von Amy Gutmann. Frankfurt/M.: Fischer. 13-78.

Zehnpfennig, Barbara (1993): Einleitung. In: Hamilton, Alexander/Madison, James/Jay, John: Die Federalist Papers. Hg. von Barbara Zehnpfennig. Darmstadt: Wissenschaftliche Buchgesellschaft. 1-44.

Gerechtigkeit

Bernd Ladwig

1. Jedem das seine

Gerechtigkeit ist eine Grundnorm des Politischen. Kollektiv bindende Regelungen müssen für alle Adressaten akzeptabel sein; sie müssen die zwanglose Zustimmung eines jeden verdienen. Doch sind das mehr als Leerformeln? Der aktuelle politische Streit lässt vermuten, dass Gerechtigkeit ein übermäßig dehnbarer Begriff ist, mit dem jeder verbinden kann, was ihm beliebt: einen umverteilenden ebenso wie einen nur ‚aktivierenden‘ Staat; einen weiteren Ausbau der sozialen Sicherungssysteme ebenso wie ihre Reduzierung auf ein Minimum; mehr Zuwendungen ebenso wie mehr Eigenverantwortung. Was also ist gerecht? Lässt sich wenigstens über die Grundzüge sozialer Gerechtigkeit ein begründeter Konsens erzielen?

Betrachten wir zunächst den *Begriff* der Gerechtigkeit! Bereits Platon hat als ‚gerecht‘ bestimmt, dass jeder erhält, was ihm zukommt. *Suum cuique* – jedem das seine: So lautet die bis heute unstrittige formale Definition des Gerechten (Tugendhat 1993: 367). Sie findet Anwendung auf Fragen der Verteilung wie auf Fragen des Austausches, auf das Problem des Schadensausgleichs wie auf das der Bestrafung (so bereits Aristoteles im fünften Buch der *Nikomachischen Ethik*). Für alle diese Regelungsbereiche erwarten wir *Angemessenheit*: Eine Strafe muss in einem gesetzlich vorgesehenen und sachlich vertretbaren Verhältnis zur Schwere der Schuld stehen; das Gut, das der eine Tauschpartner erhält, muss das Geld, das er dem anderen gegeben hat, irgendwie aufwiegen, etc. Die Idee der Angemessenheit verlangt allerdings nach Maßstäben. Das zeigt, dass mit der formalen Definition des Gerechten noch nicht viel gewonnen ist. Wir wissen nur, dass wir *Regeln* brauchen, aus denen hervorgeht, was jeweils angemessen ist.

Neuere Beiträge zur Gerechtigkeit betrachten vor allem die Regeln einer gerechten *Verteilung* von Gütern und Lasten des sozialen Zusammenlebens. Kein anderes Werk hat diese Betrachtungen so geprägt wie die 1971 erschienene *Theorie der Gerechtigkeit* von John Rawls. Die Auseinandersetzung um dieses Buch hat sich schließlich auf einen Streit um das angemessene Verständnis von Gleichheit zugespitzt. Heute jedoch gehen immer mehr Philosophen noch einen Schritt weiter: Sie stellen die Vermutung eines internen Zusammenhangs von Gerechtigkeit und Gleichheit überhaupt in Frage. Die folgende Nachzeich-

nung der Diskussion wird daher in die Frage einmünden: Ist Gleichheit unbedingt gerecht?

2.   Von Gerechtigkeit zu Gleichheit – oder gerade nicht?

2.1 Rawls und das Differenzprinzip

Die *Theorie der Gerechtigkeit* ist ein philosophisches Plädoyer für einen sozialen
und demokratischen Rechtsstaat. Eine gerechte Ordnung verbindet Freiheitsrechte mit sozialem Ausgleich: Sie gibt jedem einzelnen Menschen Raum zur
Entfaltung und stellt zugleich sicher, dass auch und gerade die sozial Schwächsten etwas davon haben. Philosophisch mindestens ebenso wichtig wie dieses
Ergebnis ist jedoch der Weg, auf dem Rawls zu ihm gelangt. Rawls will unsere
wohlüberlegten Einzelurteile und prinzipiellen Überzeugungen über das Gerechte in einen kohärenten, also widerspruchsfreien Zusammenhang bringen.
Zu diesem Zweck bedient er sich der Gedankenfigur eines fiktiven Urzustandes
(*original position*). In diesem Zustand beraten rationale Parteien, die nicht wissen,
welche besonderen Positionen sie in der wirklichen Gesellschaft einnehmen
werden, über die soziale Grundordnung.
     Die Gedankenfigur soll veranschaulichen, was wir unter unparteiischem Ur-
teilen verstehen: ein Urteilen, das nicht vom egozentrischen Vorteilsstreben der
Parteien bestimmt wird, sondern allen Betroffenen gleichermaßen gerecht zu
werden sucht. Sinnbild der Unparteilichkeit ist ein „Schleier des Nichtwissens".
Hinter diesem Schleier verschwinden alle speziellen Kenntnisse über reale Eigenschaften und Stellungen, die dem Einzelnen einen Verhandlungsvorteil verschaffen könnten, etwa das Wissen um besondere Intelligenz oder ein großes
Erbe. Die Parteien können daher gar nicht anders, als strikt allgemeine Überlegungen über das für alle Vorteilhafte anzustellen. Gegenstand der Verteilung
sind *Grundgüter* (*primary goods*): Jede rationale Person will lieber mehr als weniger
Grundgüter, weil beliebige Lebenspläne durch sie gefördert werden. Rawls zählt
dazu Grundfreiheiten, Freizügigkeit und freie Berufswahl, soziale (Einfluss-)Po-
sitionen, Einkommen und Vermögen sowie die sozialen Grundlagen der Selbstachtung.
     Mit Hilfe spieltheoretischer Überlegungen glaubt Rawls zeigen zu können,
dass sich die Parteien auf zwei Grundsätze der (Verteilungs-)Gerechtigkeit einigen würden (1975: 81ff.). Der erste, strikt vorgeordnete Grundsatz gebietet ein
größtmögliches System von gleichen Grundfreiheiten für alle. Der zweite
Grundsatz ist zweigeteilt. Sein zweiter Teil verlangt substantielle Chancen-

gleichheit hinsichtlich sozialer Stellungen. Sein erster Teil sieht vor, dass Einkommen und Vermögen gleich zu verteilen sind, es sei denn, eine ungleiche Verteilung gereicht allen zum Vorteil. Entscheidend ist die Optimierung der schlechtesten Position: Die minimale Ausstattung soll im Vergleich zu allen alternativen Verteilungsordnungen maximal sein. Rawls nennt den zweiten Grundsatz, weil er von zulässiger Ungleichheit handelt, das *Differenzprinzip*.

Die Literatur zu diesem Vorschlag ist uferlos. In den siebziger Jahren dominierten Versuche aus dem von Rawls angegriffenen utilitaristischen Lager, den ‚Urzustand' für eine Ableitung des Nutzenprinzips umzufunktionieren (vgl. die Beiträge in Höffe 1977): Rationale Parteien, so argumentiert etwa John Harsanyi (1976), würden nicht das Differenzprinzip, sondern die Maximierung des Durchschnittsnutzens wählen. Dieser Behauptung liegt eine von Rawls abweichende Überlegung zum *Risiko* zugrunde. Nur extrem risikoscheue Parteien würden sich für die Maximierung des Minimums entscheiden. Wenn aber niemand seine Stellung in der wirklichen Welt kennen kann, ist es rational, jede Position für gleich wahrscheinlich zu halten. Das spricht für die Wahl der Ordnung mit den insgesamt besten Aussichten auf Wunscherfüllung.

Allerdings übergehen solche Einwände, dass Rawls sein Entscheidungsmodell nicht als *unabhängiges* Begründungsverfahren eingeführt hatte. Die Rahmenbedingungen des Urzustands sollen Verfahrensmerkmale moralischen Überlegens veranschaulichen, die jedoch auch der Vermittlung mit inhaltlichen Überzeugungen bedürfen (vgl. Kymlicka 1995: Kap. 3). Würden im Urzustand moralisch unplausible Entscheidungen getroffen, so müsste das Entscheidungsmodell modifiziert werden. Ein reines Nutzenprinzip ohne grundrechtliche Sicherungen etwa wäre ein grob unbefriedigendes Ergebnis, das jeden Verfahrensvorschlag in Zweifel zöge, aus dem es sicher oder wahrscheinlich hervorginge.

Inhaltliche Kritik an Rawls bezog sich auf eine Prämisse, von der die Begründung des Differenzprinzips abhängt. Rawls geht davon aus, dass Personen natürliche Vorzüge wie Schönheit oder Intelligenz ebenso wenig verdient haben wie soziale Startvorteile. Begabungen sollten daher als Geschenke der Natur gelten und zum Vorteil aller gebraucht werden. Aus diesem Grund lehnt Rawls das *Leistungsprinzip* ab. Dieses Prinzip würde dem unverdienten Faktor natürlicher Vorzüge ein zu großes Gewicht geben. Das Differenzprinzip fragt folglich nicht danach, warum jemand zu den Schlechtestgestellten gehört. Es unterscheidet, salopp gesagt, nicht zwischen Fleißigen und Faulen. Das hat zwei Arten von Einwänden provoziert, den der Entfremdung und den der Verantwortlichkeit.

Was den *ersten* Einwand betrifft, so hat Robert Nozick (1976) betont, dass die Person von ihren Talenten nicht so abgelöst werden kann, wie das Rawls'sche Prinzip dies zu verlangen scheint. Werden natürliche Vorzüge zu Gemeinschaftsgütern erklärt, erfährt der Einzelne eine *Entfremdung* von wesentlichen Seiten seiner selbst. Nozick erinnert dagegen an die Konzeption der Selbstverfügung (*self-ownership*) von John Locke: Jede Person ist Eigentümerin ihrer selbst; ihre natürlichen Vorzüge gehören (zu) ihr. Setzt sie diese Vorzüge erfolgreich ein, und beachtet sie dabei die gleichen Rechte aller anderen, so darf sie auch über die Früchte frei verfügen. Diese Verfügung soll so weit gehen, dass *jede* Verteilungsordnung als gerecht zu gelten hat, die auf richtige Weise – das heißt für Nozick: durch gerechte *Aneignung*, z.B. durch Arbeit, sowie durch gerechte *Übertragung*, z.B. freien Tausch oder auch Schenkung – zustande gekommen ist. *Substantielle* Beschränkungen noch so elementarer Art, etwa um einer Befriedigung der Grundbedürfnisse willen, weist Nozick zurück, da sie das „natürliche Recht" auf gleiche negative Freiheit verletzten.

Auf die Frage allerdings, warum die absehbaren Verlierer ein so enges – und im Ergebnis grob diskriminierendes – Verständnis von Freiheiten und Rechten akzeptieren sollten, gibt Nozick keine Antwort. Zudem verliert sein genereller Einwand gegen Rawls viel von seiner intuitiven Plausibilität, wenn man bedenkt, dass Rawls die Begabten nicht gewaltsam von ihren Talenten trennen, sondern nur progressiv besteuern will. Nozick setzt im Grunde Besteuerung zum Zwecke der Umverteilung mit Zwangsarbeit gleich. Doch das eigentliche Problem an Zwangsarbeit ist umfassende Fremdbestimmung: Sie hindert mündige Menschen daran, so zu leben, wie sie es für richtig halten. In dieser Hinsicht können sich jedoch marktbedingte Abhängigkeiten und Notlagen als ebenso drückend erweisen wie staatlicher Zwang. Progressive Besteuerung darf daher, unparteiisch betrachtet, oft als kleineres Übel gelten (vgl. „Freiheit" in diesem Band, zur Kritik an Nozick auch Kymlicka 1995: Kap. 4).

Die *zweite* Art von Einwänden gegen das Differenzprinzip zielt darauf ab, dass Rawls, indem er das Leistungsprinzip pauschal verwirft, der Grundintuition seiner Theorie untreu werde. Diese Intuition besagt, dass niemand für Umstände, die er nicht zu verantworten hat, von der Gesellschaft durch Schlechterstellung bestraft werden sollte. Soweit wir den Einfluss *schieren Glücks oder Pechs* durch die Wahl einer gesellschaftlichen Grundordnung neutralisieren können, sollten wir dies auch tun. Allerdings wäre es falsch, dem Einzelnen eine Glücksgarantie zu geben. Da unser Wohl und Wehe auch von den eigenen Entscheidungen und freien Handlungen abhängt, müssen mündige Menschen deren Folgen selbst tragen.

Eben deshalb will Rawls die Personen mit *Grundgütern* ausstatten: Obgleich diese ein selbstbestimmtes Leben ermöglichen, verbürgen sie nicht seinen Erfolg. Für unsere Vorlieben nämlich sind wir selbst verantwortlich. Wer sich ein besonders anspruchsvolles oder unrealistisches Ziel setzt, darf nicht damit rechnen, dass ihn die Gesellschaft für sein absehbares Scheitern entschädigen wird. Wenn wir aber für unsere Vorlieben und Ziele zuständig sind, so lautet der Einwand, dann sind wir es auch für unsere Anstrengungen (Nozick 1976, Cohen 1989). Diese Zuständigkeit stößt bei realistischer Betrachtung gewiss an Grenzen, doch das gilt für Vorlieben und Ziele ebenso wie für Bemühungen. So wie manche Menschen besonders willensschwach sind, sind manche in besonderem Maße etwa auf frühkindlich erworbene Vorlieben fixiert. Eine pauschale Ablehnung des Leistungsprinzips ist daher mit einem liberalen Menschenbild ebenso wenig zu vereinbaren wie eine pauschale Verneinung der Zuständigkeit für die eigenen Ziele.

2.2 Der Gerechtigkeitsgrundsatz der Chancengleichheit und die *equality-of-what*-Debatte

Diese Einwände sprechen dafür, das Differenzprinzip durch ein starkes Verständnis von *Chancengleichheit* zu ersetzen oder jedenfalls zu untermauern: Gerecht ist eine Ordnung, wenn sie alle unverschuldeten Nachteile von Personen so weit wie möglich und normativ vertretbar ausgleicht und den Personen zugleich zumutet, die Folgen ihrer Entscheidungen und absichtlichen Handlungen selbst zu tragen (Dworkin 1981, Cohen 1989, Arneson 1994, Roemer 1996). Der Grundsatz der Chancengleichheit lässt allerdings offen, *in welchen Hinsichten* die Personen gleichzustellen sind. Dieses Problem hat die philosophischen Debatten um Gerechtigkeit vor allem in den achtziger Jahren beherrscht.

Es ist ein erheblicher Unterschied, ob man meint, alle Personen sollten gleiche Chancen in Bezug auf Grundgüter oder Ressourcen, in Bezug auf Wohlergehen oder in Bezug auf effektive Freiheiten haben. Nehmen wir Geld als einfachsten Fall einer verteilbaren Ressource: Seine Gleichverteilung garantierte geradezu, dass Wohlergehen und effektive Freiheiten *nicht* gleich verteilt wären. Eine Schwangere oder ein Schmerzpatient benötigen zusätzliche Mittel, aber auch die Vorlieben eines Feinschmeckers sind besonders teuer. Andererseits sollten wir die Eigenverantwortung der Personen beachten, und das spricht dagegen, jedem einfach ein gleiches Wohlergehen zu garantieren – soweit sich so etwas politisch überhaupt messen und machen ließe. Auch sind nicht alle Ansprüche gleichermaßen dringlich: Intuitiv dürften wir alle einen Anspruch auf schmerzstillende Mittel für wichtiger halten als einen Anspruch auf Kaviar, auch unabhängig davon, ob der Schmerzpatient vielleicht besonders hart im Nehmen und der Gourmet besonders wehleidig ist.

Diese *equality-of-what*-Debatte hat im Laufe der Jahre beachtliche Höhen akademischer Abstraktheit erklommen (Cohen 1989), doch die Grundüberlegung ist relativ einfach. Die Gerechtigkeit verlangt von uns, bloßes Glück oder Pech von selbstverantworteten Entscheidungen und Handlungen abzugrenzen (ausführlich Ladwig 2000a). Anhänger eines Ressourcen- oder Grundgüteransatzes (etwa Rawls 1975, Dworkin 1981) betonen die Zuständigkeit eines mündigen Menschen für seine Vorlieben und Ziele, während sie jedenfalls seine anfängliche Ausstattung mit sozialen Gütern und natürlichen Eigenschaften zu den unverschuldeten Umständen schlagen. Theoretiker des Wohlergehens zählen zumindest einige Vorlieben und Ziele zu den unverschuldeten Umständen. Sie betonen etwa, dass wir manche Präferenzen schon in der Kindheit ausbilden und dann als Erwachsene nicht ohne weiteres wieder loswerden (so Arneson 1994). Theoretiker der effektiven Freiheit wie Amartya Sen (1992) weisen überdies auf die ungleich verteilte Fähigkeit hin, Ressourcen in Handlungs- und Lebensmöglichkeiten ‚zu übersetzen'. Die Beispiele der Schwangeren und des Schmerzpatienten sind hier einschlägig.

2.3 Ist Gleichheit überhaupt gerecht?

Die *equality-of-what*-Debatte beruht auf der Voraussetzung, dass ‚distributive Gerechtigkeit' einen Zustand recht verstandener *Gleichheit* meint. Insofern sind alle bislang betrachteten Ansätze ‚egalitaristisch'. Aber warum ist Gleichheit überhaupt wichtig? Geht es nicht allein darum, dass alle Menschen *absolut* gesehen über angemessene Mittel und Möglichkeiten verfügen oder auch tatsächlich gut dastehen? Was bekümmert uns mehr: dass ein Kind weniger hat als ein anderes oder dass es nicht genug zum Leben hat? Zeigt nicht gerade die entwicklungspolitische Diskussion, dass unser Ziel ein menschenwürdiges Leben für jeden sein sollte, nicht aber die Gleichstellung aller? Und sollten wir nicht im eigenen Land nicht mehr Wert legen auf die Bekämpfung von Arbeitslosigkeit als auf die größtmögliche Angleichung der Einkommen und Vermögen? Ist nicht gerade der Neid eines unserer größten moralischen Probleme? Kurz: Verwechseln nicht die Egalitaristen die moralisch gebotene *Allgemeinheit* (‚alle Menschen') mit der nur scheinbar moralisch gebotenen *Gleichheit* (‚alle Menschen gleichermaßen') (so Krebs 2000)?

Die Abwehr des *Neidvorwurfs* gegen Anhänger sozialer Gerechtigkeit dürfte die antiegalitaristische Position in der politischen Philosophie wesentlich motiviert haben (etwa Schramme 2003). Eng damit verbunden ist ein zweites, auf Vorstellungen vom guten Leben bezogenes Motiv: Antiegalitaristen meinen, dass die Menschen durch ständige Vergleiche von ihrer eigenen Lage abgelenkt würden. Wie schon Jean-Jacques Rousseau (1754) halten sie eine an der Stellung anderer orientierte Lebensführung für *entfremdet* (so vor allem Frankfurt 1999). Drittens bekomme der Egalitarist die eigentlichen Übel allenfalls verzerrt in den

Blick: Elend, Ausbeutung und Erniedrigung seien an sich schlecht, unabhängig von interpersonalen Vergleichen. Besonders suggestiv ist schließlich ein vierter Einwand, der unter dem Stichwort „Angleichung nach unten" (*levelling down*) diskutiert wird. Angenommen, in einer Gruppe leben 990 Sehende und 10 Blinde. Kann man die Blinden nicht sehend machen, so mag man auf den Gedanken kommen, alle übrigen zu blenden. Das sorgte für Gleichheit. Sollten wir dies, von dem üblen Mittel einmal abgesehen, erfreulich finden? Wie kann von einem Vorteil die Rede sein, wo es „augenscheinlich" keinem besser geht und den meisten schlechter (Parfit 2000)?

In der philosophischen Debatte geht es allerdings nicht so sehr um *Ergebnisse* – mehr oder weniger Gleichheit –, als um *Begründungen*. Strittig ist, inwieweit Gleichheit notwendig zur Gerechtigkeit gehört. Kritiker des Egalitarismus nehmen an, dass der Zusammenhang allenfalls kontingenter, also zufälliger Natur ist (vgl. Raz 1986: Kap. 9). Ein Beispiel ist der Schluss, den manche Utilitaristen aus dem ‚Gesetz vom abnehmenden Grenznutzen' ziehen (vgl. Singer 1994: 43f.). Das ‚Gesetz' besagt, dass eine bestimmte Menge eines Gutes für ein Individuum um so weniger nützlich ist, je mehr es davon bereits hat. Folglich darf man vermuten, dass eine Zuwendung von 500 Euro bei einem Armen auf fruchtbareren Boden fällt als bei einem Reichen. Das spricht aus utilitaristischer Sicht unter sonst gleichen Umständen für die egalitärere Lösung.

Diese Begründung weist der Gleichheit keinen Eigenwert zu: Das Ziel ist vielmehr die Mehrung des Nutzens, und die Gleichheit ist nur ein dafür erforderliches Mittel. Nicht die *verhältnismäßige* Stellung des Einzelnen, sondern sein *absolutes* Befinden bildet hier den Grund der Gleichheitsforderung. Immerhin zeigt dies, dass auch philosophische Kritiker des Egalitarismus zu gleichheitsfreundlichen Ergebnissen kommen können – nur eben kontingenterweise, unter empirischen Umständen, die so, aber auch anders sein könnten.

Egalitaristen vertreten hingegen die stärkere These, dass Gleichheit *konstitutiv* zur Gerechtigkeit gehört, ja, dass sie deren Inbegriff ist (Ladwig 2000a: 588, Gosepath 2004: 447ff.). Dabei können sie sich auf einen Egalitarismus erster Stufe stützen, den auch die philosophisch ernstzunehmenden Kritiker der Gleichheit de facto immer schon voraussetzen.

2.4 Egalitarismus erster Stufe: Gleiche Achtung

Manchmal wird gesagt, dass Gerechtigkeit allein im Auge der Betrachterin liege, man also beliebige Sachverhalte gerecht oder ungerecht nennen dürfe (Austin/Hatfield 1980: 29). Dass das falsch ist, zeigen Beispiele für absolut zweifelsfreie Ungerechtigkeiten. Hier ist eines: Eine Monopoly-Spielregel besagt, dass ausnahmslos jeder Spieler mit vier vollendeten Häusern zum Bau eines Hotels berechtigt ist. Petra hat vier Häuser gebaut. Dennoch verweigert ihr der Spielleiter die Baulizenz, da sie schon dreimal gewonnen habe.

Was hier missachtet wird, ist das elementare Gerechtigkeitsgebot, dass nicht Willkür, sondern Regeln gelten sollen. Eine Regel gilt, wenn sie ohne Ansehen der Person allein aufgrund der relevanten Merkmale des Falles gehandhabt wird. Daraus folgt unmittelbar der ‚aristotelische Grundsatz' formaler Gerechtigkeit: *Gleiches ist gleich zu behandeln (und Ungleiches ungleich)*. Dieser Grundsatz ist nichts anderes als das Prinzip der Regelgeltung selbst. Der formale Grundsatz der Regelgeltung ist allerdings nur notwendig, aber nicht hinreichend für Gerechtigkeit. Er schließt nicht aus, dass die Regel selbst ungerecht ist. Ein Nazi, der wirklich nur Juden nach den „einschlägigen" Rassegesetzen behandelte, handelte darum wohl nicht weniger ungerecht als ein anderer, der willkürliche Ausnahmen machte. Das zeigt, dass auch und zuerst die willkürfreie Rechtfertigung der Regeln selbst wichtig ist.

Eine Regel ist willkürfrei gerechtfertigt, wenn ihre Geltung für alle Betroffenen *positionsunabhängig* akzeptabel ist. Die Regel muss, mit anderen Worten, für alle aus *denselben Gründen* annehmbar sein. Diesen Anspruch versucht Rawls mit seinem „Schleier des Nichtwissens" zu veranschaulichen. Hinter dem Schleier sollen alle moralisch unerheblichen Unterschiede verschwinden, damit die Parteien zu allgemein geteilten Gründen gelangen können, ja müssen. Geteilte Gründe können nicht auf Sachverhalten wie Geschlecht oder Abstammung fußen, die die Parteien voneinander trennen.

Gründe für moralische Regeln müssen allgemein teilbar sein, weil diese Regeln einen Anspruch auf strikte Allgemeinheit erheben: Wenn sie gelten, gelten sie für alle. Und sie gelten nicht als Zwangsnormen, sondern kraft ihrer Begründbarkeit gegenüber beliebigen Adressaten. Das schließt zwar inhaltliche Unterscheidungen, etwa zwischen den zulässigen Ansprüchen eines Königs und denen eines Bauern, nicht aus, wohl aber, dass die Regeln nur deshalb gelten, weil der König den Bauern zu ihrer Befolgung zwingen könnte. Ein moralisches Argument ist niemals deshalb gut, weil die Machtmittel ungleich verteilt sind.

Entscheidend ist nun: In diesem *Ausschluss aller Kräfteverhältnisse* liegt bereits ein konstitutiver Bezug auf Gleichheit. Geteilte Gründe sind gleiche, sogar identische Gründe. Das ist eine erste, wenn auch noch formale Antwort auf unsere Frage nach dem Zusammenhang von Gerechtigkeit und Gleichheit. Noch formal ist sie, weil sie offen lässt, welche Arten von Gründen dem Erfordernis allgemeiner Teilbarkeit genügen. Moralische Ansprüche mögen etwa aus religiösen Offenbarungen erwachsen. In der Geschichte ist dies eine der wichtigsten Quellen für die Annahme einer ungleichen angeborenen Wertigkeit der Menschen gewesen.

Doch religiöse Inhalte werden nicht von allen vernünftigen Menschen geteilt. Glauben und Wissen sind zweierlei. Ist das einmal akzeptiert, so kann der Anspruch auf religiöse Gewissheit keinen moralischen Anspruch mehr fundieren: Auch vom Ungläubigen muss ja erwartet werden können, dass er den Anspruch aus Einsicht beachtet. Auf diesem, hier nur angedeuteten, Weg der Kritik erweist sich der substantielle Grundsatz einer moralischen Gleichwertigkeit aller Menschen als alternativloses ‚Abfallprodukt': Er folgt aus dem Scheitern aller Versuche, die Behauptung angeborener Wertunterschiede zwischen den Menschen strikt allgemein zu begründen (Tugendhat 1993: 375). Damit ist man über die bloß formale Gleichheit, die schon im Rechtfertigungsgrundsatz selbst liegt, hinausgelangt.

Die Eigenschaft des Menschseins soll jetzt genügen, um gewisse Forderungen nach Gleichbehandlung zu begründen. Und die Hervorhebung genau dieser Eigenschaft bringt selbst bereits eine egalitaristische Einstellung zum Ausdruck. Das, so das egalitaristische Argument, übersehen alle Antiegalitaristen, die glauben, für die moderne Moral sei nur Allgemeinheit wesentlich (alle Menschen haben Rechte), nicht aber Gleichheit. Sie übersehen, dass die *Abstraktion* von unterscheidenden Eigenschaften vieler Art – etwa von Geschlecht, Hautfarbe, Familienlinie und Konfession – über bloße Allgemeinheit hinausgeht. Gleichheit lässt sich auf Allgemeinheit nicht reduzieren. Universalistisch war etwa das Christentum im Grundsatz schon immer, wollte es doch alle Menschen als Kinder Gottes gewinnen. Dieser allgemeine Anspruch hat die Kirchen aber über lange Zeiträume nicht daran gehindert, feudale Schichtungen zu verteidigen. Das zeigt, dass Allgemeinheit für eine aufgeklärte Moral nicht hinreicht, sondern um Gleichheit ergänzt werden muss.

Wenn die Egalitaristen bis hierhin recht haben, laufen alle genuin modernen Moralkonzeptionen in einem *Egalitarismus erster Stufe* zusammen (Ladwig 2000b). Alle werden dem Grundsatz der Gleichheit vor dem Gesetz zustimmen, und alle werden aus dem einen oder anderen Grund der Ansicht sein, dass jeder Mensch bereits als solcher basale Rechte hat. Die Rechtsgleichheit ist nicht nur eine zufällige Folge des Ernstnehmens anderer Werte wie Freiheit und Wohlergehen; sie ist zugleich und wesentlich ein *Kriterium* der Gerechtigkeit. An ihrer Beachtung können wir ermessen, ob eine Gesellschaft minimalen Anforderungen der Gerechtigkeit genügt. Das ist der Fall, weil sie direkt das Grundprinzip der *gleichen Achtung und Berücksichtigung* zum Ausdruck bringt. Nicht zufällig gilt daher eine ungleiche Verteilung von Rechten als Inbegriff einer Missachtung (Honneth 1992: 174ff.). Wer etwa mindere politische Rechte genießt, hat auch dann einen Grund zur Empörung, wenn er nicht in der Folge außerdem zum Opfer polizeilicher Willkür wird. Wir sind nicht nur an vorteilhaften Konsequenzen interessiert; wir wollen überdies in der moralischen Welt und in unserem Gemeinwesen *als Gleiche gelten* (vgl. „Anerkennung" in diesem Band).

2.5 Egalitarismus zweiter Stufe: Gerechtfertigte Ungleichheit

Möglich ist allerdings, dass Rechte die einzigen Güter sind, deren Gleichverteilung direkt aus der Anerkennung aller Personen als Gleiche folgt. Güter wie Einkommen oder Medikamente werden eher nach unterscheidenden Kriterien wie Leistung oder Bedürfnis verteilt. Das bedeutet allerdings nur scheinbar einen Bruch mit dem Gleichheitsgrundsatz. Faktische Unterschiede unter Menschen können sich als relevant erweisen, weil und nicht obwohl alle Menschen als Gleiche gelten.

Ungleiche Behandlung kann *geboten* sein, um den Grundsatz der gleichen Achtung und Berücksichtigung zu erfüllen. So argumentiert der amerikanische Rechtsphilosoph Ronald Dworkin (1985), dass wir zwar alle Personen jederzeit *als Gleiche*, nicht unbedingt aber *gleich* behandeln sollen. Ungleiche Bedürfnisse sind ein naheliegender Grund für moralisch gebotene Ungleichbehandlung; ungleiche Beiträge zum gemeinschaftlichen Wohl sind ein weiterer. Drittens könnte man sich auf wohlerworbene Rechtsansprüche berufen. In Frage kommt viertens eine kompensatorische Ungleichbehandlung, etwa in Gestalt von Quoten oder multikulturellen Sonderrechten, die auf eine vorgängige Diskriminierung antwortet (Koller 1994, Gosepath 1998).

Wie immer die Liste aussehen mag: Sie dürfte überschaubar bleiben, solange angeborene Wertunterschiede unter den Menschen verneint werden. Und wenn keine guten, allgemein teilbaren Gründe für ungleiche Behandlung verfügbar sind, dann fallen die Behandlung als Gleicher und die gleiche Behandlung zusammen. Wer behauptet, dass ungleiche Behandlung geboten ist, trägt die *Beweislast*, und die einschlägigen Gründe sind ihm durch Kriterien wie Verdienst und Bedürfnis vorgegeben.

Kritiker des Egalitarismus haben auch diese „Präsumtion der Gleichheit" (Gosepath 2004: 202) angegriffen. Sie haben behauptet, dass darin eine unausgewiesene Vorentscheidung zugunsten des Egalitarismus liegt (so Schramme 2003). Doch was, so kann der Egalitarist antworten, wäre die Alternative? Der Grundsatz der Moral gebietet für alle Konfliktfälle eine willkürfreie Rechtfertigung. Er erstreckt sich auf alle Verteilungsordnungen, die wir willentlich ändern könnten. Angenommen nun, zwei Parteien streiten sich um ein teilbares Gut. Jede will lieber mehr als weniger von ihm haben. Die Parteien könnten nun jeweils damit beginnen, allgemein teilbare Gründe anzuführen, die zu ihren Gunsten sprechen. Gibt es jedoch keine solchen Gründe, oder heben sie einander auf, so bleibt als einzige nicht willkürliche Lösung die Gleichverteilung übrig. Die *faktische* Gleichheit der Interessen ist dann auf dem Wege des Ausschlusses gegenläufiger Gründe in eine *moralische* Gleichheit der Ansprüche ‚überführt' worden.

Ist diese egalitaristische Argumentation triftig, so scheitern pauschale Angriffe auf die Gleichheit (wie von Frankfurt 1999) bereits formal an den Regeln moralischer Rechtfertigung. Überdies gehen sie substantiell am modernen Grundsatz der moralischen Gleichwertigkeit aller Menschen vorbei. Die Möglichkeit legitimer Ungleichbehandlung bereitet dem Egalitaristen keine Probleme, zumal sie der Präsumtion für Gleichheit unterliegt. Aber steckt im philosophischen Antiegalitarismus nicht gleichwohl ein wahrer Kern?

3. Moralische Mitgliedschaft und die Grenzen der Gerechtigkeit

3.1 Zwei Konzeptionen gerechter Gleichheit

Ein Egalitarist im engeren Sinne des Wortes bleibt beim Egalitarismus erster Stufe nicht stehen. Er wird für eine konsequente Interpretation und Anwendung des Grundprinzips einer moralischen Gleichwertigkeit aller Menschen eintreten und Gerechtigkeit *durchgängig* mit Gleichheit identifizieren. Doch daraus folgt sicher keine mechanische Gleichverteilung aller möglichen Güter. Der oben umrissene Grundsatz starker Chancengleichheit (vgl. 2.2) ist das derzeit prominenteste Beispiel für einen *Egalitarismus zweiter Stufe*, der zwischen Gleichheit und gleichen Ergebnissen wohl zu unterscheiden weiß. Dennoch könnte schon dieser Grundsatz zu weit gehen.

Der Grundsatz der Chancengleichheit könnte aus verschiedenen Gründen für die Praxis untauglich sein oder sogar falsche Ziele vorgeben. Erstens kann die Unterscheidung zwischen unverschuldeten Umständen und selbstverantworteten Anstrengungen und Entscheidungen prinzipiell nur ungenau ausfallen. Talente nämlich sind unverschuldete Umstände besonderer Art: Sie lassen sich nicht einfach von den Anstrengungen der Menschen trennen. Eine Person wählt ihre Ziele und gestaltet ihre Handlungen im Lichte ihrer – angenommenen – Talente. Ihre Bemühungen wirken wiederum auf die Talente zurück und verwandeln sie zum Teil in selbst verdiente Fähigkeiten.

Aber selbst wenn wir dieses prinzipielle Problem lösen könnten, bliebe zweitens fraglich, ob wir es im politischen Kontext lösen *sollten*. Immerhin würden wir damit dem Staat tiefe Einblicke und Eingriffe in persönliche Verhältnisse gestatten. So könnte die Suche nach unverschuldeten Nachteilen von den Personen als demütigende Verletzung der Privatsphäre empfunden werden (vgl.

Margalit 1997). Im Vergleich zu einer solchen individualisierenden Praxis dürfte eine Übergeneralisierung politischer Urteile vielfach das kleinere Übel sein, selbst wenn das bedeuten könnte, dass einige unverschuldete Nachteile den Einzelnen und nicht ihren Umständen zugeschrieben werden.

Dramatischer noch mag der Einwand gegen ein schrankenloses Gleichheitsstreben ausfallen, wenn man an die Aussichten der Gentechnik und an die Verheißungen ihrer Fürsprecher denkt. Die Bekämpfung und Verhütung schwerwiegender Erbkrankheiten und Behinderungen stünde wohl noch in der Kontinuität bisheriger klinischer Bemühungen, doch ‚optimierende‘ Eingriffe zum Zwecke größtmöglicher Chancengleichheit gingen deutlich über sie hinaus. Die Norm der Egalisierung aller unverschuldeten Umstände scheint solche Eingriffe aber zu gebieten. Denn warum sollte man bei Krankheiten und Behinderungen Halt machen und nicht auch die unverdienten Vorteile der Schönen oder der Schlauen zu egalisieren suchen?

Fragen dieser Art wecken fundamentale Zweifel an der Zulässigkeit des vielleicht in Zukunft Machbaren. Diese Zweifel beziehen sich teils auf die Mittel, teils auf die Zwecke selbst (siehe für eine gründliche Diskussion Buchanan et al. 2000). Zugleich erinnern sie uns an den eigentlichen Sinn einer gerechten Politik: Menschen in all ihrer Unterschiedlichkeit als Gleiche zu achten und zu berücksichtigen, anstatt sie in allen relevanten Hinsichten von vornherein einander anzugleichen (vgl. auch „Biopolitik“ in diesem Band).

Womöglich noch problematischer als das egalitaristische Anliegen, unverschuldete Umstände zu neutralisieren, erscheint drittens dessen Kehrseite: die Zumutung selbst größter Nachteile, wenn sie nur selbstverschuldet sind (Anderson 2000). Ist es nicht inhuman, einen Menschen mit dem Argument seinem elenden Schicksal zu überlassen, er habe ja als Gleicher unter Gleichen begonnen? Erkennt man eine humane Gesellschaft nicht an dem Bemühen, Leid als solches, auch unabhängig von seiner ‚Geschichte‘, zu bekämpfen? Gewiss, das beteuern auch die Anhänger starker Chancengleichheit (so Gosepath 2003: 297, Fn. 60). Aber im Lichte ihres eigentlichen Gerechtigkeitsgrundsatzes erscheint dies als *ad hoc*-Manöver der nachträglichen Ausbügelung gröbster Grausamkeiten, die aus ihrem Vorschlag systematisch folgen.

In einigen dieser Einwände zeichnet sich negativ eine alternative Auffassung vom Wesen sozialer Gerechtigkeit ab. Danach ist die Pointe der Gerechtigkeit nicht strikte Gleichheit, sondern umfassende *Einbeziehung* in die moralische Welt und in demokratische Gemeinwesen (vgl. Anderson 2000). Jeder soll sich im Lichte seiner formell-rechtlichen, seiner materiellen und seiner symbolischen Stellung als gleichberechtigt verstehen können. Niemand soll als Mensch oder Bürger zweiter Klasse dastehen. Zugleich soll jeder die effektive Möglichkeit haben, am Zustandekommen der für alle geltenden Gesetze als Gleicher unter

Gleichen mitzuwirken (Habermas 1992). Dafür aber ist nicht umfassende Gleichheit nötig. Es genügt, alle über *absolut bestimmte Schwellen* zu heben. Wer darunter bleibt oder darunter fällt, darf nicht als wahrhaft zugehörig gelten. Das verletzt die Grundnorm der Gerechtigkeit ganz unabhängig davon, *warum* jemand die Standards vollständiger Teilnahme verfehlt.

Diese Schwellenwertkonzeption zeichnet ein anziehendes Bild von der Mitgliedschaft in einer moralischen und politischen Gemeinschaft. Doch fraglich bleibt, ob sie an die Stelle der Konzeption starker Chancengleichheit treten sollte. Zunächst scheint es mir sinnvoll, die Fragen nach dem politisch und moralisch *Vordringlichen* oder überhaupt Machbaren nicht mit der Frage nach dem wahrhaft Gerechten gleichzusetzen (dazu Cohen 2008). Meines Erachtens bleibt vieles, was im Lichte des Egalitarismus zweiter Stufe zu Recht als ungerecht erscheint, bei der Schwellenwertkonzeption unberücksichtigt. Unverdiente Vor- und Nachteile werden nicht schon dadurch moralisch unerheblich, dass sie nicht die Minimalbedingungen der Einbeziehung vereiteln. Die Ansicht, dass die Moral überhaupt nur das Erreichen von Schwellenwerten verlange und uns von jeder weiteren Begründungspflicht entbinde, lässt sich nicht dadurch zureichend stützen, dass wir überall auf der Welt selbst hinter solchen Minima zurückbleiben. Eine Beschränkung des Bemühens um willkürfreie Rechtfertigung auf die unteren Stufen von Ausstattungen wäre selber willkürlich und kann darum nicht das letzte Wort der Moral sein (vgl. Nagel 1994: 115).

3.2 Die Grenzen der Gerechtigkeit

Außerdem kann der Egalitarist zweiter Stufe auf die Einwände seiner Kritiker durchaus antworten. Er kann *zum einen* darauf hinweisen, dass die Frage nach dem an sich Gerechten im Hinblick auf den politischen Kontext spezifiziert werden muss. Politische Ansprüche müssen sich im Raum öffentlicher Verständigung unter Bürgerinnen und Bürgern behaupten können. Das setzt ihre allgemeine Nachvollziehbarkeit und Überprüfbarkeit voraus. Exzentrische Ansprüche, etwa auf Subventionierung des Kaviarkonsums eines unverbesserlichen Prassers, dürften wohl kaum auf allgemeine Zustimmung stoßen. Auch die Gefährlichkeit administrativer Macht kann vom Egalitaristen als Grund anerkannt werden, der gegen allzu individualisierende Urteile und Maßnahmen und für einen gewissen Grad an Übergeneralisierung spricht. Nur würde er hinzufügen, dass der Preis dafür ein gewisses Maß an Ungerechtigkeit ist.

Zum anderen kann der Egalitarist auf das Faktum einer Mehrzahl moralischer Werte hinweisen. Warum eigentlich müssen wir so tun, als sei Gerechtigkeit der Inbegriff einer modernen Moral? Gibt es nicht Gebote der Humanität, die sich

nur um den Preis semantischer Verrenkungen ins Korsett des Gerechtigkeits-
begriffes zwängen lassen? Ist es ‚ungerecht‘, einen Menschen zu quälen, oder
nicht vielmehr vor allem grausam? Ist, wer einen selbstverschuldet Leidenden
an seine Verantwortung erinnert, anstatt ihm zu helfen, unbedingt ungerecht,
nur weil er die Untugend der Kaltherzigkeit an den Tag legt?

Unter dem Eindruck solcher Fragen könnte sich der Egalitarist als ein Verteidiger moralischer Vielfalt erweisen, während sein Kritiker als der eigentliche
Gleichmacher dastünde. Egalitarist ist, wer das Gebiet der Gerechtigkeit mit
dem der Gleichheit identifiziert. Doch wer so denkt, kann durchaus anerkennen, dass der Geltungsraum der Moral weiter reicht als das Gebiet der Gerechtigkeit.

Diese Frage der Grenzziehung steht heute noch in einem anderen Sinne, als
wahrhaft ‚globale‘ Frage, auf der Tagesordnung: Gibt es Ansprüche auf vertei-
lende Gerechtigkeit, die die Grenzen aller besonderen Gemeinwesen überschreiten? Dürfen wir auch ohne Vermittlung durch unsere Staaten, einfach als
Menschen, eine gleiche Achtung und Rücksicht weltweit erwarten? Haben kos-
mopolitisch denkende Philosophen recht, die sagen, die gleichen Gründe, die
Bürgerinnen und Bürger untereinander zur Gleichheit anhalten, sprechen –
jedenfalls in unserer von gegenseitiger Abhängigkeit geprägten Welt – auch
dafür, die Ansprüche von Nichtbürgern gleichermaßen zu beachten? Oder sind
Grundsätze verteilender Gerechtigkeit nur anwendbar, wo Bürgerinnen und
Bürger in einem Staat zusammenleben (so Rawls 2002)? Auf Weltebene wären
sie es dann nur, wenn wir einen Weltstaat hätten, von dem wir aber weit entfernt sind.

Ein Kosmopolit kann folgendermaßen argumentieren. Erstens dürfen wir
keine willkürlichen Unterscheidungen treffen: Gleiche Fälle zählen gleich (und
ungleiche ungleich). Zweitens akzeptieren wir als Bürger liberaler Demokratien
den menschenrechtlichen Grundsatz der moralischen Gleichwertigkeit aller
Menschen: Die grundlegenden Interessen eines beliebigen Menschen sind moralisch gesehen ebenso wichtig wie die gleichen Interessen irgendeines anderen.
Drittens gibt es einige grundlegende Interessen, die wir allen Menschen weltweit
zuschreiben dürfen, von einem möglichst langen Leben bis zum effektiven
Gebrauch der praktischen Vernunft. Viertens hängt die Aussicht auf Befriedigung solcher Interessen auch von den globalen Verteilungsverhältnissen ab, und
diese Verhältnisse lassen sich ändern. Fünftens sind alle Verteilungsverhältnisse,
die moralisch relevante Interessen betreffen und die sich ändern lassen, ein Fall
für die Gerechtigkeit. Folglich wäre es willkürlich, wir würden die globalen Verteilungsverhältnisse von vornherein aus dem Gebiet der Gerechtigkeit heraus-
halten (ähnlich Caney 2005: 35ff.). Damit sind spezielle Ansprüche, die nur die
eigenen Mitbürger haben, nicht ausgeschlossen. Die bürgerschaftliche Verbun-

denheit ist eine besondere Beziehung, aus der besondere Pflichten folgen mögen (dazu Goodin 1988). Aber wer Mitbürger gegenüber Fremden bevorzugen möchte, muss dies begründen, und die Begründung muss für Mitbürger wie Fremde gleichermaßen akzeptabel sein.

Ich halte diese Argumentation für schlüssig. Allerdings ist namentlich die fünfte Prämisse durchaus umstritten. Der Kosmopolitismus sieht sich mit dem Einwand konfrontiert, er ignoriere grundlegende Differenzen zwischen innerstaatlichen und globalen Verteilungsverhältnissen. Thomas Nagel (2005) etwa, der in den bislang betrachteten Debatten eher als Egalitarist hervorgetreten ist, will weltweit allein menschenrechtliche Mindestnormen gelten lassen. Weitergehende Ansprüche der Verteilungsgerechtigkeit dürften nur Bürger untereinander erheben. Gleiche Achtung und Rücksicht seien geboten, weil und soweit Menschen zwangsbewehrten Gesetzen unterliegen, die in ihrem Namen erlassen wurden. Das treffe auf die über- und zwischenstaatlich geschaffenen Normen, die etwa die Weltwirtschaft regeln, nicht zu, weil diese Regeln nicht im Namen einer Weltbürgerschaft Gefolgschaft verlangen.

Hätte Nagel damit recht, so bliebe Gerechtigkeit als Gleichheit auf staatlich verantwortete Grundordnungen beschränkt. In solchen Grundordnungen bestehen zweifellos Herrschaftsbeziehungen von besonderer Art: Alle Bürger sollen die zwangsbewehrten Gesetze, die ihr Zusammenleben regeln, als grundsätzlich selbstgewollt und selbstgegeben ansehen dürfen. Was aber ist mit Verhältnissen der asymmetrischen Macht, des ungleichen Tausches und der einseitigen Abhängigkeit, die staatliche Grenzen übersteigen? Bedarf etwa die gegenwärtige Weltwirtschaftsordnung, die manche Ähnlichkeit mit einer innergesellschaflichen Grundstruktur aufweist, keiner Rechtfertigung im Namen der Gerechtigkeit?

Man mag darüber streiten, ob die globale Grundstruktur umfassend und folgenreich genug ist, um dieselben Grundsätze egalitärer Verteilung auf sie anzuwenden wie auf die Verhältnisse innerhalb der Staaten. Und natürlich sollte man bedenken, wie sehr wir weltweit von einer Einigung auf substantielle Normen der Gerechtigkeit entfernt sind – und ebenso von Institutionen, die ihre Befolgung verbürgen könnten. Eine Weltöffentlichkeit existiert nur in Ansätzen. Und ein Weltstaat wäre aufgrund seiner Größe, der Gefahren eines unkontrollierbaren Machtgebrauchs sowie der Unmöglichkeit, ihm durch Auswanderung zu entgehen, womöglich nicht einmal wünschenswert. Aber Gerechtigkeit könnte eine Grundnorm sein, die uns etwas über die Unzulänglichkeit der globalen Verhältnisse mitteilt, selbst wenn wir nicht wissen, wie wir sie verbessern können.

Literatur

Anderson, Elizabeth S. (2000): Warum eigentlich Gleichheit? In: Krebs, Angelika (Hg.): Gleichheit oder Gerechtigkeit. Texte der neueren Egalitarismuskritik. Frankfurt/M.: Suhrkamp. 117-171.

Arneson, Richard J. (1994): Gleichheit und gleiche Chancen zur Erlangung von Wohlergehen. In: Honneth, Axel (Hg.): Pathologien des Sozialen. Die Aufgaben der Sozialphilosophie. Frankfurt/M.: Fischer. 330-350.

Austin, William/Hatfield, Elaine (1980): Equity-Theorie, Macht und soziale Gerechtigkeit. In: Mikula, Gerold (Hg.): Gerechtigkeit und soziale Interaktion. Experimentelle und theoretische Beiträge aus der psychologischen Forschung. Bern: Huber. 25-68.

Buchanan, Allen/Brock, Dan W./Daniels, Norman/Wikler, Daniel (2000): From Chance to Choice. Genetics and Justice. Cambridge: UP.

Caney, Simon (2005): Justice Beyond Borders. A Global Political Theory. Oxford: UP.

Cohen, G. A. (1989): On the Currency of Egalitarian Justice. In: Ethics 99. 906-944.

– (2008): Rescuing Justice and Equality. Cambridge/Mass.: Harvard UP.

Dworkin, Ronald (1981): What is Equality? Part 2: Equality of Resources. In: Philosophy & Public Affairs 10. 283-345.

– (1985): Liberalism. In: ders.: A Matter of Principle. Oxford: UP. 181-204.

Frankfurt, Harry G. (1999): Gleichheit und Achtung. In: Deutsche Zeitschrift für Philosophie 47. 3-11.

Goodin, Robert (1988): What is So Special about Our Fellow Countrymen? In: Ethics 98. 663-686.

Gosepath, Stefan (1998): Zu Begründungen sozialer Menschenrechte. In: ders./Lohmann, Georg (Hg.): Philosophie der Menschenrechte. Frankfurt/M.: Suhrkamp. 146-187.

– (2003): Verteidigung egalitärer Gerechtigkeit. In: Deutsche Zeitschrift für Philosophie 51. 275-297.

– (2004): Gleiche Gerechtigkeit. Grundlagen eines liberalen Egalitarismus. Frankfurt/M.: Suhrkamp.

Habermas, Jürgen (1992): Faktizität und Geltung. Beiträge zur Diskurstheorie des Rechts und des demokratischen Rechtsstaats. Frankfurt/M.: Suhrkamp.

Harsanyi, John C. (1976): Essays on Ethics, Social Behavior and Scientific Explanation. Dordrecht: Reidel.

Höffe, Otfried (Hg.) (1977): Über John Rawls' Theorie der Gerechtigkeit. Frankfurt/M.: Suhrkamp.

Honneth, Axel (1992): Kampf um Anerkennung. Zur moralischen Grammatik sozialer Konflikte. Frankfurt/M.: Suhrkamp.

Koller, Peter (1994): Soziale Güter und soziale Gerechtigkeit. In: Koch, Hans-Joachim/Köhler, Michael/Seelmann, Kurt (Hg.): Theorien der Gerechtigkeit. 15. Tagung der deutschen Sektion der internationalen Vereinigung für Rechts- und Sozialphilosophie in Hamburg, 30. September – 2. Oktober 1992. ARSP Beiheft 56. 79-104.

Krebs, Angelika (2000): Gerechtigkeit oder Gleichheit. Die neuere Egalitarismuskritik im Überblick. In: dies. (Hg.): Gleichheit oder Gerechtigkeit. Texte der neuen Egalitarismuskritik. Frankfurt/M.: Suhrkamp. 7-37.

Kymlicka, Will (1995): Politische Philosophie heute. Eine Einführung. Frankfurt/M. – New York: Campus.

Ladwig, Bernd (2000a): Gerechtigkeit und Verantwortung. Liberale Gleichheit für autonome Personen. Berlin: Akademie.

– (2000b): Gerechtigkeit und Gleichheit. In: Prokla 121. 585-610.

Margalit, Avishai (1997): Die Politik der Würde. Über Achtung und Verachtung. Berlin: Fest.

Nagel, Thomas (1994): Eine Abhandlung über Gleichheit und Parteilichkeit und andere Schriften zur politischen Philosophie. Hg. von Michael Gebauer. Paderborn: Schöningh.

– (2002): The Problem of Global Justice. In: Philosophy & Public Affairs 33. 113-147.

Nozick, Robert (1976): Anarchie, Staat, Utopia. München: mvg.

Parfit, Derek (2000): Gleichheit und Vorrangigkeit. In: Krebs, Angelika (Hg.): Gleichheit oder Gerechtigkeit. Texte der neuen Egalitarismuskritik. Frankfurt/M.: Suhrkamp. 81-106.

Rawls, John (1975): Eine Theorie der Gerechtigkeit. Frankfurt/M.: Suhrkamp.

– (2002): Das Recht der Völker. Berlin – New York: de Gruyter.

Raz, Joseph (1986): The Morality of Freedom. Oxford: Clarendon.

Roemer, John E. (1996): Theories of Distributive Justice. Cambridge/Mass.: Harvard UP.

Rousseau. Jean-Jacques (1754): Diskurs über die Ungleichheit. Paderborn: Schöningh (UTB) 2001. 5. Aufl.

Schramme, Thomas (2003): Die Anmaßung der Gleichheitsvoraussetzung. In: Deutsche Zeitschrift für Philosophie 51. 255-273.

Sen, Amartya (1992): Inequality Reexamined. Oxford: UP.

Singer, Peter (1994): Praktische Ethik. Stuttgart: Reclam.

Tugendhat, Ernst (1993): Vorlesungen über Ethik. Frankfurt/M.: Suhrkamp.

Geschlecht

Ina Kerner

1. Geschlecht als Kategorie von Politik und politischer Theorie

Begriffe wie Frauenbewegung, Feminismus und Gender Mainstreaming[1] verweisen auf einen engen Zusammenhang zwischen Politik und Geschlecht. Erstens stehen diese Begriffe für ausgewiesene *Geschlechterpolitik*. Sie bezeichnen politische Projekte und Maßnahmen, deren Ziel es ist, als ungerecht erachtete Geschlechterverhältnisse zu verändern – meist zugunsten von Frauen. Wenn nun ungerechte Geschlechterverhältnisse herrschen, legt dies zweitens nahe, dass ein enger Zusammenhang zwischen Politik und Geschlecht auch im sog. *Malestream* besteht; und zwar meist zu Ungunsten von Frauen. Und in der Tat werden seit der Antike in unterschiedlichem Maße, doch mit großer Beharrlichkeit immer wieder angeblich konstitutive Geschlechterdifferenzen bemüht, um die politische und gesellschaftliche Ungleichbehandlung von Männern und Frauen zu rechtfertigen.[2]

Auch die Politik der Neuzeit und das moderne politische Denken, eigentlich der Idee der prinzipiellen Gleichheit aller Menschen verschrieben, waren von Anbeginn gekennzeichnet durch ein im Wortsinn merkwürdiges Zusammenspiel von universalistischen Überlegungen und Proklamationen einerseits und exklusiven Praktiken andererseits. So waren Frauen im Rahmen von Maßnahmen, die das öffentliche Leben betrafen, trotz universalistischer Rhetorik mitnichten immer mitgemeint – sie blieben z.B. vom sog. „allgemeinen Wahlrecht" in vielen Staaten noch Jahrzehnte nach dessen Einführung ausgeschlossen. Um solche Ungleichbehandlungen vor dem Hintergrund allgemeiner Aussagen über den Menschen, seine Vernunft und seine Rechte zu legitimieren, mussten Frauen als grundsätzliche Abweichlerinnen von dem neuen „Menschenbild" beschrieben werden. Dieser Aufgabe widmete sich die im 18. Jahrhundert entstehende „weibliche Sonderanthropologie" (Honegger 1991), deren Ergebnisse

---

1 Gender Mainstreaming ist seit 1999 Gleichstellungsstrategie der Bundesregierung und bedeutet dort, „bei allen gesellschaftlichen Vorhaben die unterschiedlichen Lebenssituationen und Interessen von Frauen und Männern von vornherein und regelmäßig zu berücksichtigen, da es keine geschlechtsneutrale Wirklichkeit gibt" (BMFSFJ 2002: 5).

2 Die Annahme, es gebe Geschlechterdifferenzen, die politisch relevant werden sollen, ist jedoch auch schon seit der Antike umstritten. Für einen theoriegeschichtlichen Überblick vgl. z.B. Rauschenbach (1998).

stark in außerakademische Wissensbestände diffundierten.[3] Mit naturwissen-schaftlichem Anspruch wurden hier weibliche Charaktermerkmale aus den Be-sonderheiten des weiblichen Körpers abgeleitet – und damit Geschlechterdiffe-renzen naturalisiert. Frauen sprach man dabei diejenigen Eigenschaften ab, die für ein Leben in der Öffentlichkeit als erforderlich betrachtet wurden. Zuge-schrieben wurden ihnen Dispositionen, die aufs Beste mit einem privaten, fami-lienzentrierten, der Reproduktion verschriebenen Leben harmonierten. Auf diese Weise konnte bis zur Mitte des 19. Jahrhunderts ein naturalisiertes, dualis-tisches Modell geschlechtlicher Differenzen etabliert werden. Weiblichkeit wur-de dabei mit Reproduktion, Privatheit, Natur und Emotionalität assoziiert, wäh-rend Männlichkeit die höher bewerteten Aspekte Produktion, Öffentlichkeit, Kultur und Rationalität zugeordnet wurden.[4]

Dieses Modell sowie die politischen und gesellschaftlichen Hierarchien, die mit seiner Hilfe legitimiert wurden, haben seither als Referenz- und Angriffs-punkt vielfältiger Anstrengungen gedient, die politisch und/oder theoretisch auf Geschlechtergerechtigkeit abzielen. Im 19. und frühen 20. Jahrhundert haben die Aktivistinnen der *ersten Frauenbewegung* vor allem für die rechtliche Gleichstel-lung und die Ausweitung der grundlegenden Bürgerrechte auf Frauen ge-kämpft.[5] In den späten 1960er Jahren entstand die *zweite Frauenbewegung*, weil die bis dahin erfolgte rechtliche Gleichstellung von Männern und Frauen keinesfalls auch die gesellschaftliche Gleichstellung nach sich gezogen hatte.

In der Frauen- und Geschlechterforschung, die sich als akademischer Zweig der zweiten Bewegung etablierte, wurden sowohl formale als auch inhaltliche Aspekte des herrschenden Geschlechterarrangements zum Thema. Das waren vor allem Weiblichkeits- und Männlichkeitsnormen und ihr Verhältnis, aber auch deren Verstrickungen mit sozialen Strukturmerkmalen wie der geschlecht-lichen Arbeitsteilung. Das Anliegen der neuen feministischen Wissenschaft war von Anbeginn analytisch und normativ zugleich. Ziel war nie nur eine ge-schlechterpolitische Diagnose, sondern auch eine Praxis, die auf Veränderungen gegebener Zustände abzielt. Feministische Forscherinnen haben sich dabei – aufgrund ihrer eigenen gesellschaftlichen Positionierung vielleicht nahe liegend – bevorzugt mit der weiblichen Geschlechtsposition auseinandergesetzt; dane-ben haben sie Potentiale und Probleme von Frauenpolitik thematisiert. In den

---

3 Frauen sind nicht die einzigen, die von den damaligen Wissenschaften als kategorial different im Vergleich zu männlichen Europäern konstruiert wurden und denen damit zentrale Charakteristika dessen abgesprochen wurden, was als vollwertiges Menschsein galt. Auch die Rassenforschung ist hier zu nennen. Für einen Überblick, der auch das Verhältnis zwischen „Rassen"- und Geschlechter-anthropologie explizit macht, vgl. Schiebinger (1995) und Stepan (1990).

4 Vgl. zu dieser „Polarisierung der ‚Geschlechtscharaktere'" auch Hausen (1976).

5 Für einen Überblick über zentrale theoretische Positionen in dieser Zeit vgl. Holland-Cunz (2003).

1990er Jahren wurde die feministische Frauen-, Weiblichkeits- und Geschlechterforschung durch kritische Männer- und Männlichkeitsforschung[6] ergänzt. Außerdem entstand die *Queer Theory*, deren zentraler Gegenstand Heteronormativität und deren vielfältige Effekte sind.

„Geschlecht" hat also bislang als *zentraler* Interessensgegenstand vor allem in der feministischen Wissenschaft und Theorie eine Rolle gespielt. Wie „Geschlecht" bestimmt werden sollte, ist gleichzeitig selbst feminismusintern äußerst umstritten. Wichtige Auseinandersetzungen in jüngerer Zeit haben sich vor allem an zwei Fragen kristallisiert. Zum einen geht es darum, wie tiefgreifend Geschlechtsmerkmale überhaupt naturalisiert worden sind und wie weitreichend folglich die theoretische Operation einer Entnaturalisierung angelegt werden sollte. Zum anderen wird diskutiert, ob ein affirmativer Rekurs auf Geschlechterdifferenzen politisch geboten ist oder ob er wegen kontraproduktiver Folgen vermieden werden sollte. Beide Debatten werden im folgenden Abschnitt aufgegriffen, in dem die Geschichte der schrittweisen Entbiologisierung der Kategorie Geschlecht erzählt wird. Die Stationen dieser Geschichte markieren gleichzeitig die zentralen geschlechtertheoretischen Grundpositionen, wie sie auch heute noch Vertretung finden.[7]

2. Die schrittweise Entbiologisierung von Geschlecht

2.1 Die Trennung von Sex und Gender

Angesichts des überkommenen Traditionsbestandes, der psychische an physische Merkmale gekoppelt und aus dieser Kopplung nicht nur konstitutive, sondern zudem hierarchisch geordnete Geschlechterdifferenzen abgeleitet hatte, lag es nahe, in einem ersten Schritt feministischer theoretischer Arbeit die Verknüpfung von weiblichem Körper, der zudem auf sein Reproduktionspotenzial reduziert war, und weiblicher gesellschaftlicher Rolle zu hinterfragen. Denn diese Rolle, die auf ein Dasein als Ehefrau und Mutter hinauslief, wurde von vielen Frauen als einengend und daher als unterdrückend angesehen. Wegberei-

---

6   Prominenteste Theoretikerin ist hier Raewyn (vormals: Robert) Connell (v.a. 1999); für den deutschsprachigen Raum vgl. BauSteineMänner (1996), für einen ideengeschichtlichen Zugriff Brown (1988).

7   Neben inhaltlichen Geschlechtsbestimmungen variieren in den (feministischen) Wissenschaften auch die formalen Verwendungsweisen der Geschlechterkategorie. Geschlecht kann als gesellschaftliche *Strukturkategorie* verstanden werden – indem es z.B. den Zugang zur öffentlichen Sphäre und die Zuständigkeiten in der privaten vorgibt; es kann als *Identitätskategorie* aufgefasst werden, indem es spezifische Weiblichkeits- oder Männlichkeitsnormen festlegt; und es kann schließlich als wissenschaftliche *Analysekategorie* verstanden und verwendet werden. Vgl. hierzu auch Braun (1995).

terin für die Entkoppelung von Körper, Charakter und Schicksal[8] war die französische Philosophin Simone de Beauvoir, die in ihrem einflussreichen Werk *Das andere Geschlecht* 1949 mit Vehemenz und bis heute anhaltendem theoretischem Widerhall erklärte:

> „Man kommt nicht als Frau zur Welt, man wird es. Keine biologische, psychische oder ökonomische Bestimmung legt die Gestalt fest, die der weibliche Mensch in der Gesellschaft annimmt." (Beauvoir 1992: 334)

In Abgrenzung nicht nur gegen Weiblichkeitskonzeptionen aus der Biologie, sondern auch aus der Psychoanalyse und dem historischen Materialismus vertrat Beauvoir die These, dass „die gesamte Zivilisation", vor allem Erziehung und Sitten, die Gestalt der Frau hervorbringe. Frausein sei etwas, das weibliche Menschen erlernen. Beauvoir betonte gleichzeitig, dass „die Wörter ‚Frau' oder ‚weiblich' (...) selbstverständlich keinen Archetypus, kein unveränderliches Wesen" bezeichnen (333). Das Entscheidende an Beauvoirs Konzeption von Weiblichkeit war somit, dass sie diese als sozial konstruiert und veränderbar beschrieb anstatt als biologisch fundiert und starr. Damit legte sie den Grundstein für ein Verständnis von Geschlecht, das auf der internen Unterscheidung basiert zwischen dem biologischen Geschlecht – dem Körper – und dem sozialen Geschlecht – der gesellschaftlichen Rolle, wobei zwischen beiden kein ursächlicher, notwendiger Zusammenhang unterstellt wird.[9] Dieses Verständnis, entstanden in kritischer Auseinandersetzung mit somatisch fundierten Weiblichkeitszuschreibungen, prägt feministische Theorien und Geschlechterpolitik bis heute – auch wenn es keinesfalls unumstritten geblieben ist.

Heute werden die beiden Dimensionen von Geschlecht auch im deutschen Sprachraum meist mithilfe der ursprünglich englischen Begriffe *Sex* (biologisches Geschlecht) und *Gender* (soziales Geschlecht) unterschieden.[10] Diese Begriffe wurden in den frühen 1970er Jahren von der Soziologin Ann Oakley in die sozial- und geisteswissenschaftliche feministische Forschung eingeführt. Oakley hatte damals – neben anthropologischen Studien – die psychoanalyti-

---

8 Naheliegenderweise wurde die Naturalisierung von Geschlechterdifferenzen bereits im Umfeld der ersten Frauenbewegung kritisiert, z.B. von Mill/Taylor (1976). Für die feministische Theorieentwicklung im Umfeld der zweiten Bewegung spielten die älteren Texte – vermutlich weil sie bloß schwer zugänglich waren – allerdings keine bedeutende Rolle.

9 Beauvoir setzte sich in ihrem umfangreichen Buch zwar in erster Linie mit Geschlechtsnormierungen auseinander, die Verhalten betreffen; sie betonte dort jedoch, dass auch die biologische Zweigeschlechtlichkeit letztlich kontingent sei (Beauvoir 1992: 29f.) und formulierte somit Thesen, die im Kontext feministischer Theoriebildung erst 40 Jahre später wieder aufgenommen werden sollten.

10 Der Begriff „*gender*" stammt aus der Grammatik. Trotz diverser Versuche (z.B. Illich 1995) hat es sich im deutschen Sprachraum nicht durchgesetzt, *gender* mit „Genus" zu übersetzen und analog zur sex/gender-Unterscheidung Geschlecht und Genus zu differenzieren.

sche und psychoendokrinologische Forschung aus den beiden vorangegangenen Dekaden rezipiert (die wiederum die Sex/Gender-Terminologie bereits verwendete), um die Vorrangigkeit der Sozialisation vor der Biologie bei der Herausbildung von Geschlechtsidentitäten und somit die kulturelle Bedingtheit von Gender auf dem Wissensstand ihrer Zeit nachzuweisen (Oakley 1972).

2.2 Die Debatte um Gleichheit oder Differenz

Spätestens Anfang der 1970er Jahre gehörte es also zum geschlechtertheoretischen Grundwissen, Weiblichkeit und Männlichkeit als soziale Kategorien zu begreifen. Feministinnen lehnten die Frauen zugeschriebenen Gendernormen meist ab; zumindest kritisierten sie einhellig den hierarchischen Dualismus, der das Verhältnis gängiger Bestimmungen von Femininität und Maskulinität charakterisierte. Umstritten ist jedoch bis heute die an diese Ablehnung anschließende Frage geblieben, ob das männlich kodierte Modell Frauen eine attraktive Alternative zu bieten vermag und Feministinnen sich daher für die lang verzögerte Vollendung seiner Universalisierung einsetzen sollten. Damit steht gleichzeitig in Frage, ob gängige Weiblichkeitsattribute inhaltlich abzulehnen sind – oder ob sie nicht vielmehr aufgewertet gehören beziehungsweise, noch einen Schritt weitergehend, ob nicht gerade sie es sind, die verallgemeinert werden sollten.

Neben diesen normativen, inhaltlichen Fragen hat die Trennung von Sex und Gender außerdem eine analytische Frage provoziert: Die Frage nämlich, wie die Herausbildung und Aufrechterhaltung der nicht nur differenten, sondern zudem dualen und hierarchisch angeordneten Geschlechtsnormen erklärt werden kann. Auch hinsichtlich dieser Frage konkurrieren bis heute verschiedene Ansätze. Deren Unterschiede spiegeln nicht nur die Verortung der an der Debatte beteiligten Theoretiker/innen in verschiedenen akademischen Traditionen wieder, sondern sie lassen sich zudem in den meisten Fällen einer der beiden Grundpositionen zuordnen, die auch hinsichtlich des ersten Fragenkomplexes die Debatte dominieren: den Positionen Gleichheit bzw. Differenz.[11]

Vertreter/innen der *Gleichheitsposition* kritisieren die Strukturierung der Gesellschaft anhand dualistischer Vorstellungen von Männlichkeit und Weiblichkeit. Diese Strukturierung führe dazu, dass nach wie vor und trotz weitgehender rechtlicher Gleichstellung die Öffentlichkeit eine überwiegend von Männern geprägte Sphäre ist, in der Frauen numerisch unterrepräsentiert und tendenziell

---

11 Für die Debatte um Gleichheit und Differenz im deutschsprachigen Raum vgl. Gerhard et al. (1990) sowie Maihofer (1997).

benachteiligt sind – während Frauen in der staatlich unregulierten Sphäre des Privaten die Hauptlast der Reproduktion obliegt, was ebenfalls eine Benachteiligung darstellt. Institutionelle Arrangements, die diese Problemsicht stützen, sind Lohnungleichheiten, die Zuweisung unbezahlter Hausarbeit an Frauen, das am männlichen Familienernährer orientierte Normalarbeitsverhältnis sowie steuerliche Bestimmungen wie das Ehegattensplitting. Außerdem untermauern u.a. männerbündische Strukturen und eine unzureichende öffentliche Bereitstellung von Betreuungseinrichtungen diese Diagnose. Unterschiede zwischen männlichen und weiblichen Geschlechternormen und empirische Unterschiede hinsichtlich der geschlechtlichen Identitäten von Männern und Frauen werden von Gleichheitstheoretiker/innen problematisiert und auf das gesellschaftliche Organisationsmodell und seine subjektivierenden Wirkungen zurückgeführt (z.B. Moller Okin 1989). Liberale Feministinnen führen als Ursache der Reproduktion unterschiedlicher Geschlechtsnormen vor allem die institutionell geronnene Geschlechterdichotomie an. Die weiter gehenden marxistischen, materialistischen bzw. sozialistischen Feministinnen führen unterschiedliche Genderpositionen auf die sozio-ökonomische Struktur, insbesondere die geschlechtliche Arbeitsteilung v.a. in marktwirtschaftlich organisierten Gesellschaften zurück (z.B. Haug 2004). Radikale Feministinnen schließlich führen meist die Ausbeutung von Sexualität an, genauer die patriarchale Kontrolle des weiblichen Körpers als Reproduktionsmittel und Lustobjekt sowie eine Sozialisation, die den Erfordernissen dieser Ausbeutung und Kontrolle gerecht wird (MacKinnon 1989).

Differenztheoretikerinnen hingegen beziehen sich affirmativ auf weibliche Eigenschaften, die sie entweder als den männlichen gleichwertig oder aber als ihnen überlegen betrachten. Weiblichkeit wird entweder als eindeutige Bereicherung für alle Sphären einer feministisch restrukturierten Gesellschaft angesehen, oder aber, in einer anderen Variante, als Grundlage einer autonomen weiblichen Subjektivität, die in separaten Fraueninstitutionen ihre Wirkungen entfalten soll. Auch die strikte Quotierung legislativer Ämter wird z.T. unter Hinweis auf Geschlechterdifferenzen und die Notwendigkeit einer hinreichenden Repräsentation von Männern *und* Frauen befürwortet (z.B. Agacinski 1998).

Auch unter den Differenztheoretikerinnen konkurrieren unterschiedliche Erklärungsmuster für die Herausbildung der verschiedenen Geschlechtsidentitäten. Fürsorge-Ethikerinnen führen unterschiedliche Erfahrungen von Jungen und Mädchen an, um eine spezifisch weibliche Moralentwicklung von der männlichen zu unterscheiden (Gilligan 1984). Anhängerinnen der Psychoanalyse konzentrieren sich insbesondere auf die frühkindliche Entwicklung; wobei es Objektbeziehungstheoretikerinnen vor allem darauf ankommt, wie die Erziehung von Kleinkindern organisiert wird und wer deren Bezugspersonen sind

(Chodorow 1985), während lacanianische (Post)Strukturalistinnen in Sprache und symbolischer Ordnung einen zentralen Faktor für die Entwicklung von Geschlechtsidentitäten ausmachen (Irigaray 1980). Essentialistische Differenztheoretikerinnen schließlich identifizieren im weiblichen Körper, insbesondere der Gebärfähigkeit, die Grundlage einer spezifisch weiblichen Kultur bzw. Identität (Daly 1991).[12]

Differenzfeministinnen geht es also weniger darum, gesellschaftlich wirksame Weiblichkeitsbestimmungen abzuschütteln, als darum, Weiblichkeit autonom zu reformulieren und diesem neuen Konzept zu gesellschaftlicher Relevanz zu verhelfen. Teilweise werden im Zuge dieses Unterfangens Eigenschaften als originär weiblich reklamiert, deren weibliche Kodierung von Gleichheitsfeministinnen bewusst abgelehnt und bekämpft wird – beispielsweise eine besondere Affinität von Frauen zur Natur. Und in einigen Fällen begründen Differenzfeministinnen ihre Normen von Weiblichkeit nicht lediglich kulturell, sondern biologisch. Gleichheitstheoretikerinnen werfen ihnen aus diesem Grund Essentialismus und biologischen Determinismus vor – sie befürchten, dass Differenzfeminismus hinter die Errungenschaft der Sex-Gender-Trennung zurückfällt und diese destabilisiert. Differenztheoretikerinnen wiederum kritisieren (vor allem liberale) Gleichheitsfeministinnen dafür, dem männlichen Modell nachzueifern. Wegen seiner androzentrischen Struktur, seiner Orientierung an männlich kodierten Eigenschaften und Normalbiographien lehnen sie dieses Modell ab. Es sei einseitig und werde daher der menschlichen Zweigeschlechtlichkeit nicht gerecht.

2.3 Pluralisierung von Gender

Differenz- und Gleichheitsansätze ähneln sich in dem Punkt, dass sie von der Vorstellung einer weitgehend einheitlichen weiblichen Geschlechtsidentität beziehungsweise von großteils einheitlichen weiblichen Gendernormen und Problemlagen ausgehen. Ende der 1970er, Anfang der 1980er Jahre regte sich gegen diese Verallgemeinerungen Protest. Neben lesbischen Feministinnen, die an gängigen Genderkonzeptionen deren Heteronormativität beanstandeten (z.B. Hark 1987, Wittig 1992), kritisierten afroamerikanische und andere nichtweiße Feministinnen die „allgemeinen" Gendertheorien als Reflexionen einer weißen Mittelschichtsposition, in denen sie ihre eigenen Lebensbedingungen

---

12 Die Grenze zwischen radikalen Positionen und kulturellen Positionen wie derjenigen Dalys ist fließend und unterläuft damit die typologische Unterscheidung von Differenz- und Gleichheitsansätzen.

nicht miterfasst sahen.[13] In diesem Zusammenhang kritisierten sie auch das exklusive Interesse vieler feministischer Theoretikerinnen an der Kategorie Geschlecht. Die Isolation des geschlechtlichen Aspekts von Identität blende aus – so die Kritik – dass Geschlechtsidentität mit anderen identitätsbestimmenden Aspekten wie der ethnischen Zugehörigkeit und der sozialen Position eng verwoben ist. Da bezogen auf diese Aspekte auch *zwischen* Frauen beträchtliche Unterschiede bestehen, müsse man männliche und weibliche Genderpositionen intern differenzieren. Die Historikerin Elsa Barkley Brown erklärte dazu programmatisch:

> „Wir müssen anerkennen, dass Frausein sich nicht vom Kontext, in dem man eine Frau ist, isolieren lässt – und dieser Kontext ist bestimmt durch ‚Rasse', Klasse, Zeit und Ort. Wir müssen anerkennen, dass nicht alle Frauen dasselbe Geschlecht – Gender – haben." (1995: 43, Übers. IK)

Afroamerikanische Feministinnen machten darüber hinaus deutlich, dass ihnen ihre weißen feministischen ‚Schwestern' nicht notwendig näher stünden als ihre schwarzen ‚Brüder'. In diesem Zusammenhang wurde der *Sisterhood*-Begriff, der für grenzüberschreitende weibliche Solidarität steht, einer Revision unterzogen und als problematische Vereinnahmungsstrategie angeprangert. Den machtdurchwirkten Differenzen zwischen Frauen – so die Kritik – werde eine einheitliche, auf alle Frauen bezogene und höchstens graduelle Unterschiede vorsehende weibliche Genderkategorie nicht gerecht.

Eine solche Thematisierung von „Differenzen unter Frauen" hat sich mittlerweile zu einer Thematisierung von „vielfältigen, sich überschneidenden Differenzen" (Fraser 2001: 262) weiterentwickelt und als solche auch den Mainstream der feministischen Theoriebildung erreicht – in den USA Anfang der 1990er Jahre, im deutschsprachigen Raum etwa 15 Jahre später. Als Oberbegriff für diese neue Thematisierung der Zusammenhänge verschiedener Differenzierungen und damit verknüpfter Formen von Ungleichheit hat sich im Anschluss an die Rechtstheoretikerin Kimberle Crenshaw (1989) die Bezeichnung „Intersektionalität" durchgesetzt. Deren Grundidee läuft erstens darauf hinaus, her-

---

13 In den USA erreichte und beeinflusste derartige Kritik den Mainstream der feministischen Theoriebildung früher als im deutschsprachigen Raum. Die bekanntesten afroamerikanischen feministischen Theoretikerinnen sind bell hooks sowie Patricia Hill Collins; überzeugend kritisiert wird ein einheitliches Genderkonzept außerdem in dem von Gloria Anzaldúa (1990) edierten und einflussreichen Sammelband „Making Face, Making Soul – Haciendo Caras". Für entsprechende Diskussionen im deutschsprachigen Raum vgl. Oguntoye/Opitz/Schultz (1992), Fuchs/Habinger (1996) und Steyerl/Gutiérrez Rodríguez (2003) und überblickshaft Stötzer (2004); außerdem widmete sich die Zeitschrift *Beiträge zur feministischen Theorie und Praxis* mit Regelmäßigkeit den Differenzen zwischen Frauen und daraus entstehenden Problemen (vgl. v.a. 27/1990 und 42/1996) – unter anderem gab es hier ein Heft über Feminismus in Ost- und in Westdeutschland (54/2000).

kömmliche Geschlechterkategorien konsequent intern plural zu denken, z.B.
nicht schlicht von „Männern" und „Frauen" auszugehen, sondern auch Differenzen, Machtverhältnisse und Privilegienverteilungen innerhalb dieser Genusgruppen zu erfassen – etwa im Zusammenhang von Sexualität, Nationalität
oder sozialem Status. Zweitens geht die Idee der Intersektionalität mit der These einher, dass die Dynamiken von Geschlechterverhältnissen nur im Kontext
der weiteren Differenz- und Hierarchieverhältnisse, mit denen sie verstrickt
sind, angemessen erfasst werden können. Die vor-intersektionale Geschlechterforschung, die „Geschlecht" analytisch isoliert, erscheint daher in intersektiona-
lem Licht methodologisch unterkomplex und revisionsbedürftig (vgl. auch Kerner 2009: 310ff, Kerner 2010).

Mit dem Intersektionalitätsparadigma ist „Gender" als potentiell jeweils alle
Frauen bzw. Männer einende Kategorie stark in Frage gestellt.[14] Da aber lediglich Gender und nicht auch Sex pluralisiert wird, verbleiben diese Ansätze zumeist im Modell der Zweigeschlechtlichkeit – den beiden konstanten biologischen Positionen (Sex) werden nun lediglich unterschiedlichste soziale Positionen (Gender) zugeordnet. Die Revision der Kategorie Geschlecht, die durch die
Pluralisierung von Gender ausgelöst wurde, ist daher begrenzt. Doch sie ist
nicht der einzige Angriff der etablierten Grundkategorien der Geschlechterpolitik geblieben.

2.4 Die Entbiologisierung von Sex

1990 veröffentlichte die Philosophin Judith Butler ihr Buch *Gender Trouble* – auf
Deutsch *Das Unbehagen der Geschlechter*. An diesem Text entzündete sich eine
heftige Kontroverse, die als Sex-Gender-Debatte bezeichnet wird und bis heute
nachwirkt.[15] Wie auch die Befürworter/innen einer Pluralisierung von Gender
formulierte Butler in diesem Buch geschlechtertheoretische Binnenkritik. Sie
hinterfragte v.a. jene Differenzierung von Sex und Gender, die Gender als kulturelle Überformung von Sex versteht und letztlich immer wieder an ein zwei-
geschlechtliches Modell rückbindet.

Butlers theoretische Referenzpunkte sind Feminismus, schwule und lesbische
Perspektiven auf Geschlecht sowie poststrukturalistische Theorie. Vor diesem
Hintergrund verweist sie auf innerfeministische Fragmentierungen und die auf
den ersten Blick paradox anmutende Opposition von Frauen gegen den Femi-

---

14 Für eine pluralisierte Konzeptionen von Männlichkeit vgl. Connell (1999).
15 Vgl. hierzu die Texte in den *Feministischen Studien* 11 (1993), die Aufsätze in Bauhardt/Wahl (1999)
    sowie überblickshaft Hark (2005: 269ff.).

nismus, welcher jene doch zu repräsentieren beansprucht. Als Ursache für beides identifiziert sie den Einsatz von zu eindeutigen Genderkategorien. Sie fordert daher, sich die Ausschließungen, die Teil jeder Identitätsdefinition sind, bewusst zu machen und so weit wie möglich zu verhindern – letzteres v.a. dadurch, Frauen so wenig wie möglich zu definieren.

Identitätskategorien fasst Butler als *Effekte* von Institutionen, Praktiken und Diskursen mit multiplen und diffusen Ursprüngen. In *Gender Trouble* untersucht sie, worum es politisch geht, wenn Identitätskategorien als Ursprung oder *Ursache* bezeichnet werden (Butler 1991: 9). Im Zentrum der Analyse stehen dabei die Institutionen Phallogozentrismus und Zwangsheterosexualität. Heterosexualität erscheint Butlers Lesart nach dann nicht als ursprünglicher, natürlicher Ausdruck menschlichen sexuellen Begehrens, sondern als Effekt institutioneller Arrangements, die eine heterosexuelle Lebensweise privilegieren. Und auch die Annahme, bei der Einteilung der Menschen in Geschlechtsgruppen dränge sich Zweigeschlechtlichkeit natürlicherweise auf, beschreibt Butler als Effekt von Machtwirkungen.

Während also die Sex-Gender-Unterscheidung der Entbiologisierung von Gender diente, geht Butler einen Schritt weiter und entbiologisiert bzw. entnaturalisiert auch Sex. Dabei ist sie weit davon entfernt, anatomische Unterschiede oder die Materialität von Körpern leugnen zu wollen. Sie verficht vielmehr die These, dass neben Gender auch Aspekte von Körperlichkeit und Begehren, die gemeinhin der Biologie zugeschrieben werden und die daher als natürlich gelten, soziale Ursachen haben. Darunter fallen in erster Linie die uns natürlich erscheinende Einteilung der Menschen in zwei Kategorien, in Männer und Frauen, sowie die Privilegierung von Heterosexualität als „normales" – da potentiell der Reproduktion dienliches – sexuelles Verhalten und die Diskriminierung von Homo-, Bi-, und Transsexualität als anormal und widernatürlich. Indem sie also auch zentrale Komponenten von Sex, dem vermeintlich biologischen, vorsozialen Aspekt von Geschlecht als sozial konstruiert beschreibt, weist Butler die gängige Sex-Gender-Unterscheidung zurück. Stattdessen verschiebt sie die Kategorie Gender und erweitert sie um jene Machtwirkungen, die der Vorstellung biologisch bedingter Geschlechtlichkeit überhaupt erst zur Dominanz verhelfen. Auch die Konstruktion von Sex als vorsozialer Kategorie kann dann als Effekt von Gender beschrieben werden. Mitnichten herrscht nämlich Einigkeit darüber, wie „Sex" bestimmt werden soll – ob beispielsweise anatomische, chromosomale oder hormonale Aspekte im Vordergrund stehen (23).

Der erweiterte Begriff von Gender, den Butler durch ihre Argumentation erhält, umfasst eine psychische und eine morphologische Dimension, die nicht

klar zu trennen sind.[16] Butler beschreibt Geschlecht als „zwingende, ständige
Wiederholung kultureller Konventionen am Körper und durch den Körper, die
man *niemals* gewählt hat" (1993). *Wie* diese Wiederholung vor sich geht, sei jedoch teilweise offen. Geschlecht ist diesem Verständnis nach performativ. Das
heißt unter anderem, dass die geschlechtlichen Normierungen, denen jeder
Mensch ausgesetzt ist, niemals enden. Anders als die Sozialisationstheorie beruht die Performativitätstheorie von Geschlecht auf der Annahme, dass die
Vergeschlechtlichungsprozesse eines Menschen mit Erreichen eines bestimmten
Lebensabschnitts keineswegs abgeschlossen sind. Vielmehr sei jeder Mensch
ständig gezwungen, sich zu den Geschlechtsnormen, die ihn betreffen, zu verhalten, als vergeschlechtlichte Person zu agieren.[17] Butlers Perspektive unterstützt damit nicht nur die Revision oder Destabilisierung der gegenwärtig hegemonialen Geschlechterkategorien – und damit auch von Heteronormativität
und Zweigeschlechtlichkeit – sondern eine Destabilisierung geschlechtlicher
Kategorisierungen überhaupt.

3. Theoretische Annahmen, praktische Wirkungen – zu den Aporien der Geschlechterpolitik

Die vorliegenden, auf den vorangegangenen Seiten skizzierten geschlechtertheoretischen Grundpositionen sind nicht bloß durch theoretische Unverein-
barkeiten gekennzeichnet, sie legen auch verschiedene politische Strategien
nahe. Besonders jene Positionen, die mit geschlechtspluralisierender oder
-destabilisierender Absicht Differenzen auch innerhalb der herkömmlichen
Genusgruppen betonen sowie jene, welche die Verwendung von „Geschlecht"
als isolierter Analysekategorie hinterfragen, ziehen Implikationen nach sich, die
vormalige Ansätze der Frauen- und Geschlechterpolitik nachdrücklich in Frage
stellen. Drei dieser Implikationen sollen hier genannt werden.

Erstens verweist die Entnormalisierung von Zweigeschlechtlichkeit und Hete
rosexualität darauf, dass es auch andere Einteilungen geben könnte als die heute
dominanten. Möglich wäre z.B. eine Ordnung, die mehr als zwei fixierte Geschlechter vorsieht. Beispiele für Geschlechterordnungen mit drei Genusgruppen gibt es viele; in Indien z.B. existiert als drittes Geschlecht die Kategorie

---

16 Zu diesem Aspekt siehe vor allem das Kapitel *Körper von Gewicht* in dem gleichnamigen Buch (Butler
    1997), das diverse Motive aus *Gender Trouble* noch einmal aufnimmt und vertieft, sowie die Essays aus
    Undoing Gender bzw. *Die Macht der Geschlechternormen* (Butler 2009).
17 Unter dem Stichwort „Doing Gender" ist die Idee der performativen Hervorbringung von Gender –
    allerdings in einer interaktionistischen, weniger subjektkritischen, Variante – auch im Kontext der so-
    ziologischen Ethnomethodologie entwi-ckelt worden (vgl. West/Zimmerman 1987).

der *Hijras*, in der Bundesrepublik kämpfen Intersexuelle für ihre juridische Anerkennung, also gegen den Zwang, nicht nur gesellschaftlich, sondern auch rechtlich als Männer oder Frauen kategorisiert sein zu müssen. Außerdem sind verschiedene Ordnungen bekannt, die Geschlechtswechsel im Laufe des Lebens erlauben – zum Beispiel die *Berdache* im indigenen Nordamerika und weibliche Ehemänner in Afrika (vgl. Schröter 2002). Und auch bezüglich sexueller Präferenzen wären andere Unterscheidungen als die zwischen Hetero- und Homosexualität möglich. Einem Vorschlag von Gesa Lindemann folgend könnte man alternativ Frauen- und Männerliebende differenzieren (1993: 41), also u.a. gynosexuelles und androsexuelles Begehren unterscheiden. Butler formuliert als Zielperspektive eher die Überwindung oder zumindest die sinkende Relevanz geschlechtlicher Kategorisierungen als die Etablierung alternativer Kategoriensysteme. Dass auch andere Einteilungen als die derzeit dominanten denkbar und empirisch nachweisbar sind, verweist aber darauf, dass ein Wandel möglich wäre.

Die *zweite* Implikation der neueren Geschlechterkonzeptionen besteht darin, dass sich das mögliche Aktionsfeld von Geschlechterpolitik erweitert. Diese richtet sich nicht mehr „nur" gegen männliche Privilegien und systematische Diskriminierungen von Frauen. Vielmehr geraten zusätzlich die Geschlechterkategorien selbst, die Kategorisierungssysteme menschlicher Körper – die unsere Möglichkeiten der Vergeschlechtlichung bestimmen und somit auf unsere Subjektkonstitution Einfluss haben – ins Zentrum möglicher geschlechterpolitischer Bestrebungen. Außerdem rückt neben Sexismus auch Heterosexismus ins Zentrum des geschlechterpolitischen Blickfeldes. Die Einsicht der intersektionalen Verschränktheit der Geschlechterverhältnisse legt zudem nahe, Kämpfe für Geschlechtergerechtigkeit nicht von weiteren Kämpfen für soziale Gerechtigkeit zu entkoppeln – und Ansätze der Geschlechterpolitik womöglich zu Ansätzen einer intersektionalen Diversitätspolitik auszuweiten.

Die *dritte* Implikation ist vermutlich ausschlaggebend für die heftigen Debatten und sogar Rezeptionssperren, die die Dekonstruktion der Kategorie Geschlecht provoziert hat.[18] Sie besteht darin, dass herkömmliche Frauenpolitik und eine auf kategoriale Destabilisierung zielende Geschlechterpolitik potentiell in Konflikt geraten. Denn herkömmliche Frauenpolitik gründet in der Bezugnahme auf eine qua Sex und meist auch qua Gender eindeutig definierte Gruppe von Frauen. Damit affirmiert sie die Geschlechterkategorie „Frauen" – und nimmt die Gefahr in Kauf, sie zu homogenisieren oder sogar zu essentialisieren. Auf kategoriale Destabilisierung zielende Geschlechterpolitik hingegen trachtet

---

18 Vgl. zur These der Rezeptionssperre bezogen auf die feministische Wissenschaft Gildemeister/Wetterer (1992); für die Mainstreaming-Praxis auch Frey (2003).

klare Geschlechterkategorisierungen durch unterschiedliche Irritationsstrategien gerade zu veruneindeutigen und kann deren Affirmation – mit welcher Absicht auch immer – daher keinesfalls uneingeschränkt gutheißen.[19] Die Kritik an den destabilisierenden Positionen kulminiert daher mitunter in dem Vorwurf, sie würden zu einer Entpolitisierung des Feminismus beitragen. Diese Kritik speist sich aus zwei Quellen. Erstens wird angemerkt, dass die Bezugnahme auf die Kategorie Frau für den Feminismus unerlässlich sei, die Fragmentierung dieser Kategorie daher kontraproduktive Auswirkungen hätte (z.B. Benhabib 1997). Zweitens wird betont, dass die Konzentration auf geschlechtliche Normierungen und die Destabilisierung von Kategorisierungssystemen dazu führe, zentrale Probleme wie materielle Ungleichheiten aus den Augen zu verlieren (z.B. Fraser 2001: 271ff.).[20] Dem ersten Einwand kann entgegenhalten werden, dass die binnenfeministische Kritik an eindeutigen, vereinheitlichenden Kategorien praktischen Erfahrungen des Ausgeschlossenseins und des Nichtmitgemeintseins entspringt. Wenn sich also ohne Rückgriff auf die vereinheitlichende Kategorie „Frauen" klare feministische Ziele wirklich bloß schwer identifizieren oder auch formulieren lassen, befindet sich der Feminismus in einem echten Dilemma, dem er sich dann allerdings stellen sollte. Partielle Auswege werden seit längerem diskutiert: zum einen eine sachorientierte *issue*-politische anstelle einer identitätspolitischen Orientierung und zum anderen ein strategischer, vorsichtiger Einsatz der problematischen Kategorien, ein Einsatz, der von ständiger Wachsamkeit bezüglich potentieller Ausschließungen und Fehlrepräsentationen geleitet ist und daher fortwährend selbstreflexiv und -kritisch verfährt. Differenztheoretische Argumentationen sind auf dieser Basis dann allerdings kaum ungebrochen möglich.

Bezogen auf die Beobachtung, im Zuge der Dezentrierung von Geschlecht seien ökonomische und sozialpolitische Fragen aus dem Blick geraten, ist anzumerken, dass die Pluralisierung und Destabilisierung der Kategorie Geschlecht als Anliegen verstanden werden sollten, die symptomatisch auf theoretische und praktische Probleme des Feminismus verweisen. In Reaktion auf die in diesem Zusammenhang geäußerte Binnenkritik sollte versucht werden, die ungelösten „alten" Probleme des Feminismus sowie potentielle Lösungswege im Lichte dieser Kritik neu zu überdenken. Das kann dann z.B. dazu führen, einen eher kulturalistischen Blick und einen materialistischen zu vereinen – ein Programm, das Fraser verfolgt. Es kann aber auch darauf hinauslaufen, explizit die Anliegen einer spezifischen Gruppe – wie etwa Mädchen aus bildungsfernen

---

19 Zu Strategien der Veruneindeutigung vgl. bes. Engel (2002).
20 Diese Aspekte beziehen sich auf die geschlechtertheoretischen und -politischen Implikationen poststrukturalistischer Positionen; zu hierüber hinausgehenden Aspekten vgl. Dingler et al. (2000).

Familien mit Migrationshintergrund – zum Thema zu machen, ohne dabei den Anspruch zu verfolgen, die gesamte Genusgruppe zu repräsentieren. Ferner könnte feministisches Engagement als Element einer größer angelegten sozialen Bewegung für Gerechtigkeit verstanden werden, wie es im US-amerikanischen Feminismus der dritten Welle geschieht (vgl. hierzu Kerner 2009: 285ff.). Aber das konstitutive Problem des Feminismus bleibt auch bei solchen Auswegen bestehen, und zwar in der Praxis wie in der Theorie: Zum Zweck der Entpolitisierung von Geschlecht ist ein affirmativer Bezug auf Geschlecht unerlässlich. Man muss Geschlecht als Analysekategorie verwenden, um zu ergründen und zu zeigen, auf welche (problematischen) Weisen Geschlecht gesellschaftlich als Struktur- und als Identitätskategorie wirkt. Man muss Geschlechterpolitik betreiben, wenn man die Entgeschlechtlichung der Politik anstrebt.

Literatur

Agacinski, Sylviane (1998): Politique des Sexes. Paris: Édition du Seuil.

Barkley Brown, Elsa (1995): 'What has Happened Here': The Politics of Difference in Women's History and Feminist Politics. In: Hine, Darlene Clark/King, Wilma/Reed, Linda (eds.): 'We Specialize in the Wholly Impossible'. A Reader in Black Women's History. Brooklyn: Carlson. 39-54.

Bauhardt, Christine/Wahl, Angelika von (Hg.) (1999): Gender and Politics. „Geschlecht" in der feministischen Politikwissenschaft. Opladen: Leske + Budrich.

BauSteineMänner (Hg.) (1996): Kritische Männerforschung. Neue Ansätze in der Geschlechtertheorie. Berlin – Hamburg: Argument.

Beauvoir, Simone de (1992): Das andere Geschlecht. Sitte und Sexus der Frau. Hamburg: Rowohlt (fr. 1949).

Benhabib, Seyla (1997): Von der Politik der Identität zum sozialen Feminismus. Ein Plädoyer für die 90er Jahre. In: PVS Sonderheft 28. 50-65.

BMFSFJ (2002): Gender Mainstreaming. Was ist das? Berlin.

Braun, Kathrin (1995): Frauenforschung, Geschlechterforschung und feministische Politik. In: Feministische Studien 13(2). 107-117.

Brown, Wendy (1988): Manhood and Politics: A Feminist Reading in Political Theory. Totowat: Rowman & Littlefield.

Butler, Judith (1991): Das Unbehagen der Geschlechter. Frankfurt/M: Suhrkamp.

– (1993): Ort der politischen Neuverhandlung. Der Feminismus braucht „die Frauen", aber er muß nicht wissen, „wer" sie sind. In: Frankfurter Rundschau. 27. Juli 1993. 171.

– (1997): Körper von Gewicht. Die diskursiven Grenzen des Geschlechts. Frankfurt/M: Suhrkamp.

– (2009): Die Macht der Geschlechternormen und die Grenzen des Menschlichen. Frankfurt/M.: Suhrkamp.

Chodorow, Nancy (1985): Das Erbe der Mütter. Psychoanalyse und Soziologie der Geschlechter. München: Frauenoffensive.

Connell, Robert (1999): Der gemachte Mann. Konstruktion und Krise von Männlichkeiten. Opladen: Leske + Budrich.

Crenshaw, Kimberle (1989): Demarginalizing the Intersection of Race and Sex: A Black Feminist Critique of Antidiscrimination Doctrine, Feminist Theory and Antiracist Politics. In: The University of Chicago Legal Forum. 139-167.

Daly, Mary (1991): Gyn/Ökologie. Eine Metaethik des Radikalen Feminismus. München: Frauenoffensive.

Dingler, Johannes/Frey, Regina/Frietsch, Ute/Jungwirth, Ingrid/Kerner, Ina/Spottka, Frauke (2000): Dimensionen postmoderner Feminismen. Plädoyer für die Mehrstimmigkeit im feministischen Theoriekanon. In: Feministische Studien 18(1). 129-144.

Engel, Antke (2002): Wider die Eindeutigkeit. Sexualität und Geschlecht im Fokus queerer Politik der Repräsentation. Frankfurt/M: Campus.

Fraser, Nancy (2001): Die halbierte Gerechtigkeit. Frankfurt/M: Suhrkamp.

Frey, Regina (2003): Gender im Mainstreaming. Geschlechtertheorie und -praxis im internationalen Diskurs. Königstein/Ts.: Helmer.

Fuchs, Brigitte/Habinger, Gabriele (Hg.) (1996): Rassismen & Feminismen. Differenzen, Machtverhältnisse und Solidarität zwischen Frauen. Wien: Promedia.

Gamble, Sarah (ed.) (1999): The Routledge Critical Dictionary of Feminism and Postfeminism. New York: Routledge.

Gerhard, Ute/Jansen, Mechtild/Maihofer, Andrea/Schmid, Pia/Schulz, Irmgard (Hg.) (1990): Differenz und Gleichheit. Menschenrechte haben (k)ein Geschlecht. Frankfurt/M: Helmer.

Gildemeister, Regine/Wetterer, Angelika (1992): Wie Geschlechter gemacht werden. Die soziale Konstruktion der Zweigeschlechtlichkeit und ihre Reifizierung in der Frauenforschung. In: Knapp, Gudrun-Axeli/Wetterer, Angelika (Hg.): TraditionenBrüche. Entwicklungen feministischer Theorie. Freiburg/Br.: Kore. 201-254.

Gilligan, Carol (1984): Die andere Stimme. Lebenskonflikte und Moral der Frau. München: Piper.

Hark, Sabine (1987): Eine Frau ist eine Frau, ist eine Frau... Lesbische Fragen und Perspektiven für eine feministische Gesellschaftsanalyse und -theorie. In: beiträge zur feministischen theorie und praxis 20. 85-94.

– (2005): Dissidente Partizipation. Eine Diskursgeschichte des Feminismus. Frankfurt/M.: Suhrkamp.

Haug, Frigga (2004): Sozialistischer Feminismus: Eine Verbindung im Streit. In: Becker, Ruth/Kortendiek, Beate (Hg.): Handbuch Frauen- und Geschlechterforschung. Wiesbaden: VS. 49-55.

Hausen, Karin (1976): Die Polarisierung der ,Geschlechtscharaktere' – eine Spiegelung der Dissoziation von Erwerbs- und Familienleben. In: Conze, Werner (Hg.): Sozialgeschichte der Familie in der Neuzeit. Stuttgart: Klett-Cotta. 363-393.

Holland-Cunz, Barbara (2003): Die alte neue Frauenfrage. Frankfurt/M: Suhrkamp.

Honegger, Claudia (1991): Die Ordnung der Geschlechter. Die Wissenschaften vom Menschen und das Weib 1750-1850. Frankfurt/M: Campus.

Illich, Ivan (1995): Genus. Zu einer historischen Kritik der Gleichheit. München: Beck.

Irigaray, Luce (1980): Speculum. Spiegel des anderen Geschlechts. Frankfurt/M.: Suhrkamp.

Kerner, Ina (2009): Differenzen und Macht. Zur Anatomie von Rassismus und Sexismus, Frankfurt/M.: Campus.

- (2010): Verhält sich intersektional zu lokal wie postkolonial zu global? Zur Relation von postkolonialen Studien und Intersektionalitätsforschung. In: Reuter, Julia/Villa, Paula-Irene (Hg.): Postkoloniale Soziologie. Empirische Befunde, theoretische Anschlüsse, politische Intervention. Bielefeld: Transcript. 237-258.

Lindemann, Gesa (1993): Das paradoxe Geschlecht. Transsexualität im Spannungsfeld von Körper, Leib und Gefühl. Frankfurt/M: Fischer.

MacKinnon, Catharine (1989): Feminismus, Marxismus, Methode und der Staat: Ein Theorieprogramm. In: List, Elisabeth/Studer, Herlinde (Hg.): Denkverhältnisse. Feminismus und Kritik. Frankfurt/M.: Suhrkamp. 86-132.

Maihofer, Andrea (1997): Gleichheit und/oder Differenz? Zum Verlauf einer Debatte. In: PVS Sonderheft 28. 155-176.

Mill, John Stuart/Taylor Mill, Harriet/Taylor, Helen (1976): Die Hörigkeit der Frau. Texte zur Frauenemanzipation. Frankfurt/M: Syndikat (engl. 1869).

Moller Okin, Susan (1989): Justice, Gender, and the Family. New York: Basic Books.

Oakley, Ann (1972): Sex, Gender and Society. London: Temple Smith.

Oguntoye, Katharina/Opitz, May/Schultz, Dagmar (Hg.): Farbe bekennen. Afro-deutsche Frauen auf den Spuren ihrer Geschichte. Frankfurt/M: Fischer.

Rauschenbach, Brigitte (1998): Politische Philosophie und Geschlechterordnung: Eine Einführung. Frankfurt/M: Campus.

Schiebinger, Londa (1995): Am Busen der Natur. Erkenntnis und Geschlecht in den Anfängen der Wissenschaft. Stuttgart: Klett-Cotta.

Schröter, Susanne (2002): FeMale. Über Grenzverläufe zwischen den Geschlechtern. Frankfurt/M: Fischer.

Stepan, Nancy Leys (1990): Race and Gender: The Role of Analogy in Science. In: Goldberg, David Theo (ed.): Anatomy of Racism. Minneapolis/ London: University of Minnesota Press. 38-57.

Steyerl, Hito/Gutiérrez Rodríguez, Encarnación (Hg.) (2003): Spricht die Subalterne deutsch? Migration und postkoloniale Kritik. Münster: Unrast.

Stötzer, Bettina (2004): InDifferenzen. Feministische Theorie in der antirassistischen Kritik. Hamburg: Argument.

West, Candace/Zimmerman, Don (1987): Doing Gender. In: Gender & Society 1. 125-151.

Wittig, Monique (1992): The Straight Mind and Other Essays. Boston: Beacon.

Gesellschaftskritik

Mattias Iser

1. Kritik – radikal oder loyal?

Seit jeher zählt es zu den Aufgaben der politischen Theorie und Philosophie, Missstände der gesellschaftlichen und politischen Ordnung aufzudecken. Solche Diagnosen sollen eine politische Praxis anleiten – manchmal sogar erst anstoßen –, die diese Missstände zu überwinden vermag. Einen solchen Umschlag von (kritischer) Theorie in Praxis streben insbesondere theoretische Strömungen wie der Marxismus und die Kritische Theorie, der Feminismus und der Poststrukturalismus an. Aber auch neuere Gerechtigkeitstheorien bemühen sich um den Aufweis kritischer Maßstäbe, anhand derer politische Ordnungen und gesellschaftliche Zustände auf ihre Legitimität sowie mögliche Defizite hin befragt werden können. Angesichts dieser Vielzahl von Ansätzen verwundert es nicht, dass in den letzten beiden Jahrzehnten erneut die Frage aufgeworfen wurde, welche Form der Gesellschaftskritik am Besten geeignet ist, verändernde politische Praxis theoretisch anzuleiten. Dabei kreist die mitunter hitzige Diskussion v.a. um zwei Themenkomplexe. Erstens: Aus welchen Quellen sollte der Kritiker seine normativen Maßstäbe schöpfen? Und zweitens: Welche Rolle kommt der Gesellschaftstheorie für die Kritik zu?

In Bezug auf die erste Frage wird gemeinhin zwischen externer und immanenter (oder auch interner) Kritik unterschieden. Eine externe Kritik bezieht sich auf Maßstäbe, die dem bisherigen Wertekanon der kritisierten Gesellschaft fremd sind. Eine solch externe Kritik kann sich u.a. auf Gott, unser „wahres" menschliches Wesen, bislang unerkannte „objektive" Bedürfnisse bzw. Interessen oder auch schlicht auf Auffassungen einer anderen Kultur berufen. Gerade weil die externe Kritik in diesem Sinne „von außen" kommt, stellt sich jedoch die Frage, ob sie ihre Adressaten überzeugen kann oder ob sie diese nicht vielmehr zu bekehren versucht. Angesichts dieses Problems beziehen sich Formen immanenter (oder interner) Kritik auf Werte oder Normen, die die Gesellschaft bereits selbst in Anspruch nimmt. Solch eine Kritik vermag nicht nur an die aktuellen Motive der Adressaten anzuknüpfen. Weil der interne Kritiker die *gemeinsamen* Werte und die hieraus resultierende Identität nicht radikal in Frage stellt, verhält er sich gegenüber seiner Gemeinschaft „loyal" (Allen 1998). Allerdings sehen sich Ansätze interner Kritik mit dem Problem konfrontiert, inwiefern eine Kritik ohne radikale Distanz den Status quo zu überschreiten vermag.

Die zweite Frage nach der Rolle der Gesellschaftstheorie für die Kritik schwankt ebenfalls zwischen zwei Positionen. Insbesondere im orthodoxen Marxismus herrschte die Vorstellung vor, eine deskriptive Theorie, die bestimmte Widersprüche innerhalb des Kapitalismus aufdeckt, reiche als Grundlage der Kritik bereits aus. Dagegen ist in neuerer Zeit der notwendig normative Charakter von Gesellschaftskritik betont worden. Dieser manifestiere sich etwa in Begriffen wie „Ausbeutung" (Walzer 2009: 590). Durch die Konzentration auf die Frage, welche normativen Maßstäbe wie begründet werden können, ist allerdings die Rolle einer erklärenden Gesellschaftstheorie mitunter vollständig in den Hintergrund getreten. Gegen diese „moralistische" Verengung wird geltend gemacht, dass Gesellschaftskritik eben auch eines angemessenen Verständnisses ihres Gegenstandes, also einer deskriptiven Theorie der Gesellschaft bedarf.

Vier Gründe lassen sich dafür anführen, dass eine deskriptive Theorie der Gesellschaft für das Projekt einer normativ gehaltvollen Gesellschaftskritik wichtig ist (ausführlicher Iser 2008: 65ff.). Erstens kann eine solche Theorie bislang unbeachtete Phänomene *erschließen*, weil unter Umständen erst eine Analyse der tieferen Ursachen dazu führt, ein Phänomen als für die Gesellschaftskritik relevant anzusehen. Wenn sich z.B. angeblich „privates" Leid wie Hysterie oder Depression als gesellschaftlich verursacht erweist, wird es zu einem Fall für die Gesellschaftskritik. Zweitens kann eine empirische Analyse die herrschende Praxis *problematisieren*, wenn sie dieser nachweist, dass sie jene Normen und Werte faktisch verletzt, die sie zu erfüllen vorgibt. Drittens bewahrt uns erst eine genaue Analyse vor einer falschen *Therapie*, die uns statt der eigentlichen Ursachen lediglich die Symptome behandeln lässt. Zudem können wir nur durch empirische Aufklärung das Wissen um mögliche Alternativen und um die Hindernisse erwerben, die es zu überwinden gilt. Zu den größten Hindernissen gehört nun sicherlich die Möglichkeit, dass die Betroffenen die Sicht des Kritikers nicht teilen und sich gegen dessen irritierend negative Deutung der sozialen Wirklichkeit sperren. In diesem Fall soll die Theorie viertens noch die Kluft kausal erklären und damit letztlich *überbrücken*, die das „falsche", zumindest aber aufklärungsbedürftige Bewusstsein der Adressaten von jenem des Kritikers trennt (Honneth 2007: 230).

Im Folgenden soll die mittlerweile recht unübersichtliche Diskussionslandschaft anhand von sechs Formen der Gesellschaftskritik kartographiert werden (2.). Dabei treten Ideologiekritik (2.1) und genealogische Kritik (2.2) vorerst rein deskriptiv auf. Es wird sich jedoch zeigen, dass sie zumindest *implizit* normative Maßstäbe in Anspruch nehmen müssen, um Macht*strukturen* nicht nur beschreiben, sondern auch kritisieren zu können. Für die *explizite* Inanspruchnahme solch normativer Maßstäbe lassen sich vier weitere Formen der Gesellschaftskritik unterscheiden, nämlich welterschließende (2.3), konstruktivistische (2.4), interpretative (2.5) und rekonstruktive Ansätze (2.6). Im Durchgang durch diese sechs Formen der Gesellschaftskritik wird sich zeigen, dass die in der Literatur üblichen Unterscheidungen „deskriptiv vs. normativ" und „extern vs. immanent (intern)" zu falschen Gegensätzen führen. Fruchtbare Gesellschaftskritik muss nicht nur deskriptiv angemessen und normativ überzeugend ausfallen; sie muss auch intern und extern zugleich sein (3.).[1]

2. Gesellschaftskritik heute – Versuch einer Kartographie

2.1 Ideologiekritik

Das Projekt der Ideologiekritik wird insbesondere von marxistisch inspirierten Ansätzen verfolgt. Hierbei kontrastieren sie die im Wortsinne „herrschende" Ideologie, also die herrschaftsstabilisierenden Vorstellungen, mit der sozialen Wirklichkeit. So geht Marx von der liberalen Legitimationsfigur aus, der zufolge Arbeiter und Kapitalisten auf dem anonym operierenden Markt in gerechter Weise Arbeit gegen Lohn tauschen. Diese Vorstellung wird von Marx in dem Maße als Ideologie demaskiert, da er zeigen kann, dass es sich in Wirklichkeit gar nicht um einen Äquivalententausch zwischen gleichen und autonomen Individuen, sondern um ein Herrschaftsverhältnis handelt: Das materielle Elend zwingt die Arbeiter faktisch dazu, ihre Arbeitskraft als Ware zu verkaufen, aus welcher der Kapitalist dann seinen Mehrwert gewinnt. Weil aber die Arbeit für Marx Quelle allen gesellschaftlichen Reichtums ist, handelt es sich um Ausbeutung. Zudem liegt Entfremdung vor, weil Arbeitsteilung und Fremdbestimmung dem einzelnen Arbeiter verwehren, in der freien und kooperativen Betätigung seine eigentliche Bestimmung als Mensch zu verwirklichen.

Diese Analyse *erschließt* ein kritikwürdiges Phänomen, weil sich in ihrem Licht die bislang als anonym und damit als neutral angesehene Instanz des Marktes als soziale, damit aber auch veränderbare Institution erweist. Zudem *problematisiert*, ja, entwertet die Analyse die kapitalistische Praxis des warenförmigen Tausches, weil sie ihr nachzuweisen vermag, dass sie die von ihr in Anspruch genommenen Werte von Freiheit und Gleichheit keineswegs erfüllt, sondern strukturell verletzt. Zudem soll die angemessene Diagnose dafür sorgen, dass die kritisierten Missstände durch die angestrebte Praxis auch wirklich effektiv *therapiert* werden können: So war für Marxisten stets klar, dass es nicht nur – wie damals

---

1 Ausführlich Iser (2008: Kap. 1). Die hier vorgeschlagene Differenzierung verschiedener Kritikformen haben auch Bohmann/Gertenbach/Laux (2010: 63ff.) aufgenommen.

von der Sozialdemokratie vorgeschlagen – um eine gerechte(re) nachträgliche Verteilung der erwirtschafteten Güter gehen könne. Da das zentrale Übel im Privateigentum an Produktionsmitteln und der Warenform der Arbeitskraft erblickt wurde, konnte nur deren Aufhebung die Lösung sein.

Ein Hauptproblem der marxistischen Tradition besteht jedoch darin, dass es trotz der theoretisch offen gelegten Herrschaftsverhältnisse nicht zur weltweiten Revolution des Proletariats kam, diese – v.a. nach dem zweiten Weltkrieg in den westlichen Ländern – von weiten Teilen der Arbeiterschaft sogar abgelehnt wurde. Konfrontiert mit solch „falschem Bewusstsein", schien es einer kausalen Erklärung zu bedürfen, die den Adressaten bewusst macht, dass sie ihre *faktischen* Werte und Interessen aufgrund von Machtverhältnissen ausgebildet haben und nicht ihre „eigentlichen", „wahren" oder „objektiven" Interessen vertreten. Sobald sich die Betroffenen dieses Prozesses bewusst würden, sollte die Ideologie ihre Macht über sie verlieren und die Kluft zwischen ihrem Standpunkt und dem des Kritikers *überbrückt* werden.

Um an aktuelle Überzeugungen der Adressaten anschließen zu können, versucht die Ideologiekritik, in aktuellen Forderungen Spuren verdrängter Interessen zu orten. So geht Antonio Gramsci davon aus, dass die Herrschenden gar nicht anders können, als die Ansprüche der Unterdrückten – wenn auch nur partiell und in verstellter Form – zu berücksichtigen, um keinen offenen Konflikt heraufzubeschwören (Gramsci 1929ff.: 1561). Diese, wenngleich unzureichende, Berücksichtigung der Herrschaftsunterworfenen hat ihren primären Ort Gramsci zufolge aber nicht in den staatlichen (Zwangs-)Gesetzen und Institutionen, sondern in der öffentlichen Meinung der Zivilgesellschaft (ebd.: 783, Haug 1993: 51ff.). Daher müssen sich die Anstrengungen des Ideologiekritikers vor allem auf die Beeinflussung der Diskurse innerhalb der Zivilgesellschaft richten. Folglich reflektiert die Ideologiekritik kritisch auf Motive und Wünsche, die durch die Verinnerlichung gesellschaftlicher Machtverhältnisse verdrängt wurden und sich doch verzerrt manifestieren. Methodisch orientiert sich die Ideologiekritik daher auch an der Psychoanalyse (Habermas 1968: Kap. 10).

Allerdings gerät die Ideologiekritik mit dieser Argumentation in ein Dilemma. Dass die Adressaten der Kritik wirklich die falschen Werte und Interessen vertreten, kann man ihnen nicht direkt nachweisen. Wenn man dies könnte, benötigte man keine *kausale Erklärung* eines „falschen" Bewusstseins. Will man aber zeigen, dass Interessen falsch sind, *weil* sie unter asymmetrischen Machtverhältnissen ausgebildet wurden, scheint man sich des „genetischen Fehlschlusses" schuldig zu machen: Denn unabhängig davon, wie ich zu einer Überzeugung gelangt bin (Genese), könnte sie dennoch richtig sein (Geltung): Ich *hätte* sie vielleicht auch unter idealen, herrschaftsfreien Bedingungen angenommen. Die Genese mag uns also misstrauisch machen gegenüber unseren

Überzeugungen – dass sie falsch sind, ist damit noch gar nicht gesagt (Geuss 1981: 20, 89; Rosen 1996).[2] Gleichwohl haben wir gute Gründe, unsere bisherigen Überzeugungen zu verwerfen, wenn wir sie *nur* aufgrund der Machtverhältnisse akzeptiert haben und sie v.a. den Interessen anderer dienen. Und spätestens dann, wenn die Herrschenden auf Kritik nicht mit Gründen, sondern mit Gewalt antworten, so Bernard Williams (2003: 341), zeige sich rückblickend, dass diese Ordnung stets ungerecht war. Als impliziter normativer Maßstab der Ideologiekritik fungiert eine Ordnung, der alle Betroffenen zwanglos zustimmen könnten (Strecker 2010).

Auch der französische Soziologe Pierre Bourdieu will zeigen, dass es sich bei politischen und gesellschaftlichen Ordnungen, die bislang als gut begründet und damit legitim galten, eigentlich nur um das Ergebnis von Kämpfen zwischen Individuen und Gruppen handelt, in denen diese insbesondere um das „symbolische" Kapital der Anerkennung streiten.

Weil Bourdieu aber behauptet, statt mit argumentativen Auseinandersetzungen hätten wir es *stets und unaufhebbar* mit Kämpfen um Macht zu tun, scheint diese Form der Kritik *alle* Gründe mit einem Schlag als bloße Mittel zur Machtsteigerung zu entwerten (1985: 58ff.). Während die Ideologiekritik immer noch die Möglichkeit einer Befreiung von der Ideologie voraussetzt, also auf eine legitime oder zumindest legitimere Ordnung zielt, stellt Bourdieus Theorie daher eine Radikalisierung, ja, eine Überschreitung des ideologiekritischen Ansatzes dar: Er nähert sich hiermit der genealogischen Kritik an.

2.2 Genealogische Kritik

Auch Michel Foucault, der bekannteste Vertreter eines genealogischen Kritikansatzes, beschreibt unsere soziale Wirklichkeit als Raum steter Machtkämpfe. Macht manifestiert sich bereits in der Art und Weise, wie wir über die Welt und uns sprechen und damit auch denken. Weil der Raum des Sagbaren nämlich immer auch einen Raum des Unsagbaren und damit auch Undenkbaren abgrenzt, werden mit jeder Ordnung des Wissens spezifische Machtverhältnisse etabliert. Auch den Prozess der Aufklärung, der gemeinhin als moralischer Fort-

---

2   Zudem ist Ideologiekritikern vorgeworfen worden, sie missachteten ihre Adressaten, weil sie diesen Irrationalität unterstellen – sich selbst aber von dem diagnostizierten „Verblendungszusammenhang" ausnehmen (Celikates 2009). Oftmals aber handle es sich gar nicht um „falsches", sondern um ein überaus klares Bewusstsein der Probleme kollektiven Handeln: Für den Einzelnen sei ein konformistisches Verhalten höchst rational: z.B. wenn er davon ausgehen kann, dass die anderen ohnehin keinen Widerstand leisten werden oder der Erfolg des Widerstands nicht von seiner Beteiligung abhängt (Heath 2000).

schritt gewertet wird, versucht Foucault als durch und durch machtdurchwirkt, als Prozess der zunehmenden Disziplinierung, der Entmündigung und des sozialen Ausschlusses zu dechiffrieren.

Solch eine historische Beschreibung, die sich methodisch an Friedrich Nietzsches Moralkritik orientiert, erfüllt ebenso wie die Ideologiekritik die vier Funktionen deskriptiver Theorie in kritischer Absicht. Erstens *erschließt* die genealogische Kritik, dass angeblich „natürliche" Vorstellungen – z.B. von Normalität, Gesundheit oder Sexualität – tatsächlich Erzeugnisse des Menschen und damit kritisier- und veränderbar sind. Diese Entnaturalisierung hat die genealogische Kritik mit der Ideologiekritik gemein. Zweitens *problematisieren* Genealogien Phänomene und Prozesse, die vormals wie selbstverständlich als positiv befunden wurden, indem sie deren negative Aspekte aufzeigen. Stilistisch steigern Genealogien diesen Effekt noch dadurch, dass sie Ambivalenzen der Geschichte zu deren „dunkl(er) Kehrseite" (Foucault 1976: 285) verdichten. Sie wollen bewusst schockieren, um aufzuschrecken. Zugleich hat diese Perspektive eine *therapeutische* Funktion: Indem sie die Macht in allen Poren der Gesellschaft erkennt, kann sich die Kritik nicht mehr nur auf die politischen Institutionen beschränken. Vielmehr muss die Kritik zur genuinen Gesellschaftskritik werden. Sie muss alle Diskurse einbeziehen, die unser Selbstverständnis beeinflussen. Erst aus dieser neuen Perspektive, die sich nicht mehr an einer hierarchisch verstandenen Souveränität ausrichtet, können die Subjekte begreifen, dass sie ihre Freiheitsspielräume nur dann vergrößern können, wenn sie sich in jenem unruhigen Kraftfeld praktisch engagieren, das nach Foucault die moderne Politik ausmacht. Hier wird kein „falsches", sondern ein „eingeschränktes" Bewusstsein überwunden (Owen 2003: 122). Die *Brückenfunktion* soll die genealogische Kritik schließlich dadurch erfüllen, dass sie von geschichtlichen Prozessen handelt, die unser Selbstverständnis stark geprägt haben. Durch die neuartige Beschreibung soll das Subjekt den Standpunkt des genealogischen Kritikers einnehmen und selbst erkennen, dass es so, wie es ihm bislang natürlich schien, weder sein muss noch sein will (Saar 2007: 18, 334ff.). Allerdings muss das Subjekt damit gerade die Praktiken kritisieren, durch die es zum Selbst geworden ist, muss sich also *selbst* kritisieren (Butler 2009).

Weil es genealogischen Kritikern zumeist um spezifische Diskurse geht, nehmen sie – anders als die Ideologiekritiker marxistischer Provenienz – nicht mehr die Rolle des „allgemeinen Intellektuellen" ein, der für die ganze Menschheit spricht. Vielmehr engagieren sie sich als „spezifische Intellektuelle" (Brunkhorst 1990: 99ff.) in lokalen Kämpfen, die sie persönlich empören (Lemke 1997: 347ff.). Die normative Fundierung dieser Empörung in einer (bloß vorgeblich) universalistischen Moral erscheint genealogischen Kritikern als Fixierung von Machtverhältnissen, die es stets zu problematisieren gilt.

Dieser Verzicht auf eine normative Begründung der eigenen Maßstäbe hat die Kritik heraufbeschworen, genealogische Ansätze könnten nicht zwischen legitimen und illegitimen Autonomieeinschränkungen unterscheiden und verschenkten damit ihr kritisches Potenzial.[3] Allerdings scheint zumindest implizit auch die genealogische Kritik durch die Hoffnung motiviert zu sein, die Kritik werde die Beherrschten in die Lage versetzen, eine weniger disziplinierende Gesellschaft zu etablieren. Somit bezieht sich auch die genealogische Kritik in immanenter (oder interner) Weise auf normative Intuitionen, die wir bereits haben: In der Moderne schätzen wir unsere Freiheit und treten für mehr Gleichheit ein. Damit kann eine Kritik effektiv sein, wenn sie uns bislang unbemerkte Freiheitsverluste und Ungleichheiten aufzeigt, die ein vormals positiv gewerteter Prozess verursacht.

Zugleich erschöpfen sich Ideologiekritik und Genealogie nicht im immanenten Bezug auf bereits vorhandene normative Intuitionen. Indem sie mit der Kritik der bestehenden Verhältnisse auch die bisherigen normativen Grundlagen erschüttern bzw. dekonstruieren, verweisen sie auf Möglichkeiten, die in der bisherigen Gesellschaft noch nicht verwirklicht worden sind: sei es die Befriedigung „objektiver" Interessen im Falle der Ideologiekritik, sei es die Ermöglichung neuer Denkweisen im Falle der genealogischen Kritik. Eine solch „praktische Kritik in Form einer möglichen Überschreitung" (Foucault 1984: 48) markiert mit der Öffnung oder dem permanenten Offenhalten des Sag- und Denkbaren die Vorstufe zu einer weiteren Form, nämlich der welterschließenden Kritik.

2.3 Welterschließende Kritik

Der welterschließenden Kritik geht es um die positive Erschließung bislang nicht wahrgenommener Aspekte der Welt oder Möglichkeiten der Existenz (Kompridis 1993, 2006). Hierzu bedarf es zumeist der Erfindung neuer und ungewohnter Metaphern oder künstlerischer Perspektiven. Solch eine Form der Kritik findet sich u.a. im Werk von Walter Benjamin und wird heute v.a. durch Cornelius Castoriadis, Jacques Derrida und Richard Rorty repräsentiert. Für den amerikanischen Pragmatisten Richard Rorty (1989) sind solch welterschließenden Innovationen jedoch keine Lernprozesse: Der Kritiker entdeckt nicht Dinge oder Ungerechtigkeiten, die es immer schon gab. Weil es Rorty zufolge keine Sichtweise gibt, die die Welt so abbildet, wie sie *wirklich* ist, kann es sich nur um

---

3 So etwa Taylor (1988: 188-234) sowie Fraser (1994: Kap. 1). Zu dieser Debatte auch Owen/Ashanden (1999) sowie Hoy (2004: Kap. 2).

kontingente, also nicht notwendige Veränderungen unserer Weltsicht handeln. Was z.B. als Ungerechtigkeit gilt, hinge davon ab, was wir als gute und relevante (moralische) Argumente ansehen. Und was ein Argument gut oder relevant mache, sei wiederum durch unsere Sicht davon bedingt, in welcher Welt wir leben wollen.

Rorty zufolge schlagen welterschließende Kritiker somit eine vollkommen neue Auffassung der guten oder gerechten Gesellschaft vor. Wir mögen diese Vision attraktiver finden oder auch nicht; unser Meinungswechsel beruht nicht auf zwingenden Gründen. Die neuen normativen Maßstäbe sind nämlich nur in Bezug auf unsere neue Weltsicht besser begründet. Sie ergeben sich nicht aus unserer alten. Damit fällt die welterschließende Kritik unter die Formen einer externen Kritik: Sie gleicht einer Bekehrung.

Allerdings vermag diese strikte Gegenüberstellung von Entdeckung (innerhalb der alten Weltsicht) und Erfindung (einer neuen) nicht zu erklären, warum die welterschließende Kritik ihre Wirkung entfaltet. Denn diese Wirkung setzt ja voraus, dass die Notwendigkeit einer Veränderung – wie vage auch immer – bereits innerhalb der alten Weltsicht empfunden wird; auch wenn wir das genaue Ziel noch nicht vor Augen haben. Hiermit ist ein generelles Problem einer strikt externen Kritik markiert: Jede Kritik muss an gewisse *faktische* Überzeugungen anschließen können, um zu zeigen, dass die neue Sichtweise gegenüber der alten attraktiver oder überzeugender ist.

2.4 Konstruktivistische Kritik

Ansätze konstruktivistischer Kritik unternehmen den ambitionierten Versuch, eine universalistisch gültige Kritik zu begründen, die unabhängig ist von variierenden kulturellen Konzeptionen des guten Lebens. Damit ist sie in Bezug auf jede konkrete Gesellschaft in gewisser Weise extern. Weil sie aber jeden Menschen prinzipiell überzeugen soll, ist sie in gewisser Weise auch intern.

Als das zentrale Beispiel einer konstruktivistischen Begründung normativer Maßstäbe, die einer Kritik der Gesellschaft zugrunde gelegt werden, wird gemeinhin der Rawls'sche Urzustand in dessen *Theorie der Gerechtigkeit* (1975) angesehen. Dort müssen sich die Parteien hinter einem „Schleier des Nichtwissens", der die Unparteilichkeit der Entscheidung verbürgen soll, auf die Grundstruktur der Gesellschaft einigen, in der die Parteien später leben werden (vgl. „Gerechtigkeit" in diesem Band). Die Prinzipien, auf die man sich hier einigt, können dann als kritischer Maßstab für bestehende Gesellschaften verwendet werden. Einige Interpreten haben die Werte, die in die Bedingungen dieser Entscheidungssituation eingehen, z.B. Reziprozität und Allgemeinheit, bloß als Ausdruck unserer spezifisch westlichen Intuitionen verstanden (Rorty 1988).

Genuin konstruktivistische Ansätze wollen demgegenüber im Anschluss an Kant zeigen, dass die Werte der Reziprozität und Allgemeinheit keineswegs partikular sind, sondern das Wesen der praktischen Vernunft ausmachen, die allen Menschen eigen ist (O'Neill 2000): Weil neuere konstruktivistische Ansätze Vernunft als *inter*subjektive begreifen, ist für sie das Einfordern und Geben von Argumenten zwischen Menschen die einzig mögliche Weise, mittels derer wir uns eine gemeinsame moralische Welt „konstruieren" können – wir finden die Moral „da draußen" nicht einfach vor. Wenn aber eine jede Regelung sich vor der Vernunft – und das heißt eben: vor allen Menschen als vernünftigen Wesen – mit guten Gründen zu bewähren hat, muss jeder Mensch als jemand ernst genommen werden, dem gegenüber Argumente vorgebracht werden müssen, die ihn zu überzeugen vermögen. Grundlegend ist demnach ein „Recht auf Rechtfertigung" (Forst 2007): Doch welche Gründe können in diesem anspruchsvollen Sinne als „gut" gelten? Oder anders gefragt: Was lässt sich *auf keinen Fall* gegenüber allen rechtfertigen?

Für eine inhaltliche Bestimmung greifen einige konstruktivistische Ansätze auf anthropologische Prämissen zurück, also auf Annahmen über das Wesen des Menschen (Höffe 1994: 33ff.). Umstritten ist jedoch, wie umfangreich solche Listen menschlicher Grundbedürfnisse ausfallen können, ohne wiederum eine bestimmte kulturelle Sicht zu privilegieren, also nicht für alle Menschen akzeptabel zu sein. So hat z.B. die amerikanische Philosophin Martha Nussbaum (1999) in verschiedenen Anläufen eine sehr anspruchsvolle und daher kontroverse Liste menschlicher Grundbedürfnisse erstellt, die auch Punkte wie „sexuelle Entfaltung" und „Humor" enthält. Eine jede Gesellschaft, in der es den Mitgliedern nicht möglich ist, diese Grundbedürfnisse zu befriedigen, gilt dann als illegitim.[4]

2.5 Interpretative Kritik

Michael Walzer lehnt in seiner berühmt gewordenen Unterscheidung von drei Pfaden der Gesellschaftskritik die rationale *Erfindung* bzw. Konstruktion normativer Maßstäbe ebenso ab wie deren angebliche *Entdeckung* als ewig wahre, z.B. göttliche Gebote. Stattdessen tritt Walzer für eine kritische *Interpretation* bereits vorhandener Werte ein (1990). Man müsse sich auf eine konkrete oder „dichte"

---

4   Allerdings verbleiben konstruktivistische Ansätze zumeist auf der Ebene moralphilosophischer Begründung und verzichten auf eine empirisch gehaltvolle Kritik der gegenwärtigen Gesellschaft.

Lebensform beziehen, deren Mitglieder ein bestimmtes Verständnis dessen teilen, was es heißt, ein gutes Leben zu führen. Erst ein solch *interner* Bezug auf materiale Kriterien, die bereits innerhalb der kritisierten Gesellschaft akzeptiert würden, ließe die Kritik hinreichend informativ ausfallen. Wenn man z.B. eine bestimmte Güterverteilung als ungerecht kritisieren wolle, müsse man sich klar machen, welche Bedeutungen den zu verteilenden Gütern in der betreffenden Gesellschaft zukommen: So müsste man in westlichen Ländern wie den USA davon ausgehen, dass die Gesundheitsversorgung entsprechend der Bedürftigkeit und universitäre Abschlüsse gemäß erbrachter Leistung verteilt werden sollten. Ungerecht sei eine Gesellschaft, wenn sie sich an ihre eigenen Prinzipien nicht mehr hielte und es z.B. möglich sei, sich mit Geld (als einem Gut, das nur Transaktionen auf dem Markt regeln sollte) eine bessere Gesundheitsversorgung oder gar universitäre Abschlüsse zu kaufen. Daraus, dass eine externe Gesellschaftskritik, die mit universalistischem Anspruch auftritt, inhaltlich zu dünn ausfällt, folgt für Walzer zweitens, dass sie auch ineffektiv ist, weil sie sich allzu weit von den aktuellen Überzeugungen und Motiven der Adressaten entfernt. Und drittens leiste eine externe Kritik durch diesen mangelnden Rückbezug auf die Meinungen der Adressaten elitären, antidemokratischen Tendenzen Vorschub.

Walzers „interpretative" Gesellschaftskritik sieht sich drei Einwänden ausgesetzt: Erstens scheint eine solche Kritik konservativ ausfallen zu müssen, weil sie nur auf die Werte zurückgreifen kann, die die gängige Praxis bereits prägen (Cohen 1993). Zweitens scheint sie Traditionen eine Homogenität zu unterstellen, die in den pluralistischen Gesellschaften der Gegenwart nicht mehr gegeben ist. So ist z.B. bezweifelt worden, dass es wirklich nur eine Interpretation des Gutes „Gesundheit" und der daraus folgenden Verteilungsregeln in den USA gibt. Damit aber scheint sie drittens viel zu unbestimmt (oder gar leer) zu sein: Denn worauf bezieht sich die interpretative Kritik? Sie kann sich auf die Diskrepanz zwischen normativem Anspruch und Wirklichkeit richten, auf eine möglichst kohärente Deutung der hegemonialen Tradition abzielen oder gar den interpretativen Einbezug aller Sub- und Gegentraditionen vorsehen.

Gegen diesen Einwand der Unbestimmtheit ist der interpretative Ansatz von Charles Taylor besser gewappnet, weil er nicht auf die jeweils *aktuellen* Wertungen zurückgreift, sondern auf tiefer liegende Wertvorstellungen, die die Praktiken aller westlichen Gesellschaften prägen sollen. Zudem kommt Taylor hiermit auch dem Einwand zuvor, er trage dem modernen Pluralismus nicht hinreichend Rechung, weil er gerade unterhalb der pluralistischen Oberfläche gemeinsame Grundwerte aufdecken will. Als solch formale „Hypergüter" gelten Taylor Autonomie und Authentizität. Allerdings stehen diese Werte Taylor zufolge in einem wechselseitigen Spannungsverhältnis, weshalb auch die gesellschaftlichen

Praktiken, die diesen Werten Ausdruck verleihen, uns mit widersprüchlichen Anforderungen konfrontieren. Dieses Problem spitzt sich dadurch noch zu, dass beide Werte als individualistische in Praktiken münden, die uns Menschen als genuin sozialen Wesen nicht hinreichend Rechnung tragen.

Aus solchen Widersprüchen erklären sich für Taylor nun viele Pathologien der sich selbst entfremdeten Moderne. Um Alternativen ersinnen zu können, müssen wir die widerstreitenden, aber nur impliziten Hypergüter daher zuerst einmal artikulieren (Taylor 1988: 235-294, Rosa 1998: 2. Teil). Mit dieser Artikulation „erschließen" wir dann zwar keine völlig neuen Horizonte, wohl aber bislang unbeachtete Aspekte unserer sozialen Welt. Taylors Gesellschaftskritik bedarf somit eines größeren theoretischen Aufwandes als Walzers Ansatz, weil er eine *Rekonstruktion* impliziter normativer Gehalte vorsieht: das in Handlungen vorreflexiv in Anspruch genommene „Wissen, wie" (know how) soll in ein reflektiertes „Wissen, dass" (know that) überführt werden. Allerdings werden nur partikulare Werte rekonstruiert: auch wenn die von Taylor „artikulierten" Werte für alle modernen westlichen Gesellschaften bestimmend sein sollen, tritt solch eine Kritik gegenüber anderen Gesellschaften weiterhin als bloß externe Kritik auf.[5]

2.6 Rekonstruktive Kritik

Eine anspruchsvollere oder „stärkere" (Kauppinen 2002: 484f.) Form rekonstruktiver Gesellschaftskritik versucht – ähnlich wie Taylor –, normative Gehalte zu bergen, die die *Praktiken* der kritisierten Gesellschaften bereits prägen (Honneth 2007: 57-69). Die beiden Hauptvertreter, Jürgen Habermas und Axel Honneth, begreifen diese Praktiken aber nicht als kontingent, sondern vertreten die These, diese Praktiken seien der menschlichen Lebensform als solcher eingeschrieben und somit für *alle* Gesellschaften konstitutiv. Insofern sollen aus der internen Rekonstruktion universalistische Kriterien folgen. Diese rekonstruktiven Ansätze, die das Projekt der Kritischen Theorie heute fortführen, nehmen damit eine Mittelposition zwischen interner und externer Kritik ein (umfassend hierzu Iser 2008).

Habermas expliziert jene Erwartungen, die darin gründen, dass die gesellschaftlich stets notwendigen Prozesse der Sozialisation, der Sinnvermittlung

---

5   Auch interpretative Ansätze verweisen mitunter darauf, dass sich trotz kultureller Unterschiede gewisse moralische Minimalforderungen in allen Kulturen beobachten ließen (Walzer 1996). Aber sie lassen mit ihrer Beschränkung auf konkrete Gemeinschaften unbeantwortet, warum es diese universellen Gemeinsamkeiten gibt.

und der sozialen Integration sprachlich verfasst sind. Bereits die Sprachverwendung soll aber normative Maßstäbe implizieren: Nach Habermas macht die sprachliche Rede nämlich nur dann Sinn, wenn wir unterstellen, dass jemand, der uns gegenüber eine Aussage trifft, auf unsere Nachfrage bereit und auch fähig wäre, uns Gründe zu nennen. Dieser Bezug auf Argumente soll im Kern die Idee enthalten, nur jene Normen seien legitim, auf die sich alle Betroffenen in einem zwanglosen Diskurs einigen könnten. So umstritten diese Idee in der gegenwärtigen Diskussion auch ist; mit ihr versucht Habermas, die Grundnorm der Ideologiekritik sowie des Konstruktivismus, nämlich zwanglose allgemeine Zustimmungsfähigkeit, als eine Forderung zu verstehen, die aus den Überlebensimperativen der menschlichen Lebensform folgt (Iser/Strecker 2010).

Als kritikwürdig gelten Habermas daher all jene Phänomene, bei denen gleichberechtigte Kommunikation beeinträchtigt oder argumentative Verständigung als Ganzes ersetzt wird. Letzteres ist in modernen Gesellschaften zunehmend der Fall, weil Ökonomie und Bürokratie mit ihren entsprachlichten Koordinationsmedien Geld und Macht immer mehr Bereiche beeinflussen, ohne ihrerseits durch eine demokratische Öffentlichkeit gesteuert zu werden (1981, Bd. 2). Allerdings glaubt Habermas, dass sich mit den neuen sozialen Bewegungen gegen solche Verdinglichung auch Widerstand regt. Es sind diese Bewegungen, die Habermas mit seiner Theorie über die normativen Grundlagen und die gesellschaftlichen Ursachen ihrer Empörung aufklären will (McCarthy 1989).

Von der Frage nach den Motiven möglichen Widerstands nimmt Axel Honneths Reformulierung der Kritischen Theorie ihren Ausgang (2000: v.a. 88-109): Gegen Habermas führt Honneth an, dass nicht verzerrte Verständigungsverhältnisse, sondern nur identitätsbedrohende Anerkennungsverhältnisse gesellschaftlichen Widerstand erklären können. Weil wir bei der Ausbildung eines gelingenden Selbstverhältnisses auf die Anerkennung anderer angewiesen sind, können Menschen *aller Kulturen* unter fehlender Anerkennung oder gar Missachtung leiden und sich hierüber empören. Auch inhaltlich soll die Kritik der Anerkennungsverhältnisse informativer ausfallen als jene der Verständigungsverhältnisse: Einerseits kann sie sich an den jeweils geltenden Anerkennungsprinzipien orientieren und somit eine interne Kritik formulieren. Andererseits kann sie unter Berufung auf das übergeordnete Ziel eines gelingenden Selbstverhältnisses auch Anerkennungsprinzipien einfordern, die die bisherige Ordnung überschreiten (vgl. „Anerkennung" in diesem Band).

Beide Versionen rekonstruktiver Gesellschaftskritik wollen somit nicht nur zeigen, dass der bisherige Geschichtsverlauf einen moralischen Fortschritt darstellt, sondern auch den Blick auf (machtbedingte) Blockaden weiteren Fortschritts lenken. Um dieser Aufgabe gerecht zu werden, muss auch die rekonstruktive Kritik die Gesellschaft angemessen beschreiben. Deshalb vermag sie sowohl von ideologiekritischen als auch von genealogischen Beschreibungen zu profitieren.

3.   Pluralistische Gesellschaftskritik jenseits falscher Gegensätze

Obgleich die Ansätze einer „starken" rekonstruktiven Gesellschaftskritik in interessanter Weise Elemente der anderen Kritikformen aufnehmen, spricht einiges dagegen, dass sie diese zu ersetzen vermögen. Zum einen ist fraglich, ob sich mit den Grundbegriffen der argumentativen Verständigung oder der Anerkennung alle politischen und gesellschaftlichen Missstände ohne Weiteres erfassen lassen. Ohne ergänzende Theoriebausteine vermögen sie z.B. nicht, alle anthropologischen Bedürfnisse oder alle Feinheiten des moralischen Gewebes einer bestimmten Kultur zu berücksichtigen. Zum anderen beleuchten die hier besprochenen Kritikformen verschiedene Aspekte der Gesellschaft aus ganz unterschiedlichen Perspektiven. So passt die rhetorische Betonung der disziplinierenden Effekte der Moderne, die genealogische Ansätze auszeichnet, schlecht zu dem Versuch, implizite normative Gehalte unserer westlichen oder gar aller kulturellen Praktiken im Sinne einer Fortschrittsgeschichte zu rekonstruieren. Denn sobald etwa die rekonstruktive Kritik die genealogisch gewonnenen Einsichten aufnimmt (was sie durchaus tun sollte), muss sie diese negativen Aspekte in Bezug setzen zu den von ihr rekonstruierten positiven Elementen. Damit aber nimmt sie der genealogischen Perspektive die rhetorische Schärfe, die ja gerade in der ausschließlichen Betonung der negativen Aspekte bestand. Die rekonstruktive Kritik kann nicht in der gleichen Weise schockieren, sondern setzt auf eine andere Rhetorik der Kritik. Aber selbst wenn sich die verschiedenen Ansätze nicht aufeinander reduzieren lassen, können sie sich doch wechselseitig befruchten (vgl. Iser 2008: 292ff.).

Zu wechselseitigem Verständnis tragen die alt hergebrachten Gegensätze von „deskriptiv vs. normativ" und „extern vs. immanent (intern)" aber wenig bei, ja, erschweren dieses vielmehr. So sollte der Durchgang durch die sechs Formen der Gesellschaftskritik verdeutlichen, dass sich jede dieser Formen auf *etwas* beziehen muss, das uns erstens nicht vollkommen fremd ist und zweitens einen allgemein überzeugenden Ausgangspunkt für unsere kritischen Argumente darstellt. Insofern kann keine fruchtbare Gesellschaftskritik vollkommen extern sein, weil ihre Empörung uns dann schlicht unverständlich bleiben müsste. Aber daraus, dass jede Kritikform interpretative Elemente enthalten muss, folgt eben keineswegs, man müsse sich in einem rein immanenten bzw. internen

Sinne ausschließlich auf bereits vorhandene Werte und Normen beziehen. Eine kritische Interpretation überschreitet stets die alte Ordnung, weil sie die vorgefundenen Werte und Normen neu ordnen, also eine modifizierte moralische Welt konstruieren muss. Aus diesem Grund sollten wir stets spezifizieren, *in Bezug auf was* die Kritik extern oder intern ist. Generell gilt, dass ein größerer Anteil der internen Elemente der Kritik kurzfristig eine größere Plausibilität und damit auch Effektivität verleiht. Eine größere Betonung der externen Elemente stößt demgegenüber vorerst auf größere Widerstände, ist aber langfristig aus zwei Gründen nötig: Erstens können wir nur so hoffen, bislang unberücksichtigte Ungerechtigkeiten in den Blick zu bekommen und damit zu *entdecken*. Und zweitens vermögen wir uns nur so Möglichkeitsräume für neue Ziele und Weisen autonomer Lebensführung zu erschließen, uns und unsere moralische Welt also neu zu *erfinden*.

So ergeben die von Walzer unterschiedenen drei Pfade der Kritik erst im Zusammenspiel ein fruchtbares Verständnis von Gesellschaftskritik: Es bedarf der Interpretation, der Entdeckung sowie der Erfindung. Zugleich ist die Gesellschaftskritik konstitutiv auf die Gesellschaftstheorie angewiesen, weil die Anwendung der normativen Maßstäbe ohne deskriptive Theorie ins Leere liefe. Wenn sich in dieser, je nach Kontext mehr oder weniger radikalen Kritik das Interesse an einer Verbesserung der eigenen Gesellschaft ausdrückt, verhält sich der Kritiker gegenüber seinen Mitbürgerinnen und Mitbürgern im besten Sinne loyal.

Literatur

Allen, Jonathan (1998): The situated critic or the loyal critic? Rorty and Walzer on social criticism. In: Philosophy & Social Criticism 24. 25-46.

Bohmann, Ulf/Gertenbach, Lars/Laux, Henning (2010): Ein Spiel zwischen Nähe und Distanz. Formen der Kritik unter nachmetaphysischen Bedingungen. In: Becker, Karina/Gertenbach, Lars/Laux, Henning/Reitz, Tilmann (Hg.): Grenzverschiebungen des Kapitalismus – Umkämpfte Räume und Orte des Widerstands. Frankfurt/M. – New York: Campus. 56-75.

Bourdieu, Pierre (1985): Sozialer Raum und Klassen. Leçon sur la Leçon. Frankfurt/M.: Suhrkamp.

Brunkhorst, Hauke (1990): Der entzauberte Intellektuelle. Über die neue Beliebigkeit des Denkens. Hamburg: Junius.

Butler, Judith (2009): Was ist Kritik? Ein Essay über Foucaults Tugend. In: Jaeggi, Rahel/Wesche, Tilo (Hg.): Was ist Kritik? Frankfurt/M.: Suhrkamp. 221-246.

Celikates, Robin (2009): Kritik als soziale Praxis. Gesellschaftliche Selbstverständigung und kritische Theorie. Frankfurt/M. – New York: Campus.

Cohen, Joshua (1993): Kommunitarismus und universeller Standpunkt. In: Deutsche Zeitschrift für Philosophie 41. 1009-1019.

Forst, Rainer (2007): Das Recht auf Rechtfertigung. Elemente einer konstruktivistischen Theorie der Gerechtigkeit. Frankfurt/M.: Suhrkamp.

Foucault, Michel (1976): Überwachen und Strafen. Die Geburt des Gefängnisses. Frankfurt/M.: Suhrkamp.

– (1984): Was ist Aufklärung? In: Erdmann, Eva/Forst, Rainer/Honneth, Axel (Hg.): Ethos der Moderne. Foucaults Kritik der Aufklärung. Frankfurt/M. – New York: Campus 1990. 35-54.

Fraser, Nancy (1994): Widerspenstige Praktiken. Macht, Diskurs, Geschlecht. Frankfurt/M.: Suhrkamp.

Geuss, Raymond (1981): The Idea of a Critical Theory. Habermas and the Frankfurt School. Cambridge: UP.

Gramsci, Antonio (1929ff.): Gefängnishefte. Hg. v. Wolfgang Fritz Haug. Hamburg: Argument 1991ff.

Habermas, Jürgen (1968): Erkenntnis und Interesse. Frankfurt/M.: Suhrkamp.

– (1981): Theorie des kommunikativen Handelns. 2 Bd. Frankfurt/M.: Suhrkamp.

Haug, Wolfgang Fritz (1993): Elemente einer Theorie des Ideologischen. Hamburg: Argument.

Heath, Joseph (2000): Ideology, Irrationality and Collectively Self-Defeating Behaviour. In: Constellations 7. 363-371.

Höffe, Otfried (1994): Kategorische Rechtsprinzipien. Ein Kontrapunkt der Moderne. Frankfurt/M.: Suhrkamp.

Honneth, Axel (2000): Das Andere der Gerechtigkeit.Aufsätze zur praktischen Philosophie. Frankfurt/M.: Suhrkamp.

– (2007): Pathologien der Vernunft. Geschichte und Gegenwart der Kritischen Theorie. Frankfurt/M.: Suhrkamp.

Hoy, David Couzens (2004): Critical Resistance. From Poststructuralism to Post-Critique. Cambridge/Mass.: MIT.

Iser, Mattias (2008): Empörung und Fortschritt. Grundlagen einer kritischen Theorie der Gesellschaft. Frankfurt/M. – New York: Campus.

Iser, Mattias/Strecker, David (2010): Jürgen Habermas zur Einführung. Hamburg: Junius.

Kauppinen, Antti (2002): Reason, Recognition, and Internal Critique. In: Inquiry 45. 479-498.

Kompridis, Nikolas (1993): Schwerpunkt: Welterschließung und Kritik. In: Deutsche Zeitschrift für Philosophie 41. 487-490.

– (2006): Critique and Disclosure. Critical Theory between Past and Future. Cambridge/Mass.: MIT.

Lemke, Thomas (1997): Eine Kritik der politischen Vernunft. Foucaults Analyse der modernen Gouvernementalität. Hamburg: Argument.

McCarthy, Thomas (1989): Kritik der Verständigungsverhältnisse. Zur Theorie von Jürgen Habermas. Erw. Taschenbuchausgabe. Frankfurt/M.: Suhrkamp.

Nussbaum, Martha (1999): Gerechtigkeit oder das gute Leben. Frankfurt/M.: Suhrkamp.

O'Neill, Onora (2000): Starke und schwache Gesellschaftskritik in einer globalisierten Welt. In: Deutsche Zeitschrift für Philosophie 48. 719-728.

Owen, David (2003): Kritik und Gefangenschaft. Genealogie und Kritische Theorie. In: Honneth, Axel/Saar, Martin (Hg.): Michel Foucault. Zwischenbilanz einer Rezeption. Frankfurt/M.: Suhrkamp. 122-144.

Owen, David/Ashanden, Samantha (eds.) (1999): Foucault contra Habermas: Recasting the Dialogue between Genealogy and Critical Theory. London: Sage.

Rawls, John (1975): Eine Theorie der Gerechtigkeit. Frankfurt/M.: Suhrkamp.

Rorty, Richard (1988): Solidarität oder Objektivität? Drei philosophische Essays. Stuttgart: Reclam.

– (1989): Kontingenz, Ironie und Solidarität. Frankfurt/M.: Suhrkamp.

Rosa, Hartmut (1998): Identität und kulturelle Praxis. Politische Philosophie nach Charles Taylor. Frankfurt/M. – New York: Campus.

Rosen, Michael (1996): On Voluntary Servitude. False Consciousness and the Theory of Ideology. Cambridge: Polity.

Saar, Martin (2007): Genealogie als Kritik. Geschichte und Theorie des Subjekts nach Nietzsche und Foucault. Frankfurt/M. – New York: Campus.

Strecker, David (2010): Logik der Macht. Zum Ort der Kritik zwischen Theorie und Praxis. Weilerswist: Velbrück.

Taylor, Charles (1988): Negative Freiheit? Zur Kritik des neuzeitlichen Individualismus. Frankfurt/M.: Suhrkamp.

Walzer, Michael (1990): Kritik und Gemeinsinn. Berlin: Rotbuch.

– (1996): Lokale Kritik – globale Standards. Hamburg: Rotbuch.

– (2009): Gesellschaftskritik und Gesellschaftstheorie. In: Forst, Rainer/Hartmann, Martin/ Jaeggi, Rahel/Saar, Martin (Hg.): Sozialphilosophie und Kritik. Frankfurt/M.: Suhrkamp. 588-607.

Williams, Bernard (2003): Wahrheit und Wahrhaftigkeit. Ein genealogischer Essay. Frankfurt/M.: Suhrkamp.

Globales Regieren

Christian Bühler / Jürgen Neyer

1. Die Demokratie in der Krise

Die Demokratie befindet sich heute in einer tiefen Krise, die von Dahl (1994) als die „dritte Transformation" politischer Herrschaft beschrieben wurde. Nachdem die erste Transformation die Demokratisierung der griechischen Stadtstaaten und die zweite die Etablierung des demokratischen Territorialstaates beinhaltete, bezeichnet die dritte Transformation einen Prozess der Relativierung einzelstaatlicher Autonomie und der Überlagerung nationalstaatlichen Regierens durch inter- und supranationale Institutionen.

Von der Umweltpolitik über die Arbeitsmarkt- und Finanzpolitik bis hin zur Sicherheitspolitik konstituieren sich gesellschaftliche Problemlagen heute zunehmend grenzüberschreitend (vgl. Beisheim et al. 1999). Ebenso wie Schadstoffe in der Atmosphäre keine Grenzen kennen, so folgen auch die Arbeitsmärkte in der Europäischen Union oder die Finanzmärkte weltweit eher funktionalen als territorialen Gesetzen und nehmen wenig Rücksicht auf tradierte politische Mechanismen und institutionalisierte Problemlösungskapazitäten.

Anders als bei einer Reihe von Ökonomen, die diese Entwicklungen unter dem Gesichtspunkt der Markteffizienz und daher überwiegend positiv bewerten, fällt die Einschätzung der Politikwissenschaftler bestenfalls ambivalent aus. Einerseits wird auch hier das Überwinden nationalstaatlicher Beschränktheit als begrüßenswerte gesellschaftliche Rationalisierung verstanden. Doch mit den neu entstehenden transnationalen Politikarenen, in denen heute etwa über Strategien zum Erreichen von Sicherheit, Wohlfahrt und ökonomischer Gerechtigkeit oder über die Formulierung und Durchsetzung von Arbeits-, Sozial-, Umwelt- und Lebensmittelstandards mitverhandelt oder gar vorentschieden wird, stellt sich zugleich mit neuer Virulenz die Frage, ob und wie ein Kernelement der Demokratie überhaupt zu halten ist: die „Kongruenz zwischen denjenigen, die Regelungen verbindlich formulieren (Regelungsautoren), und denjenigen, die ihnen Folge leisten sollen (Regelungsadressaten). Die Regelungsautoren müssen den Adressaten verantwortlich, die Adressaten am Prozess der Festlegung von Regelungen beteiligt sein" (Zürn 2000: 188-190).

Da diese Kongruenz zunehmend in Frage steht, werden neue Formen legitimer politischer Autorität jenseits des Staates notwendig. Das ergibt sich ferner aus dem Umstand, dass die gestiegene internationale Interdependenz nicht nur die Chance auf neue Wachstumseffekte, sondern auch die Gefahr neuer Konfliktpotenziale birgt. Ohne Institutionen, die den um knappe Ressourcen und sozio-ökonomische wie -kulturelle Ziele konkurrierenden Akteuren Regeln und Anreize bieten, ihre selbstbezüglichen Präferenzen mit gemeinsamen Interessen in Einklang zu bringen, droht stets der Rückfall in zwischenstaatliche Anarchie (Keohane 2001: 1).

Unter den Bedingungen zunehmend entgrenzter Problemstrukturen und offensichtlicher Handlungsdefizite des Nationalstaates kommt staatenübergreifenden politischen Institutionen daher eine hohe praktische wie normative Relevanz zu. Die Legitimitätsanforderungen an globales (oder besser: postnationales[1]) Regieren sollten dabei nicht nur die demokratiepraktischen Gefahren betonen, sondern auch konstruktive Wege für die Rechtfertigung neuer Formen des „Regierens jenseits des Staates" (Zürn 1998) aufzeigen. Wie aber lässt sich legitimes Regieren jenseits des Staates gestalten?

Im demokratischen Rechtsstaat basiert legitimes Regieren idealerweise auf einer liberale Freiheitsrechte und republikanische Selbstverständigungs- und Solidaritätselemente verbindenden Institutionenordnung. Diese ermöglicht neben formalen Wahlen öffentliche Meinungs- und Willensbildungsprozesse, die sich in den Diskursarenen der demokratischen Institutionen fortsetzen und in deliberative Entscheidungsverfahren münden. Das staatliche Handeln und Gewaltmonopol erfahren so eine kommunikative Rechtfertigung (Habermas 1992).

Auf globaler Ebene ist die Lage unübersichtlicher. Die im Rahmen der Vereinten Nationen und regionaler Zusammenschlüsse bestehenden Ansätze zu einer kollektiven Sicherheitsarchitektur, dem Schutz der Menschenrechte, der Regulierung der Märkte etc. werden als das „Entstehen internationaler Rechtsstaatlichkeit" (Zangl 2006: 148) oder gar als *Konstitutionalisierung* einer Weltinnenpolitik in statu nascendi interpretiert (Habermas 2004: 113ff.). Wie aber steht es – empirisch wie normativ – um demokratische Repräsentation, delibe-

---

1 Streng genommen bezieht sich der Begriff des globalen Regierens nur auf Politiken mit territorial unbegrenztem Regelungsanspruch. Empirisch können am ehesten die Vereinten Nationen (UNO) einen solchen Anspruch erheben. Auch der Internationale Währungsfonds (IMF) mit imposanten 186 Mitgliedsstaaten erfüllt dieses Kriterium annähernd. Das im Rahmen der UNO entwickelte Kyoto-Protokoll wurde bis Januar 2009 von 183 Staaten ratifiziert. Die Welthandelsorganisation (WTO) umfasst immerhin 153 Mitgliedsstaaten, der Internationale Strafgerichtshof (ICC) 111. Doch wie steht es um Institutionen wie die G7, G8, G20, G77 sowie die immer bedeutenderen Kontinentalunionen: die afrikanische (AU), europäische (EU) oder die erst 2008 gegründete Südamerikanische Union (Unasur)? Um diese wichtigen Akteure und darüber hinaus den Trend zur Einbeziehung internationaler zivilgesellschaftlicher Organisationen (INGOs) terminologisch einzufangen, wird daher heute zumeist von „Regieren jenseits des Staates" (Zürn 1998) oder „postnationalem Regieren" gesprochen. Hierunter sind dann alle Formen der grenzüberschreitenden Herstellung kollektiv bindender Entscheidungen zu verstehen.

rative Rechtfertigungsstrukturen oder gar das Gewaltmonopol? Bedarf legitimes postnationales Regieren umfassender demokratischer Weltstaatlichkeit? Oder lassen sich auch weniger anspruchsvolle Mechanismen vorstellen, mit Hilfe derer die Grenzen demokratischen Regierens ausgedehnt und an die neuen sozialen und ökonomischen Räume jenseits des Staates angepasst werden können?

2.   Ansätze normativ gehaltvollen globalen Regierens

2.1   Die Idee des Weltstaates und ihre Probleme

Das zentrale Argument zur Begründung einer umfassenden „bundesstaatlichen Weltrepublik" (Höffe) basiert auf einer Analogie zwischen Individuen und Staaten. Ebenso wie erstere bedürften auch letztere öffentlich verantworteter Rechtsverhältnisse, die sich letztlich nur auf der Basis eines Weltstaates realisieren ließen (vgl. Höffe 2002). Hierbei gelte es zwar, den Prinzipien Subsidiarität, Komplementarität und Republikanität Rechnung zu tragen sowie föderalen Elementen einen zentralen Stellenwert einzuräumen.[2] Gleichzeitig aber sei das Gewaltmonopol für die Sicherung von Rechten letztlich unabdingbar (Höffe 1997: 231). Eine demokratisch organisierte, zwangsbewehrte Weltstaatlichkeit wird damit zur Voraussetzung legitimen globalen Regierens. Während diese Einschätzung auf den ersten Blick eine klare Antwort auf die Frage nach der Zukunft legitimer politischer Herrschaft verspricht, werden bei genauerer Betrachtung erhebliche Schwierigkeiten sichtbar.

Das erste dieser Probleme ist der offensichtliche Utopismus der Forderung. Die „Abwesenheit einer den Staaten übergeordneten, supranationalen gemeinsamen Regierung ist und bleibt, so der Konsens der Forschung, eine strukturelle Grundbedingung der Weltpolitik" (Rittberger 2000: 204). Selbst in der Europäischen Union, der mit Abstand ausdifferenziertesten Form politischer Autorität jenseits des Staates, entwickelt sich kein umfassender Supranationalismus, sondern ein komplexes System des Mehrebenenregierens, das je nach Politikfeld sowohl hinsichtlich der territorialen Reichweite, als auch in Bezug auf die Allokation legislativer und judikativer Kompetenzen unterschiedliche Integrations-

---

2   Subsidiarität bezeichnet das insbesondere für föderale (lat. foedus = Bund, Vertrag) Systeme wichtige Prinzip, dass politische Aufgaben von der jeweils möglichst bürgernahen (substaatlichen) politischen Ebene erfüllt werden sollen. Höhere (gesamtstaatliche) Ebenen agieren subsidiär (lat. subsidium = Hilfeleistung, Unterstützung, Förderung) und komplementär, indem sie nur daraufhin und nur in dem Umfang mit Kompetenzen ausgestattet werden, wie dies für eine effektive und effiziente Erfüllung dieser Aufgaben zusätzlich erforderlich ist.

grade aufweist. Zudem bleiben das Gewaltmonopol und das Steuermonopol der Nationalstaaten auch in Europa weitestgehend unangetastet.[3]

Auch aus normativer Perspektive lassen sich eine ganze Reihe gut begründeter Einwände vorbringen. Weltstaatlichkeit kann nur dann eine normativ gehaltvolle Größe sein, wenn sie – wie Höffe selbst ausführt – von einer „einigermaßen funktionierenden" Weltöffentlichkeit (Höffe 1999: 11-12) getragen wird. Um die Frage, wie realistisch eine solche Entwicklung ist, hat sich in den letzten Jahren eine rege Debatte entwickelt. Die Skeptiker weisen darauf hin, dass jenseits des Nationalstaates weder die kulturellen noch die kommunikativen Voraussetzungen einer diskursiven Öffentlichkeit existieren (vgl. Grimm 1995, Kielmannsegg 1996). Bereits im vergleichsweise homogenen Europa zeigt die Debatte um eine gemeinsame Öffentlichkeit dieser Interpretation zufolge vor allem, wie stark das über Sprache, politische Kultur und Diskursökonomie vermittelte nationale Beharrungsmoment ist (Schlesinger 2007). Die Bezugnahme auf Europa in nationalen Medien ist durch ein utilitaristisches Framing[4] geprägt, hinter dem normative und gesamteuropäische Identitätsfragen zurückstehen (Trenz/Eder 2004). Noch weniger erfüllt wird vermutlich die anspruchsvollere Forderung, dass nationale Öffentlichkeiten nicht nur verstärkt europäische Institutionen und Themen wahrnehmen, sondern sich im Sinne „transnationaler Interdiskursivität" (Latzer/Saurwein 2006) *füreinander* öffnen sollten, um eine normativ gehaltvolle übergreifende Öffentlichkeit bilden zu können (Habermas 2008: 107f.). Die Scharpf'sche Prognose, dass für „autonome demokratische Willensbildung auf der europäischen Ebene (...) auf absehbare Zeit die soziopsychischen und kommunikativen Voraussetzungen" fehlen (Scharpf 1996: 132) scheint sich zu bewahrheiten. Die Schlussfolgerung lautet, dass sich jede Form des Regierens jenseits des Staates mittelfristig darauf einstellen muss, mit einer vergleichsweise schwach ausgeprägten Form von Öffentlichkeit und entsprechend reduzierten Legitimationsressourcen auszukommen. Denn wenn diese schon für die überwiegend auf regulative Politik fokussierte Europäische Union problematisch dünn sind (vgl. z.B. Greven 2000, Offe 2001), reichen sie für eine umfassende Weltstaatlichkeit auf keinen Fall aus.

---

3 Nicht unterschlagen werden sollte jedoch, dass die intergouvernementale Zusammenarbeit auch in vormals strikt national regulierten Bereichen wie der Justizpolitik und der Inneren Sicherheit, der Asyl- und Migrationspolitik sowie der Außen- und Sicherheitspolitik stark zunimmt und hoheitliche Elemente (z.B. der Europäische Haftbefehl (Rahmenbeschluss 2002/584/JI) oder die „Sammelflüge zur Rückführung von Drittstaatsangehörigen" (Ratsentscheidung 2004/573/EG) auch auf europäischer Ebene erkennbar werden.

4 Als Framing werden die häufig konkurrierenden Strategien politischer Akteure bezeichnet, Sachverhalte in Deutungszusammenhänge („Rahmen") einzuordnen und so aktiv einen bestimmten Sinn zu konstruieren (vgl. Benford/Snow 2000: 614).

Vor dem Hintergrund der nur begrenzten normativen Ressourcen postnationaler Formen von Staatlichkeit erhält der Hinweis besonderes Gewicht, dass
jede personelle Ausdehnung der Reichweite von Herrschaftsstrukturen notwendigerweise das Stimmgewicht der Einzelnen verringert, die ihren Präferenzen
Gehör zu verschaffen suchen (vgl. Dahl 1994). Eine ganze Reihe von Beiträgen
weist entsprechend darauf hin, dass die Internationalisierung politischer Strukturen eine nachhaltige Verringerung des Einflusses innerstaatlicher gesellschaftlicher Gruppen impliziert. Wessels (1997) zufolge verschmelzen in der Europäischen Union die einzelstaatlichen bürokratischen Apparate zu einer „Fusions-
bürokratie". Auch Bach (1992: 18) stellt fest, dass in der Europäischen Union
„die Definitionsmacht und die Verantwortung der zur politischen Führung
demokratisch Legitimierten unterlaufen" werde. Das „normative Primat des
Politischen" werde ausgehebelt und durch eine Autonomisierung der Exekutiven gegenüber ihren gesellschaftlichen Einflüssen ersetzt (vgl. auch Puntscher
Riekmann 1998).[5]

Die wachsende Gestaltungsmacht der Verwaltungen wird noch weiter dadurch erhöht, dass sich die Rolle der nationalen Parlamente in der Politik jenseits des Staates geradezu zwangsläufig verringert. Nationalen Parlamenten
fehlen zumeist nicht nur die administrativen Ressourcen, um die Vielzahl von
Themen in der Europäischen Union, der Welthandelsorganisation und anderen
internationalen Organisationen (IOs) zu verfolgen. Nationale Parlamente haben
auch in den seltensten Fällen das Recht, über Politikvorschläge in internationalen Gremien abzustimmen. Verhandlungen werden in der Europäischen Union,
dem Sicherheitsrat der Vereinten Nationen, den G-8 oder der Welthandelsorganisation zwischen Regierungen geführt und deren Beschlüsse den Parlamenten
im besten Fall zur Ratifikation vorgelegt.[6] Regierungen haben daher die Möglichkeit, in internationalen Institutionen wichtige Vorentscheidungen zu treffen,
die der Innenpolitik enge Grenzen setzen und schließlich von nationaler parlamentarischer Kritik entweder überhaupt nicht oder nur noch unter hohen politischen Kosten veränderbar sind. Im Ergebnis führt die wachsende Relevanz
zwischenstaatlicher Kooperation daher zu einer „außergewöhnlichen Zentrali-
sierung von innerstaatlicher Macht in der Hand der nationalen Regierungen"

---

5   Verschärft wird dieses Problem durch die Entstehung immer neuer „Agenturen" auf europäischer
    Ebene, die weitgehend die Aufmerksamkeitsschwelle der Öffentlichkeit unterlaufen. So übernimmt
    beispielsweise die Europäische Grenzschutzagentur Frontex Exekutivaufgaben, die mit der Begrün-
    dung ihres unpolitischen, technisch-rationalen Charakters jede demokratische Rechenschaftspflicht
    unterlaufen.

6   Der deutsche Bundestag hatte sich offensichtlich schon so sehr an das „Abnicken" europäischer
    Entschlüsse gewöhnt, dass er sogar der Aufforderung des Bundesverfassungsgerichts bedurfte, sich
    in einem neuen Begleitgesetz zum Lissabon-Vertrag überhaupt um stärkere Mitspracherechte zu be-
    mühen.

(Moravcsik 1997: 225) und der teilweise gezielten Entkopplung gouvernementalen Handelns von gesellschaftlichen Willensbildungsprozessen (Wolf 2000). Nun ließe sich zwar einwenden, dass diese Problematik doch als klares Argument für die Schaffung grenzüberschreitender Parlamente zu verstehen sein müsste. Die großen Vorbehalte, die insbesondere kleinere Staaten bereits in der Europäischen Union gegenüber der Ausdehnung parlamentarischer Kompetenzen und der hiermit einhergehenden Ausdehnung majoritärer Verfahren haben, zeigen allerdings schnell die politikpraktischen Grenzen dieser Option.

Wenn aber die Entstehung einer globalen Öffentlichkeit in absehbarer Zeit nicht zu erwarten ist, nationale Parlamente eher geschwächt als gestärkt werden und Exekutiven und Verwaltungseliten durch supranationales Handeln an Macht gewinnen, verlieren weltstaatliche Ordnungsvorstellungen an demokratischer Legitimierbarkeit.

2.2 Legitimes Regieren unterhalb des Weltstaates

Stellt der Weltstaat aber auf absehbare Zeit weder eine praktisch realisierbare noch normativ wünschenswerte Option dar, was bleibt dann als Perspektive für eine demokratische Form postnationalen Regierens? Für die Beantwortung dieser Frage wird häufig auf die Scharpf'sche These zurückgegriffen, dass politische Legitimität sich aus zwei in der Demokratie praktisch zwar eng verwobenen, analytisch aber durchaus unterscheidbaren Quellen speist, nämlich der Verfahrens- (oder Input-) und der Ergebnis- (oder Output-) Legitimität (vgl. Scharpf 1999). Während bei der Input-Perspektive betont wird, dass politische Entscheidungen dann als legitim zu betrachten sind, wenn sie Produkt demokratischer Verfahren sind, wird hinsichtlich der Output-Perspektive die Dimension der Problemlösung betont, verstanden als Zuträglichkeit einer Entscheidung zur Beförderung des allgemeinen Wohls einer Gemeinschaft (Scharpf 1999: 16). Scharpf zufolge zeichnet sich die internationale Politik nun dadurch aus, dass sie hinsichtlich der Input-Dimension nur sehr begrenzt demokratisierbar ist, da Demokratie immer die kollektive Identität einer Gruppe voraussetze. Hieraus ergebe sich zum einen die Notwendigkeit, internationale Institutionen mit einem nur beschränkten „autonomieschonenden" Gestaltungsanspruch zu versehen. Zum anderen müssten internationale Institutionen sehr viel stärker auf die Steigerung ihrer Output-Legitimität hin ausgerichtet werden, indem etwa unabhängige Expertengremien, korporatistische oder intergouvernementale Verhandlungssysteme oder auch pluralistische Politiknetzwerke ausgebaut würden.

Mit der Unterscheidung zwischen Legitimität und Demokratie eröffnet Scharpf eine Möglichkeit, über normativ gehaltvolles Regieren jenseits des Staates nachzudenken, ohne hierbei gleich den Weltstaat im Kopf haben zu müssen. Gleichzeitig hinterlassen seine Überlegungen allerdings insofern ein leicht schales Gefühl, als sie Legitimität gerade der expertenbasierten Produktion regulativer Politiken zuschreiben. Vor dem Hintergrund der oben beschriebenen zunehmenden Exekutivlastigkeit postnationalen Regierens droht dies dem Legitimitätsbegriff seinen normativen Gehalt zu entziehen und ihn damit ad absurdum zu führen.

Vergesellschaftung und transnationale Öffentlichkeiten

Glücklicherweise ist die von Scharpf vorgenommene Engführung indes keineswegs notwendig. Zwar ist ihm dahingehend zuzustimmen, dass sich jenseits des Staates auf absehbare Zeit kaum eine Form des gesellschaftlichen Diskurses wird entwickeln können, die sich mit der Responsivität, Reziprozität und argumentativen Qualität von nationalstaatlichen Diskursen vergleichen lässt. Was sich allerdings sehr wohl beobachten lässt, ist die weltweite „Zunahme einer komplexen kommunikativen Konnektivität" (Hepp 2004: 421) sowie die sukzessive Entstehung von politikfeldspezifischen grenzüberschreitenden Öffentlichkeiten. Bereits heute lässt sich in einer Vielzahl von Politikfeldern die Entstehung „transnationaler sektoraler demoi" (Abromeit/Schmidt 1998) und fachspezifischer Öffentlichkeiten (Eder 2000) beobachten, die über den intergouvernementalen Kreis hinausgreifen und gesellschaftliche Interessengruppen sowie die multimediale Öffentlichkeit umfassen.

Zutreffend ist sicherlich, dass oftmals interessenorientierte Verhandlungsprozesse über verständigungsorientierte Diskurse dominieren und Eliten stärker als die breite Öffentlichkeit partizipieren. Dies trifft jedoch in hohem Maße auch auf innerstaatliche Politik zu. Entscheidender ist daher die Erkenntnis, dass sich eine ganze Reihe von Gründen dafür anführen lässt, dass diskursive Prozesse eben nicht strukturell auf national definierte Territorien beschränkt sind, sondern dass transnationale öffentliche Räume grundsätzlich möglich sind (Fraser 2007). Für Europa weisen Eder und Kantner (2000) themenspezifische Öffentlichkeiten bspw. in den Bereichen Flüchtlingspolitik, Korruptionsbekämpfung sowie im Falle des BSE-Skandals nach. Auf globaler Ebene konstituieren *Transnational Social Movements* (TSMs), *Transnational Advocacy Networks* (TANs) und *International Non-Governmental Organizations* (INGOs) (Keck/Sikkink 1998, Tarrow 2001) öffentliche Räume für Themen wie die Entschuldung der ärmsten Länder, einen faireren Welthandel und die Regulierung der Finanzmärkte.

Unterschiedlichste Ereignisse wie der 11. September 2001, der Irakkrieg, Mohammed-Karikaturen, der Folterskandal im US-Militärgefängnis Abu Ghraib, Guantanamo, der „Kampf gegen den Terror", weltweite Finanzkrisen, Klimagipfel, G8-Treffen, Welthandelskonferenzen und -wirtschaftsforen, der Israel-Palästina-Konflikt und seine gewaltsamen Eskalationen sowie die weltweite „Anteilnahme" an Wahlen, gleich ob in den USA oder im Iran, stimulieren Öffentlichkeiten, die insbesondere hinsichtlich der Frage immer stärkerer transnationaler Diskursivität spannende Untersuchungsgegenstände bilden. Die sich verdichtenden „Netzwerke der Medien" (Hepp 2004) erweisen sich dabei nicht nur als notwendige Folge ökonomisch-technologischer Entwicklung und regulativer Interdependenz. Auch Migration in all ihren Ausprägungen sowie Prozesse der kulturellen Hybridisierung tragen erheblich zur Entstehung transnationaler Öffentlichkeiten bei.

Mit dem Begriff der „Vergesellschaftung" der internationalen Politik (vgl. Brozus/Take/Wolf 2003, Neyer 2003) wird auf den Beitrag hingewiesen, den eine nachhaltigere Einbindung zivilgesellschaftlicher Assoziationen in internationale Organisationen für deren Legitimation leisten kann. So verspricht die Vergesellschaftung zu einer Verringerung der einseitigen Exekutivlastigkeit zwischenstaatlicher Politik zu führen, indem sie die Transparenz und damit auch die Kontrolle zwischenstaatlicher Politik erhöht. Als Repräsentanten der internationalen Zivilgesellschaft verbinden (I)NGOs eine hohe Sensibilität gegenüber gesellschaftlich wahrgenommenen Problemlagen mit einem in den letzten Dekaden deutlich angestiegenen Maß an Professionalität und Expertise. Organisationen wie *Amnesty International, Human Rights Watch, Greenpeace* oder Zertifizierungsagenturen wie der *Marine* bzw. der *Forest Stewardship Council* (MSC bzw. FSC) übernehmen nicht nur in immer stärkerem Maße Vermittlungsfunktionen zwischen gesellschaftlichem und gouvernementalem Problembewusstsein (vgl. Smith et al. 1997: 73-74), sondern werden beispielsweise für die Standardsetzung sowie als Monitoringinstanzen auch offiziell immer enger in ökonomische und politische Governance-Prozesse eingebunden.

Ein zweiter wichtiger Effekt von Vergesellschaftung besteht darin, die Aufmerksamkeit von Entscheidungsträgern und der breiten Öffentlichkeit auf vernachlässigte Themen zu lenken. Durch transnationale Vernetzung und die mediengerechte Aufarbeitung von kontroversen Themen, das Schmieden von Koalitionen sowohl mit einflussreichen Entscheidungsträgern und dem jeweiligen Anliegen positiv gesonnenen Regierungen als auch mit internationalen Organisationen, können insbesondere transnational vernetzte zivilgesellschaftliche Bündnisse effektiv Einfluss auf nationale und internationale Agenden sowie die inhaltliche und organisatorische Gestaltung globalen Regierens ausüben (Risse/Ropp/Sikkink 1999, Della Porta/Tarrow 2004). Eindrucksvolle Beispiele sind die internationale Kampagne zum Bann von Landminen oder die Koalition für die Gründung des Internationalen Strafgerichtshofs.

Soziale Bewegungen, insbesondere in organisierter Form, haben somit durchaus das Potenzial, neue Problemlösungen zu initiieren und damit den oftmals von diplomatischen Rationalitäten geprägten zwischenstaatlichen Verhandlungen ein inhaltliches Korrektiv gegenüberzustellen. Tendenziell verstärkt wird dieser Effekt durch die meist internetbasierte Verbreitung von unabhängigen Nachrichten in Blogs und Plattformen wie Twitter sowie den sozialen Netzwerken wie Facebook, MySpace und anderen. *Democratic Media Activism* (DMA) (Carroll/Hackett 2006) sorgt darüber hinaus für die Verbreitung alternativer Medien- und Deutungsangebote jenseits des massenmedialen Mainstreams.

Im Ergebnis stehen Regierungen, internationale Organisationen wie die WTO, der IMF oder die Weltbank sowie transnationale Unternehmen (TNCs) in zunehmendem Maße einer kritischen Öffentlichkeit gegenüber. Über *naming* und *shaming* übt diese Druck bei Normverletzungen aus und wirkt über Informationskampagnen und argumentativen Wettbewerb dem Deutungsmonopol internationalisierter Exekutiven entgegen.[7]

Probleme der Vergesellschaftung

Die konstruktiven Elemente einer Vergesellschaftung internationaler Politik dürfen allerdings auch nicht zu optimistisch gedeutet werden. Trotz der genannten Trends sind *Transnational Public Spheres* (TPSs) noch immer die Ausnahme und die nationale Fragmentierung der politischen (Welt-)Öffentlichkeit nach wie vor die Regel. Auch bedeutet das Erstarken transnationaler zivilgesellschaftlicher Akteure und ihre Einbindung in postnationales Regieren nicht notwendiger Weise die Einebnung bestehender Machtgefälle (Guidry/Kennedy/Zald 2000: 7).

Während organisationsstarken Gruppen mit relativ homogener Interessenstruktur (z.B. Handelskammern, Arbeitgeber- und Industrieverbände) die Bildung effektiver transnationaler Interessenverbände leicht fällt, stellt die Internationalisierung von Politik Gewerkschaften und sozial engagierte Gruppen vor große Herausforderungen. Ein wesentlicher Grund für diese unterschiedliche Fähigkeit zur grenzüberschreitenden Interessenvertretung liegt darin, dass die Interessen insbesondere transnational wirtschaftender Unternehmen und Finanzmarktakteure eine größere Homogenität aufweisen. Hinzu kommt, dass die auch als *Washington Consensus* bezeichnete Politik der Liberalisierung, Privatisie-

---

7 Für den Umweltbereich etwa veranschaulicht der *Fossil of the Day Award* diese Strategie geradezu idealtypisch (www.fossil-of-the-day.org).

rung und Deregulierung mit dem IMF, der Weltbank, der WTO, aber auch der EU sowie vielen überwiegend westlichen nationalen Regierungen organisations- und durchsetzungsstarke Fürsprecher hat.

Zivilgesellschaftliche und gewerkschaftliche Interessen stellen sich demgegenüber auf globaler Ebene aufgrund unterschiedlicher sozio-ökonomischer und politischer Kontexte als sehr viel heterogener dar. So gelten in den westlichen Ländern möglichst hohe Standards in Bereichen wie Umweltschutz, Arbeitsbedingungen, Verbraucherschutz und Lebensmittel- bzw. Produktsicherheit als wünschenswert. In vielen aufstrebenden Ökonomien werden die gleichen Standards dagegen als protektionistische Barrieren angesehen, die den eigenen wirtschaftlichen Aufschwung behindern. Die Vielfalt der Interessenlagen in der globalen Zivilgesellschaft kommt jährlich auf den Treffen des Weltsozialforums zum Ausdruck. So einig man sich auch in der Zurückweisung des neoliberalen Weltwirtschaftsmodells sein mag, so unklar bleibt bisher, wie der Leitspruch „Eine andere Welt ist möglich!" in konkrete Politik übersetzt werden soll. Indes werden die Netzwerke zwischen lokalen, nationalen und den bereits erwähnten, transnational agierenden Bewegungen und Initiativen immer dichter. Zivilgesellschaftliche Interessengruppen erweisen sich damit auch in globalem Maßstab als organisationsfähig. Sie benötigen dafür jedoch mindestens ebenso anspruchsvolle intermediäre Strukturen wie vergleichsweise homogene Wirtschaftsinteressen.

Die Heterogenität zivilgesellschaftlicher Interessen, die Unsicherheit über ihre organisationsinterne demokratische Legitimation und ihre jeweiligen finanziellen und institutionellen Abhängigkeiten von staatlicher oder privater Seite nähren zudem die Debatte um die Legitimität, mit der sich zivilgesellschaftliche Akteure in die internationale Politik einmischen (Collingwood 2006). Über die Frage interner Legitimation hinaus ist zudem die Art und Weise der Einbeziehung von NGOs Gegenstand kritischer Rückfragen. Bereits heute sind NGOs in Beratungsprozesse der Vereinten Nationen, der Welthandelsorganisation und anderer IOs eingebunden. Es gibt allerdings Hinweise darauf, dass ihre Beteiligung häufig stärker der Legitimation bestehender institutioneller Strukturen dient als der inhaltlichen Fundierung und politischen Mitentscheidung. Die faktischen Einflussmöglichkeiten der NGOs beschränken sich in vielen Fällen darauf, im Rahmen beratender Ausschüsse oder informeller Konsultationen in die Vorbereitung von Rechtsakten eingebunden zu werden. Damit fungieren sie bestenfalls als Ressourcen zusätzlicher Expertise für gouvernementale Entscheidungsträger, ohne zugleich selbst effektive Mitentscheidungs-, Oppositions- oder gar Vetomöglichkeiten zu besitzen (Nanz/Steffek/Kissling 2008, Brunnengräber/Klein/Walk 2005).

Via media: Verrechtlichung deliberationsfördernder Strukturen

Angesichts dieser heterogenen Befunde zur demokratischen Gestaltbarkeit des Regierens in der postnationalen Konstellation greifen idealistische Weltstaatskonzepte zu weit und vermeintlich realistische Konzeptionen rein intergouvernementaler Verhandlungssysteme oder funktionalistischer multi-level Governance zu kurz. Die Vergesellschaftung der internationalen Beziehungen zielt gegenwärtig auf weniger als *Government*, aber zugleich auf mehr als *Governance*.[8]

Am Beispiel der EU sowie innerhalb des UN-Systems lässt sich dieser Prozess sehr gut beobachten. Die Ausweitung der parlamentarischen Kompetenzen und der zivilgesellschaftlichen Partizipation hat auf europäischer Ebene stetig zugenommen. Zivilgesellschaftliche Akteure profitieren dabei vor allem von der Ausdifferenzierung des politischen Prozesses entlang einzelner Politikfelder sowie der Verrechtlichung der jeweils vorfindbaren Interaktionsstrukturen. Ersteres korrespondiert mit ihrer eigenen Spezialisierung und erleichtert ihnen die Fokussierung auf bestimmte Themen und Entscheidungsträger. Letzteres schafft verbindliche Standards an Partizipationsrechten und -pflichten. Entstanden sind so eine Vielzahl technisch spezifischer Bereiche wie derjenige der Risikoregulierung im Lebensmittelbereich, in denen nichtstaatliche Akteure das Recht haben, dass ihre Argumente in angemessener Weise beachtet werden und politische Einigungen nur dann Bestand vor dem EuGH haben, wenn diesem Recht auch Rechnung getragen wurde (Joerges/Neyer 1997).[9]

Ähnliche Akkreditierungs- und Mitwirkungsmöglichkeiten gelten heute in verschiedenen UN-Institutionen, in denen zivilgesellschaftliche Akteure das Recht haben, an Sitzungen teilzunehmen, Eingaben zu verfassen und Standpunkte vorzutragen. Es ist zwar sicherlich zutreffend, dass diese neuen Formen der Einbindung der Zivilgesellschaft relativ wenig Ähnlichkeit mit dem klassischen Ideal der öffentlich diskutierenden und beschließenden Versammlung aller Mitglieder einer politischen Gemeinschaft haben. Teilweise handelt es sich, wie im Falle der WCD auch um zeitlich begrenzt eingesetzte Institutionen. Gleichwohl steigert die Existenz solcher *multi-stakeholder* Ansätze und ihre Einbindung in einen sich ebenfalls immer weiter entwickelnden Rahmen internationaler Rechtsnormen die deliberative Qualität postnationalen Regierens und leistet einen wichtigen Beitrag zur Rückbindung von internationalen Normen an gesellschaftliche Rationalitäten und Kontrolle. Die Einbeziehung nichtstaatli-

---

8   Als „notoriously slippery" ist der Governance-Begriff zu Recht bezeichnet worden (Benz 2004: 12). In Abgrenzung zu *Government* werden häufig netzwerkartige, nicht dezidiert hierarchische, eher kooperative Verhandlungs- und Abstimmungsprozesse zwischen kollektiven, staatlichen sowie nichtstaatlichen Akteuren darunter gefasst. Im deutschen Begriff der *Steuerung* kommt der funktionalistische, outputorientierte Charakter noch stärker zum Ausdruck.

9   Diese Rechtspflicht wurde vom EuGH im Fall 12/91 *Angelopharm* [1993] ECR 1-171, 210 betont.

cher Akteure oder gar Betroffener erfüllt unter diesen Umständen normativ zentrale epistemische und legitimatorische Funktionen. Sie hat erheblichen Einfluss darauf, welche Informationen überhaupt in Entscheidungsprozessen berücksichtigt werden und unter welchen Gesichtspunkten (*Framing*) sie verarbeitet werden. Der Zugewinn an Transparenz und Öffentlichkeit hat einen läuternden Effekt auf die Argumentationsweise der Regelsetzer und schafft die Grundvoraussetzungen dafür, dass es den Regelnehmern möglich wird, transnationale Entscheidungsprozesse kritisch zu verfolgen. Auf der Basis rechtlich gesicherter Beteiligungsverfahren und Rationalitätsstandards werden so Rechtfertigungsdiskurse zwischen zivilgesellschaftlicher und gouvernementaler Ebene möglich, die trotz ihrer Komplexität ein effektives und normativ gehaltvolles Instrument der Gestaltung postnationaler politischer Herrschaft darstellen. Voraussetzung dafür ist allerdings, dass sich die zunehmende rechtliche Kodifizierung und die partizipatorisch inklusive Ausgestaltung von Deliberation ermöglichenden Strukturen wenigstens soweit im Gleichschritt entwickeln, wie dies im Rahmen der europäischen Integration beobachtbar ist.

3. Perspektiven

Mit der hier formulierten Annäherung an das Problem transnationaler Demokratie und postnationalen Regierens ist keine Perspektive für die Ablösung der nationalstaatlichen Demokratie durch eine kosmopolitische Demokratie (vgl. etwa Held 1995) verbunden. Die entwickelte Betrachtungsweise nimmt vielmehr den demokratischen Nationalstaat als Ausgangspunkt und fragt danach, wie sich seine funktionalen und normativen Defizite in einer demokratiekompatiblen Weise beheben lassen. Der hierzu vorgeschlagene Weg baut auf den Elementen der Vergesellschaftung und der rechtsgestützten Etablierung deliberationsfördernder Strukturen auf. Er vermeidet damit den Fehlschluss, analytisch im nationalstaatlichen Kontext verwurzelte normative Konzepte wie das des Staates einer strukturell anders gearteten neuen politischen Realität jenseits des Staates überzustülpen. Er eröffnet die Möglichkeit, legitimes Regieren jenseits des institutionalisierten Gewaltmonopols und jenseits nationaler Identitäten als Prozess diskursiver Verständigung durch die rechtlich abgesicherte und von einer kritischen transnationalen Öffentlichkeit begleitete Institutionalisierung inklusiver Deliberationsforen zu denken.

Der große Vorteil eines derartigen Verständnisses postnationaler Legitimität liegt darin, dass es auf die Befürchtungen bezüglich einer zunehmenden Entkopplung gouvernementalen Handelns von gesellschaftlicher Problemwahrnehmung eingeht, ohne aber ein idealistisches Modell zu entwerfen, dem gegenüber jede denkbare Praxis internationaler Politik notwendigerweise defizitär erscheinen muss. Ob diese Überlegungen auch morgen noch als angemessene Reaktionen auf die Krise der nationalen Demokratie verstanden werden können oder ob sie in ihrem Anspruch nicht zu bescheiden sind, kann heute kaum beantwortet werden. Wie die *Imagined Community* (Anderson 1983) der nationalen Demokratien, so mag wohl auch die *Weltgesellschaft* durch die rechtliche Institutionalisierung einer nicht „staatsbürgerlichen" aber zivilgesellschaftlichen Kommunikations- und Partizipationssphäre zu einem ethisch-politischen Selbstverständnis als globales Gemeinwesen gelangen.

Literatur

Abromeit, Heidrun/Schmidt, Thomas (1998): Grenzprobleme der Demokratie: konzeptionelle Überlegungen. In: Kohler-Koch, Beate (Hg.): Regieren in entgrenzten Räumen. PVS Sonderband 22. Opladen: Westdeutscher Verlag. 293-320.

Anderson, Benedict (1983): Imagined Communities: Reflections on the Origin and Spread of Nationalism. London – New York: Verso.

Bach, Maurizio (1992): Eine leise Revolution durch Verwaltungsverfahren. Bürokratische Integrationsprozesse in der Europäischen Gemeinschaft. In: Zeitschrift für Soziologie 21(1). 16-30.

Beisheim, Marianne/Dreher, Sabine/Walter, Gregor/Zangl, Bernhard/Zürn, Michael (1999): Im Zeitalter der Globalisierung? Thesen und Daten zur gesellschaftlichen und politischen Denationalisierung. Baden-Baden: Nomos.

Benford, Robert D./Snow, David A. (2000): Framing Processes and Social Movements: An Overview and Assessment. In: Annual Review of Sociology 26. 611-639.

Benz, Arthur (2004): Governance – Modebegriff oder nützliches sozialwissenschaftliches Konzept?. In: Ders. (Hrsg.): Governance – Regieren in komplexen Regelsystemen, Wiesbaden: VS Verlag. 11-28

Brozus, Lars/Take, Ingo/Wolf, Klaus Dieter (2003): Vergesellschaftung des Regierens? Der Wandel nationaler und internationaler politischer Steuerung unter dem Leitbild der nachhaltigen Entwicklung. Opladen: Leske + Budrich.

Brunnengräber, Achim/Klein, Ansgar/Walk, Heike (Hg.) (2005): NGOs im Prozess der Globalisierung. Mächtige Zwerge – umstrittene Riesen. Wiesbaden: VS Verlag.

Carroll, William K./Hackett, Robert A. (2006): Democratic media activism through the lens of social movement theory. In: Media Culture Society 28(1): 83-104.

Collingwood, Vivien (2006): Non-governmental organisations, power and legitimacy in international society. In: Review of International Studies 32. 439-454

Dahl, Robert A. (1994): A Democratic Dilemma: System Effectiveness versus Citizen Participation. In: Political Science Quarterly 109(1). 23-34.

Della Porta, Donatella/Tarrow, Sidney (Hg.) (2004): Transnational Protest and Global Activism. Lanham, MD: Rowman & Littlefield.

Eder, Klaus (2000): Zur Transformation nationalstaatlicher Öffentlichkeit in Europa. Von der Sprachgemeinschaft zur issuespezifischen Kommunikationsgemeinschaft. In: Berliner Journal für Soziologie 10. 167-284.

Eder, Klaus/Kantner, Cathleen (2000): Transnationale Resonanzstrukturen in Europa. Eine Kritik der Rede vom Öffentlichkeitsdefizit. In: Bach, Maurizio (Hg.): Transnationale Integrationsprozesse in Europa. Kölner Zeitschrift für Soziologie und Sozialpsychologie. SH 40. Opladen: Westdeutscher Verlag.

Fraser, Nancy (2007): Transnationalizing the Public Sphere. On the Legitimacy and Efficacy of Public Opinion in a Post-Westphalian World. In: Theory Culture Society 24(4). 7-30.

Greven, Michael Th. (2000): Can The European Union Finally Become A Democracy? In: Greven, Michael Th./Pauly, Louis W. (eds.): Democracy Beyond the State? The European Dilemma and the Emerging Global Order. Lanham: Rowman & Littlefield. 35-61.

Grimm, Dieter (1995): Does Europe Need a Constitution? In: European Law Journal 1(3). 282-302.

Guidry, John A./Kennedy, Michael D./Zald, Mayer N. (eds.) (2000): Globalizations and Social Movements. Culture, Power, and the Transnational Public Sphere.Michigan: University of Michigan Press.

Habermas, Jürgen (1992): Faktizität und Geltung. Beiträge zur Diskurstheorie des Rechts und des demokratischen Rechtsstaats. Frankfurt/M.: Suhrkamp.

– (2004): Der gespaltene Westen, Frankfurt/M.: Suhrkamp.

– (2008): Ach, Europa. Frankfurt/M.: Suhrkamp.

Held, David (1995): Democracy and the Global Order. From the Modern State to Cosmopolitan Governance. Cambridge: Polity Press.

Hepp, Andreas (2004): Netzwerke der Medien. Medienkultur und Globalisierung. Wiesbaden: VS Verlag.

Höffe, Otfried (1997): Für und wider eine Weltrepublik. In: Internationale Zeitschrift für Philosophie 2. 218-233.

– (1999): Eine föderale Weltrepublik? Über Demokratie in Zeiten der Globalisierung. In: Information Philosophie 27(3). 7-19.

– (2002): Demokratie im Zeitalter der Globalisierung. München: Beck.

Joerges, Christian/Neyer, Jürgen (1997): Transforming Strategic Interaction into Deliberative Problem-Solving: European Comitology in the Foodstuffs Sector. In: Journal of European Public Policy 4(4). 609–625.

Keck, Margaret/Sikkink, Kathryn (1998): Activists Beyond Borders. Advocacy Networks in International Politics. Ithaca, NY: Cornell UP.

Keohane, Robert O. (2001): Governance in a Partially Globalized World. Presidential Address. American Political Science Association, 2000. In: American Political Science Review 95(1). 1-13.

Kielmansegg, Peter Graf (1996): Integration und Demokratie. In: Jachtenfuchs, Markus/Kohler-Koch, Beate (Hg.): Europäische Integration. Opladen: Leske + Budrich. 47-71.

Latzer, Michael/Saurwein, Florian (2006): Europäisierung durch Medien: Ansätze und Erkenntnisse der Öffentlichkeitsforschung. Europäische Öffentlichkeit und medialer Wandel. In: Langenbucher, Wolfgang R./Latzer, Michael (Hg.): Europäische Öffentlichkeit und medialer Wandel. Eine transdisziplinäre Perspektive. Wiesbaden: VS Verlag. 10-44.

Martens, Kerstin/Frantz, Christiane (2007): Nichtregierungsorganisationen (NGOs). Wiesbaden: VS Verlag.

Moravcsik, Andrew (1997): Warum die Europäische Union die Exekutive stärkt: Innenpolitik und internationale Kooperation. In: Wolf, Klaus Dieter (Hg.): Projekt Europa im Übergang? Probleme, Modelle und Strategien des Regierens in der Europäischen Union. Baden-Baden: Nomos. 211-269.

Nanz, Patrizia/Steffek, Jens/Kissling, Claudia (Hg.) (2008): Civil Society Participation in European and Global Governance. A Cure for the Democratic Deficit? London: Palgrave.

Neyer, Jürgen (2003): Politische Herrschaft in postnationalen Konstellationen. Vergesellschaftung und Verrechtlichung jenseits des Staates. Baden-Baden: Nomos.

Offe, Claus (2001): Gibt es eine europäische Öffentlichkeit? Kann es sie geben? In: Blätter für deutsche und internationale Politik 4. 423-435.

Puntscher Riekmann, Sonja (1998): Die kommissarische Neuordnung Europas. Wien: Springer.

Reinicke, Wolfgang (1998): Global Public Policy. Governing without Government? Washington: Brookings Institution Press.

Risse, Thomas/Ropp, Stephen C./Sikkink, Kathryn (Hg.) (1999): The Power of Human Rights: International Norms and Domestic Change. Cambridge: UP.

Rittberger, Volker (2000) Globalisierung und der Wandel der Staatenwelt. Die Welt regieren ohne Weltstaat. In: Menzel, Ulrich (Hg.): Vom Ewigen Frieden und vom Wohlstand der Nationen [Festschrift für Dieter Senghaas zum 60. Geburtstag]. Frankfurt/M.: Suhrkamp.

Scharpf, Fritz W. (1996): Politische Optionen im vollendeten Binnenmarkt. In: Jachtenfuchs, Markus/Kohler-Koch, Beate (Hg.): Europäische Integration. Opladen: Leske + Budrich. 109-140.

– (1999): Regieren in Europa. Effektiv und demokratisch? Frankfurt/M. – New York: Campus.

Schlesinger, Philip (2007): A Cosmopolitan Temptation. In: European Journal of Communication 22(4). 413-426.

Smith, Jackie/Pagnucco, Ron/Chatfield, Charles (1997): Social Movements and World Politics. A Theoretical Framework. In: Smith, Jackie/Chatfield, Charles/Pagnucco, Ron (Hg.): Transnational Social Movements and Global Politics. Solidarity Beyond the State. New York: Syracuse UP. 59-77.

Tarrow, Sidney (2001): Transnational Politics: Contention and Institutions in International Politics. In: Annual Review of Political Science 4. 1-20.

Trenz, Hans-Jörg/Eder, Klaus (2004): The Democratizing Dynamics of a European Public Sphere: Towards a Theory of Democratic Functionalism. In: European Journal of Social Theory 7(1). 5-25.

Wessels, Wolfgang (1997): An Ever Closer Fusion? A Dynamic Macropolitical View on Integration Processes. In: Journal of Common Market Studies 35(2). 267-299.

Wolf, Klaus D. (2000): Die Neue Staatsräson. Zwischenstaatliche Kooperation als Demokratieproblem in der Weltgesellschaft. Baden-Baden: Nomos.

Zangl, Bernhard (2006): Das Entstehen internationaler Rechtsstaatlichkeit?. In: Leibfried, Stephan/Zürn, Michael (Hg.): Transformationen des Staates?. Frankfurt/M.: Suhrkamp.

Zürn, Michael (1998): Regieren jenseits des Nationalstaats. Globalisierung und Denationalisierung als Chance. Frankfurt/M.: Suhrkamp.

– (2000): Democratic Governance Beyond the Nation-State: The EU and Other International Institutions. In: European Journal of International Relations 6(2). 183-222.

Globalisierung

Ina Kerner

1. Ein Begriff und seine Bedeutung

Globalisierung ist heute in aller Munde. Dabei ist der Begriff recht neu und hat sich erst im Laufe der 1990er Jahre in der öffentlichen Diskussion etabliert.[1] Ob hingegen auch das Phänomen neu ist, das der Begriff bezeichnet, ist ebenso umstritten wie die Frage, was Globalisierung überhaupt ist. Denn „Globalisierung" ist zur Chiffre für die gegenwärtige Weltlage geworden, eine Lage, die aufgrund ihrer Heterogenität, rasanter Veränderungen und sich überschlagender Ereignisse manchmal kaum greifbar scheint. Theorien über Globalisierung sind der schwierige Versuch, sowohl die gegenwärtige Situation zu bestimmen als auch die Veränderungen, mit denen wir es zu tun haben. Sie vereinen daher in den meisten Fällen diagnostische und prognostische Elemente. Da ist es kein Zufall, dass all diejenigen Arbeiten, die empirisches Material enthalten, immer wieder aktualisiert werden, und dass manche These schon nach wenigen Jahren als Allgemeinplatz oder gar Anachronismus erscheint.

Was nun ist Globalisierung? Als erste Orientierung kann jene mittlerweile recht gängige Minimaldefinition dienen, der zufolge Globalisierung die Ausweitung, Beschleunigung und Intensivierung weltweiter Beziehungen darstellt (vgl. z.B. Held et al. 1999: 14f., Osterhammel/Petersson 2003: 10), wobei diese Beziehungen bzw. ihre Effekte ökonomisch, ökologisch, politisch, sozial sowie kulturell sein können. Einschlägig ist außerdem David Harveys Vorschlag, Globalisierung als „Raum-Zeit-Verdichtung" zu fassen, also als einen Prozess, in dem räumliche Distanzen ebenso wie die Zeitdimension bezogen auf menschliche Organisations- und Interaktionsformen an Einfluss verlieren (Harvey 1989). Die Autoren des einflussreichen Werks *Global Transformations* schließlich definieren Globalisierung als nichtlinearen „Prozess, der die räumliche Organisation von sozialen Beziehungen und Transaktionen verändert, indem er transkontinentale und interregionale Ströme sowie Netzwerke von Aktivitäten, Interaktionen und Machtausübung erzeugt" (Held et al. 1999: 16, Übers. IK). „Ströme" und „Netzwerke" sind ihrerseits zentrale Begriffe globalisierungstheoretischer

---

1 In der *Frankfurter Allgemeinen Zeitung* beispielsweise wurde das Wort „Globalisierung" im gesamten Jahr 1993 lediglich 34 Mal verwendet; 1995 waren es 175 Mal, 1996 bereits 535 Mal, in den Jahren 1997-1999 je zwischen 920 und 940 Mal und 2001 dann 1136 Mal (vgl. Deutscher Bundestag 2002: 49).

Überlegungen. Ströme bezeichnen Bewegungen von Gegenständen, Personen, Symbolen, Zeichen und Informationen durch Raum und Zeit. Netzwerke sind regulierte, nach spezifischen Mustern verlaufende Interaktionen zwischen unabhängigen Akteuren, Aktivitätszentren oder Orten der Macht (ebd.).

Wenn man nun unter Globalisierung in diesem Sinne einen umfassenden Wandlungsprozess versteht, wann hat sie dann begonnen? Und warum? Verbreitet ist die These, die Globalisierung habe in den letzten beiden Dekaden des 20. Jahrhunderts eingesetzt, vorbereitet durch die Liberalisierung der Weltwirtschaft, angeschoben von sinkenden Transportkosten und neuen Kommunikationsmöglichkeiten durch Satellitentechnologie und Internet, dynamisiert schließlich durch das Ende der Blockkonfrontation (vgl. z.B. Müller 2002: 8). Allerdings gibt es auch Einwände gegen diese Terminierung. Der Weltsystemtheoretiker Immanuel Wallerstein beispielsweise betont, dass der Kapitalismus von Anbeginn transkontinental organisiert war; von einer globalisierten Marktwirtschaft könne man daher schon mit Blick auf das 16. Jahrhundert sprechen. Eine deutliche Zunahme des internationalen Handels durch innovative Kommunikationstechnologien war auch schon in der zweiten Hälfte des 19. Jahrhunderts nach der Verlegung des transatlantischen Telegraphiekabels feststellbar (vgl. Hirst/Thompson 1996). Historiker schließlich belegen bereits für das 8. Jahrhundert (Islamisierung des Mittelmeerraums), das 13. (Mongolenherrschaft in Eurasien) sowie für das mittlere 18. Jahrhundert (Staatsbildungen und vorindustrieller Kolonialismus) nennenswerte Schübe großräumiger Integration. Sie betonen zudem, dass Globalisierung keinesfalls als lineare Entwicklung verstanden werden sollte; denn die Geschichte sei durch Globalisierungsschübe ebenso gekennzeichnet wie durch Phasen der De-Globalisierung, beispielsweise im Anschluss an Weltkriege (vgl. Osterhammel/Petersson 2003: 46, 63).[2] Wann der Beginn der Globalisierung angesetzt wird, hängt also unter anderem davon ab, auf welche Aspekte der analytische Blick gerichtet wird. Außerdem ist entscheidend, als wie tiefgreifend die jeweiligen Veränderungen beurteilt werden. Nicht bei jeder Intensivierung transnationaler Beziehungen scheint die relativ starke Bezeichnung „Globalisierung" sinnvoll.

---

2 Das Buch von Osterhammel und Petersson bietet einen knappen Überblick über Globalisierungsprozesse aus historischer Perspektive. Es ergänzt sich thematisch gut mit weiteren lesenswerten Einführungsbänden. Für einen ersten Überblick über die angelsächsische theoretische Debatte ist Beck (1997) zu empfehlen, für den aktuellen Stand der globalisierungstheoretischen Diskussion auch Brock (2008) und Rehbein/Schwengel (2008). Inhalte und Formen von Globalisierungskritik sind Schwerpunkt von Leggewie (2003). Einen demokratietheoretischen und einen makroökonomischen Fokus vereint der Band von Müller (2002) und Wichterich (2003) stellt Zusammenhänge zwischen Globalisierungsprozessen und Geschlechterverhältnissen ins Zentrum ihrer Abhandlung.

Und so ist auch angesichts der gegenwärtigen Lage umstritten, inwiefern von Globalisierung überhaupt die Rede sein sollte. Die Autoren des Standardwerks *Global Transformations* unterscheiden drei Positionen in dieser Auseinandersetzung. Am zurückhaltendsten sind die „Globalisierungsskeptiker", die unter Hinweis auf globale Integrationsschübe in der Vergangenheit die Neuheit der gegenwärtigen Situation in Frage stellen. Außerdem weisen Skeptiker/innen gegen die Thesen vom einheitlichen Wirtschaftsraum und dem Ende des Nationalstaats auf die Herausbildung regionaler Wirtschaftsblöcke mit durchaus starken Regierungen hin. Die andere Extremposition besetzen „Hyperglobalisten", die eine fortgeschrittene Globalisierung der Welt – gekennzeichnet vor allem durch die weltweite Dominanz marktwirtschaftlicher Rationalität und bloß noch schwache Nationalstaaten – als Tatsache betrachten. Unter den Hyperglobalisten gibt es Globalisierungsbefürworter/innen ebenso wie -kritiker/innen. Die Zwischenposition, die „Transformationsperspektive", reklamieren die Autoren für sich selbst. Wie die Hyperglobalisten gehen sie davon aus, dass gegenwärtige Globalisierungsprozesse ökonomische, politische und soziokulturelle Bedingungen deutlich verändern, wodurch wiederum der Kontext staatlichen Handelns und staatlicher Machtausübung beeinflusst wird. Anders als Hyperglobalisten sind sie allerdings der Ansicht, dass die vielfältigen Effekte dieser Transformationen kaum vorhersehbar sind. Sicher sei lediglich, dass Politik global werden muss, da der Nationalstaat nicht länger ein hinreichender Rahmen für sie ist (Held et al. 1999: 2-10).

In Anbetracht dieses amorphen, widersprüchlichen und gleichzeitig umfassenden Gegenstandes sind die Probleme von Globalisierungstheorien vorprogrammiert. Denn im Kontext von Globalisierung geht es ja nicht nur um alle erdenklichen ökonomischen, politischen, sozialen und kulturellen Aspekte – und das weltweit –, sondern zudem noch um deren Veränderungen, um die Effekte dieser Veränderungen und um Wechselbeziehungen zwischen ihnen. Wie soll das alles erforscht werden? Und wie kann man diese Zusammenhänge deuten, theoretisch auf den Punkt bringen? Die bisherige Datenlage lässt selbst bei ökonomischen Aspekten wie Waren- und Dienstleistungsmärkten sehr zu wünschen übrig, und das, obwohl Wirtschaftsdaten vergleichsweise umfassend und regelmäßig statistisch erhoben werden (vgl. Deutscher Bundestag 2002: 132f.). Bei weniger leicht quantifizierbaren Aspekten wie staatlicher Regulierungsmacht oder kulturellen Auswirkungen von Migration ist die Basis des als gesichert geltenden Wissens noch weit dürftiger – und auch hier ist jedes vorliegende Material zudem ganz unterschiedlich interpretierbar.

Die Globalisierungsforschung beschränkt sich angesichts dieser Schwierigkeiten in vielen Fällen darauf, zunächst einmal einzelne Aspekte der vielfältigen Phänomene zu beschreiben, zu erklären, gegebenenfalls zu bewerten – und in manchen Fällen nach Alternativen zu befragen. Neben solch thematisch zugespitzten Arbeiten – z.B. über Aspekte medialer Globalisierung oder über Möglichkeiten globaler Demokratie – liegen seit einigen Jahren auch Ergebnisse von thematisch umfassend angelegten Forschungsprojekten vor. Weniger synthetisierend als sammelnd und ordnend verfahren hier die Autoren von *Global Transformations*. Das Buch enthält Kapitel über globale Politik, die Globalisierung von Militär und organisierter Gewalt, Handel, Finanzwesen, multinationale Konzerne und Produktionsnetzwerke, Migration, kulturelle Globalisierung sowie Ökologie. Fast schon Großtheorien der Globalisierung liefern – ohne sie so zu nennen – hingegen Manuel Castells mit seiner stark empirisch fundierten und erstmals zwischen 1996 und 1998 erschienenen Trilogie *Das Informationszeitalter* (Castells 2001, 2002, 2003) sowie Michael Hardt und Antonio Negri mit ihrer im Jahr 2000 erstveröffentlichten Zeitdiagnose *Empire* (Hardt/Negri 2002).

Im Folgenden werden zentrale Positionen und Auseinandersetzungen aus der globalisierungstheoretischen Literatur knapp vorgestellt. Zunächst geht es dabei um die Debatten zu ökonomischen, politischen, sozialen und kulturellen Aspekten. Im Anschluss daran werden die umfassend angelegten Ansätze von Castells sowie von Hardt und Negri präsentiert.

2. Positionen der Globalisierungstheorie

2.1 Ökonomische Aspekte der Globalisierung

Die zentralen Elemente der ökonomischen Globalisierung sind mittlerweile allgemein bekannt: Die Etablierung globaler Finanzmärkte, der Anstieg transnationalen Handels und grenzüberschreitender Investitionen, Vermehrung und Wachstum transnationaler Unternehmen (TNCs), sogenannter Arbeitsplatzexport aus den Industrienationen in Billiglohnländer – vorzugsweise in zollfreie Zonen –, außerdem zunehmende Arbeitsmigration. Gleichzeitig wird die Neoliberalisierung und Deregulierung der Ökonomie – mit all ihren ökonomischen, aber auch politischen, sozialen und ökologischen Effekten – mit der Globalisierung der Weltwirtschaft assoziiert.[3] Auf diese Weise sind diverse makroökonomische Auseinandersetzungen ins Zentrum des globalisierungstheoretischen Interesses gerückt: Debatten über die Wachstums- und Wohlstands- bzw. die Verarmungseffekte von Marktöffnungen und Handelshemmnisabbau, Auseinandersetzungen über die Politik der internationalen Finanz- und Handelsinsti-

---

3 Nicht nur für empirische Daten zur ökonomischen Globalisierung vgl. die entsprechenden Aufsätze in Beck (1998) sowie Altvater/Mahnkopf (1999) und Deutscher Bundestag (2002).

tutionen wie Weltbank, IWF und WTO, außerdem Diskussionen über Maßnahmen zur Finanzmarktkontrolle.[4]

Eine wichtige und stark politisierte Auseinandersetzung hat sich außerdem an
der Frage nach dem Verhältnis von Globalisierung und Neoliberalisie-
rung/Deregulierung entzündet. Folgt ein Prozess aus dem anderen? Und wenn
ja, welcher ist grundlegend? Zwei zentrale Positionen stehen sich hier gegenüber. Die eine lässt sich durch das TINA-Prinzip umreißen, dessen Urheber-
schaft der ehemaligen britischen Premierministerin Margaret Thatcher zugeschrieben wird; TINA steht für *There Is No Alternative*. Verfechter/innen dieser
Position beurteilen – bzw. präsentieren – Deregulierung als (notwendige) Reaktion auf Globalisierungsprozesse. Globalisierung wird als machtvolles, von
außen auf nationalstaatliche Politik einwirkendes Faktum dargestellt, als neue
Rahmenbedingung nationalstaatlicher Politik, auf die zu reagieren man nicht
umhin könne. Deregulierung (um als Wirtschaftsstandort konkurrenzfähig zu
bleiben oder zu werden) und Sozialabbau (zur Senkung der Staatsausgaben)
erscheinen aus dieser Sicht als Sachzwänge, als die einzig sinnvollen Reaktionen
auf Globalisierungsprozesse.[5] Auf der Gegenseite wird Deregulierung nicht in
erster Linie als Reaktion auf Globalisierungsprozesse gewertet, sondern als einer
ihrer Motoren. Saskia Sassen beispielsweise vertritt die These, dass Nationalstaaten durchaus Akteure der Globalisierung sind. Zwar betont auch sie, dass
Staaten mit entscheidend neuen Anforderungen aufgrund veränderter globaler
Wirtschafts- und Kapitalverhältnisse konfrontiert sind. Doch gleichzeitig wendet sie sich entschieden gegen die Ansicht, die neuen ökonomischen Bedingungen würden die Souveränität von Nationalstaaten schlicht aushöhlen oder be-
schneiden, die Staaten zur Deregulierung gewissermaßen zwingen. Vielmehr
führe die im Wandel begriffene Wirtschaftsstruktur sogar zu neuem Regelungs-
bedarf, z.B. in Bezug auf transnationale Handelsstreitigkeiten. Handlungsspiel-
räume für Nationalstaaten gebe es in diesen Fällen durchaus. Die Praxis, solche
Fälle von Neuregulierung privaten, von Marktkriterien geleiteten Institutionen
zu überlassen, sei zwar gängig, aber keinesfalls alternativlos (Sassen 1995: 1-30).

2.2 Politische Aspekte der Globalisierung

Zentrales Thema hinsichtlich politischer Globalisierungsaspekte ist die Transformation nationalstaatlicher Souveränität. Diese Transformation wird nicht nur

---

4   Für einen ersten Überblick vgl. z.B. Müller (2002).
5   Kritik an dieser Sichtweise ist zentrale Antriebskraft der globalisierungskritischen Bewegung, aber z.B
    auch bei Hirst/Thompson (1996) nachzulesen.

auf veränderte ökonomische Rahmenbedingungen zurückgeführt, sondern auch auf zunehmende weltweite Verflechtungen öffentlicher bzw. politischer Institutionen – untereinander, aber auch mit privaten Einrichtungen. Zu nennen sind hier regionale Bündnisse und Zusammenschlüsse von Staaten bzw. Regierungen wie die Europäische Union oder auch die NATO, außerdem IGOs und INGOs (*International [Non]Governmental Organizations*) sowie transnationale Beziehungen zwischen Parteien, Verbänden, Gewerkschaften, NGOs, sozialen Bewegungen – nicht zuletzt der globalisierungskritischen – und Forschungseinrichtungen; aber auch öffentlich-private Kooperationen spielen hier eine Rolle (vgl. Held 2007: 121ff.). Claus Leggewie spricht, beide Komponenten vereinend, von einer „doppelten Entgrenzung des Nationalstaats: der Privatisierung und der Internationalisierung von Entscheidungen" (Leggewie 2003: 150).

Im disziplinären Rahmen der Regierungslehre, der politischen Theorie sowie der Internationalen Beziehungen wird seit einigen Jahren darüber geforscht und nachgedacht, welche konkreten Auswirkungen diese Veränderungen nach sich ziehen und welche Modelle globalen Regierens (*Global Governance*) und postnationaler Demokratie oder wenigstens transnationaler Föderationen und der weiteren Stärkung des Völkerrechts denkbar und wünschenswert sind (vgl. auch „Globales Regieren" in diesem Band); Vorschläge bezogen auf die Frage nach neuen transnationalen politischen Institutionen werden dabei zunehmend mit dem Stichwort des Kosmopolitismus assoziiert.[6] Kolleg/innen aus der Transformationsforschung und der komparativen Politik haben derweil im Zusammenhang von Überlegungen zu „gutem" Regieren (*Good Governance*) ergründet, inwieweit sich Globalisierungsprozesse auf die Demokratisierung und Stabilisierung nationalstaatlicher Politikregime auswirken, ob beispielsweise in Staaten mit eingeschränkter Pressefreiheit demokratisierende Effekte durch das Internet zu erwarten sind. (vgl. z.B. Tetzlaff 2000, Müller 2002: 62-78). Aber auch neue Formen imperialer Politik werden im Zusammenhang politischer Aspekte der Globalisierung thematisiert, insbesondere seit der Zeit nach den Anschlägen vom 11. September 2001 und den Reaktionen des Westens darauf (vgl. z.B. Harvey 2005, Münkler 2005, Calhoun et. al. 2006, Stoler et. al. 2007).

---

6 Im Zusammenhang des Kosmopolitismus werden ferner Modelle einer transnationalen Ethik diskutiert, die universalistische Prinzipien mit dem Respekt vor lokalen Loyalitäten zu vereinen trachten (vgl. Appiah 2007), sowie darüber nachgedacht, welche Implikationen sich aus dem Weltbürgerrecht für bestehende Nationalstaaten ergeben (vgl. Benhabib 2008).

2.3 Soziale Aspekte der Globalisierung

Die sozialen Veränderungen, die im Zuge der Globalisierung im Norden wie im Süden zu beobachten bzw. zu erwarten sind, sind nicht zuletzt Effekte gewandelter ökonomischer und politischer Denkweisen und Organisationsformen. Zentral sind – neben vermehrter Arbeitslosigkeit in industrialisierten Wohlfahrtsökonomien aufgrund von Produktionsverlagerungen in Billiglohnländer – vor allem Flexibilisierung und Sozialabbau im Zusammenhang von Deregulierungsmaßnahmen. Flexibilisierung bezeichnet in erster Linie Anpassungsleistungen, denen Erwerbstätige unterworfen sind. Neue Fertigungsweisen wie die nachfrageorientierte *Just-in-time*-Produktion erhöhen die zeitlichen und räumlichen Flexibilitätsanforderungen an Arbeitnehmende bzw. in die Selbstständigkeit getriebene Arbeitskraftunternehmer/innen. Die zeitliche Flexibilisierung drückt sich vor allem darin aus, auch jenseits begrenzter und genormter Kernarbeitszeiten tätig sein zu müssen. Besonders in den neu entstandenen Produktionsstätten in Billiglohnländern sind die Arbeitsbedingungen in dieser Hinsicht – wie bezogen auf alle Formen arbeitsrechtlicher und sozialer Sicherungen – sehr prekär. Die räumliche Flexibilisierung schlägt sich in neuen Mobilitätserfordernissen und -formen nieder: in vermehrter Migration, häufigeren Umzügen, außerdem beruflichen oder privaten Pendel-Arrangements. Ulrich Beck spricht in diesem Zusammenhang treffend von „Ortspolygamie" und einer „Globalisierung der Biographie" (Beck 1997: 127-135).[7]

Der Rückbau staatlicher Steuerungs- und Versorgungsmechanismen erzeugt außerdem weitere soziale Effekte. Prominent diskutiert wird in der Globalisierungsliteratur in diesem Zusammenhang neben neuer Armut und Informalisierung von Arbeitsbeziehungen die Entsozialisierung, also die Privatisierung von Sozialleistungen, die entweder an den Markt oder an Privathaushalte und Familien delegiert werden. Letzteres wiederum führt empirisch in vielen Fällen zu einer Feminisierung der sozialen Verantwortung (Fraser 2003: 249, Wichterich 2003: insbes. 66-75).

---

7   Zu den persönlichen Konsequenzen der neuen Flexibilitätserfordernisse vgl. v.a. Sennett (2000); über die Zusammenhänge zwischen Flexibilisierung und Feminisierung von Arbeit informiert Wichterich (2003, 2009).

2.4 Kulturelle Aspekte der Globalisierung

Debatten über kulturelle Globalisierung kreisen sowohl um inner- als auch um intergesellschaftliche Veränderungen. Zentral ist dabei die Frage, ob Globalisierung eher Homogenisierung oder Fragmentierung bedeutet.

Einer der prominentesten Vertreter der Homogenisierungsthese ist der Demokratietheoretiker Benjamin Barber, der den Begriff *McWorld* geprägt hat. Für Barber bedeutet *McWorld* vor allem US-Amerikanisierung, einen Prozess, der angestoßen wird durch ökonomische, technologische sowie ökologische Faktoren, und der Integration sowie Uniformität bewirkt. Es entstehe eine homogene globale Kultur, deren Bindeglieder Kommunikation, Information, Unterhaltung und Kommerz sind, und die sich versinnbildlichen lasse durch die weltweite Verbreitung von McDonalds, MTV, Coca-Cola etc. Das Bedrohliche an der *McWorld*-Kultur ist für Barber nun nicht, dass sie zum Verlust vermeintlich authentischer kultureller Muster führe. Bedroht sei vielmehr bürgerschaftliches, politisches Engagement und in letzter Konsequenz die Demokratie selbst. Denn das Ziel der nicht einmal demokratiefeindlichen, sondern der Demokratie gegenüber indifferenten *McWorld* sei eine globale Konsumgesellschaft. Sie erfordere und stütze daher Konsum statt Engagement, Konsumkultur statt politischer Kultur (Barber 1998).

Gegen die These, Globalisierung bedeute kulturelle Homogenisierung oder gar eine US-amerikanisch geprägte kulturelle Hegemonialisierung, spricht sich u.a. der Anthropologe Ulf Hannertz aus. Nach Hannertz greift die Vorstellung zu kurz, wir hätten es in der zunehmend vernetzten Welt ausschließlich mit Kultureinflüssen zu tun, die sich in einer Richtung, vom Zentrum in die Peripherien oder von den USA in den Rest der Welt hinein ausbreiten. Vielmehr seien in den verschiedensten Regionen der Welt Kreolisierungsprozesse zu beobachten: Kulturen vermischen sich auf Weisen, die zu Diversität, Neuverbindungen und Innovation führen (Hannertz 1996: bes. 66f.).

Die vehementeste These sowohl gegen die Homogenisierung als auch gegen die Kreolisierung ist Samuel Huntingtons Idee kultureller Kämpfe und Konflikte – eines *Clash of Civilizations*. Huntington geht davon aus, dass die zentralen Ursachen für Konflikte in der globalisierten Welt weder ideologisch noch ökonomisch sind, sondern kulturell. Seiner Ansicht nach lässt sich die Menschheit in sieben oder acht Zivilisationen aufteilen. In der kleiner werdenden Welt, in der die Interaktionen von Menschen verschiedener Zivilisationen unweigerlich zunehmen, komme es nicht zu Annäherungen, Verständnis und Vermischung, sondern zu einer Verstärkung der Identifikation mit der eigenen zivilisatorischen Großgruppe sowie zu einer Verstärkung von Feindseligkeiten anderen Großgruppen gegenüber. Darüber hinaus würden Prozesse ökonomischer Modernisierung und sozialen Wandels, die entlokalisierende Effekte haben, die Entsäkularisierung, also das Wiedererstarken von Religionen nach sich ziehen – oft in fundamentalistischen Varianten. Die dominante Rolle der westlichen Zivilisation würde außerdem Indigenisierungstendenzen im Rest der Welt hervorrufen (Huntington 1998).

Jenseits dieser Alternativen sind die Szenarien angesiedelt, die Roland Robertson und Arjun Appadurai entwerfen. Robertson kritisiert die Kontrastierung von Homogenisierung und Fragmentierung, denn er geht davon aus, dass Globalisierungsprozesse homogenisierende ebenso wie heterogenisierende Effekte haben. Zur Bezeichnung dieses komplexen Umstandes hat er den Begriff „Glokalisierung" geprägt, der das Globale und das Lokale verbindet. Lokalität und Partikularität sind nach Robertson dem Globalisierungsprozess nicht entgegengesetzt, sondern mit ihm verschränkt, mitunter sogar durch ihn hergestellt. Dies sei z.B. der Fall, wenn – u.a. gegen als gefährlich wahrgenommene Globalisierungstendenzen – die Tradition bemüht und dadurch neu erfunden wird; ein anderes Beispiel ist die jeweils lokalspezifische Programmgestaltung weltweit operierender transnationaler Medienunternehmen wie MTV (vgl. Robertson 1998).

Appadurai schließlich geht davon aus, dass das Zusammenspiel von kultureller Homogenisierung und Heterogenisierung globale Interaktionen derart bestimmt, dass deren Analyse nicht mehr bei konstanten oder zumindest vermeintlich konstanten kulturellen Entitäten ansetzen, sondern globale kulturelle *Flows*, Ströme in den Blick nehmen sollte. Appadurai unterscheidet fünf Dimensionen dieser Ströme. Die erste Dimension sind *Ethnoscapes*, „Landschaften von Personen", eine Konzeption, mit der er vermeidet, von klar umgrenzten kulturell definierten Gemeinschaften wie Zivilisationen sprechen zu müssen. Nach Appadurai sind Menschen in Bewegung – Touristen, Immigranten, Flüchtlinge, Exilanten, Gastarbeiter u.a. – ein zentrales Merkmal unserer Welt. Das heißt nicht, dass es keine relativ stabilen Gemeinschaften geben würde. Doch auch in deren sozialem Gewebe werde „der Kettfaden der Stabilität durchschossen vom Schussfaden der menschlichen Bewegung" (Appadurai 1996: 33f., Übers. IK). Die anderen vier Dimensionen neben den *Ethnoscapes* betreffen technologische, finanzielle, mediale und ideologische Bewegungen. Im Zuge der Globalisierung, so Appadurais These, entkoppeln sich diese fünf „Landschaften" zunehmend.

2.5 Netzwerkgesellschaft im Informationszeitalter

Der Soziologe Manuel Castells verbindet in seiner Studie *Das Informationszeitalter* ökonomische, politische, soziale und kulturelle Globalisierungsaspekte zu einer groß angelegten, wenn auch nicht vollständig ausbuchstabierten Sozialtheorie.[8] Er vertritt die These, dass am Ende des 20. Jahrhunderts sowohl die Entwicklung und Verbreitung von Mikroelektronik und Internet als auch die Entwicklung neuer Biotechnologien einen bedeutenden Wandel der materiellen Grundbedingungen von Gesellschaften eingeleitet haben. Unterstützt wurde dieser Wandel durch zwei Prozesse, die bereits in den 1960er und 1970er Jahren begannen: Wirtschaftliche Krise und ökonomische Restrukturierung einerseits, die neuen sozialen Bewegungen mit ihrem eindeutig antiautoritären, antihierarchischen Impuls andererseits (Castells 2003: 386). Betroffen von diesem sozialen Wandel waren vier Sphären: Produktion und Konsum; institutionelle, vor allem staatliche Macht; Erfahrung und menschliche Selbstverhältnisse, für die Geschlechter- und Familienbeziehungen zentral sind sowie – als Gestaltung der raum-zeitlichen Bedingungen und des Rahmens der ersten drei Sphären – Kultur (2000: 7f.). Das Charakteristikum der auf diese Weise entstandenen neuen Sozialstruktur ist ihre Netzförmigkeit. Zentral an der Idee des Netzwerks sind dessen Flexibilität und die zahllosen Möglichkeiten horizontaler Verbindungen, die an die Stelle zentraler (Kontroll-)Instanzen und hierarchischer Konstellationen treten. Zur Bezeichnung dieser neuen Gesellschaftsformation hat Castells die Begriffe „Netzwerkgesellschaft" und „Informationszeitalter" geprägt.

Die Ökonomie ist laut Castells im Informationszeitalter (das dem Industriezeitalter folgt) von drei Merkmalen geprägt: sie ist erstens informationell, d.h. in einem hohen Maße wissensbasiert, zweitens global und drittens vernetzt. Netzwerkartig strukturierte Unternehmen und Unternehmensgruppen sind für diese neue Form des Wirtschaftens ebenso charakteristisch wie flexible Arbeits- und Beschäftigungsverhältnisse. Staatliche Politik ist im Informationszeitalter deutlich medial orientiert. Das führt laut Castells zu einer Personalisierung des politischen Wettstreits, zu einem immer höheren Stellenwert von Politmarketing sowie – weil mediale Präsenz teuer bezahlt werden muss – einer erhöhten Korruptionsanfälligkeit. Auch die Kultur schließlich organisiere sich zunehmend nach massenmedialen Mustern. Zentral sind hier die elektronischen Medien, besonders das Internet (2000: 10-13, 2001: 83-429).

Zur Charakterisierung der veränderten Raum-Zeit-Konstellation in der Netzwerkgesellschaft hat Castells zwei Formulierungen geprägt: „Raum der Ströme" (*space of flows*) und „zeitlose Zeit" (*timeless time*). Der Raum der Ströme ist eine Konzeption, die neben die hergebrachte Logik des räumlich fixierten „Raums der Orte" (*space of places*) tritt. Castells hat diese Raumvorstellung anhand einer Auseinandersetzung mit globalen Megastädten entwickelt, die er

---

8 Für eine Zusammenfassung der theoretischen Einsichten aus Castells empirisch sehr materialreichem Werk vgl. Castells (2000).

durch ihre Prozesshaftigkeit definiert und nicht durch ihre räumlichen Bedingungen. Er erläutert:

> „Die globale Stadt ist kein Ort, sondern ein Prozess. Sie ist ein Prozess, durch den Zentren der Produktion und Konsumption hochmoderner Dienstleistungen und die ihnen zuarbeitenden lokalen Gesellschaften zu einem globalen Netzwerk verbunden werden, wobei auf der Grundlage von Informationsströmen zugleich die Bedeutung der Verknüpfungen mit ihrem Hinterland zurücktritt." (2001: 441)

Der Raum der Ströme ist mithin ein Raum, der durch Bewegung und Vermittlung konstituiert ist und nicht durch einen Ort. Zeitlosigkeit der Zeit bezeichnet zeitliche Verdichtung, z.B. durch virtuelle Kommunikation, und den Zusammenbruch vormaliger sequenzieller Ordnungen. Gewohnte zeitliche Parameter wie die Uhrzeit oder die Kalenderzeit werden dadurch systematisch irritiert; lineare Lebensmuster werden erschwert oder unmöglich. Spätestens hier wird deutlich, inwiefern auch die menschliche Erfahrung in der Netzwerkgesellschaft neuen Bedingungen ausgesetzt ist. Castells zufolge erscheint die neue soziale Ordnung den meisten Menschen als meta-soziale Unordnung, als „automatisierte, zufällige Abfolge von Ereignissen, die sich aus der unkontrollierbaren Logik von Märkten, Technologie, geopolitischer Ordnung oder biologischer Determination ergeben" (535). Deutliche Distanz entsteht zwischen dem Netzwerk und all denjenigen Personen, Tätigkeiten und Orten, die für das Funktionieren der Netzwerkprozesse unerheblich sind und die daher auch nicht in sie integriert werden. Die Netzwerke im Informationszeitalter sind nach Castells „globale Netzwerke von Reichtum, Macht und Information" (2002: 377); ihre sozialen Folgen sind eine Tendenz zu zunehmender sozialer Ungleichheit und Polarisierung sowie soziale Exklusion (2003: 395). All diejenigen, die von den Netzwerken ausgeschlossen werden, sind gezwungen, Sinnstiftung und Identitätsbildung im Alleingang zu betreiben – Netz und Selbst entkoppeln sich zunehmend, es kommt zu einer bewussten Ablehnung des exkludierenden Netzes seitens der Exkludierten. Nach Castells erklärt sich aus dieser Dynamik das Erstarken von „Widerstands-Identitäten", z.B. des christlichen und des islamischen religiösen Fundamentalismus (2001: 25f.). Fundamentalreligiöse Gruppierungen sind jedoch nur eine der sozialen Bewegungen, die Castells als zentrale Widerstandsidentitäten identifiziert: Auch nationalistische, lokalistische, ökologische und feministische Bewegungen konstruierten (zumindest bisweilen) auf Abgrenzung und Gruppenautonomie ausgerichtete Identitäten und verteidigten spezifische Orte und Zeitmuster gegen *space of flows* und *timeless time*. Sie sind jedoch auch in der Lage, „Projekt-Identitäten" zu konstituieren, die gesellschaftliche Transformationen anstreben. Unabhängig davon, ob diese Gruppen hinsichtlich ihrer inhaltlichen Programme jeweils zu Sorge oder zu Hoffnung Anlass bieten, spricht Castells ihnen – und nicht etwa traditionellen politischen Akteuren wie Parteien oder Gewerkschaften – das Potential für gesellschaftlichen Wandel zu: sie sind „die Subjekte des Informationszeitalters" (2002: 384).

2.6 Empire

Antonio Negri und Michael Hardt, verortet zwischen Marxismus und Poststrukturalismus, bezeichnen die im Entstehen begriffene neue Weltordnung, die sie in ihrem gleichnamigen Buch skizzieren, als *Empire*. Das Empire ist eine umfassende Form globaler Herrschaft, die weder ein Außen noch ein Zentrum kennt. Es sprengt jegliche Raum- und Zeitgrenzen insofern, als dass es einerseits gänzlich global operiert, also den Raum in seiner Totalität umfasst, und sich andererseits als ewig versteht. Es hat außerdem das gesellschaftliche Leben in seiner Gesamtheit zum Gegenstand und ist schließlich immer mit Frieden verknüpft (Hardt/Negri 2002: 12f.) – Kriege im Empire werden als gerechte Kriege und globale Polizeimaßnahmen „pazifiziert". Die Welt des Empire ist – ähnlich der Netzwerkgesellschaft im Informationszeitalter – durch Netzförmigkeit, Flexibilität und Hybridität gekennzeichnet. Es operiert „durch abgestimmte Netzwerke des Kommandos", mit deren Hilfe es „hybride Identitäten, flexible Hierarchien und eine Vielzahl von Austauschverhältnissen" organisiert (11). Die Macht des Empire ruht auf zwei Säulen, die jedoch nicht eindeutig voneinander trennbar sind, sondern ineinander übergehen: Politik bzw. Souveränität einerseits, Ökonomie bzw. Produktion andererseits. Imperiale Souveränität zeichnet sich nach Hardt und Negri vor allem durch einen Zustand aus, den sie als Korruption bezeichnen; eher im antiken als im landläufigen Sinne verstehen sie darunter „ein (Ver-)Fließen der Form (...) – ein Auf und Ab von Formation und Deformation, Generation und Degeneration" (213). Imperiale Souveränität kennt daher keine fixierte Form. Sie ist instabil, unrein, von lokalen Widersprüchen und Zusammenbrüchen geprägt. Mit einer zunehmenden Privatisierung des öffentlichen Raums verschwindet der Ort der Politik und macht dem Spektakel Platz, das an einem virtuellen Ort, einem „Nicht-Ort der Politik" stattfindet. Das Modell der imperialen Souveränität ist der Weltmarkt (199-201). Imperiale Produktion wiederum ist in erster Linie durch ihre Immaterialität gekennzeichnet. Immaterielle Güter wie Wissen und Dienstleistungen werden durch immaterielle Arbeit produziert. Formen solcher Arbeit sind kommunikative, interaktive und affektive Tätigkeiten – also z.B. Informationsvermittlung, Organisation, Pflege und Betreuung. Mit Zunahme immaterieller Arbeit nimmt die Unterscheidbarkeit zwischen Produktion und Reproduktion ebenso ab wie jene zwischen intellektueller und körperlicher Arbeit (300-305). Auch hier verwischen also klare Grenzziehungen.

Trotz seiner in jeder Hinsicht umfassenden Wirkungen ist das Empire keine aus sich heraus funktionierende Macht. Die Entfaltung imperialer Herrschaft ist auf die Ausbeutung und Partizipation arbeitender und begehrender Menschen angewiesen, die gemeinsam ein intern plurales und heterogenes Kollektiv konstituieren (können), das Hardt und Negri *Multitude* – in der deutschen Übersetzung: Menge – nennen. Unter Menge verstehen sie gleichzeitig „den Kreis aller Ausgebeuteten und Unterdrückten" (400) und – als politisches Subjekt – „eine horizontal und demokratisch geprägte Netzwerkstruktur, eine politische Organisationsform, die über Kommunalität und Vielfalt funktioniert" (Hardt 2002: 101). Auch Hardt und Negri sehen also – ähnlich wie Castells bezogen auf die Netzwerke – die Macht des Empire keinesfalls als total an; das Empire ist vielmehr ein Parasit der *Multitude*, die durchaus in der Lage ist, Alternativen zum Empire zu entwickeln. Anders als Castells jedoch sind sie der Ansicht, dass ein politisches Projekt, das im Widerstand gegen das global operierende Empire antritt, ebenfalls global angelegt sein muss, um nicht in der Isolation zu enden. Wir müssen, erklären sie, „durch das Empire hindurch, um auf die andere Seite zu gelangen" (Hardt/Negri 2002: 218).[9]

3. Bewertungsprobleme

Nach welchen Kriterien sollte man Globalisierungstheorien bewerten? Diese Frage ist schwer zu beantworten, zumal schon die ihnen zugrunde liegenden Globalisierungsphänomene kaum ohne große Anstrengungen zu beschreiben, geschweige denn zu erklären sind. Meist sind sowohl die Phänomene selbst als auch ihre Effekte diffus, vielfältig und ambivalent. Sie entziehen sich einfachen Beurteilungen und erscheinen je nach Positionierung bzw. Interessen der Betrachter/innen in einem anderen Licht. Sie unterscheiden sich regional. Und sie verändern sich, manchmal sogar während ihrer Betrachtung.

Aus diesen Gründen scheint als Bewertungskriterium für Globalisierungstheorien das Schlankheitspostulat, das vor allem im Zusammenhang empirischer Theorien gängig ist, wenig weiterzuhelfen. Eher könnte – neben retro-

---

9   In den Folgebänden *Multitude* (Hardt/Negri 2004) und *Common Wealth* (2009) haben Hardt und Negri ihre Thesen aus *Empire* fortgeschrieben und ausdifferenziert. In *Multitude* stehen dabei die Effekte auf Dauer gestellter Kriegszustände, die Potentiale der Multitude als widerständigem politischem Subjekt sowie demokratietheoretische Aspekte im Mittelpunkt. Die Analyse von *Common Wealth* ist um Fragen globaler Ungleichheit und transnational wie intersektional vernetzter politischer Bewegungen zentriert.

spektiver Plausibilität der prognostischen Elemente – die Komplexität von Globalisierungstheorien für ihre Qualität bürgen. Die Theorien sollten in der Lage sein, Diskontinuitäten und gegenläufige Prozesse, Heterogenität und Widersprüchlichkeiten in den Blick zu nehmen und begrifflich zu fassen. Gute bzw. interessante Theorien würden dann eher Metaphern für komplexe Prozesse anbieten und Aussagen über Verhältnisse zwischen diesen Prozessen versuchen, sie würden eher komplex und multifaktoriell beschreiben bzw. deuten, als Globalisierungsphänomene unter Rückgriff auf möglichst wenige Prinzipien sparsam und widerspruchsfrei zu erklären. Zumindest in *dieser* Hinsicht wiesen dann die Ansätze von Castells und von Hardt/Negri in die richtige Richtung[10] – auch wenn ihnen zu Recht argumentative Unschärfen vorgeworfen werden.

Daneben scheinen drei inhaltliche Aspekte für die Tauglichkeit von Globalisierungstheorien von Belang. *Erstens* die thematische Reichweite: Einbezogen werden sollten möglichst viele Dimensionen der Globalisierung (Ökonomie, Ökologie, Kultur etc.); wenn möglich, sollten außerdem Aussagen zu den Beziehungen und eventuellen Wechselwirkungen zwischen einzelnen Dimensionen getroffen werden. Wichtig ist *zweitens* die geographische Reichweite der Theorien, denn es ist z.B. durchaus umstritten, ob es sich bei Regionalisierungsprozessen wie der EU-Integration bereits um Globalisierungsphänomene handelt oder nicht. Außerdem ist selten von vornherein ausgemacht, wie global einzelne Globalisierungsphänomene wirklich sind. Es muss jeweils ermittelt werden, ob sie nicht einzelne Regionen oder gar Kontinente untangiert lassen oder sogar ausschließen. Weiterhin wäre zu untersuchen, ob sich ihre Wirkungen weltweit überhaupt decken oder zumindest signifikant ähneln. *Drittens* sollten Analysekategorien, die sich bei differenzierten Gesellschaftsanalysen auf nationalstaatlicher Ebene bewährt haben, beachtet und gegebenenfalls integriert werden. In diesem Sinne könnte z.B. die Frage als Richtschnur dienen, inwieweit die vielfältigen Dynamiken thematisiert werden, durch die Globalisierungsprozesse und die Veränderung von Geschlechterarrangements verwoben sind.[11]

Dass Globalisierungsforschung und -theorie vor dem Hintergrund dieser Postulate eine in hohem Maße aufwendige und konstitutiv unsichere Angelegenheit ist, versteht sich von selbst. Da ist es kaum verwunderlich, dass *Global Transformations* als Gemeinschaftswerk entstanden ist, Manuel Castells mit seiner

---

10 Noch einen Schritt weiter geht John Urry (2003), der in seinem Buch „Global Complexity" einen explizit komplexitätstheoretischen Zugriff auf Globalisierung entwirft.

11 Neben den bereits benannten Studien von Wichterich vgl. hierzu u.a. Klingebiel/Randeria (1998), Hess/Lenz (2001), den Themenschwerpunkt im Heft 4/2003 der „Deutsche Zeitschrift für Philosophie" sowie Gunewardena/Kingsolver (2007) und Korieh/Okeke-Ihejirika (2009); mit überblickhaftem Charakter auch Lemke (2003), Young/Hoppe (2004) sowie Jensen (2009).

Trilogie ein Jahrzehnt beschäftigt war und dass viele derjenigen, die sich mit Globalisierungsphänomenen befassen, umfassende Globalisierungstheorien grundsätzlich ablehnen und die Alternativen zur Komplexität wählen: Schlankheit oder Spezifität. Während eine Vielzahl kontextspezifischer Analysen unabdingbar dafür ist, die Komplexität der Globalisierung und ihrer Effekte überhaupt zu erfassen, erfordern Wunsch und Wille, die gegenwärtige Weltlage zu bestimmen, allerdings doch den waghalsigen Blick aufs große Ganze. „Wir befinden uns in einer neuen Welt, für die wir ein neues Verständnis brauchen", hat Manuel Castells dazu erklärt (2001: XXI). Gefragt sind also Deutungsversuche. Und für die gilt: empirisch fundiert, prozessorientiert, komplex, begrifflich klar, visionär und mutig müssen sie sein.

Literatur

Altvater, Elmar/Mahnkopf, Birgit (1999): Grenzen der Globalisierung. Ökonomie, Ökologie und Politik in der Weltgesellschaft. Münster: Westfälisches Dampfboot.
Appiah, Kwame Anthony (2007): Der Kosmopolit. Philosophie des Weltbürgertums. München: Beck
Appadurai, Arjun (1996): Modernity at Large. Cultural Dimensions of Globalization. Minneapolis – London: University of Minnesota Press.
Barber, Benjamin (1998): Democracy at Risk. American Culture in a Global Culture. In: World Policy Journal XV. 29-41.
Beck, Ulrich (1997): Was ist Globalisierung? Frankfurt/M: Suhrkamp.
(Hg.) (1998): Politik der Globalisierung. Frankfurt/M: Suhrkamp.
Benhabib, Seyla (2008): Die Rechte der Anderen. Ausländer, Migranten, Bürger. Frankfurt/M.: Suhrkamp.
Brock, Ditmar (2008): Globalisierung. Wirtschaft – Politik – Kultur – Gesellschaft. Wiesbaden: VS.
Calhoun, Craig/Cooper, Frederick/Moolre, Kevin W. (Hg.) (2006): Lessons of Empire. Imperial Histories and American Power. New York – London: The New Press.
Castells, Manuel (2000): Materials for an Exploratory Theory of the Network Society. In: British Journal of Sociology 51. 5-24.
– (2001, 2002, 2003): Das Informationszeitalter. 3 Bd. Opladen: Leske + Budrich.
Deutscher Bundestag (Hg.) (2002): Schlussbericht der Enquete-Kommission Globalisierung der Weltwirtschaft. Opladen: Leske + Budrich.
Fraser, Nancy (2003): Von der Disziplin zur Flexibilisierung? Foucault im Spiegel der Globalisierung. In: Honneth, Axel/Saar, Martin (Hg.): Michel Foucault – Zwischenbilanz einer Rezeption. Frankfurt/M: Suhrkamp. 239-258.
Gunewardena, Nandini/Kingsolver, Ann (Hg.) (2007): The Gender of Globalization. Women Navigating Cultural and Economic Marginalities. Santa Fe – Oxford: SAR.
Hannertz, Ulf (1996): Transnational Connections. Culture, People, Places. London – New York: Routledge.

Hardt, Michael (2002): Hier spricht das Empire. Ein Interview mit Michael Hardt von Ina Kerner und Martin Saar. In: Texte zur Kunst 46. 93-103.

Hardt, Michael/Negri, Antonio (2002): Empire. Die neue Weltordnung. Frankfurt/M: Campus.

– (2004): Multitude. Krieg und Demokratie im Empire. Frankfurt/M: Campus.

– (2009): Common Wealth. Das Ende des Eigentums. Frankfurt/M: Campus.

Harvey, David (1989): The Condition of Postmodernity. Oxford: UP.

– (2005): Der neue Imperialismus. Hamburg: VSA.

Held, David (2007): Soziale Demokratie im globalen Zeitalter. Frankfurt/M.: Suhrkamp.

Held, David/McGrew, Anthony/Goldblatt, David/Perraton, Jonathan (eds.) (1999): Global Transformations. Stanford: UP.

Hess, Sabine/Lenz, Ramona (Hg.) (2001): Geschlecht und Globalisierung. Ein kulturwissenschaftlicher Streifzug durch transnationale Räume. Königstein/Ts: Ulrike Helmer.

Hirst, Paul/Graham, Thompson (1996): Globalisation. Ten frequently asked questions and some surprising answers. In: Soundings 4. 47-66.

Huntington, Samuel (1998): Kampf der Kulturen. Die Neugestaltung der Weltpolitik im 21. Jahrhundert. Berlin: Siedler.

Jensen, Heike (2009): Globalisierung. In: Braun, Christina von/ Stephan, Inge (Hg.): Gender@Wissen. Ein Handbuch der Gender-Theorien. 2. überarbeitete Auflage. Köln – Weimar – Wien: Böhlau. 161-184

Klingebiel, Ruth/Randeria, Shalini (Hg.) (1998): Globalisierung aus Frauensicht. Bilanzen und Visionen. Bonn: Dietz.

Korieh, Chima J./Okeke-Ihejirika, Philomina (Hg.) (2009): Gendering Global Transformations. Gender, Culture, Race, and Identity. New York – London: Routledge.

Leggewie, Claus (2003): Die Globalisierung und ihre Gegner. München: Beck.

Lemke, Christiane (2003): Gender und Globalisierung. Auf: http://www.gender-politik-online.de

Müller, Klaus (2002): Globalisierung. Frankfurt/M: Campus.

Münkler, Herfried (2005): Imperien. Die Logik der Weltherrschaft – vom alten Rom bis zu den Vereinigten Staaten. Reinbek: Rowohlt.

Osterhammel, Jürgen/Petersson, Niels (2003): Geschichte der Globalisierung. Dimensionen, Prozesse, Epochen. München: Beck.

Rehbein, Boike/Schwengel, Hermann (2008): Theorien der Globalisierung. Konstanz: UVK

Robertson, Roland (1998): Glokalisierung: Homogenität und Heterogenität in Raum und Zeit. In: Beck, Ulrich (Hg.): Perspektiven der Weltgesellschaft. Frankfurt/M: Suhrkamp. 192-220.

Sassen, Saskia (1995): Losing Control? Sovereignty in an Age of Globalization. New York: Columbia UP.

Sennett, Richard (2000): Der flexible Mensch. Die Kultur des neuen Kapitalismus. Berlin: Siedler.

Stoler, Ann Laura/McGranahan, Carole/Perdue, Peter C. (Hg.) (2007): Imperial Formations. Santa Fe – Oxford: SAR.

Tetzlaff, Rainer (Hg.) (2000): Weltkulturen unter Globalisierungsdruck. Erfahrungen und Antworten aus den Kontinenten. Bonn: Dietz.

Urry, John (2003): Global Complexity. Cambridge: Polity.

Wichterich, Christa (2003): Femme global. Globalisierung ist nicht geschlechtsneutral. Hamburg: VSA.

– (2009): gleich, gleicher, *ungleich*. Paradoxien und Perspektiven von Frauenrechten in der Globalisierung. Sulzbach/Ts.: Helmer

Young, Brigitte/Hoppe, Hella (2004): Globalisierung: Aus Sicht der feministischen Makroökonomie. In: Becker, Ruth/ Kortendiek, Beate (Hg.): Handbuch Frauen- und Geschlechterforschung. Theorie, Methode, Empirie. Wiesbaden: VS. 485-493.

Institution

Gerhard Göhler

1. Was sind Institutionen und was leisten sie?

Institutionen sind feste Einrichtungen in einer Gesellschaft. Es gibt sie, seit es menschliche Vergesellschaftung gibt, und sie stehen bei allem Wandel für Dauer und Stabilität. Die Bezeichnung allerdings ist relativ neu. Für soziale und politische Institutionen hat sich der Terminus im 19. Jahrhundert eingebürgert, seit es Sozialwissenschaften und später auch sozialwissenschaftlich orientierte Politikwissenschaft gibt. Die theoretische Diskussion über Institutionen ist eine ganz moderne Diskussion. Sie wurde in der Politikwissenschaft, die es doch primär mit Institutionen zu tun hat, erst seit den 1980er Jahren und vornehmlich unter dem Stichwort *Neo-Institutionalismus* geführt.[1] Diese Diskussion war überfällig, sie hat den Stellenwert von Institutionen klarer gemacht. Viele Fragen bleiben jedoch offen, und darum soll es in diesem Beitrag gehen. Zunächst gilt es, zwischen sozialen und politischen Institutionen zu unterscheiden, was noch konsensfähig sein mag, zumal von ihnen ganz analoge Leistungen erwartet werden (1.). Wie ihre Funktionsweise allerdings genauer zu erfassen ist – darüber wurde und wird im Neo-Institutionalismus gestritten. Dabei sind die Frontstellungen keineswegs klar und wichtige Fragen nur unzureichend beantwortet (2.). Diesen Defiziten begegne ich mit einem umfassenderen Institutionen-Modell, das ich als *institutionelle Konfiguration* bezeichne (3.).

Soziale und politische Institutionen

Institutionen sind zuallererst soziale Gebilde, die auf Dauer abstellen. Ob naturwüchsig entstanden oder bewusst errichtet, stets sind sie auf Kontinuität hin angelegt: ohne zeitliche Limitierung und mit der Suggestivkraft unveränderlichen Bestehens, selbst wenn sie historischem Wandel unterliegen. Institutionen stehen in doppeltem Sinne für Stabilität: Zum einen sind sie selbst stabil, und zwar mindestens so stabil, dass sie sich weniger verändern als die gesellschaftlichen Verhältnisse, die von ihnen strukturiert werden. Zum anderen haben sie

---

1 Für den Neo-Institutionalismus grundlegend sind March/Olson (1984,1989); einen Überblick geben Schmalz-Bruns (1990), Hall/Taylor (1996), Peters (1996, 2000), Schmidt (2003) sowie im Anfangsteil das *Oxford Handbook of Political Institutions* (Rhodes/Binder/Rockman 2008). Zur Sichtweise des soziologischen Neo-Institutionalismus: Hasse/Krücken (2005), Senge/Scott (2006). Zur theoriegeschichtlichen Einordnung des Institutionenbegriffs: Schülein (1987).

stabilisierende Wirkung. Wie die Menschen handeln, wie sie reagieren, hängt jeweils von den Umständen ab; in jeder neuen Situation ändern sich auch die erforderlichen Reaktionsweisen. Das Zusammenleben der Menschen wäre in der Vielfalt von Situationen extrem unstabil, wenn es nicht Mechanismen gäbe, die eine gewisse Verhaltenssicherheit gewährleisten. Die Sicherheit besteht darin, dass das Handeln anderer in einer bestimmten Situation bis zu einem gewissen Grade erwartbar und damit berechenbar wird. Wenn ein Fahrzeug entgegenkommt, so gibt die Einrichtung des Rechtsverkehrs eine gewisse Sicherheit, dass das Fahrzeug links vorbeifahren wird – man muss es nicht immer wieder austesten. Die Institution des neuzeitlichen Staates gibt mit dem erfolgreich beanspruchten Monopol legitimen physischen Zwangs (Max Weber) eine gewisse Sicherheit, dass man nicht bei jeder entgegenkommenden Person überlegen muss, eine Waffe zu zücken – die Gewährleistung der öffentlichen Sicherheit macht Attacken von Entgegenkommenden eher unwahrscheinlich. Das ist die stabilisierende Leistung von Institutionen: Sie strukturieren die vielfältigen Situationen des menschlichen Zusammenlebens darauf hin dass die Handlungen der Beteiligten bis zu einem gewissen Grade erwartbar werden, und zwar dadurch, dass die Strukturierung über die Einzelsituation hinaus besteht und auch für wechselnde Beteiligte stets gemeinsam gilt.

Was bisher eher abstrakt als „Strukturierung" bezeichnet wurde, ist nichts anderes als eine *Regelung* des menschlichen Zusammenlebens. Regeln besagen, wie man sich verhalten und wie man sich nicht verhalten soll. Die Einhaltung von Regeln wird zumeist nicht belohnt, ihre Nichteinhaltung jedoch mit Sanktionen bedroht. Institutionen stehen dafür, dass die Verletzung von Regeln mit Nachteilen verbunden ist und dass auch jede Person weiß, worauf sie sich einlässt, wenn sie sich nicht an die Regeln hält. Eine Regel ist noch keine Institution. Um Institutionen handelt es sich erst, wenn grundsätzlich drei Bedingungen erfüllt sind: dass es Regeln gibt, dass sie angewendet werden und dass die Beteiligten dies auch wissen. Solche Regeln können formell oder informell sein. Sind sie formell, so sind sie normiert, wie etwa in Form von Gesetzen. Formelle Regeln gehören vor allem zu politischen Institutionen. Viele gesellschaftliche Strukturierungen bestehen jedoch aus informellen Regeln, „ungeschriebenen Gesetzen", und sie brauchen deshalb nicht minder wirksam zu sein. Gesellschaftliche Institutionen wie etwa die Familie haben für das Zusammenleben bestimmte Verhaltensanforderungen und Verhaltenserwartungen, die als Selbstverständlichkeiten gelten und durch Konventionen, Sitten oder Gebräuche begründet sind. Wenn und solange sie in Kraft sind, enthalten sie Sanktionsmechanismen, etwa in Form der gesellschaftlichen Ausgrenzung, die eine Regelverletzung ebenso riskant und in den Folgen vielleicht schwerwiegender macht als die Zuwiderhandlung gegen formale Vorschriften.

Die Regelbefolgung erfordert nur in seltenen Fällen äußeren Zwang. Er mag bisweilen hilfreich sein, um zu tun, was man nicht gerne tut, er kann aber nicht an die Stelle individueller Entscheidungen treten. Institutionen wirken daher nur partiell von außen auf die Individuen ein. Ihre Kraft erhalten sie erst, wenn sie in ihrer Wirkung von den Individuen verinnerlicht, von ihnen internalisiert werden. Insbesondere politische Institutionen können sich allein durch Zwang nicht am Leben erhalten, sie müssen in den Bürgern selbst verwurzelt sein. Ausgeübter Zwang wird zweifellos respektiert; jedes Zwangsregime setzt aber zugleich eine Vielzahl von Mechanismen in Gang, um den Zwang zu umgehen und zu unterlaufen. Zu Recht hat Hannah Arendt darauf hingewiesen, dass die Macht der Institutionen nicht, jedenfalls nicht auf Dauer, auf Gewalt beruhen kann: „Politische Institutionen ... erstarren und verfallen, sobald die lebendige Macht des Volkes nicht mehr hinter ihnen steht und sie stützt" (Arendt 1970: 42).

Es kommt ein weiterer, häufig übersehener Aspekt hinzu: Gesellschaftliche Strukturierung durch Institutionen erfolgt nicht nur durch Regulierung, sondern auch durch *Orientierung*. Regeln machen Vorgaben darüber, welche Verhaltensweisen geboten oder verboten, akzeptabel oder nicht akzeptabel sind. Institutionen wirken auf diese Weise steuernd, indem sie ein bestimmtes Verhalten zulassen und ein anderes mehr oder weniger ausschließen. Aber Institutionen stehen nicht nur für Regeln, sie bringen auch Werte, nämlich Sinnvorstellungen über eine gelungene Lebensführung in der Gesellschaft zum Ausdruck. Die Familie steht für eine aus Verwandtschaftsbezügen sich ergebende Solidarität. Gewerkschaften stehen für die Solidarität der abhängig Beschäftigten. Politische Institutionen schließlich bringen die grundlegenden Werte und Ordnungsprinzipien des Gemeinwesens zum Ausdruck. Solche Objektivationen von Sinnvorstellungen in den Institutionen bedeuten nicht, dass alle Beteiligten sich genau nach ihnen richten müssen oder sich auch tatsächlich nach ihnen richten. Sie sind gewissermaßen Wegweiser, und das individuelle Handeln wird sich umso mehr nach ihnen richten, wie es die in Institutionen objektivierten und zum Ausdruck gebrachten Werte und Sinnvorstellungen für die persönliche Lebensführung als maßgeblich akzeptiert. Entscheidend ist, dass die Gesellschaft solche Werte und Sinnbezüge symbolisch anbietet und dass sie in ihren Institutionen glaubwürdig zum Ausdruck kommen.

Soziale Institutionen sind – zusammengefasst – *relativ auf Dauer gestellte, durch Internalisierung verfestigte Verhaltensmuster und Sinngebilde mit regulierender und orientierender Funktion.*

Analog dazu sind *politische Institutionen* zu sehen; sie sind bestimmt durch die spezifischen Bedingungen von Politik. Hier geht es weniger um gesellschaftliche Regelungsmechanismen als vielmehr um die Herstellung und Durchführung verbindlicher Entscheidungen für das Gemeinwesen. Politische Institutionen haben hier zunächst die Funktion der *Steuerung*, um Verhaltensweisen im Gemeinwesen durch zweckbestimmte Einschränkung von Handlungsoptionen zu regulieren. Durch Anreize oder Sanktionen werden erwünschte Verhaltensweisen der Bürger gefördert und unerwünschte behindert. Es war die Illusion der Steuerungs- und Planungseuphorie der 70er Jahre, die Politik könne auf diese Weise unmittelbar und eindeutig zu ihren erwünschten Ergebnissen gelangen. Politische Steuerung wirkt heutzutage eher indirekt, indem sie lediglich die Bedingungen zur Entscheidungsfindung festlegt, oder sogar rein horizontal, wenn sie auf Mechanismen der hierarchischen Durchsetzung ganz verzichtet.[2]

Politische Institutionen haben zudem, analog zur Doppelfunktion sozialer Institutionen, die Funktion der *Integration*. Gemeinhin wird Integration eher organisatorisch, als Einfügung oder Zusammenfügung disparater Elemente verstanden (Integration von Ausländern, europäische Integration). Hier geht es um etwas anderes, nämlich um normative Integration. Politische Institutionen müssen dazu verhelfen, dass sich die Bürger in den Grundwerten des Gemeinwesens wiederfinden, um ein Mindestmaß an Identifikation und kollektiver Identität zu erreichen. Verbindliche Entscheidungen durch politische Institutionen gelten in der Neuzeit nur als legitim, wenn sie im Namen der Bürger erfolgen, und trotzdem haben diese ganz unterschiedliche Interessen. Es kommt also darauf an, dass in den Entscheidungen, für welche die politischen Institutionen verantwortlich zeichnen, immer sichtbar bleibt, dass die Grundwerte des Gemeinwesens leitend sind. Den Einzelentscheidungen lässt sich solches oft nicht entnehmen. Wohl aber ist sichtbar, ob die politischen Institutionen generell im Sinne der Wertvorstellungen der Bürger handeln. Solches kommt in ihren Symbolen, in ihrem symbolischen Handeln zum Ausdruck. Indem die politischen Institutionen diese Gemeinsamkeit jenseits von Interessenkonstellationen symbolisch darstellen, integrieren sie die Bürger in den Angelegenheiten des Gemeinwesens: Diese sehen sich nicht nur rational, sondern auch emotional in ihren grundlegenden Wertvorstellungen im Gemeinwesen präsent. So können sie sich in ihrem Handeln, soweit gewünscht und erforderlich, auf das Gemeinwesen hin orientieren. Nur unter dieser Bedingung hat ein Gemeinwesen auf Dauer Bestand (Smend 1928).

Politische Institutionen sind deshalb an ihren Steuerungsleistungen wie an ihren Integrationsleistungen zu bemessen. Sie sind *Regelsysteme der Herstellung und Durchführung verbindlicher Entscheidungen und Instanzen der symbolischen Darstellung von Orientierungsleistungen einer Gesellschaft.* Im klassisch-neuzeitlichen Verständnis war der institutionelle Rahmen der Staat. Spätestens seit seiner Erosion in der Glo-

---

2   Das ist dann „weiche Steuerung", vgl. Göhler (2010).

balisierung und durch die Übertragung von Souveränitätsrechten an übergeordnete Regime ist die Eindeutigkeit der Zuordnung verloren gegangen, aber politische Institutionen, wo auch immer angesiedelt, haben ihre doppelte Bedeutung nach wie vor.

Institutionen sind nicht ohne handelnde Personen, ohne *Akteure* vorstellbar. Diese müssen häufig nicht eigens angegeben werden, um eine Institution und ihre Mechanismen zu begreifen. Soziale Institutionen wie die Familie oder der Markt haben zwar ihre Akteure, aber sie sind nicht durch eine abzählbare Menge angebbarer Personen bestimmt. Bei politischen Institutionen wird es dagegen diffiziler. Das Parlament oder die Regierung besteht aus einer festen Anzahl von Mitgliedern, deren Aktivitäten die Institution ausmachen. Andererseits ist die Institution der Verfassung ihrem ganzen Sinne nach überpersönlich. Hier ist eine Einteilung von Maurice Hauriou (1965) hilfreich. Er unterscheidet zwischen Personen-Institutionen (*institutions-personnes*) und Sach-Institutionen (*institutions-choses*). Entsprechend gibt es politische Institutionen mit Akteuren und solche ohne Akteure, ohne dass ihre Mechanismen grundsätzlich verschieden wären. Politische Institutionen mit Akteuren sind durch die in ihnen handelnden Personen bestimmt: Parlament, Regierung, Gerichte usw. – sie sind Organisationen. Politische Institutionen ohne Akteure sind Normensysteme, insbesondere die Verfassung, und als solche Personen-unabhängig. Erst in zweiter Linie ist von Belang, dass sie von Personen gemacht sind (sie stellen „geronnenes Handeln" dar) und für ihr Wirksamwerden wiederum handelnder Personen in Organisationen bedürfen (zur Verfassung gehören die Verfassungsorgane).

Mindestens ebenso wichtig für politische Institutionen sind ihre *Adressaten*. Das sind wir alle, die zu Leistungen (etwa Steuern) verpflichtet sind oder Leistungen beanspruchen können. Es genügt nicht, Institutionen als Gebilde oder auch als institutionelle Mechanismen (Rehberg 1994) nur für sich selbst zu betrachten, sie sind nicht ohne die Bürger als Adressaten und als eigene Akteure zu begreifen. Politische Institutionen stehen stets in einer Konfiguration, innerhalb derer sie wirken. Auf die erforderliche Ausweitung der Perspektive zur „institutionellen Konfiguration" komme ich im dritten Teil zurück. Die neuere institutionentheoretische Diskussion, die unter dem Stichwort „Neo-Institutionalismus" zunächst zu skizzieren ist, verbleibt in einer engeren Perspektive.

2. Zum neueren Institutionenverständnis: der Neo-Institutionalismus

Seit den 1980er Jahren höchst einflussreich, will der Neo-Institutionalismus nicht nur einzelne Institutionen untersuchen und auf ihre Bedeutung hinweisen. Es geht ihm generell um die Funktionsweise von Institutionen in gesellschaftlichen, ökonomischen und politischen Zusammenhängen. Allerdings wirft er einige Probleme auf. Am Anfang vieler Überblicke steht zumeist die Klage über die Vielzahl heterogener Perspektiven, die eher beliebig unter dem Terminus „Institution" zusammengefasst werden (DiMaggio/Powell 1991: 3). Entsprechend unterschiedlich wird der Neo-Institutionalismus dann aufgegliedert. Am brauchbarsten erscheint eine fächerorientierte Einteilung in einen *ökonomischen,* einen *(organisations-)soziologischen* und einen *politikwissenschaftlichen* oder *historischen* Neo-Institutionalismus, die sich inzwischen auch weitgehend durchgesetzt hat (Schmidt 2010 oder)[3]. Stets geht es dabei – wenn auch in höchst unterschiedlicher Gewichtung – um eine engere *rationalistische* oder eine weitere *kulturalistische* Perspektive.

Ökonomischer Institutionalismus

Der Blick der Ökonomie richtet sich primär auf das individuelle Handeln in Märkten, nicht auf Institutionen oder Organisationen. Die neoklassische Ökonomie ist erst auf Institutionen gestoßen, als Coase 1937 fragte, warum es überhaupt Firmen gibt und nicht alle Transaktionen als Markttausch vollzogen werden. Die Theorie der *Firma* bricht mit der bis dahin unterstellten Annahme, dass Märkte und hierarchische Organisationen unvergleichbare Formen darstellen, wobei die Ökonomie die Austauschrelationen und die Soziologie die Herrschaftsrelationen analysiert. Vielmehr können Firmen als institutionelle Äquivalente zum Markt verstanden werden, wenn es um ihre Kosten geht. Damit beginnt die neoklassische Institutionenökonomie oder „Neue Institutionelle Ökonomie".

So hebt der *Transaktionskosten*-Ansatz für den Vergleich von Märkten und wirtschaftlichen Unternehmungen hervor, dass der marktförmige Austausch allein schon durch den Abschluss von Verträgen und die Beschaffung der erforderlichen Informationen stets erhebliche Kosten verursacht. Diese Transaktionskosten können es als vorteilhaft erscheinen lassen, Organisationen oder Institutionen einzurichten, da die sozialen Beziehungen hier nicht für jede Situation neu vertraglich geregelt, sondern kurzfristig per Anweisung gesteuert werden. Zusätzlich zu einer derart ermöglichten Minimierung von Transaktionskos-

---

3 Schmidt (2010) fügt noch einen vierten Neo-Institutionalismus hinzu, den *diskursiven Neo-Institutionalismus.* Siehe dazu unten Fn. 9.

ten tragen Institutionen durch ihre Dauerhaftigkeit dazu bei, Unsicherheit zu reduzieren, da nicht ständig mit neuen Vertragspartnern und veränderten Vertragsbeziehungen gerechnet werden muss.

Institutionelle Rahmenbedingungen spielen auch im *Property-Rights*-Ansatz eine wichtige Rolle. Ausgehend von der Feststellung, dass Transaktionen nicht nur als Austausch von Gütern und Dienstleistungen, sondern vornehmlich als vertragliche Übertragung von Eigentumsrechten zu verstehen sind, werden die unterschiedlichen Konsequenzen analysiert, die sich bei privaten, gemeinschaftlichen oder staatlichen Eigentumsstrukturen ergeben.

Speziell mit Blick auf die Verhältnisse innerhalb von Firmen untersucht schließlich der *Principal-Agent*-Ansatz, wie innerhalb von Organisationsstrukturen unterschiedliche Handlungsstrategien entstehen. Der unternehmende „principal" und die arbeitenden „agents" stehen sich in einer Firma nicht nur hierarchisch, in Form von Über- und Unterordnung gegenüber. Sie kooperieren auch horizontal in einem Geflecht, das aus dem technisch bedingten Zwang zur Zusammenarbeit entsteht.

Insgesamt geht es in der Institutionenökonomie also stets um die Frage, welche Resultate aus den institutionellen Rahmenbedingungen hervorgehen. Institutionen ermöglichen Kooperationsgewinne, sind notwendige Strukturen zur Koordinierung oder Überwachung bei Arbeitsteilung, verhindern katastrophale Ergebnisse und verringern die Informations- und Absicherungskosten. Sie dienen also dazu, auf lange Sicht ein effizientes System von Austauschbeziehungen zu gewährleisten.

(Organisations-)Soziologischer Neo-Institutionalismus

Seit den 70er Jahren des 20. Jahrhunderts hat sich als Gegenposition ein soziologischer Neo-Institutionalismus entwickelt, der sich gegen die Einseitigkeit von rationalistischen Kalkülen wendet und eine eigenständige Modellierung institutioneller Mechanismen einfordert. Von einer generellen soziologischen Wiederentdeckung der Institutionen kann allerdings nicht gesprochen werden. Denn während in den mit umfassendem Erklärungsanspruch auftretenden Sozialtheorien (z.B. Luhmann) der Institutionenbegriff kaum noch eingesetzt wird, findet seine soziologische Renaissance vornehmlich in einem gesellschaftswissenschaftlichen Teilbereich statt: der Organisationstheorie (Hall/Taylor 1996: 946).

Klassischer Ansatzpunkt ist die Kritik von *Meyer/Rowan* (1977) an der verbreiteten Vorstellung, Organisationen könnten perfekt auf ein Ziel hin ausgerichtet werden und als effiziente Instrumente rational ihre Zwecke verwirklichen. Vielmehr sind Organisationen in hohem Maße an sozial geltende, „institutionalisierte" Vorstellungen gebunden, durch die bereits vorgegeben ist, wie bestimmte Produkte oder Dienstleistungen rational zu erzeugen sind. Um extern Legitimität und intern Unterstützung zu erreichen, übernehmen Einrichtungen daher zumeist anerkannte Produktionsverfahren als „Rationalitätsfassaden", die einer gezielten Effizienzüberprüfung jedoch nicht standhalten würden.

Die *Carnegie School* der Organisationstheorie verweist auf „Unsicherheitsabsorption" als entscheidende Funktionsweise von Organisationen. Die Aufmerksamkeit und Aufnahmefähigkeit von Entscheidungsinstanzen ist begrenzt; oft ist es nicht möglich, eine umfassende Berechnung der Handlungsfolgen vorzunehmen. Deshalb versuchen die Entscheidungsträger die komplexen Zusammenhänge so zu simplifizieren, dass sich Gewohnheiten und eingespielte Regeln auf sie anwenden lassen – oder aber sie greifen zur Bewältigung der Problemstellung nach dem Zufallsprinzip in den „garbage can", einen mit Lösungsmöglichkeiten gefüllten Mülleimer (Cohen/March/Olsen 1972).

Die scheinbar eigenständigen formalen Organisationen sind daher wesentlich bestimmt durch ihre Kontexte, zusammengesetzt aus Konsumenten, Zulieferern, Konkurrenten und einflussnehmenden Verwaltungen. Aufgrund der ständigen Kontakte und Informationsdichte werden allgemein übliche Verhaltensweisen institutionalisiert. Deshalb sind Organisationen mit ihrer spezifischen Rationalität in einer breiteren als nur der ökonomischen Perspektive zu erfassen. Sie werden nicht nur durch die jeweils geltenden Regeln, Verfahren und Organisationsstandards definiert, sondern sind in Konventionen, Weltbilder und orientierende Symbolsysteme eingebettet („embeddedness") – also insgesamt in institutionalisierte Zusammenhänge, welche den Individuen und den Organisationen die möglichen Handlungsalternativen und auch das jeweils maßgebliche Rationalitätskonzept vorgeben (DiMaggio/Powell 1991).

Echte Alternativen?

Insgesamt richtet sich also die Kritik der organisationssoziologischen Seite gegen die Voraussetzungen institutionenökonomischer Modellierungen: dass Institutionen als das geplante, effiziente Resultat des *homo oeconomicus* anzusehen sind, der – mit vollständiger Information über die Situation ausgestattet – aufgrund seiner gegebenen Präferenzen einen Handlungskurs wählt, welcher das bestmögliche Resultat erzeugt. Dies alles sind für die Kritiker problematische Abstraktionen, die in umfassendere soziokulturelle Zusammenhänge eingeordnet werden müssen. An die Stelle von „rational choice" tritt die „logic of appropriateness", die den soziokulturell bedingten Motiven der Akteure im Rahmen handlungsleitender Ideen Rechnung trägt. Tatsächlich sind aber weder die

Frontlinien so klar[4] noch ist ausgemacht, ob die organisationssoziologische Kritik bereits echte Defizite benennt geschweige denn zu lösen vermag.

Die Neue Institutionelle Ökonomie behauptet keineswegs, dass die jeweils bestehenden Institutionen per se auch *effizient* sind. Rationale Strategien münden immer wieder in eine „Pfadabhängigkeit", so dass Institutionen aufgrund der investierten Kosten aufrechterhalten werden, obwohl sie nicht mehr die größtmögliche Produktivität gewährleisten (North 1992). Die entscheidende Frage, ob rationalistische Ansätze Phänomene wie unvollständige Information oder „embeddedness" angemessen verarbeiten können, muss daher zumindest offen bleiben. Rationalistische Ansätze der Soziologie sind durchaus in der Lage, die soziale Einbettung von Individuen oder Organisationen zu berücksichtigen. Auch rationale Kalküle erfolgen auf der Grundlage von Erfahrungen und Vorlieben, sozialen und kulturellen Begrenzungen und situativen Bedingungen (Esser 1995). Voraussetzung für eine solche Analyse ist allerdings, dass das ursprüngliche Modell des *homo oeconomicus* entscheidend erweitert wird – was in der Institutionenökonomie nach wie vor umstritten bleibt.

Politikwissenschaftlicher oder historischer Neo-Institutionalismus

Der Neo-Institutionalismus in der Politikwissenschaft lässt ebenfalls sowohl rationalistische als auch kulturalistische Ansätze erkennen. Ein gutes Beispiel ist der „akteurzentrierte Institutionalismus" (Mayntz/Scharpf 1995), der neben den kognitiven auch motivationale Aspekte mit einbezieht. Akteure handeln nach ihrem rationalen Kalkül, zugleich aber auch im institutionellen Kontext gesellschaftlicher Regelungen und kulturell geprägter Werte, die sie auch emotional beeinflussen. Die kulturalistische Erweiterung des Institutionenverständnisses resultiert hier wiederum daraus, dass beobachtbare Verhaltensweisen aus dem rein rationalen Kalkül der Beteiligten nicht erklärbar sind (DiMaggio/Powell 1991: 3).

Allerdings war die Entwicklung des neo-institutionalistischen Ansatzes im Bereich der Politikwissenschaft nicht in erster Linie durch die Auseinandersetzung zwischen rationalistischer und kulturalistischer Perspektive geprägt, sondern entstand zum einen in Abgrenzung gegenüber marxistischen Ansätzen und zum anderen als Gegenkonzept zur behavioristischen Orientierung, die allein auf das beobachtbare Verhalten der Individuen setzt. Das Argument gegen beide Positionen besteht darin, dass institutionelle Strukturen durchaus auch in

---

4 Auch *innerhalb* des wirtschaftswissenschaftlichen Bereichs werden die skizzierten Überlegungen der Neuen Institutionellen Ökonomie von einigen „radicals" scharf attackiert (Reuter 1994). Ihre Kritik stimmt auffällig mit der Kritik aus der Sicht des organisationssoziologischen Neo-Institutionalismus überein (so DiMaggio/Powell 1991: 9f.).

ihrer Eigenständigkeit zu analysieren, also nicht nur als abhängige, sondern auch als unabhängige Variablen zu begreifen sind. So entwickelte sich innerhalb der Politikwissenschaft eine besondere Richtung, der historische Neo-Institutionalismus. Zunächst wurde unter dem Motto „Bringing the State Back In" (Skocpol 1979) die entscheidende Rolle des Staates hervorgehoben; zunehmend werden aber auch einzelne institutionelle Faktoren aufgesucht, um komplexe politische Zusammenhänge zu erfassen (Immergut 1997). Im Mittelpunkt steht die Frage, wie weit historische Entwicklungen durch den einmal geschaffenen institutionellen Rahmen, durch „Pfadabhängigkeit", bereits vorgezeichnet sind – so dass lediglich in Krisenzeiten, an sogenannten „branching points", von einzelnen Akteuren neue Pfade initiiert werden können. Auf diese Weise sind es institutionelle Bedingungen, von denen es abhängt, ob politische Entscheidungen zu Veränderungen führen oder aber blockiert werden. Prominent wurde in diesem Zusammenhang die Theorie der „veto players" (Tsebelis 2002), nämlich institutionell definierter Schaltstellen, welche die Entscheidungen anhalten oder passieren lassen können. Der inzwischen heftig diskutierte deutsche Föderalismus, wonach der Bundesrat bei entsprechenden Mehrheitsverhältnissen trotz der inzwischen vorgenommenen Föderalismusreform wichtige Vorhaben der Regierung oder Beschlüsse des Bundestages blockieren kann, ist ein gutes Beispiel. Hier geht es um parteitaktische oder länderbezogene Interessenkalküle, aber auch um grundlegende Wertvorstellungen der Politik, also um die rationalistische ebenso wie um die kulturalistische Dimension.

Damit ist ein Kernproblem jeder politikwissenschaftlichen Institutionentheorie angesprochen. Um die einzelnen Theoriesegmente miteinander zu verbinden, ist eine umfassendere Perspektive erforderlich. Bei politischen Institutionen geht es sowohl um die instrumentelle Seite der Steuerung als auch um die symbolische Seite der Integration – beide Funktionen wurden bereits herausgestellt. Es reicht auch nicht aus, nur die Institutionen als Gebilde zu betrachten, vielmehr sind die Beziehungen von Akteuren und Adressaten mit einzubeziehen. Steuerung und Integration, Akteure und Adressaten lassen sich als *institutionelle Konfiguration* zusammenfassen.[5]

3. Die institutionelle Konfiguration

Dass politische Institutionen in der Neuzeit in besonderem Maße durch die Beziehung zu ihren Adressaten, den Bürgern, bestimmt sind, lässt sich sehr einfach feststellen. Bürger sind nicht bloß Befehlsempfänger einer Obrigkeit. Im

---

5 Für das Folgende vgl. Göhler (erstmals 1997: 592 ff.).

modernen demokratischen Gemeinwesen sind die Adressaten immer auch Träger ihrer Institutionen, sie wählen ihre institutionalisierte Vertretung. Politische Institutionen haben dadurch eine ganz spezifische Konfiguration. Bedingt durch den Grundsatz der Volkssouveränität stehen politische Institutionen einschließlich ihrer Akteure stets in einem Wechselverhältnis zu ihren Adressaten, den Bürgern. Die Bürger als Adressaten politischer Institutionen sind in der Demokratie grundsätzlich auch Akteure, und die politischen Institutionen, die mittels ihres eigenen Personals den Bürgern gegenüber handeln, sind ihrerseits grundsätzlich auch Adressaten. Das ist das normative Fundament unserer Demokratien. Für die Funktionen der Steuerung und der Integration sind zwei Beziehungen besonders wichtig: Macht und Repräsentation. Sie sind zueinander weitgehend komplementär. Die institutionelle Konfiguration hat damit folgende Struktur:

Abbildung 1:   Institutionelle Konfiguration

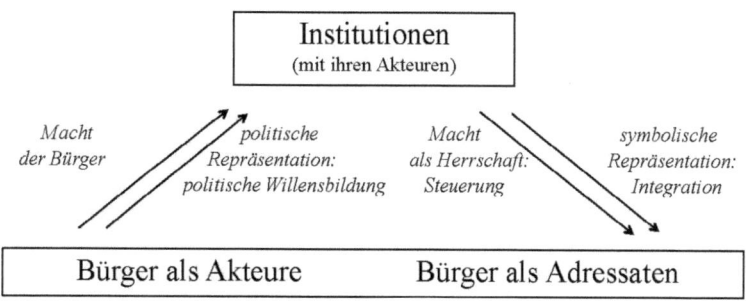

Politische Institutionen üben gegenüber den Adressaten *Macht* aus, indem sie politische Entscheidungen fällen und durchzusetzen versuchen. Wenn Macht im institutionellen Rahmen eines Gemeinwesens ausgeübt wird und Legitimität beanspruchen kann (wofür in den modernen Demokratien die Verfassung steht), handelt es sich um Herrschaft. Auch die Bürger, als Herrschaftsunterworfene, üben Macht aus. Sie versuchen ihre Interessen auf vielfältige Weise bei ihren Institutionen durchzusetzen: durch unmittelbare persönliche Einflussnahme, über den Druck der öffentlichen Meinung, über Interessengruppen, Bürgerinitiativen und nicht zuletzt auch durch die Wahl von Abgeordneten. Die Macht der Bürger ist in modernen Demokratien mit dem Prinzip der *Repräsenta-*

tion verbunden. Ganz allgemein bedeutet Repräsentation, dass etwas Abwesendes zur Präsenz gebracht, etwas Unsichtbares sichtbar gemacht wird. So auch der Wille der Bürger. Er ist alles andere als eine feststehende und vorgegebene Größe. Zunächst gibt es nur eine Vielzahl von Einzelinteressen und höchst unterschiedliche Meinungen darüber, was im Gemeinwesen für alle gelten und durchgeführt werden soll. So bedarf es politischer Institutionen, die am Ende eines Willensbildungsprozesses im Namen der Bürger entscheiden – nämlich so, als ob diese selbst es seien, welche politisch handeln. Politische Repräsentation soll die Macht der Bürger vermittels politischer Institutionen in akzeptierte Entscheidungen umsetzen. Das kann nur gelingen, wenn die Entscheidungen von den Repräsentanten auf der Grundlage gemeinsam akzeptierter Werte und einzuhaltender Verfahrensweisen getroffen werden, und deshalb ist Repräsentation letztlich abhängig von der grundlegenden Macht der Bürger.[6]

So hat Repräsentation noch eine weitere Dimension. Warum und bis zu welcher Grenze akzeptieren denn Bürger die Entscheidungen politischer Institutionen, wenn sie anderer Meinung sind oder andere Interessen haben? Abgesehen von einer gewissen Hinnahme („die da oben") oder von Zwangsmechanismen, die auf Dauer ein Gemeinwesen nicht stabilisieren können, bedarf es für die Akzeptanz einer starken Motivation, welche insbesondere die Demokratien zu liefern haben. Sie gründet auf den gemeinsam akzeptierten Werten und einzuhaltenden Verfahrensweisen, die es in einem stabilen Gemeinwesen geben muss – wirksam wird diese Ressource aber nur, wenn die politischen Institutionen sie selbst sichtbar und erlebbar machen. Das ist ihre Funktion der Integration, die sie normativ, bezogen auf die Wertbasis des Gemeinwesens, ausüben. Entscheidend ist dabei die Art und Weise, wie sich die Institutionen den Bürgern gegenüber präsentieren, wie glaubwürdig sich ihre Amtsträger verhalten. Nur so entsteht Vertrauen[7], welches auch Sachdifferenzen und die Kritik an einzelnen Politikern überdauert. Vertrauen besteht nicht einfach gewohnheitsmäßig fort. Es kann enttäuscht werden, auch allmählich verloren gehen. Weniger in Einzelentscheidungen als vor allem in der symbolischen Selbst-Prä-

---

6   Genauer besehen gibt es hier zwei Dimensionen der Macht, komplementär zu den beiden Dimensionen der Repräsentation. Zunächst ist Macht als Beziehung auf andere – nach der berühmten Definition von Max Weber – die Chance, seinen eigenen Willen gegen den Willen anderer auch bei Widerstreben durchzusetzen; diese Macht geht von den politischen Institutionen und umgekehrt auch von den Bürgern aus. Macht ist aber auch im Sinne von Mächtigkeit die Beziehung auf sich selbst, d.h. der Fundus gemeinsamer Wertvorstellungen in einem Gemeinwesen. Sie geht in der Demokratie von den Bürgern aus und wird von den politischen Institutionen, wie weiter unten ausgeführt, symbolisch repräsentiert. Die erste Dimension nenne ich „transitive Macht", die zweite Dimension „intransitive Macht". Siehe „Macht" in diesem Band.

7   Siehe „Vertrauen" in diesem Band.

sentation der politischen Institutionen und ihrer Akteure liegt die Grundlage ihrer Akzeptanz durch die Bürger.

Diese Dimension der Repräsentationsbeziehung zwischen Bürgern und politischen Institutionen ist *symbolische Repräsentation*. Gemeint ist damit eine Beziehung, die nicht in Willensentscheidungen, sondern symbolisch ihren Ausdruck findet.[8] Das Unsichtbare, welches durch Repräsentation sichtbar werden soll, ist nicht nur der Wille der Bürger, der sich in konkreten Entscheidungen niederschlägt. Repräsentation bringt auch die Werte und Verfahrensweisen zum Ausdruck, auf denen das Gemeinwesen aufbaut. Sie sind Grundlage und Maßstab für alle konkreten Entscheidungen und können deshalb auch nur symbolisch präsent sein. Moderne Demokratien, die auf dem Prinzip der Volkssouveränität beruhen, leben davon, dass autonome Bürger ihr Gemeinwesen als das ihre ansehen. Entsprechend muss in den politischen Institutionen das, was autonomen Bürgern gemeinsam sein kann, stets sichtbar zum Ausdruck kommen. Das Gemeinsame kann nicht nur irgendwo und irgendwie zugrunde liegen, was im Einzelnen überhaupt nicht nachvollziehbar wäre, es muss den Bürgern immer wieder symbolisch entgegentreten. Der deutsche Bundespräsident Richard von Weizsäcker, der wie jeder deutsche Bundespräsident über wenig reale Macht verfügte, konnte durch das gezielt eingesetzte Instrument der öffentlichen Rede gemeinsame Werte präsent machen, die der deutschen Demokratie, verstanden als autonome Bürgergesellschaft, zugrunde liegen. Auf diese Weise konnte er den Bürgern Orientierung geben – und damit zugleich erheblich zum Vertrauen in das Institutionensystem der Bundesrepublik Deutschland beitragen. Seine Nachfolger haben sich an diese Linie gehalten.

Auf diese Weise erlaubt es das Konzept der institutionellen Konfiguration, politische Institutionen in Zusammenhängen zu sehen, von denen weder empirisch noch normativ abstrahiert werden sollte. Empirisch lässt sich durch den Einbezug der Adressaten und der Symboldimension die Funktionsweise und Wirkung von politischen Institutionen differenzierter erfassen. Normativ lassen sich Maßstäbe für „gute Institutionen" aus einer Vergegenwärtigung der Voraussetzungen gewinnen, die für politische Institutionen in der modernen Repräsentativdemokratie enthalten sind. Beides zusammen ergibt schließlich präzise Kriterien, um Krisen der politischen Institutionen und Institutionenwandel zu bestimmen.[9]

---

8 Die symbolische oder, wie sie auch häufig genannt wird, „existentielle" Repräsentation wird v.a. in der deutschen geistesgeschichtlichen Tradition betont, vgl. Schmitt (1925, 1928), Landshut (1968), Voegelin (1959).

9 Vivien Schmidt (2010, mit ausführlichem Literaturverzeichnis) fügt den drei „traditionellen" Ansätzen des Neo-Institutionalismus (rational choice, sociological, historical new institutionalism) als vierten Ansatz den „discursive institutionalism" hinzu. Angelehnt an konstruktivistische Ansätze in der

Krisen bedeuten, dass die Funktionsbedingungen der institutionellen Konfiguration nicht oder nicht mehr erfüllt sind. Politische Institutionen, so wurde festgestellt, haben eine Doppelfunktion, analog zur Leistung von Institutionen allgemein: Ihre regulierende Funktion verlangt für das Gemeinwesen Steuerungsleistungen, ihre orientierende Funktion normative Integration. *Steuerung*, als zweckbestimmte Regulierung durch Einschränkung von Handlungsoptionen, ist eine Form der Ausübung von Macht durch politische Institutionen; sie stützt sich als Herrschaft in modernen Demokratien auf die Macht der Bürger in der politischen Repräsentation. Da es Bürger in der Massendemokratie schwer haben, stets und unmittelbar selbst Einfluss zu nehmen, und da sie dies zumeist auch als unrealistisch ansehen, kommt es darauf an, dass Grunderwartungen nicht enttäuscht werden. Für Steuerung ist von politischen Institutionen zu erwarten, dass Entscheidungen, für die sie zuständig sind, effektiv und nachvollziehbar erfolgen. Es ist unschön, wenn sie der erkennbaren Problemlage offenkundig unangemessen sind, erst recht, wenn gar nichts geschieht. Die Folge ist Politikverdrossenheit. Sie kann sich zu einem Problem der *normativen Integration* ausweiten. Diese wird zunehmend schwieriger und unwahrscheinlicher, wenn es den Bürgern schwer fällt, im Verhalten der politischen Institutionen, in ihrem ganzen Habitus, jene Werte und Verfahrensweisen wiederzuerkennen, von denen sie annehmen sollten, dass sie die gemeinsame Grundlage bilden. Ein Fehlverhalten von Institutionen wird stets in Einzelfällen sichtbar, nämlich im Handeln ihrer Akteure. Wenn damit Grundvorstellungen über das angemessene Verhalten demokratischer Institutionen tangiert werden, wirkt das Fehlverhalten über den Einzelfall hinaus. In symbolischer Repräsentation drücken die politischen Institutionen in einem solchen Fall nicht mehr das aus, wofür sie eigentlich stehen, nämlich die legitimierten Vorstellungen der Bürger über ein gut geordnetes Gemeinwesen. Damit gerät die Integrationsfunktion politischer Institutionen in eine Krise, die Institutionen erodieren. In autokratischen und bürokratisch-sozialistischen Systemen des späten 20. Jahrhunderts waren solche Entwicklungen recht plastisch zu studieren – aber auch demokratische Institutionen sind stets mit diesem Problem konfrontiert.

Theorie der Internationalen Beziehungen, welche die wichtige Rolle von Ideen herausstellen (siehe „Macht" in diesem Band) weist sie darauf hin, dass vermittels handlungsleitender Ideen und dem Einbezug der Diskurse, welche die Akteure führen, vor allem institutioneller Wandel besser erklärt werden kann. Dabei gilt es, die in den traditionellen Ansätzen implizit enthaltenen Erkenntnisse zu fokussieren und mit Diskursanalyse zu verbinden (siehe „Diskurs" in diesem Band). Die hier vorgestellte, ebenfalls integrative Sichtweise der „institutionellen Konfiguration" soll dazu dienen, die handlungsleitenden Ideen der verschiedenen Akteure und Adressaten genauer im institutionellen Beziehungsgeflecht zu verorten.

Aus der Sicht der institutionellen Konfiguration ist das ein *Institutionenwandel,* denn wesentliche Parameter im Beziehungsgeflecht zwischen Akteuren und Adressaten haben sich geändert (selbst wenn formal oder äußerlich alles gleich geblieben zu sein scheint). Allerdings muss Institutionenwandel nicht zwangsläufig so dramatisch verlaufen: Es ist ebenso möglich, dass politische Institutionen die Herausforderungen erkennen und sich ihrerseits – oft in mühseligen Reformprozessen und in schwieriger Kommunikation – den Erwartungen der Bürger und ihrem (möglicherweise selbst sich verändernden) Werthorizont anpassen. Das Konzept der institutionellen Konfiguration erlaubt es, veränderte Parameter in den Beziehungen zwischen Akteuren und Adressaten der Institutionen zu erkennen und damit Krisen und Institutionenwandel näher zu bestimmen.[10]

Literatur

Arendt, Hannah (1970): Macht und Gewalt (am. 1970). München: Piper.

Coase, Ronald H. (1937): The Nature of the Firm. In: Economica 4. 386-405.

Cohen, Michael D./ March, James G./ Olsen, Johan P. (1972): A Garbage Can Model of Organizational Choice. In: Administrative Science Quarterly 17. 1-15.

DiMaggio, Paul J./ Powell, Walter W. (eds.) (1991): The New Institutionalism in Organizational Analysis. Chicago: University of Chicago Press.

Esser, Hartmut (1995): Erklärende Soziologie. In: Schäfer, Bernhard (Hg.): Soziologie in Deutschland. Opladen: Leske+Budrich. 171-183.

Göhler, Gerhard u.a (1997): Institution – Macht – Repräsentation. Wofür politische Institutionen stehen und wie sie wirken. Baden-Baden: Nomos.

Göhler, Gerhard (2006): Entstehung und Wandel politischer Institutionen. In: Schmidinger, Heinrich/ Sedmak, Clemens (Hg.): Der Mensch – ein zôon politikón? Darmstadt: Wissenschaftliche Buchgesellschaft. 155-174.

– (2010): Neue Perspektiven politischer Steuerung. In: Aus Politik und Zeitgeschichte 2-3. 34-40.

Hall, Peter A./ Taylor, Rosemary C.R. (1996): Political Science and the Three New Institutionalisms. In: Political Studies 44. 936-957.

Hasse, Raimund/ Krücken, Georg (2005): Neo-Institutionalismus. 2. Aufl. Bielefeld: transcript.

Hauriou, Maurice (1965): Die Theorie der Institution und zwei andere Aufsätze (frz. 1925). Berlin: Duncker & Humblot.

Immergut, Ellen M. (1997): The Normative Roots of the New Institutionalism: Historical Institutionalism and Comparative Policy Studies. In: Benz, A./ Seibel, W. (Hg.): Theorieentwicklung in der Politikwissenschaft – eine Zwischenbilanz. Baden-Baden: Nomos. 325-355.

---

10 Vgl. dazu systematisch Göhler (2006).

Landshut, Siegfried (1968): Der politische Begriff der Repräsentation (1964). In: Rausch, Heinz (Hg.): Zur Theorie und Geschichte der Repräsentation und der Repräsentativverfassung. Darmstadt: wissenschaftliche Buchgesellschaft. 482-497.

March, James G./ Olson, Johan P. (1984): The New Institutionalism: Organizational Factors in Political Life. In: American Political Science Review 78. 734-749.

– (1989): Rediscovering Institutions. The Organizational Basis of Politics. New York: Free Press.

Mayntz, Renate/ Scharpf, Fritz. W. (1995): Der Ansatz des akteurzentrierten Institutionalismus. In: dies. (Hg.): Gesellschaftliche Selbstregelung und politische Steuerung. Frankfurt/M., New York: Campus. 39-72.

Meyer, John W./ Rowan, Brian (1977): Institutionalized Organizations: Formal Structure as Myth and Ceremony. In: American Journal of Sociology 83. 340-363.

North, Douglass C. (1992): Institutionen, institutioneller Wandel und Wirtschaftsleistung (am. 1990). Tübingen: Mohr.

Peters, B. Guy (1996): Political Institutions, Old and New. In: Goodin, Robert E./ Klingemann, Hans-Dieter (eds.): A New Handbook of Political Science. Oxford: UP. 205-220.

– (2000): Institutional Theory in Political Science: The „New Institutionalism". London: Pinter.

Rehberg, Karl-Siegbert (1994): Institutionen als symbolische Ordnungen. Leitfragen und Grundkategorien zur Theorie und Analyse institutioneller Mechanismen. In: Göhler, Gerhard (Hg.): Die Eigenart der Institutionen. Baden-Baden: Nomos. 19-46.

Reuter, Norbert (1994): Institutionalismus, Neo-Institutionalismus, Neue Institutionelle Ökonomie und andere „Institutionalismen". Eine Differenzierung konträrer Konzepte. In: Zeitschrift für Wirtschafts- und Sozialwissenschaften 114. 5-23.

Rhodes, Rod A.W./ Binder, Sarah A./ Rockman, Bernt A. (eds.) (2008): The Oxford Handbook of Political Institutions. Oxford: UP.

Rothstein, Bo (1996): Political Institutions: An Overview. In: Goodin, Robert E./ Klingemann, Hans-Dieter (eds.): A New Handbook of Political Science. Oxford: UP. 133-166.

Schmalz-Bruns, Rainer (1990): Neo-Institutionalismus. In: Ellwein, Th./ Hesse, J.J./ Mayntz, R./ Scharpf, F.W. (Hg.): Jahrbuch für Staats- und Verwaltungswissenschaft, Bd. 4. Baden-Baden: Nomos. 315-337.

Schmidt, Michael (Hg.) (2003): Ökonomischer und soziologischer Institutionalismus. Marburg: Metropolis.

Schmidt, Vivien A. (2010): Taking Ideas and Discourse Seriously: Explaining Change through Discursive Institutionalism as the Fourth 'New Institutionalism'. In: European Political Science Review 2. 1-25.

Schmitt, Carl (1925): Römischer Katholizismus und politische Form. 2. Aufl. Stuttgart: Klett-Cotta, 1984.

– (1928): Verfassungslehre. Leipzig.

Schülein, Johann August (1987): Theorie der Institution. Eine dogmengeschichtliche und konzeptionelle Analyse. Opladen: Westdeutscher Verlag.

Senge, Konstanze/ Hellmann, Kai Uwe (Hg.) (2006): Einführung in den Neo-Institutionalismus. Wiesbaden: VS-Verlag.

Skocpol, Theda (1979): Bringing the State Back In. Strategies of Analysis in Current Research. In: Evans, P.R./ Rueschemeyer, D.R./ Skocpol, T. (eds.): Bringing the State Back In. Cambridge: UP.

Smend, Rudolf (1928): Verfassung und Verfassungsrecht. In ders.: Staatsrechtliche Abhand-
    lungen. 2. Aufl. Berlin: Duncker & Humblot, 1968. 119-276.
Tsebelis, George (2002): Veto Players. How Political Institutions Work. New York / Prince-
    ton: Russel Sage Foundation / Princeton UP.
Voegelin, Eric (1959): Die neue Wissenschaft der Politik (am. 1952). München: Pustet.

Krieg

Herfried Münkler

1. Definitionsprobleme

Die größte Herausforderung für die wissenschaftliche Verwendung des Kriegsbegriffs ist dessen metaphorische Ausfransung im alltäglichen Sprachgebrauch: Nahezu jede politische, soziale, ökonomische und kulturelle Konstellation, die eine konfliktbehaftete Phase durchläuft, steht in der Gefahr, mit dem Kriegsbegriff belegt zu werden. Das reicht vom Krieg gegen die Drogen bis zum Generationenkrieg. Die erste Aufgabe einer politikwissenschaftlichen Begriffsverwendung besteht also in der Herstellung terminologischer Klarheit. Das ist freilich schwieriger und riskanter, als dies sonst bei der Präzisierung sozialwissenschaftlicher Termini der Fall ist – zunächst, weil durch die präzisierende Definition des Begriffs für die Zwecke wissenschaftlichen Gebrauchs dessen Verbindung zur Alltagssprache nicht verloren gehen darf, und sodann, weil es nicht nur die Risiken eines zu weiten, sondern auch die eines zu engen Kriegsbegriffs gibt.[1]

Die Politikwissenschaft muss besonders darauf achten, dass die historische Tiefe sowie die unterschiedlichen Formen kollektiver Gewaltanwendung umfassende Weite des Begriffs nicht aus den Augen gerät.[2] Eine zu enge Definition des Kriegsbegriffs, die Krieg beispielsweise mit dem Staatenkrieg gleichsetzt, wie er für die europäische Geschichte der Neuzeit kennzeichnend ist, hat zur Folge, dass der Gestaltwandel wie die Gestaltenvielfalt des Krieges aus dem Blick geraten. Alle Formen nichtstaatlicher Kriegführung, wie sie außerhalb Europas – und auch innerhalb Europas vor dem 16. Jahrhundert – praktiziert wurden, werden dadurch aus dem Kriegsbegriff exkludiert. Die Folge eines

---

1 Die Debatte, wie weit oder eng der Begriff des Krieges zu fassen sei, wurde zuletzt anhand der Frage geführt, ob die von Warlords organisierte Gewalt und die neuen Formen von Kriegsökonomien im Rahmen der Schattenglobalisierung bzw. illegaler Ökonomien neue Formen des Krieges darstellen. Zu einer eher bejahenden Sichtweise vgl. Dießenbacher (1998), Kaldor (2000) und Münkler (2002a) und (2006); die strikte Gegenposition findet sich bei Eppler (2002). Zur Debatte darüber vgl. Geis (2006) sowie Heft 1/08 von Erwägen – Wissen – Ethik.

2 Zur Geschichte des Krieges vgl. neben Delbrück (2000) vor allem Howard (1981) sowie Wette (1992); einen Forschungsüberblick bietet Nowosadtko (2002); zur Gestaltenvielfalt des Krieges in Geschichte und Gegenwart vgl. Herberg-Rothe (2003: insbes. 24ff.; zuletzt Münkler (2008: 27ff.; 126ff.). Für eine Geschichte der strategischen Reflexion von Krieg und Kriegführung vgl. Heuser (2010).

solchen vor allem in Politik- und Rechtswissenschaft, weniger in Soziologie und Geschichtswissenschaft anzutreffenden engen Kriegsbegriff ist das – wissenschaftlich unbefriedigende – Erfordernis, nichtstaatliche oder parastaatliche Kriege durch Zusatzannahmen und Ausnahmekonstruktionen in die Überlegungen einzubeziehen, sowie die für politisch-praktische Prognosen desaströse Unfähigkeit, einen sich abzeichnenden Gestaltwandel des Krieges zu diagnostizieren und entsprechende Schritte und Maßnahmen rechtzeitig vorzuschlagen. Bei jeder begrifflichen Präzisierung des Krieges ist darum Clausewitz' Hinweis zu berücksichtigen, wonach der Krieg „ein wahres Chamäleon" sei (Clausewitz 1980: 212), das mit der Veränderung seiner Umwelt auch beständig seine Gestalt wechsele.

Eine Definition des Krieges, die dessen Wesen und nicht nur eine bestimmte raum-zeitliche Erscheinungsform zu fassen versucht, muss darum in der Lage sein, Gestaltwechsel wie Gestaltenvielfalt des Krieges in die Definition einzubeziehen. In der Regel erfolgt dies durch die Hinzufügung präzisierender Epitheta: Partisanenkrieg, Volkskrieg, Kabinettskrieg, Erbfolgekrieg, Eroberungskrieg, Verwüstungskrieg, Kolonialkrieg, Pazifizierungskrieg usw. Das Problem dieses Versuchs, der Vielfalt und dem Wandel des Krieges terminologisch gerecht zu werden, liegt in der beliebigen Vermehrbarkeit der je hinzugefügten Substantive bzw. Adjektive: Der Anspruch auf eine *hinreichende* Definition des Krieges ist durch die Möglichkeit der permanenten Erweiterung aufgegeben, und das den vielfältigen Erscheinungsformen des Krieges *Gemeinsame* gerät infolgedessen aus dem Blick. Um die phänomenale Vielfalt der Kriege zu erfassen, muss somit auf die begriffliche Bestimmung des Krieges im Singular verzichtet werden.

2. Binäre Codierungen des Krieges

Anders ist dies bei komplementären Begriffspaaren, die in Form einer binären Codierung den Krieg in seiner Vielfalt *erschöpfend* zu erfassen beanspruchen; solche Begriffspaare sind Angriffs-/Verteidigungskrieg, Staaten-/Bürgerkrieg bzw. zwischenstaatlicher/innerstaatlicher Krieg, gerechter/ungerechter Krieg oder auch symmetrischer/asymmetrischer Krieg. Der Vorzug solcher komplementären Begriffspaare besteht in dem von ihnen ausgehenden Zwang zu einer eindeutigen Zuweisung der jeweiligen Kriege zu der einen oder der anderen Seite des Doppelbegriffs. Das schafft nicht nur eine für die wissenschaftliche Klassifikation hilfreiche Übersichtlichkeit und Klarheit, sondern ermöglicht der operativen Politik auch eindeutige Beurteilungen und Entscheidungen.

(1) So war etwa die nach dem Ersten Weltkrieg geschaffene Völkerbunds-
ordnung auf dem Verbot des *Angriffskrieges* und der ausschließlichen Zulässigkeit des *Verteidigungskrieges* aufgebaut, und die unter dem Eindruck des Zweiten
Weltkriegs verfasste UN-Charta hat in dem in ihr festgeschriebenen Gewaltver-
bot in der internationalen Politik bei alleiniger Zulässigkeit der Selbstverteidi-
gung nach Art. 51 an diese Unterscheidung angeknüpft (Grewe 1984: 677ff.).
Damit waren zugleich im Kampf um Begriffe die Fronten neu gezogen und die
Parteien dementsprechend aufgestellt: Das begann mit der weltweiten Umbe-
nennung der Kriegs- in Verteidigungsministerien und mündete schließlich in
eine bis heute anhaltende Debatte darüber, wie weit der Begriff der Verteidigung ausgedehnt werden dürfe und ob er Präventiv- bzw. Präemptivkriege noch
einschließe oder nicht. Dazwischen hatte es eine Debatte darüber gegeben, ob
antikoloniale Befreiungskriege, antiimperiale Aufstände und ethnisch oder religiös motivierte Sezessionskriege unter dem Begriff der Verteidigung rubriziert
werden können.

Aus der Perspektive des Kriegstheoretikers Clausewitz freilich, der von allen
einschlägigen Autoren wahrscheinlich am längsten und intensivsten über die
den Krieg betreffenden Fragen nachgedacht hat,[3] war die normative Privilegierung des Verteidigungs- und die Diskriminierung des Angriffskrieges ein un-
taugliches Mittel zur Gewalteingrenzung, weil der Angriff nicht notwendig, die
Verteidigung aber zwangsläufig mit dem Begriff des Krieges verbunden sei:

> „Wenn wir uns die Entstehung des Krieges philosophisch denken, so entsteht der ei-
> gentliche Begriff des Krieges nicht mit dem Angriff, weil dieser nicht (...) den Kampf
> als vielmehr die Besitznahme zum absoluten Zweck hat, sondern er entsteht erst mit
> der Verteidigung, denn diese hat den Kampf zum unmittelbaren Zweck, weil Abwehren
> und Kämpfen offenbar eins ist. Das Abwehren ist nur auf den Anfall gerichtet, setzt
> ihn also notwendig voraus, der Anfall aber nicht auf das Abwehren, sondern auf etwas
> anderes, nämlich die Besitznahme, setzt also das letztere nicht notwendig voraus. Es ist
> daher in der Natur der Sache, daß derjenige, welcher das Element des Krieges zuerst in
> die Handlung bringt, von dessen Standpunkt aus zuerst zwei Parteien gedacht werden,
> auch die ersten Gesetze für den Krieg aufstelle, nämlich *der Verteidiger*" (Clausewitz
> 1980: 644).

Clausewitz hat daraus geschlussfolgert, dass jede Analyse des Krieges mit der
Verteidigung und nicht mit dem Angriff zu beginnen habe. Tatsächlich sind

---

3 Die Clausewitzsche Theorie ist in jüngster Zeit von einigen Militärhistorikern und Kriegstheoretikern
   für obsolet erklärt worden; mit stark anthropologischen Argumenten etwa von John Keegan (1995:
   21ff.), unter Verweis auf militärisch-technologische Veränderung bei van Creveld (1998: 62ff.); zur
   Kritik an diesen Clausewitzkritiken vgl. Gantzel (2002). Die beiden maßgeblichen Darstellungen der
   Clausewitzschen Theorie sind Aron (1980) und Paret (1993); als knappe Zusammenfassung der Clausewitzschen Theorie siehe Münkler (2002b: 75ff.) sowie Strachan/Herberg-Rothe (2007).

seine Überlegungen über die Analytik der unmittelbaren Kampfhandlungen hinaus von theoretisch-begrifflicher Relevanz. So hat etwa der Zweite Weltkrieg nicht mit dem Einmarsch der deutschen Wehrmacht in Österreich im Frühjahr 1938, auch nicht mit dem anschließenden Einmarsch ins Sudetengebiet im Herbst 1938 und schließlich auch nicht mit der Besetzung der „Resttschechei" im Frühjahr 1939 begonnen, sondern erst mit dem Angriff auf Polen. Das aber auch nicht, weil Hitler ein weiteres Mal angegriffen hat, sondern weil die Polen die Ersten waren, die militärischen Widerstand geleistet haben.

(2) Etwas anders stellt sich die Problemlage bei dem Begriffspaar *Staaten-/Bürgerkrieg* dar. Zunächst ist diese Komplementarität weniger umkämpft, weil sie nicht in vergleichbarer Weise mit völkerrechtlichen Diskriminierungen aufgeladen ist; tatsächlich vermag sie die Kriegsgeschichte über weite Strecken in zwischenstaatliche und innergesellschaftliche Kriege zu strukturieren, wobei sie auf eine bereits in der Antike geläufige Unterscheidung, nämlich die zwischen griech. *polemos* und *stasis* zurückgreifen kann. So war für Platon etwa der Krieg der Griechen gegen Nichtgriechen (Barbaren) *polemos*, der Krieg von Griechen gegen Griechen hingegen *stasis* (Kleemeier 2002: 69). Andererseits hat Thukydides, der erste politische Historiker der europäischen Geschichte, der bis heute als Begründer zentraler kriegshistoriographischer Begriffe nachwirkt (Münkler 2002b: 19ff.), in seiner *Geschichte des Peloponnesischen Krieges* eine wesentlich innergriechische Auseinandersetzung als Krieg bezeichnet und beschrieben. Sicherlich ist richtig, dass in diesen Krieg auch nichtgriechische Städte und Stämme involviert waren, aber genau darin liegt das Problem einer klaren Unterscheidung zwischen Staaten- und Bürgerkrieg: dass der Peloponnesische Krieg sowohl ein Staatenkrieg als auch ein Bürgerkrieg gewesen ist und sich beides keineswegs so präzise trennen lässt, wie es das komplementäre Begriffspaar suggerieren mag.

Dies gilt in ähnlicher Weise für den Dreißigjährigen Krieg, der ebenfalls gleichzeitig, wenn auch in seinen verschiedenen Etappen in unterschiedlichem Ausmaß, sowohl ein Krieg *zwischen* Staaten bzw. Herrschaftsgebieten als auch ein Krieg *innerhalb* dieser Staaten bzw. Gebiete gewesen ist. Erst mit dem in Münster und Osnabrück am Ende dieses Krieges begründeten „Westfälischen System" ist es für mehrere Jahrhunderte gelungen, eine stabile und zuverlässige Separierung zwischen Staaten- und Bürgerkrieg herzustellen, die erst im Verlaufe des 20. Jahrhunderts zunehmend erodiert ist.[4] So wurde das *tertium non datur* des Begriffspaares Staaten-/Bürgerkrieg mit der Verbreitung des Begriffs *Welt-*

---

4 Welche strukturierende Bedeutung das sogenannte Westfälische System für die Internationalen Beziehungen hatte und in welcher Weise dies für die Theorie der internationalen Politik heute maßgeblich ist bzw. sein soll oder nicht, ist in den letzten Jahren heftig diskutiert worden (zusammenfassend Teschke 2003: 13-45).

krieg in Frage gestellt, und tatsächlich hat der Krieg von 1914-1918, der als ein Staatenkrieg begonnen wurde, in einer Reihe der beteiligten Länder als Bürgerkrieg geendet[5] und dies keineswegs nur deswegen, weil Lenin auf seinem Höhepunkt die Formel von der Überführung des Weltstaatenkrieges in den Weltbürgerkrieg zwecks Revolutionierung der kapitalistischen Gesellschaftsordnung ausgegeben hatte.[6] Auch die Vorstellung von US-Präsident Wilson bei Kriegseintritt der USA, dieser Krieg müsse dazu dienen, das Selbstbestimmungsrecht der Völker durchzusetzen und die Welt durch Verbreitung der Demokratie sicher zu machen, lief auf eine Einmischung von Bürgerkriegselementen in den Staatenkrieg hinaus. Nicht viel anders ist schließlich der Entschluss der deutschen Obersten Heeresleitung unter Hindenburg und Ludendorff zu beurteilen, den Revolutionär Lenin im versiegelten Eisenbahnwagon von seinem Schweizer Exil ins aufständische Sankt Petersburg zu expedieren, um so das angeschlagene Russland weiter zu schwächen und einen Separatfrieden zu ermöglichen. Dennoch ist die Unterscheidung zwischen Staaten- und Bürgerkrieg eines der zentralen Ordnungselemente in der politikwissenschaftlichen Beobachtung und statistischen Erfassung des weltweiten Kriegsgeschehens geblieben, wobei jedoch der Staatenkrieg deutlich schärfer konturiert ist als der Bürgerkrieg (Krumwiede/Waldmann 1998, v. Treskow u.a. 2005).

Die Unterscheidung wie Unterscheidbarkeit zwischen Staaten- und Bürgerkrieg ist also mehr die Folge eines politischen Willens und einer politischen Ordnung, als dass es sich um vorgefundene, wissenschaftlich nur noch zu beschreibende Tatsachen handelte. Als Bezeichnung für die Amalgamierung von Staatenkriegs- und Bürgerkriegselementen hat inzwischen der Begriff „transnationaler Krieg" Verbreitung gefunden, mit dem Kriege bezeichnet werden, in denen Bürgerkriegsparteien und Staaten miteinander Koalitionen eingegangen sind und die Grenzen der am direkt Krieg beteiligten Staaten für dessen räumliche Ausdehnung keine Begrenzungen mehr darstellen (Zangl/Zürn 2003: 182ff.). Der Afghanistankrieg, die Kriege im Kaukasus, der Angola- wie der Kongokrieg sind Beispiele solcher transnationalen Kriege (vgl. Jung/Schlichte/Siegelberg 2003: 139ff., 184ff.). Es spricht vieles dafür, dass diese transnationalen Kriege das Gewaltgeschehen des 21. Jahrhunderts bestimmen werden (Münkler 2006: 137ff.).

(3) Eine ähnliche Problemlage lässt sich auch bei dem Begriffspaar *gerechter/ungerechter Krieg* beobachten. Die Theorie des gerechten Krieges, die auf Cice-

---

5   Als zuverlässige, auch politikwissenschaftlich aufschlussreiche Darstellungen des Ersten Weltkriegs sind zu nennen: Ferro (1988) und Chickering (2002). Als zusammenfassende Darstellung der sozialen und ökonomischen Folgen beider Weltkriege unverzichtbar Kolko (1999).

6   Zu Lenins Kriegstheorie vgl. Kondylis (1988: 242ff.); zu den Grundlagen einer marxistischen Kriegstheorie bei Marx und Engels (ebd. 146ff.) auch Münkler (2002b: 149ff.).

ro und Augustinus zurückgeht und dann in der spanischen Neuscholastik von Vitoria bis Suárez breit ausgearbeitet worden ist,[7] beruht auf der Annahme, dass in jedem Krieg eine Seite die gerechte Sache vertritt, wohingegen die Sache der Gegenpartei wesentlich ungerecht ist. Diese Theorie wurde in ihren Grundlagen erschüttert, als Alberigo Gentili das Theorem des *bellum iustum ex utraque parte*, des von beiden Seiten mit gerechten Gründen geführten Krieges, formulierte; diese Vorstellung wurde seit Hugo Grotius mehr und mehr zur Leitidee des europäischen Kriegsvölkerrechts. Die nach gerecht und ungerecht diskriminierenden Kriterien der *causa iusta* (gerechter Grund) und *intentio recta* (rechtschaffene Absicht) traten zurück und wurden durch die Rechtsfigur des *iustus hostis*, des gerechtfertigten, d.h. entkriminalisierten Feindes ersetzt.[8] Konkret lief dies darauf hinaus, dass sich die kriegführenden Parteien wechselseitig als Gleiche anerkannten, dass die Kriegsgründe in die Disposition des Souveräns gestellt wurden, der Kriegsbeginn also in völkerrechtlicher Hinsicht nicht länger nach materiellen Begründungen, sondern nur noch nach formellen Verfahren (Kriegserklärung) zu beurteilen war *(ius ad bellum)*. Dafür hat sich die Aufmerksamkeit des Kriegsrechts *(ius in bello)* zunehmend auf die Regelung der Kriegführung, die Begrenzung der Ziele kriegerischer Gewalt, die korrekte Behandlung von Kriegsgefangenen und schließlich vor allem den Schutz von Zivilisten konzentriert. Diese Entwicklung hat in der Haager Landkriegsordnung sowie den Genfer Konventionen ihren Höhepunkt gefunden (Roberts/Guelff 1982).

Die Voraussetzung für diese Entwicklung war der weitgehende Verzicht auf die Idee des gerechten Krieges und die mit ihr verbundene Vorstellung, die Anwendung militärischer Gewalt sei nur dann gerechtfertigt, wenn es sich um eine Form von Rechtsdurchsetzung gegen Rechtsbrecher handele. Der nichtdiskriminierende Kriegsbegriff hat kriegerische Gewaltanwendung hingegen nach der Art eines Duells begriffen, in dem prinzipiell gleichberechtigte und gleichartige Parteien ihren politischen Willen mit gewaltsamen Mitteln gegeneinander durchzusetzen versuchten. Noch wichtiger für diese Entwicklung war freilich die Monopolisierung des Krieges durch die Staaten und die damit verbundene Erwartung, dass Kriege nur von professionalisiertem Militär geführt würden. Staat und Militär wurden so zu den wesentlichen Adressaten der kriegsvölkerrechtlichen Normen.

---

7 Vgl. hierzu Engelhardt (1980), Grewe (1984: 163ff.), Fernández-Santamaria (1977: 58ff., 163ff.) sowie Kreis (2006).

8 Der Begriff des *iustus hostis* geht zurück auf Balthasar de Ayala, der zugleich als der Begründer einer rein juristischen, von moraltheologischen Überlegungen grundsätzlichen absehenden Kriegsrechtstheorie gilt; vgl. Grewe (1984: 245ff.). Eine zentrale Bedeutung hat der Begriff des *iustus hostis* für Carl Schmitts Gegenüberstellung eines diskriminierenden und eines nichtdiskriminierenden Kriegsbegriffs (1950: 123-143).

Die Bändigung der Kriegsgewalt nach dem Modell eines nach Regeln ausge-
tragenen Zweikampfes, die aufs engste mit der europäischen Geschichte des
Staatenkrieges verbunden ist, wurde im Verlauf des 20. Jahrhunderts normativ
fragwürdig. Dabei hat die Erosion der Unterscheidung zwischen Kombattanten
und Nonkombattanten im Gefolge der Industrialisierung des Krieges (Materialschlachten) sowie des gegen die materielle Durchhaltefähigkeit der Gegenseite
geführten strategischen Bombenkriegs eine entscheidende Rolle gespielt.[9] Inzwischen hat die Konzeption des gerechten Krieges, für die ein Krieg gerecht-
tfertigt ist, wenn es sich dabei um die bewaffnete Durchsetzung des Rechts oder
die Verhinderung schwerer Verbrechen handelt, wieder an Relevanz gewonnen
(Walzer 1982). Zumindest in den westlichen Demokratien wird die Debatte
über legitime Kriegsgründe, vom Präventivkrieg bis zur sogenannten humanitä-
ren militärischen Intervention, nahezu ausschließlich nach den Vorgaben der
Idee des gerechten Krieges geführt. Ob die öffentlich geführte Debatte über
normativ gehaltvolle Kriegsbegründungen erschöpfende Auskunft über die
tatsächlichen Kriegsgründe der Akteure gibt, ist freilich eine andere Frage, und
hier entbrennen ein ums andere Mal die öffentlichen Auseinandersetzungen
über die Zulässigkeit bzw. Nichtzulässigkeit militärischer Interventionen
(Brunkhorst 1998, Hankel 2008, Münkler/Malowitz 2008).

(4) Mit diesen Fragen verbunden, aber nicht identisch ist das Begriffspaar
symmetrische/asymmetrische Kriege, das in Kriegstheorie und Kriegsanalyse der letzten Jahre zunehmend Beachtung gefunden hat.[10] Im Unterschied zur Gegenüberstellung von gerechten und ungerechten Kriegen sind hier nicht normative,
sondern strategische, militärorganisatorische und waffentechnologische Aspekte
für die Definition des Krieges ausschlaggebend. Als symmetrisch bezeichnet
man danach Kriege, in denen die Kontrahenten nicht unbedingt gleich stark,
aber von der Rekrutierung, Ausrüstung und Ausbildung der Kombattanten her
gleichartig sind. Diese Gleichartigkeit der Konfliktparteien ist in der Regel die
materielle Voraussetzung ihrer wechselseitigen Anerkennung als Gleiche. Symmetrische Kriege werden nach Art eines Duells geführt, d.h. die Regelakzeptanz
beider Seiten beruht auf der tendenziellen Gleichverteilung ihrer Chancen auf
Sieg und Niederlage. Symmetrische Kriege, die in der Regel mit militärisch hoch
professionalisiertem Personal geführt werden, kulminieren zumeist in einer
Entscheidungsschlacht, deren Ausgang die Grundlinien des anschließenden

---

9   Zur Phänomenologie der Materialschlachten in Nordfrankreich während des Ersten Weltkriegs vgl.
    Englund (2001: 13-58); zu deren Planung und operativer Durchführung Keegan (1981: 241-338);
    zum strategischen Bombenkrieg abermals Englund (2001: 185-280, einschließlich der Atombomben-
    abwürfe auf Hiroshima und Nagasaki), sowie als die bislang detaillierteste Studie zum Bombenkrieg
    Friedrich (2002).
10 Dazu Daase (1999), Kümmel/Collmer (2003), Schröfl/Pankratz (2004) sowie Münkler (2006).

Friedensvertrags vorzeichnet. Fast immer geht es in symmetrischen Kriegen nicht um die Existenz, sondern nur um Größe und politischen Einfluss eines Staates oder Reiches. Dementsprechend ist die unterlegene Seite bereit, die Niederlage zu akzeptieren und den politischen Preis ihres militärischen Versagens zu zahlen.

Dies ist bei asymmetrischen Kriegen grundsätzlich anders: In ihnen sind entweder die Konfliktparteien von vornherein ungleichartig, etwa wenn wandernde Völkerschaften auf die Berufsarmeen von Imperien treffen, oder die im symmetrischen Krieg unterlegene Seite führt den Krieg mit asymmetrischen Methoden weiter, etwa durch die Eröffnung eines Partisanenkrieges nach der Niederlage der regulären Armee auf dem Schlachtfeld. Als Beispiele hierfür sind die spanische Guerilla gegen Napoleon oder während des Zweiten Weltkriegs die Partisanenkämpfe auf dem Balkan zu nennen (Schulz 1985). Während Staatenkriege zumeist einen symmetrischen Charakter aufweisen, tendieren imperiale wie antiimperiale Kriege zur Asymmetrie (Münkler 2005: 184ff.). Beim Aufeinandertreffen ungleichartig rekrutierter, ausgerüsteter und ausgebildeter Kämpfer sind eine *Asymmetrie der Stärke* von *Asymmetrien aus Schwäche* zu unterscheiden. Erstreckt sich die Asymmetrie nur auf Waffentechnik und Militärorganisation bei in etwa gleich starkem politischem Willen, so ist der Ausgang der Kampfhandlungen vorgezeichnet und die asymmetrisch unterlegene Seite wird den Krieg verlieren. In der Regel kann sie dies antizipieren und verzichtet auf die Weiterführung oder überhaupt die Eröffnung der Kampfhandlungen. Nicht selten freilich wird eine asymmetrische Unterlegenheit in waffentechnischer und militärorganisatorischer Hinsicht durch die bedingungslose Entschlossenheit zur Durchsetzung des politischen Willens konterkariert, und erst wenn dies der Fall ist, kommen asymmetrische Kriege wirklich in Gang und können sich dann über lange Zeit hinziehen. Hier sind strukturelle Asymmetrien von einer systematischen Strategie der Asymmetrierung zu unterscheiden. Dabei ist die Länge der Zeit in der Regel eine der beiden Ressourcen, mit der die unterlegene Seite die Waffenüberlegenheit des Gegners wettzumachen vermag.[11] Die andere Ressource ist gesteigerte Opferbereitschaft, also Heroismus. Diese beiden Ressourcen sind auf Seiten der überlegenen Partei knapp, weswegen die Unterlegenen darauf abzielen, die Bedeutung dieser Ressourcen für den Kriegsausgang zu erhöhen. Voraussetzung eines technikkompensatorischen Einsatzes von Heroismus ist eine hohe demographische Reproduktionsrate von Gesellschaften (Heinsohn 2003: 13ff.); die Reaktion der so ins Hintertreffen geratenen Seite

---

11 Mao Tse-tung hat darum den Krieg der regulären Streitkräften unterlegenen Partisanen als den „langdauernden Krieg" bezeichnet (1969: 179ff.); vgl. dazu Münkler (2006: 169ff.), Polk (2009).

dürfte im verstärkten Rückgriff auf Technologie, bis hin zum Einsatz von Cyborgs, liegen (Coker 2004: 80ff.).

Von den Kritikern des Begriffspaares symmetrische/asymmetrische Kriege ist in jüngster Zeit vermehrt geltend gemacht worden, dass durch den Begriff der Asymmetrie das klare Erscheinungsbild des Krieges getrübt und die Grenzziehungen zu großräumig organisiertem Banditentum sowie den Gewaltpraktiken rückständiger Gesellschaften verwischt würden. Insbesondere das Problem des Staatszerfalls in großen Teilen der Dritten Welt und die damit verbundene Privatisierung und Kommerzialisierung kollektiv organisierter Gewaltanwendung dürfe nicht mit dem Problem des Krieges vermischt werden.[12] Unverkennbar wird hierbei der Krieg über seine Identifikation mit dem Staatenkrieg definiert; dabei wird freilich übersehen, dass die Verstaatlichung des Krieges, d.h. die Durchsetzung des staatlichen Monopols *legitimer* wie *faktischer* Kriegführungsfähigkeit, nur für eine begrenzte geschichtliche Epoche und nur in einem bestimmten geographischen Raum gelungen ist: dem des neuzeitlichen Europa. Allein schon der Blick auf die außereuropäischen Kolonialkriege zeigt, dass hier immer wieder private und substaatliche Akteure als kriegführende Parteien aufgetreten sind. Insofern sind die Privatisierung, Kommerzialisierung und Asymmetrisierung des Kriegsgeschehens nicht grundlegend neu, sondern stellen eine Vermehrung und Verdichtung von Phänomenen dar, wie sie im spätmittelalterlich-frühneuzeitlichen Europa, vor allem aber in der außereuropäischen Welt, immer schon anzutreffen waren. An dem in Europa geprägten „westfälischen" Kriegsbild gemessen, ist der in den letzten Jahren zu beobachtende Aufstieg von *Private Military Companies* (PMCs) nicht nur als logistischer Rückhalt von Kampftruppen, sondern teilweise auch als deren Unterstützer jedoch irritierend – zumal die völkerrechtlichen Verantwortlichkeiten hier völlig ungeklärt sind.[13]

Es sind der permanente Gestaltwandel und die Formenvielfalt des Krieges, die es unwahrscheinlich machen, dass eine dieser binären Konstruktionen je in der Lage sein wird, die komplexe Vielfalt des Kriegsgeschehens tendenziell erschöpfend zu erfassen. Vielleicht ist dies für einen kurzen Augenblick möglich, wenn etwa in einer kriegsgeschichtlichen Übergangssituation zwei unter-

---

12 Eine solche Argumentation findet sich explizit bei Eppler (2002), ist aber als implizite Grunddisposition in der deutschen Politikwissenschaft, insbesondere im Bereich der Internationalen Beziehungen, weit verbreitet. Es kommt insofern nicht von ungefähr, dass eine gesteigerte Aufmerksamkeit für die Formen privatisierter und kommerzialisierter Gewalt von Seiten der Soziologie und der Ethnologie in die Debatte eingebracht worden ist; vgl. dazu von Trotha (1997) sowie Neckel/ Schwab-Trapp (1999). Zur Privatisierung und Kommerzialisierung der Gewalt in politiktheoretischer Hinsicht vgl. Münkler (2002a: 131ff., 2002b: 220ff.).

13 Dazu Singer (2006), Kinsey (2006), Jäger/Kümmel (2007) sowie Feichtinger u.a. (2008).

schiedliche Typen des Krieges so dominant werden, dass sie wie die beiden Pole eines Magneten Ordnung in ein ansonsten chaotisches Feld bringen. Aber dies ist allenfalls für eine kurze Zeitspanne der Fall, denn schon bald tauchen neue Formen des Krieges auf, die sich der binären Ordnung nicht fügen und dementsprechend Zusatzkonstruktionen und Erweiterungen erforderlich machen. Damit ist freilich der Wert der binären Ordnungskonstruktionen nicht aufgelöst und ruiniert, denn sie schaffen auch weiterhin jene Übersichtlichkeit für wissenschaftliche Beobachter und politische Akteure des Kriegsgeschehens, die sie überhaupt erst in die Lage versetzt, die Beobachtungen zu ordnen und interventiv tätig zu werden. Vor allem eine die politischen Entscheider beratende Politikwissenschaft ist in hohem Maße auf die ordnende Kraft binärer Konstruktionen angewiesen. Die semantische Ausfransung des Kriegsbegriffs stellt deswegen nicht nur eine Herausforderung für die begrifflich-systematische Ordnung der Wissenschaft, sondern zugleich eine Einschränkung politischer Analyse- und damit letztlich auch Handlungsfähigkeit dar.

3. Die Entformalisierung des Krieges

In den modernen Kriegen ist die scharfe Trennung zwischen Volk, Heer und Regierung nicht mehr anzutreffen. Der zunehmende Kontrollverlust der Staaten bzw. Regierungen über das Kriegsgeschehen, von der vorbereitenden Planung bis zu dem den Kriegszustand beendenden Friedensschluss, ist schon seit längerem von der Politikwissenschaft beobachtet und kommentiert worden. Mit Blick auf den Zweiten Weltkrieg und die anschließende Ära des sogenannten Kalten Krieges war von einer Ideologisierung des Krieges und der Gewaltandrohung die Rede; nach dem Zusammenbruch der Sowjetunion und dem Ende der bipolaren Konfrontation glaubte man eine zunehmende Ethnisierung des Krieges beobachten zu können, und etwa gleichzeitig damit tauchte auch die Vorstellung auf, das den Staaten entglittene bzw. ihnen entwundene Instrument des Krieges werde zur Grunddisposition im Verhältnis religiös definierter zivilisatorischer Großräume.[14] Setzen diese Kriegstheorien wesentlich bei den Gewaltmotivationen der (potentiellen) Kriegsparteien an, so konzentrieren sich die in jüngster Zeit ebenfalls verstärkt hervorgetretenen kriegsökonomischen Theorien auf strukturelle Faktoren des Krieges, die von Prozessen der Schattengloba-

---

14 Das Ethnisierungstheorem wurde vor allem unter dem Eindruck der jugoslawischen Zerfallskriege sowie der Kriege an der einstigen Südflanke der ehemaligen Sowjetunion, insbesondere im Kaukasus, entwickelt; die Debatte über den kriegerischen Zusammenstoß von Zivilisationen wurde im wesentlichen durch den amerikanischen Politikwissenschaftler Samuel Huntington (1993, 1996) angestoßen.

lisierung bis zur Entstehung von Warlordfigurationen reichen: In ihnen spielt
der Einsatz von Gewalt zur Akkumulation gewaltiger Vermögen, häufig aber
auch bloß zur Sicherung des Lebensunterhalts die entscheidende Rolle bei der
Analyse von Kriegen.[15]

Allen diesen Ansätzen ist die Diagnose gemeinsam, dass die Staaten zunehmend die Kontrolle über das Kriegsgeschehen verlieren und in wachsendem
Maße substaatliche wie suprastaatliche Akteure an deren Stelle getreten sind. In
der öffentlichen Debatte wird diese Entwicklung zumeist als ein Rationalitäts-
verlust angesehen, wenn es um substaatliche Akteure wie Clanchefs, Bürger-
kriegsgeneräle, Milizenführer und private Sicherheitsunternehmen geht, dagegen
als ein Legitimitäts- und zumeist auch Rationalitätsgewinn, wenn die Entstaatlichung des Krieges zum Machtzuwachs suprastaatlicher Akteure führt, wie hu-
manitärer Hilfsorganisationen oder der Vereinten Nationen. Im Anschluss an
Überlegungen des Physikers und Friedensforschers Carl Friedrich von Weizsäcker hat sich für letztgenannte Entwicklung der Begriff der *Weltinnenpolitik*
durchgesetzt, der häufig mit der Vorstellung einer endgültigen Abschaffung des
Krieges verbunden ist.[16] Aber die Erwartung, dass die „Vergesellschaftung der
internationalen Beziehungen" (Czempiel 2002: 27ff.), wie die ins Positive gewendete Formel für die Entstaatlichung der Politik lautet, zu einer allmählichen
Abschaffung des Krieges führen würde, hat sich sehr schnell als trügerisch erwiesen: Die jüngeren Formen des internationalen Terrorismus (Münkler 2002b:
252ff., Waldmann 2003) zeigen, dass die Entstaatlichung der politischen Ordnung nicht zum Verschwinden, sondern nur zu einem neuerlichen Gestaltwandel des Krieges geführt hat. Unter den Bedingungen notorischer ökonomischer
wie technologischer Unterlegenheit ist es die strategische Kreativität der Schwachen, das zweite der drei Elemente des Krieges, von denen Clausewitz spricht[17],
die jetzt den Gestaltwechsel des Krieges forciert.

Tatsächlich funktioniert die zur Zeit bekannteste Terrorgruppe, die Al Qaida,
nach dem Modell einer Nichtregierungsorganisation, und die neuen Formen des
Terrorismus, die von ihr und in ihrem Umfeld entwickelt worden sind, beruhen
im wesentlichen auf den Vorstellungen einer asymmetrischen Kriegführung.
Gegen die Überlegenheit der militärorganisatorischen und waffentechnischen
Potentiale des Westens, insbesondere der USA, setzen sie eine Strategie, die bei
geringstmöglichem eigenem Aufwand, in der Regel durch die Umfunktionie-

---

15 Zum theoretischen Ansatz der Kriegsökonomie vgl. Lock (2002); zu empirischen Einzelstudien
    Jean/Rufin (1999), Berdal/Malone (2000) sowie Ruf (2003).
16 Zu Herkunft und theoretischer Tragweite des Begriffs vgl. Bartosch (1995); skeptisch gegenüber den
    damit verbundenen Friedenserwartungen Münkler (2006: 112ff.).
17 Für Clausewitz bilden Gewaltsamkeit, strategische Kreativität und instrumentelle Rationalität das
    Grundraster des Krieges (1980: 212f.).

rung der Infrastruktur der angegriffenen Seite, dem Gegner einen größtmöglichen Schaden zuzufügen in der Lage ist. Der Angriff erfolgt dabei in der Regel nicht auf den Militärapparat der Gegenseite, sondern sucht wirtschaftliche Strukturen aus, wo die Attacke leichter durchführbar und der angerichtete Schaden deutlich höher ist. Getroffen werden sollen dabei vor allem die labilen psychischen Infrastrukturen hochentwickelter Gesellschaften. Man kann die jüngeren Formen des Terrorismus darum als eine moderne Variante des Verwüstungskrieges begreifen, wie er auch in früheren Zeiten immer wieder geführt worden ist. Verwüstungskriege sind dadurch gekennzeichnet, dass sie sich nicht gegen die Streitkräfte, sondern gegen die Wirtschaftspotentiale des Gegners richten und durch deren Zerstörung bzw. Beeinträchtigung dessen politischen Willen zu brechen versuchen.

Diese Veränderung des Krieges hat inzwischen auch auf der attackierten Gegenseite Wirkung gezeigt, die in der Bekämpfung des Terrorismus zu einer weit ausgelegten Form der Präventiv- bzw. Präemptivkriegführung übergegangen ist. Wo diese Art der Kriegführung sich mit dem Projekt des *Nation building* verbunden hat, ist daraus eine kosten- wie zeitintensive Form des *Peace Keeping* geworden, in deren Folge der von Morris Janowitz (1966: 419f.) vorhergesagte Prozess einer Konstabularisierung/Verpolizeilichung des Militärs weiter an Fahrt gewonnen hat.[18] Insgesamt wird man sagen können, dass in diesen neuen Kriegen das klassische Militär, wie es die zwischenstaatlichen Kriege der europäischen Geschichte geprägt hat, zunehmend an Bedeutung verloren hat und inzwischen durch andere, nicht militärische bzw. paramilitärische Typen des Kriegers ersetzt wird. Dies reicht vom Selbstmordattentäter im terroristischen Verwüstungskrieg bis zu den Spezialeinheiten westlicher Mächte, die in taktischer Hinsicht nicht selten nach der Art von Partisanenverbänden operieren (Priest 2003: 121ff.). Im Übergang vom 20. zum 21. Jahrhundert ist es somit zu einer Entformalisierung des Krieges gekommen, die es in Zukunft noch schwieriger und riskanter macht, den Begriff des Krieges präzise zu definieren. Insgesamt bestätigt sie aber die Auffassung des Generals von Clausewitz, dass es sich beim Krieg um ein Chamäleon handele, dieser sich mit der Veränderung der gesellschaftlichen, wirtschaftlichen, kulturellen und machtpolitischen Konstellationen also ebenfalls verändere. Jeder Versuch, die Gestaltenvielfalt des Krieges begrifflich wie theoretisch zu erfassen, hat von dieser Feststellung auszugehen.

---

18 Vgl. dazu die Beiträge von Kümmel und vom Hagen in Leonhard/Werkner 2005.

Literatur

Aron, Raymond (1980): Clausewitz. Den Krieg denken (franz. 1976). Frankfurt/M. – Berlin – Wien: Propyläen.

Bartosch, Ulrich (1995): Weltinnenpolitik. Zur Theorie des Friedens von Carl Friedrich von Weizsäcker. Berlin: Duncker & Humblot.

Berdal, Mats/Malone, David (eds.) (2000): Greed and Grievance. Economic Agendas in Civil Wars. Boulder – London: Lynne Rienner.

Brunkhorst, Hauke (Hg.) (1998): Einmischung erwünscht? Menschenrechte und bewaffnete Intervention. Frankfurt/M.: Fischer.

Chickering, Roger (2002): Das Deutsche Reich und der Erste Weltkrieg (am. 1998). München: Beck.

Clausewitz, Carl von (1980): Vom Kriege (erstm. 1832-34). 19. Aufl. Hg. von Werner Hahlweg. Bonn: Ferdinand Dümmler.

Coker, Christopher (2004): The Future of War. The Re-Enchantment of War in the Twenty-First Century. Oxford: Blackwell.

Creveld, Martin van (1998): Die Zukunft des Krieges (am. 1991). München: Gerling Akademie Verlag.

Czempiel, Ernst-Otto (2002): Weltpolitik im Umbruch. Die Pax Americana, der Terrorismus und die Zukunft der internationalen Beziehungen. München: Beck.

Daase, Christopher (1999): Kleine Kriege – Große Wirkung. Wie unkonventionelle Kriegführung die internationale Politik verändert. Baden-Baden: Nomos.

Delbrück, Hans (2000): Geschichte der Kriegskunst im Rahmen der politischen Geschichte. 4 Bd. Berlin – New York: de Gruyter.

Dießenbacher, Hartmut (1998): Kriege der Zukunft. Die Bevölkerungsexplosion gefährdet den Frieden. München: Hanser.

Engelhardt, Paulus (1980): Die Lehre vom gerechten Krieg in der vorreformatorischen und katholischen Tradition. Herkunft – Wandlungen – Krise. In: Steigweg, Reiner (Red.): Der gerechte Krieg: Christentum, Islam, Marxismus. Frankfurt/M.: Suhrkamp.72-124.

Englund, Peter (2001): Menschheit am Nullpunkt. Aus dem Abgrund des 20. Jahrhunderts. Stuttgart: Klett-Cotta.

Eppler, Erhard (2002): Vom Gewaltmonopol zum Gewaltmarkt? Die Privatisierung und Kommerzialisierung der Gewalt. Frankfurt/M.: Suhrkamp.

Erwägen – Wissen – Ethik (EWE), 19. Jg., 2008, Heft 1, 27-142 (Krieg).

Feichtinger, Walter u.a. (Hg.) (2008): Private Sicherheits- und Militärfirmen. Konkurrenten – Partner – Totengräber? Wien – Köln – Weimar: Böhlau.

Fernández-Santamaria, J.A. (1977): The State, War and Peace. Spanish Political Thought in the Renaissance. 1516-1559. Cambridge: UP.

Ferro, Marc (1988): Der große Krieg 1914-1918 (franz. 1969). Frankfurt/M.: Suhrkamp.

Friedrich, Jörg (2002): Der Brand. Deutschland im Bombenkrieg 1940-1945. München: Propyläen.

Gantzel, Klaus Jürgen (2002): Der unerhörte Clausewitz. Eine notwendige Polemik wider die gefährliche Tendenz zur Mystifizierung des Krieges. In: Sahem, Astrid/Sapper, Manfred/Weichsel, Volker (Hg.): Die Zukunft des Friedens. Eine Bilanz der Friedens- und Konfliktforschung. Wiesbaden: Westdeutscher Verlag. 25-50.

Geis, Anna (Hg.) (2006): Den Krieg überdenken. Kriegsbegriffe und Kriegstheorien in der Kontroverse. Baden-Baden: Nomos.

Grewe, Wilhelm (1984): Epochen der Völkerrechtsgeschichte. Baden-Baden: Nomos.

Hankel, Gerd (Hg.) (2008): Die Macht und das Recht. Beiträge zum Völkerrecht und Völkerstrafrecht am Beginn des 21. Jahrhunderts. Hamburg: Hamburger Edition.

Heinsohn, Gunnar (2003): Söhne und Weltmacht. Terror im Aufstieg und Fall der Nationen. Zürich: Orell Füssli.

Herberg-Rothe, Andreas (2003): Der Krieg. Geschichte und Gegenwart. Frankfurt/M. – New York: Campus.

Heuser, Beatrice (2010): Den Krieg denken. Die Entwicklung der Strategie seit der Antike. Paderborn: Schöningh.

Howard, Michael (1981): Der Krieg in der europäischen Geschichte. Vom Ritterheer zur Atomstreitmacht. München: Beck.

Huntington, Samuel (1993): The Clash of Civilisations? In: Foreign Affairs 72(3). 22-49.

– (1996): Kampf der Kulturen. Die Neugestaltung der Weltpolitik im 21. Jahrhundert. München – Wien: Europa-Verlag.

Jäger, Thomas/Kümmel, Gerhard (eds.) (2007): Private Military and Security Companies. Chances, Problems, Pitfalls and Prospects. Wiesbaden: Verlag für Sozialwissenschaften.

Janowitz, Morris (1966): The Professional Soldier. A Social and Political Portrait. New York: Free Press.

Jean, François/Rufin, Jean-Christophe (Hg.) (1999): Ökonomie der Bürgerkriege. Hamburg: Hamburger Edition.

Jung, Dietrich/Schlichte, Klaus/Siegelberg, Jens (2003): Kriege in der Weltgesellschaft. Strukturgeschichtliche Erklärung kriegerischer Gewalt (1945-2002). Wiesbaden: Westdeutscher Verlag.

Kaldor, Mary (2000): Neue und alte Kriege. Organisierte Gewalt im Zeitalter der Globalisierung (engl. 1999). Frankfurt/M.: Suhrkamp.

Keegan, John (1981): Die Schlacht. Azincourt 1415 – Waterloo 1815 – Somme 1916 (engl. 1975). München: dtv.

– (1995): Die Kultur des Krieges (engl. 1993). Berlin: Rowohlt.

Kinsey, Christopher (2006): Corporate Soldiers and International Security. The Rise of Private Military Companies. London – New York: Routledge.

Kleemeier, Ulrike (2002): Grundfragen einer philosophischen Theorie des Krieges. Platon – Hobbes – Clausewitz. Berlin: Akademie.

Kolko, Gabriel (1999). Das Jahrhundert der Kriege (am. 1994). Frankfurt/M.: Fischer.

Kondylis, Panajotis (1988): Theorie des Krieges. Clausewitz – Marx – Engels – Lenin. Stuttgart: Klett-Cotta.

Kreis, Georg (Hg.) (2006): Der „gerechte Krieg". Zur Geschichte einer aktuellen Denkfigur. Basel: Schwabe.

Krumwiede, Heinrich-W./Waldmann, Peter (Hg.) (1998): Bürgerkriege: Folgen und Regulierungsmöglichkeiten. Baden-Baden: Nomos.

Kümmel, Gerhard/Collmer, Sabine (Hg.) (2003): Asymmetrische Konflikte und Terrorismusbekämpfung. Prototypen zukünftiger Kriege? Baden-Baden: Nomos.

Leonhard, Nina/Werkner, Ines-Jacqueline (Hg.) (2005): Militärsoziologie – Eine Einführung. Wiesbaden: Verlag für Sozialwissenschaften.

Lock, Peter (2002): Ökonomien des Krieges. Ein lange vernachlässigtes Forschungsfeld von großer Bedeutung für die politische Praxis. In: Sahm, Astrid/Sapper, Manfred/Weichsel, Volker (Hg.): Die Zukunft des Friedens. Eine Bilanz der Friedens- und Konfliktforschung. Wiesbaden: Westdeutscher Verlag. 269-286.

Mao Tse-tung (1969): Vom Kriege. Die Kriegswissenschaftlichen Schriften. Mit einem Geleitwort von Brigadegeneral Heinz Karst. Gütersloh: Bertelsmann.

Münkler, Herfried (2002a): Die neuen Kriege. Reinbek bei Hamburg: Rowohlt.

– (2002b): Über den Krieg. Stationen der Kriegsgeschichte im Spiegel ihrer theoretischen Reflexion. Weilerswist: Velbrück.

– (2005): Imperien. Die Logik der Weltherrschaft – vom Alten Rom bis zu den Vereinigten Staaten. Berlin: Rowohlt.

– (2006): Der Wandel des Krieges. Von der Symmetrie zur Asymmetrie. Weilerswist: Velbrück.

– (2008): Krieg/Wie lässt sich eine Theorie des Krieges entwickeln und eine Geschichte des Krieges schreiben? In: Erwägen – Wissen – Ethik 19. 27-43 und 126-142.

Münkler, Herfried/Malowitz, Karsten (Hg.) (2008): Humanitäre Intervention. Ein Instrument außenpolitischer Konfliktbearbeitung. Wiesbaden: Verlag für Sozialwissenschaften.

Neckel, Sighard/Schwab-Trapp, Michael (Hg.) (1999): Ordnungen der Gewalt. Beiträge zu einer politischen Soziologie der Gewalt und des Krieges. Opladen: Leske + Budrich.

Nowosadtko, Jutta (2002): Krieg, Gewalt und Ordnung. Einführung in die Militärgeschichte. Tübingen: edition diskord.

Paret, Peter (1993): Clausewitz und der Staat. Der Mensch, seine Theorien und seine Zeit (am. 1976). Bonn: Ferdinand Dümmler.

Polk, William R. (2009): Aufstand. Widerstand und Fremdherrschaft: vom Amerikanischen Unabhängigkeitskrieg bis zum Irak. Hamburg: Hamburger Edition.

Priest, David (2003): The Mission. Waging War and Keeping Peace with America's Military. New York – London: W.W. Norton.

Roberts, Adam/Guelff, Richard (eds.) (1982): Documents on the Laws of War. Oxford: Clarendon Press.

Ruf, Werner (Hg.) (2003): Politische Ökonomie der Gewalt. Staatszerfall und die Privatisierung von Gewalt und Krieg. Opladen: Leske + Budrich.

Schmitt, Carl (1950): Der Nomos der Erde im Völkerrecht des Ius Publicum Europaeum. Köln: Greven Verlag.

Schröfl, Josef/Pankratz, Thomas (Hg.) (2004): Asymmetrische Kriegführung – ein neues Phänomen der Internationalen Politik? Baden-Baden: Nomos.

Singer, Peter W. (2006): Die Kriegs-AGs. Über den Aufstieg der privaten Militärfirmen. Frankfurt/M.: Zweitausendeins.

Schulz, Gerhard (1985): Partisanen und Volkskrieg. Zur Revolutionierung des Krieges im 20. Jahrhundert. Göttingen: Vandenhoeck & Ruprecht.

Strachan, Hew/Herberg-Rothe, Andreas (eds.) (2007): Clausewitz and the Twenty-First Century. Oxford: Oxford UP.

Teschke, Benno (2003): The Myth of 1648. Class, Geopolitics and the Making of Modern International Relations. London – New York: Verso.

Treskow, Isabella von u.a. (Hg.) (2005): Bürgerkrieg. Erfahrung und Repräsentation. Berlin: trafo verlag.

Trotha, Trutz von (Hg.) (1997): Soziologie der Gewalt. Opladen – Wiesbaden: Westdeutscher Verlag (Sonderheft 37 der Kölner Zeitschrift für Soziologie und Sozialpsychologie).

Waldmann, Peter (2003): Terrorismus und Bürgerkrieg. Die Staatsmacht in Bedrängnis. München: Gerling Akademie Verlag.

Walzer, Michael (1982): Gibt es den gerechten Krieg? (am. 1977) Stuttgart: Klett-Cotta.

Wette, Wolfram (Hg.) (1992): Der Krieg des kleinen Mannes. Eine Militärgeschichte von unten. München: Piper.

Zangl, Bernhard/Zürn, Michael (2003): Frieden und Krieg. Sicherheit in der nationalen und postnationalen Konstellation. Frankfurt/M.: Suhrkamp.

Macht

Gerhard Göhler

1. Grundzüge der neueren Machtdiskussion

Unter den Begriffen, mit denen Basisphänomene unserer Gesellschaft bezeichnet werden, ist der Begriff der Macht besonders unklar und kontrovers. Die Vielzahl von Versuchen, Macht genauer und möglichst ultimativ zu bestimmen, hat zu immer neuen Anläufen geführt und bleibt im Ergebnis so unabgeschlossen wie eh und je (so bereits Morriss 1987). Das klingt verwunderlich, scheint Macht doch im Alltag eindeutig erfahrbar und bestimmbar zu sein. Wie die wissenschaftliche Machtdiskussion zeigt, ist dem nicht so, denn sie vermag in der Tat immer wieder neue Züge an ihr zu entdecken. Gerade dazu haben die Arbeiten seit den 80er Jahren des letzten Jahrhunderts erheblich beigetragen.

In den 1960er und 1970er Jahren ging es noch darum, empirische Untersuchungen der Macht auf Dimensionen auszuweiten, die der unmittelbaren Wahrnehmung verborgen bleiben. So entdeckte man „neue Gesichter" der Macht (Bachrach/Baratz 1977, Lukes 1974/2005), und dieses war ein klares gesellschaftskritisches Unterfangen. So einfach ist es seit den 1980er Jahren nicht mehr. Die Machtdiskussion wurde ausgeweitet und immer komplexer. Vielfältige, zuvor kaum berücksichtigte Elemente wurden einbezogen, neuartige Perspektiven eröffnet. Sie stammen weniger von professionellen „Machtanalysten", häufiger sind es Teilprodukte umfassenderer Gesellschaftstheorien: der Strukturfunktionalismus von Talcott Parsons, die Beschreibung der *conditio humana* durch Hannah Arendt, die Diskursanalyse von Michel Foucault, die Weiterentwicklung des Kapital- und Hegemoniebegriffs des westlichen Marxismus durch Pierre Bourdieu, die subtile systemtheoretische Modellierung von Niklas Luhmann. Insgesamt – so scheint es – hat die Aufnahme neuer Impulse in die Machtdiskussion der 80er und 90er Jahre eine schwer auftrennbare Gemengelage erbracht. Es erscheint zunehmend schwieriger, aus den verschiedenartigen Ansätzen ein Gesamtbild der Macht zusammenzusetzen, und sei es auch nur in Form von ganz unterschiedlichen Dimensionen. Möglicherweise lässt sich nun tatsächlich nicht mehr erreichen als „Familienähnlichkeiten" im Machtbegriff festzustellen, nämlich verbleibende Überlappungen der unterschiedlichen Machtverständnisse (Clegg/Haugaard 2009: 4f).

Trotzdem erscheint es nicht aussichtslos, „Macht" noch insgesamt als einen umkämpften Begriff aufzunehmen und zu strukturieren.[1] Es bietet sich an, von zwei grundlegenden Dimensionen auszugehen, die seit den 1970er Jahren in der Machttheorie prominent geworden sind: Macht als *power over* und als *power to*. Macht wird entweder real über andere ausgeübt oder ist selbst ein Vermögen. Die neueren machttheoretischen Ansätze nehmen diese Unterscheidung implizit oder explizit auf und lassen sich danach gruppieren, ob sie die eine oder die andere Dimension in den Vordergrund stellen oder beide gleichermaßen thematisieren. Die Unterscheidung von *power over* und *power to* ist deshalb der Ausgangspunkt dieses Überblicks, die neueren Machtkonzepte werden entlang dieser Unterscheidung dargestellt (2.). Dabei wird sich aber auch zeigen, dass der Rahmen von *power over* und *power to* nicht immer nur Klarheit erbringt. Neuere Diskussionen, die das Phänomen der Macht in seiner Vielschichtigkeit zu erfassen suchen, weisen über die zunächst so einleuchtende Unterscheidung von *power over* und *power to* auch hinaus. Erforderlich ist deshalb – so wird abschließend argumentiert – eine Neustrukturierung des Machtbegriffs, welche die Unterscheidung von *power over* und *power to* zur Unterscheidung von transitiver und intransitiver Macht weiterentwickelt. Diese lässt sich am klassischen Gegensatz der beiden Machtkonzepte von Max Weber und Hannah Arendt verdeutlichen; zugleich weist sie die Perspektive für ein integrales Machtkonzept (3.).

2. *power over – power to*

Die begriffliche Unterscheidung stammt von Hanna Pitkin, die sie eher beiläufig formuliert hat:

> „Man mag Macht über einen anderen oder über andere ausüben [*power over*], und diese Art von Macht ist tatsächlich relational (...) Aber eine Person kann auch die Macht haben, etwas aus eigener Kraft zu tun oder zu erledigen [*power to*], und diese Macht ist keineswegs relational; sie kann zwar andere Personen mit befassen, wenn das, wozu die Macht imstande ist, in einer sozialen oder politischen Aktion zum Ausdruck kommt, aber das ist hierfür nicht notwendig." (Pitkin 1972: 277, Übers. GG)[2]

---

1 Neuere Überblicke bieten: Lukes (1986), Imbusch (1998), Scott (2001), Haugaard (2002), Han (2005), Clegg/Courpasson/Philips (2006), Krause/Röll (2008), Clegg/Haugaard (2009) sowie in ideengeschichtlicher Perspektive Zenkert (2004). Seit 2008 erscheint eine eigene Zeitschrift: Journal of Power.

2 „One may have *power over* another or others, and that sort of power is indeed relational (...) But he may have power to do or accomplish something all by himself, and that power is not relational at all; it may involve other people if what he has power to do is a social or political action, but it need not."

Power over bedeutet Macht über andere Personen, Durchsetzung der eigenen Intentionen gegenüber den Intentionen anderer, ist also nur in einer sozialen Beziehung formulierbar. Dagegen bezieht sich *power to* nicht auf andere Personen. Sie ist die Fähigkeit, etwas zu tun oder zu erreichen, unabhängig davon, wie andere dazu stehen. So ist sie keine im Wortsinn soziale Beziehung. Dieser Unterscheidung entspricht eine unterschiedliche Bewertung der Macht. Ausübung der Macht, verstanden als *power over*, die sich auf andere bezieht, erbringt grundsätzlich einen negativen Befund für die Machtunterworfenen, denn sie schränkt deren Handlungsmöglichkeiten ein. Das hat nichts mit möglicherweise löblichen Intentionen der Machtausübung oder segensreichen Wirkungen zu tun. Autonomie von A bedeutet in einer Machtbeziehung eine entsprechende Verminderung der Autonomie von B. Demgegenüber wird Macht, verstanden als *power to*, in der Theoriedebatte zumeist positiv gesehen. Der Grund liegt darin, dass *power to* nicht auf andere, sondern auf das Individuum oder die Gruppe als Handlungseinheit selbst gerichtet ist. Gefragt wird nicht nach den Wirkungen der Macht auf andere, auf die Machtunterworfenen, sondern nach der Macht als Fähigkeit zum autonomen Handeln. In diesem Verständnis ist Macht für die Gesellschaft konstitutiv.

Pitkins begriffliche Unterscheidung ist der Ausgangspunkt für eine Ausdifferenzierung, die für die neuere Machtdiskussion maßgebend geworden ist (zusammenfassend Clegg/Courpasson/Phillips 2006: 190-227). Auch wenn *power over* und *power to* als Termini nicht immer explizit Verwendung finden, wird Macht nun nicht mehr nur als eine gesellschaftliche Beziehung verstanden, mit der man sich mehr oder weniger kritisch auseinandersetzt. Sie erscheint zugleich als eine Bedingung von Gesellschaftlichkeit, in der sich auch die Individuen erst als Individuen konstituieren. Geläufiger Ausdruck für diese Sichtweise ist die Vorstellung einer „Produktivität" von Macht. Als *power to* produziert Macht die gesellschaftlichen Beziehungen, in denen sie wirksam wird, und auch das Individuum wird als solches erst „produziert . Daraus ergeben sich gegenläufige Wirkungen für die Beteiligten. Unter dem Aspekt von *power to* wird Autonomie konstituiert, unter dem Aspekt von *power over* werden Handlungsoptionen eingeschränkt. Moderne Machtkonzepte lassen sich entweder der einen oder der anderen Seite zuordnen. Beide Aspekte können aber auch miteinander verbunden sein. Dann entstehen Ambivalenzen der Macht, die für unser alltagssprachliches Verständnis nur schwer zusammenzudenken sind. Foucault demonstriert sie am Wort „sujet" (Subjekt): Es hat „einen zweifachen Sinn: vermittels Kontrolle und Abhängigkeit jemandem unterworfen sein und durch Bewusstsein und Selbsterkenntnis seiner eigenen Identität verhaftet sein" (Foucault 1994: 246). So wirkt Macht als *power over* und *power to*, zugleich repressiv und produktiv.

Im Folgenden wird zu sehen sein, wie sich die neuere Machtdiskussion nach *power over* und *power to* strukturieren lässt, und wo diese Unterscheidung nicht hinreicht.

2.1 *power over*

Hier reihen sich alle Konzepte ein, in denen Macht entsprechend dem Alltagsverständnis immer bedeutet, etwas gegen andere durchzusetzen – subjektiv: den eigenen Willen, die Interessen oder Präferenzen, objektiv: Sachzwänge oder vorgegebene Normen. Die selbstreferentielle Bestimmung *power to* wird entweder stillschweigend vorausgesetzt oder explizit ausgeschlossen (Wartenberg 1990). Eine geradezu klassische *power over*-Analyse ist die Debatte über „Gesichter" oder „Dimensionen" der Macht, die in den 1960er und 1970er Jahren geführt wurde. Ausgangspunkt ist die empirische Analyse real ausgeübter Macht durch Robert A. Dahl, der zeigen will, dass die amerikanische Gesellschaft nicht von Eliten beherrscht wird, sondern trotz aller Kritik nach wie vor pluralistisch ist (Dahl 1961, 1968). Diese Sicht wird von Peter Bachrach und Morton Baratz in Frage gestellt, weil Dahl nur eine Dimension, nämlich das offene und direkt beobachtbare Gesicht der Macht berücksichtige. Bachrach und Baratz verweisen auf eine zusätzliche, zweite Dimension der Machtausübung, die erhebliche Auswirkungen hat, auch wenn sie den Machtunterworfenen gar nicht sichtbar wird. Das sind „non-decisions", nämlich Festlegungen, die verhindern, dass bestimmte Themen überhaupt auf die Tagesordnung gelangen. In dieser Hinsicht ist die amerikanische Gesellschaft sehr wohl von Eliten beherrscht und durchaus nicht pluralistisch strukturiert (Bachrach/Baratz 1977). Steven Lukes fügt schließlich eine dritte Dimension hinzu. Macht ist nicht nur Unterdrückung von subjektiven, sondern auch von objektiven Interessen – solchen Interessen, die den Betroffenen nicht bewusst sind, die sie aber verfolgen würden, wenn sie nur wüssten, dass sie ihrer objektiven Lage entsprechen (Lukes 1974/2005).[3]

Diese Debatte kann mittlerweile als abgeschlossen gelten (Ball 1988, Clegg 1989). Sie stand vornehmlich im Kontext einer „linken", mehr oder weniger auch marxistisch orientierten Gesellschaftskritik, die in den 1990er Jahren ange-

---

3 In diesem Zusammenhang unterscheidet Lukes auch ausdrücklich zwischen Macht und Einfluss. Macht bedeutet tendenziell die Einwirkung von A auf B bei Interessenkonflikten, Einfluss die Einwirkung ohne solche Konflikte (Lukes 1974/2005: 32/36). Tatsächlich lässt sich Macht und Einfluss, wenn man sie unterscheiden will, einander entweder komplementär gegenüberstellen, oder Macht unter Einfluss bzw. Einfluss unter Macht subsumieren. Dabei gibt es vielfach weitere Unterscheidungskriterien, z.B. Einwirkung durch Intentionalität (Macht, nicht Einfluss) oder Einwirkung auf die Überzeugung (Einfluss, nicht Macht) (Zimmerling 2005). Siehe dazu unten Fn. 5.

sichts der Wahrnehmung realer Unterdrückungsverhältnisse im bürokratischen Realsozialismus auch im Westen nicht bruchlos weitergeführt werden konnte (Phillips 1995: 25 f.).

Weniger abgeschlossen ist nach wie vor die Diskussion über das Verhältnis von *agency* und *structure*. Wer übt die Macht aus? Aus der Akteursperspektive sind es handelnde Personen oder kollektive Akteure (agency), aus der Systemperspektive dagegen unpersönlich wirkende Mechanismen (structure), welche in Machtbeziehungen auftreten und diese gestalten. Da beide Perspektiven sehr unterschiedliche Aspekte erfassen, wäre es wenig sinnvoll, die eine auf die andere reduzieren zu wollen. So werden die beiden Perspektiven weiterhin nebeineinander bestehen. Spätestens seit der Theorie der Strukturation von Giddens (1984) dürfte allerdings kein Zweifel daran bestehen, dass *agency* und *structure* auch komplementär zueinander gesehen werden können. „Strukturation" meint nämlich, dass sich Gesellschaft in einem wechselseitigen Prozess herausbildet: „Menschliches Handeln produziert Strukturen, die gleichzeitig die Bedingungen für weiteres Handeln festlegen" (Clegg 1989: 139). Macht wird dabei in doppelter Weise ausgeübt. Einerseits verändern Akteure den Handlungsraum ihrer Adressaten, indem sie ihnen bestimmte Handlungsmöglichkeiten entziehen und andere Optionen attraktiv machen. Sind sie dabei auf Dauer erfolgreich, so verfestigen oder verändern sie zugleich bestehende Strukturen. Andererseits sind es diese Strukturen, die aller persönlichen Machtausübung die Bedingungen ihres Handelns vorgeben.

Die feministische Machtdiskussion sieht deshalb *agency* und *structure* von vornherein zusammen. Die Macht, welcher Frauen unterworfen sind – die „Hörigkeit der Frauen" (John St. Mill) – betrifft sowohl Handlungen als auch Strukturen: Sie wirkt einerseits als direkte Unterdrückung von Frauen durch Männer und andererseits als Übermächtigung von Frauen durch strukturelle Geschlechterasymmetrien, welche von den Frauen zumeist auch noch verinnerlicht werden. Auf jeden Fall wirkt Macht auf Frauen in einer klar durch das Geschlecht definierten Diskriminierung, die als solche aufzuheben ist – entweder durch die Herstellung einer durchgängigen Gleichberechtigung der Geschlechter (Gleichheits-Feminismus) oder aber durch die Anerkennung der Eigenwertigkeit des Weiblichen (Differenz-Feminismus, siehe „Geschlecht" in diesem Band).

Der Ausgangspunkt dieser Analysen ist Macht, verstanden als *power over*. Die feministische Machtdiskussion bleibt dabei freilich nicht stehen. Sie bezieht das Verständnis von Macht als *power to* mit ein (worauf in 2.3 eingegangen wird), oder sie entzieht – bisweilen in Verbindung mit *power to* – der einfachen Auffassung von *power over* im Geschlechterverhältnis den Boden. Das führt immanent zu Schwierigkeiten. Wer Machtausübung über andere feststellen will, muss bestimmen, wer die Macht ausübt und wer sie erduldet. Aus feministischer Perspektive bedeutet das eine klare Identifizierung der Geschlechter. Diese Voraussetzung wird aber seit den 1980er Jahren durch postmoderne, poststrukturalistische Ansätze in Frage gestellt (Dingler/Kerner 2000). Denn in neueren Ansätzen, die sich insbesondere auf die Machtanalytik von Michel Foucault beziehen, werden nicht nur klar identifizierbare Unterdrückungsverhältnisse thematisiert, sondern schon die Geschlechtsnormierung von Subjekten (Männer, Frauen, Homosexuelle, Heterosexuelle etc.) wird als machtvoller Prozess beschrieben – und zudem als Prozess, an dem wir jeweils selbst partizipieren (siehe „Subjekt" in diesem Band). Geschlechter sind vor allem kulturell bedingt und somit sozial konstruiert. Geschlecht besteht aus (biologischem) Sex und (sozialem) Gender, und selbst diese Unterscheidung wird letztlich aufgelöst (Butler 1991). Es bleibt nichts Festes, nichts Substantielles mehr. In der Vervielfältigung der Machtbeziehungen drohen allerdings die Erfahrungen realer Unterdrückung und das handelnde Subjekt verloren zu gehen. Die Betonung der sozialen Konstruktion von Geschlechtsunterschieden, die Suche nach neuen feministischen Strategien, die weniger auf die Erfahrung gemeinsamer Unterdrückung als auf vielfältige Koalitionen setzen (Mouffe 1998) – all dies macht es zunehmend schwierig, die Macht im Geschlechterverhältnis noch als *power over* zu lokalisieren und diese doch nicht aus dem Auge zu verlieren (vgl. dazu, weniger skeptisch zusammenfassend, Kerner 2009: 292-300).

2.2 *power to*

Die Analyse der Machtbeziehungen, die als *power over* beschrieben sind, setzt voraus, dass mindestens einer der Beteiligten in der Lage ist, mehr Macht auszuüben als die Adressaten in der Machtbeziehung. Hier wird Macht vorausgesetzt, sie muss bereits bestehen, bevor sie ausgeübt werden kann. Aber wie lässt sich überhaupt von Macht sprechen, wenn sie nicht tatsächlich auch auf andere ausgeübt wird? Offensichtlich besteht Macht nicht nur in der Veränderung der Handlungsmöglichkeiten anderer, sondern sie liegt auch in den eigenen Handlungsmöglichkeiten selbst. Deshalb ist es naheliegend, Macht nicht nur in ihren Wirkungen auf andere, sondern auch als Eigenschaft oder Fähigkeit zu untersuchen. Das ist die Dimension von *power to*. In den Machtanalysen, die sich auf *power to* beziehen, wird diese entweder der *power over* vorangestellt, um jene Voraussetzungen von Macht zu bestimmen, welche Machtbeziehungen erst ermöglichen. Oder *power to* wird nicht allein als Voraussetzung von Machtbeziehungen, sondern als eine Form der Macht ganz eigener Qualität aufgefasst, die eine grundlegende Form sozialer Beziehungen ausmacht.

Geht es um die Voraussetzungen zur Ausübung von Macht, so ist Macht zunächst eine *Disposition*: Sie ist Fähigkeit (capacity) im Gegensatz zu ausgeübter Macht; solange sie nicht ausgeübt wird, ist sie latent, noch nicht sichtbar, und nur potentiell, noch nicht aktuell (Wrong 1979, Morris 1987, Dowding 1996). Im Kern liegen alle diese Bestimmungen von *power to*, die in der Machtdiskussion häufig und in bisweilen unterschiedlichen Konnotationen auftreten, auf derselben Ebene. Wenn Macht als Dispositionsbegriff aufgefasst wird, ist sie nicht nur eine Fähigkeit, sondern auch latent und nur potentiell.

Konzepte, die den Aspekt von *power to* in den Vordergrund stellen, wenden sich gegen eine vorschnelle Analyse von Machtbeziehungen im Sinne von *power over* (Morris 1987). In der Tat besteht ein Problem darin, dass eine einfache Untersuchung der Wirkungen von Macht zu sehr an der Oberfläche bleibt und die wirklichen gesellschaftlichen und politischen Zusammenhänge nicht erkennt. Auf der anderen Seite wird argumentiert, dass empirische Aussagen über Macht nur vermittels ihrer Wirkungen zu gewinnen seien, so dass die Untersuchung von *power to* eher heuristischen Wert besitzt (Wartenberg 1990, Dowding 1996). Man sollte meinen, die Debatte um *power over* und *power to* müsste sich durch die einfache Überlegung beenden lassen, dass beide Dimensionen der Macht zusammengehören. *Power over* kann nur wirksam sein, wenn das entsprechende Potential vorhanden ist – andererseits bleibt ein Machtpotential völlig unbestimmt und Macht ist darum eigentlich auch gar nicht vorhanden, solange sie nicht durch *power over* in sozialen Beziehungen realisiert und sichtbar wird. In diesem Zusammenhang wird gewöhnlich unter dem Gesichtspunkt von *power to* nach den Ressourcen gefragt, die in den Machtbeziehungen wirksam werden, unter dem Gesichtspunkt von *power over* nach den Wirkungen, welche die Machtkapazitäten für soziale Beziehungen erbringen. Trotzdem macht es Sinn, nicht mit dieser symmetrischen Fragestellung an die Machtanalyse heranzugehen, sondern zunächst dezidierter und durchaus auch für sich die Seite von *power to* zu entfalten.

Diesen Weg sind Talcott Parsons, Niklas Luhmann und in normativer Radikalisierung Hannah Arendt gegangen. Ausgangspunkt für Parsons und Luhmann ist die Beobachtung, dass Macht keineswegs immer ein Nullsummen-Spiel sein muss, wie es alle Konzepte von *power over* voraussetzen. In einem Nullsummen-Spiel geht es darum, durch Machtausübung die eigene Position zu stärken und die Position des Adressaten zu schwächen – die Summe der Machtquanten bleibt gleich, diese sind nur anders verteilt. Aber nicht alle Machtprozesse sind solche Nullsummen-Spiele. In wechselseitigen Interaktionen, wie etwa in der Gewaltenteilung, erzeugt Macht Gegenmacht, und auf diese Weise wird Macht nicht nur gegenseitig beschränkt, sondern sie wird auf diese Weise für beide Partner zugleich befestigt und gestärkt. Für *Parsons* ist die

Macht in der Politik, analog zum Geld in der Wirtschaft, ein Zirkulationsmedium, vermittels dessen im Austausch von Beherrschung und Unterstützung wechselseitige Verpflichtungen im politischen System entstehen. Auf diese Weise wird gemeinsames Handeln möglich – Macht definiert er deshalb als Medium der Gesellschaft zur Mobilisierung eines wirkungsvollen gemeinsamen Handelns (Parsons 1963: 108). Ganz ähnlich fasst *Luhmann* Macht als ein „symbolisch generalisiertes Medium der Kommunikation" (Luhmann 1975: 3). Macht ermöglicht in der politischen Kommunikation den Austausch von Leistung und Unterstützung – geforderte Leistung der Regierenden verlangt eine Investition der Regierten in Form von gewährter Unterstützung und umgekehrt. Das Ergebnis ist ein gemeinsamer Zuwachs an Macht (Luhmann 1975, 2000). Macht wird auf diese Weise für alle Beteiligten produktiv.

Hannah Arendt lässt den Gesichtspunkt der erzielten Wirkung ganz beiseite und bestimmt Macht allein normativ als Miteinander-Reden-und-Handeln der Menschen – mit der fundamentalen Bedeutung, dass nur im Miteinander-Reden-und-Handeln menschliche Gemeinschaft, der Raum der Öffentlichkeit und das Politische entsteht und die Menschen ihre Qualität als menschliche Individuen erhalten (Arendt 1967, 1970). Arendt nimmt hier eine Extremposition ein, indem sie sich bei der Bestimmung von Macht ausdrücklich auf *power to* beschränkt und den Aspekt von *power over* nicht nur nicht einbezieht, sondern als „Gewalt" (violence) dem Machtbegriff entgegenstellt. Macht ist eine rein selbstreferentielle Beziehung, und zwar bezogen nicht auf ein Individuum, sondern auf eine Gruppe und somit auf eine Gemeinschaft von Individuen. Da mit der Erzeugung von Macht das menschliche Zusammenleben und Politik selbst erst entsteht, bleibt Macht als *power to* auch nicht mehr bloß potentielle Macht, sondern ist ganz im Gegenteil verwirklichte Macht durch gemeinsame Kommunikation. Macht ist nicht nur „capacity", sondern vor allem „empowerment", nämlich Gewinn und Erhaltung autonomer Handlungsfähigkeit. Eine Unterscheidung von potentieller und aktueller Macht wird hier sinnlos. Dieser normative Ansatz ist der entscheidende Gegenpol zum Grundverständnis von *power over*, wie es unserem Alltagsverständnis entspricht. Zugleich stellt er am radikalsten die gängige Unterscheidung beider in Frage. Wenn er auch nur ansatzweise überzeugt, wird die zunächst so hilfreiche Unterscheidung von *power over* und *power to* obsolet.

2.3 *power over* und *power to*

Wir haben es nun mit zwei Problemen zu tun. Zunächst gibt es ganz offensichtlich Machtkonzepte, in denen die Unterscheidung von *power over* und *power to* nicht greift, weil sie beide Seiten umfassen oder zumindest nicht klar wird, welcher Seite sie zuzuschlagen sind. Dann aber stellt sich angesichts der Schwierigkeit, *power over* und *power to* trennscharf zu unterscheiden, ein eher grundsätzliches Problem: Bedarf es nicht vielmehr eines anderen, neuartigen Zuschnitts, um den Unklarheiten gängiger Unterscheidungen im Verständnis von Macht zu entgehen? Sehen wir zunächst nach Machtkonzepten, in denen die Unterscheidung von *power over* und *power to* nicht so recht greift. Dabei wird *power to* entweder als „capacity" (a) oder als „empowerment" (b) verstanden.

(a) In den Theorien internationaler Beziehungen wird gemeinhin zwischen realistischen, institutionellen, liberalen und konstruktivistischen Ansätzen unterschieden (Schimmelfennig 1998, Schieder/Spindler 2006). Realistische Ansätze setzen auf die Staaten als Akteure im internationalen System, institutionelle Ansätze auf international sich herausbildende Machtzentren in der Form von Organisationen (UNO, Weltbank) oder Regimen (GATT, WTO), liberale Ansätze verweisen auf die innergesellschaftliche Bedingtheit des Verhaltens im internationalen System, konstruktivistische Ansätze auf dessen Strukturierung durch Ideen und Normen. Was heißt das nun machttheoretisch? Für realistische, institutionelle und liberale Ansätze wird diskutiert, ob Macht als Vermögen (capacity) oder als eine gesellschaftliche Relation zu begreifen ist (Baldwin 2002). Offensichtlich wird jedes Vermögen erst in einer Beziehung zwischen Akteuren wirksam, und zwar dann, wenn die Ressourcen ungleichgewichtig verteilt sind, so dass Androhungen genügen (so bereits Morgenthau 1963). Das ist eine Kombination von *power over* und *power to*.

In institutionellen und liberalen Ansätzen wird dabei nicht nur auf Akteure gesehen, auch Strukturen sind mit im Spiel. Für konstruktivistische Ansätze ist der Zusammenhang von structure und agency zentral, denn Ideen und Normen sind strukturelle Faktoren, die auf das Akteurshandeln einwirken. Gleichzeitig sind Akteure aber durchaus in der Lage, orientierungsleitende Ideen und handlungsregulierende Normen im internationalen System zu verändern, weil keine einseitige Abhängigkeit besteht (Guzzini 1993, Wendt 1999). In diesem Wechselverhältnis wäre *power to* den Ideen und Normen als Strukturen, *power over* den Akteuren zuzuschreiben – Ideen und Normen geben den Rahmen ab, innerhalb dessen Akteure ihre Macht ausüben. Da das Verhältnis der beiden zueinander prinzipiell offen ist und beide wechselseitig aufeinander einwirken können, macht eine Unterscheidung zwischen *power over* und *power to* hier wenig Sinn. Es erscheint fast schon konsequent, dass Theorien der internationalen Beziehungen von den Kategorien *power over* und *power to* kaum Notiz nehmen.

(b) Nun lässt sich *power to* nicht nur als „capacity", sondern auch als „empowerment" verstehen, nämlich als Gewinn und Erhaltung selbständiger Handlungsmacht. Theorien, die *power to* im Sinne von „empowerment" verwenden, unterscheiden durchaus zwischen *power over* und *power to*, aber sehen sie zugleich als zueinander komplementär. Macht im Sinne von „empowerment" ist bereits in den konstruktivistischen Ansätzen der Theorien internationaler Beziehungen enthalten, weil Ideen und Normen das Handeln der Akteure nicht nur strukturieren, sondern ihnen zugleich erst die erforderliche Handlungsmacht verleihen (Barnett/Duval 2005). In der neueren sozialwissenschaftlichen Machtdiskussion, insbesondere bei Foucault und Bourdieu, hat dieser Aspekt unter dem Stichwort „produktive Macht" zunehmend an Bedeutung gewonnen. Individuen werden als Subjekte, die gesellschaftlichen Machtbeziehungen unterworfen sind, zugleich erst zu eigenwertigen Individuen in der Gesellschaft ausgebildet. So sind hier *power over* und *power to* zu unterscheiden und doch gleichermaßen notwendig enthalten. Foucault ebenso wie *Bourdieu* begreifen zunächst Macht in gesellschaftskritischer Absicht als Beherrschung, als *power over*. Sie haben dabei aber höchst komplexe Strukturen vor Augen. Foucault fasst Macht als eine „Vielfältigkeit von Kräfteverhältnissen" (Foucault 1983: 113), in denen das Individuum weniger durch Repression verfangen ist als vielmehr durch die Strukturen der Diskurse und gesellschaftlichen Praktiken, die es im Innersten durchziehen (vgl. „Diskurs" in diesem Band). Bourdieu fragt nach den Kapitalstrukturen, welche die Gesellschaft beherrschen, und hebt dabei das symbolische Kapital heraus. Geltende Symbolsysteme sind die herrschende Ausdrucksform einer Gesellschaft. Entsprechend werden die Individuen durch ihre eigene Ausdrucksform, den „Habitus", im Machtsystem der Gesellschaft verortet. Dies ist zugleich ihre eigene Perspektive der Wahrnehmung, und so akzeptieren sie die symbolisch verfestigten Machtverhältnisse als legitim, auch wenn sie dadurch im sozialen Raum zu ihren Ungunsten positioniert sind (Bourdieu 1977, 1992).

Machtverhältnisse dieser Art sind konstitutiv für die Gesellschaft und damit zugleich auch für die zugehörigen Individuen. Foucault sieht in dem Umstand, dass Macht die Körper der Individuen bis ins Innerste durchzieht, auch die Bedingung dafür, dass sich Subjekte als Individuen konstituieren. Sie verinnerlichen die Normen gesellschaftlicher Diskurse und Praktiken, aber sie gehen nicht spannungsfrei in ihnen auf. So können sie zugleich ihre Individualität ausbilden und Widerstandspotentiale gegen herrschende gesellschaftliche Kräfteverhältnisse entwickeln (vgl. „Subjekt" in diesem Band). Bourdieu ist da zurückhaltender; gleichwohl kann auch in seiner Sicht das Individuum angesichts der nur grob fixierten Machtstrukturen in der Gesellschaft eigenes Profil gewinnen und, aufgeklärt durch Intellektuelle, Herrschaftsverhältnisse durchschauen und in symbolischen Kämpfen verändern.

Feministische Machtkonzepte knüpfen häufig an Foucault – wie auch an Hannah Arendt – an, um die Aspekte von *power over* und *power to* miteinander zu verbinden. So deutet *Judith Butler* das Machtkonzept von Foucault dahingehend aus, dass in den Kräfteverhältnissen für das Individuum auch Normen gegenseitiger Anerkennung in der Gesellschaft entstehen. Alldurchziehende Macht wirkt auf den Körper in seiner Selbsterhaltung und seinem Begehren ein. Wie soll sich unter diesen Bedingungen Individualität herausbilden, die von gegenseitiger Anerkennung abhängt? Macht ist das Medium. Sie „orchestriert (...) die Art und Weise, in der wir uns affektiv unserer Identität versichern oder sie aufgeben" (Butler 2003: 66). *Amy Allen* nimmt – anknüpfend an Foucault, Hannah Arendt und Judith Butler – das Problem der Unterscheidung von *power over* und *power to* für die feministische Machtdiskussion explizit auf und versucht, die offensichtlichen Unzulänglichkeiten der Unterscheidung durch die Einführung einer dritten Dimension – *power with* – zu lösen (Allen 1999). *Power over* fasst sie als Fähigkeit (ability), die Wahlmöglichkeiten anderer einzuschränken; *power to* als individuelle Fähigkeit, ein Ziel zu erreichen und insbesondere Widerstand zu leisten; *power with* als Fähigkeit, nicht nur gemeinsam, sondern auch solidarisch zu handeln. Auf diese Weise will sie Foucault und Hannah Arendt in eine feministische Sichtweise zusammenbringen. Gegenüber *power over* und *power to* ist allerdings *power with* – mit Bezug auf Arendt, aber noch über sie hinausgehend – eine viel stärker normative Kategorie, denn solidarisches Handeln mag zwar dringend erwünscht sein, kann aber nicht einfach empirisch vorausgesetzt werden. So bleiben die Schwierigkeiten einer Unterscheidung von *power over* und *power to* bestehen, und *power with* setzt auf einer neuen Ebene an. Amy Allen hat die gegenwärtige Machtdiskussion für feministische Ansätze wohl am intensivsten aufgearbeitet und mit beeindruckender Konsequenz weitergeführt. Gleichwohl lässt die Hinzufügung lediglich einer weiteren Dimension viele Fragen offen, um den Machtbegriff brauchbar zu strukturieren. Man sollte grundsätzlicher nachdenken.

3. Neustrukturierung des Machtbegriffs: transitive und intransitive Macht

Wie kann, bezogen auf die Unterscheidung zwischen *power over* und *power to* bei Hanna Pitkin, das Vermögen eines Individuums oder eines kollektiven Akteurs überhaupt als wirksam angenommen werden, ohne auf die Realisierung solcher Macht in sozialen Relationen zurückzugreifen? Offensichtlich lassen sich *power to* und *power over* nur schwer voneinander trennen. Trotzdem gibt es Evidenzen dafür, dass *power to* nicht notwendig mit *power over* gekoppelt sein muss, und zwar auf ganz unterschiedliche Weise. Militärische Stärke ist ein Machtfaktor, der nicht unbedingt ausgespielt werden muss, um das Verhalten anderer zu beeinflussen und eigene Ziele durchzusetzen. Hier ist Macht im Sinne von *power to* ein Vermögen, etwas zu bewirken. Aber es geht nicht nur um die Wirkung auf andere, wenn von Macht die Rede ist. Wie Hannah Arendt gezeigt hat, ist Handlungsmacht einer Gruppe nur durch ihre Selbstmacht zu gewinnen, und hier besteht *power to* in der Selbstreferenz einer Gruppe vor jedem Einfluss nach außen. Zu der Schwierigkeit, *power to* und *power over* voneinander abzugrenzen, kommt noch die Schwierigkeit hinzu, dass das Verständnis von Macht als *power to* selbst doppeldeutig ist.

- Einerseits meint *power to* das Vermögen, etwas zu bewirken (capacity).
- Andererseits meint *power to* die Generierung – Gewinn und Erhaltung – der selbständigen Handlungsmacht einer Gruppe (empowerment).

Im ersten Fall ist *power to* potentiell, im zweiten Fall aktuell. *Capacity* kann in ihrer möglichen Wirkung zwar auch nur eingeschätzt werden, wenn sie realisiert wird. Aber wenn entsprechende Erfahrungen vorliegen, braucht sie nicht erneut realisiert zu werden, um zu wirken (z. B. militärische Stärke); das Drohpotential genügt – und wirkt auf diese Weise nur umso intensiver (Luhmann 1975). Macht ist hier latent; sie entfaltet ihre Wirkung, ohne dass es besonderer Handlungen bedarf. Das Drohpotential muss den Adressaten – möglicherweise durch frühere Erfahrungen – eindrücklich vor Augen stehen, aber es tritt nicht mehr eigens in Erscheinung, um ihr Handeln zu beeinflussen (so auch die „nondecisions" bei Bachrach/Baratz).

Empowerment dagegen, die Handlungsmacht eines Einzelnen oder einer Gruppe, ist nicht potentiell, sondern stets aktuell. Sie existiert oder sie existiert nicht. Mehr noch – um zu bestehen, muss sie sich stets und immer wieder aktualisieren: durch die immer wieder zu erneuernde Integration der Bürger (Smend 1928) oder durch fortlaufende Kommunikation aller Beteiligten (Arendt 1967, 1970). Ohne Aktualisierung ist sie nicht existent.

Aber auch *power over* ist entsprechend doppelsinnig: In erster Linie beschreibt Macht als *power over* eine soziale Relation, in der ein Akteur seinen Willen gegen den Willen eines anderen Akteurs durchsetzen kann. Diese Relation ist als Einflussnahme manifest, d.h. ein beobachtbarer sozialer Vorgang, aktuell und auf den Adressaten der Willensbeziehung bezogen. Macht kann aber als *power over* auch selbstreferentiell und potentiell sein. Ein solcher Fall liegt vor, wenn eine Gemeinschaft sich selbst bindet, indem sie sich in einer Verfassung dazu verpflichtet, unveräußerliche Rechte der Individuen und grundlegende Ordnungsprinzipien des Gemeinwesens nicht zu verändern und wichtige Entscheidungen an die Zustimmung einer qualifizierten Mehrheit zu knüpfen. Die Wirkung ist potentiell, weil sie nur eintritt, wenn gegen die Selbstverpflichtung verstoßen wird; zugleich beeinflusst sie das Verhalten aller, die dieser Gemeinschaft angehören, da sie sich entsprechend orientieren, sei es aus Überzeugung, sei es um Sanktionen zu vermeiden (Elster 1987).

Mit *power over* und *power to* ist also Verschiedenes gemeint, je nachdem, ob es um Potentialität oder Aktualität der Macht und um ihren Bezug nach außen oder auf die eigene Gruppe geht:

	potentiell	aktuell
Bezug nach außen (Fremdreferenz)	*power to* capacity	*power over* Einflussnahme
Bezug auf die eigene Gruppe (Selbstreferenz)	*power over* Selbstbindung	*power to* empowerment

So lässt sich erklären, warum *power over* und *power to* als Dimensionen der Macht so schwer voneinander zu unterscheiden sind, obwohl ihre Unterscheidung zunächst intuitiv einleuchtet. Was sie meinen, ist jeweils doppelsinnig, nämlich potentiell oder aktuell, und dies, was Fremdreferenz oder Selbstreferenz betrifft, auch noch überkreuzt.

Angesichts dieser Bestandsaufnahme schlage ich eine andere Strukturierung des Machtbegriffs vor (Göhler 1997, 2000). Macht als Bezug nach außen ist *transitive Macht*, nämlich Macht, die den eigenen Willen auf andere überträgt und auf diese Weise Einfluss nimmt. Macht als Bezug auf die eigene Gruppe ist *intransitive Macht*, nämlich Macht, die in sich selbst, in der Gesellschaft erzeugt und aufrechterhalten wird.[4] Beide – transitive wie intransitive Macht – können potentiell oder aktuell sein:

---

4 Kritisch dazu Clegg/Haugaard (2009: 403f). Es sei in diesem Zusammenhang wenigstens darauf hingewiesen, dass Judith Butler mit Bezug auf das Subjekt und im Anschluss an Foucault eine ähnliche Unterscheidung trifft: „transitive" Macht, durch die das Subjekt von außen geformt wird, und „eigene" Macht, die das Subjekt handelnd bewirkt (Butler 2001: 19).

	potentiell	aktuell
transitive Macht: Bezug nach außen (Fremdreferenz)	capacity	Einflussnahme
intransitive Macht: Bezug auf die eigene Gruppe (Selbstreferenz)	Selbstbindung	empowerment

Die Unterscheidung von transitiver und intransitiver Macht, welche beide potentiell und aktuell sein können, nimmt die beiden klassischen Machtkonzepte von Max Weber und Hannah Arendt zum Ausgangspunkt. *Max Weber* versteht unter Macht die Durchsetzung des Willens in einer sozialen Beziehung, die auch mit Gewalt erfolgen kann: „Macht bedeutet jede Chance, innerhalb einer sozialen Beziehung den eigenen Willen auch gegen Widerstreben durchzusetzen, gleichviel worauf diese Chance beruht" (Weber 1922: 28). Einflussnahme auf andere ist das in vielen Variationen verbreitete Machtverständnis in den Sozialwissenschaften. Aber Weber spricht auch nur von „Chance". Macht ist bei ihm zunächst potentiell, also „capacity", die erst in eine reale Einflussnahme umgesetzt werden muss. *Hannah Arendt* dagegen versteht unter Macht das Miteinander-Reden-und-Handeln der Menschen, Macht ist für sie der Gegenbegriff zu Gewalt. Hier ist Macht eine Beziehung, die in der Form der Kommunikation und des gemeinsamen Handelns erzeugt wird; sie ist primär nicht auf Außenstehende gerichtet. Wäre sie nur potentiell, wäre sie noch nicht von Belang. Die Beziehung ist nur Macht, indem sie öffentlich stattfindet; Macht ist „empowerment", wenn sie sich jeweils realisiert. Insgesamt bedeutet also Macht bei Max Weber sowohl „capacity" als auch Einflussnahme, Macht bei Hannah Arendt sowohl Selbstbindung als auch „empowerment". Max Weber versteht Macht nicht nur als *power over*, wohl aber transitiv; Hannah Arendt versteht Macht nicht nur als *power to*, wohl aber intransitiv. Zugleich sind beide Machtkonzepte zueinander komplementär.

So bilden sie zusammengenommen die Grundlage, um Macht insgesamt zu begreifen, nämlich in der Zusammensicht von transitiver und intransitiver Macht.[5] Generell ist Macht das Medium in sozialen Beziehungen, um Handlungsräume zu strukturieren. Indem Macht entsteht oder ausgeübt wird, sind den Beteiligten bestimmte Handlungsoptionen eröffnet oder verschlossen.

---

5 In dieser Zusammensicht ist *Einfluss* (siehe oben Fn. 3) weder komplementär zur Macht noch ihr gegenüber das allgemeinere Konzept. Einfluss ist vielmehr eine bestimmte Form der transitiven Macht und ihrer vielfältigen Wirkungsweisen.

Zwar scheint es, als könnten die Handlungsräume der Beteiligten in sozialen Beziehungen auch anderweitig strukturiert werden, z.B. durch Geld oder Liebe. Aber bei genauerem Hinsehen ist das strukturierende Medium die Macht. Wenn es bei Geld nicht nur um das Verdienen oder bei Liebe nicht nur um die Zuneigung geht, sondern wenn dadurch auch die Handlungsräume der Beteiligten strukturiert werden, so ist es die Macht des Geldes oder die Macht der Liebe, welche dies bewirkt. Macht kann nun die Handlungsräume auf doppelte Weise strukturieren, als transitive oder als intransitive Macht. Im transitiven Sinn bedeutet Macht, dass in einer sozialen Beziehung ein Akteur auf einen anderen einwirkt, um ihm bestimmte Handlungsoptionen zu eröffnen oder zu verschließen. Aber auch intransitive Macht strukturiert die Handlungsräume der Beteiligten, und dies durchaus im Verständnis von Hannah Arendt. Indem intransitive Macht einen gemeinsamen Handlungsraum der Beteiligten überhaupt erst erzeugt, wird Gemeinsamkeit nicht nur hergestellt, sondern zugleich auch strukturiert. Bestimmte Handlungsoptionen sind eröffnet, andere verschlossen. Im gemeinsamen Handeln oder – weniger emphatisch – in der gemeinsamen Basis für individuelles Handeln im Gemeinwesen sind die Handlungsoptionen der Beteiligten nicht mehr beliebig, sondern sie sind letztlich auf Gemeinsamkeit hin ausgerichtet und durch gemeinsame Werte strukturiert. Wer ihnen entspricht, ist in die Gemeinschaft inkludiert, wer nicht, ist exkludiert.

Sicherlich gibt es auch andere Ansätze, um die intransitive Seite von Macht zu begreifen. Aber über Hannah Arendt und ihre Gegenüberstellung zu Max Weber lässt sich besonders gut verdeutlichen, wie transitive und intransitive Macht wirken, und wie sie sich gegenseitig nicht ausschließen, sondern vielmehr zueinander komplementär verhalten. Insgesamt eröffnen sie somit die Perspektive auf ein integrales Machtkonzept.

Literatur

Allen, Amy (1999): The Power of Feminist Theory. Domination, Resistance, Solidarity. Boulder: Westview Press.

Arendt, Hannah (1967): Vita activa oder Vom tätigen Leben (am. 1958). München: Piper. Neuausgabe 1981.

– (1970): Macht und Gewalt (am. 1970). München: Piper.

Bachrach, Peter/ Baratz, Morton S. (1977): Macht und Armut (am. 1970). Frankfurt/M.: Suhrkamp.

Baldwin, David A. (2002): Power and International Relations. In: Carlsnaes, Walter/ Risse, Thomas / Simmons, Beth A. (eds.): Handbook of International Relations. London: Sage. 177-191.

Ball, Terence (1988): The Changing Face of Power. In: Transforming Political Discourse. Oxford, New York: Blackwell. 80-105.

Barnett, Michael/ Duvall, Raymond (2005): Power in International Politics. In: International Organization 59. 39-75.

Bourdieu, Pierre (1977): Sur le pouvoir symbolique. In: Annales 32. 405-411.

– (1992): Sozialer Raum und symbolische Macht (frz. 1987). In ds.: Rede und Antwort. Frankfurt/M.: Suhrkamp. 135-154.

Butler, Judith (1991): Das Unbehagen der Geschlechter (am. 1990). Frankfurt/M.: Suhrkamp.

– (2001): Psyche der Macht. Das Subjekt der Unterwerfung (am. 1997). Frankfurt/M.: Suhrkamp.

– (2003): Noch einmal: Körper und Macht. In: Honneth, Axel/ Saar, Martin (Hg.): Michel Foucault. Zwischenbilanz einer Rezeption. Frankfurt/M.: Suhrkamp. 52-67.

Clegg, Stewart R. (1989): Frameworks of Power. London: Sage.

Clegg, Stewart R./ Courpasson, David/ Phillips, Nelson (2006): Power and Organizations. London: Sage.

Clegg, Stewart R./ Haugaard, Mark (eds.) (2009): The Sage Handbook of Power. London: Sage.

Dahl, Robert A. (1961): Who Governs? Democracy and Power in an American City. New Haven: Yale UP.

– (1968): Power. In: Shills, David L. (ed.): International Encyclopedia of the Social Sciences. New York: Macmillan. Vol. 12. 405-415.

Dingler, Johannes/ Kerner, Ina et al. (2000). Dimensionen postmoderner Feminismen. In: Feministische Studien 18. 129-144.

Dowding, Keith (1996): Power. Buckingham: Open University Press.

Elster, Jon (1987): Subversion der Rationalität. Frankfurt/M., New York: Campus.

Foucault, Michel (1983): Der Wille zum Wissen. Sexualität und Wahrheit, Bd. 1 (frz. 1976). Frankfurt/M.: Suhrkamp.

– (1994): Das Subjekt und die Macht. In: Dreyfus, Hubert L./ Rabinow, Paul: Michel Foucault. Jenseits von Strukturalismus und Hermeneutik (engl. 1982, frz. 1984).. Beltz Athenäum: Weinheim. 241-261.

Galtung, Johan (1971): A Structural Theory of Imperialism. In: Journal of Peace Research 8. 81-117.

Giddens, Anthony (1984): The Constitution of Society. Cambridge: Polity Press.

Göhler, Gerhard u.a. (1997): Institution – Macht – Repräsentation. Wofür politische Institutionen stehen und wie sie wirken. Baden-Baden: Nomos.

– (2000): Constitution and Use of Power. In: Goverde, Henri et. al. (eds.): Power in Contemporary Politics. London: Sage. 41-58.

Guzzini (1993): Structural Power. The Limits of Neorealist Power Analysis. In: International Organization 47. 443-478.

Han, Byung-Chul (2005): Was ist Macht? Stuttgart: Reclam.

Haugaard, Mark (1997): The Constitution of Power. A Theoretical Analysis of Power, Knowledge and Structure. Manchester: UP.

– (2002): Power. A Reader. Manchester: UP.

Imbusch, Peter (Hg.) (1998): Macht und Herrschaft. Opladen: Leske+Budrich.

Kerner, Ina (2009): Differenzen und Macht. Zur Anatomie von Rassismus und Sexismus. Frankfurt/M., New York: Campus.

Krause, Ralf/ Röll, Marc (Hrsg.) (2008): Macht. Begriff und Wirkung in der politischen Philosophie der Gegenwart. Bielefeld: Transcript.

Luhmann, Niklas (1975): Macht. 2. Aufl. Stuttgart: Enke, 1988.

– (2000): Die Politik der Gesellschaft. Frankfurt/M.: Suhrkamp.

Lukes, Steven (1974/2005): Power: A Radical View (1974). 2. erweiterte Aufl. Houndmills/New York: Palgrave Macmillan, 2005.

– (ed.) (1986): Power. New York: UP.

Morgenthau, Hans J. (1963): Macht und Frieden. Gütersloh: Bertelsmann.

Morris, Peter (1987): Power: A Philosophical Analysis. 2. Aufl. Manchester: UP, 2002.

Mouffe, Chantal (1998): Für eine anti-essentialistische Konzeption feministischer Politik. In: Deutsche Zeitschrift für Philosophie 46. 841-848.

Parsons, Talcott (1963): On the Concept of Political Power. In: Lukes, Steven (ed.): Power. New York: UP, 1986. 94-143.

Phillips, Ann (1995): Geschlecht und Demokratie (engl. 1991). Hamburg: Rotbuch.

Pitkin, Hanna F. (1972): Wittgenstein and Justice. Berkeley: University of California Press.

Schieder, Siegfried/ Spindler, Manuela (Hg.) (2006): Theorien der Internationalen Beziehungen. 2. Aufl. Opladen: Leske+Budrich.

Schimmelfennig, Frank (1998): Macht und Herrschaft in Theorien der Internationalen Beziehungen. In: Imbusch, Peter (Hg.): Macht und Herrschaft. Opladen: Leske+Budrich. 317-331.

Scott, John (2001): Power. Cambridge: Polity Press.

Smend, Rudolf (1928): Verfassung und Verfassungsrecht. In ds.: Staatsrechtliche Abhandlungen. 2. Aufl. Berlin: Duncker&Humblot, 1968.

Wartenberg, Thomas E. (1990): The Forms of Power. From Domination to Transformation. Philadelphia: Temple UP.

Weber, Max (1922): Wirtschaft und Gesellschaft. 5. Aufl. besorgt v. J. Winckelmann. Tübingen: Mohr, 1972.

Wendt, Alexander (1999): Social Theory of International Politics. Cambridge: UP.

Wrong, Dennis H. (1979): Power. Oxford: Blackwell.

Zenkert, Georg (2004): Die Konstitution der Macht. Tübingen: Mohr Siebeck.

Menschenwürde

Arnd Pollmann

1. Gegenwärtige Verunsicherungen

Noch nie ist derart intensiv über die Frage der Menschenwürde diskutiert worden wie in der jüngeren Vergangenheit. Lange Zeit schien nahezu selbstverständlich zu sein, was gemeint sein sollte, wenn in verfassungsrechtlichen oder auch in menschenrechtlichen Zusammenhängen von einer Würde *des* Menschen die Rede war, von der es hieß, sie sei „unantastbar". Der Würdebegriff brauchte nicht weiter erörtert zu werden, weil dessen moralischer Stellenwert als unumstritten angesehen werden konnte. Ja, er *durfte* nicht einmal diskutiert werden, weil ihm etwas beinahe Heiliges anhaftete, von dem man fürchtete, dass es sich in terminologischen Erörterungen verflüchtigen würde.

Zu Beginn des neuen Jahrtausends hat sich diese Situation jedoch dramatisch verändert. Vor allem die neuesten Entwicklungen im Bereich der Humanmedizin sind es, in deren Zuge die einstige Unhinterfragtheit des Würdebegriffs längst einer allgemeinen Verunsicherung gewichen ist, von der sich die Politik und das Recht, die Geisteswissenschaften, die medizinischen und humanbiologischen Berufsgruppen, die Kirchen, aber auch der eifrige Zeitungsleser gleichermaßen betroffen zeigen (Beyleveld/Brownsword 2001, Geyer 2001, Damschen/Schönecker 2003, Kettner 2004, Brudermüller/Seelmann 2008). Die biomedizinischen Risiken unserer Zeit haben zu einer derart tiefgreifenden Erschütterung unserer Sichtweise auf den Menschen und seine Natur geführt, dass inzwischen nicht nur strittig ist, was genau den Inhalt der Menschenwürde-Idee ausmacht. Selbst noch die Frage, ob wir tatsächlich *jedem* Mitglied der menschlichen Spezies Würde zuzuerkennen haben, ist umstritten. Zwar herrscht inzwischen kaum noch Streit darüber, dass es sich auch schon bei embryonalem bzw. fetalem Leben um *menschliches* Leben handelt, doch dessen Grundrechtsstatus ist fraglich: Besitzt auch schon der sich in die Gebärmutter einnistende, etwa vierzehn Tage alte Embryo eine Menschenwürde, die uns Achtung und Respekt einflößt? Ja, haben gar jene „überzähligen" befruchteten Eizellen in den Tiefkühlschränken reproduktionsmedizinischer Laboratorien an der Menschenwürde teil?

Wenn der Mensch sich heute mit der Frage konfrontiert sieht, ob und inwieweit er es sich zutrauen darf, buchstäblich in die eigene Natur einzugreifen, dann steht derzeit offenbar mehr als „nur" die Menschenwürde auf dem Spiel.

Vielmehr geht es um die Zukunft des menschlichen Gattungswesens (Habermas 2001). Und dementsprechend muss auch jene uns als Mitglieder dieser Gattung in moralisch-rechtlicher, aber auch politischer Hinsicht reglementierende Institution berührt sein, die wir die „Menschenrechte" nennen (Burley 1999, Haßmann 2002). Menschenrechte sollen jene Ansprüche an die öffentliche Ordnung festschreiben, von denen wir annehmen, sie kämen uns, und zwar uns allen, allein aufgrund unserer menschlichen Natur, d.h. aufgrund der bloßen Zugehörigkeit zur Gattung Mensch zu (Klein 1997, Bielefeldt 1998, Gosepath/Lohmann 1998, Menke/Pollmann 2007). Und da zunehmend offenkundig wird, dass der medizinische Fortschritt massiv in diese Natur einzugreifen droht, müssen wir feststellen, dass in diesem Sinne beinahe *alle bioethischen Fragen immer auch Menschenrechtsfragen zu sein scheinen.*

Gleichwohl wird der in begrifflicher Hinsicht als konstitutiv anzusehende Zusammenhang von Würde und Menschenrechten in der biopolitischen Debatte nur selten so eng gefasst, wie es im Folgenden geschehen soll. Ich beginne mit der – bis heute durchaus umstrittenen – Idee der Menschenrechte (2.1) und möchte im zweiten Schritt klären, wie genau sich die durch die gegenwärtige Biopolitik aufgeworfene Würdediskussion dazu verhält (2.2). Abschließend kann ein Begriff der Menschenwürde skizziert werden, der eine doppelte Begründungslast zu tragen vermag: Er soll einer Allgemeingültigkeit beanspruchenden Menschenrechtskonzeption als normatives Fundament dienen und zugleich einen geeigneten Bezugspunkt für die gegenwärtige bioethische Debatte abgeben (3).

2.   Der Begründungszusammenhang von Menschenrechten und Menschenwürde

2.1 Gleiche Rechte für alle

Auch wenn die Menschenrechte erst in der zweiten Hälfte des 20. Jahrhunderts ihre wahrhaft globale Bedeutung entfaltet haben, reicht deren Idee doch wesentlich weiter zurück. Von maßgeblicher Bedeutung ist hier das so genannte *naturrechtliche* Denken (vgl. Bloch 1961), dessen unterschiedlichen Vertretern die Auffassung gemein ist, dass dem Menschen bereits aufgrund seines „Wesens" oder eben seiner Natur ganz bestimmte moralische Rechte zukommen; z.B. ein Recht auf Leben, Unversehrtheit, Freiheit, Sicherheit, Eigentum oder eben Würde. Zwar lassen sich die Wurzeln der naturrechtlichen Tradition bis in die antike Philosophie zurückverfolgen, doch sollte sie ihre Blütezeit erst mit der

Aufklärung und den revolutionären Verfassungsentwürfen der noch jungen Moderne erleben, etwa mit der *Virginia Bill of Rights* von 1776 oder der *Déclaration des droits de l'homme et du citoyen* von 1789.

Die bahnbrechende Neuerung, die durch das Eindringen naturrechtlichen Denkens in staatliche Verfassungsgebungsprozesse bewirkt wurde, lässt sich in aller Kürze wie folgt fassen: Da der Mensch die vielleicht wichtigsten seiner Rechte aufgrund einer höheren, z.B. göttlichen, Ordnung besitzt, müssen diese Rechte von den historisch eher zufälligen Umständen ihrer Anwendung unabhängig gemacht und vor der Willkür einzelner Herrscher in Schutz genommen werden. Die Menschenrechte sind insofern als „vorstaatlich" zu verstehen, als es nicht erst eines konkreten Staates bedarf, der seinen Mitgliedern diese Rechte, in Gesetze und Grundrechtskataloge gegossen, faktisch zuerkennt. Der Mensch *hat* diese Rechte ganz einfach, ob diese nun staatlich anerkannt sind oder nicht (Gosepath/Lohmann 1998, Menke/Pollmann 2007: Kap. 1). Demnach lautet der Sinn der Menschenrechtsidee: *Die Menschenrechte gelten losgelöst von den konkreten historischen, kulturellen, sozialen, ökonomischen und politischen Bedingungen, unter denen sie zur Anwendung kommen.*

Nun ist zwar in den historischen Dokumenten bereits ausdrücklich von Rechten *des* Menschen die Rede, doch wird bei genauerer Betrachtung fraglich, ob seinerzeit tatsächlich auch *alle* Menschen gemeint sein sollten. Die damaligen Verfassungsentwürfe waren auf die Grenzen jener politischen Gemeinschaften zugeschnitten, deren Verfassung sie darstellen sollten. Die darin verbrieften Rechte galten demnach primär für jene Menschen, die (männliche) Bürger der jeweiligen Staaten waren. Es waren daher *Bürgerrechte.* Von Menschen ohne Bürgerstatus, man denke an Frauen oder Sklaven, oder auch von Nicht-Angehörigen dieser Staaten, etwa Flüchtlingen, war nicht ausdrücklich die Rede, so dass unklar blieb, inwieweit auch diese als Adressaten der betreffenden Grundrechte gelten durften. So sah sich Olympe de Gouges (1791/1999) zu einer frühen Gegenerklärung der „Rechte der Frau und Bürgerin" veranlasst. Und Karl Marx (1844/1977) denunzierte die Menschenrechte als Privatansprüche der Bourgeoisie und somit als Ausdruck partikularer, kapitalistischer Eigentumsverhältnisse.

Erst die innerstaatlichen und zwischenstaatlichen Auseinandersetzungen der Folgezeit – etwa die Sklavenbefreiung, die Arbeiterbewegung, die Frauenbewegung oder auch Migrationsbewegungen in der Folge der Weltkriege – setzten die eigentliche Dynamik der Menschenrechtsidee frei, die darin besteht, Rechte wahrhaft aller Menschen benennen zu wollen. Erst im Zuge der einsetzenden Kämpfe um die Anerkennung vormals marginalisierter Gruppen erfolgte die Erweiterung des Adressatenkreises von Bürger- zu Menschenrechten im buchstäblichen Sinn (Habermas 1999). Vor allem die Erfahrung der beiden Weltkriege sowie der Schrecken von Nationalsozialismus und Stalinismus waren es dann, die ab Mitte des 20. Jahrhunderts eine vergleichsweise rasante Entwicklung der Menschenrechte in Gang setzten. Historisch war bis dahin hinlänglich deutlich geworden, dass die Menschenrechte einer nicht bloß nationalen, sondern auch völkerrechtlichen Absicherung bedurften. Der Mensch musste vor der Gefahr nationalstaatlicher Diktaturen geschützt werden. Und wer sonst sollte und konnte diesen Schutz gewährleisten, wenn nicht die internationale Staatengemeinschaft? So kommt es am 10. Dezember 1948 in der Generalversammlung der Vereinten Nationen zur Verabschiedung der *Allgemeinen Erklärung der Menschenrechte*, dem bis heute symbolträchtigsten Dokument der Menschenrechtsentwicklung.

Obwohl es aus einer strikt juridischen Sicht so scheinen mag, als „habe" man Menschenrechte nur dann, wenn der eigene Staat sie einem in Form positiv „gesatzten Rechts" auch garantiert, will das Völkerrecht nach 1945 diese Rechte gerade dort einklagen, wo ein bestimmtes Land dies *nicht* tut. Da wir uns als Einzelne keineswegs darauf verlassen können, dass die staatlichen Institutionen, die uns umgeben, die Geltung der Menschenrechte auch befolgen, ist deren positiv-rechtliche Fixierung nicht nur auf nationaler, sondern auch auf transnationaler Ebene geboten, weil nur so deren weltweite Durchsetzung bewirkt werden kann (Alexy 1998, Brunkhorst/Köhler/Lutz-Bachmann 1999). Mit dem in der zweiten Hälfte des 20. Jahrhunderts erfolgten Übergang von der innerstaatlichen zur völkerrechtlichen Gesetzgebung erhielten die nationalen Grund- und Bürgerrechte demnach eine zusätzliche, eben internationale Absicherung. Einzelne Staaten und Regierungen standen nun auch unter der Beobachtung durch die Staatengemeinschaft (Klein 1997). Erst in Völkerrecht gegossen konnte vollends zum Ausdruck kommen: Die Menschenrechte gelten „universell", d.h. für alle Menschen, „egalitär", d.h. für alle gleichermaßen, und schließlich „kategorisch", d.h. für alle Menschen unbedingt (Lohmann 1998).

War die Allgemeingültigkeit der Menschenrechtsidee selbst in der westlichen Welt lange Zeit umstritten, so verwundert es kaum, dass ihr normativer Status *global* gesehen noch immer ungeklärt ist. Zwar haben stets viele, aber eben nie alle Mitglieder der Staatengemeinschaft die inzwischen zahlreichen Menschenrechtspakte ratifiziert. Immer wieder wurde von einzelnen Volksgemeinschaften ein Anspruch auf kulturelle Selbstbestimmung geltend gemacht; und zwar nicht selten dann, wenn die entsprechenden Vereinbarungen traditionell tiefsitzende Wertüberzeugungen oder auch harte ökonomische Interessen in Frage stellten. Demnach ist, wer heute die Idee der Menschenrechte propagieren will, mit einem Dilemma konfrontiert: Will man einerseits ein gleiches Recht für alle, einen gleichen moralischen Status für jeden einzelnen Menschen behaupten, so führt dies zur Annahme einer universellen Rechtsgeltung. Die Rede von Menschenrechten, ja, die Rede von *dem* Menschen setzt voraus, dass alle Menschen ganz bestimmte Eigenschaften und Interessen teilen, aus denen sich wiederum ganz bestimmte allgemeine Rechte ableiten lassen. Zur gleichen Zeit aber lehrt uns der weltanschauliche *Pluralismus*, d.h. das faktische Nebeneinander unterschiedlichster Weltbilder, dass Aussagen über den Menschen, so wie sich dieser von Kultur zu Kultur, von Epoche zu Epoche unterscheidet, höchst problematisch sind.[1]

Die heute bisweilen mit Bomben direkt in die westliche Welt getragene Kritik, das Plädoyer für Menschenrechte verschleiere kulturimperialistische Machtansprüche seitens des Westens, ist zweifelsohne ernst zu nehmen, doch verkennen deren unterschiedlichste Vertreter vor allem die folgende Einsicht: Solange der Terminus „Mensch" Verwendung findet, und zwar kulturunabhängig, gehen jene, die ihn gebrauchen, unweigerlich von allgemein geteilten menschlichen Interessen aus, die in Akten des Unrechts und der Grausamkeit verletzt werden können (z.B. Höffe 1998). Um welche Gemeinsamkeiten aber handelt es sich? Obgleich die konzeptionelle Frage, wie sich Menschenrechte universell *begründen* lassen, eine Vielzahl möglicher Antworten zuzulassen scheint – hier konkurrieren heute u.a. religiöse, biologische, vernunftrechtliche, diskursethische, utilitaristische und kulturalistische Begründungsmodelle (Gosepath/Lohmann 1998, Alexy 2004) –, lässt die einheitliche Verwendung des Begriffs Mensch doch eine *anthropologische* Begründung der Menschenrechtsidee am aussichtsreichsten erscheinen, die sich auf einen kleinsten gemeinsamen Nenner menschlicher Lebensformen besinnen würde: Insofern wir alle Menschen sind und in Gemeinschaften leben, sind wir von Beginn unseres Lebens an auf den Schutz unserer physischen und psychischen Integrität angewiesen und darüber hinaus auf die Anerkennung und Achtung seitens unserer Mitmenschen. Zugleich sind Menschen aber nur zu oft auch feindlichen Übergriffen und Demütigungen ausgesetzt. Dieser ohne Zweifel universelle, d.h. überall anzutreffende Umstand konstituiert eine gegenseitige Abhängigkeit der Menschen, die eine Regelung durch positives Recht notwendig werden lässt (Habermas 2001: 62f.). Hier nun setzt die Idee der Menschenrechte an. Sie betrachtet den Menschen als ein in Gemeinschaften lebendes, *schutz- und anerkennungsbedürftiges Wesen*, dessen elementare Lebensbedingungen sowohl auf nationaler wie auch auf internationaler Ebene unter Schutz gestellt werden müssen.

---

1   Damit ist das so genannte *Universalismusproblem* umrissen, das heute einen Großteil der Debatten um die Menschenrechte ausmacht. Vgl. Kühnhardt (1987), Bielefeldt (1998), Höffe (1998), Habermas (1999).

2.2 Menschenwürde unter dem Mikroskop

Die Überzeugung, dass die Menschenrechte auf den Schutz der fragilen Bedingungen menschlichen Lebens zugeschnitten sind, bedeutet offenbar nicht nur, dass die Menschenrechte die Voraussetzungen „bloßen" menschlichen Lebens sichern sollen. Es mag zynisch klingen, doch typische Menschenrechtsverletzungen, wie etwa Sklaverei oder gar Folter, können mit *Überleben* durchaus vereinbar sein. Die Menschenrechte fordern demnach eine qualitativ höherstufige Lebensform als zentrale Hinsicht ihrer Begründung, und zwar, wie das gleich zu Beginn der *Allgemeinen Erklärung* festgeschrieben ist, das *menschenwürdige* Leben (vgl. Kretzmer/Klein 2002): „Alle Menschen sind frei und gleich an Würde und Rechten geboren" (Artikel 1).

Aber so zentral und wirkmächtig der Würdebegriff heute auch sein mag, so unklar ist bei genauerem Hinsehen doch, was genau darunter zu verstehen ist. Nimmt man einmal die uns aus Artikel 1 des *Grundgesetzes* vertraute Behauptung „Die Würde des Menschen ist unantastbar" wörtlich, so wird rasch deutlich, dass wir im Alltag durchaus auch gegenteilige Beobachtungen machen. Ja, gemeinhin ist überhaupt gar nicht umstritten, *dass* die Würde des Menschen angetastet werden kann; etwa durch Folter oder grobe Missachtung (Wetz 2005, Pollmann 2005). Wenn dem aber tatsächlich so ist, dann verbleibt hinsichtlich der in Artikel 1 festgeschriebenen Unantastbarkeit ein schwerwiegendes Deutungsproblem: Ist die Würde des Menschen denn nun antastbar oder ist sie es nicht? Nach herrschender Meinung der Verfassungsrechtler haben wir es hier mit einer offenbar nicht ganz ungewollten grammatikalischen Ungenauigkeit zu tun. Der Indikativ „ist unantastbar" soll das Bestehen eines Sachverhaltes bloß suggerieren. In Wirklichkeit aber werde keine Tatsache im strikten Sinne deklariert, sondern lediglich eine besonders starke Forderung: *Die Würde des Menschen darf unter keinen Umständen angetastet werden* (vgl. Dürig 1956, Wertenbruch 1958). Aber sind die Verständnisschwierigkeiten damit bereits ausgeräumt?[2]

Blickt man zunächst auf die historischen Quellen, aus denen sich die heutige Verwendung des Würdebegriffs speist, so offenbart sich ein Bedeutungswandel, der sich – grob gesehen – in drei Phasen vollzogen hat (vgl. Bayertz 1995, Wetz 2005). In der römischen Antike zielte der Würdebegriff (lat. *dignitas*) auf die herausgehobene Stellung einer besonderen Persönlichkeit des öffentlichen Lebens. Staatsmänner und Politiker genossen aufgrund der verantwortlichen Ämter, die sie innerhalb ihres Gemeinwesens bekleideten, einen besonderen Ruf, der ihre Würde begründete. Im Rahmen der mittelalterlichen Theologie jedoch wurde jene die privilegierte Stellung einer einzelnen Persönlichkeit betreffende

---

2   Zur verfassungsrechtlichen Diskussion insgesamt: Enders (1997), Vögele (2000).

Bedeutung des Würdebegriffs auf die herausgehobene Stellung *des Menschen* übertragen, die dieser innerhalb der göttlichen Gesamtordnung einnehmen soll. Von nun an kam dem Menschen als solchem, d.h. ungeachtet all seiner Unterschiede, eine besondere Dignität zu, weil ihm als dem „Ebenbild Gottes" eine gegenüber allen übrigen Lebewesen bevorzugte Rolle im göttlichen Schöpfungsplan zuerkannt worden war. Im Zuge der Renaissance, insbesondere durch Pico della Mirandola, und später mit der Aufklärung, vor allem durch Immanuel Kant, wird dieser universalistisch gewendete Würdebegriff dann säkularisiert, d.h. von theologischen Begründungslasten „befreit". Der Mensch besitzt Würde fortan nicht mehr deshalb, weil aus dem Jenseits ein göttlicher Abglanz auf ihn fällt, sondern weil er ein durch Vernunft geleitetes und damit selbst fast gottgleiches Wesen ist.

Wenn in unseren Tagen von Würde die Rede ist, dann ist zumeist einer der beiden zuletzt genannten Bedeutungshorizonte im Spiel.[3] Glauben die einen Interpreten, bei der Begriffsbestimmung gar nicht ohne Bezug auf eine göttliche Instanz auskommen zu können (z.B. Spaemann 1987, Margalit 1997), gehen andere davon aus, dass eine plausible Begründung der Menschenwürde-Idee auch ohne theologische Argumente gelingen muss, wenn sie in einer modernen, pluralistischen Welt überzeugen können soll (z.B. Habermas 2001, Höffe 2002). Man erhält einen ersten Einblick in die philosophischen Grundpositionen der Würdediskussion, wenn man sich zeitgenössischen Fragen des Embryonenschutzes zuwendet. So haben die Debatten um Abtreibung, In-Vitro-Fertilisation, Präimplantationsdiagnostik, Stammzellforschung oder auch Klonen unwiderruflich die Frage nach dem Umfang des Adressatenkreises aufgeworfen, dem staatlicher Würdeschutz zusteht (Damschen/Schönecker 2003, Stoecker 2003, Kettner 2004, Tiedemann 2007, Brudermüller/Seelmann 2008). Die unterschiedlichen Positionen lassen sich anhand der beiden folgenden Fragekomplexe konturieren:

- Wer überhaupt zählt zu jener Gruppe von Menschen, denen Würde zukommt? Ist schon der Embryo – ob im Reagenzglas oder auch im Mutterleib[4] – Träger der Menschenwürde und, wenn ja, von welchem Zeitpunkt

---

3 Aber auch die erste Bedeutung hat überlebt; etwa in der Wendung „in Amt und Würden".

4 Der Begriff „Embryo" wird medizinisch uneinheitlich gebraucht, zumeist aber ist der Zeitraum der Organgenese, d.h. in etwa der Zeitraum der ersten zwölf Entwicklungswochen gemeint. Anschließend spricht man vom „Fetus". Aus medizinischer Sicht ist dabei zunächst unerheblich, ob sich der Embryo *in vitro* (Reagenzglas) oder aber *in vivo* (Mutterleib) entwickelt. Gleichwohl wird in der bioethischen Debatte sehr häufig die Auffassung vertreten, dass aufgrund der besonderen Konstellation der Schwangerschaft („Zwei-in-Einheit") *rechtlich-moralische* Unterschiede gemacht werden müssen, weil auch die Schwangere von etwaigen Reglementierungsfragen betroffen ist. Will man die Relevanz dieser Unterschiede verneinen, so hätte dies zur Konsequenz, dass es in der Folge des Embryonen-

an? Oder ist die Würde eine Werteigenschaft, die der Mensch im Laufe seines Lebens erst noch erwirbt?

- Ist die Menschenwürde ein unveräußerliches, nicht-graduierbares Gut, das jedem ihrer Träger gleichermaßen zukommt? Besitzen Embryonen tatsächlich dieselbe Würde wie erwachsene Grundrechtsträger? Oder können wir diesbezüglich moralisch bzw. rechtlich relevante Abstufungen vornehmen?

Während der erste Fragekomplex auf eine Unterscheidung zwischen Menschen „im vollen Sinne" und „sonstigen" menschlichen Lebensformen zielt[5], wobei gegebenenfalls eben nur den ersteren Würde zukommen mag, wird im zweiten Problemzusammenhang die Möglichkeit eingeräumt, dass Würde in unterschiedlichem Ausmaß vorhanden bzw. ausgebildet sein kann und dementsprechend graduell abzustufen wäre, *selbst wenn* bereits jede menschliche Lebensform ausnahmslos an der Menschenwürde partizipierte. Aus einer Kombination dieser beiden Fragekomplexe ergeben sich vier verschiedene Grundverständnisse von Würde, die deren spezifischen *Inhalt* jeweils ganz unterschiedlich fassen:

a. Anerkennung a priori / nicht-graduierbar
Die erste und zugleich zahlenmäßig größte Gruppe von Interpreten geht davon aus, dass Würde *a priori*, d.h. von vornherein, jeder menschlichen Lebensform zukommt, und zwar in allen Fällen auf die gleiche, nicht-abstufbare Weise. Die Vertreter dieser Position sind der Überzeugung, dass sich jede wertende Unterscheidung unterschiedlicher Entwicklungsstadien menschlichen Lebens als willkürlich und daher moralisch verwerflich erweisen müsse. Zumeist gilt dabei als unwiderruflicher Zeitpunkt der die Würde begründenden Menschwerdung bereits jener Moment, in dem Ei- und Samenzelle verschmelzen. Demnach sei die Würde eine Art „Mitgift", die ausnahmslos jeder Form von menschlichem Leben innewohne, und zwar vom frühest möglichen Zeitpunkt an, und keinem Mitglied der Menschengemeinschaft abgesprochen oder auch nur eingeschränkt zuerkannt werden dürfe.[6]

b. Anerkennung a priori / graduierbar
Die zweite Gruppe von Interpreten kommt zwar ausdrücklich mit der ersten in der Auffassung überein, dass grundsätzlich jede menschliche Lebensform an

---

schutzgesetztes (ESchG) zu einer Wiederaufnahme der Debatte um die Legitimität von Schwangerschaftsabbrüchen kommen müsste.

5   Die bioethischen Diskussionen um Wachkomapatienten, Euthanasie, Organtransplantation etc. weiten die Problemstellung aus, indem auch Schwerstgeschädigte, Sterbende, Tote etc. als Adressaten des Würdeschutzes fraglich werden.

6   Diese Position kann entweder theologisch, juristisch, medizinisch oder auch philosophisch begründet werden. Siehe dazu die Beiträge in: Geyer (2001); Damschen/Schönecker (2003).

der Menschenwürde teilhat, doch will man im Einzelfall zwischen einem Mehr und einem Weniger an Würde unterscheiden können. Dabei wird die Annahme zentral, dass, obgleich jeder Mensch aufgrund seiner Spezieszugehörigkeit den Kern oder das „Potenzial" der Menschenwürde immer schon in sich trage und darum gleichermaßen Achtung verdiene (was eine medizinische Instrumentalisierung menschlicher Embryonen ausschließt), die volle Entfaltung dieses Potenzials jedoch, d.h. die Frage, in welchem Ausmaß sich ein würdevolles Leben tatsächlich realisieren lasse, von subjektiven und objektiven Bedingungen bzw. von einer insgesamt menschenwürdigen Lebenssituation abhänge.[7]

c. Zuerkennung a posteriori/nicht-graduierbar

Eine dritte Fraktion verneint die Prämisse, dass von vornherein allen menschlichen Lebensformen Menschenwürde zukommt. Erst wenn sich im Zuge der individuellen Entwicklung ein spezifisches Charakteristikum von „Personen" herausgebildet habe, könne dem einzelnen Menschen *a posteriori*, d.h. nachträglich, Würde zuerkannt werden. Hier trifft man auf Positionen, die im Hinblick auf die embryonale Frühentwicklung zeitliche Schnitte ansetzen wollen: zwischen unterschiedlichen Vorformen menschlichen Daseins und solchen Entwicklungsstadien, in denen die „Erlebnisfähigkeit" oder auch das „Überlebensinteresse" des Fetus einsetzen sollen.[8] Erst mit dieser personalen „Eigenschaft" sei der Würdestatus des Menschen begründet. Gleichwohl gehen die gemeinten Interpreten davon aus, dass dem Menschen, sobald er den Status der Würde innehat, dieser dann auch nicht mehr abgesprochen werden darf – auch nicht graduell.

d. Zuerkennung a posteriori/graduierbar

Die vierte Gruppe übernimmt zwar die auch für die dritte Fraktion maßgebliche Unterscheidung zwischen „bloßem" menschlichen Leben und einem „personalen" Leben, dem allein Würde zukommen soll. Doch sind deren Vertreter zudem davon überzeugt, dass der Besitz von Würde Abstufungen zulässt. Dabei rückt eine Überzeugung ins Zentrum der Aufmerksamkeit, die in auffälliger Nähe zum antiken Würdeverständnis steht. Der Mensch, so die Annahme, muss seinen Würdestatus nicht nur erwerben, sondern im Laufe seines Lebens auch noch selbstbewusst verteidigen. Ein Mensch werde sich nur dann im Vollzug seiner Existenz als „würdig" erweisen, wenn er im Rahmen sozialer Interak-

---

7 Dazu vor allem Spaemann (1987); Pollmann (2005).

8 Dazu exemplarisch Merkel (2002); Hoerster (2002). Nida-Rümelin (2002) geht in zeitlicher Hinsicht noch einen bedeutenden Schritt weiter, wenn er die „Selbstachtung" des Menschen zum entscheidenden Würdekriterium macht. Es ist jedoch äußerst wichtig, darauf hinzuweisen – auch mit Blick auf die nun folgende vierte Fraktion –, dass die Annahme, Embryonen besäßen keine Würde, nicht schon deren beliebige Instrumentalisierung oder gar Tötung legitimiert.

tionen eine entsprechende „Leistung" vollbringe, die bei seinen Mitmenschen jene Achtung allererst hervorrufe, die notwendige soziale Voraussetzung von Würde ist. Folgerichtig kann eine solche Begriffsbestimmung auf die Problematik menschlicher Embryonen überhaupt gar keine Anwendung finden.[9]

WÜRDEBEGRIFFE	*Anerkennung a priori*	*Zuerkennung a posteriori*
nicht graduierbar	(a) Mitgift	(c) Eigenschaft
graduierbar	(b) Potenzial	(d) Leistung

3.   Eine Frage der Würde. Die Idee „verkörperter Selbstachtung"

Allerdings wird in der bioethischen Diskussion nur zu oft der nahezu offenkundige Umstand übersehen, dass die doppelte Frage, ob bereits allen menschlichen Lebensformen Würde zukommt und ob allen gleichermaßen, von der weiteren abhängt, was überhaupt den Inhalt der Würde-Idee ausmacht. Versteht man unter Menschenwürde eine *Mitgift*, die allen Menschen, ungeachtet all ihrer Unterschiede, von Natur aus zukommt, so müssen jegliche Differenzierungen und Abstufungen an diesem Konzept unangebracht erscheinen. Meint man hingegen eine besondere menschliche *Eigenschaft*, so könnte es sein, dass eben nur jene Menschen Würde besitzen, die diese Eigenschaft tatsächlich aufweisen. Ich werde zunächst fünf und später noch zwei weitere definitorische Bestimmungen der Menschenwürde anführen, deren Reihenfolge zugleich das wachsende Ausmaß widerspiegelt, in dem sie in der gegenwärtigen Diskussion umstritten sind (Stoecker 2003; Pollmann 2005, Tiedemann 2007):

a.   Fragen wir zunächst nach eben jenem Spezifikum des Menschen, das ihn in den Adressatenkreis des Würdeschutzes rücken lässt, so ist es, wie bereits angedeutet, seine bloße Zugehörigkeit zur menschlichen Gattung, die ihn als – zumindest potenziellen – Träger der Würde qualifiziert. Das Menschsein als solches, so die nahezu triviale Einsicht, ist notwendige Voraussetzung dafür, dass ein Lebewesen überhaupt an der Menschenwürde partizipieren kann.[10]

---

9   So genannte „Leistungstheorien der Würde" gehen zurück auf Luhmann (1965).
10 Die naheliegende Frage, ob es auch eine spezifische Würde von Tieren geben mag, muss an dieser Stelle außer Acht gelassen werden.

b. Die besondere Form der Anerkennung, die Menschen anderen zuteil werden lassen, wenn sie ihnen Würde attestieren, wird gemeinhin Achtung genannt. Wenn eine Person sich menschenwürdig behandelt fühlt und nicht etwa wie ein Tier, ein Ding oder eine Maschine, dann mag sie spüren, dass sie als eine Gleiche unter gleichen Bestätigung findet (vgl. Margalit 1997).

c. Aus dem Wissen, von anderen Menschen geachtet zu werden, resultiert ein spezifisches Selbstverhältnis von Personen, das für die Würde von zentraler Bedeutung ist: die Selbstachtung. Selbstachtung ist jenes Gefühl von Sicherheit und Selbstvertrauen, von dem der Mensch getragen wird, wenn er sich vor Augen führt, dass er als ein gleichwertiges Mitglied der Menschengemeinschaft angesehen wird (Margalit 1997).

d. Muss Selbstachtung zunächst als innere Einstellung beschrieben werden, so kann diese zum Ausdruck kommen, wenn ein Mensch sie auch anderen gegenüber glaubhaft zu verkörpern vermag. Gemeint ist hier das äußere Erscheinungsbild einer Person, welches der inneren Überzeugung, Achtung zu verdienen, mal mehr, mal weniger adäquat sein kann. Wir loben dann gegebenenfalls die würdevolle Haltung, die ein Mensch annimmt, wir attestieren ihm „Rückgrat" oder einen „aufrechten Gang" (vgl. Bloch 1961, Luhmann 1965).

e. Der Umstand, dass Menschen ihre Würde nach außen hin verkörpern wollen, macht sie anfällig für Verletzungen. Dort, wo menschenunwürdige Lebensbedingungen herrschen, stellt sich unweigerlich die Frage, wie Selbstachtung aufrecht erhalten werden kann, wenn der Mensch nicht zugleich auch den sozialen Freiraum besitzt, ihr gemäß leben und agieren zu können (Spaemann 1987, Schaber 2003). Dabei nennen wir Angriffe auf die Menschenwürde für gewöhnlich Akte der Missachtung, Demütigung, Diskriminierung oder eben der Entwürdigung.

Auch wenn die Menschenwürde somit (a) einen universellen Wert darstellt, an dem jedes Individuum bereits qua Menschsein partizipiert und der uns (b) in der Achtung durch andere zuteil wird, so ist dieser Wert doch nur dann wirklich *vollständig* realisiert, wenn (c) die betroffene Person von einem entsprechenden Gefühl der Selbstachtung getragen ist, wenn sie (d) dieses Gefühl nach außen hin zu verkörpern vermag und dabei (e) adäquate Lebensumstände vorfindet, in denen ihr ein „aufrechter Gang" möglich ist. Diese komplexe Begriffsbestimmung mag auf Anhieb strittig anmuten. Erwägt man nämlich die bereits in den fünf genannten Bestimmungen beinhaltete Annahme, dass die Würde eines Menschen nicht zuletzt eine auf Selbstachtung basierende *Haltung* darstellt, so kann eine konkrete Einbuße an Würde von einer sozialen Missachtungserfahrung zwar angestoßen werden, letztlich aber müsste sie als das Ergebnis eines *Mangels an Selbstachtung* gedeutet werden (vgl. Luhmann 1965).

Zunächst ein Beispiel: Vor einiger Zeit antwortete eine ehemalige KZ-Insassin in einem Fernseh-Interview auf die Frage, wie sie das Grauen des Konzentrationslagers hat überleben können, mit den Worten: „Weil ich niemals meine Würde verloren habe". Diese Aussage mag zunächst irritieren, sind doch schlichtweg keine unwürdigeren Lebensbedingungen denkbar als jene innerhalb der nationalsozialistischen Todeslager. Gehen wir aber davon aus, dass die Betroffene den Sinn des Wortes Würde nicht verfehlt hat, so deutet ihr ohne Zweifel extremes Beispiel auf die Möglichkeit hin, dass ein Mensch äußersten Gräueltaten ausgesetzt sein kann, diese aber dennoch mit „erhobenem Haupt", d.h. ohne vollständigen Verlust der Selbstachtung, zu überleben vermag. Auch wenn die Wahrung der Würde in Situationen dieser Art nahezu unmöglich erscheinen muss, so kann sie sich schließlich doch als nicht vollkommen unmöglich erweisen.

Das hieße nun aber, dass (f) die Bewahrung der Menschenwürde immer zumindest *auch* von der Kraft der Betroffenen abhängt und es daher (g) keinen direkten Automatismus geben kann zwischen dem Angriff auf die Würde eines Menschen und deren tatsächlichem Verlust (vgl. Spaemann 1987). Damit deutet sich auf überraschende Weise die Möglichkeit an, dass die Würde des Menschen in einem ganz bestimmten Sinne tatsächlich unantastbar „ist". Zwar sind Menschen nicht selten massiven Übergriffen ausgesetzt. Dadurch können sie Gefahr laufen, aufgrund der ihnen versagten Anerkennung schließlich auch ihre Selbstachtung einzubüßen. Aber ihre Würde kann ihnen nicht schon gänzlich von außen genommen werden, weil die Selbstachtung einen Rest an Unzugänglichkeit aufweist. So hart es klingen mag, *letztlich sind sie es*, die angesichts ihrer sozialen Situation ihre Würde bewahren müssen.

Allerdings muss an dieser Stelle das Missverständnis vermieden werden, dass eine Einbuße der Selbstachtung bereits eine *Teilschuld* am Verlust der eigenen Würde bewirkt. Aus Gründen, die überwiegend nicht in ihrer Macht liegen, haben manche Menschen schlicht mehr Kraft als andere, ihre Selbstachtung zu bewahren. Behauptet werden soll lediglich: Es gibt keinen Verlust der Würde *ohne* Verlust der Selbstachtung. Das bedeutet selbstverständlich nicht, dass die Betroffenen darum schon allein oder auch nur weitgehend für die Bewahrung ihrer Würde verantwortlich wären. Es gilt durchaus: Ein Mensch kann Würde dann – und nur dann – besitzen, wenn er von nichts und niemandem in seinen Lebensvollzügen derart beeinträchtigt wird, dass er seine Selbstachtung einbüßen muss. Missachtung, Demütigung oder Diskriminierung sind und bleiben eine Gefahr für die Menschenwürde, eben weil sie dem Betroffenen jenen sozialen Freiraum streitig machen, innerhalb dessen er seine Selbstachtung aufrecht zu erhalten und zu verkörpern vermag. Das bedeutet auch, dass es ein spezifisches Menschenrecht nur auf *Schutz* der Würde geben kann, und zwar im Sinne eines Schutzes des Freiraums der Würdedarstellung, nicht aber ein Recht *auf* Würde. Der wie auch immer geringe Eigenanteil bei der Bewahrung der Würde macht es den Menschen unmöglich, sich die Menschenwürde als solche gegenseitig zu garantieren. Sie können sich allenfalls deren bestmöglichen Schutz zusichern (vgl. Dworkin 1994).

Kehren wir im Anschluss an diese Begriffsbestimmungen zur bioethischen Würdeproblematik zurück, so dürfte unschwer zu erkennen sein, dass der soeben skizzierte Begriff von Würde *als einer durch soziale Anerkennung vermittelten Haltung der Selbstachtung* von deren Graduierbarkeit ausgeht, da er ein Mehr und ein Weniger an „aufrechtem Gang" zulässt. Offen ist allerdings, ob dieser Würdebegriff tatsächlich auf alle menschlichen Lebensformen Anwendung finden soll oder lediglich auf ganz bestimmte. Für Letzteres spräche der soeben als konstitutiv erkannte Bezug auf das Prinzip der Selbstachtung. Dies könnte so verstanden werden, als käme Würde allein solchen Menschen zu, die *faktisch* Selbstachtung wie eine „Leistung" besitzen, so dass Embryonen von vornherein aus dem menschenrechtlichen Adressatenkreis herausfielen. Ich werde jedoch ausdrücklich mit dem Plädoyer für einen *uneingeschränkten* Adressatenkreis des Menschenwürdeschutzes schließen.

Aus den definitorischen Bestimmungen (a) bis (g) ergibt sich die folgende Fassung des Problems: Der Mensch, und zwar jeder Mensch, hat an der Würde teil, insofern er qua Menschsein an einem „Potenzial" partizipiert, welches sich typischerweise oder besser *idealiter* durch den Besitz eines Selbstachtung ermöglichenden Freiraums auszeichnen würde. Allerdings kann es sein – daher „idealiter" –, dass die Nutzung dieses Freiraums im konkreten Einzelfall entweder *noch nicht*, wie etwa bei Embryonen, *nicht vollständig*, wie z.B. bei geistig Behinderten, oder auch *nicht mehr*, wie etwa bei Wachkomapatienten, möglich ist (vgl. Dworkin 1994). All diese Mitglieder der menschlichen Spezies partizipieren an der Würde, auch ohne sie bereits bzw. zur Zeit bzw. noch in vollem Maße realisieren zu können. Nicht jeder Mensch hat die volle Würde, aber jeder Mensch hat an der Würde teil. Deren Idee ist somit nicht auf ein faktisch vorhandenes, aktualisiertes Vermögen bezogen, sie lebt vielmehr von der Unterstellung eines Lebensideals, dem auch jene oben genannten Menschen folgen würden, wenn und insoweit sie es könnten.

Demnach sind alle Menschen insofern als gleich zu achten, dass wir ihnen a priori unterstellen können, dass ihnen an einem Leben in Würde und Selbstachtung gelegen ist bzw. wäre. Menschen sind jedoch graduell verschieden in dem Ausmaß, in dem sie Würde und Selbstachtung faktisch herausbilden und verkörpern. Damit stoßen wir zum Schluss auf die überaus wichtige und bislang sowohl in der bioethischen Debatte als auch in der Menschenrechtsdiskussion weitgehend fehlende Einsicht, dass bei der Frage der Menschenwürde zwei Probleme auseinander gehalten werden müssen: die Frage, ob ein Mensch Würde *besitzt* und, wenn ja, in welchem Ausmaß, und die davon grundverschiedene, ob ihm ein *Recht auf Schutz* der Würde zusteht. Es hätte unmissverständlich deutlich zu werden, dass jede menschliche Lebensform an der Würde teilhat, wenn auch auf unterschiedliche Weise, und daher das Menschenrecht auf Würdeschutz tatsächlich allgemein und uneingeschränkt gilt, ganz gleich, ob das menschenwürdige Leben bereits vollständig realisiert ist oder bloß eingeschränkt.

Die Menschenwürde ist ein zerbrechliches Gut – gerade deshalb ist sie auf rechtliche und soziale Sicherung angewiesen. Die Idee der Menschenrechte soll diesen Schutz garantieren, indem sie Freiräume schafft, innerhalb dessen Menschen ein ungehindertes Leben in Selbstachtung und Würde zu führen vermögen. Die Idee der Menschenwürde als einer durch soziale Anerkennung vermittelten Haltung der Selbstachtung gibt damit den normativen Bezugspunkt einer auf die Verletzbarkeit und Anerkennungsbedürftigkeit des Menschen zielenden Idee der Menschenrechte ab. Die medizinisch-technischen Entwicklungen unserer Zeit bringen diese Freiräume zweifellos in Gefahr. Insbesondere dort, wo der reproduktionsmedizinische Fortschritt derzeit sogar einen „verbrauchenden" Zugriff auf das frühe menschliche Leben fordert, droht er dem werdenden Leben schlichtweg alles zu nehmen, was der Mensch zu einer würdevollen Existenz benötigt.

Literatur

Alexy, Robert (1998): Die Institutionalisierung der Menschenrechte im demokratischen Verfassungsstaat. In: Gosepath, Stefan/Lohmann, Georg (Hg.): Philosophie der Menschenrechte. Frankfurt/M.: Suhrkamp. 244-264.

Alexy, Robert (2004): Menschenrechte ohne Metaphysik? In: Deutsche Zeitschrift für Philosophie 52. 15-24

Bayertz, Kurt (1995): Die Idee der Menschenwürde: Probleme und Paradoxien. In: Archiv für Rechts- und Sozialphilosophie 81. 465-481.

Beyleveld, Deryck/Brownsword, Roger (2001): Human Dignity in Bioethics and Biolaw. Oxford: UP.

Bielefeldt, Heiner (1998): Philosophie der Menschenrechte. Grundlagen eines weltweiten Freiheitsethos. Darmstadt: Primus.

Bloch, Ernst (1961): Naturrecht und menschliche Würde. Frankfurt/M.: Suhrkamp.

Brudermüller, Gerd/Seelmann, Kurt (Hg.) (2008): Menschenwürde: Begründung, Konturen, Geschichte. Würzburg: Königshausen & Neumann.

Brunkhorst, Hauke/Köhler, Wolfgang R./Lutz-Bachmann, Matthias (Hg.) (1999): Recht auf Menschenrechte. Menschenrechte, Demokratie und internationale Politik. Frankfurt/M.: Suhrkamp.

Burley, Justine (ed.) (1999): The Genetic Revolution and Human Rights. Oxford: UP.

Damschen, Gregor/Schönecker, Dieter (Hg.) (2003): Der moralische Status menschlicher Embryonen. Pro und contra Spezies-, Kontinuums-, Identitäts- und Potentialitätsargument. Berlin – New York: de Gruyter.

Dürig, Günter (1956): Der Grundrechtssatz von der Menschenwürde. In: Archiv des öffentlichen Rechts 81. 117-157.

Dworkin, Ronald (1994): Die Grenzen des Lebens. Reinbek bei Hamburg: Rowohlt.

Enders, Christoph (1997): Die Menschenwürde in der Verfassungsordnung. Tübingen: Mohr Siebeck.

Geyer, Christian (Hg.) (2001): Biopolitik. Frankfurt/M.: Suhrkamp.

Gosepath, Stefan/Lohmann, Georg (Hg.) (1998): Philosophie der Menschenrechte. Frankfurt/M.: Suhrkamp.

Gouges, Olympe de (1791/1999): Die Rechte der Frau. Bern: Stämpfli.

Habermas, Jürgen (1999): Der interkulturelle Diskurs über Menschenrechte. In: Brunkhorst, Hauke/Köhler, Wolfgang R./Lutz-Bachmann, Matthias (Hg.): Recht auf Menschenrechte. Menschenrechte, Demokratie und internationale Politik. Frankfurt/M.: Suhrkamp. 216-227.

– (2001): Die Zukunft der menschlichen Natur. Auf dem Weg zu einer liberalen Eugenik? Frankfurt/M.: Suhrkamp.

Haßmann, Holger (2002): Embryonenschutz im Spannungsfeld internationaler Menschenrechte, staatlicher Grundrechte und nationaler Regelungsmodelle zur Embryonenforschung. Berlin u.a.: Springer.

Hoerster, Norbert (2002): Ethik des Embryonenschutzes. Ein rechtsphilosophischer Essay. Ditzingen: Reclam.

Höffe, Otfried (1998): Transzendentaler Tausch – eine Legitimationsfigur für Menschenrechte? In: Gosepath, Stefan/Lohmann, Georg (Hg.): Philosophie der Menschenrechte. Frankfurt/M.: Suhrkamp. 29-47.

– (2002): Medizin ohne Ethik? Frankfurt/M.: Suhrkamp.

Kettner, Matthias (Hg.) (2004): Biomedizin und Menschenwürde. Frankfurt/M.: Suhrkamp.

Klein, Eckart (1997): Menschenrechte. Stille Revolution des Völkerrechts und Auswirkungen auf die innerstaatliche Rechtsanwendung. Baden-Baden: Nomos.

Kretzmer, David/Klein, Eckart (eds.) (2002): The Concept of Human Dignity in Human Rights Discourse. The Hague – London – New York: Kluwer Law International.

Kühnhardt, Ludger (1987): Die Universalität der Menschenrechte. Studie zur ideengeschichtlichen Bestimmung eines politischen Schlüsselbegriffs. München: Olzog.

Lohmann, Georg (1998): Menschenrechte zwischen Moral und Recht. In: Gosepath, Stefan/Lohmann, Georg (Hg.): Philosophie der Menschenrechte. Frankfurt/M.: Suhrkamp. 62-95.

Luhmann, Niklas (1965): Grundrechte als Institution. Berlin: Duncker & Humblot.

Margalit, Avishai (1997): Politik der Würde. Über Achtung und Verachtung. Berlin: Fest.

Marx, Karl (1844/1977): Zur Judenfrage. MEW Bd. 1. Berlin: Dietz.

Menke, Christoph/Pollmann, Arnd (2007): Philosophie der Menschenrechte. Zur Einführung. Hamburg: Junius.

Merkel, Reinhard (2002): Forschungsobjekt Embryo. München: dtv.

Nida-Rümelin, Julian (2002): Ethische Essays. Frankfurt/M.: Suhrkamp.

Pollmann, Arnd (2005): Menschenwürde nach Maß. In: Deutsche Zeitschrift für Philosophie
53. 611-619.

Schaber, Peter (2003): Menschenwürde als Recht, nicht erniedrigt zu werden. In: Stoecker
(2003). 119-131.

Spaemann, Robert (1987): Über den Begriff der Menschenwürde. In: ders.: Das Natürliche
und das Vernünftige. München: Piper. 77-106.

Stoecker, Ralf (Hg.) (2003): Menschenwürde – Annäherung an einen Begriff. Wien: öbv und
hpt.

Tiedemann, Paul (2007): Menschenwürde als Rechtsbegriff, Berlin: BWV.

Vögele, Wolfgang (2000): Menschenwürde zwischen Recht und Theologie. Begründungen
von Menschenrechten in der Perspektive öffentlicher Theologie. Gütersloh: Güterslo-
her Verlagshaus.

Wertenbruch, Wilhelm (1958): Grundgesetz und Menschenwürde. Köln – Berlin: Heymann.

Wetz, Franz Josef (2005): Illusion Menschenwürde. Stuttgart: Klett-Cotta.

Multikulturalismus

David Strecker

1. Ein neues Phänomen?

Kaum eine Gesellschaft in der Geschichte der Menschheit war je ethnisch homogen, und doch unterscheidet den Multikulturalismusbegriff von solch altehrwürdigen Konzepten der politischen Ideengeschichte wie Freiheit, Gerechtigkeit oder Demokratie, dass er erst wenige Jahrzehnte alt ist. Verbreitung gefunden hat er zunächst in den 60er Jahren in Kanada, dann in Australien, in Großbritannien und erst im Laufe der 80er Jahre in den USA und der Bundesrepublik Deutschland. Eine Vorläuferbegrifflichkeit findet sich allenfalls in den USA mit dem Konzept des kulturellen Pluralismus, das Anfang des 20. Jahrhunderts von Horace M. Kallen geprägt wurde (Mintzel 1997). Noch jungen Datums sind nämlich jene Forderungen, die sich als Fortsetzung eben des historischen Prozesses deuten lassen, in dessen Verlauf der Staatsbürgerschaftsstatus zunehmend anspruchsvoller definiert wurde, indem neben die bürgerlichen Freiheitsrechte die politischen Teilnahme- und sozialen Teilhaberechte getreten sind (Marshall 1949). Diese Fortentwicklung vom Rechtsstaat über die Demokratie bis hin zum Sozialstaat sorgte für rechtliche Absicherungen gegen immer mehr Sachverhalte, die den Status gleicher Mitgliedschaft faktisch unterminieren. Mit dem Multikulturalismus ist somit nicht ethnische Heterogenität als solche, sondern vielmehr jener Punkt bezeichnet, an dem von den Angehörigen ethnischer Minderheiten die Gewährleistung partikularer kultureller Praktiken als ein notwendig nächster Schritt bei der rechtlichen Verwirklichung staatsbürgerlicher Gleichheit interpretiert und gefordert wird.[1]

Was aber bedeutet gleiche Mitgliedschaft in ethnisch heterogenen Gesellschaften? Diese Kernfrage steht im Hintergrund der Debatten um den Multikulturalismus. Nicht zuletzt in Deutschland vorherrschend war noch bis vor wenigen Jahren die *Einbürgerungsdebatte* (2.1): Inwiefern soll eine ethnisch differente Wohnbevölkerung überhaupt eine gemeinsame Bürgerschaft bilden? In den klassischen Einwanderungsländern steht im Rahmen einer „Identitätspolitik" hingegen schon lange die Debatte um *gruppendifferenzierte Staatsbürgerschaft* im

---

1 Für einen Überblick, wie sich die Gemeinsamkeiten herausbilden, auf die sich die Gruppenangehörigen beziehen, ob diese Gemeinsamkeiten lediglich askriptiv (zugeschrieben) oder primordial (gleichsam natürlich) sind, wie ethnische von nationalen Minderheiten zu unterscheiden sind usw., siehe Mintzel (1997: 111-141).

Zentrum (2.2): der Kampf einzelner Gruppen um rechtliche Absicherung und politische Förderung. Solche Forderungen sehen sich allerdings mit der doppelten *Gefahr sozialer Fragmentierung und verdinglichender Festschreibung kultureller Identitäten* konfrontiert (2.3). Die Lösung für diese Probleme sehe ich in *einem pragmatischen Konzept des Multikulturalismus (Minderheitenrechte als politisches Instrument)* (3.).

2. Multikulturalismus – Positionen zwischen Identität und Differenz

2.1 Staatsbürgerschaft und Einbürgerung

Die nächstliegende Antwort auf die Frage nach der Vereinbarkeit von ethnischer Differenz und gleicher Mitgliedschaft im Gemeinwesen lautet: gleiche Staatsbürgerschaft (durch Einbürgerung). Staatsbürger und Ausländer weisen eine charakteristische Differenz in ihrer Ausstattung an Rechten auf (vgl. aber Hammar 1990, Soysal 1994). Während Ausländer, die über einen vollständigen Aufenthaltsstatus verfügen (*denizens*), z.T. dieselben bürgerlichen Freiheits- und sozialen Teilhaberechte haben wie Staatsbürger (*citizens*), fehlen ihnen die politischen Teilnahmerechte. Sie dürfen also nicht über die politisch gesetzten Regeln mitentscheiden, denen sie unterworfen sind. Einbürgerung bringt den Kreis der Staatsbürger mit dem der Bevölkerung zur Deckung und gewährleistet so gleiche Mitgliedschaft für alle.

Idealtypisch werden zwei Arten von Einbürgerungsrecht unterschieden, die mit dem Typus des zugrunde liegenden nationalen Selbstverständnisses korrespondieren (Brubaker 1992, Meinecke 1908). Wo – wie traditionell in Deutschland – ein Selbstverständnis als *Kulturnation* vorherrsche, wo also die nationale Einheit über geteilte vorpolitische, kulturelle Eigenschaften vorgestellt werde, dort basiere das Staatsangehörigkeitsrecht auf dem *ius sanguinis*, dem Abstammungsprinzip: Zur Nation gehört, wer von einem Angehörigen der Nation abstammt. Entsprechend restriktiv sind die Einbürgerungsmöglichkeiten. In Ländern dagegen, in denen – wie in Frankreich – ein Selbstverständnis als *Staatsnation* dominiere und die gemeinsame Zugehörigkeit zur Nation auf dem politischen Willen zur Zusammengehörigkeit gründe, komme dem *ius soli*, dem Bodenrecht, eine ungleich größere Bedeutung im Staatsangehörigkeitsrecht zu: Zur Nation gehört, wer durch dauerhafte Ansässigkeit seinen Willen zur Zugehörigkeit zum Ausdruck bringt (Renan 1882). Erleichterung der Einbürgerungsbedingungen heißt demzufolge, die *ius soli*-Elemente des Staatsangehörigkeitsrechts auf Kosten der *ius sanguinis*-Elemente zu stärken.

Angesichts der Erkenntnis, dass der Anteil der *denizens* an der Bevölkerung
stetig stieg, wurden in Deutschland die Einbürgerungsbedingungen in der ersten
Hälfte der 90er Jahre erleichtert. (Kostensenkung für die Antragsteller, Umwand-
lung der Ermessensentscheidung zur Einbürgerung antragsberechtigter Ausländer in einen Rechtsanspruch), während zugleich das Zuwanderungsrecht drastisch verschärft wurde. Gleichwohl prognostizierten demographische Studien,
dass 2030 jeder Siebte und in einigen Großstädten etwa die Hälfte der Bevölkerung Ausländer sein würde. Die Befürchtung einer verschärften Fragmentierung
der deutschen Gesellschaft konnte sich auf den Befund stützen, dass die vor-
sichtigen Integrationsfortschritte in den Bereichen der Bildungsqualifikation
und der ökonomischen Lage nicht von vergleichbaren Entwicklungen im Bereich der sozialen Integration begleitet wurden (Münz u.a. 1997). Skeptisch
stimmen musste zudem, dass eine deutliche Steigerung der im europäischen
Vergleich sehr niedrigen Einbürgerungsrate ausblieb, obwohl die geforderte
Mindestaufenthaltsdauer von einem Großteil erfüllt wurde, und zugleich jedes
siebte in Deutschland geborene Kind als Ausländer zur Welt kam.

In dieser Situation einer weiterhin ansteigenden zahlenmäßigen Diskrepanz
zwischen Bevölkerung und Staatsbürgern kam die Diskussion auf, ob das Staatsangehörigkeitsrecht nicht vom Prinzip der Vermeidung von Mehrstaatigkeit
abrücken und doppelte Staatsbürgerschaften hinnehmen müsse. Für die Vermutung, dass ein Großteil der einbürgerungsberechtigten Ausländer in Deutschland vom Erwerb der deutschen Staatsangehörigkeit gerade deswegen absah,
weil damit der Zwang zur Aufgabe der ursprünglichen Staatsangehörigkeit verbunden war, sprechen mehrere Gründe. So kann die Aufgabe der Staatsangehörigkeit in einigen Staaten nicht beantragt werden, ist z.T. nur unter entwürdigenden Bedingungen möglich und häufig mit vermögensrechtlichen Nachteilen
verbunden. Hinzu kommt, dass Ausländer durchschnittlich ein deutlich geringe-
res Vertrauen in den Schutz durch Institutionen wie Gerichte und die Polizei
haben als Deutsche (Weidacher 2000). Die zeitweilige Hinnahme von Mehrstaatigkeit, so das Argument, könne unter der Bedingung einer nicht-diskriminie-
renden Rechtswirklichkeit den Aufbau des erforderlichen Institutionenvertrauens fördern, der für das Aufgeben der ursprünglichen Staatsangehörigkeit
motivational notwendig ist.

Freilich ist das Konzept der Mehrstaatigkeit heftig kritisiert worden. Erstens
benachteilige es die nicht-zugewanderten Deutschen als Angehörige nur eines
Staates. Zweitens könne es zu Loyalitätskonflikten kommen: Weil den staatsbürgerlichen Rechten notwendig Pflichten korrespondieren, eröffnet sich im
Falle doppelter Staatsbürgerschaft die Möglichkeit von Pflichtenkollisionen. In
welchem Staat z.B. ist die Wehrpflicht abzuleisten, wenn beide dies verlangen?
Diese Probleme vorausahnend, hat Raymond Aron (1974) – damals mit Blick

auf die europäische Integration – die These formuliert, multinationale Staatsbürgerschaft sei aus logischen Gründen unmöglich, da Staatsbürgerschaft auf
einen unzweideutig bestimmten Gewaltmonopolisten angewiesen sei. Allerdings
überschätzt Aron das Problem, weil er nicht berücksichtigt, dass die möglichen
Konflikte durch Prinzipien zur Regelung von Zuständigkeiten vermieden werden können (z.B. Wohnort).

So hat denn die vermeinte logische Unmöglichkeit multinationaler Staatsbürgerschaft auch nicht die Verabschiedung eines neuen, im Jahr 2000 in Kraft
getretenen deutschen Staatsangehörigkeitsrechtes verhindert, das eine erweiterte
Hinnahme doppelter Staatsbürgerschaft vorsieht.[2] Nachdem sich daraufhin,
nicht zuletzt aufgrund von Umstellungseffekten, die Anzahl der Einbürgerun-
gen in Deutschland kurzfristig deutlich erhöhte, ist diese seit 2001 weitgehend
und kontinuierlich rückläufig und mittlerweile niedriger als vor der Reform.
Auch divergieren die Naturalisierungsraten der verschiedenen Nationalitäten
stark. Die soziale Integration verläuft in vielen Bereichen langsam, und zum Teil
wurden sogar Segregationstendenzen (Münz u.a. 1997) und verstärkte Diskri-
minierungswahrnehmungen festgestellt.[3] Wie seit den großen Bildungsstudien
der letzten Dekade (PISA, IGLU) bekannt, ist der Erfolg von Kindern mit
Migrationshintergrund im deutschen Schulsystem besonders gering.

Diese Probleme sprechen für die Vermutung, dass Einbürgerung nicht aus-
reicht, um ein stabiles Gleichgewicht von Identität und Differenz in ethnisch
heterogenen Gesellschaften zu ermöglichen. Diskriminierung und Marginalisierung lassen sich nicht allein auf den Ausschluss von der Staatsbürgerschaft
zurückführen. Was die Marginalisierten zu Marginalisierten macht, ist die Tatsache, dass ihre Identitäten und Wertvorstellungen nicht hinreichend berücksichtigt werden. Deshalb sind besondere Programme erforderlich, um rechtliche
auch in faktische Chancengleichheit zu transformieren. Eine politische Umorientierung in diese Richtung hat in Deutschland mittlerweile dadurch stattgefun-
den, dass der Fokus von der Ausländer- auf die Integrationspolitik verlagert

---

2   Nun erwerben alle in Deutschland geborenen Kinder die deutsche Staatsangehörigkeit, wenn sich ein Elternteil
    seit acht Jahren rechtmäßig und gewöhnlich in Deutschland aufhält und eine Aufenthaltsberechtigung oder seit
    drei Jahren eine unbefristete Aufenthaltserlaubnis besitzt (§4 Abs. 3 StAG). Die Betroffenen müssen sich aller-
    dings zwischen dem 18. und 23. Lebensjahr für eine Staatsbürgerschaft entscheiden. Dementsprechend wird
    diese Regelung als ‚Optionsmodell' bezeichnet.

3   Über Einzelstudien hinausreichende differenzierte Erhebungen waren lange Zeit spärlich. Vergleichsweise um-
    fassend war zunächst der 2001 vorgelegte *Bericht der Unabhängigen Kommission ‚Zuwanderung'*
    (www.bmi.bund.de/cae/servlet/contentblob/123148/publicationFile/9075/Zuwanderungsbericht_pdf.pdf).
    Mittlerweile existieren zahlreiche sogenannte Integrationsmonitorings, u.a. der ‚Integrationsreport' des Bundes-
    amtes für Migration und Flüchtlinge (http://www.bamf.de/cln_170/nn_442016/SharedDocs/Projekte/ DE/
    Migration/Forschung/Integration/laufende/forschungintegrationsreport.html).
    Vgl. zu einer einflussreichen frühen Differenzierung von Integrationsdimensionen Esser (1980).

wurde. Dies manifestiert sich sowohl im Zuwanderungsgesetz von 2005 als auch dem Nationalen Integrationsplan von 2007.[4] Angesichts jüngerer Entscheidungen wie dem Neubauverbot von Minaretten in der Schweiz und dem belgischen Burkaverbot ist in diesem Zusammenhang allerdings nicht nur klärungsbedürftig, welche Beschränkungen der Praktiken von Minderheiten als illegitime Diskriminierung gelten müssen. Darüber hinaus stellt sich nämlich auch die Frage, ob in Gesellschaften, die durch Zuwanderung geprägt sind, gleiches Recht überhaupt in allen Fällen ein geeignetes Instrument gegen Diskriminierung darstellt. Wenn gleiche Staatsbürgerschaft mit Marginalisierung einhergehen kann, besteht dann die einzige Alternative in der Assimilation an die Mehrheitskultur?[5]

2.2 Gruppendifferenzierte Staatsbürgerschaft: Multikulturalismus und Minderheitenrechte

Die Überzeugung, Einbürgerung sei der Königsweg zur Chancengleichheit, beruht auf dem Irrtum, „gleiche Staatsbürgerschaft" und „gleiche Mitgliedschaft im Gemeinwesen" vorschnell in eins zu setzen. Einbürgerung *allein* greift zu kurz, wenn der öffentliche Bereich durch eine Mehrheitskultur geprägt ist. Bezeichnenderweise hat sich in dem klassischen Einwanderungsland USA schon frühzeitig die Vorstellung der amerikanischen Kultur als eines Schmelztiegels (*melting pot*) entwickelt: Gegen die kulturelle Dominanz einer Gruppe richtete sich die Idee, dass aus den verschiedenen Herkunftskulturen *eine neue* Kultur entstehen soll. Seit dem späten 19. Jahrhundert verschärften sich im Zuge der „neuen Einwanderung" der PIGS (Polen, Italiener, Griechen, Slawen) jedoch die Integrationsprobleme, und die vermeintlich integrationsoffene amerikanische Kultur wurde als Mehrheitskultur der WASPs (*White Anglo-Saxon Protestants*) durchsichtig. Die Metapher der Salatschüssel (*salad bowl*) oder die Formel der Bindestrichidentitäten hoben daher hervor, dass die amerikanische Gesellschaft dauerhaft durch ethnische Heterogenität charakterisiert sein würde: Während ethnische Beziehungen den subkulturellen, privaten Bereich prägen, soll der öffentliche Bereich neutral bleiben (Gordon 1964, Rex 1986, Walzer 1992). Entweder soll eine kollektive Identität gar nicht erst nötig sein, weil ein gemeinsames Institutionensystem genügend Gemeinsamkeiten rechtlich verbürgt (Ap-

---

4 Parallel zur verstärkten Aufmerksamkeit für Integrationsmaßnahmen, insbesondere den Spracherwerb, z.B. im Rahmen der 2005 eingeführten Integrationskurse, ist die deutsche Asylpolitik restriktiver geworden.
5 Und selbst dieser Weg wäre *de facto* für all jene nicht gangbar, die von anderen anhand askriptiver Merkmale Minderheiten zugerechnet werden.

piah 1996), oder die kollektive Identität soll sich im Sinne eines „Verfassungs-
patriotismus" lediglich aus der geteilten Staatsbürgerschaft speisen (Habermas
1987, 1993).

Diese Konzeptionen setzen freilich voraus, dass der öffentliche Raum prinzipiell neutral gestaltet werden kann. Dagegen wird jedoch geltend gemacht,
dass die drei Kategorien staatsbürgerlicher Rechte auf einem Modernisierungs-
schub aufbauen, der der Durchsetzung von Rechtsstaat, Demokratie und Wohlfahrtsstaat noch vorausgeht: der Nationalstaatsbildung. Bezüglich der daraus
hervorgegangenen Gemeinsamkeiten könnten die Staatsbürgerrechte nicht neutral sein. Hier verläuft demnach die Scheidelinie zwischen der Heterogenität
von Lebensstilen *pluralistischer* und der ethnischen Heterogenität *multikultureller*
Gesellschaften.

Diese Differenz soll sich an den jeweils möglichen Konflikttypen zeigen (Offe 1996). Am einfachsten zu schlichten sind *Verteilungskonflikte*, da sie im Prinzip
Kompromisslösungen erlauben. *Ideologische Konflikte* über konkurrierende Konzeptionen einer guten Gesellschaft können durch die Institutionalisierung von
Entscheidungsverfahren gelöst werden, die von allen Beteiligten als fair anerkannt werden. Kennzeichnen solche Konflikte pluralistische Gesellschaften, so
tritt im Falle multikultureller Gesellschaften ein dritter Typus hinzu: *Identitätskonflikte*. Weil Identitäten nicht teilbar sind, entfällt die Lösungsmöglichkeit des
Kompromisses; und weil Identitäten auch nicht wie gesellschaftliche Ordnungsvorstellungen zurückgestellt werden können, entfällt die Lösungsmöglichkeit fairer politischer Verfahren.[6]

So soll die Neutralität der Staatsbürgerrechte ihre Grenze an vorausgesetzten
Gemeinsamkeiten finden, die als partikulare kulturelle Gehalte staatliche Institutionen prägen, wie z.B. die Sprache (Kraus 2004, Kymlicka/Patten 2003). Und
weil staatliche Organisation die öffentliche Anerkennung bestimmter Identi-
tätsmerkmale erfordern soll, sei die Unterscheidung von „öffentlich" und „privat" hier nicht anwendbar. Einbürgerung als solche bedeute dann Assimilation
oder Marginalisierung.

Die Alternative gegenüber dieser Vorstellung besteht darin, nicht allein den
Kreis der Staatsbürger zu vergrößern, sondern zugleich das Konzept der Staatsbürgerschaft zu transformieren. Wenn staatliche Organisation nicht ohne die
öffentliche Anerkennung partikularer kultureller Praktiken möglich ist, warum
sollten dann nicht die kulturellen Praktiken *aller* Bevölkerungsgruppen anerkannt werden? Dies ist der Grundgedanke von Konzepten der multikulturellen

---

6   Diese These relativiert Peters (1997, 1999), der die manchmal wenig nüchternen Behauptungen über
    multikulturelle Konflikte (z.B. Huntington 1996) durch empirisch informierte Differenzierungen ent-
    dramatisiert.

Gesellschaft: Die verschiedenen ethnischen Gruppen eines Staates sollen durch die Gewährung von Minderheitenrechten öffentlich anerkannt werden, so dass niemand marginalisiert oder zur Assimilation gezwungen wird.

Die avancierteste Minderheitenrechtsbegründung hat der Kanadier Will Kymlicka (1989, 1995, 2001, 2007, vgl. Frank 1998) auf einer dezidiert liberalen Grundlage vorgelegt.[7] Sie zeichnet sich durch den Verzicht auf das Argument aus, ethnische Minderheiten hätten andere Wertvorstellungen, die zu beurteilen die Mehrheit nicht berechtigt sei.[8] Solch eine Argumentation könnte schließlich zur Rechtfertigung illiberaler Praktiken wie der Genitalverstümmelung oder der Zwangsverheiratung herangezogen werden.[9]

Zunächst folgt Kymlicka der Begründung von Freiheitsrechten von John Rawls (1975): Er geht von der Annahme aus, alle Personen hätten ein höchstes Interesse an einem guten Leben, welches nur in Selbstachtung möglich ist. Selbstachtung vermag man jedoch nur auszubilden, wenn man die eigenen Überzeugungen kritisch überprüfen und gegebenenfalls revidieren kann. Und dafür muss man über Optionen verfügen, die man in Anspruch zu nehmen vermag. Wenn aber, und dies ist Kymlickas entscheidender Schritt, Optionen nur im Rahmen eines kulturellen Kontextes eine Bedeutung zukommen kann, steht dieser Rahmen nicht im gleichen Maße zur Disposition wie die einzelnen Optionen. Personen aus unterschiedlichen kulturellen Kontexten haben deshalb ungleiche Chancen, wenn sie auf denselben Horizont an Optionen verwiesen sind. Zwar ist es Menschen prinzipiell möglich, neue Sprachen zu erlernen, sich mit fremden Traditionen vertraut zu machen und auf diesem Wege die Benach-

---

7   Gegen die Vereinbarkeit von Liberalismus und Multikulturalismus sind v.a. zwei Argumente vorgetragen worden. Erstens wird befürchtet, dass multikulturelle Staatsbürgerschaft illiberale Praktiken kultureller Minderheiten rechtlich sanktioniert (zur feministischen Kritik Okin 1999, vgl. Phillips 2007, zur Diskussion um religiöse Minderheiten Spinner-Halev 2000). Einflussreich ist zweitens die egalitaristische Kritik, der zufolge multikulturelle Politiken gar nicht im eigentlichen Interesse von Minderheitenangehörigen seien, insofern sie von der zentralen Frage materieller Umverteilung ablenkten (Barry 2001, vgl. Kelly 2002 sowie Parekh 2006 zur Alternative eines dialogischen und pluralistischen Universalismus). Hinsichtlich dieser zweiten Kritik ist die aus einer konstruktivistischen Perspektive entwickelte Position eines ,kritischen Liberalismus' von Interesse. Diese Position versteht die kulturellen Bezüge von Minderheiten als Instrument, mit dessen Hilfe diese Gruppen auf ihre Benachteiligung aufmerksam machen können. Gerade deswegen aber richtet der kritische Liberalismus den Blick auf die strukturellen Ungerechtigkeiten, auf deren Boden solche Identitäten überhaupt erst entstehen (Jung 2008). Zu einer deliberativ-demokratischen Vermittlung der Spannung zwischen Anerkennungs- und Umverteilungsansprüchen vgl. Fraser (2003).

8   So die von postmodernen Ansätzen beeinflusste Position der sogenannten Afrozentristen (Sewell 1996).

9   Auch die kommunitaristische Minderheitenrechtsbegründung Taylors (1993, vgl. Habermas 1993, Rosa 1998), die auf der Unterscheidung eines Kernbereichs subjektiver Grundrechte und einem Bereich von Vor- und Sonderrechten beruht, in dem das liberale Neutralitätspostulat eingeschränkt werden darf, lehnt das relati-vistische Argument explizit ab.

teiligung auszugleichen. Wenn Assimilation aber erzwungen wird, handelt es sich um eine nicht zu rechtfertigende Verletzung der individuellen Lebensgeschichte. Minderheitenrechte sind somit notwendig, um die Aufrechterhaltung des eigenen Horizonts an bedeutungsvollen Optionen zu gewährleisten.

Im Falle von Minderheiten, die sich durch individuelle oder familiale Zuwanderung gebildet haben, ist hier z.b. an bestimmte Unterstützungsansprüche zu denken – wie die Bereitstellung von Räumlichkeiten für die Religionsausübung oder an schulischen Unterricht in der Herkunftssprache – und an Entpflichtungen (Preuß 1998), z.b. beim Schächtungsverbot. Ein besonderer Typ von Entpflichtung ließe sich besser als „Umpflichtung" verstehen: wenn z.b. gläubigen Juden gestattet wird, ihre Geschäfte sonntags unter der Bedingung zu öffnen, dass diese an einem anderen Tag geschlossen bleiben. In Betracht kommen auch besondere Repräsentations- oder Vetorechte bei Fragen, die für die jeweiligen Gruppen von existentieller Bedeutung sind (Young 1993).

Solche Minderheitenrechte sind in Analogie zu sozialen Teilhaberechten zu verstehen, weil es in beiden Fällen darum geht, die Inanspruchnahme der anderen Staatsbürgerrechte zu ermöglichen. Beide Rechtsarten unterscheidet jedoch, dass alle Bürger Träger der sozialen Rechte sind, während die verschiedenen kulturellen Minderheitenrechte jeweils nur einem Teil der Bürger zukommen. Minderheitenrechte verändern das Konzept der Staatsbürgerschaft, weil verschiedene Gruppen von Bürgern mit unterschiedlichen Rechtekatalogen geschaffen werden. Eine multikulturelle Gesellschaft in diesem Sinne ließe sich als soziale Gemeinschaft ethnischer Gemeinschaften verstehen. Aber führt die rechtliche Absicherung der ethnischen Gemeinschaften tatsächlich zur Herausbildung einer umfassenden sozialen Gemeinschaft?

2.3 Multikulturalismus und kollektive Identität: Zwischen fragmentierter Gesellschaft und verdinglichender Identitätsfestschreibung

Gruppendifferenzierte Staatsbürgerschaft hat den Sinn der vollständigen Inklusion aller Gesellschaftsmitglieder. Sie läuft aber zum einen Gefahr, eine kollektive Identität aller Staatsbürger unmöglich zu machen und die Gesellschaft zu fragmentieren; zum anderen birgt sie die Gefahr, gegebene Identitäten lediglich zu bestätigen und damit Herrschaftsverhältnisse festzuschreiben. So ist die Forderung, auf eine kollektive Identität aller Staatsbürger zu verzichten (Appiah 1996), durch die Sorge vor den restriktiven Effekten nationaler Identitätskonstruktionen motiviert. Aber gegen diese Forderung wird immer wieder angeführt, dass liberale Freiheiten nur auf der Grundlage soziomoralischer Voraussetzungen aufrechtzuerhalten sind, die ohne kollektive Identität nicht zu haben sind.

Einem Staatsvolk, dessen einzige Gemeinsamkeit im System öffentlicher Institutionen besteht, fehlt nämlich ein gemeinsames Vokabular zur Thematisierung ethisch-politischer Fragen, z.B. „In welcher Gesellschaft wollen wir leben?" oder „Wie verhalten wir uns angemessen zu unserer Geschichte?". Zudem ist soziale Ordnung auf Dauer nicht allein mit Zwangsmitteln zu stabilisieren (das Hobbessche Problem). Regeln sind auf den Glauben an ihre Legitimität angewiesen, und dieser variiert mit dem Glauben daran, mit wem man zusammengehört. Wenn die Motive zur Regelbefolgung sich im rationalen Eigeninteresse erschöpfen würden, bestünde kein Grund, die Regeln auch dann zu befolgen, wenn man erwarten kann, den Sanktionen zu entgehen. Vor allem (aber keineswegs nur) für den Fall sozialstaatlicher Umverteilungsmaßnahmen wird geltend gemacht, dass erst eine kollektive Identität die motivationalen Ressourcen für regelkonformes Handeln erzeugt: Die Bereitschaft, Umverteilung zu unterstützen, variiere mit der vorgestellten Zusammengehörigkeit von Zahlungsgeber und -nehmer. Deswegen bestünde die Gefahr, dass Minderheitenrechte nicht nur aus der Sicht der Angehörigen der Mehrheitskultur unerwünscht sind, sondern auch für die Angehörigen von Minderheiten ein höheres Maß an Marginalisierung bewirken als unter Bedingungen gleicher Staatsbürgerschaft. Der zentrale Einwand gegen gruppendifferenzierte Staatsbürgerschaft lautet also, dass die Medizin die Krankheit verschlimmert: Minderheitenrechte zementieren Fremdheitserfahrungen und erschüttern jenen „Gemeinsamkeitsglauben" (Weber 1922: 234-244), der in der Bevölkerung hinreichend soziale Bindung erzeugt, um unsere politischen Errungenschaften aufrecht zu erhalten.

Allerdings darf der Selbstbefestigungseffekt etablierter und bekanntermaßen sanktionsbewehrter Institutionen nicht zu gering veranschlagt werden – gerade auch entgegen der seit einigen Jahren mächtigen Tendenz in den Sozialwissenschaften, soziomoralische Faktoren besonders stark zu betonen (Strecker 2003). Und außerdem erlauben in diesem Zusammenhang selektiv angeführte Beispiele – wie die Schwächung des belgischen Zentralstaates durch den Konflikt zwischen Flamen und Wallonen, die Diskussionen um die gescheiterten kalifornischen Quotierungsprogramme oder Missbrauchsfälle des in Deutschland 2001 abgeschafften Religionsprivilegs, also des besonderen Schutzes religiöser Vereinigungen – keine generelle Schlussfolgerung, und zwar aufgrund eines häufig beobachteten Musters der Integration von Immigranten, dem „ethnischen Paradox": „Einerseits neigen Immigranten dazu, ethnische Assoziationen und Netzwerke parallel zu denen der Mehrheitsgesellschaft auszubilden, andererseits lässt sich trotzdem eine zunehmende Durchlässigkeit ethnischer Grenzen feststellen" (Faist 1996: 70, vgl. Park u.a. 1921). Der scheinbare Widerspruch erklärt sich durch das bei Immigranten häufig geringe ökonomische, gerade aber auch soziale und symbolische Kapital, also das Ausmaß an hilfreichen sozialen Be-

ziehungen und gesellschaftlicher Anerkennung. Diesen Ressourcennachteil können ethnische Netzwerke ausgleichen, die so erst die Voraussetzungen zur Teilnahme am gesamtgesellschaftlichen Leben schaffen.

Mindestens vier Argumente werden allerdings gegen die These angeführt,
Minderheitenrechte seien ein geeignetes Mittel, um ethnische Gruppenbildung
im Sinne des ethnischen Paradoxes auf einen transitorischen Pfad festzulegen
(Offe 1996).

1. Das *Kategorisierungsargument*: Staatliche Minderheitenrechtspolitik ist auf ad-
    ministrativ handhabbare Kriterien zur Bestimmung der Gruppenzugehö-
    rigkeit angewiesen. Selbst wenn diese Kriterien nicht schlichtweg verordnet,
    sondern erst nach der Anhörung potentiell Betroffener erarbeitet werden,
    spielt deren Selbstbild bei der Implementation kaum noch eine Rolle. An-
    ders als z.B. bei der sozialstaatlichen Festlegung von Einkommensgrenzen
    für Wohngeldzuschüsse handelt es sich bei der minderheitenrechtlichen
    Festlegung ethnischer Quoten für Studienplätze um Kategorien, in denen
    die Betroffenen gewissermaßen gefangen sind, weil sie ihnen *prinzipiell* un-
    verfügbar sind. Deswegen muss die ethnische Fremdzuschreibung die eth-
    nische Selbstzuschreibung beeinflussen, so dass tendenziell eine dauerhafte
    Verhärtung ethnischer Grenzen zu erwarten ist. Solch ein „Mainstream-
    Multikulturalismus" (Fraser 2003: 103) greift zudem nicht an der Wurzel
    gesellschaftlicher Ungerechtigkeit an: Weil ungerechte Herrschaftsverhält-
    nisse oftmals durch Kategorisierungen wie „weiß/schwarz", „Frau/Mann",
    „türkisch/deutsch" legitimiert werden, müssten die Gruppengrenzen selbst
    dekonstruiert anstatt lediglich umgewertet werden (104ff.).

2. Das *Gruppen-Inflationsargument*: Für die Bestimmung der anspruchsberechtig-
    ten Gruppen gibt es keine offensichtliche Stoppregel. Im Gegensatz zu so-
    zialstatistischen Aggregaten können soziale Gruppen nicht lediglich „an
    sich", existieren. Die Gruppenangehörigen müssen ein – und sei es auch
    noch so umstrittenes – Selbstverständnis von sich als Gruppe haben. Die-
    ses hat zwar „objektive" Bezugspunkte wie die Hautfarbe oder das Her-
    kunftsland. Aber auch wenn diese nicht beliebig sind, kann die Anzahl der
    Gruppen, die Minderheitenrechte beanspruchen, doch nicht begrenzt wer-
    den. Gruppen können von innen aufgespalten werden: von *African-Ame-
    ricans* zu *African-American women* zu *alleinerziehenden African-American women*.
    Auch neue Gruppen können hinzutreten: Warum nur Frauen und Schwar-
    ze und nicht auch „amerikanische Indianer, Chicanos, Puertoricaner und
    andere spanisch sprechende Amerikaner, asiatische Amerikaner, schwule
    Männer, Lesben, Angehörige der Arbeiterklasse, arme Menschen und alte
    Menschen sowie geistig und körperlich Behinderte" (Young 1993: 282f.)?

Also etwa jene 80 Prozent der Amerikaner, bei denen es sich nicht um relativ wohlhabende, junge, gesunde heterosexuelle Männer handelt (Kymlicka 1995: 145).[10]

3. Das *Rechte-Inflationsargument*: Nicht nur bezüglich der Anspruchsberechtigten, sondern auch der Ansprüche besteht die Gefahr eines „Dammbruchs". Zudem erhöht sich die Wahrscheinlichkeit, dass Identitäten im politischen Prozess instrumentalisiert werden, sobald diese überhaupt als Bezugspunkt von Rechten anerkannt sind. Denn einmal gewährte Rechte können dazu genutzt werden, weitere zu fordern.

4. Das *Kontaktminderungsargument*: Minderheitenrechte stehen einer Integration nach dem Muster des ethnischen Paradoxes auch deswegen entgegen, weil sie den Kontakt zwischen ethnischen Gruppen zugleich erschweren und entbehrlicher machen. So erhöht die Förderung von Minderheitensprachen die Wahrscheinlichkeit sprachlicher Verständigungsprobleme, macht die Aneignung der Mehrheitssprache ab einer gewissen Gruppengröße aber auch zunehmend unnötig.

Diese Argumente nähren die Befürchtung, eine multikulturelle Gesellschaft auf der Grundlage gruppendifferenzierter Staatsbürgerschaft würde dem attraktiven Bild einer harmonischen, bunten, friedlichen und an kulturellen Optionen reichen Gesellschaft gerade nicht entsprechen. Vielmehr beschwören sie das Bild einer ethnisch fragmentierten Gesellschaft, deren Angehörige sich auf andere Gruppen vorrangig instrumentell beziehen. Aber wie könnte der Weg aussehen „zwischen der Scylla eines auf kulturelle Assimilation getrimmten Einwanderungskonzeptes und der Charybdis einer multikulturellen Nationalitätengesellschaft" (Preuß 2001)?

3. Ein pragmatisches Konzept gruppendifferenzierter Staatsbürgerschaft: Minderheitenrechte als politisches Instrument

Das scheinbare Dilemma von Assimilationszwang oder fragmentiertem Multikulturalismus sollte nicht auf dem Wege der Rechtsbegründung, sondern durch ein Politikkonzept überwunden werden (vgl. Strecker 2002).[11] Wie Kymlickas

---

10 Young (1990, 1993) fordert für unterdrückte Gruppen kollektive Repräsentationsrechte unterschiedlicher Art: von der Unterstützung der Selbstorganisation bis zu Vetorechten. Unterdrückt ist ihr zufolge eine Gruppe, wenn ein überdurchschnittlicher Anteil ihrer Angehörigen ausgebeutet, marginalisiert, machtlos, Opfer von Kulturimperialismus und/oder von willkürlicher Gewalt ist.

11 Ähnlich Preuß (2001): „Das Grundgesetz ist zwar offen für die Einwanderergesellschaft, aber kein ausreichender Wegweiser. Es ist jetzt Aufgabe der Politik, eine neue Form für die Gesellschaft zu finden."

Argument für Minderheitenrechte besagt, können Personen ihre Freiheitsrechte nur dann effektiv nutzen, wenn ihnen ein Kontext bedeutungsvoller Optionen zur Verfügung steht. In Bezug auf diesen Kontext sollen die Angehörigen kultureller Minderheiten benachteiligt sein, und diese Benachteiligung ist durch Minderheitenrechte auszugleichen. Das Problem dieses Arguments besteht im Begriff des kulturellen Kontextes. Weder Sprachgrenzen noch Traditionen decken sich mit Gruppengrenzen, und auch der Geschichtsbegriff taugt nicht zur eindeutigen Differenzierung von Gruppen. Gerade angesichts von Tendenzen kultureller Globalisierung spricht wenig für die Auffassung, kulturelle Bedeutungssysteme ließen sich als Einheiten voneinander unterscheiden (Reckwitz 2001). Die Bedeutung von Praktiken ergibt sich wohl eher aus dem Verweisungszusammenhang zugänglicher Optionen. Welche Optionen Personen jeweils in ihr Sinnsystem integrieren und inwieweit sie dieses umgestalten können, ist somit eine Frage des *Grades* der Offenheit ihres Herkunftskontextes und des *Grades* der Vertrautheit oder Unvertrautheit mit dem aktuell vorfindbaren Optionenhorizont.

Das erklärt auch die intuitive Plausibilität der von Kymlicka angeführten paradigmatischen Fälle indigener Gemeinschaften, die belegen sollen, dass ungewollte Assimilation eine Verletzung darstellt, die vermieden werden sollte. Deren Zerfall geht vielfach mit Phänomenen wie Alkoholismus und erhöhten Selbstmordraten einher. In diesen Fällen nimmt der ansonsten unproblematische Wandel einer Kultur die Gestalt eines vollständigen Zusammenbruchs des Sinnzusammenhangs an; insofern dieser total und diskontinuierlich ist, lässt er den Betroffenen weder die Zeit noch die Übersetzungsressourcen zur Aneignung neuer Praktiken. Minderheitenrechte sollen solchen Sinnverlust vermeiden, nicht aber extern bewirkten Wandel verhindern. Gemeinschaften, die aufgrund einer Veränderung ihrer Umweltbedingungen nicht länger in der Lage sind, sich autonom zu organisieren, können also keinen prinzipiellen Anspruch auf Hilfsmaßnahmen erheben.

Keinen prinzipiellen Anspruch zu haben, bedeutet jedoch nicht, prinzipiell keinen Anspruch zu haben. Im Rahmen einer Geschichte gravierenden Unrechts, das an einer Minderheit begangen wurde, kann es erforderlich sein, Maßnahmen zur Förderung ihrer politischen Autonomie zu ergreifen. In diesen Maßnahmen materialisiert sich dann der Grundsatz, alle als gleiche Rechtspersonen und vollwertige Bürger anzuerkennen. Sie dienen zudem dem Zweck, die Zugänglichkeit zu Optionen zu verbessern. Auf derselben Grundlage können auch die Angehörigen zugewanderter Minderheiten besondere Rechte beanspruchen. Die Minderheitenrechte sollen hier dazu beitragen, dass sich niemand aufgrund der Zuordnung zu einer bestimmten Bevölkerungsgruppe missachtet wähnt. Denn Missachtung verhindert, die in einer Gesellschaft existierenden

Möglichkeiten als Möglichkeiten zur Gestaltung des eigenen Lebens wahrzunehmen und dadurch zugleich zu verändern.

Weil in die hiermit vorgeschlagene Begründung von Minderheitenrechten in hohem Maße konsequentialistische Überlegungen einfließen, handelt es sich nicht einmal um Rechte in einem starken Sinne. Es bedarf weniger rechts- und moraltheoretischer Ableitungen als vielmehr *politischer Urteilskraft*, um die Frage zu entscheiden, welche Folgen von der Gewährung solcher Rechte jeweils konkret zu erwarten sind. Dabei sind nicht nur die erweiterten Optionsspielräume durch die Nutzung dieser Rechte zu bedenken, sondern auch die symbolische Dimension der Anerkennung oder Missachtung durch die Gewährung oder Nichtgewährung selbst.

Tatsächlich hat sich die Debatte in den letzten Jahren in diese Richtung entwickelt. So hat Sarah Song (2007) in Bezug auf Konflikte zwischen Ansprüchen auf die Anerkennung kultureller Praktiken und dem Recht auf Geschlechtergleichheit für Entscheidungen plädiert, die sich am Einzelfall orientieren, und sich für einen deliberativen Ansatz ausgesprochen. Und Cécile Laborde (2008) hat das französische Kopftuchverbot für Schülerinnen deswegen kritisiert, weil die prinzipiellen, säkular-republikanischen Argumente für dieses Verbot nicht mit dem faktischen Kontext eines nicht-neutralen öffentlichen Raumes und der Diskriminierung muslimischer Minderheiten vermittelt worden seien. Geboten sei stattdessen ein kritischer Republikanismus, der mit Blick auf die jeweils konkreten Umstände die prinzipielle Verpflichtung ernst nimmt, die Autonomie aller Mitbürger zu fördern. Dabei ist Autonomie hier im Sinne einer Fähigkeit gedacht, die eigenen Bedürfnisse verstehen und ihnen in der demokratischen Öffentlichkeit Gehör verschaffen zu können.

Angesichts dieser und ähnlicher Überlegungen sind die Kriterien für die Gewährung von Minderheitenrechten deswegen ebenso klar wie abstrakt. Minderheitenrechte sind gerechtfertigt, wenn sie die Integration in die Aufnahmegesellschaft fördern. Diesem Zweck sind sie in dem Maße angemessen, wie sie erstens Missachtung verhindern und zweitens – das ist nur die Kehrseite – Partizipation als gleichberechtigtes Mitglied der Gesellschaft ermöglichen. Diese Kriterien erfordern eine kluge, nur politisch am Einzelfall entscheidbare Gewährung von Minderheitenrechten und legen angesichts der vorgetragenen Überlegungen vermutlich eher eine restriktive Auslegung nahe.[12]

---

12 Offen bleibt hierbei, was es für diesen Vorschlag bedeutet, wenn Migration zukünftig weniger dem Typus einer abgeschlossenen Wanderungsbewegung als vielmehr dem eines stetigen Pendelns entsprechen sollte. Vgl. dazu in soziologischer Perspektive die Analysen zur Transmigration bei Pries (1997), aus philosophischer Sicht die Überlegungen zur Mélange-Identität von Waldron (1996). Dagegen lassen sich die um den Hybriditätsbegriff zentrierten literaturwissenschaftlich inspirierten post-

Damit soll nicht gesagt sein, dass Zugewanderte, wenn auch nur auf mildem Weg, zur vollständigen Assimilation gezwungen werden sollen. Allein aus der konsequenten Anwendung der Grundsätze staatlicher Neutralität und bürgerlicher Gleichheit folgt aufgrund der Tatsache, dass mit Personen auch Praktiken zuwandern, eine Veränderung auch der Aufnahmegesellschaft. Aber ohne Assimilation geht es eben doch nicht. In Bereichen wie der Verwaltungssprache, in denen der Staat allein aus organisatorischen Gründen nicht neutral sein kann, bleibt Assimilation die der Fragmentierung vorzuziehende Alternative – auch und gerade im Interesse der Minderheitenangehörigen, für die Minderheitenrechte häufig mit schlechteren Lebenschancen einhergehen.[13]

Literatur

Appiah, Anthony K. (1996): Culture, subculture, multiculturalism: educational options. In: Fullinwider, Robert K. (ed.): Public education in a multicultural society. Policy, theory, critique. Cambridge: UP. 65-89.

Aron, Raymond (1974): Is Multinational Citizenship Possible? In: Social Research 41. 638-656.

Barry, Brian (2001): Culture and Equality. An Egalitarian Critique of Multiculturalism. Cambridge: Polity.

Bhabha, Homi K. (2000): Die Verortung der Kultur. Tübingen: Stauffenburg.

Brubaker, Rogers (1992): Citizenship and Nationhood in France and Germany. Cambridge/Mass.: Harvard UP.

Esser, Hartmut (1980): Aspekte der Wanderungssoziologie. Assimilation und Integration von Wanderern, ethnischen Gruppen und Minderheiten. Eine handlungstheoretische Analyse. Darmstadt – Neuwied: Luchterhand.

Faist, Thomas (1996): Das ethnische Paradox und die Integration von Immigranten. Zur Bedeutung von sozialem und symbolischem Kapital in vergleichender Perspektive. In: Peripherie 16 (64). 70-95.

Frank, Martin (1998): Kultureller Pluralismus und Minderheitenrechte. Will Kymlickas zwei Begründungen von Minderheitenrechten. In: Deutsche Zeitschrift für Philosophie 46. 393-429.

Fraser, Nancy (2003): Soziale Gerechtigkeit im Zeitalter der Identitätspolitik. Umverteilung, Anerkennung und Beteiligung. In: Fraser, Nancy/Honneth, Axel: Umverteilung oder Anerkennung? Eine politisch-philosophische Kontroverse. Frankfurt/M.: Suhrkamp. 13-128.

Gordon, Milton M. (1964): Assimilation in American Life. The Role of Race, Religion, and National Origins. Oxford: UP.

---

kolonialen Abhandlungen (z.B. Bhabha 2000) für politiktheoretische Zwecke kaum fruchtbar machen (Strecker 2002).

13 Zum Beispiel, wenn das Erlernen einer Minderheitensprache auf Kosten einer auf dem Arbeitsmarkt stärker nachgefragten Sprache geht.

Habermas, Jürgen (1987): Geschichtsbewußtsein und posttraditionale Identität. Die Westorientierung der Bundesrepublik. In: ders.: Eine Art Schadensabwicklung. Kleine politische Schriften IV. Frankfurt/M.: Suhrkamp. 161-179.

– (1993): Anerkennungskämpfe im demokratischen Rechtsstaat. In: Taylor, Charles: Multikulturalismus und die Politik der Anerkennung. Hg. von Amy Gutmann. Frankfurt/M.: Fischer. 147-196.

Hammar, Tomas (1990): Democracy and the Nation-State. Aliens, Denizens and Citizens in a World of International Migration. Aldershot: Averbury.

Huntington, Samuel P. (1996): The Clash of Civilizations and the Remaking of World Order. New York: Simon and Schuster.

Jung, Courtney (2008): The Moral Force of Indigenous Politics. Critical Liberalism and the Zapatistas. Cambridge: UP.

Kelly, Paul (Hg.) (2002): Multiculturalism Reconsidered. Cambridge: Polity.

Kraus, Peter A. (2004): Europäische Öffentlichkeit und Sprachpolitik. Integration durch Anerkennung. Frankfurt/M. – New York: Campus.

Kymlicka, Will (1989): Liberalism, Community, and Culture. Oxford: UP.

– (1995): Multicultural Citizenship. Oxford: Clarendon.

– (2001): Politics in the Vernacular. Nationalism, Multiculturalism and Citizenship. Oxford: UP.

– (2007): Multicultural Odysseys. Navigating the New International Politics of Diversity. Oxford: UP.

Kymlicka,Will/Patten, Alan (Hg.) (2003): Language Rights and Political Theory. Oxford: UP.

Laborde, Cécile (2008): Critical Republicanism. The Hijab Controversy and Political Philosophy. Oxford: UP.

Marshall, T. H. (1949): Citizenship and Social Class. London: Pluto 1992.

Meinecke, Friedrich (1908): Weltbürgertum und Nationalstaat. Studien zur Genesis des deutschen Nationalstaats. München: Oldenbourg.

Mintzel, Alf (1997): Multikulturelle Gesellschaften in Europa und Nordamerika. Konzepte, Streitfragen, Analysen, Befunde. Passau: Wissenschaftsverlag Rothe.

Münz, Rainer/Seifert, Wolfgang/Ulrich, Ralf (Hg.) (1997): Zuwanderung nach Deutschland. Strukturen, Wirkungen, Perspektiven. Frankfurt/M. – New York: Campus.

Offe, Claus (1996): „Homogenität" im demokratischen Verfassungsstaat – Sind politische Gruppenrechte eine adäquate Antwort auf Identitätskonflikte? In: Peripherie 16 (64). 16-45.

Okin, Susan Moller (1999): Is Multiculturalism Bad for Women? Hg v. Joshua Cohen, Matthew Howard, Martha C. Nussbaum. Princeton: UP.

Parekh, Bhikhu (2006): Rethinking Multiculturalism. Cultural Diversity and Political Theory. 2. Aufl. New York: Palgrave Macmillan.

Park, Robert E./Miller, Herbert A./[Thomas, William I.] (1921): Old World Traits Transplanted. New York: Harper.

Peters, Bernhard (1997): „Multikulturalismus" und „Differenz". Zu einigen Kategorien der Zeitdiagnose. In: Münkler, Herfried (Hg.): Furcht und Faszination. Facetten der Fremdheit. Berlin: Akademie. 223-254.

– (1999): Understanding Multiculturalism. InIIS-Arbeitspapier Nr. 14/99. Bremen.

Phillips, Anne (2007): Multiculturalism Without Culture. Princeton: UP.

Preuß, Ulrich, K. (1998): Die Belagerung des liberalen Verfassungsstaates durch die multikulturelle Gesellschaft. In: Leviathan 26. 60-76.

– (2001): Multikulti ist nur eine Illusion. In: Die Zeit (31. Mai). 13.

Pries, Ludger (Hg.) (1997): Transnationale Migration (Soziale Welt Sonderband 12). Baden-Baden: Nomos.

Rawls, John (1975): Eine Theorie der Gerechtigkeit. Frankfurt/M.: Suhrkamp.

Reckwitz, Andreas (2001): Multikulturalismustheorien und der Kulturbegriff. Vom Homogenitätsmodell zum Modell kultureller Interferenzen. In: Berliner Journal für Soziologie 11. 179-200.

Renan, Ernest (1882): Was ist eine Nation? Und andere politische Schriften. Wien: Folio 1995.

Rex, John (1986): Race and Ethnicity. Buckingham: Open UP.

Rosa, Hartmut (1998): Identität und kulturelle Praxis. Politische Philosophie nach Charles Taylor. Frankfurt/M. – New York: Campus.

Sewell, Gilbert T. (1996): A conflict of visions: multiculturalism and the social studies. In: Fullinwider, Robert K. (ed.): Public education in a multicultural society. Policy, theory, critique. Cambridge: UP. 49-61.

Song, Sarah (2007): Justice, Gender, and the Politics of Multiculturalism. Cambridge: UP.

Soysal, Yasemin (1994): Limits of Citizenship. Migrants and Postnational Membership in Europe. Chicago: University of Chicago Press.

Spinner-Halev, Jeff (2000): Surviving Diversity. Religion and Democratic Citizenship. Baltimore – London: Johns Hopkins UP.

Strecker, David (2002): Multikulturalismus und Hybridität. Minderheitenrechte im Spiegel differenztheoretischer Ansätze. In: Hamann, Christof/Sieber, Cornelia (Hg.): Räume der Hybridität. Postkoloniale Konzepte in Theorie und Literatur. Hildesheim u.a.: Olms. 89-107.

– (2003): Das Paradox sozialer Integration. Zur kollektiven Identität moderner Gesellschaften. In: Berliner Debatte Initial 14(6). 96-107.

Taylor, Charles (1993): Die Politik der Anerkennung. In: ders.: Multikulturalismus und die Politik der Anerkennung. Hg. v. Amy Gutmann. Frankfurt/M.: Fischer. 13-78.

Waldron, Jeremy (1996): Multiculturalism and mélange. In: Fullinwider, Robert K. (ed.): Public education in a multicultural society. Policy, theory, critique. Cambridge: UP. 90-118.

Walzer, Michael (1992): Was heißt es, ‚Amerikaner' zu sein? In: ders.: Zivile Gesellschaft und amerikanische Demokratie. Frankfurt/M.: Fischer 1996. 197-226.

Weber, Max (1922): Wirtschaft und Gesellschaft. Grundrisse der verstehenden Soziologie. 5. Aufl. Tübingen: Mohr 1972.

Weidacher, Alois (Hg.) (2000): In Deutschland zu Hause. Politische Orientierungen griechischer, italienischer, türkischer und deutscher junger Erwachsener im Vergleich. Opladen: Leske + Budrich.

Young, Iris Marion (1990): Justice and the Politics of Difference. Princeton: UP.

– (1993): Das politische Gemeinwesen und die Gruppendifferenz. Eine Kritik am Ideal des universalen Staatsbürgerstatus. In: Nagl-Docekal, Herta/ Pauer-Studer, Herlinde (Hg.): Jenseits der Geschlechtermoral. Beiträge zur feministischen Ethik. Frankfurt/M.: Fischer. 267-304.

Performanz

Edeltraud Roller

1. Zum Stand der Performanzforschung

Die Identifikation einer guten politischen Herrschaftsordnung ist seit ihren Anfängen eines der zentralen Ziele der Politikwissenschaft. Bereits Aristoteles hat in seiner Staatsformenlehre politische Ordnungen danach unterschieden, ob die Regierenden sich am Gemeinwohl oder Eigeninteresse orientieren. Heute wird die Frage der Qualität politischer Ordnungen unter dem Begriff der Performanz bzw. Leistungsfähigkeit untersucht, der für eine systematische Evaluation der Resultate von Herrschaftsordnungen steht. Konkret wird beispielsweise analysiert, wie gut eine politische Ordnung Freiheit, innere Sicherheit oder die Wohlfahrt ihrer Bürger gewährleistet. Pennock (1966: 433) spricht in diesem Zusammenhang von den „Früchten" politischer Ordnungen.

Obgleich die Identifikation einer guten politischen Ordnung eine lange Tradition hat, ist die Analyse der Performanz politischer Systeme ein relativ neues politikwissenschaftliches Forschungsgebiet. Die systematische empirische Evaluation politischer Systeme wurde zwar bereits Ende der 1960er Jahre von Robert Dahl (1967) angemahnt, und allererste Studien dazu sind in den 1970er Jahren vorgelegt worden. Doch diese vereinzelten Arbeiten, in denen Kriterien zur Evaluation politischer Systeme theoretisch entwickelt (Eckstein 1971, Almond/Powell 1978) und empirisch untersucht worden sind (Gurr/McClelland 1971, Powell 1982), konnten lange Zeit keine eigenständige Forschungsrichtung begründen. Erst seit den 1990er Jahren zeichnen sich ein verstärktes Interesse und eine intensivere Forschungsaktivität ab. Dabei konzentriert sich die Forschung auf die Performanz zeitgenössischer repräsentativer Demokratien.

Für dieses neuerliche Interesse sind historische und theoretische, aber auch praktisch-politische Gründe ausschlaggebend. Der historische Grund ist der Zusammenbruch der staatssozialistischen Systeme in den Ländern Mittel- und Osteuropas Ende der 1980er Jahre. Damit ist die bislang wichtigste Alternative zur Demokratie als Herrschaftsordnung weggefallen, und dies hat die Aufmerksamkeit auf die Qualitätsunterschiede *innerhalb* demokratischer Systeme gelenkt (Fuchs 1998). Der theoretische Grund ist das Aufkommen des Neo-Institutionalismus in den 1980er Jahren (March/Olsen 1984), dessen zentrale Prämisse lautet: „institutions matter". Danach erzeugen unterschiedliche institutionelle Arrangements auch unterschiedliche politische Ergebnisse. Nicht zuletzt haben aber auch konkrete politische Probleme dafür gesorgt, dass die Frage der Performanz auf der Agenda der Politikwissenschaft steht. Viele zeitgenössische Krisendiagnosen behaupten grundlegende Performanzdefizite der heutigen Demokratien. So wird beispielsweise angenommen, dass es infolge der ökonomischen Globalisierung für die Nationalstaaten immer schwieriger werde, zentrale politische Ziele wie Wohlfahrt, aber auch innere Sicherheit und Umweltschutz zu verwirklichen (Roller 2002).

Das Thema „Demokratie und Performanz" wird weniger im Kontext der Demokratietheorie als vor allem in der vergleichenden empirischen Demokratieforschung bearbeitet. In diesem Bereich sind in den 1990er Jahren mehrere Studien zur empirischen Evaluation der Performanz von Demokratien vorgelegt worden (Putnam 1993, Weaver/Rockman 1993, Lijphart 1999, Schmidt 2008), so dass man inzwischen von der Etablierung eines eigenständigen Forschungsfeldes sprechen kann. Allerdings handelt es sich noch um ein sehr heterogenes Feld mit wenigen gemeinsamen theoretischen Bezügen. Dies dokumentiert sich zum einen darin, dass kein Konsens darüber existiert, welche Kriterien zur Evaluation der Performanz von Demokratien angewendet werden sollen. Die Mehrzahl der Autoren schlägt jeweils eigene Kriterien vor, ohne sich auf die Kriterien anderer Autoren zu beziehen. Die Vorschläge reichen von Effektivität und Responsivität (Putnam 1993) über Management-Fähigkeiten von Regierungen wie z.B. ihre Entscheidungs- und Steuerungsfähigkeit (Weaver/Rockman 1993) bis hin zu den Leitwerten der französischen Revolution Freiheit, Gleichheit und Brüderlichkeit (Lane/Ersson 1994) oder den demokratischen Qualitätskriterien Rechtsstaat, Zurechenbarkeit, Responsivität, Freiheit und Gleichheit (Morlino 2004). Das Ergebnis ist ein Angebot einer Vielzahl heterogener Kriterien, die nebeneinander existieren und bislang nicht systematisiert worden sind. Die mangelnde theoretische Fundierung des Forschungsfeldes dokumentiert sich zum anderen darin, dass die Auswahl der Kriterien mehrheitlich einen eher willkürlichen Charakter hat. Die Performanzkriterien werden in den seltensten Fällen systematisch hergeleitet und begründet.

Diese beiden theoretischen Probleme werden im Folgenden aufgegriffen. Zur Systematisierung der verschiedenen Kriterien wird ein analytisches Schema zur Klassifikation von Performanzkriterien für liberale Demokratien vorgestellt, das insgesamt vier Typen von Kriterien unterscheidet (Roller 2005). Auf der Basis dieses Schemas wird dann herausgearbeitet, dass bei der Herleitung und Begründung dieser Kriterien unterschiedlich vorgegangen und auf unterschiedliche Theorien zurückgegriffen wird. Der Beitrag ist folgendermaßen aufgebaut: In einem ersten Schritt werden zwei klassische Performanzstudien vorgestellt (Lijphart 1999, Putnam 1993), um exemplarisch die Heterogenität der Performanzkriterien und das (willkürliche) Vorgehen bei der Herleitung und Begründung dieser Kriterien zu zeigen. In einem zweiten Schritt wird das analytische Schema zur Klassifikation von Performanzkriterien präsentiert. Auf dieser Grundlage werden in einem dritten Schritt klassische Performanzkonzepte analysiert, und in einem vierten Schritt werden ausgewählte Performanzkonzepte im Hinblick auf die Herleitung und Begründung der Kriterien untersucht. Abschließend werden die Konsequenzen diskutiert, die sich auf der Basis dieser Analyse für die weitere Forschung zur Performanz von Demokratien ergeben.

2. Kriterien zur Bewertung der Performanz von Demokratien

2.1 Performanz in klassischen Studien

Lijpharts *Patterns of Democracy* (1999) und Putnams *Making Democracy Work* (1993) zählen zu den beiden klassischen empirischen Performanzstudien, welche die neueren Forschungen zur Performanz von Demokratien maßgeblich angeleitet haben. Im Unterschied zu vielen anderen Studien konzentrieren sich diese nicht auf die Analyse einzelner Performanzkriterien, sie haben vielmehr das Ziel, die Performanz von Demokratien umfassend zu untersuchen. Sie eignen sich deshalb in besonderer Weise dazu, die beiden konstatierten Probleme der gegenwärtigen Performanzforschung – Heterogenität der Kriterien und Mängel bei der Herleitung und Begründung der Kriterien – exemplarisch zu demonstrieren.

In *Patterns of Democracy* (1999) untersucht Lijphart die Konsequenzen von Mehrheits- und Konsensusdemokratie, den beiden von ihm unterschiedenen Typen von Demokratie. Er analysiert, ob die Mehrheits- oder die Konsensusdemokratie die bessere Form der Demokratie sei. In einer ganz allgemeinen Definition von Performanz geht es ihm um die Frage, „wie gut die Demokratie arbeitet" (1999: 258). Er selbst gibt vor, einen spezifischen Aspekt der Performanz zu untersuchen, indem er fragt, „ob die Typen der Demokratie mit unterschiedlichen Staatstätigkeiten einhergehen und unterschiedlich effektiv sind" (xii). Allerdings nennt er keine konkreten Kriterien, an denen diese Form von Performanz festgemacht werden kann. Seine Kriterien erschließen sich erst auf der Basis der insgesamt 32 Indikatoren, die er in der empirischen Analyse zur Messung der Performanz einsetzt.

Lijphart ordnet diese Indikatoren insgesamt vier Bereichen zu:

1. Das *makroökonomische Management* umfasst die geläufigen ökonomischen Performanzindikatoren wie Wachstumsrate, Inflationsrate, Arbeitslosigkeit,

aber auch Streikaktivitäten, Budgetdefizit und Indizes, die den Grad der ökonomischen Freiheit in einem Land messen.

2. Die Fähigkeit zur *Kontrolle von Gewalt* wird auf der Basis von gewaltsamen Aufständen und Toten im Zusammenhang mit politischer Gewalt gemessen.

3. Unter der Rubrik *Qualität der Demokratie und demokratischer Repräsentation* finden sich Indizes, die das Ausmaß der „Demokratiehaftigkeit" politischer Regime messen, aber auch Indizes zur politischen Repräsentation von Frauen, zur politischen und ökonomischen Gleichheit und zu verschiedenen Verhaltensweisen und Einstellungen der Bürger wie Wahlbeteiligung, Zufriedenheit mit der Demokratie, die Übereinstimmung zwischen den Policy-Präferenzen der Regierung und der Wähler, die Zurechenbarkeit von politischen Entscheidungen und Korruption sowie der Grad der Repräsentation der Mehrheit im Parlament.

4. Der vierte Bereich nimmt Bezug auf unterschiedliche *Politikbereiche, in denen eine Gemeinschaftsorientierung und ein soziales Bewusstsein zum Ausdruck kommt.* Gemessen werden staatliche Aufwendungen oder Ergebnisse im Bereich der Sozialpolitik (Wohlfahrtsstaat), der Umweltpolitik, der inneren Sicherheit und der Entwicklungshilfe.

Wie Lijphart zu diesen vier Bereichen kommt, bleibt offen. Auch die jeweiligen Bereiche sind in sich sehr heterogen und lassen kein einheitliches Konzept erkennen. Die Liste mit einer Ansammlung von Indikatoren hinterlässt den Eindruck, dass Performanz bei Lijphart keine spezifische und theoretisch begründete Bedeutung besitzt, sondern nur ein Begriff für alle denkbaren Effekte von Demokratie ist.

Putnam hat in *Making Democracy Work* (1993) die Performanz der in Italien in den 1970er Jahren neu eingeführten Regionalregierungen untersucht. Er definiert Performanz über die Frage, „warum sind einige Regierungen erfolgreicher als andere?" (1993: 3). Im Unterschied zu Lijphart nennt er aber Kriterien, an denen die Performanz repräsentativer demokratischer Institutionen festgemacht werden kann, und zwar Responsivität und Effektivität. Responsivität steht für die Aufnahmebereitschaft der Politiker für die Ansprüche und Präferenzen der Bürger. Die kontinuierliche Responsivität der Regierung gegenüber den Präferenzen der Bürger ist nach Putnam (1993: 63) der Aspekt, der in den Demokratietheorien von John Stuart Mill bis Robert Dahl (1971) als das zentrale Merkmal repräsentativer Demokratien herausgearbeitet wird. Die Responsivität reiche alleine jedoch nicht aus, die Regierung müsse die Ansprüche der Bürger auch effektiv umsetzen.

Zur Messung der beiden Kriterien hat Putnam (1993: 67-73) einen Index der institutionellen Performanz entwickelt. Dieser Index basiert auf insgesamt zwölf Indikatoren, die drei Performanzdimensionen zugeordnet werden:

1. Der *Policy-Prozess* wird zum Beispiel über die Kabinettsdauer und die Geschwindigkeit der Verabschiedung des Haushalts gemessen.
2. Der *Inhalt von Politikentscheidungen* wird durch die Anzahl reformistischer und innovativer Gesetzesvorhaben indiziert.
3. Die *Implementation der Politikentscheidungen* wird mit Indikatoren wie der Anzahl von Kinderbetreuungseinrichtungen und Familienkliniken, Ausgaben für Gesundheit sowie dem Grad bürokratischer Responsivität gemessen.

Putnams Indikatorenliste ist ebenfalls sehr heterogen. Er geht zwar über Lijphart hinaus, indem er auf der theoretischen Ebene Performanzkriterien spezifiziert und zumindest bei der Responsivität auf andere demokratietheoretische Arbeiten verweist. Allerdings wird auch dieses Kriterium nicht systematisch hergeleitet. Außerdem weist Putnams Studie ein weiteres Problem bei der Messung der beiden Performanzkriterien auf: Zum einen ist das Kriterium der Responsivität lediglich durch einen Indikator der bürokratischen Responsivität repräsentiert. Dieser misst jedoch nicht die theoretisch anvisierte Aufnahme der Ansprüche der Bürger durch die politischen Repräsentanten, sondern die Schnelligkeit und Qualität, mit der regionale Bürokratien die Anliegen der Bürger bearbeiten. Zum anderen ist das Kriterium der Effektivität nur mit Indikatoren abgedeckt, die den staatlichen Aufwand zur Realisierung eines politischen Ziels messen (z.B. Ausgaben für Gesundheit), nicht aber den Grad, in dem diese intendierten Ziele tatsächlich realisiert werden (z.B. Säuglingssterblichkeit), was traditionellerweise unter Effektivität verstanden wird. Zwischen dem theoretischen Anspruch, Responsivität und Effektivität zu untersuchen, und seiner empirischen Einlösung besteht offensichtlich eine Kluft.

2.2 Klassifikation von Performanzkriterien für liberale Demokratien

Zur Systematisierung der verschiedenen Performanzkriterien wird im Folgenden ein analytisches Schema präsentiert, das vier Typen politischer Performanz für liberale Demokratien unterscheidet. Das Modell bezieht sich nicht auf alle Demokratien oder gar auf alle politischen Systeme, sondern auf den Typus der zeitgenössischen repräsentativen Demokratien, die auch als liberale Demokratien bezeichnet werden (Fuchs 1998, Diamond 1999). Diese Spezifikation ist notwendig, weil verschiedene politische Systeme und auch verschiedene Formen der Demokratie durch jeweils unterschiedliche normative Basiswerte charakterisiert sind, so dass entsprechend dieser Basiswerte auch unterschiedliche normative Kriterien zur Evaluation dieser Systeme anzuwenden sind. Liberale Demokratien zeichnen sich dadurch aus, dass erstens die Volkssouveränität in einer bestimmten Weise strukturell implementiert ist – im Mittelpunkt stehen kompetitive und periodische Wahlen, durch die Repräsentanten des Demos in das Parlament delegiert werden –, und dass zweitens unveräußerliche Menschenrechte und die rechtliche Kodifizierung von Grundrechten gewährleistet sind (Fuchs 1998: 159).

Politische Performanz wird definiert als „Evaluation des Handelns politischer Akteure und der Ergebnisse dieses Handelns" (Roller 2005: 20). Bewertungsobjekt ist damit der demokratische Prozess und nicht die demokratische Struktur (Fuchs 1998). Es geht also nicht um die Frage, inwieweit in einem Land überhaupt eine Demokratie vorliegt, in welchem Ausmaß Institutionen wie periodische Wahlen und ein kompetitives Parteiensystem existieren, die auch als minimale Merkmale einer Demokratie bezeichnet werden (Dahl 1971, 1989). Die Existenz einer Demokratie wird strukturell vorausgesetzt. Es geht vielmehr um eine systematische Evaluation der Resultate dieser Herrschaftsordnungen, wie sie in den Aktivitäten der politischen Akteure – die von der demokratischen Struktur beeinflusst werden (Fuchs 1998) – und deren Ergebnissen zum Ausdruck kommen.

Das Schema basiert auf der Kombination von zwei Begriffspaaren, die in der Performanzliteratur entwickelt worden sind. Dabei handelt es sich um die Unterscheidung zwischen zielbezogener und genereller Performanz sowie zwischen demokratischer und systemischer Performanz. Auf die erste Unterscheidung hat erstmals Eckstein (1971: 5) aufmerksam gemacht. Bei der *zielbezogenen Performanz* geht es um die Realisierung ganz bestimmter substanzieller Ziele wie beispielsweise Wirtschaftswachstum, Wohlfahrt oder innere Sicherheit. Im Unterschied dazu ist die *generelle Performanz* unabhängig von substanziellen Zielen. Eckstein nennt allgemeine Leistungen wie die Stabilität eines Regimes, aber auch Management-Eigenschaften wie z.B. die Entscheidungsfähigkeit, die Fähigkeit zur Prioritätensetzung oder der effektive Ressourceneinsatz. Die generelle Performanz bezieht sich also auf prozedurale Ziele, welche die Realisierung substanzieller Ziele befördern (Eckstein 1971: 19).

Die zweite analytische Unterscheidung zwischen demokratischer und systemischer Performanz geht auf Fuchs (1998) zurück. Er geht vom Doppelcharakter demokratischer Systeme aus. Diese müssen einerseits wie *jedes* politische System Leistungen für die Gesellschaft erbringen wie beispielsweise Wirtschaftswachstum und innere Sicherheit. Andererseits sei die liberale Demokratie mit bestimmten Wertgesichtspunkten verbunden, welche die Realisierung spezifisch demokratischer Werte erforderlich mache (Fuchs 1998: 152). Dazu zählen die demokratischen Basiswerte der Freiheit und Gleichheit sowie die Responsivität der politischen Entscheidungsträger auf die Präferenzen der Bürger. Diejenigen Performanzen, welche die Demokratie als politisches System zu erbringen hat, werden als *systemische* und diejenigen, welche spezifisch von demokratischen politischen Systemen zu erbringen sind, als *demokratische* Performanzen bezeichnet. Mit dem Begriffspaar demokratische und systemische Performanz werden also Leistungspakete bezeichnet, die entweder *nur* von demokratischen oder aber von *allen* politischen Systemen sicherzustellen sind. Eine vergleichbare Unterscheidung hat Foweraker (2001: 205) vorgeschlagen, der von Kriterien spricht, die „intrinsisch" bzw. „extrinsisch" für Demokratien sind.

Wenn man diese beiden Dimensionen miteinander kombiniert und zielbezogene und generelle politische Performanzen weiter danach unterscheidet, ob sie von der liberalen Demokratie in ihrer Eigenschaft als Leistungssystem (systemisch) oder in ihrer Eigenschaft als demokratisches System (demokratisch) zu erbringen sind, dann erhält man ein „analytisches Schema zur Klassifikation von Performanzkriterien für liberale Demokratien" (Roller 2005: 24). Dieses identifiziert vier Typen von Performanz: systemische zielbezogene und demokratische zielbezogene sowie systemische generelle und demokratische generelle Performanzen. In Abbildung 1 sind die Definitionen dieser vier Typen zusammengestellt, außerdem werden diesen Typen jeweils beispielhaft Kriterien zugeordnet und die Autoren aufgeführt, deren Konzeptionen den jeweiligen Typ am besten repräsentieren. Derartige Konzeptionen, die sich jeweils (nur) auf *einen* Kriterientyp konzentrieren, werden als „eindimensionale Performanzkonzepte" bezeichnet; „mehrdimensionale Performanzkonzepte" kombinieren dagegen mehrere Typen von Performanzkriterien.

Abbildung 1:   Analytisches Schema zur Klassifikation von
Performanzkriterien für liberale Demokratien

	Zielbezogene Performanz (Substanzielle Ziele)	Generelle Performanz (Prozedurale Ziele)
Systemische Performanz	Effektive Realisierung von substanziellen Zielen, die für alle politischen Systeme gelten (z.B. äußere und innere Sicherheit; Wohlfahrt) [Pennock 1966, Roller 2005]	Merkmale aller politischen Prozesse, welche die Realisierung substanzieller Ziele befördern (z.B. Effizienz, Stabilität) [Eckstein 1971, Weaver/ Rockman 1993]
Demokratische Performanz	Effektive Realisierung demokratischer Basiswerte (Freiheit und Gleichheit) sowie demokratische Standards, die sich aus der Regierungsform liberaler Demokratien ergeben (Responsivität) [Fuchs 1998]	Merkmale des demokratischen politischen Prozesses, die die Realisierung demokratischer Ziele befördern (z.B. Zurechenbarkeit, Partizipation)

Bei der Zuordnung von eindimensionalen Performanzkonzepten zu den vier Typen fällt ein Unterschied zwischen systemischer und demokratischer Performanz ins Auge. Für die systemische Performanz liegen jeweils mehrere eindimensionale Konzepte vor, die sich entweder auf zielbezogene Performanzen wie innere Sicherheit und Wohlfahrt (bspw. Pennock 1966, Roller 2005) oder auf generelle Performanzen wie Effizienz und Stabilität (bspw. Eckstein 1971, Weaver/Rockman 1993) beziehen. Für die demokratische Performanz ist dies nicht in gleicher Weise der Fall. Zum einen konnte nur ein eindimensionales Konzept identifiziert werden, und dieses bezieht sich auf zielbezogene Performanz. Es wurde von Fuchs (1998) entwickelt, der Freiheit und Gleichheit sowie Responsivität als substanzielle Ziele der Demokratie deduziert. Für die generelle demokratische Performanz konnte kein eindimensionales Konzept identifiziert werden, Forschungen dazu konzentrieren sich in der Regel auf einzelne Kriterien wie Zurechenbarkeit oder Partizipation.

Bevor wir auf die Gründe für diese Asymmetrie eingehen, soll kurz erläutert werden, warum Zurechenbarkeit und Partizipation als generelle demokratische Performanzen bzw. prozedurale Ziele klassifiziert werden, die die Realisierung demokratischer Ziele wie Responsivität befördern. Die Zurechenbarkeit (*accountability*) bezieht sich auf Merkmale des demokratischen Systems, die die Bürger in die Lage versetzen, die für bestimmte Entscheidungen Verantwortlichen zu identifizieren, um daraus Handlungskonsequenzen wie vor allem die Abwahl oder Wiederwahl einer Regierung zu ziehen. Die Zurechenbarkeit, die beispielsweise bei Einparteienregierungen größer ist als bei Koalitionsregierungen, erhöht die Chancen auf Responsivität, weil die Bürger bei ihrer Wahlentscheidung besser in der Lage sind, diejenige Partei zu identifizieren, die ihren politischen Präferenzen entspricht. Für die politische Partizipation kann analog argumentiert werden: Mit zunehmender Wahlbeteiligung steigt ebenfalls die Chance auf Responsivität der politischen Akteure.

Die vergleichsweise geringe Anzahl eindimensionaler Konzepte zur demokratischen Performanz liegt darin begründet, dass zu dieser Performanz vor allem mehrdimensionale, genauer zweidimensionale Konzepte vorgelegt worden sind, die sowohl zielbezogene als auch generelle (oder prozedurale) Performanzkriterien umfassen. Exemplarisch kann das Konzept der Qualität von Demokratie von Morlino (2004) angeführt werden, das insgesamt fünf Kriterien begründet – Rechtsstaat, Zurechenbarkeit, Responsiveness, Freiheit und Gleichheit. Morlino ist sich des unterschiedlichen Charakters dieser fünf Kriterien bewusst. Die ersten beiden Kriterien interpretiert er als prozedurale Ziele, die letzten drei können als substanzielle Ziele klassifiziert (Fuchs/ Roller 2008: 89) werden. Daneben existieren noch andere zweidimensionale Konzepte, die sich auf die beiden demokratischen Kriterien Responsivität und Zurechenbarkeit konzentrieren (Przeworski/Stokes/Manin 1999, Powell 2000), die den unterschiedlichen Charakter dieser beiden Ziele aber nicht betonen.

2.3 Analyse klassischer Performanzkonzepte

Ein Vorzug des beschriebenen analytischen Schemas ist, dass auf seiner Grundlage der Inhalt von umfassenden Performanzkonzepten analysiert und beschrieben werden kann. Exemplarisch sollen das älteste Konzept von Almond und Powell (1978) sowie die beiden klassischen Konzepte von Lijphart und Putnam untersucht werden.

Das „Konzept politischer Produktivität" von Almond und Powell (1978) wurde mit dem Ziel entwickelt, verschiedene Performanzkonzepte in einen einheitlichen und übergreifenden Rahmen zu integrieren. Auf der Grundlage von drei früheren Studien zur Evaluation politischer Systeme (Dahl 1971, Eckstein 1971, Pennock 1966) stellen Almond und Powell eine Liste von acht Performanzkriterien zusammen: Aufrechterhaltung des Systems, Adaptivität des Systems, Partizipation bei politischen Inputs, Befolgung von Gesetzen und Unterstützung des Systems, prozedurale Gerechtigkeit, Sicherheit, Freiheit und Wohlfahrt. Sie nennen diese Kriterien in Anlehnung an Pennock (1966) „politische Güter", weil deren Realisierung von politischen Systemen erwartet wird und diese als „legitime Verpflichtungen von politischen Systemen gelten können" (Almond/ Powell 1978: 394). Das Konzept politischer Produktivität umfasst sowohl zielbezogene (Sicherheit, Freiheit, Wohlfahrt) als auch generelle politische Performanzen (Aufrechterhaltung des Systems, Adaptivität des Systems, Partizipation bei politischen Inputs, Befolgung von Gesetzen und Unterstützung des Systems, prozedurale Gerechtigkeit). Der Schwerpunkt des Konzepts liegt zwar auf systemischen Performanzen, dennoch sind auch einzelne demokratische Performanzen (Freiheit, Partizipation und Gerechtigkeit) darin enthalten. Das Konzept politischer Produktivität ist also ein mehrdimensionales Konzept, das alle vier Typen von Performanzkriterien umfasst.

Das Performanzkonzept, das Lijpharts (1999) empirischer Untersuchung zugrunde liegt, ist ebenfalls als mehrdimensional zu charakterisieren, allerdings ist es theoretisch wenig reflektiert. Lijpharts Indikatoren decken alle vier Typen von Performanzkriterien ab. Systemische zielbezogene Performanz wird beispielsweise durch Inflation und Arbeitslosigkeit gemessen, die demokratische zielbezogene Performanz mit verschiedenen Gleichheitsmaßen, die systemische generelle Performanz mit Budgetdefizit und schließlich die demokratische generelle Performanz mit Zurechenbarkeit. Die meisten Indikatoren fallen in die Kategorie zielbezogener Performanz, so dass zusammenfassend festgehalten werden kann, dass Lijphart in erster Linie ein zielbezogenes und weniger ein generelles Performanzverständnis hat.

Putnams (1993) Performanzkonzept ist ebenfalls mehrdimensional. Theoretisch zielt es mit den Kriterien der Responsivität und Effektivität zwar auf *demokratische* Performanz ab. Wenn man sich jedoch Putnams empirisches Modell bzw. seine Indikatoren betrachtet, dann werden faktisch *systemische* Performanzkriterien untersucht, und zwar sowohl zielbezogene (u.a. Kinderbetreuungseinrichtungen, Ausgaben für Gesundheit) als auch generelle Performanzen (u.a. Kabinettsdauer, Geschwindigkeit der Verabschiedung des Haushaltes). Auch im Hinblick auf den Typus der Performanzkriterien besteht bei Putnam eine Kluft zwischen dem theoretischen Anspruch und seiner empirischen Einlösung.

2.4 Herleitung und Begründung von Performanzkriterien

In der Performanzforschung dominiert die eher willkürliche Auswahl von Kriterien. Es gibt jedoch einige Konzepte, welche die Auswahl der Kriterien systematisch aus Theorien herzuleiten versuchen oder die Auswahl zumindest explizit begründen. Dazu zählen die fünf eindimensionalen Konzepte, die in der Abbildung 1 aufgeführt worden sind: die Konzepte von Pennock (1966) und Roller (2005) zur systemischen zielbezogenen Performanz, das Konzept von Fuchs (1998) zur demokratischen zielbezogenen Performanz und die Konzepte von Eckstein (1971) sowie Weaver und Rockman (1993) zur systemischen generellen Performanz. Im Folgenden werden diese Konzepte dahingehend analysiert, wie bei der Herleitung und Begründung der Performanzkriterien vorgegangen wird, und es wird gezeigt, dass diese Verfahren systematisch mit dem Typus der Kriterien variieren.

Das Ziel des Konzeptes „politischer Güter" von Pennock (1966) und des „Modells zur Evaluation der Effektivität liberaler Demokratien" von Roller (2005) besteht darin, die universell gültigen Ziele politischer Systeme (*systemische zielbezogene Performanzen*) zu identifizieren, für deren Realisierung diese eine Verantwortung übernommen haben. Im Mittelpunkt stehen solche politischen Ziele, die „menschliche Bedürfnisse befriedigen, deren Realisierung die politische Ordnung für die Menschen wertvoll macht und diese legitimiert" (Pennock 1966: 420). Pennock hat für diese Ziele den Begriff der „politischen Güter" geprägt, um zu markieren, dass politische Systeme als Produzenten dieser Leistungen betrachtet werden. In einer ersten Formulierung seines Konzeptes hat er vier politische Güter vorgeschlagen: Sicherheit (innere und äußere), Wohlfahrt (materielle und immaterielle), Gerechtigkeit und Freiheit. Später hat er die Liste leicht modifiziert. Er spricht von den „demokratischen Idealen" der Freiheit und Gleichheit auf der einen und den „allgemein anerkannten Zielen des Staates" der Ordnung, Sicherheit, Gerechtigkeit und Wohlfahrt auf der anderen Seite (Pennock 1979: 260). In der hier verwendeten Terminologie unterscheidet er nun zwischen demokratischen und systemischen zielbezogenen Performanzen und schlägt mit Ordnung, Sicherheit, Gerechtigkeit und Wohlfahrt vier systemische zielbezogene Performanzkriterien vor.

Pennocks Liste wurde im Rahmen des „Modells zur Evaluation der Effektivität liberaler Demokratien" (Roller 2005) aktualisiert und präzisiert. Pennocks Liste, die in den 1960er Jahren entwickelt wurde, ist zeitgebunden. Es fehlt das Ziel des Schutzes von Umwelt und Natur, das in den 1970er Jahren in die Liste der Staatsaufgaben aufgenommen worden ist. Außerdem sind die Ziele Gerechtigkeit und Wohlfahrt noch zu unspezifisch. Sie können aber mit Hilfe neuerer Konzepte zur Wirtschaft- und Sozialpolitik konkretisiert werden. Auf der Grundlage dieser Überlegungen werden in diesem Modell fünf systemische zielbezogene Performanzkriterien identifiziert: äußere Sicherheit, innere Sicherheit, Wohlstand, sozioökonomische Sicherheit und sozioökonomische Gleichheit (als Ziele des Wohlfahrtsstaats) sowie Umweltschutz.

Wie werden diese Listen systemischer zielbezogener Performanzkriterien hergeleitet und begründet? In beiden Fällen werden Theorien zur politischen Entwicklung herangezogen, die die Anzahl und die zeitliche Sequenz der Übernahme von Aufgabenbereichen in die Staatsverantwortung beschreiben. Die Abfolge der Politikbereiche von der Außenpolitik über die Politik der inneren Sicherheit zum Wohlfahrtsstaat – und später zum Umweltschutz – bildet grob die historische Abfolge der Ausweitung der Staatsaufgaben ab. Pennock (1966) hat selbst eine solche Theorie durch Inspektion politischer Systeme aufgestellt,

Roller (2005) hat diese Theorie mit anderen Theorien zur politischen Entwicklung (Merriam 1962, Rostow 1971, Rose 1976, Grimm 1996) validiert und ergänzt. Bei allen diesen Theorien zur politischen Entwicklung der Staatstätigkeiten handelt es sich um empirische Theorien in dem Sinne, dass die Entwicklung der Staatstätigkeit induktiv auf der Basis der faktischen Ausweitung der Staatsaufgaben identifiziert wird. Das Verfahren zur Herleitung der systemischen zielbezogenen Performanzkriterien kann damit als Induktion auf der Basis der Beobachtung der empirischen Realität charakterisiert werden.

Bei der Herleitung und Begründung *demokratischer zielbezogener Performanzkriterien* bietet sich ein anderes Vorgehen an, wie dies Fuchs (1998) in seiner Entwicklung der „Kriterien demokratischer Performanz in Liberalen Demokratien" gezeigt hat. Er deduziert demokratische Kriterien aus der normativen Demokratietheorie durch eine Explikation des Demokratiebegriffs mit seinen beiden Komponenten „demos" (Volk) und „kratein" (herrschen). Die Ableitung umfasst insgesamt vier Schritte:

1. Auf der Basis des Demokratiebegriffs kann als grundlegendes Demokratieprinzip die „Herrschaft des Demos" bzw. die „Volkssouveränität" identifiziert werden.
2. Dieses Demokratieprinzip kann unterschiedlich institutionalisiert werden. In der antiken Demokratie war die Regierungsform die unmittelbare Teilhabe des Demos am Regieren selbst. In der modernen, liberalen Demokratie besteht die Regierungsform in der Repräsentation, d.h. der Demos regiert sich selbst durch vom Demos gewählte Repräsentanten.
3. Aus der unterschiedlichen Institutionalisierung des Demokratieprinzips lassen sich demokratische Standards ableiten. Weil in einer modernen, liberalen Demokratie im Unterschied zur antiken Demokratie Regierte und Regierende nicht identisch sind und die Gefahr der Abkopplung besteht, ist hier ein zentrales Performanzkriterium die größtmögliche Steuerung der Regierenden durch die Regierten. Formuliert man diesen Sachverhalt aus der Perspektive der Regierenden, dann geht es um die Responsivität der politischen Entscheidungsträger auf die Präferenzen der Bürger (Fuchs 1998: 162).
4. Weitere wichtige normative Prinzipien sind aus der ersten Komponente der Demokratie ableitbar. Der Demos umfasst alle Mitglieder einer gesellschaftlichen Gemeinschaft, die politische Rechte haben, und diese politischen Rechte gelten für alle gleichermaßen. Diese politischen Rechte beinhalten einerseits Freiheit und andererseits Gleichheit, die auch als demokratische Basiswerte bezeichnet werden.

Aus der normativen Demokratietheorie können so drei demokratische zielbezogene Performanzkriterien deduziert werden: Freiheit und Gleichheit sowie
Responsivität. Bei Freiheit und Gleichheit handelt es sich eindeutig um substanzielle Ziele, die auch in politischen Systemen, die die minimalen Merkmale einer
Demokratie auf der Strukturebene erfüllen, von den handelnden politischen
Akteuren unterschiedlich stark realisiert werden können (z.b. faktische Einhaltung der Menschenrechte). Responsivität wird zwar prozedural umgesetzt, stellt
aber als solches ein substanzielles Ziel repräsentativer Demokratien dar, während es bei der generellen Performanz eher um Voraussetzungen zur Realisierung substanzieller demokratischer Ziele geht.

Die Konzepte von Eckstein (1971) sowie von Weaver und Rockman (1993)
konzentrieren sich auf *systemische generelle Performanzkriterien*. Zur Identifikation
der Merkmale, welche die Fähigkeit eines politischen Systems erhöhen, effektiv
substanzielle Ziele zu realisieren, hat Eckstein (1971) die politikwissenschaftliche Literatur gesichtet. Dabei kommt er auf insgesamt vier Kriterien: Stabilität,
Ordnung, Legitimität und Effizienz politischer Entscheidungen. Weaver und
Rockman (1993) haben dagegen ihr „capabilities"-Konzept im Zusammenhang
mit einer Analyse der Effektivität des präsidentiellen Systems der USA entwickelt. *Capabilities* beziehen sie ebenfalls auf die generelle Fähigkeit von Regierungen, bestimmte substanzielle politische Ziele realisieren zu können. Dabei
geht es im Kern um Fähigkeiten zum „policy management", und dazu zählen
Weaver und Rockman die folgenden zehn Merkmale: die Fähigkeit zur Priorität-
tensetzung; effektiver Ressourceneinsatz; Innovationsfähigkeit; Koordination
bei konfligierenden Zielen; die Fähigkeit, Verluste für mächtige Gruppen
durchsetzen zu können; Repräsentation diffuser unorganisierter Interessen;
effektive Implementation von Politiken; Sicherung politischer Stabilität; die
Fähigkeit, internationale Vereinbarungen zu treffen, sowie die Kontrolle politischer Konflikte und die Verhinderung von Bürgerkriegen. Diese Liste basiert
nicht auf der Sichtung politikwissenschaftlicher Erkenntnisse. Die Autoren haben
die generellen Performanzprobleme zusammengetragen, die in den USA in den
1980er Jahren festgestellt und diskutiert worden sind.

Die systematische Erörterung verschiedener Performanzkonzepte zeigt deutliche Unterschiede bei der Herleitung und Begründung verschiedener Typen
von Performanzkriterien. Erstens wird bei der Herleitung zielbezogener Performanzen auf politikwissenschaftliche Theorien zurückgegriffen, während dies
bei der Herleitung genereller oder prozeduraler Performanzen offenbar nicht
der Fall ist. Zweitens kommen bei der Herleitung zielbezogener Performanzen
aber unterschiedliche Theorien in Betracht, je nach dem ob es sich um systemische oder demokratische Kriterien handelt. Zur Herleitung systemischer zielbezogener Performanzen können empirische Theorien herangezogen werden, bei

demokratischen zielbezogenen Performanzen sind es dagegen normative Demokratietheorien.

3. Bewertung und Ausblick

In der Politikwissenschaft gibt es zwar eine lange Tradition der normativen
Demokratietheorie, in der Qualitätskriterien theoretisch diskutiert und begründet werden. Die systematische empirische Evaluation der Performanz von Demokratien ist jedoch eine vergleichsweise junge Forschungsdisziplin. Bis in die
1970er Jahre war ein Hindernis für diese Forschung das Fehlen komparativer
empirischer Daten. Ein zweites Hindernis war der Sachverhalt, dass viele Forscher die Evaluation vermieden haben, weil sie sich dem Postulat der Wertur-
teilsfreiheit verpflichtet fühlten (Dahl 1967, Fuchs 1998). In den 1990er Jahren
hat sich die Situation jedoch verändert. Die Datenbasis wurde erheblich verbrei-
tert, und die Berührungsängste empirischer Forscher gegenüber wertenden
Aussagen auf der Grundlage empirischer Befunde sind geringer geworden.
Dementsprechend liegen seitdem eine Reihe von Studien vor. Von einem systematischen Erkenntnisfortschritt kann jedoch bislang nur in Ansätzen gesprochen werden.

Nach der hier vorgelegten Analyse wird der Erkenntnisfortschritt vor allem
dadurch behindert, dass es sich bei der Performanzforschung um ein heterogenes Forschungsfeld mit wenigen gemeinsamen theoretischen Bezügen handelt.
Bereits bei der Diskussion der beiden klassischen Performanzstudien von Lijphart (1999) und Putnam (1993) wurde deutlich, welche unterschiedlichen Aspekte unter dem Begriff der Performanz gefasst werden. Mit dem vorgestellten
analytischen Schema zur Klassifikation der Performanzkriterien für liberale
Demokratien wurde versucht, die Vielzahl der Kriterien und Konzepte in einen
übergeordneten theoretisch begründeten Bezugsrahmen zu integrieren und zu
sortieren. Danach können vier Typen von Performanzkriterien unterschieden
werden: zielbezogene und generelle Performanzkriterien, die für alle politischen
Systeme (systemische Performanz) oder nur für demokratische politische Systeme (demokratische Performanz) gelten. Die gemeinsame Theorieentwicklung
wird auch dadurch erschwert, dass zur Herleitung und Begründung der unterschiedlichen Typen von Kriterien entweder bislang noch keine systematischen
Theorien vorliegen (generelle Performanz) oder auf jeweils unterschiedliche
Theorietraditionen (zielbezogene Performanz) zurückgegriffen werden muss.
Bei den demokratischen zielbezogenen Kriterien sind es in erster Linie norma-

tive Demokratietheorien, bei den systemischen zielbezogenen Kriterien vor allem empirische Theorien, die für alle politischen Systeme gelten.

Der Erkenntnisfortschritt wird aber nicht nur durch die Heterogenität des Forschungsgegenstandes und der herangezogenen Theorien behindert, sondern auch durch die Unverbundenheit von Theorie und Empirie in der Forschung zur politischen Performanz. Bislang dominieren drei Typen von Studien: rein theoretische Arbeiten, die sich mit der systematischen Herleitung und Begründung von Performanzkriterien beschäftigen (Pennock 1966, Fuchs 1998), rein empirische Arbeiten, die ohne große theoretische Anleitung und Steuerung die Leistungsfähigkeit von demokratischen Systemen empirisch untersuchen (Lijphart 1999), sowie Studien, die zwar beide Ebenen ansprechen, aber eine beträchtliche Kluft zwischen dem theoretisch anvisierten Ziel und der praktischen Einlösung aufweisen (Putnam 1993). Studien, in denen versucht wird, nicht nur Performanzkriterien theoretisch herzuleiten und zu begründen, sondern auch zu operationalisieren und empirisch zu untersuchen, sind bislang noch eher die Ausnahme (Roller 2005, Diamond/Morlino 2005).

Aus dieser Diagnose können zwei Strategien für die künftige Forschung abgeleitet werden. Zum einen sollte eine Konzentration auf die vier Typen von Performanzkriterien vorgenommen werden, die in der vorangehenden Analyse dargestellt und theoretisch begründet worden sind. Auf diese Weise ließe sich die Heterogenität der Performanzkriterien einschränken, und es eröffnet sich die Möglichkeit, für diese vier Typen jeweils gemeinsame theoretische, methodische und empirische Bezüge herzustellen und somit Grundlagen für eine Integration in einen übergreifenden theoretischen Rahmen zu legen. Zum anderen sollte es bei den künftigen Forschungen stärker darum gehen, Theorie und Empirie systematisch aufeinander zu beziehen und zu verbinden. Für die theoretische Forschung bedeutet dies eine stärkere Orientierung an dem Kriterium der empirischen Überprüfbarkeit, für die empirische Forschung eine stärkere Orientierung an den theoretischen Arbeiten zur Herleitung und Begründung der Performanzkriterien.

Literatur

Almond, Gabriel A./Powell, G. Bingham (1978): Comparative Politics. System, Process, and Policy. Boston – Toronto: Little, Brown & Company. 2nd ed.

Dahl, Robert A. (1967): The Evaluation of Political Systems. In: de Sola Pool, Ithiel (ed.): Contemporary Political Science: Toward Empirical Theory. New York: McGraw-Hill. 166-181.

– (1971): Polyarchy. Participation and Opposition. New Haven – London: Yale UP.

– (1989): Democracy and its Critics. New Haven – London: Yale UP.

Diamond, Larry (1999): Developing Democracy. Toward Consolidation. Baltimore: The Johns Hopkins UP.

Diamond, Larry/Morlino, Leonardo (eds.) (2005): Assessing the Quality of Democracy. Baltimore: The Johns Hopkins UP.

Eckstein, Harry (1971): The Evaluation of Political Performance: Problems and Dimensions. Beverly Hills – London: Sage.

Foweraker, Joe (2001): Democratic Performance. In: Clarke, Paul Barry/Foweraker, Joe (eds.): Encyclopedia of Democratic Thought. London – New York: Routledge. 202-207.

Fuchs, Dieter (1998): Kriterien demokratischer Performanz in liberalen Demokratien. In: Greven, Michael (Hg.): Demokratie – eine Kultur des Westens? Opladen: Leske + Budrich. 152-179.

Fuchs, Dieter/Roller, Edeltraud (2008): Die Konzeptualisierung der Qualität von Demokratie. In: Brodocz, André/Llanque, Marcus/Schaal, Gary S. (Hg.): Bedrohungen der Demokratie. Wiesbaden: VS Verlag für Sozialwissenschaften. 77-96.

Grimm, Dieter (Hg.) (1996): Staatsaufgaben. Frankfurt/M.: Suhrkamp.

Gurr, Ted Robert/McClelland, Muriel (1971): Political Performance. A Twelve-Nation Study. Beverly Hills: Sage.

Lane, Jan-Erik/Ersson, Svante (1994): Comparative Politics. An Introduction and a New Approach. Cambridge: Polity Press.

Lijphart, Arend (1999): Patterns of Democracy. Government Forms and Performance in Thirty-Six Countries. New Haven – London: Yale UP.

March, James G./Olsen, Johan P. (1984): The New Institutionalism: Organizational Factors in Political Life. In: American Political Science Review 78. 734-749.

Merriam, Charles E. (1962): Systematic Politics. Chicago: University of Chicago Press. 2nd ed.

Morlino, Leonardo (2004):'Good' and 'Bad' Democracies: How to Conduct Research into the Quality of Democracy. In: Journal of Communist Studies and Transition Politics 20. 5-27.

Pennock, Roland J. (1966): Political Development, Political System, and Political Goods. In: World Politics 18. 415-434.

– (1979): Democratic Political Theory. Princeton: UP.

Powell, Bingham G. Jr. (1982): Contemporary Democracies. Participation, Stability, and Violence. Cambridge – London: Harvard UP.

– (2000): Elections as Instruments of Democracy. New Haven: Yale UP.

Przeworski, Adam/Stokes, Susan C./Manin, Bernard (eds.) (1999): Democracy, Accountability, and Representation. Cambridge: UP.

Putnam, Robert D. mit Leonardi, Robert/Nanetti, Raffaella Y. (1993): Making Democracy Work: Civic Traditions in Modern Italy. Princeton: UP.

Roller, Edeltraud (2002): Leistungsprofile von Demokratien. Eine theoretische und empirische Analyse für westliche Demokratien, 1974-1995. In: Fuchs, Dieter/ Roller, Edeltraud/Weßels, Bernhard (Hg.): Bürger und Demokratie in Ost und West. Studien zur politischen Kultur und zum politischen Prozess. Wiesbaden: Westdeutscher Verlag. 547-571.

– (2005): The Performance of Democracies. Political Institutions and Public Policies. Oxford: UP.

Rose, Richard (1976): On the Priorities of Government: A Developmental Analysis of Public Policies. In: European Journal of Political Research 4. 247-289.

Rostow, Walt W. (1971): Politics and the Stages of Growth. Cambridge: UP.

Schmidt, Manfred G. (2008): Demokratietheorien. 4. Aufl. Wiesbaden: VS Verlag für Sozialwissenschaften.

Weaver, Kent R./Rockman, Bert A. (eds.) (1993): Do Institutions Matter? Government Capabilities in the United States and Abroad. Washington, D.C.: The Brookings Institutions.

Politik

Regina Kreide / Andreas Niederberger

1. Der Begriff der Politik – zwei Kontroversen

Für eine Bestimmung des Begriffs „Politik" ist es ratsam, sich zwei Kontroversen vor Augen zu führen, die die Diskussion prägen. Erstens wird darum gestritten, ob Politik in politischem Handeln aufgeht oder ob man sie nicht eher mit einer institutionellen Ordnung identifizieren sollte. Zweitens ist umkämpft, ob Politik als Wettstreit zu verstehen ist, der stets Dissens zum Ausdruck bringt, oder als Konsensbildung, die auf vernünftigem Argumentieren beruht.

Die erste Kontroverse (Politik als Handeln vs. Politik als institutionelle Ordnung) zieht sich seit der Antike wie ein roter Faden durch die politische Ideengeschichte. Aristoteles und in seiner Nachfolge Vertreter der „griechischen" Linie der republikanischen Tradition bis hin zu ihrer prominentesten Vertreterin im 20. Jahrhundert, Hannah Arendt, sehen *politisches Handeln* als Kern von Politik an. Demnach bearbeiten Bürger ihre Konflikte und koordinieren ihr Zusammenleben gemeinsam anhand von selbstgesetzten Regeln, die aber immer wieder bestätigt werden müssen. Demgegenüber wird in einer „römischen" Linie politischen Denkens vor allem an das bereits bestehende Römische Recht und die *institutionelle Ordnung* der Römischen Republik angeschlossen. Von Autoren der Renaissance, etwa von Machiavelli, über den anglo-amerikanischen Republikanismus des 17. und 18. Jahrhunderts bis hin zu Niklas Luhmann wird Politik hier mit den Funktionsweisen einer institutionellen Ordnung gleichgesetzt.[1] Dabei wird politische Autorität entweder über Rechtsregeln oder – wie bei Luhmann – sogar über subjektlose Systeme verkörpert und verstetigt.

---

1 Die Unterscheidung zwischen Handeln und Institutionen ist eine klassische Unterscheidung in der Philosophie und den Sozialwissenschaften. Es handelt sich um eine analytische Unterscheidung, die Entwicklungslinien in der Ideengeschichte sichtbar werden lässt. Sie darf nicht darüber hinwegtäuschen, dass Theorieansätze darunter subsumiert werden, die sich in anderen Hinsichten wesentlich unterscheiden: Zu den Institutionen-Theorien gehört Machiavelli als Vertreter des klassischen Republikanismus ebenso wie Locke, der dem klassischen Liberalismus zuzuordnen ist, aber auch Niklas Luhmann, der die Systemtheorie entscheidend geprägt hat. Diese Gemeinsamkeit bedeutet aber nicht, dass die Theorien vollständig in der einen oder der anderen begrifflichen Unterscheidung aufgehen: Machiavelli beispielsweise kann auch als Verteidiger des „klugen Regierens" und der Tugendtheorie gelten – was durchaus als Hinweis auf eine größere Bedeutung des Handlungsbegriffs verstanden werden kann.

Die zweite Frage, ob sich Politik durch Dissens oder Deliberation auszeichnet, wird ebenfalls seit der Antike gestellt. Aristoteles vertritt einen agonalen
Politikbegriff, bei dem die öffentliche Auseinandersetzung unter gleichen Bürgern stattfinden soll. In der jüngeren Diskussion wurde diese Auseinandersetzung von Carl Schmitt bis hin zu Chantal Mouffe im Sinn einer
Politik des Dissenses zugespitzt – wobei Carl Schmitt v.a. Dissens „nach außen", zwischen den Völkern im Sinn hat (Schmitt 1963) und für Mouffe Dissens „nach innen", unter den Bürgern besteht. Demgegenüber wurde die Perspektive einer Politik der Deliberation und vernünftigen Übereinkunft etwa von
John Rawls und Jürgen Habermas unter Rückgriff auf Kant verteidigt.

Im Folgenden wird die inzwischen recht breit gefächerte Diskussion anhand
dieser beiden Kontroversen dargestellt (2.). Dabei wird zunächst ausgelotet, was
Positionen kennzeichnet, die Politik vor allem mit politischem Handeln in Verbindung bringen, und was jene Positionen charakterisiert, für die Politik gleich-
bedeutend mit dem Bestehen und Operieren einer institutionellen Ordnung ist.
Breiten Raum nehmen in der allgemeinen Diskussion Ansätze ein, die auf die
eine oder andere Weise eine vermittelnde Haltung vorschlagen. Prominent findet sich dies im Politischen Liberalismus (2.1). Die Kontroverse zwischen Dissens und Deliberation wird zunächst anhand jener Positionen dargestellt, für die
der Dissens zentrales Element der Politik ist. Anschließend wird die andere
Seite des Spektrums erläutert, für die sich Politik in Deliberation und wechsel-
seitiger Überzeugung ausdrückt. Drittens werden Zwischenpositionen diskutiert, welche die Grundlage der Politik normativ anspruchsloser begreifen und
stärker empirische Gegebenheiten berücksichtigen. Sie entwerfen eine Konzeption des fairen Verhandelns in öffentlichen Konflikten (2.2).

Als Ergebnis dieser Diskussionen wird sich schließlich herausstellen, dass
Politik weder im politischen Handeln noch in der Strukturierungsleistung einer
institutionellen Ordnung aufgeht. Vielmehr ist sie als Regelsetzung zu verstehen, an der all jene politisch beteiligt sind oder werden sollten, die der Herrschaft unterworfen sind. Zugleich basiert Politik nicht ausschließlich auf einem
Wettkampf der Interessen oder allein auf konsensueller Einigung. Beides hieße,
die Aufgabe von Politik zu verkennen, nämlich den Umgang mit Heterogenität
zu ermöglichen und eine Verbindung zwischen Handeln und institutioneller
Ordnung zu etablieren, die es ermöglicht, Institutionen zu kontrollieren (also
Institutionen auf politisches Handeln zurückzuführen) und Handlungsräume
von Ressourcen- und Bedürfnisunterschieden unabhängig zu machen (also das
Handeln gegen willkürliche Eingriffe abzusichern) (3.).

2. Konzepte der Politik

2.1 Politik: Handeln oder institutionelle Ordnung?

Zur Analyse der verschiedenen Dimensionen und Erscheinungsformen von Politik als Handeln und Politik als institutioneller Ordnung werden im Folgenden zunächst einige Ansätze vorgestellt, die sich eindeutig der einen oder der anderen Position zuordnen lassen, bevor dann ein vermittelnder dritter Ansatz diskutiert wird.

Politik als Handeln

Für Theorien, die in der griechischen Tradition stehen, ist Politik unmittelbar an öffentliches gemeinsames Handeln gekoppelt. Stärker noch: Ohne gemeinsames Handeln kann es Politik nicht geben, da erst im politischen Prozess geteilte Werte erzeugt werden, denen sich die Bürger verpflichtet fühlen. Eine bekannte Vertreterin dieser Position ist Hannah Arendt, in deren Werk die Frage im Mittelpunkt steht, was Politik ist. Sie analysiert Krisenphänomene der Moderne, etwa die gesellschaftliche und politische Instabilität nach dem 1. Weltkrieg oder die gravierenden Ungleichheiten sowie die Existenz rechtloser Minderheiten in den Massengesellschaften. Eine erstarkte pseudo-wissenschaftliche Ideologie, tiefsitzende Demokratiefeindlichkeit und die instrumentell-technische Rationalisierung aller Lebensbereiche bereitet Arendts Auffassung nach den Boden für die totale Herrschaft der Nationalsozialisten (Arendt 1966). In ihrer Studie *Vita Activa* (Arendt 1960) diagnostiziert Arendt eine unpolitische Arbeits- und Konsumgesellschaft in den USA, in der das Zusammenleben Marktimperativen und der ökonomischen Effizienz folgt. Dem hält sie einen Begriff der Politik entgegen, der es erlaubt, diese gesellschaftlichen Verhältnisse zu kritisieren. Zentrales Element ihres Politikbegriffes ist die Geburtlichkeit (Natalität), der spontane Neuanfang, zu dem es im Moment der Geburt eines jeden Einzelnen kommt und der sich im Handeln immer wieder aktualisieren lässt. Jeder neue Handelnde und jede neue Handlung stiftet einen neuen Weltbezug, durch den neuer Sinn produziert und alter Sinn verändert wird. Auf diese Weise können bestehende Verhältnisse überwunden werden.

Dem politischen Handeln wohnt für Arendt allerdings eine Spannung inne, die für ihr Verständnis von Politik entscheidend ist. Das gemeinsame Handeln ist für die Bürger der einzige Weg, sich Regeln zu geben und durch den wechselseitigen Bezug aufeinander den öffentlichen Raum zu schaffen und zu erhalten. Die Bürger neigen aber dazu, die potentielle Gefährdung des öffentlichen Raumes zu verkennen und ihn als gegeben hinzunehmen. Diese Spannung zwischen der Vergänglichkeit und der Erneuerung des öffentlichen Raumes ist selbst Teil der *conditio humana*, der Bedingung des menschlichen Daseins. Politik als öffentliche Selbsterschaffung ist ein Grundmotiv in Arendts politischem Denken und wird noch verständlicher, wenn man sich vor Augen führt, auf welche Weise Arendt Politik und Freiheit miteinander verknüpft.

Arendt unterscheidet drei Tätigkeitsweisen des Menschen: das Arbeiten, das Herstellen und das Handeln. Während das Arbeiten auf den Bereich der häuslichen Reproduktion beschränkt ist, besteht das Herstellen in der zweckgebundenen Produktion von Waren und dem Erzeugen einer objektiven Welt. Erst im interaktiven Handeln und Sprechen, das nicht, wie das Herstellen, einem rationalen Kalkül gehorcht, erwerben die Menschen Freiheit. Arendt sieht einen engen Zusammenhang zwischen Politik als Selbstzweck und Freiheit: „Der Sinn von Politik ist Freiheit." (Arendt 2005: 27) Die gemeinsame Existenz hängt von der aktiven politischen Teilhabe und der Übernahme von Verantwortung für die Anliegen der politischen Gemeinschaft ab. Regeln und Institutionen bestehen demnach nur in dem Maße, in dem sie immer wieder aufs Neue gegen angebliche ökonomische oder natürliche „Notwendigkeiten" erkämpft oder verteidigt werden.

Für Arendt ist allein der Bereich der Politik öffentlich, und nur dort können sich freies Handeln und Sprechen entfalten. Breit diskutiert wurde daher ihre Annahme, der Privatbereich, d.h. der Bereich der Arbeit, sei ein apolitischer Raum, in dem Intimität, Erholung und Selbsterhaltung vor der Außenwelt zu schützen sind. Feministinnen haben dies mit dem Hinweis kritisiert, Arendt diskreditiere den politischen Wert der reproduktiven Arbeit von Frauen, da sich in der Politik ein „höherwertiges" Handeln ausdrückt (u.a. Rich 1979, dagegen Honig 1994). Ein anderer Vorbehalt richtet sich gegen die scharfe Trennung von privatem und öffentlichem Raum, wodurch bestehende Machtverhältnisse zementiert und deren Thematisierung der Politik entzogen würden (Benhabib 1994, Young 1987).

Politik als institutionelle Ordnung

Auf der anderen Seite des Spektrums liegen Ansätze, die Politik mit der institutionellen Ordnung gleichsetzen. Im Gegensatz zu handlungszentrierten Positionen sehen es diese Ansätze nicht als vorrangige Aufgabe der Politik an, ein Gemeinwesen bloß durch gemeinsames Handeln konstituieren zu können. Die Anfänge dieser Überlagerung politischen Handelns durch die Vorstellung, dass Politik weitestgehend auf politische Institutionen abzielt, finden sich bereits in Ciceros Ausführungen über das Römische Recht. In jüngerer Zeit wurde dann noch einmal die Bedeutung von Institutionen für die Politik entscheidend vorangetrieben, wenn auch mit Blick auf die moderne Entwicklung einer Ausdifferenzierung gesellschaftlicher Teilbereiche, die nicht mehr direkt an einen umfassenden Handlungsbereich zurückgebunden sind.

Émile Durkheim beispielsweise beschreibt die funktionale Differenzierung moderner Gesellschaften in den Staat, in Recht und Markt einerseits sowie politisches Handeln andererseits (Durkheim 1991: 74). Seine Diagnose lautet, dass politisches Handeln diese verschiedenen Differenzierungsprozesse nicht mehr regeln kann. Max Weber knüpft an Durkheims Theorie an. Auch er betont die Abschottung öffentlicher Macht im modernen Staat und die Eigenlogik bürokratischer Apparate, die sich dem politischen Handeln der Bürger entziehen (Weber 1980). Die Systemtheorie schließlich, die zunächst von Talcott Parsons entwickelt wurde, geht konsequent davon aus, dass eine Differenzierung zwischen Politik und Gesellschaft sowie zwischen der Politik und anderen gesellschaftlichen Teilbereichen (wie v.a. der Ökonomie und der Bildung) unumstößlich ist. Moderne Gesellschaften kennen nicht mehr das Primat *eines* Funktionssystems.

Damit erhält Politik eine andere Bedeutung als in der oben geschilderten aristotelisch-republikanischen Tradition. Politik ist kein Selbstzweck mehr, der im politischen Handeln ausgedrückt wird, sondern erfüllt eine bestimmte Funktion: nämlich die Herstellung bindender Entscheidungen innerhalb dessen, was in den Bereich der Politik fällt. Um diese Funktion ausüben zu können, nutzt das politische System Macht als Kommunikationsmedium und trifft Entscheidungen darüber, was in dem entsprechenden gesellschaftlichen Bereich zu gelten hat. Für die Legitimität des politischen Systems kommt es Niklas Luhmann nicht darauf an, ob richtig oder gerecht entschieden wird. Er nimmt keine normative Bewertung vor. Vielmehr interessiert ihn, *dass* es überhaupt zu einer Entscheidung kommt.

Sehr weitsichtig war Luhmann bei der Analyse dessen, was Politik im Zeitalter der Globalisierung bedeutet. Die Weltgesellschaftstheorie Luhmanns, aber auch Rudolf Stichwehs und Gunther Teubners, geht davon aus, dass sich fast alle Systeme (Wirtschaft, Erziehung, Sport, etc.) von territorialen Bezügen gelöst haben und über die Grenzen der Nationalstaaten hinweg neue Verbindungen innerhalb des jeweiligen Bereiches eingehen. Für das politische System jedoch gilt das so nicht. Sicherlich geht Luhmann davon aus, dass es transnationale Politik in der Weltgesellschaft gibt, aber auch für das „politische System der Welt" bleiben der souveräne Nationalstaat und der Staatsapparat die grundlegende Bezugsebene (Stichweh 2000: 23f., Luhmann 1997: 166).

Die Konsequenz für eine Politik in der Weltgesellschaft ist nun nicht etwa, wie häufig unter Verweis auf Luhmann angenommen, dass es die ökonomische Globalisierung ist, die zu einer Marginalisierung der Politik geführt hat. Nicht die globale Ökonomie verdrängt die Politik; vielmehr führt die gesellschaftliche Differenzierung, die nicht an Nationalstaatsgrenzen halt macht, kontinuierlich zu einer Fragmentierung transnationaler Systeme (Fischer-Lescano/Teubner 2006: 25ff.) – eine unumkehrbare Entwicklung, die immer neue Differenzierungen hervorbringt. Dementsprechend kann auch Politik in der Weltgesellschaft nur erfolgreich sein, wenn sie auf diese funktionale Differenzierung reagiert und sich an spezifischen Themen ausrichtet, die nicht mehr das Ganze der Weltgesellschaft zu thematisieren beanspruchen. Politik ist damit auf die Bildung von Institutionen beschränkt, die sich aber nur auf einen bestimmten Ausschnitt gesellschaftlicher Wirklichkeit beziehen.

An dieser Beschreibung ist kritisiert worden, dass negative Nebeneffekte der systemischen Integration (wie die Armut ganzer Bevölkerungsgruppen) von der Politik gar nicht da bearbeitet werden, wo sie ihre Ursache haben, nämlich in bestimmten transnationalen Markt-, Finanz- und Rechtsregeln, die der politischen Kritik und Regelung entzogen sind (Brunkhorst 2002). Eine noch grundsätzlichere Kritik zielt auf Luhmanns Annahme, die Individuen stünden außerhalb der Gesellschaft, die allein durch subjektlose Kommunikationskreisläufe gebildet würde. Dies aber verkenne nicht nur die tatsächlichen Sozialisationsbedingungen von Individuen, sondern auch den demokratietheoretischen Aspekt, dass auf diese Weise zivilgesellschaftliche Formen der Partizipation der Politik systematisch verschlossen blieben – beides Annahmen, die empirisch unhaltbar seien (Demirovic 2003).

Zwischen Handeln und Institutionen

Viele Positionen liegen auf der Achse Handeln-institutionelle Ordnung zwischen diesen beiden Polen. Eine solche Mittelposition nimmt der Politische Liberalismus ein, prominent vertreten durch John Rawls.[2] Politik lässt sich diesem Ansatz zufolge als *Herstellen* politischer Regeln unter fairen Bedingungen verstehen. Zu diesen Bedingungen gehören sowohl die Gleichheit unter denjenigen, die die Regeln erzeugen, als auch, dass die Argumente, die zur Begründung der Regeln ins Feld geführt werden, allgemein akzeptabel sind (Rawls 1971). Den Rahmen des Rawls'schen Politikbegriffs bildet die Vorstellung einer

---

2 Der politische Liberalismus ist eine Spielart des Liberalismus, unterscheidet sich vom klassischen Liberalismus jedoch dadurch, dass letzterer der größtmöglichen Autonomie des Individuums Vorrang vor der Gemeinschaft, der Gesellschaft und dem Staat einräumt. Im klassischen Liberalismus sollen Rechtsstaatlichkeit und Verfassung den Bereich des Politischen eng begrenzen, um das freie Spiel der individuellen Kräfte weitestgehend zuzulassen (so etwa John Locke, Adam Smith, Jeremy Bentham und John Stuart Mill). Der politische Liberalismus wahrt ebenfalls die individuellen Freiheiten, sieht dies aber nur im Zusammenspiel von freiheitssichernden Institutionen *und* politischer Selbstbestimmung gegeben.

Zweistufigkeit des politischen Handelns: Politik besteht in einer ersten Hinsicht
in einer Praxis, in der unterschiedliche Akteure ihre Interessen zur Geltung
bringen. Ein solches Verhandeln über Interessen kann aber nicht selbst erklären, warum die Akteure überhaupt bereit sind, das Verfolgen ihrer Interessen an
ein solches Aushandeln zu binden. Diese Bindung ist nur dann zu verstehen,
wenn alle Beteiligten hinreichend überzeugt sind, dass sie in dem entsprechenden Kooperationszusammenhang ihre Interessen verfolgen können. Das Aushandeln von Interessen muss folglich in einen Rahmen eingelassen sein, der für
alle die Attraktivität des Kooperationszusammenhangs sichert. Das kann einerseits durch eine gerechte Verteilung von basalen Gütern, Optionen und Positionen geschehen (Rechte, Zugang zu Ämtern) und andererseits durch Verfahren, in denen auf faire Weise entschieden wird, welche Interessen in dem Gemeinwesen verfolgbar sind und welche nicht. Die Spannung zwischen politischem Handeln und institutioneller Ordnung wird gelöst, indem einige Aspekte,
nämlich die grundlegende Gewährleistung gleicher politischer und gesellschaftlicher Teilhabe, institutionell gesichert und damit dem politischen Handeln
entzogen werden, während andere Aspekte der kollektiven Entscheidung überlassen bleiben.

Allerdings, so eine einflussreiche Kritik, ergibt sich hieraus ein begrenztes
Verständnis von Politik. Die Grundstruktur der Gesellschaft, d.h. die „wichtig-
sten politischen, sozialen und wirtschaftlichen Institutionen und die Art und
Weise, in der sie sich zu einem einheitlichen, Generationen übergreifenden
System sozialer Kooperation zusammenfügen" (Rawls 1998: 76), würde wesentlich durch eine Gerechtigkeitstheorie vorgegeben, so dass in Bezug auf die
Grundstruktur nur wenig Raum für die demokratische Mitbestimmung von
Bürgern bliebe. Die Einrichtung der Grundstruktur würde damit zu einer eher
technischen Frage, während der vermeintlich auf diesem Weg eröffnete Spiel-
raum für das politische Aushandeln von Interessen oder die kollektive Selbstbestimmung tatsächlich minimal sei (Habermas 1996: 88ff.). Gerade in der Perspektive von Positionen, die betonen, dass die konkrete Ausgestaltung von
Grundrechten selbst Gegenstand politischen Streits sein sollte, wird hiermit die
Notwendigkeit von Politik wegdefiniert.

2.2 Politik: Dissens oder Übereinkunft?

Eine andere Kontroverse bezieht sich auf die Frage, ob Politik als Dissens oder
als vernünftige Übereinkunft begriffen werden sollte. Hier geht es nicht um die
Verortung der Politik im Verhältnis zu einer als kollektives Handeln oder als

funktionaler Zusammenhang begriffenen Gesellschaft, sondern vielmehr um die Weisen, in denen in der Politik Konflikte ausgetragen und Entscheidungen getroffen werden. Eine dritte Position verbindet Elemente beider Ansätze zu einer empirienahen Perspektive auf Politik: die des fairen Verhandelns.

Politik als Dissens

Die moderne Politik, so haben einige Autoren betont, war von Beginn an ein paradoxes Unterfangen: Zum einen funktionieren tradierte Formen gesellschaftlich-religiöser Integration nicht mehr, weil eine Vielzahl gesellschaftlicher Interessen unversöhnlich auseinandertritt. Zum anderen soll die Integration durch eine Vergesellschaftung der Bürger erreicht werden: die Beteiligten verzichten auf die gewonnene Freiheit, eigene Interesse zu formulieren, und unterwerfen sich einem „Gemeinwillen" (Manent 2001).

Diese These einer Paradoxie der modernen Politik hat zu einer Theorie geführt, in der die spezifische Weise untersucht wird, wie sich institutionelle Ordnungen oder Handlungsmuster herausbilden, obwohl es geradezu unmöglich erscheint, dass es jemals zu einer spannungsfreien Koexistenz kommen wird (Lacoue-Labarthe/Nancy 1997). Dafür wird der Begriff des Politischen eingeführt. Das Politische verkörpert in dieser Lesart im Unterschied zur Politik nicht die statische Seite einer institutionellen Ordnung mitsamt der damit verbundenen Verfahren, sondern verweist auf öffentliche Auseinandersetzungen und konflikthafte Entscheidungen. Theorien des Politischen wollen einerseits herausarbeiten, dass politische Entscheidungen nicht auf einer vorgängigen Konvergenz von Überzeugungen oder Lebensformen aufruhen. Andererseits werden spezifisch politische Techniken ausgewiesen, über die die Entscheidungen kollektiv verbindlich werden können. Diese Bestimmungen des Politischen sind ein wesentliches Argument in Theorien der Politik, die die Unumgänglichkeit und notwendige Sichtbarkeit des widerstreitenden Charakters gesellschaftlicher Interessen unterstreichen (Lyotard 1989). Für diese Theorien liegt der Grund der Politik im Dissens. Es kommt überhaupt nur deshalb zu politischem Handeln und zu politischen Institutionen, weil es die allgemeine Einsicht gibt, dass sich eine geteilte Grundlage nicht finden wird. Die Bindungskraft politischer Entscheidungen liegt also nicht in der generellen Teilbarkeit der Gründe für bestimmte Entscheidungen, sondern vielmehr darin, dass niemand davon ausgehen kann, dass irgendwelche Interessen sich jenseits einer kontingenten und temporären Einigung auf politischem Weg verbindlich machen lassen. Es kann daher auch nicht das Ziel der Politik sein, allgemein geteilte Gründe ausfindig zu machen. Vielmehr muss die Politik ihre Kontingenz sichtbar machen, also einerseits ihren Macht- und Entscheidungsaspekt, andererseits aber auch ihre stete Revidierbarkeit.

Zur Beschreibung der Politik wird daher auf die Vorstellung des Kräftemessens in Wettkämpfen zurückgegriffen (Mouffe 1999). In solchen Wettkämpfen bzw. agonalen Situationen entscheiden die jeweilige Stärke sowie Strategie und Taktik; und genau so muss für Vertreter einer Dissenstheorie der Politik auch der politische Prozess verstanden werden. Politische Entscheidungen überwinden nicht den Dissens, sondern sie bringen einen Zwischenstand des gesellschaftlichen Wettkampfes zum Ausdruck. Weil es sich um einen Wettkampf handelt, der den Inhalten äußerlich bleibt, können diejenigen, die in Entscheidungen nicht ihre Interessen und Auffassungen realisiert sehen, damit leben. Es wird nicht die Berechtigung ihrer Interessen oder Perspektiven bestritten, sondern lediglich eine aktuelle Konstellation von Kräften konstatiert, die mit einer anderen Strategie und Taktik bzw. neuen Allianzen jederzeit verändert werden kann. Der Kern der Politik besteht demzufolge in der Einsicht, dass das Zentrum der Macht strukturell unbesetzbar ist (Lefort/Gauchet 1990). Wenn nämlich der Dissens unüberwindbar ist, kann niemand für sich eine Einsicht in dasjenige reklamieren, was die Gesellschaft eigentlich zusammenhält bzw. zusammenhalten sollte. Jede Besetzung von Machtpositionen trägt bereits die Ablösung dieser Besetzung in sich.

Eine erste Schwierigkeit dieser Theorien ist, dass ihre Beschreibung der Politik als einer äußerlichen Konfrontation von Interessen empirisch kaum überzeugt: Politische Akteure beziehen sich in vielen Hinsichten auf die Interessen und Ansichten anderer, und politische Entscheidungen sind zumeist nicht als bloße Aggregation von Interessen zu verstehen. Vielmehr modifizieren die Akteure ihre Interessen bzw. politischen Ziele im Entscheidungsverfahren beständig, sei es durch Einsichten oder aber aufgrund des Interesses an Erfolg. Zweitens legen die Dissenstheorien unter dem Titel einer „radikalen Demokratie" nahe, sie könnten die Interessen aller Betroffenen besser und umfassender einbeziehen als deliberative Politikmodelle. Warum diese Inklusion allerdings mehr als zufällig sein und es nicht vielmehr zu strukturellen Ausschlüssen kommen sollte, kann das Modell nicht erklären.

Politik als vernünftige Übereinkunft

Demgegenüber hat Jürgen Habermas eine Konzeption deliberativer Politik ausgearbeitet (Habermas 1992). Bereits im *Strukturwandel der Öffentlichkeit* (Habermas 1962) rekonstruiert er die politische und soziale Entwicklung moderner Gesellschaften anhand der Herausbildung einer politischen Öffentlichkeit. Damit stellt er die Weichen für seine späteren rechts- und demokratietheoretischen

Arbeiten.[3] Grundlage deliberativer Politik sind zwei voneinander zu unterscheidende gesellschaftliche Sphären. Ähnlich wie Arendt geht Habermas davon aus, dass die Öffentlichkeit der Raum ist, in dem es zu politischem Handeln kommt. Für Habermas zeigt sich politisches Handeln in der öffentlichen Verständigung vernünftig kommunizierender Bürger. Die nicht-vermachtete Öffentlichkeit ist ein wichtiges Element im Prozess der Legitimation politischer Entscheidungen und kann nur auf dem Nährboden der freiwilligen Selbstorganisation der Bürger in Nichtregierungsorganisationen, Assoziationen und anderen Zusammenschlüssen gedeihen. Die Öffentlichkeit ist jedoch an eine zweite Sphäre, nämlich die rechtsstaatlich institutionalisierte Willensbildung in Parlamenten und Gerichten gekoppelt. Diese deliberative, institutionalisierte Praxis ist durch normativ anspruchsvolle Verfahren der Beratung und Beschlussfassung gekennzeichnet, die eine ausreichende Befähigung aller Beteiligten zur Teilhabe an diesen Prozeduren voraussetzen. Es ist diese Verbindung von politischem Handeln und Institutionen, die in Habermas' Theorie die Grundlage des liberalen Rechtsstaates darstellt. Darin unterscheidet sich seine Theorie der Politik von der Hannah Arendts, die auf das Handeln in der *polis* gerichtet ist und die institutionelle Seite des Politikbegriffs vernachlässigt. Aber es ist genau diese Verbindung von Handeln und Institutionen, die Auswirkungen auf Habermas' Verständnis von Übereinkunft – im Unterschied zum Dissens – deutlich werden lässt.

Erst im Zusammenspiel einer autonomen, nicht-institutionalisierten Öffentlichkeit sowie der rechtlich institutionalisierten Volkssouveränität kommt es – nach Habermas – zur Erschaffung von Recht, das durch eine demokratische Übereinkunft zustande kommt. Demnach ist Politik von publizistischen Einflüssen und Kommunikationsströmen in der Öffentlichkeit ebenso abhängig wie von demokratischen Verfahren im politischen System. Erst durch beide Kanäle erzeugt Politik das, was Habermas kommunikative Macht nennt: eine autorisierende Kraft, die am klarsten in Revolutionen und auf der Straße zutage tritt, und die zugleich ermächtigt, legitimes Recht in administrative Entscheidungen zu transformieren (Habermas 1992: 184ff.). Der Politik kommt dabei eine Scharnierfunktion zu: Sie ermöglicht es, die öffentliche Meinung in den verschiedenen Entscheidungsgremien zu bündeln und zugleich die politischen Institutionen für den Druck der Öffentlichkeit zu sensibilisieren.

Die Verfahren der Meinungs- und Willensbildung, und an dieser Stelle zeigt sich der Unterschied zu den Dissenstheorien besonders deutlich, sind bei Habermas in Vorstellungen idealer Argumentationsbedingungen verankert, die zu

---

3 Für die amerikanische Diskussion zu „deliberative politics" siehe u.a. Cohen/Arato (1995) und den Sammelband Bohman/Rehg (1997).

unerlässlichen öffentlichen Rechtfertigungsanforderungen führen. Die politische Deliberation ist ein Verfahren zur Legitimation von (Rechts-)Regeln, das auf Argumentieren und dem Geben von Gründen unter gleichen Bürgerinnen und Bürgern beruht (Cohen 1997: 72). Neben der *öffentlichen* Beratung umfasst dies idealerweise die *gleichen Chancen* jedes Einzelnen, Zugang zu diesen Beratungen zu haben, ohne dabei Zwängen ausgesetzt zu sein. Zudem schließt die argumentative Form der Beratung den geregelten Austausch von Informationen unter *Verwendung von Gründen* ein. Unter diesen unterstellten idealen Bedingungen gelangen die Teilnehmer zu einer begründeten Übereinstimmung: Politik ist Entscheidungsfindung durch vernünftige Verfahren.

Es stellt sich jedoch die Frage, inwieweit dieser Politikbegriff angesichts der gegenwärtigen Globalisierungsprozesse belastbar ist. Auch für die internationale Politik müssten die Kriterien der vernünftigen Deliberation gleichermaßen gelten. Insofern ließe sich einwenden, dass die deliberative Theorie wirklichkeitsfremd ist. Allerdings sind deliberative Theorien empirienah genug, um anspruchsvollere politische Verständigung nur jenen Bereichen zuzumuten, die den Vereinten Nationen (Menschenrechte, Frieden) zufallen, während andere Bereiche transnationaler Politik, die etwa die Wirtschafts- oder Finanzbeziehungen betreffen, vorwiegend durch politische Verhandlungen bestimmt werden (Habermas 2005). Dennoch verstummt die Kritik nicht, im realen politischen Prozess ließen sich die anspruchsvollen idealen Bedingungen nicht auffinden und die Theorie liefe daher Gefahr, der Ohnmacht des Sollens anheim zu fallen.[4]

Politik als faire Verhandlung

Dieser Kritik versucht eine vermittelnde Position mit einem Politikverständnis zu begegnen, welches das Wesen von Politik in fairen Verhandlungen sieht. Theorien der Verhandlung berücksichtigen die empirischen Vorbehalte gegenüber deliberativer Politik und beginnen mit der Annahme unvereinbarer Deutungen und Interessen. Zugleich halten Verhandlungstheorien an minimalen normativen Voraussetzungen für den politischen Entscheidungsprozess fest und betonen, dies seien normative Annahmen, die in der Wirklichkeit selbst vorzufinden seien. Politische Entscheidungs- und Rechtsetzungsprozesse, bei Verfassungsgebungsprozessen ebenso wie im Gesundheits-, Renten- und Umweltbereich, zielen zwar darauf ab, zu einer Einigung zu gelangen, aber der Weg dorthin ist umkämpftes Terrain. Ernst Fraenkel, prominenter Vertreter dieses

---

4   Dass aber normative Argumente selbst im hoch vermachteten internationalen Kontext und in Verhandlungssituationen eine wichtige Rolle spielen können, haben die Arbeiten von Risse/Ropp/Sikkink (1999) gezeigt.

Ansatzes, hat nach dem Zweiten Weltkrieg den bundesrepublikanischen Politikbegriff entscheidend geprägt. Er diagnostiziert, dass trotz eines hervorragend funktionierenden Regierungssystems die Demokratie in der Bundesrepublik Deutschland Defizite aufweist: diese liegen nicht im Grundgesetz selbst, sondern in den Verfassungsgepflogenheiten. In der politischen Realität seien Konfliktorientierung und die Akzeptanz von Interessendivergenzen unterentwickelt (Fraenkel 1973: 100). Es mangele an einer Politisierung der Wähler sowie an einer ernsthaften inhaltlichen Auseinandersetzung zwischen den Parteien und den verschiedenen Interessengruppen. Fraenkel lehnte das französische Verfassungsverständnis und damit Rousseaus Vorstellung einer *volonté générale* mit dem Hinweis ab, dass dabei den Bürgern ein Volkswille bereits vorgegeben würde. Fraenkel orientierte sich vielmehr an Großbritannien und der Idee, dass nur die Akzeptanz offen ausgetragener Konflikte die verschiedenen Klasseninteressen, die er diagnostizierte, langfristig befrieden, wenn auch nicht überwinden könnte (Fraenkel 2007 [1964]: 256-280., Buchstein/Göhler 2005, Eisfeld 1973). Allerdings hat Fraenkels Neopluralismus doch eine unverzichtbare Grundlage: einen Minimalkonsens über Fair Play und ein Mindestmaß an sozialer Gerechtigkeit (Fraenkel 1964: 279). Jon Elster (Elster 1998) hat in den neunziger Jahren des letzten Jahrhunderts implizit einige Überlegungen dieser Pluralismus-Position weitergeführt – wenn auch im Gewand eines marxistisch geprägten *rational choice*-Ansatzes, der besonders am Verhandlungsverfahren zur Konfliktbearbeitung und dem Kalkül der beteiligten Akteure interessiert ist.[5]

Vor dem Hintergrund pluraler Werte und Normen in modernen Gesellschaften, so Elsters Annahme, kann der normative Rahmen, der die Grundlage für politische Verfahren abgibt, nur entsprechend anspruchslos ausfallen. Schließlich bedarf auch das Verfahren selbst der Zustimmung der Beteiligten. Zu den normativen Voraussetzungen des Argumentierens, wie sie in diesem „Verhandlungsansatz" unterstellt werden, gehören die gleichen Chancen der Betroffenen, am Rechtsetzungsprozess teilzunehmen und jeweilige Anliegen vorbringen zu können. Die Ansicht der anderen Seite zu hören – *audiatur et altera pars* – ist ein grundlegendes minimales Prinzip jeder Form von Verfahrensgerechtigkeit. International – so die Annahme – hat sich diese Praxis bereits eingebürgert. Mit Blick auf das Einfordern von Mitspracherechten, etwa bei internationalen Wirtschaftsverhandlungen, kann man von einem universellen normativen Gerechtigkeitsprinzip sprechen (Hampshire 1999: 27, 77).

---

5 Vgl. Ian Shapiro (2002), der weder Argumentation noch Öffentlichkeit und Konsenserwartung als Kennzeichen von politischer Deliberation ansieht. Zu dieser Linie der Verhandlungstheorien gehören außerdem die Arbeiten von Holzinger (2001) sowie Saretzki (2009).

Im Unterschied zu normativen Theorien der politischen Deliberation fehlen bei dieser Position starke Vorannahmen über ideale Verfahrensbedingungen. Weder werden Drohungen durch die Verhandlungsparteien oder Nötigungen derselben ausgeschlossen, noch wird der Besitz materieller und sozialer Ressourcen problematisiert, wie zum Beispiel das Prestige oder die gesellschaftliche Position des jeweiligen Sprechers, durch die andere Teilnehmer für die eigenen Interessen gewonnen werden können. All dies wird nicht als Macht thematisiert, die den Kommunikationsprozess ungünstig beeinflussen oder gar verzerren könnte.

Jon Elster hat gezeigt, dass diese minimalen normativen Annahmen der politischen Realität sehr nahe kommen. Er geht davon aus, dass in (nicht-hypothetischen) politischen Disputen normen- und zweckorientierte Argumente ineinander greifen (Elster 1998, Goodin 2000).[6] Politik ist umfassender, als dass sie auf effiziente Regelungen und ökonomische Abkommen oder aber auf moralische Argumente reduziert werden könnte. In vielen politischen Prozessen steht die Schaffung von Lebensverhältnissen im Vordergrund, die alle Gesellschaftsmitglieder gleichermaßen betreffen und über deren Gestaltung man sich nur einig werden kann, wenn man eine Entscheidungsperspektive einnimmt, die im Interesse aller liegt. Was die verhandelnden Parteien schließlich erreichen, ist nicht ein Konsens auf der Basis geteilter Gründe, sondern ein Kompromiss, dem die Beteiligten aus unterschiedlichen Gründen zustimmen können. Politik ist demnach nicht frei von normativen Prinzipien; sie bleibt jedoch in erster Linie eine Weise der Konfliktlösung durch Strategie unter Bedingungen widerstreitender Interessen.

Aber sollten tatsächlich alle Bereiche der Politik ergebnisoffenen Verhandlungen überlassen werden? Das wurde erst jüngst wieder bestritten. Denn einige Probleme, die die gesamte Menschheit betreffen, verstoßen so eindeutig gegen kulturübergreifende und bereits weltweit geteilte moralische Grundüberzeugungen, dass sie politischen Machtkalkulationen entzogen werden sollten, etwa die weltweite Armut und andere Formen massiven Leids (Lafont 2008).

---

6 Elsters Beispiele für einen deliberativen Prozess, in dem sich argumentative mit Verhandlungselementen verbinden, sind die Verfassungsgebungsprozesse von Philadelphia 1787 und Paris 1789-1791 (Elster 1998: 116ff.).

3. Grenzen und Perspektiven

Der Begriff der Politik geht weder ausschließlich im politischen Handeln noch in Institutionen auf. Versteht man Politik nur als politisches Handeln, nimmt man in Kauf, dass Politik den Anschluss an funktional integrierte und transnational operierende (welt-)gesellschaftliche Bereiche wie Markt, Recht und Verwaltung verliert und die Realität und Eigendynamik von Institutionen verkannt wird. Der politische Wille der Bürger wird in diesem Fall nur unzureichend im politischen System repräsentiert. Ein solcher Politikbegriff impliziert, dass die vom Markt, von Gerichten und Verwaltungen ohnehin Ausgeschlossenen, die Arbeitslosen, Entrechteten und Unterversorgten in den Randgebieten der Großstädte und den Slums der Megastädte, wenn überhaupt nur durch Gewalt auf sich aufmerksam machen können, ihre wirksame Einflussnahme auf politische Gremien jedoch recht beschränkt bleibt. Verabsolutiert man aber die institutionelle Ordnung, wie das die Systemtheorie und auch bis zu einem gewissen Grad der politische Liberalismus tun, dann besteht die Gefahr, dass der Politik im Verhältnis zur Gesellschaft eine untergeordnete Rolle zukommt. Dies erscheint aus Sicht von Ansätzen, die die institutionelle Ordnung in den Mittelpunkt rücken, aber nicht als Entmachtung der Politik. Wird die Legitimität einer gesellschaftlichen Ordnung an der Effizienz von Verregelungen und am Output gemessen, kann eine bedenkliche und tendenziell anti-demokratische Verlagerung politischer Entscheidungen in Gremien, Netzwerke, Expertenzirkel und Kommissionen attraktiv erscheinen.

Zudem basiert Politik weder ausschließlich auf einem Wettkampf der Interessen noch allein auf konsensueller Einigung. Theorien der Moderne haben immer wieder von der Überwindung der tief sitzenden Konflikthaftigkeit gesellschaftlicher Verhältnisse geträumt – nicht selten auf Kosten der Politik. Konservative Theorien betonen das *vor*politisch Gemeinsame und setzen es häufig mit einer sich einheitlich, kulturell definierenden Gemeinschaft gleich. Der Marxismus hofft, dass mit der Überwindung der Klassenantagonismen die Politik in soziale Verhältnisse übergehen und auf diese Weise aufgehoben würde. Und neoliberale Theorien trauen dem Markt zu, besser und effizienter als die Politik gesellschaftliche Anliegen zu regeln. Doch all diesen Ansätzen ist eine Tendenz zu eigen, Politik am Ende überflüssig werden zu lassen.

Politische Theorie heute bedarf eines Politikbegriffs, der jenseits einer falsch verstandenen Überwindung von Konflikten liegt und die politische Deliberation als eine wesentliche Form betont, in der Konflikte ausgetragen werden. Der Begriff der Politik muss mindestens zwei Anforderungen gerecht werden. Zum einen muss auch die institutionelle Ordnung mit Blick auf ihre Notwendigkeit, aber auch ihr Beherrschungspotential adäquat erfasst werden. Demokratische Politik kann nicht ohne Strukturen und Einrichtungen auskommen, die allen Bürgern (bzw. allgemeiner: von Entscheidungen Betroffenen) einen Status garantieren. Dieser Status darf aber nicht bloß im gemeinsamen Handeln aufgehen, sondern er muss rechtsstaatlicher Natur sein. Zugleich muss berücksichtigt werden, dass Institutionen dazu tendieren, eine funktionale Eigenlogik mit entsprechenden Ausschlusseffekten zu entwickeln.

Zweitens sollte ein kritisches Verständnis von politischer Praxis entwickelt werden, d.h. der Möglichkeiten und Grenzen politischer Selbstregierung auch jenseits der Nationalstaaten, die die Inklusion der Ausgeschlossenen und Marginalisierten in den unterschiedlichen Bereichen politisch-gesellschaftlicher Ordnung betont. Demokratische Politik und Regierung kann sich nur durch Selbstgesetzgebung ausdrücken. Das Subjekt des kollektiven Selbstregierungsprozesses wird jedoch nie homogen sein und eine Einheit bilden – dessen muss sich die politische Theorie bewusst sein. Die Konflikthaftigkeit von öffentlichen Anliegen muss zu politischem Handeln motivieren und bestehende Institutionen erschüttern. Erst im Prozess der Infragestellung bestehender Institutionen wird Politik zu einer Praxis, bei der politisches Handeln und Institutionen zusammen gedacht werden: Politik etabliert, ändert oder schafft politische Institutionen ab, und Institutionen verkörpern politisches Handeln, verstetigen es und bilden eine stabile Basis für Neues und die mögliche Überwindung alles Bestehenden. Der Weg zum Neuanfang kann nur durch Politik als Handeln *und* als institutionelle Ordnung geebnet werden.

Literatur

Arendt, Hannah (1960): Vita activa oder Vom tätigen Leben. Stuttgart: Kohlhammer.
– (1966): Elemente und Ursprünge totaler Herrschaft. München: Piper.
– (2005): Was ist Politik? Fragmente aus dem Nachlass. Hg. von Ursula Ludz. München: Piper. 3. Aufl.
Beck, Ulrich (1993): Die Erfindung des Politischen. Frankfurt/M.: Suhrkamp.
Benhabib, Seyla (1992): Models of Public Spaces: Hannah Arendt, The Liberal Tradition, and Jürgen Habermas. In: Calhoun, Craig (Hg.) (1992): Habermas and the Public Sphere. Cambridge/Mass.: MIT. 73-98.
Bohman, James / Rehg, William (Hg.) (1997): Deliberative Democracy. Essays on Reason and Politics. Cambridge/Mass.: MIT.
Brunkhorst, Hauke (2002): Solidarität. Von der Bürgerfreundschaft zur globalen Rechtsgenossenschaft. Frankfurt/M.: Suhrkamp.

Buchstein, Hubertus/Göhler, Gerhard (2005): Ernst Fraenkel (1898-1975). In: Bleek, Wilhelm/Lietzmann, Hans J. (Hg.): Klassiker der Politikwissenschaft. München: Beck. 151-164.

Cohen, Jean L./Arato, Andrew (1994): Civil Society and Political Theory. Cambridge/Mass.: MIT.

Cohen, Joshua (1997): Deliberation and Democratic Legitimacy. In: Bohman, James/Rehg, William (Hg.): Deliberative Democracy. Essays on Reason and Politics. Cambridge/Mass.: MIT. 67-91.

Demirovic, Alex (2003): Demokratie, Politik und Staat in der transformistischen Gesellschaft. In: Hellmann, Kai-Uwe/Fischer, Karsten/Bluhm, Harald (Hg.): Das System der Politik. Niklas Luhmanns Politische Theorie. Wiesbaden: Westdeutscher Verlag. 336-357.

Durkheim, Emile (1991): Sitten und das Recht. Vorlesungen zur Soziologie der Moral. Frankfurt/M.: Suhrkamp.

Elster, Jon (1989): The Cement of Society. Cambridge: UP.

– (1998): Deliberation and Constitution Making. In: Ders. (Hg.): Deliberative Democracy. Cambridge: UP. 97-123.

Eisfeld, Rainer (1972): Pluralismus zwischen Liberalismus und Sozialismus. Stuttgart: Kohlhammer.

Fischer-Lescano, Andreas/Teubner, Gunther (2006): Regime-Kollisionen. Zur Fragmentierung des Rechts. Frankfurt/M.: Suhrkamp.

Goodin, Robert (2000): Democratic Deliberation Within. In: Philosophy and Public Affairs 29. 81–109.

Fraenkel, Ernst (1964): Der Pluralismus als Strukturelement der freiheitlich-rechtsstaatlichen Demokratie. In: von Brünneck, Alexander/Buchstein, Hubertus/Göhler, Gerhard (Hg.): Ernst Fraenkel. Gesammelte Schriften. Bd. 5. Demokratie und Pluralismus. Baden-Baden: Nomos 2007. 256-280.

Habermas, Jürgen (1962): Strukturwandel der Öffentlichkeit. Neuwied: Luchterhand.

– (1992): Faktizität und Geltung. Beiträge zur Diskurstheorie des Rechts und des demokratischen Rechtsstaats. Frankfurt/M.: Suhrkamp.

– (1996): Die Einbeziehung des Anderen. Studien zur politischen Theorie. Frankfurt/M.: Suhrkamp.

– (2005): Zwischen Naturalismus und Religion. Philosophische Aufsätze. Frankfurt/M.: Suhrkamp.

Hampshire, Stuart (1999): Justice is Conflict. Princeton: UP.

Holzinger, Katharina (2001): Verhandeln statt Argumentieren oder Verhandeln durch Argumentieren? Eine empirische Analyse des Verhältnisses von Argumentieren und Verhandeln auf der Basis der Sprechakttheorie. In: Politische Vierteljahresschrift 42. 414-446.

Honig, Bonnie (1994): Agonaler Feminismus: Hannah Arendt und die Identitätspolitik. In: Institut für Sozialforschung Frankfurt (Hg.): Geschlechterverhältnisse und Politik. Frankfurt/M.: Suhrkamp. 43-71.

Laclau, Ernesto/Mouffe, Chantal (1985): Hegemony and Socialist Strategy. Towards a Radical Democratic Politics. London: Verso.

Lacoue-Labarthe, Philippe/Nancy, Jean-Luc (1997): Retreating the Political. London: Routledge.

Lafont, Cristina (2008): Alternative Visions of a New Global Order. What Should Cosmopolitans Hope For? In: Hauke Brunkhorst (Hg.): Demokratie in der Weltgesellschaft (=Soziale Welt. Sonderband 18). Baden Baden: Nomos. 231-250.

Lefort, Claude/Gauchet, Marcel (1990): Über die Demokratie: Das Politische und die Instituierung des Gesellschaftlichen. In: Rödel, Ulrich (Hg.): Autonome Gesellschaft und libertäre Demokratie. Frankfurt/M.: Suhrkamp. 89-122.

Luhmann, Niklas (1975): Die Weltgesellschaft. In: Ders.: Soziologische Aufklärung. Bd. 2. Opladen: Westdeutscher Verlag. 51-71

– (1993): Das Recht der Gesellschaft. Frankfurt/M.: Suhrkamp.

– (1997): Die Gesellschaft der Gesellschaft. Frankfurt/M.: Suhrkamp.

Lyotard, Jean-François (1989): Der Widerstreit. München: Fink.

Manent, Pierre (2001): Cours familier de philosophie politique. Paris: Fayard.

Mouffe, Chantal (1999): Deliberative Democracy or Agonistic Pluralism. In: Social Research 66. 745-758.

Rancière, Jacques (2002): Das Unvernehmen. Politik und Philosophie. Frankfurt/M.: Suhrkamp.

Rawls, John (1998): Politischer Liberalismus. Frankfurt/M.: Suhrkamp.

Rich, Adrienne (1979): On Lies, Secrets, and Silence: Selected Prose. 1966-1978. New York: W. W. Norton & Company.

Risse, Thomas/Ropp, Stephen C./Sikkink, Kathryn (Hg.) (1999): The Power of Human Rights. International Norms and Domestic Change. Cambridge: UP.

Saretzki, Thomas (2009): From Bargaining to Arguing, from Strategic to Communicative Action? Analytical Distinctions and Methodological Problems in Empirical Studies of Deliberative Policy Processes. In: Critical Policy Studies 3. 153-183.

Schmitt, Carl (1963): Der Begriff des Politischen. Berlin: Duncker & Humblot.

Stichweh, Rudolf (2000): Die Weltgesellschaft. Frankfurt/M.: Suhrkamp.

Weber, Max (1980): Wirtschaft und Gesellschaft. 5. Aufl. Tübingen: Mohr.

Young, Iris Marion (1987): Impartiality and the Civic Public: Some Implications of Feminist Critiques of Moral and Political Theory. In: Benhabib, Seyla/Cornell, Drucilla (Hg.): Feminism as Critique. Cambridge: Polity. 56-76.

Recht

Matthias Kötter

1. Recht und Rechtskritik

Recht ist die Summe derjenigen Normen und Gesetze, die in einer Gesellschaft zum Recht zählen. Was Recht ist, lässt sich weder allgemeingültig noch eindeutig sagen. Welche Normen eine Gesellschaft ihr Recht nennt, ist das Ergebnis eines spezifischen soziokulturellen Prozesses. Und um den Inhalt eines Rechtssatzes zu ermitteln, ist dieser auszulegen, wobei der soziokulturelle Kontext wiederum Berücksichtigung findet. Was Recht ist, ist nicht zuletzt eine Frage der Betrachtungsperspektive. Und dass etwas Recht ist – also sein soll –, heißt noch nicht, dass es auch verwirklicht wird.

In Deutschland behelfen sich die Rechtspraxis und die Rechtswissenschaft bei der Bestimmung des Rechts mit einer doppelten Vereinfachung: (1) Als Recht gelten diejenigen Gesetze, die auf den Staat zurückgehen und von ihm durchgesetzt werden, und (2) der Norminhalt ist dem Rechtssatz im Wege „objektiver Auslegung" zu entnehmen (Rüthers 2008: Rn. 57, 799). Dieses Rechtsverständnis beruht auf der Fiktion der Einheit und der Eindeutigkeit des Rechts. Unterstellt wird, dass die Rechtsätze einen eindeutig bestimmbaren Inhalt haben und dass das gesatzte Recht gilt und mit ihm eine gerechte Ordnung zur Verwirklichung gelangt. Andere soziale Normen neben dem staatlichen Gesetz wie Moral oder Konventionen blendet ein solches Rechtsverständnis systematisch aus. Es findet sich auch in der politischen Theorie beispielsweise bei Jürgen Habermas (1992: 106), der „[u]nter Recht … das moderne gesatzte Recht" versteht, „das mit Anspruch auf systematische Begründung sowie verbindliche Interpretation und Durchsetzung auftritt."

Aus einer juristischen Teilnehmerperspektive lässt sich mit einem solchen Rechtsverständnis Gesetzesauslegung und rechtsdogmatische Systembildung betreiben sowie die Rechtsprechung analysieren. Aus ihr werden zentrale Unterscheidungen „im Recht" möglich wie die zwischen öffentlichem und privatem Recht oder zwischen formellem Organisations- und Verfahrensrecht und materiellen Rechten. Allerdings erschöpft sich ihr kritisches Potenzial in der Feststellung, inwieweit sich ein Rechtsakt normativ in das Gesamt des Rechts einfügt. Die Prämissen und Wirkungen der Rechtsgeltung und Rechtsanwendung lassen sich aus dieser Perspektive dagegen nur mittelbar berücksichtigen – etwa wenn sich ein Gesetz hinsichtlich des mit ihm verfolgten Zwecks als „ungeeignetes"

Mittel herausstellt. Von ihm bewirkte Freiheitsverkürzungen wären dann un-
verhältnismäßig. Das Gesetz wäre verfassungswidrig und würde im Zuge einer
verfassungsgerichtlichen Überprüfung für nichtig erklärt werden.

Die Auseinandersetzung mit den Prämissen und Voraussetzungen der
Rechtsgeltung und Rechtsanwendung erfordert einen Blick „von außen" auf das
Recht. Aus einer solchen Beobachterperspektive erscheint das Recht als ein
historisch gewachsenes Instrumentarium zur Ordnungsbildung und Verhaltens-
steuerung, an dessen Maßstab sich moderne Gesellschaften konstituieren, beschreiben und fortentwickeln. Diese Perspektive zeigt das ständige Ringen um
die Deutungsmacht über das Recht, das aus seiner Funktion als Herrschaftsmit-
tel ebenso folgt wie aus seiner Abhängigkeit von bestimmten gesellschaftlichen
Verhältnissen, unter denen es diese Funktion nur erfüllen kann.

Die Beobachterperspektive eröffnet den Raum für Rechtskritik. Sie ist keine
genuin rechtswissenschaftliche Perspektive, sondern schafft vielmehr eine
Schnittstelle zur Politologie, zu anderen Sozial- und Kulturwissenschaften und
zur Philosophie. Rechtskritik ist ein wichtiges Korrektiv für den gesellschaftlichen Umgang mit dem Recht und stabilisiert es zugleich, soweit sie die fortge-
setzte Anpassung der rechtlichen Normen an die gesellschaftliche Wirklichkeit
ermöglicht. Das gilt selbst dann, wenn das Recht seinen Kritikern bisweilen als
ein untauglicher Versuch zur normativen Steuerung gesellschaftlicher Vorgänge
erscheint und gar von seiner „Auflösung" die Rede ist (Röhl 2005). Denn dass
die Anerkennung des Rechts als Ordnungsstruktur einen Rationalitätsgewinn
erzielt, lässt sich nicht ernsthaft bestreiten. Das Recht stellt ein überaus erfolg-
reiches Mittel zur Speicherung politischer Konsense, zur Stabilisierung normativer Erwartungen und zur Konfliktbewältigung dar. Der Einhegung von Herrschaft und der Differenzierung von Individualsphären dient das Recht dabei
nicht mehr nur in den Territorialstaaten. Verrechtlichung wird heute vielmehr
zunehmend auch als Chance in den internationalen Beziehungen verstanden
(Zangl 2006).

Aus der Betrachtung des Rechts von außen folgt allerdings noch kein rechtli-
ches Argument. Aus der Beobachterperspektive formulierte Einwände lassen
sich nicht direkt in die juristische Dogmatik übertragen. Sie müssen vielmehr
erst in deren Sprache „übersetzt" werden. Das verlangt eine Auseinandersetzung mit dem Rechtsverständnis der jeweiligen kritischen Perspektive. Außerdem ist zu bestimmen, inwieweit und unter welchem rechtlichen Gesichtspunkt
die geäußerte Kritik im Recht Berücksichtigung finden kann. Erst durch den
Übersetzungsvorgang entsteht eine diskursive Brücke zum Austausch zwischen
Rechtskritik und Rechtsdogmatik.

Der Austausch zwischen Rechtsdogmatik und Rechtskritik soll im Folgenden
zur Annäherung an das, was „Recht" ist, fruchtbar gemacht werden. Zur An-

schauung dienen vier Einwände aus jüngerer Zeit, die mit Blick auf verschiedene Pluralisierungserscheinungen im Recht formuliert worden sind. Alle vier hieraus entstandenen Debatten schließen an alte Fragestellungen zum Rechtsbegriff an und können das anhaltende Ringen um diesen verdeutlichen:

- Die sozialwissenschaftliche Kritik am etatistischen Rechtsbegriff weist auf die stetig wachsende Bedeutung nicht-staatlicher Normen und Standards in nationalen wie in transnationalen Kontexten hin, die die Einheit und den Staatsbezug des Rechts in Frage stellen. Sie schließt damit an die juristische Debatte über den Rechtsbegriff an.
- Der sprachphilosophische Einwand dekonstruiert den Klarheitsanspruch des Rechts und die Eindeutigkeit seiner Rechtssätze, indem er auf deren Textlichkeit und die Subjektivität der Auslegung abstellt. Er nimmt dabei auf klassische Probleme der juristischen Methodenlehre Bezug.
- Der steuerungstheoretische Einwand bezweifelt die Funktionalität rechtlicher Steuerung und fragt nach deren Wirksamkeitsbedingungen. Er schließt dabei an die rechtstheoretischen und rechtssoziologischen Fragestellungen zu Geltung, Legitimität und Anerkennung des Rechts an.
- Die moralphilosophische Positivismuskritik weist auf den notwendigen Bezug zwischen dem Recht und kulturell geprägten Gerechtigkeitsvorstellungen hin und fragt nach den Voraussetzungen für die Richtigkeit des Rechts. Diese Frage stellt sich heute nicht mehr nur im nationalen Recht, sondern vor allem auch mit Blick auf die normative Anschlussfähigkeit von inter- und transnationalen Normenordnungen im Kontext der Globalisierung.

2. Einheit, Eindeutigkeit, Funktionalität und Richtigkeit des Rechts

2.1 Einheit des Rechts: die Kritik am etatistischen Rechtsbegriff

Der etatistische Rechtsbegriff geht auf den staatsrechtlichen Positivismus in der zweiten Hälfte des 19. Jahrhunderts zurück. Recht ist danach in erster Linie das staatliche Gesetz. Dem entspricht Max Webers Begriff vom Recht, dessen Geltung äußerlich garantiert sei „durch die Chance physischen oder psychischen Zwanges durch ein auf Erzwingung der Innehaltung oder Ahndung der Verletzung gerichtetes Handeln eines eigens darauf eingestellten Stabes von Menschen." (Weber 1922: 17) Auch wenn der Erzwingungsstab nicht unbedingt staatlich sein muss, ist er wegen des staatlichen Gewalt- und Gerichtsmonopols doch darauf angelegt. Verfassungsrechtlich verknüpft das staatliche Gesetz die Legitimitätsanforderungen, die sich aus dem Demokratieprinzip ergeben, mit den Anforderungen an die Rechtssicherheit, die das Rechtsstaatsprinzip vorgibt. Der Gegenbegriff zum gesatzten Recht ist die vertragliche Vereinbarung, mit der Private rechtliche Bindungen begründen können. Darüber hinaus ist auch die Rechtsqualität des Völkerrechts historisch anerkannt, obwohl es nicht auf einem Setzungsakt, sondern auf der Vereinbarung der Staaten untereinander beruht und kein überstaatliches Zwangsregime existiert.

Durch die Staatszentriertheit des Rechtsbegriffs wird die Annahme von der „Einheit der Rechtsordnung" erst plausibel. Denn zur Rechtsordnung zählen nur solche Normen, die sich normativ in sie einfügen und die von ihr in Bezug genommen werden und deshalb die staatliche Anerkennung genießen. Die Rückbindung an den Staat und die Verfassung dient so zugleich als Legitimationsquelle und Prämisse der Gesetzesauslegung. Dies ermöglicht es, das Problem der Geltung und der Legitimität des Rechts rein normativ zu betrachten und von der Frage nach seiner empirischen Wirksamkeit und Anerkennung zu lösen: Gesetze gelten danach, wenn sie formal in Kraft getreten sind, und sind legitim, wenn sie formal korrekt zustande gekommen sind und sich in die Rechtsordnung einfügen. Das setzt insbesondere voraus, dass sie mit höherrangigem Recht und vor allem der Verfassung vereinbar sind. Ist die Verfassungsmäßigkeit eines Gesetzes aber das entscheidende inhaltliche Kriterium für die Legitimität eines Gesetzes, dann wird auch der Anspruch des Rechts auf normative Richtigkeit zu einer Frage des Verfassungsrechts und wird losgelöst von der Frage nach den überkonstitutionellen Gründen des Rechts (Alexy 1992/2002: 64; s. dazu 2.4).

Doch bildet das staatliche Recht keinesfalls die einzige Ordnung sozialer Normen mit Geltungs- und Befolgungsanspruch. Im Geltungsbereich der staatlichen Rechtsordnung finden sich Phänomene der Selbstregulierung meist in zweierlei Art: Sie gehen entweder auf soziale Gruppen oder Milieus zurück, die in kultureller, oft religiöser Verbundenheit einheitliche Wertvorstellungen teilen und ihr Verhalten auf einem eigenen Normensystem aufbauen. Oder sie können wie das sog. Expertenrecht das Produkt einer Vereinbarung unter Privaten sein. Technische Standards wie die DIN-Normen zählen hierzu (Köndgen 2006). Aus der Sicht derjenigen, die die privaten Normen begründen und befolgen, unterscheiden sich diese nicht von staatlichem Recht. Sie erfordern Folgebereitschaft, und ihre Nichtbefolgung ist regelmäßig sanktioniert. Gegenüber Dritten entfalten sie dagegen keine unmittelbare Wirkung.

Im Kontext der staatlichen Rechtsordnung lässt sich normative Pluralität mit dem monistisch-staatszentrierten Rechtsbegriff gut bewältigen (Röhl 2005). Um Normenkollisionen auszuschließen, beansprucht das staatliche Recht Geltungs-

vorrang vor nicht-staatlichen Normen. Diese bedürfen der ausdrücklichen
Anerkennung durch das Recht, um beispielsweise von den Gerichten berücksichtigt zu werden (Köndgen 2006). Nur wo der Anwendungsvorrang einer
nicht-staatlichen Norm ausdrücklich statuiert ist, hat ihre abweichende Regelung gegenüber dem Gesetz Bestand. Unter dem Grundgesetz finden sich solche Regelungen im Schutzbereich der Religionsfreiheit des Art. 4, in dessen
Rahmen sich die Religionsgemeinschaften frei von staatlichen Vorgaben selbst
organisieren dürfen. So erlassen die Kirchen beispielsweise eigene Schul- und
Arbeitsgesetze, die für ihre Einrichtungen gelten. Die „Einheit der staatlichen
Rechtsordnung" lässt sich damit als eine grundlegende Kollisionsnorm verstehen, wonach das staatliche Recht Vorrang gegenüber anderen sozialen Normen
beansprucht.

Aus einer sozialempirischen Perspektive ist ein staatszentrierter Rechtsbegriff
keinesfalls zwingend. Die Frage der Rechtsethnologie lautet deshalb, „welche
sozialen Phänomene wir Recht nennen wollen" und welchen wir lediglich eine
politische und wirtschaftliche Normfunktion zuerkennen (von Benda-
Beckmann 1994: 3). Der Verweis auf den Staat erscheint ihr willkürlich und
politisch motiviert. Und in der Tat verdeckt er die Frage nach der Kompetenz
für die Entscheidung darüber, welchen sozialen Normen in einer Gemeinschaft
der besondere Geltungsanspruch des Rechts zukommen soll und welchen nicht.
Besonders deutlich wird dies mit Blick auf soziale Normbildungsprozesse jenseits historisch gewachsener, staatlich verfasster Ordnungen, bei denen der Staat
als Bezugsgröße ausfällt. Das betrifft Prozesse transnationaler Normenbildung
wie die Ausbildung globaler Handelskonventionen (Fischer-Lescano/Teubner
2006). Das betrifft aber auch lokale Normenordnungen, die sich in schwachen
Staaten wie Afghanistan ohne den Bezug zum staatlichen Rechtsetzungs- und
Rechtsdurchsetzungsmonopol bilden. Mit dem Staat entfällt das Kriterium für
normative Einheit, der Anknüpfungspunkt für die Legitimität von Normen, der
Vorrang des staatlichen Rechts als Kollisionsregel und regelmäßig auch das
einheitliche Gerechtigkeitsideal als Maßstab für das Recht. Taugt das Recht aber
nicht zur Stabilisierung normativer Erwartungen, ist es seiner wichtigsten Funktion beraubt (siehe 2.3). An die Stelle des Rechts treten dann regelmäßig andere
gesellschaftliche Institutionen.

Nicht nur die Praxis der globalen Verbreitung der Rule of Law in der Entwicklungszusammenarbeit (HiiL 2007) zeigt die Probleme, die entstehen, wenn
international anschlussfähige Normen in Regionen ohne konsolidiertes Rechtssystem exportiert werden. Die Herstellung normativer Anschlussfähigkeit jenseits der Grenzen staatlicher Rechtssysteme beschäftigt heute auch die internationale Rechtstheorie, die „General Jurisprudence" (Twining 2009: 18). Hier
arbeitet man einerseits an einem Rechtsbegriff, der eine Norm als Rechtsnorm

nicht inhaltlich an höherrangigem Recht misst, sondern darauf abstellt, inwieweit sie von „sekundären Normierungen" umgeben ist, die bestimmen, wie
Normen aufzustellen, umzusetzen, anzuwenden oder durchzusetzen sind (Hart
1961, ähnlich schon Weber 1922). Weil normative Einheit aber nur noch partiell
(territorial, personal, funktional) plausibel erscheint, wird anderseits die Idee der
Einheitlichkeit des Rechts aufgegeben und durch ein stärker kollisionsrechtli-
ches Verständnis ersetzt, bei dem die einzelnen Teilrechtsordnungen über Kollisionsregime miteinander verknüpft sind. Nicht mehr die Definition des
Rechtsbegriffs ist danach die entscheidende Weiche, sondern die Bestimmung
adäquater Kollisionsnormen und der Regeln ihrer Durchsetzung (Berman 2009:
88ff.; siehe 2.4).

2.2 Eindeutigkeit des Rechts: der sprachphilosophische Einwand

Ist das Korpus des Rechts erst einmal bestimmt, wird deutlich, dass das Recht
immer nur über seine Textualität zu erschließen ist. Es stellt sich die Frage nach
der Auslegung von Rechtstexten und einer „juristischen Hermeneutik". Recht-
sprechung und Rechtswissenschaft unterscheiden zwei Auslegungsmethoden,
die das Bundesverfassungsgericht folgendermaßen charakterisiert hat: „Während die ‚subjektive' Theorie auf den historischen Willen des ‚Gesetzgebers' =
Gesetzesverfassers, auf dessen Motive zu ihrem geschichtlichen Zusammenhang abstellt, ist nach der ‚objektiven' Theorie, die in Rechtsprechung und Lehre immer stärkere Anerkennung gefunden hat, Gegenstand der Auslegung das
Gesetz selbst, der im Gesetz objektivierte Wille des Gesetzgebers." (BVerfG
1960: 129f.) Zur Ermittlung des „objektivierten Willens des Gesetzgebers" lässt
sich danach auf verschiedene Eigenschaften der Norm zugreifen: auf ihren
Wortlaut (grammatische Auslegung), ihren Zusammenhang (systematische Auslegung), den mit ihr verfolgten Zweck (teleologische Auslegung) und die Geset-
zesmaterialien und die Entstehungsgeschichte (historische Auslegung). Der
Entstehungsgeschichte der Norm soll für die Auslegung nur insofern Bedeutung zukommen, „als sie die Richtigkeit einer nach den angegebenen Grundsät-
zen ermittelten Auslegung bestätigt oder Zweifel behebt, die auf dem angegebenen Weg allein nicht ausgeräumt werden können" (BVerfG 1952: 312).
    Die objektive Theorie der Normauslegung verdrängt die Autorenschaft des
Gesetzgebers und den historischen Kontext, in dem die Norm entstanden ist.
Auch die Subjektivität des Norminterpreten fängt sie nicht auf. Der „objektivierte Wille des Gesetzgebers" schafft stattdessen Raum für die Anpassung der
Norm an beliebige Kontexte und dient so in erster Linie der Sicherung der
Deutungsmacht durch die Judikative (Rüthers 2008: 800). Die Berechenbarkeit

der Normauslegung und das dahinter stehende Anliegen der strengen Rechtsbindung der Verwaltung und des Richters werden dadurch prekär – auch wenn
das Bundesverfassungsgericht der historischen Auslegung in der Praxis sehr viel
mehr Raum gibt, als es sein Auslegungsprogramm vermuten lässt.

Der hiergegen formulierte sprachphilosophische Einwand richtet sich gegen
die Annahme, mit den Methoden der Gesetzesauslegung ließen sich die Normen objektiv bestimmen und Gesetzesbindung erreichen. Sie geht davon aus,
dass die Bedeutung dem Wort nicht immanent ist, sondern immer das Produkt
einer Konstruktion, die jeder nur für sich und vor dem Hintergrund seines eigenen Vorverständnisses vornehmen kann. Jedes Verstehen impliziert ein An-
dersverstehen. Das ist das hermeneutische Dilemma, wie es Gadamer ein-
drucksvoll beschreibt (Gadamer 1972: 250ff.). Wie alle Wörter sind auch Geset-
zesbegriffe zunächst nicht mehr als leere Sinnträger. Der Richter als Gesetzes-
interpret ist demnach nur an die Bedeutung gebunden, die er dem Gesetz selbst
gibt, und die maßgeblich von seinem Vorverständnis und den diesem zugrunde
liegenden Wertvorstellungen geprägt ist. Diese Annahme bildete den Ausgangspunkt der gerichtssoziologischen Untersuchungen der Critical Legal Studies in
den USA in den 1980er Jahren (Unger 1986).

In den kritischen Blick gerät hierbei immer auch die Verbindung aus metho-
dischem Positivismus und Staatsmacht (Rüthers 2008: 304). Denn soweit das
Gesetz gar keine „objektive" Norm verbrieft, sondern seine Auslegung letztlich
immer durch Vertreter des Staates und im Kontext der staatlichen Verfassung
erfolgt, ist die „Herrschaft des Rechts" eine Form der Machtausübung durch
diejenigen, denen „das Recht zur Schaffung rechtsverbindlicher Regeln zugewiesen ist" (von Arnauld 2006: 414), und diejenigen, die es in exponierter Stellung interpretieren. In Deutschland richtet sich der Blick in diesem Zusammenhang nicht zuletzt auf die Richter des Bundesverfassungsgerichts, deren Senats-
entscheidungen teilweise Gesetzeskraft zukommt (§ 31 BVerfG-Gesetz).

Gerade aus diesem Grund ist die Bindung des Richters an das Gesetz aber
notwendig. Der linguistic turn hat den sprachtheoretischen Prämissen der
Rechtsbindung einen Aufmerksamkeitsschub in der Rechtswissenschaft eingebracht. Sie waren dort zuvor aber keinesfalls unbekannt. Die Kritik an den
Schwächen der Gesetzesbindung von Verwaltung und Justiz schließt vielmehr
an ältere Debatten der Rechtstheorie und der juristische Methodenlehre zum
Problem der Rechtsgewinnung und zur Rechtsverwirklichung an. Zu deren
Gewissheiten zählte spätestens seit den 1960er Jahren, dass es keine Objektivität hermeneutisch gewonnener Aussagen gibt, sondern die Rechtsanwendung
immer nur Interpretationen hervorbringt, die das Vorverständnis und die Aus-
sageabsicht des Interpreten mit ausdrücken (Krawietz 1996). Für die Rechtswissenschaft folgt daraus, dass die Bindung an das Recht anders als nur über den

Inhalt der Norm zu gewährleisten ist. Rechtssysteme bedienen sich dazu einerseits der Recht-Sprechung durch den Richter (Augsberg 2009: 77) und andererseits der Einhegung der richterlichen Entscheidungsfreiheit durch die „sekundären Regeln" der Methoden der juristischen Argumentation, die die Berechenbarkeit und Wiederholbarkeit der Normen gewährleisten sollen. Hierzu zählen die Konventionen der Rechtsquellenlehre, bestimmte Sprach- und Sprachverwendungskonventionen, die Regeln der juristischen Logik und Argumentation ebenso wie die Kanones der Auslegungsmethoden (von Arnauld 2006: 413). Auslegung hat immer am Maßstab des Gesetzeszwecks und mit Blick auf den Willen des Gesetzgebers und unter Berücksichtigung des diskursiven Kontexts und seinen Pfadabhängigkeiten zu erfolgen (Rüthers 2008: Rn. 719, 796ff.).

Die juristischen Auslegungsmethoden können die Spielräume richterlicher Eigenmacht minimieren. Überdies sieht das Verfahrensrecht institutionelle Sicherungen vor, die Verlässlichkeit gewährleisten. Dazu zählen die Bestimmung konkreter Zuständigkeiten, die Beteiligung Betroffener am Verfahren und die Pflicht zur Begründung einer Entscheidung, aber auch die Machtteilung im Kammerprinzip und Kontrollmechanismen durch Instanzenzüge. Der Richter unterliegt außerdem der informalen Kontrolle innerhalb des Rechtsdiskurses. Seine Entscheidung muss nach Maßgabe der sekundären Regeln „vertretbar" sein. Dieses Erfordernis der juristischen Richtigkeit einer Entscheidung engt den richterlichen Entscheidungsspielraum empfindlich ein (von Arnauld 2006: 413f.). Die „herrschende Meinung" ist insofern ein Zeichen für die Anerkennung bestimmter Auslegungsergebnisse – die „einsame richterliche Dezision" dagegen nicht mehr als ein Konstrukt.

Im globalen Rechtsverkehr über Sprachgrenzen hinweg potenzieren sich die Probleme der Rechtsgewinnung noch. Übersetzungsleistungen sind hier in doppelter Hinsicht verlangt: nicht nur rein sprachlich, sondern vor allem auch beim Transfer rechtlicher Konzepte in andere normative Kontexte. Gerade die besondere Kontextualität des Rechts stellt seine Tauglichkeit als Medium der interkulturellen Kommunikation erheblich in Frage.

2.3 Funktionalität des Rechts: der steuerungstheoretische Einwand

Das Gesetz ist zum zentralen Ordnungs-, Politik- und Steuerungsinstrument in modernen Gesellschaften geworden. Im Gesetz wird das Recht für jedermann erkenn- und berechenbar, Gesetze ermöglichen die legitime Durchsetzung verbindlicher Normen, sie sind – beinahe – beliebig vermehrbar und jederzeit veränderbar. Aus der (rechts-) soziologischen Perspektive kommen dem Gesetz heute insbesondere drei Funktionen zu (Schuppert 2000: 461ff.):

1. Die Ordnungsfunktion des Gesetzes bezieht sich auf die strukturprägende Dimension der Rechtsordnung. Gesetze können normative Erwartungen stabilisieren und dienen der verfahrensmäßigen Bearbeitung von Konflikten. Sie stellen ein differenziertes Handlungs- und Entscheidungsinstrumentarium für staatliche ebenso wie für nicht-staatliche Akteure bereit und ermöglichen die Bestimmung normativer Grenzen des sozialadäquaten Verhaltens. Durch Gesetze lassen sich Rechtssphären voneinander trennen sowie Berechtigungen und Pflichten zuweisen. Die ordnende Kraft des Rechts ist zugleich sein oberstes Effektivitäts- und Legitimitätskriterium. Jenseits des Staates dient das transnationale Recht ebenfalls der Ordnungsbildung.
2. In demokratischen Gesellschaften hat das Gesetz weiterhin eine Politikfunktion. Es ermöglicht die Überführung von politischen Konsensen in die Rationalität des Rechts, speichert sie und macht sie vollziehbar und dient so der planmäßigen Gestaltung wirtschafts-, sozial- und gesellschaftspolitischer Prozesse. In diesem Sinne hat Dieter Grimm (1969: 502) das Recht als „geronnene Politik" bezeichnet. Verfahrens- und Beteiligungsrechte sichern die Responsivität und damit die Legitimität von rechtlichen Entscheidungen.
3. Aus der Rationalität und der besonderen Flexibilität des Gesetzes folgt schließlich eine Steuerungsfunktion. Die Steuerung gesellschaftlicher Abläufe durch „den Staat" bzw. seine gewählten Vertreter ist dabei in erster Linie Struktursteuerung. Durch Gesetz oder aufgrund von Gesetzen werden Akteure geschaffen, Handlungsinstrumente bereitgestellt, Verfahren geregelt und Werte bestimmt. Die Rechtsordnung als Summe aller geltenden Gesetze stellt eine normative Infrastruktur bereit, auf deren Grundlage und in deren Rahmen gesellschaftliche Ordnung bewirkt und kollektive Güter erbracht werden.

Das Recht kann nur dann Erwartungen stabilisieren, wenn es selbst sicher ist. Sicher sind nur die Gesetze, von deren Verwirklichung auch auszugehen ist. Rechtssicherheit ist die Grundbedingung jeder Steuerung durch Recht (von Arnauld 2006: 79ff.). Die Rechtspraxis geht im Grunde davon aus, dass das Recht, soweit es „gilt", wirksam ist und die genannten Funktionen erfüllt. Unter Ausblendung der soziologischen Wirksamkeitsvoraussetzungen des Rechts gelangt sie zu einem normativen Begriff legitimer Geltung: Ein Gesetz gilt, wenn es das Gesetzgebungsverfahren durchlaufen hat und formal in Kraft getreten ist. Die Geltung des Gesetzes bestimmt sich danach unabhängig von seiner moralischen Begründetheit und zunächst auch von seiner Vereinbarkeit mit der Verfassung; denn die Verfassungsmäßigkeit kann in Deutschland nur

das Bundesverfassungsgericht nachträglich feststellen. Die Geltung des Gesetzes ist außerdem völlig unabhängig von seiner faktischen Anerkennung durch
die Adressaten und ihrer Folgebereitschaft. In diesem Sinne werden alle erlassenen Gesetze als legitime Institutionen verstanden und ihre Wirksamkeit und die
Erreichung der mit ihnen bezweckten Steuerungsziele unterstellt, unabhängig
davon, ob sie auch faktisch Erwartungen stabilisieren. Aus der juristischen Teilnehmerperspektive ist ein normativer Begriff von Geltung und Legitimität alternativlos, weil es nicht dem einzelnen Rechtsanwender obliegen kann, die
Bedeutung eines Gesetzes am Grad seiner Wirksamkeit zu bemessen.

Grundlegende Einwände gegen den Steuerungsoptimismus der Juristen sind
dagegen zunächst von Seiten der Steuerungstheorie vorgetragen worden (Teubner/Willke 1984). Sie wies darauf hin, dass Systeme wie die öffentliche Verwaltung oder Unternehmen in sich geschlossen sind und sich durch Einwirkungen
von außen stets nur irritieren lassen, wobei die Folgen des Eingriffs sich mehr
aus der jeweiligen Systemrationalität als aus dem mit der Einwirkung verfolgten
Zweck ergeben. Empirische Arbeiten aus dem Bereich des Umweltverwaltungsrechts, die auf strukturelle Vollzugsdefizite hinwiesen, hatten dann eine überwiegend in den Politikwissenschaften geführte Diskussion über staatliches
Steuerungsversagen und die Krise des regulativen Rechts zur Folge (Mayntz
1997). Erst in der Mitte der neunziger Jahre ließ sich auch die Rechtswissenschaft zunehmend auf die Frage ein, welche Steuerungsziele sich durch welche
Gesetze erreichen lassen (Voßkuhle 2006: Rn. 10).

Das Ergebnis dieser Diskussionen ist ein erweitertes Interesse an der Wirkungsdimension rechtlicher Normen. Das zeigt sich vor allem beim Normdesign und damit im Bereich der Rechtspolitik, wenn die Handlungsrationalitäten
derjenigen gesellschaftlichen Akteure, auf deren Verhalten durch ein Gesetz
eingewirkt werden soll, schon bei der Rechtsgestaltung Berücksichtigung finden.
In diesem Sinne lassen sich bspw. klassisch hierarchische Instrumente wie die
Sanktionierung von Rechtsverstößen als Ordnungswidrigkeit durch den Abschluss von Zielvereinbarungen oder andere Anreize ergänzen. Weitergehende
Überlegungen haben unter dem Stichwort „reflexives" oder „prozedurales"
Recht" (Teubner/Willke 1984; Calliess 1999: 91ff.) Formen institutioneller
Selbstregulierung entwickelt, bei denen gesetzliche Regelungen nur noch den
strukturellen Rahmen bilden, indem sie festlegen, wer an den Regulierungsprozessen beteiligt ist und nach welchen Regeln sie ablaufen.

Nimmt die Rechtswissenschaft die Steuerungsfunktion des Rechts ernst,
dann muss sie sich noch mehr als bisher der tatsächlichen Seite der Steuerung
durch Recht zuwenden und vermehrt Rechtswirkungsforschung betreiben. Sie
muss die Wirkung komplexer Planungs- und Entscheidungsprogramme untersuchen und die Umsetzung rechtlicher Regelungen in ähnlich aufwändigen

Studien analysieren, wie sie bereits im Bereich der Gesetzesfolgenabschätzung unternommen werden (Böhret/Konzendorf 2001). Die Rezeption der Steuerungstheorie durch die Rechtswissenschaft hat sich bisher allerdings weitgehend darauf beschränkt, das Modell der Steuerung durch Recht theoretisch zu verfeinern, ohne ihre Annahmen selbst empirisch zu überprüfen und dabei auch die normative Kraft der Verwaltungswirklichkeit angemessen in ihre Überlegungen mit einzubeziehen (Voßkuhle 2007: Rn. 22ff.; Schuppert 2008). Institutionell wird die Rechtswissenschaft nicht darum herum kommen, die anliegende empirische Arbeit selbst zu leisten. Die sozialwissenschaftlichen „Nachbardisziplinen" können ihr ein wichtiger Quell für Inspiration und ein Spiegel für Methodenrichtigkeit sein, was sich in der Rechtssoziologie schon seit den 1960er Jahren zeigt (Schulz-Schaeffer 2004; Röhl 2005). Gleichwohl beforschen diese Disziplinen das Recht entlang eigener Fragestellungen und nehmen der Rechtswissenschaft nicht die unerledigte empirische Arbeit ab.

2.4 Richtigkeit des Rechts: die Positivismuskritik der Moralphilosophie

Die Frage nach der Richtigkeit des Rechts bezieht sich auf das Verhältnis des Rechts zur Moral und zu den so genannten überrechtlichen Gründen der Gerechtigkeit. Es ist das klassische Thema der Rechtsphilosophie, das im Widerstreit von Rechtspositivismus und Rechtsmoralismus verhandelt wird und das derzeit nicht zuletzt die Diskussionen über Verfassung und Recht in der Globalisierung prägt.

Recht und Moral sind zwei voneinander zu unterscheidende Normenordnungen, die doch nicht völlig getrennt nebeneinander stehen. Die moralischen Gründe des Rechts sind vielmehr der Maßstab für seine Richtigkeit und die notwendige Voraussetzung für seine normative Geltung. Das Verhältnis, in dem Recht und Moral in einer Rechtsordnung aufeinander bezogen sind, kann ganz unterschiedlich ausgeprägt sein: Zwischen einem starken Rechtspositivismus, der das Recht ohne Bezugnahme auf moralische Standards identifiziert und interpretiert, und einem starken Rechtsmoralismus, bei dem das Recht als eine direkte Konsequenz der Moral verstanden wird, sind viele Formen denkbar (Koller 2008: 163).

Das deutsche Recht ist von einem „schwachen Rechtsmoralismus" geprägt (Koller 2008: 166). Es beruht einerseits auf dem begrifflich notwendigen Zusammenhang von Recht und Moral, andererseits ist die Verfassungsordnung aber so in die moralischen Gründe eingebettet und als deren Ausdruck zu verstehen, dass bei der Rechtsauslegung und -anwendung nur ganz ausnahmsweise und ergänzend auf überpositive, moralphilosophische Begründungen abgestellt werden muss (Alexy 1992/2002: 69f.). Bei der Auslegung des einfachen Gesetzesrechts im Lichte des Grundgesetzes bleibt die Frage nach einer überpositiven Gerechtigkeit völlig ausgeblendet. Bei der Auslegung des Grundgesetzes hat sich das Bundesverfassungsgericht dagegen vereinzelt auf philosophische Erwägungen gestützt, etwa bei der Bestimmung des Menschenwürdebegriffs in Art. 1 Abs. 1, den es ausdrücklich an der Konzeption Immanuel Kants orientiert (BVerfG 1969: 6; 1977: 227).

Ein weiteres Beispiel findet sich im so genannten Mauerschützen-Urteil, mit dem das Bundesverfassungsgericht die Verurteilung von DDR-Grenzsoldaten wegen Totschlags bestätigte, obwohl das DDR-Strafrecht eine rechtfertigende Regelung für den Schusswaffengebrauch bei Republikflucht vorgesehen hatte. Dessen Beachtung lehnte das Gericht jedoch unter Heranziehung der „Radbruch'schen Formel" von 1946 ab. Danach ist „[d]er Konflikt zwischen der Gerechtigkeit und der Rechtssicherheit" ausnahmsweise nicht zugunsten des positiven Rechts zu entscheiden, wenn „der Widerspruch des positiven Gesetzes zur Gerechtigkeit ein so unerträgliches Maß erreicht, dass das Gesetz als ,unrichtiges Recht' der Gerechtigkeit zu weichen" habe. Weil die Regelung des DDR-Strafrechts für jedermann erkennbar eine schwerwiegende Missachtung allgemein anerkannter Menschenrechte zur Folge habe, müsse von ihrer Anwendung abgesehen werden (BVerfG 1996: 96ff.).

Die Beispiele belegen die Stellung der Verfassung auf der Schnittstelle von Politik, Recht und Moral. In Recht gegossen und der rechtlichen Rationalität unterworfen bündelt und verstetigt die Verfassung politische Grundentscheidungen. Sie dient zugleich als Symbol für die normative Einheit von Gesellschaft und Staat (Vorländer 2006). Die Letztentscheidungskompetenz in Fragen der Verfassungsauslegung liegt in Deutschland beim Bundesverfassungsgericht, dem damit eine in mehrfacher Hinsicht schwierige Rolle zufällt. Als eines der fünf obersten Verfassungsorgane des Bundes ist es ein zentraler politischer Akteur. Dem entspricht es, dass seine Mitglieder je zur Hälfte vom Bundestag und vom Bundesrat gewählt werden (Art. 94 Abs. 1 S. 2 GG). Seine – hochpolitischen – Entscheidungen trifft das Gericht am Maßstab des Grundgesetzes, das es mit juristischen Methoden auslegt und zugleich fortentwickelt. Wie das Beispiel des Mauerschützenurteils zeigt, hat es dabei sowohl politische als auch philosophische Erwägungen anzustellen und in verfassungsrechtliche Argumentationen zu wenden.

Mit seiner Letztzuständigkeit zur Grundgesetzinterpretation in einer Vielzahl von verfassungsrechtlichen Konflikten – zwischen Verfassungsorganen des Bundes und der Länder ebenso wie bei der Kontrolle staatlicher Individualakte im Verfassungsbeschwerdeverfahren – verfügt das Bundesverfassungsgericht im internationalen Vergleich über sehr weitreichende Kompetenzen (Brodocz

2003: 255f.). Indem es gesellschaftlichen Auseinandersetzungen nicht selten den verfassungsrechtlichen Schlusspunkt hinzufügte und den politischen Lagern dabei argumentative Brücken zur Wiederannäherung baute, hat das Bundesverfassungsgericht ganz erheblich an institutionellem Vertrauen gewinnen können (Schaal 2004: 114ff.). Gleichzeitig setzt es sich aber auch der Kritik aus: Diese richtet sich dagegen, dass seine Entscheidungen demokratische Debatten ex cathedra beenden. Ganz besonders richtet sie sich gegen einen „Bundesverfassungsgerichtspositivismus" (Schlink 1989), wonach die Auslegung des Verfassungsrechts zunehmend nicht mehr nach den tradierten Methoden, sondern nur mehr unter Bezugnahme auf das einschlägige Präjudiz erfolge. Bedenkt man die Stellung und die Aufgaben des Bundesverfassungsgerichts im Grundgesetz, dann handelt es sich nur auf den ersten Blick um einen rein rechtsmethodischen Einwand – dahinter steht eine grundlegende Institutionenkritik.

Die Frage nach einem eher positivistischen oder eher moralistischen Verständnis des Rechts stellt sich aber nicht nur innerhalb der nationalen Verfassungsordnungen. Sie stellt sich vielmehr ganz besonders bei Normenordnungen, die in Kontexten jenseits solcher Verfassungen gebildet werden, etwa in transnationalen Systemen wie dem Internetregulierungsverbund ICANN, oder im globalen Wirtschaftsverkehr, wo sich unter dem Begriff „Lex Mercatoria" eine weithin anerkannte Regelungsstruktur herausgebildet hat (Fischer-Lescano/Teubner 2006: 44). Bei diesen Normen ist schon fraglich, ob sie hinreichend normativ begründet sind, um Recht zu sein, und welche Moral ihnen zugrunde liegt. Weil gleichzeitig unsicher ist, innerhalb welcher institutionellen Strukturen ihre verbindliche Interpretation und Durchsetzung erfolgen kann, genügt es aber auch nicht, lediglich auf das formale Erfordernis der Normdurchsetzung mit einem eigenen Zwangsregime abzustellen.

Entfällt der Staat und mit ihm die Verfassung als normative Einheit ermöglichende Instanz, sind normative Pluralität und ein Mangel an Legitimität der Normen die Folge. Ebenso entfallen von allen Bevölkerungsgruppen gleichermaßen anerkannte Gerichte oder gerichtsähnliche Institutionen, die die bestehenden Normen durch Auslegung vereinheitlichen könnten. In solchermaßen fragmentierten Rechtsordnungen ist ein die Gerechtigkeitsfrage verdrängender Rechtspositivismus keine Option. Welche Normen als Recht gelten, ist hier jeweils einzeln funktional zu bestimmen. Gleichzeitig ist die moralische Begründung der Normen zu beachten. Gerade mit Blick auf die übergeordnete Anerkennungswürdigkeit einer Normenordnung, bspw. bei der Frage ihrer globalen Anschlussfähigkeit, kommt es darauf an, ob bereits irgendeine überpositive Begründung der Normen genügt, um sie zum Recht zu zählen, oder ob sie auf einen Kanon universell begründbarer Normen zurückgehen müssen.

Zur Bewältigung des Problems multipler Gerechtigkeiten im globalen Recht werden heute im Wesentlichen zwei unterschiedliche Modelle vorgeschlagen: Dem Konstitutionalisierungsmodell liegt die Vorstellung einer einheitlichen globalen Rechtsordnung zugrunde (vgl. Habermas 2008). Es setzt einen minimalen universellen Konsens über grundlegende Moralnormen auch unter den Bedingungen normativer Pluralität voraus. Demgegenüber ist das kollisionsrechtliche Modell vom Anspruch normativer Einheit befreit. Es geht von autonomen Einzelordnungen unterscheidbarer Rechte aus, die sich jeweils auf eigene moralische Gründe beziehen und – jeweils problembezogen – über Kollisionsregime miteinander verknüpft sind (Berman 2009: 84f., 135). Das können Kollisionsnormen ebenso sein wie Gremien, die im Kollisionsfall entscheiden. Das Problem der übergeordneten Anschlussfähigkeit einer Normenordnung wird dabei auf die konkreten Kollisionsprobleme heruntergebrochen, ohne eine normative Grundlage mit universellem Geltungsanspruch zu statuieren. Die kulturellen Normen und Gerechtigkeitsideale der „anderen" sind dabei als die überpositiven Gründe deren Rechts anzuerkennen, selbst wenn sie den moralischen Gründen des eigenen Rechts entgegen stehen. Dadurch lässt sich die universelle normative Anschlussfähigkeit von Normenordnungen herstellen. Inwieweit damit der Verbreitung von „Recht" gedient ist, hängt dagegen von der jeweiligen inhaltlichen Erwartung an den Rechtsbegriff ab.

3.   Schluss: Perspektiven im und auf das Recht

Die juristische Teilnehmerperspektive im Recht fingiert Einheit, wo tatsächlich Pluralität besteht. Diese Verkürzung ermöglicht ein Verständnis des Rechts als ein kohärentes normatives System, das als Maßstab zur Lösung sozialer Probleme dient, sowie die Verwendung normativer Begriffe der Geltung und der Legitimität von Gesetzen. Die Beschreibung und Systematisierung des Rechts aus dieser Perspektive kann im besten Fall selbst da Einheit stiften, wo die Gesetze Differenz behaupten. Der blinde Fleck dieser Perspektive liegt bei den theoretischen und empirischen Voraussetzungen der Rechtsanwendung: beim Rechtsbegriff, bei der Auslegung des Rechts, bei seiner Funktionalität und bei der Kontingenz seines Gerechtigkeitsbezugs. Machtfragen, Akzeptanzdefizite oder Kapazitätsprobleme sind keine Probleme, die innerhalb der dogmatischen Strukturen des Rechts sichtbar werden.

Die Beobachterperspektive auf das Recht ist von solchen funktional bedingten Blindheiten frei. Indem sie auf die Prämissen und die Wirkungen des juristischen Rechtsverständnisses zielt und diese kritisiert, dient sie dem anwendungsbezogenen Umgang mit dem Recht als Spiegel und als Korrektiv. Selbst die berechtigte Kritik lässt sich jedoch nicht ohne Übersetzungsleistung in die Rechtsdogmatik übernehmen. Ist die Übersetzung möglich, dann lässt sich das Recht punktuell für die Erkenntnisse der Rechtskritik öffnen, problembezogen und vorübergehend, und der aus der Außenperspektive erkennbare Missstand kann beseitigt werden. Gerade über die Rechtskritik hat sich das Gespräch über die rechts- und die sozialwissenschaftliche Beschäftigung mit dem Recht institutionalisiert. Zwischendisziplinen wie die Rechtstheorie, die Rechtsphilosophie oder die Rechtssoziologie erfüllen dabei eine wesentliche Mittlerfunktion. Doch lassen sich auch nicht alle von der Rechtskritik aufgegriffenen Probleme des Rechts auf dogmatischem Wege lösen. Oftmals kann erst eine Gesetzesänderung Abhilfe schaffen.

Literatur

Alexy, Robert (1992/2002): Begriff und Geltung des Rechts. Freiburg: Alber.

Arnauld, Andreas von (2006): Rechtssicherheit. Perspektivische Annäherungen an eine idée directrice des Rechts. Tübingen: Mohr.

Augsberg, Ino (2009): Rechtslektionen. Zur Textualität des juristischen Verfahrens. In: Rechtstheorie 40. 71-97.

Benda-Beckmann, Franz von (1994): Rechtspluralismus. Analytische Begriffsbildung oder politisch-ideologisches Programm? In: Zeitschrift für Ethnologie 119. 1-16.

Berman, Paul Schiff (2009): Globaler Rechtspluralismus. In: Kötter, Matthias/ Schuppert, Gunnar Folke (Hg.): Normative Pluralität ordnen. Baden-Baden: Nomos. 41-135.

Böhret, Carl/ Konzendorf, Götz (2001): Handbuch Gesetzesfolgenabschätzung. Gesetze, Verordnungen, Verwaltungsvorschriften. Baden-Baden: Nomos.

Brodocz, André (2003): Die symbolische Dimension der Verfassung. Wiesbaden: Westdeutscher Verlag.

BVerfG (1952): Entscheidungen des Bundesverfassungsgerichts, Bd. 1. Tübingen: Mohr.

– (1960): Entscheidungen des Bundesverfassungsgerichts, Bd. 11. Tübingen: Mohr.

– (1969): Entscheidungen des Bundesverfassungsgerichts, Bd. 27. Tübingen: Mohr.

– (1977): Entscheidungen des Bundesverfassungsgerichts, Bd. 45. Tübingen: Mohr.

– (1996): Entscheidungen des Bundesverfassungsgerichts, Bd. 95. Tübingen: Mohr.

Calliess, Gralf-Peter (1999): Prozedurales Recht. Baden-Baden: Nomos.

Fischer-Lescano, Andreas/ Teubner, Gunther (2006): Regime-Kollisionen. Zur Fragmentierung des globalen Rechts. Frankfurt/Main: Suhrkamp.

Gadamer, Hans-Georg (1972): Wahrheit und Methode. Grundzüge einer philosophischen Hermeneutik. 3. Aufl. Tübingen: Mohr.

Grimm, Dieter (1969): Recht und Politik. In: Juristische Schulung 9. 501-510.

Habermas, Jürgen (1992): Faktizität und Geltung. Beiträge zur Diskurstheorie des Rechts und des demokratischen Rechtsstaats. Frankfurt/Main: Suhrkamp.

– (2008): Konstitutionalisierung des Völkerrechts und die Legitimationsprobleme einer verfassten Weltgesellschaft. In: Brugger, Winfried/ Neumann, Ulfried/ Kirste, Stefan (Hg.): Rechtsphilosophie im 21. Jahrhundert. Frankfurt/Main: Suhrkamp. 360-379.

Hart, H.L.A. (1961): The Concept of Law. Oxford: Clarendon Press.

HiiL, The Hague Institute for the Internationalisation of Law (2007): Rule of Law Inventory Report. Den Haag.

Koller, Peter (2008): Der Begriff des Rechts und seine Konzeptionen. In: Brugger, Winfried/ Neumann, Ulfried/ Kirste, Stefan (Hg.): Rechtsphilosophie im 21. Jahrhundert. Frankfurt/Main: Suhrkamp. 157-180.

Köndgen, Johannes (2006): Privatisierung des Rechts: Private Governance. In: Archiv für die civilistische Praxis 206. 477-525.

Krawietz, Werner (1996): Sprachphilosophie in der Jurisprudenz. In: Dascal, Marcello/ Gerhardus, Dietfried u.a. (Hg.): Sprachphilosophie. 2. Halbband. Berlin: de Gruyter. 1470-1489.

Mayntz, Renate (1997): Politische Steuerung. Aufstieg, Niedergang und Transformation einer Theorie. In dies.: Soziale Dynamik und politische Steuerung. Frankfurt/Main, New York: Campus. 263-292.

Röhl, Klaus F. (2005): Auflösung des Rechts. In: Lorenz, Stephan/ Trunk, Alexander/ Eidenmüller, Horst (Hg.): Festschrift für Andreas Heldrich. München: Beck Juristischer Verlag. 1161-1176.

Rüthers, Bernd (2008): Rechtstheorie. Begriff, Geltung und Anwendung des Rechts. 4. Aufl. München: Beck.

Schaal, Gary S. (2004): Vertrauen, Verfassung und Demokratie. Wiesbaden: VS Verlag.

Schuppert, Gunnar Folke (2000): Verwaltungswissenschaft. Verwaltung, Verwaltungsrecht, Verwaltungslehre. Baden-Baden: Nomos.

– (2008): Verwaltungsrecht und Verwaltungsrechtswissenschaft im Wandel. Von Planung über Steuerung zu Governance. In: Archiv des Öffentlichen Rechts 133. 79-106.

Schulz-Schaeffer, Ingo (2004): Rechtsdogmatik als Gegenstand der Rechtssoziologie. Für eine Rechtssoziologie ‚mit noch mehr Recht'. In: Zeitschrift für Rechtssoziologie 25. 141-174.

Schlink, Bernhard (1989): Die Entthronung der Staatsrechtswissenschaft durch die Verfassungsgerichtsbarkeit. In: Der Staat 28. 161-172.

Teubner, Gunther/ Willke, Helmut (1984): Kontext und Autonomie: Gesellschaftliche Selbststeuerung durch reflexives Recht. In: Zeitschrift für Rechtssoziologie 5. 4-35.

Twining, William (2009): General Jurisprudence. Understanding Law from a Global Perspective. Cambridge: University Press.

Unger, Roberto Mangabeira (1986): The Critical Legal Studies Movement. Cambridge, Mass.: Harvard University Press.

Vorländer, Hans (2006): Die Verfassung als symbolische Ordnung. Perspektiven einer kulturwissenschaftlich-institutionalistischen Verfassungstheorie. In: Becker, Michael/ Zimmerling, Ruth (Hg.): Politik und Recht. PVS-Sonderheft 36. Wiesbaden: VS-Verlag. 229-249.

Voßkuhle, Andreas (2006): Neue Verwaltungsrechtswissenschaft. In: Hoffmann-Riem, Wolfgang/ Schmidt-Aßmann, Eberhard/ Voßkuhle, Andreas (Hg.): Grundlagen des Verwaltungsrechts, Bd. 1. München: Beck. 1-61.

Weber, Max (1922): Wirtschaft und Gesellschaft. Grundriß der verstehenden Soziologie. Hg. von Johannes Winckelmann. 5. Aufl. Tübingen: Mohr, 1972.

Zangl, Bernhard 2006: Die Internationalisierung der Rechtsstaatlichkeit: Streitbeilegung in GATT und WTO. Frankfurt, New York: Campus.

Religion

Tine Stein

1. Religion – ein Grundbegriff politischer Theorie

Ist Religion ein Grundbegriff politischer Theorie? Wer von einem konfliktorientierten Verständnis der Politik ausgeht, wird Religion als wichtiges Thema politikwissenschaftlicher Forschung bestimmen. Denn diesseits und jenseits des Atlantiks gibt es intensive religionspolitische Auseinandersetzungen, so z.B. über

- Religion in der Schule: das Unterrichtsfach „Lebensgestaltung – Ethik – Religionskunde" anstelle von Religionsunterricht, die Einführung von islamischem Religionsunterricht in deutschen Schulen, in den USA das Schulgebet oder die Behandlung der Schöpfungsgeschichte;
- Präsenz religiöser Symbole im öffentlichen Raum: die rechtliche Zulässigkeit von Kruzifixen in Schulen, von Moscheebauten oder von Lautsprecher-unterstützten Muezzin-Rufen, die Aufnahme eines Gottesbezugs in die europäische Verfassung, die Aufstellung einer religiösen Gesetzestafel vor öffentlichen Gebäuden wie etwa einem Gericht in den USA;
- Konflikte zwischen weltlichen und religiösen Normensystemen: das Kirchenasyl, das Schächten oder religiöse Kleidung in Ämtern und Schulen;
- die Frage der Religion als Konfliktfaktor in der Weltgesellschaft: der „Karikaturenstreit", die Ereignisse im Anschluss an die Regensburger Vorlesung von Papst Benedikt XVI.

Es muss nicht erst die destruktive Religiosität der Attentäter des 11. Septembers angeführt werden, um zu sehen, dass Religion ein existenzieller Faktor für das politische Geschehen ist.[1] Aber allein der Umstand, dass Religion für Konflikte

---

1 In der deutschen Politikwissenschaft erfährt das Verhältnis von Religion und Politik seit etwa einem Jahrzehnt eine besondere Aufmerksamkeit, was in der Gründung des Arbeitskreises „Politik und Religion" innerhalb der Deutschen Vereinigung für Politische Wissenschaft zu erkennen ist (Hildebrandt/Brocker/Behr 2001); auch hat die Politische Vierteljahresschrift einen Sonderband dem Thema „Politik und Religion" gewidmet (Minkenberg/Willems 2003). In den USA wird seit Ende der achtziger Jahre – auch vor dem Hintergrund der politischen und gesellschaftlichen Terraingewinnung der christlichen Rechten – vehement über das Verhältnis von Politik und Religion unter dem Vorzeichen liberaler Demokratietheorie diskutiert (exemplarisch Audi/Wolterstorff 1997, Walzer 1998, Nussbaum 2007, Taylor 2009).

Anlass gibt, den die politische Theorie aufbereiten muss, macht Religion noch nicht zu einem ihrer Grundbegriffe - auch nicht die bloße Tatsache, dass mehr als 80% der Weltbevölkerung Anhänger einer religiösen Glaubensrichtung sind (Inglehart/Norris 2004). Vielmehr gilt es zu verstehen, warum die politische Theorie ohne den Begriff der Religion gar nicht plausibel ihren Gegenstand, die Politik, erfassen kann. Ein solcher Versuch erscheint auf den ersten Blick als unzeitgemäß und problematisch. Denn in den Sozial- und Geisteswissenschaften wird über das Verhältnis von Politik und Religion vornehmlich unter der Perspektive des Säkularisierungsparadigmas diskutiert. Kennzeichen moderner Politik sei es demzufolge, dass sie sich aus der Umklammerung der Religion gelöst und diese zur Privatsache gemacht habe. Für die staatliche Ordnung des Politischen übersetzt sich die Säkularisierung in das Prinzip der religiös-weltanschaulichen Neutralität. Es verwundert daher nicht, dass in einem der wichtigsten Lexika, den *Geschichtlichen Grundbegriffen*, zwar ein Eintrag „Säkularisierung" verzeichnet ist, aber keiner zur Religion (Brunner/Conze/Koselleck 1984). Tatsächlich zeigt jedoch, wie im Folgenden ausgeführt werden soll, die aktuelle Debatte über Religion und Politik, dass Religion[2] auch unter dem modernen Vorzeichen einer weltanschaulichen Neutralität des Staates ein wesentlicher Faktor der Politik und somit grundlegend für ihr Verständnis bleibt. Dazu dienen drei Hypothesen:

Die *anthropologische Hypothese* besagt, dass das Bedürfnis nach Transzendenz zur menschlichen Grundausstattung gehört und sich bei vielen Menschen in Form der Zugehörigkeit zu einer der historisch gewordenen Religionsgemeinschaften äußert. Die religiösen Bindungen der Menschen haben stets Auswirkungen auf das politische Gemeinwesen, integrative wie desintegrative, woraus sich entsprechend unterschiedliche Platzzuweisungen für die Religion in der öffentlichen Sphäre ergeben.

Die *Genesis-Hypothese*, die sich explizit auf die Religion im westlichen Kulturkreis konzentriert, betont die wesentliche Rolle des jüdisch-christlichen Denkens und der christlichen Kirche bei der Herausbildung der westlichen politischen Ordnung als konstitutionelle Demokratie. Der ideenhistorische Befund hat systematische Bedeutung für die Bewertung ihrer Legitimität.

---

2 Dabei ist es ratsam, nicht von einem gewissermaßen weltumspannenden Religionsbegriff auszugehen, sondern sich angesichts der fundamentalen Unterschiede zwischen den abrahamitischen Offenbarungsreligionen, den deistischen, den polytheistischen und weiteren Religionen (vgl. Glasenapp 2001) klar zu machen, von welcher Religion bzw. Religionen die Rede ist. Wie schwer es ist, einen gemeinsamen Nenner zu finden, zeigt insbesondere das aus der Perspektive westlicher Religionen gewonnene Kriterium des Gottesbezugs. Die folgenden Ausführungen beschränken sich daher auf den westlichen Kulturkreis und monotheistische Religionen.

Entsprechend behauptet die *Geltungshypothese* die fortbestehende Bedeutung der Religion auch für die weltanschaulich und religiös neutrale konstitutionelle Demokratie. Ohne die Offenheit zur Transzendenz, mindestens zu einer Vorstellung eines absoluten Grunds des Rechts, ließe sich die Legitimität einer Ordnung mit begrenztem Verfügungsanspruch nicht verstehen, die in ihrer positiven Rechtsordnung einen für die Politik unverfügbaren Kern behauptet. Im Vergleich zur anthropologischen und zur Genesis-Hypothese ist die Geltungshypothese freilich die umstrittenste.

Insbesondere aus der liberalen Perspektive Rawlsscher Prägung (Rawls 1975, 1998; dazu Willems 2003: 99ff.) erscheinen diese Hypothesen zweifelhaft, da die politische Ordnung im „post-metaphysischen Zeitalter" nicht nur durch Neutralität in religiösen Fragen gekennzeichnet ist, sondern grundsätzlich dem verfahrensmäßig bestimmten Rechten Vorrang vor dem substantiell zu verstehenden Guten gibt. Religiöse Überzeugungen haben dann ihren Platz in der Sphäre des Privaten, und Verbindungen zwischen Politik und Religion erscheinen unter den Bedingungen der Säkularisierung für die politische Theorie nicht als eine konzeptuelle Herausforderung, sondern als Pathologie. Bevor also damit begonnen werden kann, die hier eingeführten Hypothesen zu erörtern, ist zunächst zu klären, warum das Säkularisierungsparadigma sich als so durchschlagend erwiesen hat.

2.   Das Verhältnis von Religion und Politik

2.1 Säkularisierung und das Prinzip der weltanschaulichen Neutralität des Staates

Dem kulturellen Gedächtnis der modernen Welt ist als Trauma ihrer Geburtsstunde ein Ereignis ganz besonders eingeschrieben: die blutigen Auseinandersetzungen über den rechten Glauben in den konfessionellen Bürgerkriegen des 16. und 17. Jahrhunderts, welche das Auseinanderfallen der alten Ordnung einer *res publica christiana* besiegelten. Diese Gewalt aus Anlass von Wahrheitsfragen hat Thomas Hobbes als den ersten modernen politischen Denker zu einer im Vergleich mit der mittelalterlichen Ordo-Vorstellung gänzlich anderen Konstruktion der politischen Ordnung geführt. Denn für das Verständnis des Hobbesschen Leviathan ist entscheidend, dass der Geltungsgrund der Politik ein anderer wird: ein weltlicher Zweck, nämlich das Überleben der Individuen tritt an die Stelle der vormals um das Seelenheil der Untertanen besorgten politischen Ordnung (Böckenförde 1976: 55). Das kann nur gelingen, wenn nicht mehr aus der Wahrheit das Recht abgeleitet wird, sondern die politische Macht das Recht setzt. Deswegen lautet Hobbes' Kernsatz: „Auctoritas non veritas facit legem." Wie vormals die Politik eine Funktion des von Gott stammenden Rechts war, so wird jetzt das Recht zu einer Funktion der Politik. Das Recht gilt, weil es dem Willen dessen entspricht, der der Souverän ist.

Jean-Jacques Rousseau fügt dieser modernen Konstruktion im *Gesellschaftsvertrag* die Demokratisierung des Willens des Souveräns hinzu und handelt sich damit eines der Kardinalprobleme der modernen politischen Theorie ein: die Wahrung der politischen Einheit unter autonomen Individuen, die sich auf der Grundlage des Prinzips der Selbstbestimmung vertraglich zusammengeschlossen haben. Zur Einheitsbildung bedarf es diverser Hilfskonstruktionen; die für den Zusammenhang von Politik und Religion relevanteste ist die Zivilreligion. Eine religiöse Ausrichtung der Bürger ist für Rousseau unerlässlich. Aber die politische Gemeinschaft ist nicht darauf angewiesen, dass ihre Bürger religiös sein sollen im Sinne der historisch gewachsenen, tradierten christlichen Offenbarungsreligion – wie sie dann Alexis de Tocqueville in seinen *Betrachtungen über die Demokratie in Amerika* als eine ihrer Funktionsbedingungen herausgestellt hat. Im Gegenteil: In Rousseaus Augen ist mit Christen kein Staat zu machen, denn deren Vaterland befindet sich im Himmel (Gesellschaftsvertrag 4/8). Das macht sie als Staatsbürger untauglich, da ihre Loyalität im Konfliktfall nicht dem Staat gilt und ihre Religion einen Eigenwert behauptet, der unabhängig von den Funktionserfordernissen der diesseitigen Sphäre ist. Demgegenüber bedarf es bei Rousseau eines von religiösen Bekenntnissen unabhängigen Glaubens an Gott, der die Bürger auf den Staat ausrichtet.

Damit ist bei Rousseau eines der Hauptprobleme im Verhältnis von Religion und moderner Politik angesprochen: dass die Befolgung religiöser Normensysteme in Konflikt geraten kann mit den Anforderungen, welche die staatlichen Normen an die Rechtsunterworfenen stellen. Anstelle der Rousseauschen „Lösung" dieses Konflikts in Form einer staatlich oktroyierten Zivilreligion ist in der Tradition des liberalen, sich selbst begrenzenden Staates eine andere Lösung wirkmächtig geworden: Der Staat anerkennt das freie Gewissen der Rechtsunterworfenen und die jeweilige Religionszugehörigkeit als ein unveräußerliches Recht. Dabei stellt sich dieses Recht nicht nur als Freiheit *zur* Religion dar, als positives Recht also, sondern auch als Freiheit *von* staatlicher Religionsbevormundung, als negatives Abwehrrecht. Das Bundesverfassungsgericht hat dies für die Verfassungsordnung des Grundgesetzes auf den vielzitierten Begriff des Staates als Heimstatt aller Bürger gebracht, unabhängig von ihren Glaubensüberzeugungen und Weltanschauungen (BVerfGE 19, 206 (216)). Die Glaubens- und Gewissensfreiheit bedeutet auch, dass das Befolgen einer staatlichen Norm nicht mit einem Verhältnis innerer Loyalität erfolgen muss (BVerfGE

102, 370 (395f.)). Der weltanschaulich-neutrale Verfassungsstaat verlangt von
seinen Bürgern Rechtstreue, aber das Recht muss dabei nicht für gut befunden
werden. In der politischen Theorie firmiert dies als Trennung von Legalität und
Moralität.

Aus der ideengeschichtlichen Betrachtung kann für die politiktheoretische
Diagnose des Verhältnisses von Politik und Religion noch mehr gelernt werden.
Mit der Aufklärung und der Weiterentwicklung der modernen Wissenschaften,
insbesondere dem Aufkommen der Sozialwissenschaften, erwächst der Religion
eine neue Konkurrenz in Sachen Weltdeutung: Die Wissenschaft selbst liefert
nun auf kognitiver Basis Erklärungen zur Deutung der Welt, und zwar insbesondere solche, die von der Frage nach einem Sinn der Welt absehen (Kaufmann 1989). Die Religion wird dabei zunehmend als Anachronismus in der
Moderne wahrgenommen. In der Perspektive der Fortschrittsidee, die den Blick
in die Zukunft richtet, ist die Religion der Blick zurück, die Bindung an das
Vorgegebene und Althergebrachte, das Unverfügbare, wo doch der moderne
Mensch sich aus den vorgefundenen Bindungen emanzipiert, von der durch
Gott bestimmten Heteronomie zur Autonomie findet, Grenzen überwindet und
vermittels der modernen empirischen Wissenschaften zu den materiellen Seg-
nungen der modernen Zivilisation gelangt. Max Weber resümiert: „Mit der
Zunahme des Rationalismus der empirischen Wissenschaft wird dadurch die
Religion zunehmend aus dem Reich des Rationalen ins Irrationale verdrängt
und nun erst: die irrationale oder antirationale überpersönliche Macht schlechthin." (Weber 1988: 564)

Für diese neue Stellung der Religion in der modernen Welt hat die herauf-
kommende Sozialwissenschaft einen durchschlagenden Begriff geprägt: die
Säkularisierung. Ein Gutteil der Debatte über das Verhältnis von Politik und Religion wird seither in den Sozialwissenschaften unter diesem Leitbegriff geführt. Im
weiteren Sinn lässt sich unter Säkularisierung die „Verweltlichung" nicht nur der
politischen Ordnung, sondern auch der Gesellschaft als ganzer von einer religiösen Bestimmung zugunsten einer eigenen Zwecksetzung und Legitimationsbasis
verstehen (Böckenförde 1976: 43). Wie dieser Vorgang allerdings einzuschätzen
ist, bleibt umstritten.

Unterschiedliche Anschauungen bestehen zunächst über die Frage, inwiefern
der Prozess der Säkularisierung eine lineare und fortdauernde Entwicklungsdy-
namik aufweist oder ob statt dessen von einem Niedergang des Religiösen gar
nicht ausgegangen werden kann. Hier geht es vornehmlich um Dissonanzen in
der empirischen Einschätzung. Sodann bestehen erhebliche Unterschiede in der
Bewertung des Säkularisierungsvorgangs selbst: Bedeutet ein Rückzug der Religion ins Private oder deren Verschwinden einen Akt der Emanzipation oder
lässt dies vielmehr auf einen Niedergang von Moralität und Sittlichkeit schlie-

ßen? Die unterschiedlichen empirischen Einschätzungen und normativen Bewertungen lassen sich auf die drei zu Beginn formulierten Hypothesen abtragen:

- Wenn darüber gestritten wird, ob die Religion verschwindet und zwar nicht bloß aus der politisch-öffentlichen Sphäre, sondern auch von der Liste menschlicher Bedürfnisse, dann handelt es sich um einen Streit über anthropologische Fragen und eine Bewertung der Religion hinsichtlich ihrer assoziativen oder dissoziativen Effekte für das politische Zusammenleben. Dies wird im nächsten Schritt in der Erörterung der *anthropologischen Hypothese* Thema sein.
- Wenn darüber gestritten wird, inwiefern der ganze Vorgang der Säkularisierung untrennbar mit dem verbunden bleibt, was „verweltlicht" worden ist, dann handelt es sich um einen Streit über die Bedeutung der Herkunft der modernen Welt aus dem Prozess der Ablösung von der Religion. Bezogen auf die staatliche Ordnung des Politischen geht es hier um die Frage der Entwicklungsgeschichte des modernen demokratischen Verfassungsstaates, was Thema in der Erörterung der *Genesis-Hypothese* sein soll.
- Wenn darüber gestritten wird, ob ein religiöses Erbe nur einen angemessenen Platz in den Archiven der Ideengeschichte finden kann oder aber dieses Erbe auch für heutige Problemlagen fruchtbar zu machen ist, dann handelt es sich um einen Streit darüber, welcher Anspruch auf Geltung der Religion innerhalb der Politik zukommen soll, was schließlich in der Erörterung der *Geltungshypothese* zu untersuchen ist.

2.2 Drei Hypothesen

Die anthropologische Hypothese

Religion gehört zur Grundausstattung des Menschseins (Honecker 2000: 5), und eine Theorie des Politischen muss diese „Naturanlage" immer mit einbeziehen. Diese Hypothese ist von der Religionskritik radikal bestritten worden. Religion sei eine Selbsttäuschung, die der moderne Mensch mit voranschreitender Säkularisierung und Emanzipation erkennt und ablegt. Gerade in dem Vermögen, die Religion als Opium des Volkes (Marx), als Illusion (Freud) oder mit dem Diktum „Gott ist tot" (Nietzsche) zu dekonstruieren, liegt die den Menschen besonders auszeichnende Fähigkeit der Reflexion. Ungeachtet des Verbreitungsgrades dieser Theorien bei Intellektuellen und auch der Gehorsam erzwingenden politischen Gewalt, die etwa in den Ländern des Ostblocks mit der marxistischen Religionskritik einherging, kann von einem Verschwinden religiöser Gefühle und des religiösen Glaubens empirisch nicht die Rede sein. Die Religion ist noch immer, wenn auch in der westlichen Welt abnehmend,[3] eine der zentralen Instanzen, die für die Wertbildung und Wertvermittlung prägend ist. Wäre dies stärker im Bewusstsein des politikwissenschaftlichen Nachdenkens verankert, dann wäre diese Disziplin nicht in so weiten Teilen sprachlos gewesen, um hinter den Anschlägen des 11. September jene existentiellen Kräfte zu erkennen, die sich ganz wesentlich aus einem religiösen Antrieb speisten. Wie falsch verstanden die Lehren des Korans dabei auch immer in Anspruch genommen wurden (Preuß 2002) – eine politische Theorie, die diese existentiellen Kräfte nicht systematisch einbezieht und auf die Frage verzichtet, was der Glaube für das politische Zusammenleben bedeutet, hätte einen blinden Fleck.

Dies gilt umso mehr, wenn in den Blick genommen wird, dass Religion für das politische Gemeinwesen nicht nur dissoziative, sondern auch assoziative Wirkungen hat. Wenn religiöse Gemeinschaften die Glaubensangehörigen auf ein ethisches Programm verpflichten, das universellen Moralprinzipien entspricht, so kommt das dem liberalen Staat entgegen. Seine eigenen Mittel, die Bürger zu gemeinwohlorientiertem Verhalten zu erziehen, sind aus guten Gründen beschränkt. Ernst-Wolfgang Böckenförde hat diesen Zusammenhang in einem Paradox gefasst: „Der freiheitliche, säkularisierte Staat lebt von Voraussetzungen, die er selbst nicht garantieren kann." (2004: 229) Das Böckenförde-Paradox wird häufig bestritten: Weder sei es einsichtig, ausgerechnet von der Religion ein besonderes Fundament der Gemeinschaftlichkeit und Sittlichkeit für die Bürger zu erwarten, noch brauche man auf sie besonders zurückzugreifen. Gerade monotheistische Religionen könnten ausschließend wirken (Assmann 2002), was dem bürgerschaftlichen Gleichheitspostulat widerspricht, zudem gebe es andere Quellen der Sittlichkeit und auch des „bürgerschaftlichen Wir", wie z.B. in Deutschland eine „negative Zivilreligion" in Form der Nation als Erinnerungsgemeinschaft, um sich im Gedenken an die Schuldhaftigkeit der eigenen Geschichte zu vereinen (Haus 2003: 50). Angesichts der zeitgenössischen Erosion tradierter Glaubensformen und Inhalte in Europa steht zu erwarten, dass die anthropologische Hypothese zukünftig auf breiterer empirischer Basis überprüft werden kann. Aufgabe der politischen Theorie ist es dann, die Auswirkungen zu bewerten und institutionelle Vorkehrungen zu diskutieren, um die problematischen (dissoziativen) Effekte zu befrieden und die positiven (assoziativen) Effekte in einer Weise zu unterstützen, die mit dem Neutralitätspostulat des Verfassungsstaates harmoniert.

---

3 Vgl. insgesamt Inglehart/Norris (2004) und Bertelsmann (2009)

Die nächste Hypothese führt in das Zentrum der politischen Theorie. Wer die politische Ordnung der konstitutionellen Demokratie in ihrem Legitimationsgefüge verstehen will, muss nach den Wurzeln dieser Ordnung fragen.

Die Genesis-Hypothese

In der Politikwissenschaft ist es *communis opinio*, dass die Wurzeln der konstitutionellen Demokratie hinsichtlich der Demokratie in Athen, hinsichtlich der Rechtsordnung in Rom und verallgemeinert in den Menschenrechtserklärungen zu suchen sind. Das ist gewiss nicht falsch, es greift aber zu kurz, denn der Dreh- und Angelpunkt dieser politischen Ordnung und zugleich ihr Fundament ist die Würde der Person und ihre Unverfügbarkeit für andere. Und das lässt sich ohne den grundlegenden Beitrag Jerusalems, also des jüdisch-christlichen Denkens und der christlichen Kirche nicht verstehen.[4]

Mit der jüdischen und christlichen Offenbarungsreligion geht der Blick von der Gemeinschaft zum Individuum, vorrangig werden die Erlösung des Einzelnen und sein Seelenheil. Der Gläubige verantwortet sich vor Gott: darin zeigt sich ein erstes Element der Autonomie der Person. Es ist nicht mehr das von der Gemeinschaft geforderte Ethos, dem der Einzelne entsprechen muss, sondern die eigene verantwortete Entscheidung (Buchheim 1991: 70ff.). In diesem Vermögen erkennen die Menschen einander als Gleiche, nämlich als gleiche Geschöpfe des einen Schöpfers. In Paulus' Brief an die Galater heißt es: „Da gilt nicht mehr Jude und Hellene, nicht Sklave und Freier, nicht Mann und Frau; denn alle seid ihr eins in Christus Jesus." (Gal 3, 28) Mit der Heilsbotschaft sind alle Menschen angesprochen und nicht bloß eine bestimmte Gruppe, hier entsteht überhaupt erst die „Idee des Menschen" (Brunkhorst 2000: 67f.). Mit der Vorstellung der Gottebenbildlichkeit wird auch das Fundament der Freiheit gelegt. Wenn wir als Menschen die gleichen Kinder Gottes sind, lässt sich nicht mehr begründen, dass Menschen aufgrund einer vermeintlichen Ordnung der Natur als Sklaven geboren werden.

Damit ändert sich auch der Stellenwert der politischen Gemeinschaft. Während in der vorchristlichen Antike Religion und Politik eine nicht voneinander geschiedene Einheit darstellen, werden im jüdisch-christlichen Denken Herrschaft und Heil voneinander geschieden (Brunkhorst 2000: 81f., Assmann 2002: 70f.). Mit der Verbreitung des Christentums setzt sich das grundstürzende Bewusstsein durch, dass es sich um zwei differente Sphären handelt. Wenn es in der Apostelgeschichte heißt, dass man Gott mehr gehorchen soll als dem Menschen (Apg 5 29), und in Paulus' Brief an die Philipper, dass der Christen Hei-

---

4 Vgl. zum Folgenden ausführlich Stein (2007: 62-265).

mat die im Himmel ist (Phil 3, 20), dann zeigt sich hier eine vormals nicht gekannte Begrenzung des Verfügungsanspruchs auf den Menschen und überhaupt eine Relativierung der Politik (Ottmann 2002: 202). Die beiden Sphären werden zunächst nur analytisch und theologisch getrennt – „So gebt dem Kaiser, was dem Kaiser gehört, und Gott, was Gott gehört" heißt es im Markus-Evangelium (Mk 12, 17) – im realgeschichtlichen Verlauf erwächst dann mit der Unterscheidung zweier Reiche jedoch selbst in der Einheit der *res publica christiana* eine Konkurrenz von Thron und Altar, die in eine allererste gewissermaßen vorgezogene moderne Revolution mündet, den Investiturstreit des späten 11. Jahrhunderts. In dessen Verlauf entwickelt sich die wie in keiner anderen Religion bereits theologisch angelegte Trennung von Politik und Religion auch als eine institutionelle Trennung von Staat und Kirche. Erst diese Trennung führte zur Herausbildung und Ausdifferenzierung jenes Gebildes, das wir heute als Staat bezeichnen.[5]

Zu diesem ersten, „protomodernen Rationalisierungsschub" (Kallscheuer 2002: 3) trat als nächste religiöse Revolution die Reformation hinzu. Sie führte nicht nur zu der blutigen Wirklichkeit der konfessionellen Glaubenskriege, aus der das Gewaltmonopol des modernen Staates und seine weltanschaulich-religiöse Neutralität erwuchs, sondern auch zu der Forderung nach Gewissensfreiheit als „Ursprung der Idee, ein allgemeines Menschenrecht durch Gesetz festzustellen (...), das von keiner irdischen Macht verliehen und daher von keiner irdischen Macht geschmälert werden dürfe" (Jellinek 1964: 39).

Nun ließe sich allerdings einwenden, dies sei alles bloß Ideengeschichte. Wo liegt die Bedeutung für das aktuelle Legitimitätsgefüge, wenn doch davon ausgegangen werden muss, dass die modernen Legitimationsvorstellungen sich vom göttlichen Willen gerade emanzipiert haben? Da mag es dann zwar noch in der amerikanischen Unabhängigkeitserklärung von 1776 heißen, es sei der Schöpfer, der alle Menschen gleichermaßen mit unveräußerlichen Rechten ausstattet,[6] aber diese Begründung könne nicht ernsthaft für eine Geltungsbehauptung herangezogen werden. In der letzten Hypothese wird jedoch genau dies versucht.

---

5 Hierbei hat die Kirche als Organisation durchaus eine Musterfunktion für den Staat. In den Verfahren und im institutionellen Gefüge der Kirche als Rechtsordnung lassen sich Vorläufer des modernen Verfassungsstaats erkennen. So kann Herrschaft stets nur in der Form der Amtsherrschaft legitim sein: Für die kirchlichen Amtsträger ist ausschlaggebend, dass die Befugnis des Amtes durch den „der Kirche von ihrem Stifter mit gegebenen Auftrag begründet" wird (Böckenförde 1986: 115) – was sich dann in der Figur des demokratisch gewählten Amtsinhabers wiederfinden lässt, der seine Amtsbefugnis ebenfalls nicht an eigenen Zwecken ausrichten kann.

6 „All men are created equal, endowed by their creator with certain inalienable rights."

Die Geltungshypothese

Die These, dass dem Christentum für die politische Ordnung eine tragende Bedeutung bei der Rechtfertigung von Menschenrechten und Demokratie zukommt, wird unterschiedlich begründet. Paul Kirchhof beispielsweise betont die Rolle des Christentums als Fundament und „wesentliche – alternativelose – Verfassungsstütze" (Kirchhof 2001: 162). Das ist der Hintergrund für das Argument, es sei gegen christliche Symbole im öffentlichen Raum nichts einzuwenden, jedoch müssten Symbole anderer Religionen, welche bislang nicht zu einer Kultur der Freiheit und Gleichheit geführt haben, anders bewertet werden. Wer das Kopftuch der Muslimin als Zeichen der Unterdrückung von Frauen versteht, wird dieses der Lehrerin, die als Beamtin in einem besonderen Treueverhältnis zum Staat steht, nicht zubilligen – andererseits aber in der behördlichen Anordnung, in Klassenräumen Kreuze aufzuhängen, keine Spannung zum Prinzip weltanschaulicher Neutralität erkennen, da hierin lediglich die kulturelle Prägekraft des Christentums zum Ausdruck kommt. Das Bundesverfassungsgericht hat allerdings jeweils anders entschieden. Während es in der Kruzifix-Entscheidung (BVerfGE 93, 1) die Religionsfreiheit der Schüler und das Erziehungsrecht der Eltern verletzt sah, wenn durch staatliche Anordnung in Klassenräumen ein Kreuz angebracht wird, gab es in der Kopftuchentscheidung[7] den Konflikt an die demokratische Öffentlichkeit und den Gesetzgeber zurück. Dieser solle das Ausmaß religiöser Bezüge in der Schule aufgrund des mit der zunehmenden religiösen Pluralität verbundenen Wandels neu bestimmen. Dabei sei die weltanschauliche Neutralität des Staates nicht im Sinne einer strikten Trennung von Kirche und Staat zu verstehen, „sondern als eine offene und übergreifende, die Glaubensfreiheit für alle Bekenntnisse gleichermaßen fördernde Haltung". Insofern sind „christliche Bezüge (...) bei der Gestaltung der öffentlichen Schule nicht schlechthin verboten; die Schule muss aber auch für andere weltanschauliche und religiöse Inhalte und Werte offen sein. In dieser Offenheit bewahrt der freiheitliche Staat des Grundgesetzes seine religiöse und weltanschauliche Neutralität."[8] Bei der Kollision von Grundrechten haben die staatlichen Entscheidungsinstanzen für einen Ausgleich zu sorgen, der die grundrechtlichen Freiheiten respektiert; dabei können sie nicht von vornherein der religiösen Mehrheitskultur gewissermaßen einen besonderen leitkulturellen Artenschutz einräumen. In der rechtlichen und politischen Klärung solcher

---

7 Solange Entscheidungen des Bundesverfassungsgerichts noch nicht in der Entscheidungssammlung (BVerfGE) veröffentlicht sind, sind sie auf der Homepage des Gerichts zu finden, hier: BVerfG, 2 BvR 1436/02 vom 03.06.2003. Zur Interpretation des Artikels 4 Abs. 1 u.2 GG: Preuß (2001).
8 BVerfG, 2 BvR 1436/02 vom 03.06.2003, Randziffer 44.

Konflikte wird der Wirklichkeit der „postsäkularen Gesellschaft" (Habermas 2001) Rechnung getragen.

Der Geltungsanspruch, der mit der Präsenz religiöser Bezüge im öffentlichen Raum einhergeht, ist also von vorneherein in das System der gleichen grundrechtlich verbürgten Freiheiten und das daraus erwachsende Prinzip der religiös-weltanschaulichen Neutralität eingefasst. Aus der Sicht einer normativen politischen Theorie ist dabei das Gebot der Gleichheit zu unterstreichen – Martha Nussbaum spricht hier von „religious fairness", im Sinne der gleichen Freiheitsrechte für die Glaubensgemeinschaften (Nussbaum 2007), so dass nicht die Anhänger einer religiösen Minderheit etwa bei Feiertagsregelungen benachteiligt werden, was im Arbeitsrecht erhebliche Konsequenzen nach sich zieht.

Wird das Prinzip der Gleichheit verletzt, wenn aus der Perspektive der liberalen politischen Theorie Ralwsscher Provenienz gefordert wird, dass in politischen Auseinandersetzungen gläubige Bürger nur säkulare Gründe zur Rechtfertigung ihrer Positionen vortragen können? Jürgen Habermas gibt zu bedenken, dass in der Konsequenz eine solche Forderung von den gläubigen Bürgern verlangen würde, ihre religiösen Glaubensanteile gewissermaßen abzuspalten – eine Forderung, die aber der fromme Bürger, welcher seine Existenz aus dem Glauben vollzöge, nicht erfüllen könne (Habermas 2005: 133). Da die grundrechtliche Gewährleistung der Religionsfreiheit diese Existenzformen schütze, könne nicht von allen Bürgern gleichermaßen eine auch säkulare Rechtfertigung ihrer Positionen verlangt werden, sondern nur von solchen, die als Politiker innerhalb der staatlichen Institutionen am Beratungs- und Entscheidungsprozeß der für alle verbindlichen Normen teilnehmen. Während innerhalb der gesellschaftlichen Auseinandersetzung also auch religiöse Gründe zu Wort kommen sollen können, sollen diese für die staatliche Sphäre erst den Filter der säkularen Übersetzung durchlaufen, da andernfalls die Gefahr bestehe, dass das Gemeinwesen in Glaubenskämpfen zerfalle. Damit bleibt die Bürde für die gläubigen Bürger, die mit dieser Übersetzung eine Lern- und Anpassungsleistung erbringen müssen, die den nichtgläubigen Bürger erspart ist, höher (142).

Noch einen weiteren Aspekt trägt Habermas vor, der die Legitimität religiös motivierter Gründe in der gesellschaftlichen politischen Auseinandersetzung belegen kann. Ausgehend von der Beobachtung, dass sich die moralischen Grundlagen des liberalen Staates einer religiösen Herkunft verdanken (Habermas 2001: 22f.), verweist er auf das in der religiösen Rede aufbewahrte Sinnpotential – was sich freilich nicht immer ohne weiteres säkular übersetzen lässt. Darauf hat Jürgen Habermas selbst in der biopolitischen Debatte hingewiesen. Bisher ist es nicht gelungen, die religiöse Unterscheidung von Schöpfer und Geschöpf durch ein säkulares funktionales Äquivalent abzulösen. Ohne die Artikulationskraft religiöser Sprache, so lässt sich die These zuspitzen, sind aktuelle Herausforderungen wie die der technischen Reproduzierbarkeit des Menschen nicht nur nicht zu verstehen, sondern es stehen auch keine normativen Kriterien zur Verfügung, die für die anstehenden politischen Entscheidungen hilfreich sein könnten. Habermas betont, dass man nicht an die Schöpfungsgeschichte glauben müsse, um zu verstehen, was mit Ebenbildlichkeit gemeint sei, wenn Gott in „Adam und Eva freie Menschen schafft, die ihm gleichen" (30), ihm aber doch als seine Geschöpfe nicht ebenbürtig sind. Das ist die entscheidende Einsicht: Gott bleibt „nur solange ein ‚Gott freier Menschen', wie wir die absolute Differenz von Schöpfer und Geschöpf nicht einebnen" (ebd.). Würde der Mensch nämlich Menschen in ihrem natürlichen So-Sein manipulieren oder gar selber schaffen, d.h. nach seinem Plan technisch herstellen, dann wären die gleichen Freiheiten zerstört, die unter Ebenbürtigen bestehen.

Mit Blick auf die Biopolitik lässt sich, den Gedanken von Habermas weiterführend, behaupten, dass ohne eine Begründung der menschlichen Würde in einer Vorstellung des Absoluten das rechtliche Prinzip der Menschenwürde immer nur das bedeuten könnte, worauf sich die Politik gerade geeinigt hat. Damit ginge eine moralisch ausgewiesene Begrenzungsfunktion des Rechts verloren. In einem Verständnis der Menschenwürde aber, nach welchem diese der politischen Disposition entzogen ist, kommt die Bedeutung des Absoluten auch in der Sprache des Rechts zum Tragen. Zugespitzt ließe sich sagen, dass diesem obersten Prinzip eines Rechts auf Rechte insofern ein religiöser Gehalt innewohnt, als die Rechtsgemeinschaft mit der Menschenwürde etwas Unverfügbares so anerkennt, wie Gläubige in der Religion die Begegnung mit dem Absoluten erfahren. Das ist nicht die Übernahme christlicher Theologie, was offensichtlich der weltanschaulichen Neutralität des Verfassungsstaates widerstreiten würde. Vielmehr liegt die inhaltliche Verbindung jenseits der bloßen Strukturanalogie im Postulat der Person und der unauflöslich mit ihr verbundenen unbedingten Würde. Unbedingt – das heißt, dass von jedem Menschen, gleichviel ob gesund oder krank, stark oder schwach, geboren oder ungeboren, ein Anspruch ausgeht, der keiner weiteren Begründung bedarf (Spaemann 1996): Würde kommt dem Mensch allein aufgrund der Tatsache zu, dass er Mensch ist, nicht wie er Mensch ist.

Das ist nun freilich sehr umstritten. Offensichtlich bleibt angesichts der biotechnischen Möglichkeiten, das Humanum selbst technisch zu normieren, gar nichts anderes übrig, als die Unverfügbarkeit der Person jenseits menschlicher Vereinbarung durch Verankerung in einem Absoluten zu sichern. Damit setzt sich diese Hypothese aber dem Vorwurf aus, das Prinzip der Neutralität des weltanschaulich-neutralen Verfassungsstaates zu unterlaufen. Könnte das dünne Eis des bürgerlichen Friedens, welches die Untiefen der differenten Wahrheits-

und Glaubensauffassungen bedeckt, nicht wieder brechen? Stünde also am Ende wiederum die Gefahr eines Glaubenskrieges zwischen den Bürgern?

3. Religion – eine Konstante des Politischen

Der Begriff der Religion ist deshalb so umstritten, weil auf einer sehr grundsätzlichen Ebene zu erörtern ist, ob Religion überhaupt als ein Grundbegriff der politischen Theorie angesehen werden soll. Wie in diesem Beitrag gezeigt wurde, gibt es plausible Gründe, die Religion im Kernbestand des politiktheoretischen Denkens zu verankern – Gründe, die auch für jene nachvollziehbar sind, die keine Sichtweise auf die Welt ‚sub species divinitatis‘ haben. Als analytische Kategorie ist Religion unverzichtbar, um die Herausbildung der modernen politischen Ordnung zu untersuchen und die – sei es assoziativen, sei es dissoziativen – Wirkungen des Glaubens für die politische Einheit der Gesellschaft zu bestimmen. Welche Bedeutung der Religion darüber hinaus für das Legitimationsgerüst der gegenwärtigen konstitutionellen Demokratie zukommt, bleibt bei aller Nachvollziehbarkeit der ideen- und realgeschichtlichen Entwicklungslinien umstritten.

Mit Blick auf die Herausforderungen des biotechnischen Zeitalters wird hier die Sichtweise vertreten, dass sich die normative Relevanz der Religion in der Akzeptanz eines Unverfügbaren erweist. Damit wird nicht der Glaube auf eine Funktion für das politische Gemeinwesen reduziert, sondern schlicht präsent gehalten, dass die Würde der Person und deren Unverfügbarkeit für den politischen Willen ihren wesentlichen Impuls aus der Schöpfungstheologie und der Vorstellung der Gottebenbildlichkeit des Menschen erhalten hat. Demgegenüber erscheint die Vision einer technischen Reproduktion des Menschen wie der letzte Schritt auf dem Weg in die vollständige Selbstermächtigung des modernen Menschen, der keine vorgegebenen Grenzen mehr akzeptiert und der auch die selbstgesetzten Grenzen im Dienste von – wechselnden – innerweltlichen Erlösungsversprechen preisgibt. Vor diesem Hintergrund ist das Beharren auf den religiösen Herkunftsquellen des Prinzips der gleichen Würde aller Menschen jedenfalls weniger systemfremd, als es die weltanschauliche Neutralität des Verfassungsstaats auf den ersten Blick vermuten lässt.

Es ist anzunehmen, dass angesichts der globalen Vitalität der Religionsgemeinschaften zukünftig die Frage nach dem legitimen Stellenwert religiös motivierter politischer Positionen in der Realität der Weltgesellschaft noch an Gewicht gewinnen wird. Wie aus der Perspektive der unterschiedlichen Weltanschauungen und religiösen Glaubenssysteme etwa der universale Gehalt der

Menschenwürde und Menschenrechte zu erschließen ist, wie ein „overlapping consensus" (John Rawls) gefunden werden kann, der als Basis einer normativen Integration der Menschheit dient, ist vermutlich eine der politisch drängendsten Aufgaben, die sich für die politische Theorie stellt.

Literatur

Assmann, Jan (2002): Herrschaft und Heil. Politische Theologie in Altägypten, Israel und Europa. Frankfurt/M.: Fischer.

Audi, Robert/Wolterstorff, Nicholas (1997): Religion in the Public Square. The Place of Religious Convictions in Political Debate. Lanham, Md. – London: Rowmann & Littlefield.

Bertelsmann Stiftung (Hrsg.) (2009): Woran glaubt die Welt? Analysen und Kommentare zum Religionsmonitor 2008. Gütersloh: Verlag Bertelsmann Stiftung.

Böckenförde, Ernst-Wolfgang (2004): Die Entstehung des Staates als Vorgang der Säkularisation (erstm. 1967). In ders.: Kirche und christlicher Glaube in den Herausforderungen der Zeit. Beiträge zur politisch-theologischen Verfassungsgeschichte 1957-2002. Münster: Lit-Verlag. 213-230.

– (1986): Kirche und modernes Bewußtsein. In: Koslowski, Peter u.a. (Hg.): Moderne oder Postmoderne? Weinheim: Acta Humaniora. 103-129.

Brunkhorst, Hauke (2000): Einführung in die Geschichte der politischen Ideen. München: Fink.

Brunner, Otto/Conze, Werner/Koselleck, Reinhart (Hg.): Geschichtliche Grundbegriffe. Historisches Lexikon zur politisch-sozialen Sprache in Deutschland. Bd. 5. Stuttgart: Klett-Cotta.

Buchheim, Hans (1991): Religion und Politik – einige systematische Überlegungen. In: Forndran, Erhard (Hg.): Religion und Politik in einer säkularisierten Welt. Veröffentlichungen der DGfP. Bd. 9. Baden-Baden: Nomos. 65-75.

Glasenapp, Helmuth von (2001): Die fünf Weltreligionen. Hinduismus, Buddhismus, Chinesischer Universismus, Christentum, Islam (erstm. 1963). München: Hugendubel.

Habermas, Jürgen (2001): Glauben und Wissen. Friedenspreisrede des Deutschen Buchhandels 2001. Frankfurt/M.: Suhrkamp.

Habermas, Jürgen (2005): Religion in der Öffentlichkeit. Kognitive Voraussetzungen für den öffentlichen Vernunftgebrauch religiöser und säkularer Bürger. In ders.: Zwischen Religion und Naturalismus. Philosophische Aufsätze. Frankfurt/M.: Suhrkamp. 119-154.

Haus, Michael (2003): Ort und Funktion der Religion in der zeitgenössischen Demokratietheorie. In: Minkenberg, Michael/Willems, Ulrich (Hg.): Politik und Religion. Wiesbaden: Westdeutscher Verlag. 45-67.

Hildebrandt, Mathias/Brocker, Manfred/Behr, Hartmut (2001): Säkularisierung und Resakralisierung in westlichen Gesellschaften. Ideengeschichtliche und theoretische Perspektiven. Wiesbaden: Westdeutscher Verlag.

Honecker, Martin (2000): Religion – Naturanlage oder Illusion? Münster: Rhema-Verlag (Gerda-Henkel-Vorlesung).

Inglehart, Ronald J./Norris, Pippa (2004): Sacred and Secular. Religion and Politics Worldwide. Cambridge: University Press.

Jellinek, Georg (1964): Die Erklärung der Menschen- und Bürgerrechte (erstm. 1895). In: Schnur, Roman (Hg.): Zur Geschichte der Erklärung der Menschenrechte. Darmstadt: WBG. 2. Aufl. 1-77.

Kallscheuer, Otto (2002): Die Trennung von Politik und Religion und ihre „Globalisierung" in der Moderne. In: Aus Politik und Zeitgeschichte 42/43. 3-5.

Kaufmann, Franz-Xaver (1989): Religion und Modernität. Sozialwissenschaftliche Perspektiven, Tübingen.

Kirchhof, Paul (2001): Die Wertgebundenheit des Rechts, ihr Fundament und die Rationalität der Rechtsfortbildung. In: Herms, Eilert (Hg.): Menschenbild und Menschenwürde. Gütersloh: Kaiser/Gütersloher Verlagshaus. 156-172.

Minkenberg, Michael/Willems, Ulrich (Hg.) (2003): Politik und Religion. Sonderheft 33/2002 der Politischen Vierteljahresschrift. Wiesbaden: Westdeutscher Verlag.

Nussbaum, Martha (2007): The Liberty of Conscience. In Defense of America's Tradition of Religious Equality. New York: Basic Books.

Ottmann, Henning (2002): Geschichte des politischen Denkens. Von den Anfängen bei den Griechen bis auf unsere Zeit: Die Römer. Stuttgart: Metzler.

Preuß, Ulrich K. (2001): Kommentierung Art. 4 Abs. 1, 2. In: Denninger, Erhard u.a. (Hg.): Kommentar zum Grundgesetz für die Bundesrepublik Deutschland. (Reihe Alternativ-Kommentar). Neuwied: Luchterhand

Preuß, Ulrich K. (2002): Krieg, Verbrechen, Blasphemie. Zum Wandel bewaffneter Gewalt. Berlin: Wagenbach.

Rawls, John (1975): Eine Theorie der Gerechtigkeit. Frankfurt/M.: Suhrkamp.

– (1998): Politischer Liberalismus. Frankfurt/M.: Suhrkamp.

Spaemann, Robert (1996): Personen. Versuche über den Unterschied zwischen „etwas" und „jemand". Stuttgart: Klett-Cotta.

Stein, Tine (2007): Himmlische Quellen und irdisches Recht. Religiöse Voraussetzungen des freiheitlichen Verfassungsstaates. Frankfurt/M., New York: Campus.

Taylor, Charles (2009): Ein säkulares Zeitalter. Frankfurt/M.: Suhrkamp.

Walzer, Michael (1998): Drawing the Line. Religion and Politics. In: Soziale Welt 49. 295-307.

Weber, Max (1988): Gesammelte Aufsätze zur Religionssoziologie I (erstm. 1920). Tübingen: Mohr.

Willems, Ulrich (2003). Religion als Privatsache? In: Minkenberg, Michael/ Willems, Ulrich (Hg.): Politik und Religion. Wiesbaden: Westdeutscher Verlag. 88-112.

Staat

Birgit Sauer

1. Der Staat als Zentralkategorie der Politikwissenschaft

Der Staat ist eine Zentralkategorie moderner politischer Theorien, von den Vertragstheoretikern der frühen Neuzeit über die Marx'sche Kritik des bürgerlichen Staates und die Theorien zur Begründung der Notwendigkeit eines nationalen Staates von Hegel und Fichte bis hin zu Webers Bürokratietheorie. Insbesondere die Etablierung der „Staatswissenschaft" an deutschsprachigen Universitäten unter der Ägide der Rechtswissenschaft im späten 19. Jahrhundert zeugt von der Zentralität des Staatskonzepts in der akademischen Reflexion. Der wissenschaftliche Diskurs verweist neben demokratischen Staatskonzeptionen freilich auch auf die Herausbildung neuer Formen politischer Steuerung und Ordnung, die sich auf Zentralismus und Hierarchie berufen.

Wenn „Politik" einen Raum der Debatte und den Modus gemeinsamen Handelns bezeichnet, wird unter „Staat" jenes Gefüge von Institutionen verstanden, das verbindliche Entscheidungen zur Gestaltung und Aufrechterhaltung von gesellschaftlicher Ordnung trifft und durchsetzt. In der klassischen dreigliedrigen Definition ist der moderne (National-)Staat erstens durch seine Territorialität, also sein Staatsgebiet, zweitens durch das Staatsvolk sowie drittens durch die Staatsgewalt bestimmt. Staatsgewalt impliziert die legitime Fähigkeit des Staates, Herrschaft über Menschen auszuüben (potestas). Dazu sind dem Staat spezifische Mittel eigen, die auch gewaltförmig im Sinne von violentia sein können: Gesetze, Bürokratie, Polizei, Militär und Geld. Staatliche Herrschaft muss sich allerdings rechtfertigen, um legitim zu sein. Der Nationalstaat wird als von anderen innen- wie außenpolitischen Mächten vergleichsweise unabhängig gedacht (Souveränität), und er ist jene politische Gemeinschaft, in dem staatsbürgerliche Rechte (citizenship) realisiert werden können.

Der Begriff „Staatlichkeit" hebt im Unterschied zum Begriff des (National-) Staats weniger auf die konkreten Formen und Unterschiede der National-, Rechts- oder Sozialstaaten ab, als auf das Prinzip gesellschaftlicher Ordnung und politischer Regulierung, mithin auch auf Herrschaft. Dieses Prinzip überdauerte den Wandel des modernen Staates vom „westfälischen Staat", dem Idealtyp des Territorialstaates des 17. bis 19. Jahrhunderts, über den „regulatorischen" oder „fordistischen" Staat, also den Sozialstaat des 20. Jahrhunderts, hin

zum heutigen „postfordistischen" Staat, der vergleichsweise dezentriert und als
ein Akteur unter anderen gesellschaftlichen Akteuren die Form von Governance annimmt.

2.   Wellen der politischen und wissenschaftlichen Staatsdebatte

Trotz der großen Bedeutung des Staatskonzepts für die politische Entwicklung
der Moderne wie auch für die Wissenschaft von der Politik verliefen die politische und die politikwissenschaftliche Staatsdebatte seit den 1970er Jahren in
konjunkturellen Zyklen. Dabei verhielten sich die beiden Diskussionsstränge
entgegengesetzt: War der sozialdemokratische Politiktyp im Europa der 1970er
Jahre durch eine Expansion des Staates und eine Steigerung staatlicher Regelung
geprägt, so kennzeichnete den Mainstream der politikwissenschaftlichen Debatte dieser Zeit der Verzicht auf das Konzept „Staat". Die Befreiung der Disziplin
von ihrer konservativen Tradition der Staatswissenschaft und das Selbstverständnis als Sozialwissenschaft führten zu einer Schwerpunktverlagerung auf
Konzepte wie jenem des politischen Systems, auf *Policy*-Prozesse sowie auf
politisches Verhalten. Sicherlich sprachen gute Gründe für diese staatstheoretische Abstinenz – sie öffnete den Raum für empirische Politikforschung, die die
sozialen und ökonomischen Bedingungsstrukturen staatlichen Handelns, aber
auch Teilhabe- und Teilnahmechancen der Bürger/innen stärker ins Zentrum
rückten. Gleichwohl lief die Politikanalyse durch die Negation des Staatsbegriffs
Gefahr, eine gesamtgesellschaftliche und herrschaftskritische Orientierung aus
dem Blick zu verlieren.

Als Reaktion auf die problematische „Staats"-Abstinenz fand seit Mitte der
1980er Jahre unter dem Slogan „Bringing the state back in" (Evans/Ruesche-
meyer/Skocpol 1985) eine staatstheoretische Renaissance statt. Diese politikwissenschaftliche Rückkehr des Staates (u.a. Almond 1988; Voigt 1993) war das
Indiz für eine disziplinäre Neubesinnung, die dazu führte, dass der Staat in den
1990er Jahren wieder zu einer zentralen politikwissenschaftlichen Kategorie
avancierte. Vorwürfe aus der Nachbardisziplin der Soziologie, dass die Politikwissenschaft den Staatsbegriff bloß „verwalte" und Fragen nach dem Wie und
Warum des Staates vernachlässige (Breuer 1998: 11, 300) oder dass das Fach die
Auseinandersetzung mit dem Staat scheue, weil es das „Ende der hierarchischen
Vorrangstellung der Politik" und mithin die Infragestellung der „Eigenständigkeit der Politikwissenschaft gegenüber der Soziologie" nicht wahrhaben wolle
(Willke 1997: 322), sind heute nicht mehr relevant. Vielmehr hat sich eine inten-
sive und kontroverse Staatsdiskussion in der Politikwissenschaft entwickelt. Im

Unterschied zu einer bloßen Analyse von Staatstätigkeit, von staatlichen Institutionen, Maßnahmen und Akteuren zielt eine staatstheoretische Perspektive auf die Frage nach Macht und Herrschaft im und durch den Staat und mithin auf die Frage der „Demokratisierung" demokratischer Gesellschaften.

Politisch hingegen wird der Staat seit Mitte der 1990er Jahre unter neoliberalen, d.h. marktbezogenen Vorzeichen verabschiedet, zumindest aber in Frage gestellt: Der Staat werde überflüssig, lautet das neoliberale Argument, weil Markt und Familie vormals staatliche Leistungen effizienter und kostengünstiger erbringen könnten. Deregulierung, Sozialstaatsabbau und Subsidiarität zielen deshalb auf die Einschränkung (national-)staatlicher Regelungskompetenz. Doch nicht nur die neoliberale Globalisierung stellt den Nationalstaat und seine Handlungsfähigkeit in Frage; auch durch die Internationalisierung des Staates, z.B. im Kontext der Europäischen Union, verlagern sich staatliche Gestaltungsmacht und Kompetenzen auf die supranationale Ebene. Dies führte zur Debatte über eine „Erosion" oder gar das „Ende" des Staates.

Nach diesem neoliberalen Abgesang auf den Staat kehrt dieser angesichts der Finanz- und Wirtschaftskrise der Jahre 2008 und 2009 und des beispiellosen Versagens ökonomischer Selbstregulation in die politische Debatte zurück. Als Nothelfer angeschlagener Finanzhäuser und zur Abstützung trudelnder Wirtschaftsbranchen soll der Staat subventionierend in den Markt intervenieren. Dies zeigt, dass von einer Erosion des (National-)Staates oder von seiner Funktionslosigkeit insgesamt doch nicht die Rede sein kann. Vielmehr wird Staatlichkeit neu geordnet, d.h. in einem modifizierten Zusammenspiel von lokaler, nationaler und supranationaler Ebene „re-skaliert" (Görg 2007: 136ff.). Nationalstaatliche Institutionen werden „entkernt", d.h. sie verlieren ihre einstige Funktion (Beck 1993), und der Nationalstaat „zerfasert", d.h. das Gewaltmonopol erodiert (Genschel/Zangl 2007). Neue Formen der politischen Willensbildung und der Entscheidung auf internationaler wie nationaler Ebene werden unter dem Label Governance (Regieren), im Unterschied zu Government (Regierung) gefasst. Governance ist also ein begrifflich-konzeptueller Hinweis auf den Form- und Architekturwandel staatlicher Steuerung und staatlicher Institutionen.

Diese Veränderungen der Bedeutung des Staates sowie des Staatskonzepts implizieren zweierlei: Zum ersten verlangen sie eine Theoretisierung von Staatlichkeit, die es ermöglicht, die Transformation von (National-)Staaten zu fassen. Zum zweiten muss bei einer solchen Theoretisierung bedacht werden, dass Staatsbegriffe und -theorien immer im Zusammenhang mit gesellschaftlichen und politischen Kontexten stehen. Kurzum: Es bedarf einer kritischen gesellschaftstheoretischen Konzeptualisierung des Staates, die die jeweils neuen Entstehungszusammenhänge von Staatstheorien reflektiert.

Im Unterschied zur Tradition der Staatsrechtslehre (Weber-Fas 2000) ist das Charakteristikum moderner politikwissenschaftlicher Staatstheorien, dass sie das Verhältnis des Staates zur Gesellschaft konzeptualisieren, um seine Veränderung oder Dauerhaftigkeit, aber auch seine national unterschiedlichen Ausprägungen erklären und analysieren zu können. Allerdings existieren Unterschiede in Bezug auf diese Verortung des Staates in der Gesellschaft. Im Folgenden gebe ich eine Übersicht über die hier einschlägigen theoretischen Debattenstränge und Kontroversen, und zwar anhand zentraler Begrifflichkeiten, die jeweils im Zentrum der hierbei berücksichtigten Theorien stehen. Dabei handelt es sich um Autonomie (2.1), Herrschaft (2.2), Subjekt und Subjektivierung (2.3), Patriarchat (2.4) sowie Transformation von Staatlichkeit (2.5).

2.1 „Bringing the state back in": der Staat als autonomer Akteur

Der „Neue Institutionalismus" integriert den Staat unter Bezugnahme auf Max Weber seit den 1980er Jahren wieder in die politikwissenschaftliche Analyse (Evans/Rueschemeyer/Skocpol 1985). Interessant ist die weberianische Staatssicht deshalb, weil Weber den Staat in erster Linie nach seiner Struktur und Organisationsform, also als Apparat und Bürokratie bestimmte (Weber 1980: 824f.). Er bezeichnete den Staat deshalb als einen „anstaltsmäßigen Herrschaftsverband" oder als „stahlhartes Gehäuse der Hörigkeit" (Weber 1988: 332). Für das Staatsdenken in der Tradition Webers ist also die Dimension von Herrschaft durch den Staat zentral.

Weiterhin wichtig für diese Richtung des Staatsdenkens ist Webers klassische Definition, die den Staat von anderen gesellschaftlichen Organisationen durch das Gewaltmonopol unterscheidet. Nur der Staat und seine Institutionen haben das Recht, Verfügungsgewalt (durch Gesetze, Bürokratie, Geld) wie auch physische Gewalt (durch Polizei, Militär, Gefängnisse) auszuüben (ebd.). Dieses staatliche Gewaltmonopol wird seit dem 16. Jahrhundert durch einen fiktiven Vertrag, den die Bürger/innen untereinander schließen, gerechtfertigt: Sie unterwerfen sich dem staatlichen Gewaltmonopol, geben also einen Teil ihrer Freiheit auf, um im Gegenzug dazu Schutz und Sicherheit vom Staat zu erhalten. Die Begründung des Staates durch einen Gesellschaftsvertrag bei Thomas Hobbes (1588-1679), John Locke (1632-1704) und Jean-Jacques Rousseau (1712-1778) ist eine typisch moderne, d.h. säkulare Begründung staatlicher Herrschaft über den Menschen. Die Vertragstheoretiker begründen damit aber auch „subjektlose Herrschaft" (Gerstenberger 1990) im Unterschied zu feudaler personaler Herrschaft. Subjektlosigkeit, Herrschaft also, die durch einen Vertrag und nicht durch die Person des Herrschers begründet ist, soll Rationalität begründen und staatliche Herrschaft legitimieren. Vor allem kreiert der Vertragsgedanke den Staat als vergleichsweise neutrale Instanz, autonom gegenüber den Interessen einzelner gesellschaftlicher Gruppen und daher prinzipiell in der Lage, Allgemeinwohl herzustellen.

Die pluralistischen Ansätze in der Tradition Max Webers wenden sich sowohl gegen eine bloß behavioralistische Ausrichtung der Politikwissenschaft, die auf Verhalten und Einstellungen fokussiert, dabei aber politische Institutionen und Strukturen als deren Bedingungsfaktoren vernachlässigt, als auch gegen solche marxistischen Staatskonzepte, die (staatliche) Institutionen lediglich aus ökonomischen Verhältnissen ableiten bzw. ihnen als Überbauphänomenen keine eigene Handlungsmacht zuschreiben (Evans/Rueschemeyer/Skocpol 1985). Mit letzteren gemeinsam ist ihnen aber die Vorstellung, dass der Staat keine von gesellschaftlichen Verhältnissen unabhängige Instanz ist, sondern dass Staat und Gesellschaft bzw. Ökonomie miteinander verschränkt sind. Der Neue Institutionalismus hebt sich vom „alten" gerade dadurch ab, dass er die klassischen politischen Institutionen wie Parlamente, Parteien oder Regierungen nicht als gegeben annimmt, sondern deren Entstehung und ihren Wandel in einem gesellschaftlichen Kräftefeld verortet (Hall/Taylor 1996).

Dennoch gehen Staatskonzepte des Neuen Institutionalismus in aller Regel von einem engen Begriff aus, der den Staat auf den bürokratischen Apparat bzw. auf die Regierung begrenzt – dies nicht zuletzt deshalb, da im Zentrum des Neuen Institutionalismus weniger die Staatstheorie als vielmehr die Staatsanalyse steht. Das Credo des Staatskonzepts dieser politikwissenschaftlichen Richtung lautet: „Politics does matter", d.h. staatliche Institutionen und Akteure spielen eine entscheidende Rolle für die Politikgestaltung und die Entwicklung bzw. Transformation von Staaten. Den Kern der Staatsanalyse bildet die Frage nach gesellschaftlichem und politischem Wandel, vor allem nach Unterschieden von und durch politische Institutionen im Staatenvergleich.

2.2 Der Staat als Herrschaftsverhältnis: neo-marxistische Ansätze

Neo-marxistischen und in der Tradition der kritischen Theorie stehenden Staatsverständnissen ist es zu verdanken, dass das Wissen um den Zusammenhang von staatlicher Herrschaft und gesellschaftlichen Bedingungen während der Phase politikwissenschaftlicher „Staatsabstinenz" erhalten blieb. Karl Marx und Friedrich Engels entwarfen zwar keine kohärente Staatstheorie, doch in Abgrenzung zu Hegels Gegenüberstellung von Staat und bürgerlicher Gesellschaft betonten sie die Totalität sozialer Verhältnisse, d.h. den Zusammenhang einer spezifischen Form des Staates und je spezifischer sozialer und ökonomischer Konstellationen: Der bürgerliche Staat entstehe aus den gesellschaftlichen Widersprüchen der kapitalistischen Gesellschaft. Er verkörpere deshalb keine universelle sittliche Idee, sondern sei partikular und gebe als „Klassenstaat" nur vor, ein Allgemeinwohl zu repräsentieren. Der bürgerliche Staat sei lediglich ein Instrument, der „geschäftsführende Ausschuss" der herrschenden Klasse, er setze deren Interessen durch, vernachlässige aber jene der unterdrückten Klasse (Marx/Engels 1970: 45).

Diese Grundgedanken nahm die neo-marxistische Staatstheorie der späten 1960er und frühen 1970er Jahre auf und präzisierte sie im Kontext neuer gesellschaftlicher und politischer Entwicklungen. Insbesondere deutsche neo-marxistische Theoretiker waren den selektiven Leistungen des Sozialstaats und den exkludierenden Formen der parlamentarischen Demokratie gegenüber skeptisch. Der gemeinsame Ausgangspunkt unterschiedlicher Theoretiker dieser Tradition war, dass der Staat eine grundlegende Voraussetzung für die Reproduktionsfähigkeit des Kapitalismus sei (vgl. für eine umfassendere Darstellung Hirsch/Jessop 2001). Damit stellte sich vor allem die Frage nach Herrschaft im und durch den bürgerlich-kapitalistischen Staat. Staats- und Akkumulationsverhältnisse seien im Spätkapitalismus ineinander verwoben, d.h. der Staat sei nicht nur „Überbauerscheinung", sondern Teil des Kapitalverhältnisses und mithin von ökonomischen Macht- und Herrschaftsverhältnissen. Seine „gesonderte" Institutionalisierung sei nötig, um den Widerspruch zwischen gesellschaftlicher Produktion und der privaten Aneignung des Mehrprodukts auszubalancieren. In frühen neo-marxistischen Ansätzen wurde der Staat in der Tradition von Marx und Engels also in instrumentalistischer Sicht als Mittel der herrschenden Klasse und als repressiver Arm des Bürgertums gefasst.

Vertreter/innen einer funktionalistischen Perspektive hoben demgegenüber hervor, dass der Staat nicht nur „Agent" des Kapitals sei (Agnoli 1995: 48), sondern dass diese spezifische politische Form eher indirekt, aber doch im Sinne der Aufrechterhaltung kapitalistischer Verhältnisse wirke. Als „ideeller Gesamtkapitalist" habe der Staat die Funktion, die widersprüchlichen Einzelinteressen der fragmentierten Kapitalisten zu bündeln und zugleich andere gesellschaftliche Gruppen zu fragmentieren und zu desorganisieren (ebd.: 50). In der um derartige Positionen entstandenen „Staatsableitungsdebatte" wurde die politische Form „Staat" aus der Logik der Kapitalakkumulation bestimmt. Es gebe, so Claus Offe – um nur einen Vertreter dieser Debatte zu nennen –, eine „Struktur-Analogie", ein „Komplementärverhältnis" zwischen kapitalistischer Produktionsweise und kapitalistischem Staat (Offe 1972: 65). Offe ging davon aus, dass kapitalistische Produktionsstrukturen in den „Binnenstrukturen", in den „Routinen" des Staates zu finden seien (ebd.: 72f.): Das politische Institutionensystem weise „eine eigene klassenspezifische Selektivität" auf, die mit den „Interessen des Verwertungsprozesses korrespondiert" (ebd.: 74). Die Selektionsmechanismen fungierten wie ein „Filtersystem", als die „systematische Restriktion eines Möglichkeitsraums" (ebd.: 74-79). Das demokratisch-partizipatorische Prozedere sei die politische Form, mit der der Staat sein Klasseninteresse „dementieren" könne (ebd.: 91). Auch der Sozialstaat diene der Reproduktion von Ausbeutungsverhältnissen und verbreite eine „Illusion", die den Klassencharakter des Staates verleugne.

Die Konzeptualisierung des Staates als Funktion ökonomischer Strukturen und Verhältnisse hatte zur Folge, dass politische Subjekte negiert und politische Handlungsmöglichkeiten gegen den Sog kapitalistischer Ausbeutung und staatlicher Herrschaft undenkbar wurden. Weder Bürger/innen noch staatlichen Akteur/innen wurden Veränderungspotenziale zugestanden. Diese Zuspitzungen führten schließlich zu produktiven Kontroversen innerhalb des neo-marxistischen Diskursfeldes, die in ein nuancierteres Staatskonzept mündeten: Die Kategorie „Staat" wurde vor allem seit den 1980er Jahren von einer strukturalistischen Größe zu einem strategisch-relationalen bzw. diskursbezogenen Konzept politikwissenschaftlicher Analyse aufgearbeitet (z.B. Jessop 1990). Einer der Ersten in diesem Bemühen war Nicos Poulantzas, der die relative Autonomie des Staates gegenüber gesellschaftlichen Verhältnissen ins Zentrum seiner Staatstheorie rückte. Die Staatsmacht, so Poulantzas, sei die „Verdichtung eines Kräfteverhältnisses" der gesellschaftlichen Klassen (Poulantzas 2002: 159). „Verdichtung" bedeutet nicht das mechanische Komprimieren sozialer Verhältnisse, also die Widerspiegelung der Gesellschaft im Staatsapparat. Vielmehr ist damit die Vorstellung verbunden, dass der Staat so etwas wie eine Arena für verschiedene soziale Dynamiken und Interessen ist. Der staatliche Verdichtungsprozess beruht aber notwendig auf instabilen und umkämpften gesellschaftlichen Kompromissen, und diese machen den Staat zu einer von den ökonomischen Verhältnissen relativ autonomen Instanz. Der Staat wird in dieser Lesart nicht mehr als der „ungeheure Machtblock" (Agnoli 1995: 27), nicht mehr als „steuerndes Zentrum der Gesellschaft" (Demirovic 1987: 49), sondern dezentriert konzipiert, nämlich als flexible Institutionalisierungsform der bürgerlichen Gesellschaft, die sich selbst als in permanenter Veränderung begreift. Deshalb können ganz bestimmte Staatsapparate gegen gesellschaftliche Herrschaftsverhältnisse agieren und sie mithin partiell verändern.

Auf diese Weise rückte das Mitwirken der durch den Staat unterdrückten Menschen an der Aufrechterhaltung staatlicher Strukturen zunehmend ins Zentrum kritischer Staatskonzeptionen: Unter Bezug auf den italienischen Marxisten Antonio Gramsci (1991: 101ff.) setzte sich die Überzeugung durch, dass der Staat nicht nur mit Hilfe von Zwang (Gewaltmonopol), sondern auch mit

Hilfe von Überzeugungskraft und Bewusstseinsbildung agiert. Um Handlungs-
und Entscheidungsfähigkeit zu behalten, muss der Staat die Maßnahmen, die
die Freiheit der Herrschaftsunterworfenen (Max Weber) begrenzen, zum common sense machen. Das gramscianische Konzept der Hegemonie, Überzeugungen also, die in der Zivilgesellschaft ausgearbeitet und dann als selbstverständlich durchgesetzt werden, soll diese Dimension der aktiven Verinnerlichung
staatlicher Herrschaft – „Loyalitätsglaube" in den Worten Webers – deutlich
machen.

In ähnlicher Weise beschreibt Louis Althusser die „ideologischen Staatsapparate": Aufgabe ideologischer Staatsapparate wie Schule, Familie, Interessenverbände, Parteien und Medien sei es, „die konkreten Individuen als Subjekte zu
,konstituieren'", sie als staatsunterworfene Subjekte „anzurufen" (Althusser
1969: 157): Dieses Bild der Anrufung (interpellation) meint, dass Menschen
durch ihre Anerkennung als Staatsbürger/innen zugleich den Herrschaftsregeln
des Staates unterworfen werden. Der Staat ist somit kein den Menschen entge-
gengesetzter repressiver Apparat (vgl. ebd.: 128f., 172), sondern eine die Bür-
ger/innen erzeugende Formation, freilich auch eine den Einzelnen entfremden-
de Institution.

2.3 „Staatsphobie": Gouvernementalität und der Zusammenhang von Staat und Subjektivierung

Einen weiteren Strang aktueller Staatstheorie bilden diskurstheoretische Ansätze
in der Tradition Michel Foucaults. Foucault fragt nicht, wer den Staat zu welchem Zweck entwirft, er verweigert sich einer instrumentalistischen ebenso wie
einer funktionalistischen Sicht. Vielmehr entwickelt er eine theoretische Haltung
der „Staatsphobie" (Foucault 2000: 69). Damit grenzt sich Foucault bewusst
von solchen Traditionslinien ab, die Macht nur oder vornehmlich im Staatsapparat verankert sehen (vgl. Foucault 1983: 113). Im Unterschied zu neo-
marxistischen Theoretikern begreift Foucault den Staat nicht als eine „gesonderte" institutionelle Form, sondern als Element einer spezifischen Machtform,
die die Menschen individualisiert und Gemeinschaften totalisiert (vgl. hierzu
auch Lemke 1997: 152). Seit dem 18. Jahrhundert hätten sich Machtbeziehungen vervielfältigt und seien in unterschiedlichen Formen allgegenwärtig: Macht
als eine „komplexe strategische Situation" ist „überall" (Foucault 1983: 114).
Die Herausbildung des modernen Staates ist also mit neuen Orten der Macht
jenseits des staatlichen Apparats verbunden. Die vielfältigen machtvollen Kräfteverhältnisse verketten sich zu „Systemen", sie „kristallisieren" sich in den

Staatsapparaten und „verkörpern" sich in „gesellschaftlichen Hegemonien" (ebd.: 113f.).

Der Staatsapparat ist nur mehr die „Kodifizierungsinstanz" der „mikrophysikalischen Machtverhältnisse"; er fixiert die „Machtarrangements, denen er sein Entstehen verdankt, ohne sie selbst zu konstituieren" (Lemke 1997: 121f.). Der Staat agiert in einem Netz sozialer Machtverhältnisse, die ihm vorausgehen, ihn stützen und ihm sein Gewaltmonopol verleihen. Diskurse sind Praktiken, die ein Formationssystem von Macht und Herrschaft entstehen lassen. Ihre machtvolle Wirkung bzw. institutionelle Funktion besteht darin, dass sie Phänomene auf eine ganz bestimmte Weise erfahrbar, d.h. „wahr" machen und damit soziale Wirklichkeit schaffen. Wissenschaftliche und politische Diskurse über den „Staat" interpretieren also nicht einen (vorgängigen) Staat, sondern bringen ihn mit seinen Spezifika – z.B. als Sozialstaat oder als „schlanken Staat" – überhaupt erst hervor.

Foucault verwirft den Staatsbegriff als allgemeine, entkontextualisierte Kategorie und führt stattdessen das Konzept der Gouvernementalität als Konnex von (Selbst-)Regieren (gouverner) und Denken (mentalité) ein (vgl. auch „Subjekt" in diesem Band). Dieses Konzept bringt die Tatsache des „beweglichen Zuschnitts einer ständigen Verstaatlichung" der Subjektkonstitution – also den Staat als Praxis – treffend zum Ausdruck (Foucault 2000: 69). Im Konzept der Gouvernementalität wird staatliche Macht nicht vornehmlich in lokalisierbaren Institutionen gedacht, sondern dezentriert und in die Menschen hinein verlagert. Der Staat ist eine Machtform; und Technologien des Selbst, insbesondere Disziplinierung und Normalisierung, wie sie z.B. im staatlichen Gesundheitsdiskurs deutlich werden, sind die entscheidenden Kennzeichen moderner staatlicher Ordnung. Der moderne liberale Rechtsstaat unterwirft und diszipliniert die Subjekte also nicht nur, sondern wählt die adäquate Selbstführung als neue Form der Subjektkonstitution. Der Staat lässt sich so einerseits als Disziplinierungs-, Normalisierungs- und Machtapparat begreifen. Andererseits ist der unterwerfend-disziplinierende Staat auch als produktiv-ermöglichender fassbar. Das Foucault'sche Konzept der Gouvernementalität als Selbst-"Regieren" der Individuen öffnet somit die Perspektive, Staatlichkeit, Macht und Individuen zusammen zu denken. Regieren ist dann nicht mehr ausschließlich das Privileg von Regierungen und Staaten, sondern der zeitgleiche Prozess der Staatsformierung sowie der Herausbildung und Unterwerfung der Individuen – was im Anschluss an Foucault Subjektivierung genannt wird.

2.4 Patriarchatskritik: feministische Theoretisierungen des Staates

Im Kontext politikwissenschaftlicher Frauen- und Geschlechterforschung setzte eine Auseinandersetzung mit dem Staat erst spät ein. Noch in den 1980er Jahren wurde vielfach bemängelt, dass es dem Feminismus an einer Staatstheorie fehle. Selbst in der marxistisch-feministischen Wissenschaftstradition wurde Herrschaft über und Unterdrückung von Frauen vornehmlich in den Arbeits- und Familienverhältnissen lokalisiert, nicht aber in staatlichen Strukturen. Ziel einer Ende der 1980er Jahre einsetzenden feministisch-kritischen Konzeptualisierung von Staatlichkeit ist es, die Ambivalenz und Paradoxie staatlicher Interventionen in Geschlechterarrangements analytisch zu fassen: Welchen Beitrag leistet staatliche Macht zur Strukturierung, aber auch Restrukturierung ungleicher Geschlechterverhältnisse? Dies impliziert zum einen die Folgefrage nach dem androzentrischen oder patriarchalen Staat. Zum anderen geht damit die Folgefrage einher, welche Möglichkeiten der Überwindung von geschlechtsspezifischen Ungleichheitsregimen sich im staatlichen Kontext ausloten lassen, mit anderen Worten: wie „frauenfreundlich" der Staat sein kann.

Die feministische Staatsanalyse stellte sich zunächst die Aufgabe, den vermeintlich neutralen Staat zu vergeschlechtlichen, d.h. sein männliches Geschlecht sichtbar zu machen. Sie thematisierte dies in den vergangenen beiden Dekaden auf den folgenden fünf Ebenen: Erstens ist die liberale Idee des Staates, seine Entstehung aus einem Gesellschaftsvertrag, nur die halbe Wahrheit. Carole Pateman (1988) wies darauf hin, dass das liberale Individuum, frei von Geschlecht, Klasse und ethnischem Hintergrund konstruiert, eine (männliche) Fiktion ist und dass dem Gesellschaftsvertrag ein stets verheimlichter Geschlechtervertrag zugrunde liegt, ein „sexueller Unterwerfungsvertrag", der Frauen aus dem Staatswesen ausschließt. Dieser, freilich ebenso fiktive sexuelle Unterwerfungsvertrag überträgt den (Ehe-)Männern die Verfügungsmacht wie auch die physische Gewalt über die Frauen in ihrem Haushalt. Frauen sind damit nicht Teil des Staates, sondern der Familie, und sie sind in der schutzlosen Sphäre der Ehe der Willkür des Ehemannes ausgeliefert (Sauer 2001). Gabriele Wilde (2001: 122) prägte für dieses Konstrukt den Begriff der „Geschlechtsbürgerin".[1] Zweitens wurde der Staat als Rechtssystem kritisch ins Visier genommen und der gender bias des Rechts herausgearbeitet (vgl. Berghahn 1997; Gerhard 1981). Drittens existiert eine Gruppe von Arbeiten über die Genese moderner europäischer Nationalstaaten, die nachweisen, dass die

---

[1] Inzwischen haben Carole Pateman und Charles W. Mills in ihrem Buch *Contract and Domination* die Geschlechterkritik des Vertrags um den „racial contract" zu „intersecting contracts" erweitert (Pateman/Mills 2007).

damit verknüpfte „Universalisierung" von Staatsbürgerschaft partikular blieb, d.h. männliche Projekte und Projektionen waren. Nationalstaaten zogen nicht nur Grenzen an ihren territorialen Rändern und exkludierten andere Nationen, sondern Grenzziehungen verliefen auch quer durch das Staatsvolk selbst: Frauen waren zwar Staatsangehörige, fundamentale staatsbürgerschaftliche Rechte wurden aber als Männerrechte festgeschrieben. Viertens betreffen staatliche Politiken Frauen und Männer in unterschiedlicher Weise. Politiken nehmen Einfluss auf ungleiche Geschlechterverhältnisse, können sie stabilisieren und verstärken, z.b. durch erwerbszentrierte sozialpolitische Regelungen. Fünftens schließlich verweist der Androzentrismus des Staates auf die Eingeschlechtlichkeit des Staatsapparates, auf die „männerbündische" Verfasstheit staatlicher Bürokratien (Kreisky 1995): Staatliche Institutionen weisen eine überproportional hohe Männerquote auf, sie perpetuieren eine systematische geschlechtsspezifische Arbeitsteilung, und ihnen sind die Lebensweisen und Erfahrungen von Männern eingeschrieben. Staatliche Institutionen reproduzieren somit eine Kultur institutioneller, „versachlichter" Männlichkeit (Sauer 2001).

2.5 Die Transformation von Staatlichkeit: Governance

Die Transformation von (National-)Staaten und von Staatlichkeit wurde in den vergangenen Jahren in der Politikwissenschaft ganz unterschiedlich konzeptualisiert und analysiert. Die These von der „Erosion" des Staates konnte empirisch nicht bestätigt werden, wohl aber eine grundlegende Veränderung des „westfälischen Staates". Ein Diskussionsstrang beschäftigt sich mit dem „Ausfransen" von Staatlichkeit, also mit der Auseinanderentwicklung von (National-)Staat und Staatlichkeit als Entscheidungsgewalt, die auch jenseits der nationalstaatlich organisierten Staatsgewalt angesiedelt sein kann, z.B. auf supranationaler Ebene (Genschel/Zangl 2007). Ein weiterer Diskussionsstrang unter dem Label Governance analysiert ebenfalls die Transformation staatlicher Steuerungsmuster auf nationaler wie internationaler Ebene, vornehmlich unter dem Aspekt von Effizienz und Demokratisierung (z.B. Pierre/Peters 2000; Schuppert/Zürn 2008). Im Zentrum beider Theorieansätze steht die Frage nach der Internationalisierung und der Privatisierung bzw. Informalisierung von Staatstätigkeit. Nationalstaatliche Entscheidungsmacht und Steuerung wird, so der Grundgedanke dieser Theorien, nicht mehr durch das Prinzip staatlicher Hierarchie, d.h. durch Staatsgewalt, sondern in neuen Institutionen, mit zivilgesellschaftlichen Akteuren sowie mit neuartigen Instrumenten realisiert (siehe auch „Globales Regieren" in diesem Band).

Im Folgenden soll Governance anhand von vier Dimensionen kurz skizziert werden: Erstens bezeichnet es neuartige Entscheidungsmuster und Steuerungsstrukturen auf supranationaler sowie nationaler und lokaler Ebene – z.b. die UN-Weltkonferenzen, die bundesdeutsche „Islamkonferenz" oder lokale Runde Tische. Governance bezeichnet hier einerseits die Re-Skalierung von Politikprozessen, die Verschiebung von Entscheidungskompetenzen vom Nationalstaat auf andere territoriale und funktionale Ebenen, andererseits aber auch nichthierarchische, partizipative Politikformen, also das Diskutieren und Entscheiden in Netzwerken. In diese sind die Gewerkschaften, Sozialverbände, Kirchen und NGOs, aber auch Wirtschaftsakteure eingebunden. Das Merkmal dieser neuartigen Verhandlungsnetzwerke ist, dass (national-)staatliche Akteure nicht mehr dominant sind und nicht mehr das Monopol auf die politische Problemdefinition und Entscheidung haben, sondern mit nicht-staatlichen Akteur/innen kooperieren und kommunizieren, also stärker verflochten bzw. interdependent sind. Staatliche Hierarchie als Steuerungsmechanismus soll durch die Steuerungsmodi Heterarchie, Netzwerke, Wettbewerb, Verhandlung und weiche Modi wie Diskurse und Symbole ergänzt werden (vgl. Benz et al. 2007). Daraus ergibt sich prinzipiell die Chance der Öffnung und Demokratisierung politischer Entscheidungsprozesse sowie der Selbstorganisation von Bürger/innen. Freilich sollen dadurch auch neue Legitimationsressourcen erschlossen und der demokratische Output effizienter gestaltet werden. Dieses Prinzip der Einbindung von nicht-staatlichen Akteuren gilt zweitens auch für die Implementierung politischer Maßnahmen. Auch diese soll nicht mehr ausschließlich durch staatliche Behörden, sondern effektiver und Kosten sparender im Zusammenspiel von politischen Organisationen und zivilgesellschaftlichen Gruppen erfolgen. Das Wirtschaftsmodell der öffentlich-privaten Kooperation soll also auch auf die Bereitstellung öffentlicher Güter angewandt werden. Drittens bezeichnet Governance den Abbau von bürokratischer Steuerung und von Hierarchien innerhalb staatlicher Verwaltungen sowie deren Verpflichtung auf Transparenz und Bürger/innenfreundlichkeit, freilich auch auf Effizienz bzw. ökonomische Rationalität. Hier folgt der Governance-Diskurs New Public Management-Ansätzen, die eine Reorganisation der Verwaltung nicht nur unter Rationalisierungs-, sondern auch unter Transparenzvorgaben vorsehen. Viertens umfasst Governance neue Steuerungsmodi in der staatlichen Verwaltung, die auf flache Hierarchien, auf Controlling und Benchmarking im Unterschied zu hierarchisch-regelgeleiteter und bürokratischer Steuerung abzielen. Das prominenteste Beispiel ist die „Offene Methode der Koordinierung" von Sozialpolitik in der Europäischen Union (vgl. Wöhl 2008: 184-193).

In der politikwissenschaftlichen Debatte ist das Governance-Konzept höchst umstritten. Ist es für die einen ein bloß deskriptiver Modebegriff, so birgt Governance für die anderen ein durchaus analytisches Potenzial, während wieder andere den Begriff normativ verstehen (Good Governance). Unter einer staatstheoretischen Perspektive wird deutlich, dass Staatlichkeit – auch in ihrer Herrschaftsförmigkeit – auf dem Wege ihrer Postnationalisierung unter dem Label Governance restrukturiert wird. Anders formuliert: Gewisse Aspekte der „überholten" Form des Nationalstaats werden in einem neuen „Staats-Kompromiss", nämlich Governance, „aufgehoben". So birgt Governance zugleich die Gefahr der Informalisierung von Politik in den Substrukturen von Verhandlungsrunden und -netzwerken des vorparlamentarischen Raums. Dadurch verlieren demokratisch legitimierte Institutionen ihr Monopol auf politische Problemdefinition, auf das Agenda Setting und auf Problemlösung an informelle Netzwerke bzw. an neue Expertengremien oder an wirtschaftliche Akteure.

3. Auf dem Weg zu einem institutionell gehärteten diskursiven Staatsverständnis

Im Folgenden möchte ich Schnitt- und Anschlussstellen der oben diskutierten Ansätze deutlich machen und Überlegungen zu einem Staatskonzept postfordistischer Gesellschaften vorstellen. Der (National-)Staat der Jahrtausendwende ist widersprüchlicher geworden, sowohl für das Leben der Bürger/innen als auch in Bezug auf seine Rolle und Funktion im globalen Kontext. Deshalb sind totalisierende Konzepte von „dem" Staat – beispielsweise in Gegenüberstellung zum Markt oder zur zivilgesellschaftlichen „Autonomie" – in ihrem Erklärungs- und Analysepotenzial fragwürdig geworden. Der Staat kann nicht mehr als „geschäftsführender Ausschuss" einer gesellschaftlichen Gruppe, also nicht mehr als eine monolithische Einrichtung begriffen werden, sondern muss als eine dezentrierte und relativ autonome Institutionalisierung von Macht konzeptualisiert werden. Ein kritisch-materialistisches Konzept nimmt politische Institutionen, gesellschaftliche Kräfteverhältnisse, aber auch menschliche Praxen als Dimensionen von Staatlichkeit in den Blick. Ein solchermaßen gesellschaftstheoretisch fundiertes Staatskonzept vermag auch die Transformation von Staat und Staatlichkeit begrifflich adäquat zu fassen und zu erklären. Folgende vier Punkte zeichnen ein solches Konzept von Staat und Staatlichkeit aus (vgl. Sauer 2001):

Staatlichkeit ist erstens nicht nur ein Institutionenapparat, sondern vor allem ein soziales Kräftefeld, in dem sich soziale und kulturelle Differenzen zu konflikthaften Ungleichheitsstrukturen verknüpfen. Der bürokratische Staatsappa-

rat kann deshalb als die Institutionalisierung dieser gesellschaftlichen Verhältnisse und Ungleichheitsstrukturen begriffen werden. Die Transformation von
Staatlichkeit und Staatsapparaten verweist somit auf veränderte Kräfteverhältnisse.

Als ein Kräftefeld zeichnet sich der Staat zweitens stets durch einen Kompromiss zwischen unterschiedlichen gesellschaftlichen Interessen und Mächten
aus. Staatlichkeit ist das Ergebnis mächtiger Netzwerke und Strategien. Das
bedeutet aber auch, dass der Staat keine einheitlich agierende Institution mit
einer Logik ist. Er kann weder als der Agent einer spezifischen gesellschaftlichen Gruppe noch mit einer einzigen zweckgerichteten Intention agieren, z.B.
als bloßes Instrument zur Disziplinierung und Kontrolle von beherrschten
Gesellschaftsgruppen. Der Staat ist vielmehr ein gegenüber sozialen Verhältnissen relativ autonomer Akteur, da sich auf dem staatlichen Terrain auch neue
Kräftekonstellationen entwickeln können, die Veränderung ermöglichen, ja
erzwingen. Auch in Zeiten globalisierter Umstrukturierung ist der (nationale
und internationale) Staat kein einheitlicher Akteur, sondern ein strategisches
Handlungsfeld, in dem um die Herausbildung und Durchsetzung von Interes-
sen gerungen wird. Selbst in den Prozessen weltweiter Restrukturierung werden
Staaten nicht zum bloßen Erfüllungsgehilfen des ökonomischen Prozesses. Im
Gegenteil: Staaten besitzen eine je spezifische Fähigkeit zur Anpassung an das
neue globale Setting, und sie besitzen die Fähigkeit, in den ökonomischen
Internationalisierungsprozess einzugreifen – oder darauf zu verzichten.

Drittens ist der Staat eine Sphäre von Ideen, Interpretationen und hegemonialen Diskursen. Staatliche Herrschaft entsteht in einem Geflecht ganz unterschiedlicher diskursiver Arenen: dem legalen, dem administrativen bzw. bürokratischen, dem therapeutischen, dem prärogativen, d.h. gewaltmäßigen, sowie
dem kapitalistischen Diskurs (vgl. Fraser 1994: 268f.). Der Staat ist in diskursiven Kämpfen bestrebt, „dialogische, partizipatorische Prozesse der Bedürfnis-
interpretation" durch „monologische, administrative Prozesse" zu ersetzen und
die Alltagsbedürfnisse der Bürger/innen in administrative, juristische und therapeutische Diskurse zu transformieren (ebd.: 224f.). Diese Diskurse können
die Form von Expertendiskursen der Politik, der Wissenschaft und der Wirtschaft annehmen, aber auch eine Politisierung „von unten", eines anti-
hegemonialen Projekts unterstützen (ebd.: 264f.). Auch der aktuelle neoliberale
Diskurs oder EU-Diskurse eröffnen mithin transformatorische Möglichkeiten,
wie das umstrittene Beispiel Gender Mainstreaming zeigt.

Viertens werden soziale Positionen und politische Identitäten nicht schlicht
durch staatliche Normen und Institutionen verordnet, sondern sie müssen aktiv
angeeignet bzw. von den Individuen entworfen und gelebt werden (Mikroebene). Staatlichkeit entsteht aus menschlichen Praxen; diese „Staatspraxen" müs-

sen den Bürger/innen als selbstverständlich gelten (dies wird mit dem Begriff „Hegemonie" bezeichnet), sie müssen in den Köpfen und Körpern der Menschen verankert sein. Der Staat muss „in der Gesellschaft gelebt werden", er muss „Bestandteil der alltäglichen Lebensweise" von Frauen und Männern werden (Demirovic 1987: 150). Die Aufgabe der Staatsapparate besteht darin, in kollektiven Praktiken gesellschaftlichen Konsens herzustellen und zu sichern, damit die Bürger/innen an die Notwendigkeit und Rechtmäßigkeit des Staates „glauben", sie herstellen und reproduzieren. Staatlichkeit kann im Anschluss an Foucaults Konzept der Gouvernementalität als eine hegemoniale Praxis beschrieben werden, die bestimmte Identitäten präferiert bzw. hervorbringt, andere aber marginalisiert und desartikuliert. In diesen widersprüchlichen Reproduktionspraxen wird Widersprechen und Transformation denk- und umsetzbar.

Die „Kulturalisierung" von Staat und Staatlichkeit durch diskurs- und praxisbezogene Ansätze ermöglicht gleichsam eine Mobilisierung des sedimentierten „Gehäuses der Hörigkeit". Auf diese methodologische Weise kann die Qualität von Staatlichkeit als soziales Kräftefeld sichtbar gemacht werden. Der Staat ist dann sowohl eine filternde und strukturierte Struktur, er ist aber auch eine strukturierende und produktive Struktur, ein Feld, das Identitäten, Interessen und Institutionen hervorbringt. Für die politikwissenschaftliche Staatstheorie und -analyse eröffnet ein solches Konzept die Möglichkeit, postnationale politische Erscheinungen in ihrer Organisations- und Steuerungsfunktion, aber auch in ihrem Herrschafts- sowie Demokratisierungs- und Emanzipationspotenzial, nicht zuletzt im globalen Raum, zu analysieren.

Literatur

Agnoli, Johannes (1995): Der Staat des Kapitals und weitere Schriften zur Kritik der Politik. Freiburg: Ca ira.

Almond, Gabriel G. (1988): The return to the state. In: American Political Science Review 82. 853-874.

Althusser, Louis (1969): Ideologie und ideologische Staatsapparate. Skizzen für eine Untersuchung. Berlin/West: VSA.

Beck, Ulrich (1993): Die Erfindung des Politischen. Zu einer Theorie reflexiver Modernisierung. Frankfurt/M.: Suhrkamp.

Benz, Arthur/Lütz, Susanne/Schimank, Uwe/Simonis, Georg (Hg.) (2007): Handbuch Governance. Theoretische Grundlagen und empirische Anwendungsfelder. Wiesbaden: VS.

Berghahn, Sabine (1997): Die Verrechtlichung des Privaten – allgemeines Verhängnis oder Chance für bessere Geschlechterverhältnisse? In: Kerchner, Brigitte/Wilde, Gabriele

(Hg.): Staat und Privatheit. Aktuelle Studien zu einem schwierigen Verhältnis. Opladen: Leske + Budrich. 189-222.

Breuer, Stefan (1998): Der Staat. Entstehung, Typen, Organisationsstadien. Reinbek bei Hamburg: Rowohlt.

Demirovic, Alex (1987): Nicos Poulantzas. Eine kritische Auseinandersetzung. Hamburg: Argument.

Evans, Peter B./Rueschemeyer, Dietrich/Skocpol, Theda (Hg.) (1985): Bringing the State Back In. Cambridge: UP.

Foucault, Michel (2000): Staatsphobie. In: Bröckling, Ulrich/Krasmann, Susanne/Lemke, Thomas (Hg.): Gouvernementalität der Gegenwart. Studien zur Ökonomisierung des Sozialen. Frankfurt/M.: Suhrkamp. 68-71.

– (1983): Der Wille zum Wissen. Sexualität und Wahrheit. Bd. 1. Frankfurt/M.: Suhrkamp.

Fraser, Nancy, (1994): Widerspenstige Praktiken. Frankfurt/M.: Suhrkamp.

Genschel, Philipp/Zangl, Bernhard (2007): Die Zerfaserung von Staatlichkeit und die Zentralität des Staates. In: Aus Politik und Zeitgeschichte 20-21. 10-16.

Gerhard, Ute (1981): Verhältnisse und Verhinderungen. Frauenarbeit, Familie und Rechte der Frauen im 19. Jahrhundert. Frankfurt/M.: Suhrkamp.

Gerstenberger, Heide (1990): Die subjektlose Gewalt. Theorie der Entstehung bürgerlicher Staatsgewalt. Münster: Westfälisches Dampfboot.

Görg, Christoph (2007): Räume der Ungleichheit: Die Rolle gesellschaftlicher Naturverhältnisse in der Produktion globaler Ungleichheiten am Beispiel des Millenium Ecosystem Assessment. In: Klinger, Cornelia/Knapp, Gudrun-Axeli/Sauer, Birgit (Hg.): Achsen der Ungleichheit. Zum Verhältnis von Klasse, Geschlecht und Ethnizität, Frankfurt/M. – New York: Campus. 131-150.

Gramsci, Antonio (1991): Gefängnishefte. Bd. 1. Hamburg: Argument.

Hall, Peter A./Taylor, Rosemary C.R. (1996): Political Science and the Three New Institutionalisms. In: Political Studies 5. 936-957.

Hirsch, Joachim/Jessop, Bob (2001): Die Zukunft des Staates. Vorwort. In: Hirsch, Joachim/Jessop, Bob/Poulantzas, Nicos: Die Zukunft des Staates. Denationalisierung, Internationalisierung, Renationalisierung. Hamburg: VSA. 7-18.

Jessop, Bob (1990): State Theories. Putting the Capitalist States in Their Places. University Park/Penn: Pennsylvania State UP.

Kreisky, Eva (1995): Der Stoff, aus dem die Staaten sind. Zur männerbündischen Fundierung politischer Ordnung. In: Becker-Schmidt, Regina/Knapp, Gudrun-Axeli (Hg.): Das Geschlechterverhältnis als Gegenstand der Sozialwissenschaften, Frankfurt/M. – New York: Campus. 85-124.

Lemke, Thomas (1997): Eine Kritik der politischen Vernunft. Foucaults Analyse der modernen Gouvernementalität. Hamburg: Argument.

Marx, Karl/Engels, Friedrich (1970/1848): Manifest der Kommunistischen Partei. Berlin.

Offe, Claus (1972): Strukturprobleme des kapitalistischen Staates. Aufsätze zur Politischen Soziologie. Frankfurt/M.: Suhrkamp.

Pateman, Carole (1988): The Sexual Contract. Stanford: UP.

Pateman, Carole/Mills, Charles W. (2007): Contract and Domination. Cambridge: Polity Press.

Pierre, Jon/Peters, B. Guy (2000): Governance, Politics and the State. New York: St. Martin's Press.

Poulantzas, Nicos (2001): Die Internationalisierung der kapitalistischen Verhältnisse und der Nationalstaat. In: Hirsch, Joachim/Jessop, Bob/Poulantzas, Nicos: Die Zukunft des Staates. Denationalisierung, Internationalisierung, Renationalisierung. Hamburg: VSA. 19-69.

Sauer, Birgit (2001): Die Asche des Souveräns Staat und Demokratie in der Geschlechterdebatte. Frankfurt/M. – New York: Campus.

Schuppert, Gunnar Folke/Zürn, Michael (Hg.) (2008): Governance in einer sich wandelnden Welt. PVS-Sonderheft 41. Wiesbaden: VS.

Voigt, Rüdiger (1993) (Hg.): Abschied vom Staat – Rückkehr zum Staat? Baden-Baden: Nomos.

Weber-Fas, Rudolf (2000): Über die Staatsgewalt. Von Platons Idealstaat bis zur Europäischen Union. München: C.H. Beck.

Weber, Max (1980): Wirtschaft und Gesellschaft. Grundriß der verstehenden Soziologie. Tübingen: Mohr (5. Auflage).

– (1988): Gesammelte Politische Schriften. Hg. von Johannes Winckelmann, Tübingen: Mohr (5. Auflage).

Wilde, Gabriele (2001): Das Geschlecht des Rechtsstaats. Herrschaftsstrukturen und Grundrechtpolitik in der deutschen Verfassungstradition. Frankfurt/M. – New York: Campus.

Willke, Helmut (1997): Supervision des Staates. Frankfurt/M.: Suhrkamp.

Wöhl, Stefanie: Mainstreaming Gender? Widersprüche europäischer und nationaler Geschlechterpolitiken. Königstein/Ts.: Ulrike Helmer Verlag.

Subjekt

Martin Saar

1. Politik und Subjekt

Der systematische Zusammenhang zwischen Politik und Subjekt ist in der Tradition der politischen Theorien älter und bekannter als man denken könnte. Im achten Buch der *Politeia* fragt Platon nach den verschiedenen Arten, eine Stadt, eine Polis zu regieren. Er stellt die Frage nach der richtigen Regierungsweise in der Form einer Untersuchung der „Seele" der Bürger und der verschiedenen „Arten von menschlichen Charakteren", die den äußeren „Verfassungen" entsprechen müssen (Platon 1991: 544d, vgl. Strong 1992). Es gibt also schon für Platon eine analysierbare Analogie zwischen zwei Arten von Ordnung, zwischen politischer Verfassung und der Verfasstheit des Selbst, ohne dass er den spezifisch modernen Begriff des Subjekts verwenden würde. Diese Fragestellung steht auch in neueren politisch-theoretischen und humanwissenschaftlichen Diskussionen im Zentrum, denen zufolge die Frage nach der Politik immer auch eine Frage nach ihrem Subjekt ist. Diese Kontroversen wurden vor allem durch die postmoderne Subjektkritik und die These vom „Tod des Subjekts" provoziert, der zufolge es diesen stabilen Bezugspunkt ohne weiteres nicht (mehr) gibt.

„Subjekt" ist ein Einheitsbegriff. Er bezieht sich auf eine fühlende, denkende und handelnde Instanz. In der Regel gelten als „subjektiv" Erfahrungen, Erlebnisse, Gefühle, Zielsetzungen, Überzeugungen, Selbstverständnisse. Während dasjenige, was jemanden als Besondere(n) ausmacht, in der Moderne meist in Begriffen der Individualität ausgedrückt wird, bezeichnet Subjektivität die Grundlage dieser spezifischen Eigenschaften. In bestimmten Kontexten können die verwandten Begriffe des Selbst und der Person eine ähnliche Funktion erfüllen. Dann stehen allerdings neben der generellen philosophischen Bedeutung jeweils psychologische oder institutionelle Implikationen im Vordergrund (vgl. Frank 1988).

Die moderne Subjektphilosophie hat seit Descartes und dem Rationalismus des 17. Jahrhunderts im Subjekt diejenige Instanz oder Einheit gesehen, die denkt und sich denkend ihrer selbst vergewissert. Es ist das Fundament für Wissen und Wahrheit und sich selbst über Selbstbewusstsein und Reflexion zugänglich. In den Naturrechtslehren und frühen Vertragstheorien findet sich im rational entscheidenden, nutzenkalkulierenden oder vom Gesellschaftstrieb

motivierten praktischen Subjekt eine politische Entsprechung zu dieser erkennt-
nistheoretischen Figur (vgl. Zarka 2000). Diese Gründungsgestalt des Subjekts
bleibt für alle modernen politischen Theorien verbindlich. Seit den subjekt- und
modernekritischen (und deshalb „postmodernen") Theorien der letzten Jahrzehnte des 20. Jahrhunderts wurden die Verbindlichkeit und Integrität dieser
legitimierenden Instanz mit ihren unterstellten Eigenschaften Transparenz,
bewusste Selbstverfügung und Rationalität in Frage gestellt. Der Haupteinwand
dabei war, dass die vermeintliche Einheit sich erst in vielen einzelnen Prozessen
herausbildet, das Subjekt also weniger *gegeben* als *gemacht* ist.

Die im Folgenden vorzustellenden Theorien sind eine Auswahl wichtiger
und exemplarischer Positionen der Debatte um die Bedeutung des Subjekts der
Politik. Einige kurze Bemerkungen zum Strukturalismus (am Anfang von Abschnitt 2.) werden den Hintergrund für die Darstellung der subjektkritischen
Theorie von Michel Foucault (2.1) bilden, die das Argument von der Produziert-
heit des Subjekts zum Zentrum hat. Sie wurde einerseits von zahlreichen Kritikern in subjekttheoretischer Hinsicht als verfehlt und als für ein wirkliches Verständnis von menschlichem Fühlen und Handeln unvollständig kritisiert (2.2),
während sie andererseits in den *Governmentality Studies* eine konkrete politikwissenschaftliche Fortsetzung gefunden hat, in der spezifische Prozesse politischer
Subjektkonstitution untersucht werden (2.3). Auch Judith Butlers Fortentwicklung von Foucaults Theorie zeigt, dass aus einer subjektkritischen Perspektive
keine Leugnung von Handlungsfähigkeit und Freiheit folgen muss, wie gegen
subjektkritische Positionen zuweilen eingewendet wird (2.4). Neben diesem
breiten Strang der Debatte lassen sich einige davon unabhängige, v.a. feministische und kommunitaristische Ansätze als Rekonstruktionen des Subjektbegriffs
bezeichnen, die die Ablehnung des modernen Subjektverständnisses teilen, aber
mit anderen theoretischen Mitteln vorgehen, um auf die Bedeutung intersubjektiver Faktoren, sozialer Abhängigkeiten und geschlechtlicher Identitäten für das
Subjekt aufmerksam zu machen (2.5). Die zuletzt dargestellten, sich antagonis-
tisch gegenüberstehenden Positionen von Habermas und Luhmann zum Status
des Subjekts in der Sozialtheorie (2.6) können deutlich machen, welche unterschiedlichen Konsequenzen eine theoretische Skepsis gegenüber dem üblichen
modernen Subjektbegriff haben kann. Abschließend sollen einige offene Fragen
zeigen, welche Dimensionen eine erst auszuarbeitende, umfassende politische
Theorie des Subjekts haben könnte.

2. Subjektkritik und politische Theorie

Der theoriehistorische Kontext für viele der Positionen, die eine Problematisierung der Kategorie des Subjekts vornehmen, ist der französische Strukturalismus. Diese vielfältige Theoriebewegung hat ab der Mitte der 60er Jahre eine radikale Umorientierung für die humanwissenschaftliche Forschung gefordert: Gegen die herrschenden rationalistischen Strömungen und humanistischen Traditionen wird auf die Subjektlosigkeit sinnhafter Prozesse hingewiesen. So wird in der Linguistik und Semiotik versucht, das Entstehen von sprachlichem Sinn aus dem Verhältnis der Schrift- und Lautzeichen heraus und ohne Bezug auf die Absicht eines Sprechers zu erklären. Der strukturalistische Marxismus versucht, historische und soziale Prozesse als Entfaltung einer unabhängigen Strukturlogik unabhängig von einem Subjekt der Geschichte und von den emanzipatorischen Idealen von Klassen zu verstehen. In der neueren Psychoanalyse werden Ich-Instanz und Bewusstsein radikal gegenüber dem vorindividuellen Triebgeschehen relativiert. All dies sind Abwertungs- und Dezentrierungsbewegungen, die eine Revision des Verständnisses von vermeintlich grundlegender Subjektivität einerseits, eine Zersplitterung der vermeintlich einheitlichen Instanz Subjekt andererseits anzeigen.[1] Für die späteren politik- und sozialwissenschaftlichen Diskussionen wurden sie deshalb einschlägig, weil ihre Infragestellung der Grundlagen- und der Einheitsfunktion auch für das politische Subjekt gilt. Politisch wird diese Subjektkritik dadurch, dass sie das theoretische Fundament der klassischen und modernen politischen Theorien infrage stellt und sich daraus eine ganz konkrete, lokale und situierte Kritik bestehender politischer Verhältnisse insofern ergibt, als dass nun das Zustandekommen spezifischer Elemente bestimmter Subjektivitäten ins Blickfeld gerät, analysierbar und kritisierbar wird.[2]

2.1 Michel Foucault: Das Subjekt und die Macht

Für die Subjekttheorie und -kritik Michel Foucaults, die für viele gegenwärtige Kontroversen um den Status des politischen Subjekts den Hintergrund abgibt, gilt in besonderer Weise, dass sie diesen ursprünglich strukturalistischen Impuls

---

1 Diese Bemerkungen treffen v.a. auf Roman Jakobson und Roland Barthes (Linguistik/Literaturtheorie), Louis Althusser (Marxismus) und Jacques Lacan (Psychoanalyse) zu. Knappe und informative Einführungen in die strukturalistische Subjektkritik geben Védrine (2000), Zima (2000) und Reckwitz (2008).

2 Zur Einführung in den Zusammenhang von politischem Denken und poststrukturalistischer Theorie vgl. Nicholson/Seidman (1995).

aufgenommen hat. Foucault verfolgt das Programm einer Dezentrierung und Zergliederung des Subjekts in seine Konstruktions- und Konstitutionsmechanismen. Dies tut er anfangs mit ähnlichen, ab den 70er Jahren mit deutlich anderen theoretischen Mitteln als der Strukturalismus, und er verfolgt dieses Projekt mit einem dezidiert politischen Anspruch. Des Weiteren gilt für diese exemplarische Position in besonderem Maße, dass sie, entgegen dem verbreiteten Vorurteil, Subjektkritik bedeute immer die „Abschaffung" des Subjekts, weiterhin, wenn nicht sogar mit verstärkter Ernsthaftigkeit, an einem anderen, modifizierten Konzept der Subjektivität festhält (vgl. Cadava 1991).

Foucault hat später im Rückblick auf sein umfangreiches theoretisches Werk davon gesprochen, die Frage nach dem Subjekt habe immer im Zentrum seiner Arbeit gestanden: Sein Hauptprojekt sei es gewesen, „eine Geschichte derjenigen Verfahren zu entwerfen, durch die in unserer Kultur Menschen zu Subjekten gemacht werden" (Foucault 1994: 243). Im Verlauf der 70er Jahre entwickelt Foucault eine originelle und radikale politische Philosophie, deren zentrale Begriffe Diskurs, Subjektivierung und Macht (oder Komplexe von „Macht/Wissen") sind. In affirmativem Anschluss an Nietzsche versucht Foucault, das soziale Geschehen in einer Perspektive des Kampfes und der Unterwerfung zu analysieren (vgl. Saar 2007). Im Gegensatz zu den klassischen Herrschaftstheorien schlägt er aber vor, dies nicht als Frage der Machtausübung von Machthabern oder des Staates zu analysieren, sondern viel tiefer anzusetzen: bei den mikroskopischen, kleinteiligen und alltäglichen Formen der Machtausübung und Beeinflussung, die sich zwar zur Makro-Ebene der staatlichen Beherrschung aggregieren können, sich aber darin nicht erschöpfen. Macht ist in diesem Verständnis nicht in erster Linie eine Instanz des Verbots oder der Behinderung individueller Freiheit. Sie wirkt nicht nur auf der Ebene von Regeln und Zwang, sondern sie bringt etwas hervor und ist damit „positiv" bzw. „produktiv": Sie formt und prägt das, woraus das politische Feld erst besteht, nämlich handelnde, denkende, reagierende Subjekte. Diese gewinnen ihre spezifische Gestalt in der „Disziplinierung" vermittels Körperpraktiken und Verhaltensregulierung, durch Druck zur Internalisierung objektivierender Perspektiven auf sich selbst und durch die gesteuerte Vermittlung bestimmter Selbstbilder und Selbstverständnisse (vgl. auch „Macht" in diesem Band).[3]

Worauf es hier ankommt, ist die grundsätzliche theoretische Perspektive, die sich aus einem solchen „tiefen" und „produktiven" Machtverständnis ergibt. Foucaults These ist ja gerade, dass Individuen oder Subjekte in diesem Spannungsfeld der Macht erst entstehen und sich konstituieren, dass die Machtverhältnisse eingehen in die konkrete Subjektkonstitution. Das vermeintlich „naturgegebene" Subjekt erweist sich als Resultat vielfältiger und machtimprägnierter sozialer Prozesse. Was einer oder eine ist, wie sie sich versteht und begreift, welche Rolle sie annehmen kann, welche Erwartungen sie erfüllen muss und welche sozialen Spielräume sie wahrnehmen kann, sind Teilaspekte der Konstitution einer bestimmten Form von Subjektivität.[4]

So lautet das Fazit von Foucaults historischer Analyse der Straf- und Überwachungspraktiken des 18. und 19. Jahrhunderts, d.h. der Weisen, Individuen zu Verbrechern zu erklären und ihnen kriminelle Antriebe zuzuschreiben, gegen die ein staatlicher Justiz- und Strafapparat vorzugehen hat: Das Subjekt, wie es im Strafprozess erscheint, ist nicht gegeben, es wird „dank einer Taktik der Kräfte und der Körper sorgfältig fabriziert" (Foucault 1976: 279). Die moderne Strafpraxis wird für Foucault zum Paradigma moderner Subjektivierung: Das moderne Subjekt wird (wie der zu Arbeit und zu einem vollkommen determinierten Tagesablauf gezwungene Gefangene) zu Regularität und effizientem Verhalten angehalten. Es lernt (wie der ständig überwachte Sträfling), die Überwachung durch andere zu antizipieren und zu internalisieren und sich damit ständig selbst zu kontrollieren und zu überprüfen. Es setzt sich selbst dauernd in Beziehung zu Normen und Maßstäben, denen es glaubt folgen zu müssen, weil es von der gesellschaftlichen Ordnung, wissenschaftlichen Imperativen oder sozialen Autoritäten gefordert wird. Für Foucault ist so das moderne Subjekt immer auch *subject*, Untertan.

2.2 Foucault-Kritik: Verteidigung des Subjekts

Diese Depotenzierung oder „Auflösung" des Subjekts ist auf eine Vielzahl von Einwänden gestoßen. Und in der Tat verstehen sich sowohl der Status als auch die Konsequenzen der Rede vom produzierten Subjekt nicht von selbst. Die von Foucault behauptete Machtdurchzogenheit wurde als Autonomieverlust verstanden, und damit ergeben sich einige philosophische Probleme, die tiefgreifend sind. Die Kritik hat sich vor allem an der Frage entzündet, ob und wie der Angriff auf die Stabilität und Ursprünglichkeit des (politischen) Subjekts mit dessen Handlungsfreiheit und Selbstbestimmung vereinbar ist.[5] Wenn Subjektivität, d.h. die Art und Weise, wie jemand ist und fühlt, handelt und empfindet, „erzeugt" ist von nichtsubjektiven Instanzen oder wenn sie gar bloßer „Effekt" von Regelsystemen, ein bloßes Produkt von Disziplinierungsverhältnissen wäre,

---

4 Auf besonders eindrucksvolle Weise entfaltet Foucault dieses Argument in seinem erstmals 1982 veröffentlichten Text „Das Subjekt und die Macht" (Foucault 1994).
5 Vgl. die frühen Texte zu Foucault von Nancy Fraser (1994).

wie es einige von Foucaults kritischen Lesern verstanden haben, dann scheint auch die Möglichkeit autonomen politischen Handelns fast vollständig zu verschwinden. Denn dann kann Subjektivität kein Grund mehr sein und damit auch keine Grundlage für rationales Überlegen und selbstständiges Entscheiden. Eine solche subjektkritische Perspektive widerspräche dann auf eklatante Weise dem Selbstverständnis politischer Akteure. Denn diese nehmen sich selbst sehr wohl als Autoren oder Urheber ihrer Urteile und Handlungen wahr. Sie entscheiden (mehr oder weniger autonom) zwischen Handlungsoptionen. Sie können Regeln befolgen und sich auch (mehr oder weniger bewusst) gegen sie entscheiden. Die von Foucault angebotene externe Beschreibung der Subjektivierung kann, so der zentrale Einwand der Kritiker der Subjektkritik, nicht alle relevanten internen Elemente politischen Handelns (wie Handlungs- und Entscheidungsfreiheit) artikulieren. Die „Unhintergehbarkeit der Individualität" (Frank 1986) werde geleugnet und die Teilnehmerperspektive, d.h. die Innenperspektive sozialer Akteure, werde ausgeblendet (Honneth 1985).

Gefordert wird also einerseits eine Möglichkeit, beim Reden über das Subjekt der Willens- und Handlungsfreiheit einen grundlegenden Status zuzugestehen und aus der Machtdurchzogenheit von Subjektivität keine absolute Heteronomie zu folgern. Andererseits darf eine Theorie der Subjektivität auch die Artikulation subjektiver Erfahrung nicht unmöglich machen. In den Augen der genannten Kritiker verfehlt Foucaults Machttheorie des Subjekts diese Anforderungen.[6]

2.3 Die Governmentality Studies: Politik des Selbst

Während die letztgenannten Kritiken es nahe legen, den Rahmen der Foucault'schen Überlegungen zu verlassen, haben sich Vertreter eines anderen, relativ jungen Paradigmas darum bemüht, im Rahmen seiner Vorgaben politiktheoretisch weiterzuarbeiten (vgl. Burchell/Gordon/Miller 1991). Foucault hatte am Ende der 70er Jahre den Begriff der „Gouvernementalität" zur Bezeichnung einer bestimmten neuzeitlichen Regierungsform entwickelt und als Leitbegriff für historisch-politische Analysen vorgeschlagen. Die Aufarbeitung bzw. politikwissenschaftliche und soziologische Weiterführung dieses fragmentarisch gebliebenen Programms als *Governmentality Studies* wird vor allem in der

---

6 Man kann einige zeitgenössische philosophische Unternehmungen als explizite Alternativen zu Foucaults kritischer Geschichte des Subjekts verstehen, so z.B. Charles Taylors ambitioniertes Buch über die „Quellen des Selbst", das eine „Geschichte der neuzeitlichen Identität" (Taylor 1994: 7) entwirft, oder Paul Ricœurs – von Hermeneutik und analytischer Philosophie der Person gleichermaßen informierte – Theorie des Selbst (vgl. Ricœur 1996).

britischen und australischen Soziologie und seit einigen Jahren auch in Deutschland erfolgreich praktiziert.[7] Es wird von der historischen These ausgegangen, dass sich seit dem 18. Jahrhundert unter Rückgriff auf die ältere „Kunst des Regierens" ein neuer „gouvernementaler" Typ sozialer Macht und neue Formen der politischen Menschenführung gebildet haben. In dieser neuen Regierungsweise gehen Verwaltung, Wissenserfassung und soziale Regulation der Individuen eine neue Verbindung ein, die auch noch in den politischen Strukturen der Gegenwart wirksam sind. Deshalb werden in den *Governmentality Studies* spezifische politische Diskurse untersucht, und es wird die variable und zielgerichtete Neu- und Umdefinition der Rolle, Position und des Selbstbildes politischer Subjekte analysiert.

Ein aktuelles Beispiel ist der Diskurs über Sicherheit und Risiko. Es lässt sich mit den Mitteln einer Foucault'schen Diskursanalyse zeigen, wie sich die politische Semantik seit den 60er Jahren, aber verstärkt in den letzten 15 Jahren von einem klassisch wohlfahrtsstaatlichen Vokabular hin zu einer Rhetorik der Vorbeugung, Prävention und Selbstverantwortung der politischen Subjekte verschoben hat (vgl. exemplarisch Rose 1999). Es bilden sich neue Rollenansprüche und Handlungsimperative an das politische Individuum. Der Einzelne wird stärker denn je zum Adressaten und zur Instanz von Vorsorge, Risikobeschränkung und „Selbstmanagement". Dies ist eine Verschiebung innerhalb dessen, was Foucault die „politische Rationalität" nennt, die die jeweiligen Subjekte und Objekte politischer Handlungen definiert und interpretiert. Nun wird im Gleichklang mit den Diskursen der sozialen und politischen Institutionen (der politischen Debatten, der Sozialversicherungen und des Wohlfahrtssystems u.ä.) und dem wissenschaftlichen Wissen (der Statistik, der Sozialmedizin, etc.) die stetige Bezogenheit auf Risiko-Verantwortung-Autonomie zum Kern staatsbürgerlichen Handelns gemacht. Der Imperativ zur individuellen Selbstvorsorge, wie er in der gegenwärtigen Rhetorik staatlicher Reformen allgegenwärtig ist, ist ein eminent politisches Konzept. Er richtet eine Sprache, ein Modell und eine Normativität für Subjekte ein, die ihm „entsprechen" können und ist deshalb ein Beispiel für ein diskursives Element zeitgenössischer Gouvernementalität: eines Zusammenhangs einer Denkform und einer Regierungsform, der Zielauffassungen von Politik, wissenschaftliche Objektivierungen und Selbstdeutungen staatsbürgerlichen Handelns umfasst.

Die *Governmentality Studies* sind nicht zuletzt von der Hoffnung inspiriert, dass sich mit ihrem Instrumentarium der neoliberale Regierungsstil der Gegenwart analysieren und verstehen lässt, der ja oft eine Politik der Selbstzensur und -dis-

---

7   Vgl. zur Orientierung über die Rolle dieses Begriffs im Gesamtwerk Foucaults Lemke (2000, 2007) und für die deutsche Rezeption die Studien in Bröckling/Krasmann/Lemke (2000).

ziplinierung und damit eine aktive „Selbstregierung" der betroffenen Subjekte impliziert (vgl. Deleuze 1993, Bröckling 2007). Gouvernementale Strukturen üben eine Form von Macht aus, aber nicht, indem sie individuelles Handeln vollständig determinieren, sondern indem sie die zweifellos vorauszusetzende Handlungsfreiheit der sozialen Akteure auf eine prägende Weise einrahmen, gewissermaßen produktiv die „Grammatik" der Freiheit festlegen. Für Foucault mündete diese Analyse der Subjektivierungsweisen dann aber in die Frage, ob wir nicht in manchen Fällen spüren, dass wir „nicht dermaßen regiert" werden wollen (Foucault 1978: 12). Für die *Governmentality Studies* jedenfalls gilt, dass aus dem Argument, dass das Subjekt gemacht und nicht gegeben ist, keine Leugnung von Autonomie und Handlungsfähigkeit folgt. Aus der Einsicht in bestimmte Konstruktionsprozesse entsteht im Gegenteil die Möglichkeit ihrer Kritik und Transformation.

2.4 Judith Butler: Subjektivierung und Norm

Eine weitaus abstraktere, aber politisch folgenreiche Fortentwicklung des subjektkritischen Ansatzes hat Judith Butler vorgeschlagen. In ihren Texten geht es ihr um den Zusammenhang zwischen Begehren, Subjektivität und Macht und damit um eine komplexe allgemeine Theorie des Subjekts (Butler 2001, 2008). Wie im Fall der geschlechtlichen Identität, die im Zentrum Butlers früherer Arbeiten stand, gilt auch für Subjektwerdung allgemein, dass sie ein aktives Hervorbringen ist, in dem sich Fremdkonstruktion (durch Benanntwerden und Identifiziertwerden durch andere) und Selbstkonstitution (durch Selbstidentifikation, Übernahme von Rollen, durch affektive Bindungen an sich und seinen Status) verschränken (vgl. auch „Geschlecht" in diesem Band). Gerade dass zur Unterwerfung und Subjektivierung auch das aktive Selbst-Sein, die aktive Übernahme von Normen gehört, macht es so schwierig, zwischen Selbst- und Fremdbestimmung zu unterscheiden. Dass man nur als durch allgemeine und sozial verfügbare Kategorien bestimmte Person im sozialen Leben auftreten und sichtbar werden kann, macht den Subjektstatus so verletzlich und ausbeutbar. Aber die immer nötige Bestätigung, Reaktivierung und Reinszenierung der Unterwerfung unter bestimmte Normen macht sie zum Ort möglicher Abweichungen. Politisch bedeutet diese Anfälligkeit für Subversion einerseits, dass Widerstand gegen bestimmte Identitätsformen immer möglich ist. Andererseits ist das Bestehen auf einer bestimmten Identität noch kein Schutz vor dem Zugriff der Macht: Man kann gerade auch bezüglich der Merkmale, wegen derer man (identitäts-) politische Ansprüche erhebt, reguliert und beherrscht sein. Das Einfordern von Rechten oder vorenthaltenen Privilegien kann den Status der

Unterprivilegierung fortschreiben; eine politische, kulturelle oder sexuelle Minderheit wird dann zwar gegebenenfalls „geduldet", ihr Anliegen wird anerkannt, aber die geltenden Maßstäbe, die darüber entscheiden, wer überhaupt als politisches Subjekt (mit bestimmten politischen, kulturellen oder sexuellen Identitätsmerkmalen) zählt, bleiben aber unberührt (vgl. Brown 2006).

Es genügt also nicht, sich den herrschenden Normen anzupassen, indem man die zugestandenen Spielräume ausfüllt. Es ist vielmehr auf die Mechanismen und Kriterien hinzuweisen, die nur bestimmten Subjekten die Wahrnehmung ihrer politischen Rechte erlaubt. Das Aus-der-Rolle-Fallen der politischen Subjekte, ihre Fähigkeit, neue Allianzen einzugehen und bisherige Identifikationen abzuwehren oder umzudeuten, machen eine Offenheit und damit eine im aktiven Sinn verstandene Politik der Subjektivität zumindest denkbar, wenn auch auf diese Weise die Garantie eines gesicherten Subjektstatus verschwindet, weil die fixierte Rolle oder Identität abgelehnt wird. Der Status des politischen Subjekts ist also prekär und bedarf ständiger aktiver Aneignung und Interpretation.

2.5 Rekonstruktionen des Subjekts: das Selbst im Kontext

Die Diskussionen der letzten Jahrzehnte um Foucaults Machtbegriff, die Gouvernementalität und die Produktion der Subjektivität lassen sich als Kritik oder Dekonstruktion des modernen, autonomen und transparenten Subjekts bezeichnen. Von ihnen unabhängig wurde aber in derselben Zeit auch in Debatten, die nicht direkt auf die poststrukturalistische Herausforderung bezogen sind, an einer Neufassung des modernen Subjektbegriffs gearbeitet. Drei einschlägige Gruppen von Argumenten aus der internationalen Diskussion können hier exemplarisch für die vielfältigen Versuche gelten, moderne Subjektivität anders zu verstehen, als es die philosophische Tradition bisher getan hat.

Das Unbehagen am klassischen modernen Subjektmodell hat sich oft an seinem „monologischen" Charakter entzündet, d.h. an der Tatsache, dass das Subjekt durchgehend als vereinzeltes und isoliertes konzipiert wurde. Dem wird ein komplexeres Bild entgegengehalten, wonach das Subjekt in ein tragendes Netz aus sozialen Beziehungen eingefasst ist, das es zwar in seinen Möglichkeiten bedingt, ihm aber auch soziale Spielräume eröffnet. Seyla Benhabib verwendet für eine Konzeption, die dieser gleichzeitigen Begrenzung und Befähigung Rechnung trägt, die prägnante Formel des „situierten" Selbst oder des „Selbst im Kontext" (Benhabib 1995). Sie gesteht also den poststrukturalistischen und allen anderen Kritikern zu, dass eine Theorie absolut freier Subjektivität unhaltbar ist. Daraus folgt aber für sie nicht, dass der Subjektstatus als solcher fragwürdig würde. Das Subjekt steht und entsteht in Situationen von Abhängigkeit und Unverfügbarkeit und bildet sich in der Interaktion mit anderen in unterschiedlich weiten Schichten der Sozialität (in Familie, Nahbeziehungen, Solidargemeinschaften, Klassen, Gesellschaften, etc.).

Eine ähnliche Argumentationslinie findet sich im Streit zwischen kommunitaristischen und liberalen Theoretikern. Ein verkürztes und atomistisches, aus der Aufklärung stammendes Menschenbild, so die kommunitaristische Kritik an der dominanten liberalistischen Anthropologie, verdecke die enorm wichtige Dimension zwischenmenschlicher Verbindungen und Verpflichtungen, Abhängigkeiten und Loyalitäten. Erst vor dem Hintergrund dieses intakten Netzes aus Bindungen und Verantwortungen (gegenüber den Familien, den *significant others*, den Kolleginnen und Kollegen etc.) wird individuelles autonomes Handeln möglich. Der Einzelne ist kein „freischwebendes" oder „uneingebundenes", sondern eben ein „soziales" Selbst (vgl. Sandel 1993), das erst vor dem Hintergrund spezifischer, prägender und verpflichtender Gemeinschaften und Traditionen lebensfähig wird.

Der Einspruch gegen einen individualistischen *bias*, d.h. eine benachteiligende Voreingenommenheit im herrschenden Liberalismus lautet: Ein bestimmtes Menschen- und Subjektbild verdeckt bestimmte spezifische Eigenschaften des individuellen und sozialen Lebens und überbetont andere. Die feministischen Kritiken der klassischen politischen Theorien der staatsphilosophischen Tradition (vgl. Pateman 1983, Brown 1988) prangern auf ähnliche Weise die Einseitigkeit der Art und Weise an, wie das politische Subjekt bisher verstanden wurde. Die Eigenschaften, die dem vermeintlich neutralen, allgemeinmenschlichen politischen Subjekt zugeschrieben werden, sind von Subjektvorstellungen geprägt, die exklusiv auf Männer und deren Agieren in der politischen Sphäre bezogen entwickelt worden sind, die diesen *gender bias* aber gleichzeitig hinter ihrem universalen konzeptionellen Anspruch verdecken.[8] Kritik am vermeintlich geschlechtslosen, universalen politischen Subjekt fordert die Rücknahme einer strukturellen Verdrängung und damit die Bewusstmachung eines Unbewussten der Politik.

---

8 Postkoloniale Theorien haben das analoge Argument vorgebracht, dass sich der westliche Subjektivitätsdiskurs nur als der eines „kolonialen Selbst" aufrechterhalten könne (vgl. Stoler 1995) und der westlichen Idee des autonomen Selbst als konstitutives Außen ihr Anderes, die angebliche Abwesenheit von Subjektivität in den exotisch-fernen, nichtwestlichen traditionalen Gesellschaften eingeschrieben bliebe (vgl. Hall 1997).

2.6 Habermas vs. Luhmann: Intersubjektivität und psychische Systeme

Auch die jüngere deutsche Sozialtheorie hat einen entscheidenden Beitrag zur Problematik des Subjekts geleistet. Dabei handelt es sich um zwei Varianten von Reinterpretationen des Subjektbegriffs, die an Radikalität den bisher verhandelten Positionen in nichts nachstehen. Jürgen Habermas' Vorschlag einer intersubjektivistischen Überwindung der Subjektphilosophie (Habermas 1988) und seine Überlegungen zur Entstehung von Subjektivität auf dem Grund der Intersubjektivität sind Versuche, der Illusion vom vorgängigen monologisch verstandenen, autonomen und transparenten Subjekt zu entkommen. Aber anders als die poststrukturalistischen Theoretikerinnen und Theoretiker versucht Habermas, dem intersubjektiv begründeten, in sozialer Interaktion entstehenden Subjekt eine enorm anspruchsvolle Position zuzuschreiben. Denn auch wenn das Individuum erst im Austausch mit anderen, im Perspektivwechsel und in sozialer Interaktion lernt, sich auf sich selbst als ein Subjekt zu beziehen, also „Individualisierung durch Vergesellschaftung" (Habermas 1989) zustande kommt, steht doch am Ende dieses Lernprozesses (zumindest im nicht-pathologischen Fall) das reife, moralische Individuum.

Die komplexen theoretischen Anleihen bei der Sozialisationstheorie und bei der Moralpsychologie und Habermas' eigene originelle Version von Sprachtheorie machen deutlich, wie aufwendig eine grundsätzliche intersubjektivistische Reformulierung von Subjektivität ausfällt, deren Erfolg in der zeitgenössischen Debatte mehr als umstritten ist. Es ist aber offensichtlich, dass für Habermas die zentralen Eigenschaften dieses Subjekts, nämlich Rationalität und Diskursfähigkeit, auch nach dieser Revision relativ unproblematisch vorauszusetzen sind. So bleibt die Frage offen, welche spezifischen Eigenschaften ein Subjekt haben muss, um überhaupt als vollberechtigter Teilnehmer zum politischen Diskurs zugelassen zu werden. Habermas gibt zwar eine anspruchsvolle Reinterpretation von Subjektivität, sagt aber relativ wenig zu den Kontexten der Konstitution der Subjekte und zu den in diesen Prozess hineinspielenden Machtfaktoren (vgl. Allen 2008).

Als wichtige Gegenposition kann Niklas Luhmanns radikale Verabschiedung der Subjektivitätssemantik gelten. Mit Habermas teilt Luhmann die Überzeugung, dass ein Bruch mit dem Paradigma der Bewusstseinsphilosophie bzw. der herkömmlichen Theorie der Subjektivität nötig ist. Stärker aber als Habermas ist Luhmann an einer historischen Erforschung der sich wandelnden Semantiken interessiert, in denen sich Wissen organisiert; und er legt Wert darauf, dass die Kategorie des Subjekts nicht zum erforderlichen Bestand des gegenwärtigen sozialtheoretischen Beschreibungsvokabulars gehört: „Die Systemtheorie bricht mit dem Ausgangspunkt und hat daher keine Verwendung für den Subjektbegriff. Sie ersetzt ihn durch den Begriff des selbstreferentiellen Systems." (Luhmann 1984: 51) Ihren Platz haben die Phänomene, die unter traditionellen Bedingungen als subjektiv beschrieben wurden, in der Theorie „psychischer Systeme", deren operative Geschlossenheit und Funktion als „Umwelt" für andere Systeme es sinnlos erscheinen lässt, das Subjekt als Teil oder Problematik der Politik anzusehen (vgl. auch „System" in diesem Band und Weber 2005).

Schon aus terminologischen oder theoriearchitektonischen Gründen kann dem Subjekt also kein Platz in Luhmanns Theorie der Politik zukommen (Luhmann 1997: 1030). Es ist allerdings offen, wie dieser Befund zu bewerten ist und ob sich nicht durch einige begriffliche Übersetzungen doch Verbindungen zur Theorie des Subjekts herstellen ließen. Vor allem die historisch sensible Nachzeichnung der Entstehung der Individualitätssemantik und der Funktionen der „Form des Individuums" ist eine gründliche Zerstörung der Illusion des *einen* einheitlichen und überhistorischen Subjekts. In Bezug auf die schon behandelten Positionen lässt sich also feststellen: Die von Foucault und anderen vorgenommene Problematisierung der Unterstellung des Subjekts der Politik, die zu etlichen Rekonstruktionsversuchen geführt hat, wird bei Luhmann zumindest begrifflich vollständig zurückgenommen. Das Vokabular wird funktionalistisch gereinigt; der „subjektive Faktor" ist also gebannt. Aber diese methodisch saubere Operation umgeht das Problem des Subjekts mehr, als dass sie es lösen würde.

Die hier skizzierte Alternative zwischen einem intersubjektivistischen und einem systemtheoretischen Paradigma ist unter anderem deswegen lehrreich, weil sie sich in vielen zeitgenössischen Kontroversen innerhalb der politischen Theorie reproduziert. Vielleicht wird sie aber dem politischen Problem des Subjekts nicht gerecht. Es scheint gleichermaßen einseitig, das mündige, rationale Selbst zur unhintergehbaren Voraussetzung politischer Prozesse zu erklären, wie es zum bloßen Nebeneffekt systemischer Geschehnisse zu machen.

3. Eine politische Theorie des Subjekts

Alle hier diskutierten Theorien kritisieren oder revidieren die klassische moderne Konzeptualisierung von Subjektivität. Wenn das Subjekt keine unbefragte theoretische Einheit mehr ist, sondern selbst in politischen Kontexten erst entsteht, wird Subjektivität zu einer politischen Problematik. Die Theorien der Subjektkonstitution legen frei, in welchem sozialen Wirkungsgeflecht die vermeintlich kleinste Einheit und Voraussetzung des Politischen steht. Der Ort des Individuums liegt selbst mitten im politischen Feld, und der Streit um die richtige „Verfassung" des Subjekts ist selbst ein politischer Streit. Dies zeigen die kommunitaristische und in einer ganz anderen Weise die feministische Kritik am dominanten Politikverständnis; und auch die *Governmentality Studies*, die sich der Erforschung der „politischen Rationalität" und dem Zustandekommen zeitgenössischer politischer Subjektivitäten widmen, weisen darauf hin, dass politische Vorgaben, Diskurse, Verfahren und Institutionen Bedingungs- und Kausalfaktoren für die konkreten Subjektwerdungen sind.

Aber selbst wenn man den historisch-theoretischen Vorschlag Foucaults, die Prozesse der Subjektivierung für unsere Gesellschaft empirisch zu analysieren, aufnimmt und weiterführt, ist es doch nötig, diese Perspektive zu konkretisieren. Es muss gefragt werden, welche Prozesse es genau sind, in denen heute moderne Subjekte „fabriziert" werden und wie sich der vielschichtige Prozess der Subjektivierung verstehen lässt, an dessen Ende ein reflexives soziales Wesen steht. Es ist unwahrscheinlich, dass er *einer* Logik folgt, deshalb reicht eine allgemeine philosophische Theorie der Subjektivität nicht aus. Sinnvoll ist dagegen ein theoretisch differenziertes und multiperspektivisches Vorgehen, wie es sich in der gegenwärtigen politikwissenschaftlichen Debatte teilweise auch schon abzeichnet. Eine interdisziplinäre, historische und sozialtheoretische Typologie und Topologie von Subjektivierungsweisen ist nötig, die den Prozess der Subjektwerdung im politischen Raum strukturell und an historischen und soziologischen Einzelfällen transparent macht. Dabei müssen die verschiedenen Dimensionen dieses Prozesses deutlich werden, von denen viele intersubjektiver oder sozialer Natur sind, worauf u.a. Benhabib und Habermas verweisen, die aber auch institutionelle, diskursive und technologische Aspekte hat, wie es Foucault und seine Nachfolger gezeigt haben. So kann erstens konkret nachgewiesen werden, an welchen Orten, in welchen Institutionen und mit welchen Mitteln Subjektivität produziert wird. Es gilt zweitens genauer zu erforschen, in welchem Verhältnis jeweils Fremdkonstruktion (gewissermaßen Subjektivierung „von außen") und Selbstkonstitution (Subjektivierung „von innen") stehen. Dafür sind neben der Einbeziehung soziologischer und historischer Untersuchungen auch Bezüge auf die sozialpsychologische und psychoanalytische Theoriebildung unerlässlich, um der Rolle von symbolischen Repräsentationen, verinnerlichten Fantasien und Projektionen Rechnung zu tragen.

Im Zentrum einer solchen mehrstufigen Theorie, und deshalb bleibt ihr Gegenstand eminent politisch, steht der Zusammenhang zwischen spezifischen Formen von Subjektivität und den Kräften, in deren Wirkungsnetz sie entstehen. Sie macht sichtbar, welchen vielfältigen Einflüssen das Subjekt unterliegt, welche Anpassungsleistungen ihm etwa in pädagogischen und ökonomischen Verhältnissen abgefordert werden und wie viele strukturelle Ungleichheiten (etwa in asymmetrischen Geschlechterbeziehungen oder Dominanzkulturen) als unthematisierte Hintergründe die Subjektwerdung mitprägen. Nicht immer wird man die Faktoren und Wirkungsrichtungen eindeutig bestimmen können; und noch seltener wird es möglich sein, klare Macht/Ohnmacht-Zuordnungen treffen zu können.

Die Frage nach der Macht im Subjekt ist nicht nur als reine Forschungshypothese wichtig. Der Versuch, die Machtwirkungen in der Genese spezifischer Subjektformen auszumachen, wird dann zu einem kritischen Unternehmen, wenn sich ein Blick auf die Kontingenz bestehender Subjektivitäten und damit ein Ausblick auf ihre mögliche Transformierbarkeit gewinnen lässt. Einsichten in die Bedingungen und Kontexte der Genese von Subjektivität werden so zu einer Übung in Machtkritik (vgl. auch „Gesellschaftskritik" in diesem Band). Denn die diagnostische Aufgabe einer umfassenden politischen Theorie des Subjekts ist es, aufmerksam für die vielfältigen sozialen und politischen Wirkungen von Institutionen und Normen auf Individuen zu sein. Dazu sind feine, ausgearbeitete machtanalytische Instrumente nötig. Kritisch werden diese politischen Theorien dann, wenn sie in der Nachzeichnung der groben und feinen Wirkung der Macht auf Subjektivität dort Macht finden, wo vorher nur Freiheit oder Natur zu sein schien. Weil auch die Verfassungen der Subjekte menschengemacht sind, sind sie kritisierbar.

Literatur

Allen, Amy (2008): The Politics of Our Selves. Power, Autonomy, and Gender in Contemporary Critical Theory. New York: Columbia UP.

Benhabib, Seyla (1995): Selbst im Kontext. Kommunikative Ethik im Spannungsfeld von Feminismus, Kommunitarismus und Postmoderne. Frankfurt/M.: Suhrkamp.

Bröckling, Ulrich (2007): Das unternehmerische Selbst. Soziologie einer Subjektivierungsform. Frankfurt/M.: Suhrkamp.

Bröckling, Ulrich/Krasmann, Susanne/Lemke, Thomas (Hg.) (2000): Gouvernementalität der Gegenwart. Studien zur Ökonomisierung des Sozialen. Frankfurt/M.: Suhrkamp.

Brown, Wendy (1988): Manhood and Politics. A Feminist Reading in Political Theory. Totowa: Rowman and Littlefield.

– (2006): Regulating Aversion: Tolerance in the Age of Identity and Empire. Princeton: Princeton University Press.

Burchell, Graham/Gordon, Colin/Miller, Peter (eds.) (1991): The Foucault Effect. Studies in Governmentality. Chicago: University of Chicago Press.

Butler, Judith (2001): Psyche der Macht. Das Subjekt der Unterwerfung. Frankfurt/M.: Suhrkamp.

– (2008): Subjekt. In: Gosepath, Stefan/Hinsch, Wilfried/Rössler, Beate (Hg.): Handbuch der Politischen Philosophie und Sozialphilosophie, Bd. 2. Berlin: de Gruyter. 1301-1307.

Cadava, Eduardo (ed.) (1991): Who Comes after the Subject? London: Routledge.

Deleuze, Gilles (1993): Postskriptum über die Kontrollgesellschaften. In: ders.: Unterhandlungen 1972-1990. Frankfurt/M.: Suhrkamp. 254-262.

Foucault, Michel (1976): Überwachen und Strafen. Die Geburt des Gefängnisses. Frankfurt/M.: Suhrkamp.

– (1978): Was ist Kritik? Berlin: Merve.

– (1994): Das Subjekt und die Macht. In: Dreyfus, Hubert L./Rabinow, Paul: Michel Foucault. Jenseits von Strukturalismus und Hermeneutik. Weinheim: Beltz. 2. Aufl. 243-261.

Frank, Manfred (1986): Die Unhintergehbarkeit von Individualität. Reflexionen über Subjekt, Person und Individuum aus Anlaß ihrer „postmodernen" Toterklärung. Frankfurt/M.: Suhrkamp.

– (1988): Subjekt, Person, Individuum. In: ders./Raulet, Gérard/Reijen, Willem van (Hg.): Die Frage nach dem Subjekt. Frankfurt/M.: Suhrkamp. 7-28.

Fraser, Nancy (1994): Widerspenstige Praktiken. Macht, Diskurs, Geschlecht. Frankfurt/M.: Suhrkamp.

Habermas, Jürgen (1988): Der philosophische Diskurs der Moderne. Zwölf Vorlesungen. Frankfurt/M.: Suhrkamp.

– (1989): Individualisierung durch Vergesellschaftung. Zu George Herbert Meads Theorie der Subjektivität. In: ders.: Nachmetaphysisches Denken. Frankfurt/M.: Suhrkamp.

Hall, Stuart (1997): The Spectacle of the „Other". In: ders.: Representations. Cultural Representations and Signifying Practices. London: Sage. 223-290.

Honneth, Axel (1985): Kritik der Macht. Reflexionsstufen einer kritischen Gesellschaftstheorie. Frankfurt/M.: Suhrkamp.

Lemke, Thomas (2000): Neoliberalismus, Staat und Selbsttechnologien. Ein kritischer Überblick über die „governmentality studies". In: Politische Vierteljahresschrift 41. 31-47.

– (2007): Gouvernementalität und Biopolitik. Wiesbaden: VS.

Luhmann, Niklas (1984): Soziale Systeme. Grundriß einer allgemeinen Theorie. Frankfurt/M.: Suhrkamp.

– (1997): Die Gesellschaft der Gesellschaft. Frankfurt/M.: Suhrkamp.

Nicholson, Linda/Seidman, Steven (eds.) (1995): Social Postmodernism. Beyond Identity Politics. Cambridge: UP.

Pateman, Carole (1988): The Sexual Contract. Stanford: UP.

Platon (1991): Der Staat. Übers. v. Rudolf Rufener. München: dtv.

Reckwitz, Andreas (2008): Subjekt. Bielefeld: Transcript.

Ricœur, Paul (1996): Das Selbst als ein Anderer. München: Fink.

Rose, Nikolas (1999): Powers of Freedom. Reframing Political Thought. Cambridge: UP.

Saar, Martin (2007): Genealogie als Kritik. Geschichte und Theorie des Subjekts nach Nietzsche und Foucault. Frankfurt/M. – New York: Campus.

Sandel, Michael (1993): Die verfahrensrechtliche Republik und das ungebundene Selbst. In: Honneth, Axel (Hg.): Kommunitarismus. Eine Debatte über die moralischen Grundlagen moderner Gesellschaften. Frankfurt/M. – New York: Campus. 18-35.

Steinweg, Marcus (2009), Politik des Subjekts. Zürich – Berlin: Diaphanes.

Stoler, Ann Laura (1995): Race and the Education of Desire. Foucault's History of Sexuality and the Colonial Order of Things. Durham: Duke UP.

Strong, Tracy B. (ed.) (1992): The Self and the Political Order. New York: NYU Press.

Taylor, Charles (1994): Quellen des Selbst. Die Entstehung der neuzeitlichen Identität. Frankfurt/M.: Suhrkamp.

Védrine, Hélène (2000): Le sujet éclaté. Paris: Le Livre de Poche.

Weber, Andreas (2005): subjektlos. Konstanz: UVK.

Zarka, Yves Charles (2000): L'autre voie de la subjectivité. Six études sur le sujet et le droit naturel au XVII. siècle. Paris: Beauchesne.

Zima, Peter V. (2000): Theorie des Subjekts. Subjektivität und Identität zwischen Moderne und Postmoderne. Tübingen – Basel: Francke (UTB).

System

Kai-Uwe Hellmann

1. Systembegriff und politische Kommunikation

In der Sprache der Politik findet der Begriff des Systems vor allem dort Verwendung, wo es um die institutionelle Ordnung eines politischen Gemeinwesens geht. In diesem Sinne ist dann vom politischen System der Bundesrepublik Deutschland die Rede, oder von seinem Regierungs- bzw. Parteiensystem, wenn es sich bloß um Teilbereiche handelt. In der Regel ist damit ein Netzwerk politischer Organisationen gemeint, die in einer bestimmten funktionalen Beziehung zueinander stehen, wie es das Prinzip der Gewaltenteilung paradigmatisch zum Ausdruck bringt. Flankiert wird ein solches politisches Organisationsnetzwerk von bestimmten Werten und Normen, nach denen politisch erlebt und gehandelt werden soll. Daneben gibt es zweifelsohne noch weitere Verwendungsweisen des Systembegriffs in der politischen Kommunikation, etwa für die Bezeichnung bestimmter Beziehungsnetzwerke zwischen Personen, die in engen beruflichen Verbindungen miteinander stehen und besondere Vertrautheits- und Verpflichtungsverhältnisse unterhalten. Prominente Beispiele sind das „System Kohl", das „System Schröder" oder das „System Merkel".

Anders als im Alltagsgebrauch wird in der Semantik der Politikwissenschaft dem Systembegriff erst seit kurzem wieder größere Aufmerksamkeit entgegengebracht – nach einer ersten Hochkonjunktur in den fünfziger und sechziger Jahren. So gehörte der Begriff „System" lange Zeit nicht einmal zu den Standardeinträgen in den einschlägigen Lexika; dies hat sich erst in den letzten Jahren geändert. Auch gibt es bislang keine fachinterne Form der Spezialisierung, die den Systembegriff, geschweige denn Systemtheorien in das Zentrum ihrer Forschung stellt (Czerwick 2001, 2008). Nichtsdestotrotz scheint der Systembegriff für die Beschreibung der Politik der Gegenwart nahezu unverzichtbar, weil er besonders gut zu erfassen vermag, was moderne Politik auszeichnet, nämlich ihre angestrebte und oftmals umstrittene *Autonomie* gegenüber dem Rest der Gesellschaft, und zwar in doppelter Hinsicht: Autonomie als selbstständige Entscheidungsinstanz, aber auch als Verselbständigung gegenüber politikfremden Erwartungen und Ansprüchen, was bisweilen zu gravierenden Verständigungsproblemen führen kann.

Was hat es also mit dem Systembegriff auf sich? Der Beitrag zeichnet seine Herkunft, Rezeption und Verwendung in der Politikwissenschaft in den Grund-

zügen nach. Unter Bezug auf Positionen, die dem Systembegriff einen besonders hohen Stellenwert für die politikwissenschaftliche Theoriebildung beimes-
sen, werden seine wichtigsten Funktionen und Konnotationen dargestellt; hierbei steht die Position von Niklas Luhmann im Mittelpunkt. Abschließend geht
es um eine kritische Würdigung des Erreichten und um weiterführende Fragestellungen.

2. Politik als System

Das griechische Wort *systema* bedeutet ein Ganzes, das aus Teilen besteht und
das Ergebnis einer in sich geordneten Zusammenstellung und Zusammenarbeit
dieser Teile darstellt.[1] Zwei Aspekte sind hieran von Interesse. Zunächst geht es
um die Art der Beziehung, welche die Teile eines solchen Ganzen untereinander
einnehmen. Denn meistens ist diese Beziehung interdependent, also auf wechselseitige Abhängigkeit angelegt, weshalb man auch von Arbeitsteilung sprechen
kann, weil sämtliche Teile auf die Erhaltung dessen hinwirken, was das Ganze
dieser Teile ausmacht. Zudem gilt, dass ein solches Ganzes gegenüber seinen
Teilen eine besondere Form der Eigenständigkeit besitzt, gleichsam eine Realität sui generis, die man auch als „Emergenz" bezeichnet. Paradigmatisch
kommt dies in der Formel „Das Ganze ist mehr als die Summe seiner Teile"
zum Ausdruck. Hintergrund ist, dass weder die Existenz noch das Verhalten
eines solchen Ganzen durch interne oder externe Faktoren vollständig erklärt
werden können. Von Emergenz ist demnach die Rede, wenn Kausalität nicht
mehr lückenlos nachgewiesen werden kann.

   Mit Blick auf die Politikwissenschaft ist nun grundsätzlich zwischen Rezeption und Theorie zu unterscheiden. Im Falle der politikwissenschaftlichen *Rezeption* des Systembegriffs ist eine allgemeine Verbreitung und Verwendung dieses
Begriffs festzustellen, ohne dass daran weiterführende Bedingungen geknüpft
sind (Göbel 2000). Es handelt sich um eine recht pragmatische Gebrauchsweise
– meist ohne theoretische Tiefenschärfe. In dieser Form ist der Systembegriff
durchaus nützlich und keinesfalls umstritten, vergleichbar mit funktional äqui-
valenten Begriffen wie Ordnung, Form oder Kommunikation, die oftmals theo-
rielos zum Einsatz kommen und deshalb keinen Anstoß erregen.

   Die Problematik des Systembegriffs kommt erst dann ins Spiel, wenn der
Begriffsgebrauch mit einem *Theorieanspruch* versehen wird. Insofern ist es weniger der Systembegriff als solcher, der hier zu Debatte steht. Vielmehr sind es

---

1   Eine häufig zitierte Definition des Systembegriffs lautet: „A system is a set of objects together with
    relationships between the objects and between their attributes." (Hall/Fagen 1974: 127)

jene Systemtheorien, die diesem Begriff eine theoretisch relevante Ausrichtung geben.

2.1 Die erste Welle

Die Entstehungs- und Hochzeit politikwissenschaftlicher Systemtheorien liegt in den 50er und 60er Jahren des 20. Jahrhunderts. Wichtige Autoren sind Gabriel A. Almond, David Easton, Karl W. Deutsch und Talcott Parsons. Insbesondere Easton hat in den 60er Jahren mehrere einflussreiche Arbeiten vorgelegt (Easton 1965a, 1965b). Darin wird das politische System als ein kybernetischer Mechanismus dargestellt, der sich intern über bestimmte Strukturen der Informationsaufnahme, -vermittlung und -verarbeitung innerhalb der Gesellschaft selbst organisiert. Charakteristisch daran ist die Aufgliederung in Input und Output des Systems:

- Auf der einen Seite erhält die Politik Impulse von der Gesellschaft.
- Auf der andere Seiten nimmt die Politik Einfluss auf die Gesellschaft, sofern sie zuständig und dazu in der Lage ist.

Grundsätzlich geht es um kollektiv bindende Entscheidungen, deren Wirkung wiederum durch Rückkoppelung mit der Gesellschaft kontrolliert wird. So vermag das politische System sein Verhalten nach innen wie nach außen selbst zu steuern. Es erweist sich demzufolge als ein permanenter Prozess, als eine fortlaufende Abfolge von Ereignissen und Entscheidungen, die ständig aufeinander Bezug nehmen: Aus der Umwelt des politischen Systems strömen vielfältige Einflussnahmen auf das politische System ein, die es entweder als Forderungen (in der Form von Wahlen, Abstimmungen, Lobby-Arbeit) oder als Unterstützungen (in der Form von Steuern oder Loyalitätszusicherungen) wahrnimmt. Sie werden in Entscheidungen überführt und durch die Verwaltung vermittels Rechtsvorschriften, Subventionen und Besteuerung wieder an die Gesellschaft zurückgegeben. Über den Abgleich von Inputs und Outputs befindet die Gesellschaft über die Legitimität des politischen Systems. Ausschlaggebend ist hierbei, dass sich das politische System völlig autonom zeigt in dem, was es tut und unterlässt, denn es steuert sein Verhalten durch systeminterne Kontrollmechanismen ausschließlich selbst. Zugleich steht es durch Wahlen, Referenden oder Meinungsumfragen mit der Gesellschaft ständig in Blickkontakt.

Insbesondere der Aspekt der Autonomie des politischen Systems ist von Karl W. Deutsch (1969) betont worden. Denn alles, was für das politische Sys-

tem informativ und relevant wird, entscheidet sich im System, und ebenso obliegt die Verantwortung dafür, ob, wie und über was entschieden wird, allein
dem System. Von außen kann eine Einflussnahme durchaus erfolgen – doch
nur in dem Maße, wie die Autonomie des Systems gewahrt bleibt, bleibt auch
das System funktionsfähig. Darüber hinaus vertrat Deutsch die Auffassung,
dass dem politischen System aufgrund seiner Funktion, kollektiv bindende Entscheidungen herzustellen, ein Führungsanspruch gegenüber dem Rest der Gesellschaft zukomme, womit eine zentrale Konfliktlinie zwischen politikwissenschaftlicher und soziologischer Systemtheorie markiert wurde (Greven 1999,
Czerwick 2001).

Was die Interdependenz der Teile betrifft, so besaß Talcott Parsons (1969)
wohl das konsequenteste Modell. Ausgangspunkt ist das AGIL-Schema, demzufolge jedes soziale System vier und nur vier Funktionen zu erfüllen hat, nämlich Ressourcenmobilisierung (*Adaptation:* A), Zielerreichung (*Goal Attainment:*
G), Integration in die Gemeinschaft (*Integration:* I) und Strukturerhaltung (*Latent
Pattern Maintenance:* L). Entsprechend untergliedert sich das politische System
jeweils in vier Teilsysteme, die allesamt aufeinander angewiesen sind und nur
gemeinsam das vollbringen können, was Politik auszeichnet, nämlich mit Bezug
auf die Gesamtgesellschaft für die Erreichung bestimmter Ziele durch kollektiv
bindende Entscheidungen zu sorgen. In diesem Sinne setzt die Autonomie des
politischen Systems die Interdependenz mit den anderen drei Teilsystemen der
Gesellschaft voraus, mit denen es sich auf der gleichen Ebene befindet, und
insgesamt kann das Gesellschaftssystem nicht auf eines seiner Teilsysteme reduziert werden (Gabriel 1978, Münch 1996). So gilt nach wie vor: Das Ganze ist
mehr als die Summe seiner Teile.

Die politikwissenschaftlichen Systemtheorien der 50er und 60er Jahre, insbesondere Talcott Parsons, sahen sich im weiteren Verlauf einer grundsätzlichen
und bisweilen unfairen Kritik ausgesetzt, die diesem Theorietypus unterstellte,
sich ausschließlich für die Systemerhaltung einzusetzen und damit eine Affirmation des Bestehenden zu betreiben: Jedwedes Zeichen von Konflikt und sozialem Wandel werde ignoriert, Konformismus sei das dominante Prinzip, die
Stabilisierung des Status quo das erklärte Ziel. Inzwischen ist deutlich geworden, dass derartige Unterstellungen dem Charakter und der Intention dieses
Theorietypus nicht gerecht wurden (Czerwick 2001). Gleichwohl hat der fachinterne Widerstand dazu geführt, dass über mehr als ein Jahrzehnt hinweg der
politikwissenschaftliche Gebrauch derartiger Systemtheorien beinahe völlig
außer Mode kam. Zwar weist die deutsche Rezeptionsgeschichte für die 70er
Jahre noch vereinzelte Veröffentlichungen auf, die den Anschluss an die Debatten der 60er Jahre herzustellen und neue Gesichtspunkte in die Diskussion

einzubringen suchten (Greven 1974, Bußhoff 1975, 1976). Im Nachhinein zeigt
sich jedoch, dass diesen Bemühungen wenig Resonanz beschieden war.

2.2 Niklas Luhmann

In den 90er Jahren hat sich die Resonanz wieder verstärkt. Hierfür spielen mehrere Faktoren eine Rolle, nicht zuletzt außerwissenschaftliche[2]. Vor allem aber
ist die Wiederaufwertung des Systembegriffs und mehr noch der Systemtheorie,
die in den letzten Jahren in Deutschland festzustellen ist, ganz direkt dem So-
ziologen Niklas Luhmann zuzurechnen, der sich über Jahrzehnte hinweg mit
einer Vielzahl von Veröffentlichungen und Stellungnahmen auch zu politischen
und politikwissenschaftlichen Fragestellungen geäußert hat. Deshalb wird sich
die weitere Diskussion über die Relevanz des Systembegriffs auf Luhmanns
politische Soziologie beziehen (Brodocz 2001, Hellmann et al. 2002, 2003,
Hellmann 2005, Lange 2003, Czerwick 2008).

Die Anfänge der politischen Soziologie Niklas Luhmanns reichen bis in die
frühen sechziger Jahre zurück. Inzwischen sind mehr als siebzig Schriften verzeichnet, in denen sich Luhmann mit dem politischen System beschäftigt hat.
Dabei handelt es sich vorwiegend um Aufsätze zu Themen wie Macht, Demokratie, Öffentliche Meinung, Parteien, Staat und Verfassung sowie sechs Bü-
cher, nämlich *Grundrechte als Institution* (1965), *Legitimation durch Verfahren* (1969),
Macht (1975), *Politische Theorie im Wohlfahrtsstaat* (1981) und *Die Politik der Gesellschaft,* sein politiksoziologisches Spätwerk, sowie *Politische Soziologie,* das schon in
den 1960er Jahren fertig gestellt wurde – das erste 2000, das zweite 2010 post-
hum herausgegeben. Angesichts dieser Materialfülle kann es hier nur darum
gehen, das Systemverständnis Luhmanns und seine Lösungsvorschläge hinsichtlich zentraler Problemstellungen der Politikwissenschaft darzustellen.

Ausgangspunkt ist die Grundstruktur der modernen Gesellschaft, die seit
Durkheim als *funktionale Differenzierung* bezeichnet wird. Demnach ist die Gesellschaft in mehrere Teilbereiche aufgeteilt, denen – wie bei den Organen des
Körpers – jeweils unterschiedliche Funktionen zugerechnet werden, die nahezu
durchweg als unverzichtbar gelten für die Erhaltung der Einheit der Gesell-

---

2   Erwähnt sei vor allem der schleichende Bedeutungsverlust nationalstaatlich verfasster Politik –
    Stichworte sind die Unregierbarkeitsdebatte in den 70er, die zunehmende Europäisierung seit den
    80er und die stärker werdende Globalisierung seit den 90er Jahren. Um zu verstehen, woher diese
    Entwicklungen rühren und welche Auswirkungen sie auf das politische System haben, braucht es
    letztlich eine Theorie der modernen Gesellschaft. Über eine solche verfügt die Politikwissenschaft
    fachgemäß aber nicht. Von daher entstand ein fachinterner Bedarf an Gesellschaftstheorie, der durch
    fachexterne Expertise gedeckt werden musste. Hierfür bot sich insbesondere die Systemtheorie Nik-
    las Luhmanns an.

schaft. Jedes Funktionssystem ist für sich autonom und zugleich darauf angewiesen, dass alle anderen Funktionssysteme ihrer Aufgabe ebenso akkurat nachkommen wie es selbst. Die Autonomie der Funktionssysteme ergibt sich dabei durch systeminterne Erwartungsstrukturen, mit denen die Systeme ihre innergesellschaftliche Umwelt beobachten und nur das zur Kenntnis nehmen, was ihrer Funktion in Form einer spezifischen Leitdifferenz entspricht. Vereinfacht gesagt, handelt es sich bei dieser Leitdifferenz um eine Art von Filter, eine Spezialbrille, die nur einen Ausschnitt des gesamten Wellenspektrums durchlässt – alles andere bleibt für das System unsichtbar. Anfangs besaß Luhmann für diese Art von Strukturen, welche die Eigenselektivität der Systeme steuern, noch keinen speziellen Begriff, später bildete sich dafür die Bezeichnung *binäre Codierung* heraus. Demnach besitzt jedes Funktionssystem eine binäre Codierung, die seine operative Geschlossenheit und Identität verbürgt. Zugleich können solche Codes mit Programmen kooperieren, die das Systemgeschehen konkret ausgestalten.

Wendet man sich nun dem politischen System im Besonderen zu, dann ergeben sich drei wichtige Bezugspunkte, die für das Verständnis dieses Systems von herausragender Bedeutung sind: (1) die Funktion, (2) das Medium und (3) die Codierung des politischen Systems.

(1) Im Rahmen der funktionalen Differenzierung der modernen Gesellschaft – und nur darauf bezieht sich die politische Soziologie Luhmanns – besitzt das politische System die universale Zuständigkeit für eine spezifische *Funktion*, wie sie auch von den politikwissenschaftlichen Systemtheorien herausgestellt wurde, nämlich die Herstellung kollektiv bindender Entscheidungen. Denn nur das politische System verfügt über die Möglichkeit, Entscheidungen zu treffen und entsprechende Maßnahmen zu ergreifen, die eine gesellschaftsweite Verbindlichkeit für sich in Anspruch nehmen und nötigenfalls durch das Gewaltmonopol des Staates auch tatsächlich durchgesetzt werden können. Andere Funktionssysteme wie die Wissenschaft, die es mit Erkenntnisgewinn zu tun hat, oder die Wirtschaft, die mit der Befriedigung von Bedürfnissen befasst ist, haben diese Möglichkeit nicht.

Eine Funktion bezieht sich immer auf ein bestimmtes Problem und ist mit dessen Lösung betraut. Im Falle des politischen Systems geht es um Probleme, die das Gemeinwohl betreffen, also um solche Probleme, die für die Bevölkerung von zentraler Bedeutung sind (Frieden, Armut, Ausbildung etc.). Deshalb besteht die Problemlösung des politischen Systems auch in der Herstellung von Entscheidungen, die für das gesamte Kollektiv relevant und bindend sind.

(2) Die Bindungswirkung solcher Entscheidungen erfolgt über das *Medium* der Politik, nämlich Macht. Als Medium ist Macht ein kommunikativer Mechanismus, der dafür sorgt, dass sich bestimmte Personen auf eine bestimmte Wei-

se verhalten. Definiert man Macht dergestalt, dann ist Macht freilich allgegenwärtig, denn überall wird Einfluss ausgeübt und Verhalten gesteuert. Aber nicht
überall, wo Macht zur Anwendung kommt, geht es gleich um große Politik. So
gibt es fortlaufend Machtkommunikation in Interaktionen, in Familien, in Organisationen, ohne dass dabei schon das politische System ins Spiel kommen
muss (Kieserling 1997, 2003a). Insofern bedarf es einer Begrenzung der Zuständigkeit von politischer Macht. Man kann sie in mindestens zweierlei Hinsicht vornehmen: sachlich und sozial.

- Unter *sachlichen*, thematisch relevanten Gesichtspunkten setzt die Zuständigkeit des politischen Systems erst dann ein, wenn die Kommunikation
  mittels Macht eine bestimmte Thematisierungsschwelle überschreitet, ab
  der es um Probleme geht, die das Gemeinwohl, also das Wohl aller, betreffen. Voraussetzung ist also eine hinlängliche Generalisierbarkeit. Die
  Schwelle wird in der Regel durch die Politik selbst definiert, da sie das
  Monopol für die Definition des Gemeinwohls für sich beansprucht. Freilich bleibt die Frage umstritten, wo diese Schwelle genau liegt und wer
  darüber zu entscheiden hat. Vor allem soziale Bewegungen arbeiten sich
  an dieser Schwelle ab, indem sie sich fortwährend für Probleme engagieren, die von der Politik gar nicht oder nur unzureichend berücksichtigt
  werden. Und auch in der öffentlichen Meinung wird ständig diskutiert,
  was die Politik zu tun oder zu lassen hat. Insofern ist die Differenz zwischen Politik und Nicht-Politik ein fortlaufender Verhandlungsgegen-
  stand.

- Unter *sozialen*, die Personen betreffenden Gesichtspunkten bedeutet die
  Frage der Zurechnung zur politischen Macht: Wer gehört zum Kollektiv,
  wer bleibt ausgeschlossen, und wer entscheidet über diese Frage? Denn
  gerade an diesem letzten Punkt entscheidet sich, wo die Politik ihre Grenze, also die Grenze ihrer funktionalen Zuständigkeit findet. Grundlegend
  hierfür ist eine besondere Form von Rollendifferenzierung, nämlich die
  Unterscheidung zwischen Leistungs- und Publikumsrollen. Die Leistungs-
  rollen werden von Mandats- und Amtsträgern besetzt, die in ihrer legisla-
  tiven, exekutiven oder rein administrativen Funktion unterschiedliche Be-
  fugnisse besitzen, über die Zuständigkeit des politischen Systems für bestimmte Personengruppen und die Art und Weise zu entscheiden, wie mit
  diesen Gruppen politisch-rechtlich zu verfahren ist. Die Publikumsrollen
  repräsentieren demgegenüber die Gesamtheit der Personen, für die sich
  das politische System zuständig erklärt. Freilich sind hierbei folgenreiche
  Unterschiede zu beachten. Auf der einen Seite haben wir das Privileg der
  Staatsangehörigkeit im Sinne von Vollmitgliedschaft, welche die Verfü-

gung über alle Rechte (und Pflichten) bedeutet und damit den allseits angestrebten Zustand der uneingeschränkten Inklusion darstellt – auf der
anderen Seite gibt es mehrfach abgestufte Teilmitgliedschaften, die oftmals eine politisch, teilweise auch existenziell prekäre Stellung innerhalb
des politischen Systems mit sich bringen, die bis an die Grenze der Exklusion geht.

Macht ist ständig umkämpft und kann nicht ein für alle Mal in Besitz genommen werden. Außerdem zeigt sich Machtüberlegenheit nur in der Kommunikation; sie wird dadurch entschieden, wer die „besseren" Argumente zur Durchsetzung seiner Absichten vorzubringen vermag[3]. Dabei kennt auch das Medium
Macht solche Risiken, die wir gemeinhin für das Medium Geld diskutieren,
nämlich *Inflation* und *Deflation* (Luhmann 1975). Denn es gibt ebenso die Möglichkeit, Macht im Übermaß und somit inflationär einzusetzen, was ein Überhandnehmen der Einflussnahme durch das politische System bedeutet – wie die
Möglichkeit, mit der Anwendung von Macht zu geizen, was die Gefahr der
Anarchie heraufbeschwört.

Schließlich führt das Medium Macht auf die Möglichkeiten und Grenzen politischer *Steuerung*, bezüglich der Luhmann eine heftig diskutierte Position einnimmt. Denn er geht davon aus, dass es eine politische Steuerung anderer
Funktionssystemen deshalb nicht geben kann, weil die Autonomie der anderen
Systeme eine politische Intervention gar nicht zulässt. Politische Steuerung ist
demnach nur denkbar als Selbststeuerung des politischen Systems. Sicherlich
lässt sich vorstellen, dass sich das politische System über die Eigenlogik der
Funktionssysteme einfach hinwegsetzt und direkt Einfluss zu nehmen versucht,
indem es den Funktionssystemen konkret vorgibt, was sie zu tun und zu lassen
haben. Doch häufig wäre das kontraproduktiv. Denn was politisch rational ist,
muss nicht auch ökonomisch rational sein – oder es wäre ein Primat der Politik
durchgesetzt, wie er in den Planwirtschaften des ehemaligen Ostblocks vorgeherrscht hat, mit der erwartbaren Folge, dass die Grundstruktur der modernen
Gesellschaft ihre Funktionstüchtigkeit einbüßen würde (Waschkuhn 1987:
210ff., Haupt 1990). Aus diesem Grund spricht sich Luhmann auch dezidiert
gegen die Möglichkeit einer Steuerung der Gesamtgesellschaft durch das politische System aus – mehr als vereinzelte „Koppelungen" sind nicht möglich
(Luhmann 1989).

(3) Jedes Funktionssystem besitzt eine *binäre Codierung*, mit der es die Beobachtung seiner selbst und seiner Umwelt in eine eigene Sprache fasst. Grund-

---

3 Im Hintergrund spielt freilich der symbiotische Mechanismus Gewalt als ultimatives Motivationsmittel eine nicht ganz unbedeutende Rolle, siehe Luhmann (1974).

sätzlich ist das politische System durch Macht (Macht haben oder nicht haben) codiert. Das politische System der modernen Gesellschaft, das als Demokratie konzipiert ist, codiert die Macht näher nach *Regierung/Opposition* (Luhmann 1986: 170, Czerwick 2008). Die Verteilung der Macht ist institutionell so geregelt, dass durch regelmäßige, allgemeine und geheime Wahlen mehrere Parteien zur Auswahl stehen und je nach der Anzahl der Stimmen (wieder) an die Regierung kommen oder in die Opposition gehen müssen. Das Ergebnis ist bei der nächsten Wahl stets umkehrbar.

Das Besondere an der binären Codierung des politischen Systems besteht nun darin, dass sie die universale Zuständigkeit des Systems in eine universale Beobachtbarkeit übersetzt. Denn die Codierung Regierung/Opposition ist so umfassend ausgelegt, dass jedes Thema, das politisch relevant sein könnte, auf einer der beiden Seiten dieser Unterscheidung auftauchen muss. Entweder die Regierung kümmert sich darum oder die Opposition, wenn es die Regierung nicht tut. Mittels dieser Codierung kann sich das politische System also der gesamten Gesellschaft zuwenden, weil einer binären Codierung grundsätzlich nichts entgeht: Mit ihr kann man alles sehen, was in die funktionale Zuständigkeit des politischen Systems fällt.

Praktisch setzt dies voraus, dass das politische System so viele Programme, genauer: politische Parteien zur Auswahl bietet, dass jedes Anliegen einen Adressaten findet, damit sich niemand vom politischen Prozess ausgeschlossen fühlt. Denn gerade das politische System ist auf die Inklusion der gesamten Bevölkerung ausgerichtet, weshalb die Exklusion auch nur einzelner Personen zu einem grundsätzlichen Konflikt mit der Selbstbeschreibung des Systems als Wohlfahrtsstaat führt (Luhmann 1981a, 1987). Diese Vision grenzt offenkundig an eine Utopie, weshalb der Staat fortwährend mit geradezu unvermeidlichen Legitimationsproblemen zu kämpfen hat.

Insgesamt ergibt sich die Umkämpftheit der Systemtheorie Luhmanns durch eine Reihe von Annahmen, die das Selbstverständnis der Politikwissenschaft in Frage stellen (Waschkuhn 1987: 171ff., Rödel/Frankenberg/Dubiel 1989, Beyme 1992, Barben 1996). Besonders provokativ erscheint die Annahme, dass der Versuch der Einflussnahme einzelner Personen oder Organisationen auf das politische Geschehen in der Regel wenig Aussicht auf Erfolg hat. Einflussnahme ist zwar möglich. Doch zwischen der reinen Absicht einer Handlung und ihrer tatsächlichen, möglichst reibungslosen und letztlich erfolgreichen Umsetzung liegt Luhmann (1989) zufolge eine tiefe Kluft. Die ungestörte Planung von Prozessen und die abweichungsresistente Erreichung eines angestrebten Ziels sind nämlich hoch unwahrscheinlich, so dass man leicht den Eindruck erhält, angesichts der Komplexität der modernen ausdifferenzierten Gesellschaft zu völliger Hilflosigkeit verurteilt zu sein. Politische Steuerung wird damit zwar nicht überflüssig – dies ist das herrschende Vorurteil, dem sich die Systemtheorie oft ausgesetzt sieht (Scharpf 1989, Barben 1996). Doch erfordert politische Steuerung nach Luhmann ungleich mehr Umsicht und Bereitschaft zur permanenten Revision der eigenen Voraussetzungen, als dies gemeinhin zugestanden wird. Im Prinzip spricht sich Luhmann für eine Politik der kleinen Schritte aus, wie sie schon Karl Popper empfohlen hat – weniger aus Ablehnung bestimmter Ideologien als vielmehr aus Skepsis gegenüber den überzogenen Erwartungen an politische Steuerung. Mehr Bescheidenheit, mehr Vorbehalte gegenüber den Erfolgsaussichten bestimmter Maßnahmen, mehr Abgeklärtheit in der Auseinandersetzung mit dem politischen System ist Luhmanns Devise, ohne deswegen gleich ein Plädoyer für Quietismus oder Fatalismus zu halten. Es geht nur darum, eine heillose Selbstüberschätzung des politischen Systems zu vermeiden (Willke 1983, 1995; Bußhoff 1992, Münch 1996, Lange/Braun 2000, Kieserling 2003b, Czerwick 2008, Schweiger 2008).

Eine solche Perspektive, welche die Geltung des politischen Systems massiv relativiert, ja reduziert, ist für eine Politikwissenschaft, die sich mit dem Steuerungszentrum der modernen Gesellschaft zu befassen glaubt, natürlich ein Affront. Zugleich fällt es der Politikwissenschaft schwer, eine solche Perspektive nachzuvollziehen, solange sie nicht selbst über eine eigene Gesellschaftstheorie verfügt, die es ihr gestattet, ihren Gegenstandsbereich als einen von mehreren zu sehen und damit auch sich selbst als eine Reflexionstheorie neben anderen wahrzunehmen (Luhmann 1981a: 126ff., Brodocz 2007).

Luhmann war daran gelegen zu beschreiben, was geschieht. Hierzu bediente er sich oftmals eines sehr technischen, höchst abstrakten Sprachstils, angereichert mit einem speziellen Vokabular, das nicht gerade dazu einlädt, sich mit der eigenen Lebenswelt darin aufgehoben zu finden. Vielmehr war Luhmann erklärtermaßen an Distanznahme und sprachlicher Verfremdung dessen gelegen, was der *common sense* im Sinn hat, weil ihm nur auf diese Weise Theoriebildung und soziologische Aufklärung möglich schien (Luhmann 1981b). Auch dies mag dazu beigetragen haben, dass das systemtheoretische Sprachspiel so umstritten ist.

Nicht zuletzt ist die kontroverse Position der Systemtheorie in der Politikwissenschaft wohl auch auf Luhmanns notorische Neigung zur Ironie und seine ausgeprägte Lust an der Polemik zurückzuführen. Die Steuerungsdebatte mit ihren Missverständnissen ist dafür ein gutes Beispiel. Seine Grundidee, die Gesellschaft nur als Kommunikation zu konzipieren, während der Mensch zur Umwelt der Gesellschaft gerechnet wird, hat ihm ebenfalls wenig Sympathie eingebracht – allerdings wird dabei meist der schlichte Befund außer Acht gelassen, dass die Gesellschaft nur deshalb aus Kommunikation besteht, weil sich Gedanken als solche nicht mitteilen lassen.

3. Erreichter Stand und offene Fragen

Wenn der Systembegriff in der Semantik der Politikwissenschaft derzeit keine Nebenrolle spielt, so liegt das an seinem häufigen Gebrauch in rein deskriptiver Funktion. Problematisch wird es erst, wenn dieser Begriff mit einem Theorieanspruch aufgeladen wird, der sich zumeist an der Systemtheorie von Niklas Luhmann orientiert. Trotzdem empfiehlt es sich nicht, jeder Auseinandersetzung mit ihm aus dem Weg zu gehen oder ihn kurzerhand als gänzlich überflüssig abzutun. Denn vor allem die komparatistische Methode, der sich die meisten Systemtheorien bedienen, und die Einbettung in eine umfassende Gesellschaftstheorie erlauben die Einbeziehung einer Reihe von interessanten Erkenntnissen, die der Politikwissenschaft andernfalls verschlossen blieben (Brodocz 2007). Das Problem der Komplexität, welchem das politische System gegenüber der Gesellschaft ausgesetzt ist, wird erst dann bewusst, wenn man über ein differenziertes Verständnis von Gesellschaft als relevanter Bezugs- und Vergleichsgröße für die Analyse politischer Strukturen und Prozesse verfügt. Ferner ist die enorme Ausweitung reflexiver Mechanismen in der Politik kaum zu erklären, wenn man das politische System nicht gesellschaftstheoretisch diskutiert. Dies betrifft letztlich auch das hypertrophe Ausmaß an Selbstreferentialität der Politik, ihr „Schmoren im eigenen Saft", das oftmals Anlass für Kritik und Protest gibt. Denn auch hierbei handelt es sich keineswegs um ein singuläres Ereignis, sondern um eine Erscheinung, die sich für alle Funktionssysteme der modernen Gesellschaft beobachten und deren Bedeutung sich nur einschätzen lässt, wenn man eine komparatistische Perspektive auf das politische System einnimmt. Schließlich vermag gerade die Systemtheorie – in welcher Ausführung auch immer – für die Interdependenz, Eigendynamik und Autonomie politischer Systeme zu sensibilisieren, die sich in vielen Fällen einer schlichten Akteurslogik entziehen. Dies betrifft etwa ihr Verhältnis zu anderen gesellschaftlichen Teilbereichen wie dem Recht (Brodocz 2003, Nowak 2007). Außerdem stehen Systemtheorien für eine grundsätzliche Skepsis gegenüber der Vorstellung einer Planbarkeit von Politik. Eine Beschäftigung mit ihnen lohnt allein schon als Kontrastmittel für überzogene Erwartungen an die Durchsetzung eigener Forderungen. In diesem Sinne bezeichnen Ulrich Rödel, Günter Frankenberg und Helmut Dubiel (1989: 144) die Systemtheorie zu Recht als eine „Ernüchterungswissenschaft" zur Enttäuschungsvermeidung.

Speziell mit Blick auf die Systemtheorie Niklas Luhmanns gibt es u.a. drei Problemstellungen, an denen weiterzuarbeiten sich vordringlich anbietet:

(1) Entgegen seiner sonstigen Haltung, sich mit der Feststellung des Faktischen zu begnügen, neigt Luhmann im Falle des politischen Systems dazu, die

Funktion von Demokratie normativ aufzuladen. Diese Neigung kommt vor allem darin zum Ausdruck, dass er die *Moralisierung* des politischen Prozesses kritisiert – bekannt als Plädoyer für eine „höhere Amoralität" des politischen Systems. Die Begründung für diese Haltung lautet: Moralisierung blockiert den Mechanismus des Machtwechsels, deswegen hat sie zu unterbleiben. Natürlich ist dies selbst eine moralische Wertung (Hellmann 2003a).

Problematisch ist an dieser Position vor allem, dass die Systemtheorie für sich beansprucht, eine empirische Theorie zu sein. Gemessen an diesem Selbstanspruch muss sie aber zur Kenntnis nehmen und verarbeiten, dass in der Politik und vor allem durch die Politik moralisiert wird (Fischer 2008). Ob es dadurch tatsächlich zu einer Beschädigung der Demokratie kommt, lässt sich nur empirisch klären. Politische Moralisierung kann funktional geradezu vorteilhaft sein, da sie zur Reduktion von Komplexität ebenso beiträgt wie etwa politische Personalisierung. Genau dieser Sachverhalt verträgt sich im Prinzip sehr gut mit einer Grundanschauung der Systemtheorie Luhmanns, der zufolge Komplexitätsreduktion durch Systembildung erfolgt (Fischer 2009).

(2) Ferner erscheint es längst überfällig, die Analyse des politischen Systems explizit *wissenssoziologisch* anzugehen und nicht nur die Selbstbeschreibung des Gesamtsystems als Staat, sondern auch seiner Teilsysteme innerhalb der Binnendifferenzierung von Zentrum und Peripherie auf unterschiedliche Semantiken hin zu untersuchen. Denn es ist zweifelhaft, ob Zentrum und Peripherie des politischen Systems in ihrer Beobachtung die gleiche Leitdifferenz verwenden. Zwar ist davon auszugehen, dass sich das politische Zentrum der Unterscheidung von Regierung und Opposition bedient. Doch an der Peripherie des politischen Systems dürfte sich die Situation anders darstellen. Denn dort geht es nicht bloß um die Frage, ob ein Ereignis der Regierung oder der Opposition zugute kommt, sondern ob ein Ereignis von der Regierung oder der Opposition überhaupt angemessen zur Kenntnis genommen wird (Hellmann 2002, 2005).

Möglicherweise beobachtet die Systemtheorie zu staatsfixiert. Zutreffend dürfte sein, dass die binäre Codierung Regierung/Opposition für das politische Zentrum eine vorherrschende Stellung besitzt. Doch wenn man die Binnendifferenzierung Zentrum/Peripherie zulässt, dann erscheint fraglich, ob sich die Geltung dieser Codierung tatsächlich bis an den Rand des Systems erstreckt, oder ob dort nicht vielmehr die archaische Unterscheidung von Macht und Ohnmacht in Gebrauch ist. Dieser Einwand führt zum letzten Punkt.

(3) Die Frage der politischen Evolution ist bisher nicht hinreichend untersucht: Welche Parameter, welche Strukturen, welche Prozesse sind relevant für eine evolutionstheoretische Beschreibung des politischen Systems? Geht man vom systemtheoretischen Schema aus, demzufolge Evolution durch Variation, Selektion der Variationen und Stabilisierung der selektierten Variationen erfolgt,

so stellt sich die Frage, wie sich dieses Schema auf das politische System übertragen lässt (Wimmer 2002, Hellmann 2003b, Czerwick 2008: 53ff.). Woher bezieht das politische System seine Variationen: eher aus dem Zentrum oder der Peripherie? Welche Institution ist zuständig für die Selektion wichtiger Variationen: die öffentliche Meinung, die Parteien? Und wodurch erfolgt die Stabilisierung selektierter Variationen: durch die Legislative, die Exekutive, die Bevölkerung? Es wäre wünschenswert, wenn sich die Politikwissenschaft auch in dieser Hinsicht stärker engagieren würde.

Literatur

Barben, Daniel (1996): Theorietechnik und Politik bei Niklas Luhmann. Grenzen einer universalen Theorie der modernen Gesellschaft. Opladen: Westdeutscher Verlag.

Beyme, Klaus von (1992): Theorie der Politik im 20. Jahrhundert. Von der Moderne zur Postmoderne. Frankfurt/M.: Suhrkamp.

Brodocz, André (2001): Die politische Theorie autopoietischer Systeme: Niklas Luhmann. In: Brodocz, André/Schaal, Gary S. (Hg.): Politische Theorien der Gegenwart II. Opladen: Leske + Budrich. 465-495.

– (2003): Die symbolische Dimension der Verfassung. Ein Beitrag zur Institutionentheorie. Opladen: Westdeutscher Verlag.

– (2007): Politische Theorie und Gesellschaftstheorie. Prolegomena zu einem dynamischen Begriff des Politischen. In: Buchstein, Hubertus/Göhler, Gerhard (Hg.): Politische Theorie und Politikwissenschaft. Wiesbaden: Verlag für Sozialwissenschaften. 156-174.

Bußhoff, Heinrich (1975): Systemtheorie als Theorie der Politik. Eine Studie über politische Theorie als Grunddisziplin der Politischen Wissenschaft. Pullach bei München: Verlag Dokumentation.

– (1976): Der politische Code. Ein neuer Mythos in systemtheoretischer Sicht. In: Kölner Zeitschrift für Soziologie und Sozialpsychologie 28. 335-350.

– (Hg.) (1992): Politische Steuerung. Steuerbarkeit und Steuerungsfähigkeit. Baden-Baden: Nomos.

Czerwick, Edwin (2001): Politik als System: Zum Politikverständnis in Systemtheorien. In: Lietzmann, Hans J. (Hg.): Moderne Politik. Politikverständnisse im 20. Jahrhundert. Opladen: Leske + Budrich. 287-310.

– (2008): Systemtheorie der Demokratie. Begriffe und Strukturen im Werk Luhmanns. Wiesbaden: VS-Verlag.

Deutsch, Karl W. (1969): Politische Kybernetik. Modelle und Perspektiven. Freiburg/Brsg.: Rombach.

Easton, David (1965a): A Systems Analysis of Political Life. Chicago: University of Chicago Press.

– (1965b): A Framework for Political Analysis. Englewood Cliffs: Prentice-Hall.

Fischer, Karsten (2008): Moralkommunikation der Macht. Politische Konstruktion sozialer Kohäsion im Wohlfahrtsstaat. Wiesbaden: VS-Verlag.

– (2009): Korruption als Problem und Element politischer Ordnung. Zur Geschichtlichkeit eines Skandalons und methodologischen Aspekten historischer Komparatistik. In: Engels, Jens Ivo/Fahrmeir, Andreas/Nützenadel, Alexander (Hg.): Historische Zeitschrift, Beiheft: Geld – Geschenke – Politik. Korruption im neuzeitlichen Europa. München: Oldenbourg. 49-65.

Gabriel, Oscar W. (1978): Systemtheorien. In: Gabriel, Oscar W. (Hg.): Grundkurs Politische Theorie. Köln – Wien: Böhlau. 223-266.

Göbel, Andreas (2000): Politikwissenschaft und Gesellschaftstheorie. Zu Rezeption und versäumter Rezeption der Luhmannschen Systemtheorie. In: Berg, Henk de /Schmidt, Johannes (Hg.): Rezeption und Reflexion. Zur Resonanz der Systemtheorie Niklas Luhmanns außerhalb der Soziologie. Frankfurt/M.: Suhrkamp. 134-174.

Greven, Michael Th. (1974): Systemtheorie und Gesellschaftstheorie. Kritik der Werte und Erkenntnismöglichkeiten in Gesellschaftstheorien der kybernetischen Systemtheorie. Darmstadt, Neuwied: Luchterhand.

– (1999): Die politische Gesellschaft. Kontingenz und Dezision als Probleme des Regierens und der Demokratie. Opladen: Leske + Budrich.

Hall, A. D./Fagen, R. E. (1974): Definition of Systems. In: Händle, Frank/ Jensen, Stefan (Hg.): Systemtheorie und Systemtechnik. München: Nymphenburger. 127-137.

Haupt, Volker (1990): Zwischen Stasimorphie und Entfesselung. Die Sowjetunion auf dem Weg in die ausdifferenzierte Gesellschaft. In: Kommune. Forum für Politik, Ökonomie und Kultur. 40-45.

Hellmann, Kai-Uwe (2002): Partei ohne Bewegung. Machtgewinn und Basisverlust der Grünen. In: Vorgänge 157. 30-35.

– (2003a): Sind wir eine Gesellschaft ohne Moral? Soziologische Anmerkungen zum Verbleib der Moral in der Moderne. In: Willems, Ulrich (Hg.): Interesse und Moral als Orientierungen politischen Handelns. Baden-Baden: Nomos. 101-133.

– (2003b): Demokratie und Evolution. In: Hellmann, Kai-Uwe/Fischer, Karsten/Bluhm, Harald (Hg.): Das System der Politik. Niklas Luhmanns politische Theorie. Opladen: Westdeutscher Verlag. 179-212.

– (2005): Spezifik und Autonomie des politischen Systems. Analyse und Kritik der politischen Soziologie Niklas Luhmanns. In: Burkart, Günter/Runkel, Günter (Hg.): Funktionssysteme der Gesellschaft. Beiträge zur Systemtheorie von Niklas Luhmann. Wiesbaden: VS-Verlag. 13-51.

Hellmann, Kai-Uwe/Schmalz-Bruns, Rainer (Hg.) (2002): Theorie der Politik. Niklas Luhmanns politische Soziologie. Frankfurt/M.: Suhrkamp.

Hellmann, Kai-Uwe/Fischer, Karsten/Bluhm, Harald (Hg.) (2003): Das System der Politik. Niklas Luhmanns politische Theorie. Opladen: Westdeutscher Verlag.

Kieserling, André (1997): Das Politische und die Politik: Über Aufgabenstellung und Gegenstand der politischen Soziologie. In: Hitzler, Ronald/Milanes, Alexander (Hg.): Das Politische: Ansätze zu einer Gegenstandsbestimmung, Dokumentation Nr. 9 der Sektion Politische Soziologie der Deutschen Gesellschaft für Soziologie, Dortmund. 12-21

– (2003a): Makropolitik, Mikropolitik, Politik der Protestbewegungen. In: Nassehi, Armin/Schroer, Markus (Hg.): Begriff des Politischen. Baden-Baden: Nomos. 419-439.

– (2003b): Die Gesellschaft der Politik? Zum Politismus der Moderne. In: Lessenich, Stephan (Hg.): Wohlfahrtsstaatliche Grundbegriffe. Historische und aktuelle Diskurse. Frankfurt, New York: Campus. 23-40.

Lange, Stefan (2003): Niklas Luhmanns Theorie der Politik. Eine Abklärung der Staatsgesellschaft. Opladen: Westdeutscher Verlag.

Lange, Stefan/Braun, Dietmar (2000): Politische Steuerung zwischen System und Akteur. Eine Einführung. Opladen: Leske + Budrich.

Luhmann, Niklas (1965): Grundrechte als Institution. Ein Beitrag zur politischen Soziologie. Berlin: Duncker & Humblot.

– (1969): Legitimation durch Verfahren. Frankfurt/M.: Suhrkamp.

– (1970): Soziologie des politischen Systems. In: ders.: Soziologische Aufklärung. Bd. 1. Aufsätze zur Theorie sozialer Systeme. Opladen: Westdeutscher Verlag. 154-177.

– (1974): Symbiotische Mechanismen. In: Rammstedt, Otthein (Hg.): Gewaltverhältnisse und die Ohnmacht der Kritik. Frankfurt/M.: Suhrkamp. 107-131.

– (1975): Macht. Stuttgart: Enke.

– (1981a): Politische Theorie im Wohlfahrtsstaat. München: Olzog.

– (1981b): Unverständliche Wissenschaft. Probleme einer theorieeigenen Sprache. In: ders.: Soziologische Aufklärung. Bd. 3. Soziales System, Gesellschaft, Organisation. Opladen: Westdeutscher Verlag. 170-177.

– (1986): Ökologische Kommunikation. Opladen: Westdeutscher Verlag. 2. Aufl. 1988.

– (1987): Der Wohlfahrtsstaat zwischen Evolution und Rationalität. In: ders.: Soziologische Aufklärung. Bd. 4. Beiträge zur funktionalen Differenzierung der Gesellschaft. Opladen: Westdeutscher Verlag. 104-116.

– (1989): Politische Steuerung: Ein Diskussionsbeitrag. In: Politische Vierteljahresschrift 30. 4-9.

– (2000): Die Politik der Gesellschaft. Frankfurt/M.: Suhrkamp.

– (2010): Politische Soziologie. Frankfurt/M.: Suhrkamp.

Münch, Richard (1996): Risikopolitik. Frankfurt/M.: Suhrkamp.

Nowak, Stefanie (2007): Die Verfassung als strukturelle Kopplung von Politik und Recht. Eine Betrachtung auf der Ebene der europäischen Union. Saarbrücken: Dr. Müller.

Parsons, Talcott (1969): Politics and Social Structure. New York – London: The Free Press.

Rödel, Ulrich/Frankenberg, Günter/Dubiel, Helmut (1989): Die demokratische Frage. Frankfurt/M.: Suhrkamp.

Scharpf, Fritz W. (1989): Politische Steuerung und Politische Institutionen. In: Politische Vierteljahresschrift 30. 10-21.

Schweiger, Nils (2008): Systemtheorie in der Politik. Handlungsfähigkeit als Selbsterhalt. Saarbrücken: Dr. Müller.

Waschkuhn, Arno (1987): Politische Systemtheorie. Opladen: Westdeutscher Verlag.

Willke, Helmut (1983): Die Entzauberung zu einer sozietalen Steuerungstheorie. Frankfurt/M.: Athenäum.

– (1995): Systemtheorie III: Steuerungstheorie. Jena – Stuttgart: Gustav Fischer (UTB).

Wimmer, Hannes (2002): Demokratie als Resultat politischer Evolution. In: Hellmann, Kai-Uwe/Schmalz-Bruns, Rainer (Hg.): Theorie der Politik. Niklas Luhmanns politische Soziologie. Frankfurt/M.: Suhrkamp. 223-260.

Totalitarismus

Lars Rensmann

1. Das Erbe totaler Herrschaft

Debatten zum Verhältnis von totalitärer Herrschaft und liberaler Demokratie sind so alt wie die Erscheinungsformen, auf die der Begriff des Totalitären verweist. Er wurde ursprünglich in der Kritik des italienischen Faschismus geprägt und von Mussolini als Vision eines faschistischen Gesellschaftsmodells adaptiert und ästhetisiert (vgl. Gentile 1996; Wippermann 1997). Der Begriff des Totalitarismus wurde in der Folge zum Angelpunkt der Konzeptualisierung all jener staatsterroristischen Politik- und Gesellschaftsformen, die sich in den herkömmlichen Kategorien politischer Systemlehre nicht mehr fassen ließen.

Seit der zweiten Hälfte des 20. Jahrhunderts, nach der Zerschlagung des Nationalsozialismus und schließlich Stalins Tod, haben sich die theoretischen Auseinandersetzungen mit dem Erbe totaler Herrschaft wesentlich entlang dreier Fragestellungen bewegt, die bereits in früheren Kontroversen eine zentrale Rolle gespielt hatten: Auf welche Art politischer Phänomene und anhand welcher Kriterien kann der Begriff des Totalitarismus angewandt werden? Was sind die Entstehungsbedingungen totalitärer Bewegungen und Herrschaft? Sind Totalitarismus und Demokratie grundlegend verschiedene, ja entgegengesetzte Herrschaftsformen, oder können liberale Demokratien aus sich heraus in totale Herrschaft umschlagen bzw. totalitäre Tendenzen beherbergen? Diese Fragen spiegeln zugleich drei konkurrierende Deutungsperspektiven, entlang derer sich drei Theoriestränge unterscheiden lassen.

Die erste Perspektive bestimmt *herrschaftsstrukturelle Totalitarismustheorien*, die sich schon in den 1920er Jahren in der europäischen Publizistik etablierten. Sie suchen nach analogen Strukturmerkmalen in der Herrschaftsarchitektur von Nationalsozialismus und Stalinismus, welche die Konstruktion eines einheitlichen totalitären Regierungstypus, verstanden als moderne Variante der Despotie, legitimieren sollen. Die zweite Perspektive umfasst *genealogische Totalitarismustheorien*, die sich mit der politisch-sozialen Genese totaler Herrschaft im Kontext einer selbstreflexiven Kritik der Moderne befassen. Sie fragen nach den modernen Entstehungsbedingungen und inneren destruktiven Bewegungsdynamiken totalitärer Gesellschafts- sowie Staatsformen und betonen deren Strukturlosigkeit. Dieser Zugang wurde maßgeblich von Exilanten aus Deutschland im Blick auf die Erfahrung des NS-Terrors und die historische Zäsur von Auschwitz geprägt (vgl. Maier 1999: 122). Drittens schließlich ist ein Theoriestrang zu nennen, der weniger die Gegensätze als gemeinsame Ursprünge und potentielle Umschlagsmöglichkeiten zwischen Totalitarismus und Demokratie im Kontext der *Logiken* moderner Massendemokratien avisiert. Diese *demokratietheoretischen Ansätze* speisen sich vor allem aus neueren Arbeiten aus Frankreich.[1]

2.   Konkurrierende Konzeptionen der Totalitarismus-Theorie

2.1 Totalitarismus als moderne Despotie: Herrschaftsstrukturelle Theorien

Herrschaftsstrukturelle Theorien des Totalitarismus bestimmen das Neuartige totalitärer Herrschaftssysteme anhand verallgemeinerbarer Strukturmerkmale, Funktionen und institutioneller Praktiken. Diese Ansätze konstruieren eine bipolare Typologie von demokratischen und totalitären Regierungstypen. Totalitarismus erscheint dabei im Sinne der Regierungstypen der klassischen politischen Philosophie als moderne und besonders extreme Variante despotischen Regierens oder tyrannischer Willkürherrschaft.

Die rezeptionsgeschichtlich einflussreichste herrschaftsstrukturelle Konzeption der Totalitarismus-Theorie geht auf Carl J. Friedrich und Zbignew Brzezinski zurück. Die Autoren verstehen totalitäre Diktaturen zwar als Produkt spezifischer politischer Situationen und eines revolutionären Prozesses, sie vertreten jedoch die These, dass die faschistische und die kommunistische Diktatur in ihren wesentlichen Strukturen gleich sind (Friedrich/Brzezinski 1965). Konstitutiv für diesen Ansatz ist ein formales Gegensatzpaar zwischen Totalitarismus, den sie auch als „autokratische Art der Demokratie" begreifen, und der „konstitutionellen Demokratie" (25). Friedrich und Brzezinski identifizieren in einem idealtypischen Modell sechs Merkmale für das von ihnen diagnostizierte Syndrom der „totalitären Diktatur", welche auch für spätere typologische An-

---

1   Da neben diesen neuen Theorieentwürfen auch „klassische" Theoretiker des Totalitarismus wie Hannah Arendt oder Carl Friedrich heute als maßgebliche Referenzpunkte dienen und zentrale Argumentationsfiguren der zeitgenössischen Debatten strukturieren, werden jene Konzeptionen hier entsprechend ausführlich gewürdigt. Der Begriff des „Totalitarismus" war und ist dabei signifikant (geschichts-)politisch umklammert und, so David Bosshart, „ohne Zweifel auch ein politischer Kampfbegriff" (Bosshart 1996: 256). Diesem Ballast muss sich eine Selbstverständigung in der politischen Theorie stellen. Der Begriff des Totalitarismus fungierte über Jahrzehnte auch als Schlagwort im „Kalten Krieg". In Deutschland dienten Totalitarismus-Theorien überdies der Bagatellisierung des Holocaust (vgl. Brumlik 1995). Andererseits tendierten Teile linker Opposition angesichts der „Totalitarismus-Doktrin" während des Kalten Krieges dazu, gegenüber den stalinistischen Verbrechen zu schweigen (Ackermann 2000, Wolin 2010).

sätze maßgeblich als Orientierungspunkte dienten: 1) eine ausgearbeitete Ideologie, die sich auf alle Bereiche menschlichen Lebens erstreckt und einen idealen Endzustand projiziert; 2) eine in der Regel durch einen einzelnen Diktator geführte, herrschende Massen-Partei, der aber nicht mehr als zehn Prozent der Bevölkerung angehören; 3) ein physisches und psychisches Terrorsystem durch Partei und Geheimpolizei, ferner 4) ein Indoktrination ermöglichendes Nachrichtenmonopol durch vollständige Kontrolle der modernen Massenkommunikation, 5) ein (nahezu vollständiges) Waffenmonopol und 6) eine zentral gelenkte Wirtschaft, die u.a. zur totalen Bürokratisierung führt (1965, 1968). Friedrich und Brzezinski argumentieren darüber hinaus, dass es sich beim Totalitarismus um ein „organisches" System handelt, d.h. dass die einzelnen Merkmale miteinander verflochten sind und sich gegenseitig stützen. Die Eigenschaften dürften deshalb nicht isoliert betrachtet werden und bildeten nur in toto das totalitäre Syndrom (Friedrich/Brzezinski 1968: 610ff.).[2]

Zu den klassischen herrschaftsstrukturellen Theorien zählt auch Raymond Arons liberale Totalitarismuskritik. Aron betont die funktionale Bedeutung einer totalitären Weltanschauung. Er entwickelt dafür die Kategorien der „*ideocratie*" und der „weltlichen Religion" („*religion séculière*"), die Parallelen zum Begriff der politischen Religion bei Eric Voegelin aufweisen.[3] Demnach hat im Totalitarismus eine säkulare Idee bzw. Ideologie den metaphysischen Ort der Religion in der Gesellschaft eingenommen. Mit dieser sakralisierten Idee wird jedwede Herrschaftspraxis gerechtfertigt. Während Aron in seinem Hauptwerk *Demokratie und Totalitarismus* strukturelle und ideologische Differenzen zwischen Faschismus und Kommunismus herausstreicht[4], greift er zur Profilierung der Ähnlichkeiten totalitärer Staaten indes auf konventionelle Merkmalskataloge im Anschluss an Friedrich/Brzezinski zurück, wie das „Einparteiensystem" der „totalen Staaten" (Aron 1970: 53ff.), deren „absolute Autorität" sowie den Aspekt der „Politisierung und Kontrolle des gesamtgesellschaftlichen Lebens" (205). Arons Ansatz steht für äußerst weiche Kriterien. Im Unterschied zu Friedrich/Brzezinski genügt Aron bereits der Nachweis von einzelnen Merkmalen, um politische Systeme als Totalitarismus zu klassifizieren, wobei das Phä-

---

2 Friedrich hat später seine Kriterien modifiziert, um u.a. auch den nicht-terroristischen Post-Stalinismus als totalitär klassifizieren zu können.

3 Das ursprünglich auf Voegelin zurückgehende Konzept der „Politischen Religion" stellt den Versuch dar, Kommunismus, Faschismus und Nationalsozialismus im Kontext von Säkularisierungsvorgängen in den ‚verspäteten Nationen' Europas zu deuten. „Rasse", Klasse oder Staat werden seiner Vorstellung nach „diviniert" und ersetzen die Religion in neuen, quasi-religiösen politischen Ordnungen (Maier 1999:123).

4 Aron diagnostiziert dabei einen „Klassen- und Rassenmessianismus". Die Sowjetunion ist für Aron die „eigentliche", weil „hyperrationale Variante" und der NS nur eine „irrationale Version" des Totalitarismus.

nomen vollkommen ausgeprägt ist, wenn alle jene Elemente zusammenkommen und voll entwickelt sind (Aron 1970: 206).

Die Suche nach typologischen Bestimmungskriterien ist bis heute das zentrale Motiv des herrschaftsstrukturellen Theoriestrangs. Für Eckhard Jesse gelten jene Systeme als totalitär, „die den Bürger durch eine Ideologie zu formen, durch Kontrolle und Zwang zu erfassen versuchen und gleichzeitig mobilisieren wollen." (Jesse 1999: 12) Jesse ist darum bemüht, eine regierungsstrukturelle *Gegenüberstellung* von Totalitarismus und Demokratie zu begründen. Totalitäre Herrschaft wird für Jesse von den „extremen" Polen der Gesellschaft bzw. von „außen" gegen eine a priori als demokratisch begriffene „Mitte" ausgeübt. Zur Bestimmung des Typus des Totalitarismus operiert Jesse mit Kriterien wie „Extremismus", „Demokratiefeindschaft" oder „Gewaltmittel" (ebd.); vage Merkmale, die wenig geeignet scheinen, den Begriff totaler Herrschaft zu konturieren oder Herrschaftsformen als spezifisch „totalitär" auszuweisen.

Für Juan Linz, einen führenden zeitgenössischen Vertreter des herrschaftsstrukturellen Modells, ist fehlender politisch-gesellschaftlicher Pluralismus das konstitutive Kriterium des Totalitarismus. Terror ist, anders als noch bei der klassischen Theorie von Friedrich/Brzezinski, kein notwendiges Merkmal mehr. Totalitarismus manifestiert sich demnach in despotischen institutionellen Regierungsformen („totalitarian rule") und deren Legitimationsformen („extremist ideologies") (Linz 2000: 13). Michael Curtis, ein ebenfalls in herrschaftsstruktureller Tradition stehender Theoretiker, sieht im Unterschied zu Linz die totale Herrschaft auf Nationalsozialismus und Stalinismus begrenzt. Er verortet das Herrschaftssyndrom in neuartigen Beziehungen zwischen politischer Elite und Bürgern, dem Maß der politischen Durchdringung des Privatlebens der Bürger, der kollektivistischen Betonung eines Opfers „fürs Ganze" sowie der Abschaffung freiheitlich-demokratischer Institutionen (Curtis, 1999: 284). Diese Herrschaftsformen hätten seit Mitte des 20. Jahrhunderts kein wirkliches Äquivalent mehr gefunden.

Herrschaftsstrukturelle Theorieansätze sehen sich gegenwärtig etlichen Kritiken ausgesetzt. Die Machtausübung der Staatsorgane über die Gesellschaft ist in NS und Stalinismus alles andere als *total* gewesen und nicht so umfassend, wie herrschaftsstrukturelle Totalitarismustheorien nahe legen (vgl. Brooker 2000, Kershaw 1999). Im Bestreben, mittels Strukturmerkmalen Typologien zu begründen, enden diese Ansätze ferner vielfach in einer theoretischen Tautologie: Gegenstand und Erklärung fallen in eins. Wenn zur Bestimmung des Totalitarismus etwa auf Eigenschaften wie geschlossene Deutungssysteme verwiesen wird, können diese nicht zugleich zu seiner Erklärung herangezogen werden. Kritisiert wird überdies, dass diese Modelle weitgehend auf äußerliche Merkmale wie das Ein-Parteien-System bezogen bleiben und keine deutenden oder erklärenden Aussagen machen über besondere historische Ursprünge und Prozesse, deren Deutung im Zentrum theoretischer Anstrengungen stehen müsste. Die Gesellschaftsmitglieder erscheinen überdies im Sinne einer überholten Macht- und Handlungstheorie als bloße Objekte herrschaftlicher Manipulation und äußerer Unterdrückung („Gesellschaft in Geiselhaft") und nicht als handelnde *wie* unterdrückte *Akteure*. Herrschaftsstrukturelle Modelle scheitern auch daran, plausibel auszuweisen, was spezifisch totalitär ist; fehlender Pluralismus, der Versuch der umfassenden Kontrolle der Gesellschaft oder die Legitimation von Macht mittels einer Einheitsideologie – all dies sind Merkmale, durch die sich etliche Varianten der Despotie in der Geschichte auszeichnen (vgl. Brooker 2000). Diese Schwäche der Kriterienbildung spiegelt sich auch im Versagen, wie im Fall des Post-Stalinismus herrschaftsimmanente Übergänge von totalitären in post-totalitäre Herrschaftsformen zu erklären (Walzer 1983).

2.2 Totale Herrschaft als Bewegungsgesetz und Zerstörungsprozess: Genealogische Theorien

Im Rahmen der politischen Theorie zur totalen Herrschaft haben deutsche Exilanten wie Ernst Fraenkel, Franz Borkenau, Franz Neumann, Theodor W. Adorno und vor allem Hannah Arendt in jüngerer Zeit neue Aufmerksamkeit erlangt (vgl. Jones 1999). Arendt und Neumann finden eine nachhaltige Neurezeption (vgl. Halberstam 1999, Lefort 2003, Rensmann 2003). Beide suchen das Spezifische totaler Herrschaft nicht in „äußerlichen" Herrschaftsmerkmalen oder formalen Analogien. Stattdessen wird eine Struktur*losigkeit* der totalen Herrschaft diagnostiziert und es werden die historischen Bedingungen im Kontext moderner politisch-sozialer Krisen rekonstruiert. Totalitarismus erscheint als Prozess, als Dynamik der Zerstörung sozialer Beziehungen und der (rechts)staatlichen Ordnung und wird geprägt von totalem Terror und totalitären „Bewegungsgesetzen".

Arendt situiert die „neue Herrschaftsform" im Kontext der auf Privatinteressen orientierten modernen Arbeitsgesellschaft und korrespondierender Umwälzungsprozesse von der Klassen- zur Massengesellschaft im Laufe des 19. und frühen 20. Jahrhunderts in Europa. In diesem Transformationsprozess sind die politische Ordnung, das Parteiensystem, die Polis als Gemeinschaft handelnder und politisch wie sozial gebundener Akteure zunehmend zerfallen und durch bürokratische Despotie ersetzt worden. Dabei ist auch das System der europäischen Nationalstaaten von innen her erodiert. Arendt zufolge hat diese Entwicklung die Menschen atomisiert, ihre Denk-, Erfahrungs- und Urteilsfähigkeit eingeschränkt sowie ein soziales Vakuum erzeugt. Großteils in eine „unorganisierte, unstrukturierte Masse verzweifelter und hasserfüllter Individuen" (Arendt 2001: 677) verwandelt, werden diese für totalitäre Massenbewegungen anfällig, die Arendt wiederum als *gesellschaftliche Akteure* des Totalitarismus identifiziert. Diese genealogische und akteurszentrierte Konzeption steht in Kontrast zur herrschaftsstrukturellen Vorstellung von der „Gesellschaft in Geiselhaft".

Vor dem Hintergrund von Montesquieus These, dass jeder Form der Regierung ein bestimmendes Prinzip zugrunde liegt, differenziert Arendt zwischen politischer Despotie einerseits und totalitärer Herrschaft andererseits.[5] Nicht institutionelle Herrschaftsmerkmale, ja auch nicht die umfassende Verneinung von Freiheit und totale Kontrolle der Gesellschaft (obschon im Totalitarismus besonders ausgeprägt) machen demnach die fundamentale *differentia specifica* des Totalitarismus zur Despotie, der gesetzlosen Willkürherrschaft, aus. Die totale Herrschaft verkörpert nach Arendt gerade keine Tyrannei, die den Machtinteressen eines Diktators oder einer Partei untergeordnet ist. Sondern diese sind selbst nur Mittel für den Zweck der Exekution höherer, übermenschlicher ideologischer Bewegungsgesetze – und damit der totalisierte „Verlust der Politik" (Euben 2000: 162)

Die zentralen und präzedenzlosen Prinzipien totalitärer Herrschaft sieht Arendt in *totaler Ideologie* und *totalem Terror*. Unter totaler Ideologie begreift Arendt weniger spezifische Inhalte als eine alles umfassende deduktive Logik von als zwangsläufig oder notwendig erklärten überindividuellen „objektiven Gesetzen" der „Natur" (Nationalsozialismus) und der „Geschichte" (Stalinismus). Die totalen Ideologien zielen nicht auf Erklärung oder Legitimation von Herrschaft, also dessen, was *ist*, sondern erklären „was *wird*, was entsteht und vergeht" (964). Sie richten sich vor allem auf die Ausmerzung „objektiver Gegner" – für Arendt der „zentrale Begriff des Rechtsdenkens der totalitären Herrschaftsform" (879) – die als antagonistische „Rasse" oder „Klasse" und unabhängig von ihrem subjektiven Denken oder Handeln konstruiert, verfolgt und vernichtet werden. Jene vermeintlich objektiven, allumfassenden Bewegungsgesetze werden von totalitären Bewegungen befolgt und durch totalen, entgrenzten Terror exekutiert, der folgerichtig gerade nicht zentral der Macht von Herrschern bzw. der (für Arendt vor-totalitären) Ausschaltung von Opposition oder der Kontrolle der Gesellschaft dient.

Totale Herrschaftsformen sind nach Arendt also gerade nicht *gesetzlos* wie Despotien, wohl aber ob ihrer permanenten Bewegung *strukturlos* und antistaatlich; sie zerstören die politischen Strukturen, die das Leben in der westli-

---

5   Da sie den Terror ins Zentrum des Begriffs des Totalitären rückt, schließt Arendt eine Ausweitung des Totalitarismus-Konzeptes auf poststalinistische Systeme oder die DDR explizit aus. Die totale Herrschaft habe mit dem Tod Hitlers und Stalins ihr Ende gefunden.

chen Zivilisation „humanisiert" hatten (Villa 2008: 251). Sie sind auf die globale Umsetzung der objektiven Gesetze mit den Mitteln des Terrors ausgerichtet. Das „eiserne Band des Terrors" (958) kennt keine Grenzen und staatlichen Ordnungen, sondern nur eine unaufhörliche Bewegung. Jegliche Rechtsstrukturen und staatliche Strukturen schlechthin sind, wie die menschliche Fähigkeit zu eigenständigem Handeln, den totalitären Bewegungen dabei ein Hindernis (832).

Arendt bestimmt das Spezifische der neuen Staatsform vor allem mit Blick auf ihre modernen gesellschaftlichen Voraussetzungen und ihren qualitativ neuen Endpunkt, die Konzentrations- und Vernichtungslager. Auch sie dienen nur der vermeintlich unausweichlichen „theoretischen Verifikation der Ideologie" (908). Die Lager waren für Arendt der Ort, an dem die Tötung menschlicher Spontaneität ebenso weitgehend gelang wie die Zerstörung der Bedingung der Möglichkeit von Freiheit und Pluralität. Dort wurde der Beweis erbracht, dass „totale Herrschaft keine Utopie ist" (935).

Obschon Franz Neumanns Theorie stärker funktionale denn ideologische Dimensionen in den Blick nimmt, so betont er ebenfalls den Prozesscharakter und die historische Genese totalitärer Herrschaft, die er wie Arendt als *strukturlos*, aber im Gegensatz zu ihr auch als *gesetzlos* begreift (Neumann 1977). Für Neumann wie für Arendt entwickelt sich die totalitäre Herrschaft, die bindende Verfahren und ordnende politische Strukturen auflöst, zum organisierten Chaos des *Un-Staates* (Rensmann 2009).

Der frühe Neumann differenziert zwischen einer demokratischen und einer totalitären Form *pluralistischer Herrschaft*. Er sucht aufzuzeigen, wie sich aus der pluralistischen, indes bürokratisch verhärteten Form der kapitalistischen Weimarer Demokratie eine polykratische Struktur totaler Herrschaft, ja ein „totalitärer Pluralismus" (Neumann 1977, vgl. auch Bast 1999) einer zunehmend zerfallenden Staatsstruktur hat entwickeln können. Dabei sichtet er eine Tendenz zur totalitären Selbstaufhebung der Demokratie im Horizont bürokratischer Monopole, Entscheidungsstrukturen und Herrschaftskomplexe.

Laut Neumann ist dem totalitären „Bewegungsstaat" jedes rational geordnete Verfahren der Bürokratie letztlich hinderlich. Die Partei, eine Mischung aus charismatischen und bürokratischen Herrschaftstypen, tritt dabei in Konkurrenz zur staatlichen Bürokratie. Die „Ablehnung der staatlichen Obergewalt ist daher mehr als ein ideologisches Mittel, das den Verrat der Partei an Armee und Beamtentum verbergen soll; sie ist der Ausdruck der realen Notwendigkeit des Systems, sich der Herrschaft des rationalen Gesetzes zu entledigen" (Neumann 1977: 110). Neumann will insbesondere den Übergang erklären von der demokratischen Variante des modernen Pluralismus als politischer Organisationsform von Groß-Verbänden zum „totalitären Monopolkapitalismus" und seinen teils kooperierenden, teils konkurrierenden Organisationen (Kapital, Militär, Bürokratie, NSDAP). Dabei konzentriert er sich neben politisch-rechtlichen vor allem auf gesellschaftliche Voraussetzungen: den Strukturwandel vom liberalen zum monopolistischen Kapitalismus, den er innerhalb einer Evolutionstheorie des Kapitalismus deutet. Den totalitären Staat fasst Neumann als planlose Konkurrenz mächtiger sozialer Cliquen.[6]

Die genealogischen Ansätze Arendts und Neumanns, die auf die historische Spezifik totaler Herrschaft zielen, unterminieren indes mitunter ihr eigenes Anliegen. Indem sie das Phänomen wesentlich auf generalisierbare Bedingungen der modernen Gesellschaft bzw. die Totalisierung bestimmter Handlungs- und Organisationsmodi zurückführen (obschon nicht unmittelbar aus diesen ableiten), läuft die genealogische Analyse selbst Gefahr, mitunter die Komplexität totaler Herrschaft und der soziokulturellen Moderne in einem einebnenden Bild einer „totalitären Moderne" aufzuheben, aus welcher der Totalitarismus als radikale Zuspitzung hervorzugehen scheint (vgl. Rensmann 2003:187ff.)[7] Neumann und Arendt sehen in modernen Tendenzen der Gesellschaft und des Denkens die Voraussetzungen, die „den systematischen Angriff auf die Idee menschlicher Würde möglich machen" (Villa 1999: 38). Totale Herrschaftsformen, allen voran der NS-Terror, mögen zwar auch in der modernen Konstellation verwurzelt sein, sollten aber nicht als extreme Ausdrücke universeller Tendenzen (vgl. Arnason 1998: 192f.) konzeptualisiert werden. Sie wären komplexer als politisch-kulturell spezifische und zugleich selbst „moderne" Mobilisierungen gegen die konfliktuellen Kernstrukturen, Probleme und Möglichkeiten der modernen Gesellschaft zu deuten.

2.3 Totalitarismus als mögliche Entwicklungstendenz in der modernen Demokratie

An der Analyse totalitärer Denkformen und ihrer Bedingungen innerhalb der modernen Demokratie setzen auch französische politische Theoretiker wie Claude Lefort und Marcel Gauchet an. Lefort operiert mit dem Begriff der

---

6 Ernst Fraenkel, mit dem Franz Neumann eng befreundet war, hatte dagegen zuvor den Nationalsozialismus als „Doppelstaat" analysiert: einerseits als „Normenstaat" im überkommenen Sinn, um das kapitalistische Wirtschaftssystem aufrecht zu erhalten, andererseits als „Maßnahmenstaat", um mit willkürlichen Eingriffen das Regime abzusichern (Fraenkel 1974).

7 Wobei anzufügen ist, dass Arendt die politische Moderne nicht nur kritisch sieht. Die Moderne und der Verlust der traditionalen Autorität, den sie herbeiführt, eröffnen laut Arendt zugleich die Möglichkeit, die Vergangenheit und die Politik mit neuen Augen zu sehen (Passerin d'Entrèves 1994). Auch ist die totalitäre Herrschaft kein unvermeidliches Produkt moderner Kultur (Benhabib 2003:71).

„logique totalitaire", um im Anschluss an Arendt eine Logik und Dynamik des Totalitären zu rekonstruieren. Lefort teilt Arendts Kritik an herrschaftsstrukturellen Ansätzen, die nicht in der Lage seien, zwischen Totalitarismus und neuen Arten des Despotismus zu unterscheiden (Lefort 2003). Auch für Lefort reduzieren herrschaftsstrukturelle Deutungen einer „totalitären Regierungsform" den Totalitarismus auf äußerliche Aspekte. Eine Einheitspartei mit Monopol auf Wirtschafts-, Gewalt- und Propagandamittel als Syndrom des Totalitarismus zu konstatieren zielt laut Lefort aber am Wesen totaler Herrschaft vorbei.

Lefort sieht den Totalitarismus als Versuch, die konstitutive gesellschaftliche Konfliktivität und Teilung in demokratischen Gesellschaften zu leugnen und stattdessen ein homogenes, organisches Bild der sozialen Welt zu (re-)etablieren. Das qualitativ neue Phänomen des Totalitarismus konnte für Lefort dabei nur vor dem Hintergrund der historischen Bedingungen entstehen, die auch für die Demokratie konstitutiv waren und sind – der Totalitarismus erscheint als eine von „zwei möglichen Entwicklungstendenzen der Demokratie" (1990a: 50).[8]

Lefort unterscheidet Politik, verstanden als Staat und politisches System, von „dem Politischen". Das Politische bezeichnet bei Lefort diejenigen Prinzipien, die als gleichzeitig sinngebende (von: *mise en sens*) und inszenierende (von: *mise en scéne*) Formgebungen des sozialen Raums verschiedene Gesellschaftsformen hervorbringen (1990b: 284). Die jeweilige Form einer Gesellschaft bezeichnet er als deren *symbolisches Dispositiv.* Mit der Entstehung des symbolischen Dispositivs der Demokratie geht laut Lefort eine weitreichende Ausdifferenzierung sozialer Systeme, Lebensweisen, Ansprüche und Denkformen einher, also quasi eine Entflechtung der in vordemokratischen Gesellschaften im Ort der Macht zentralisierten Unterscheidungsmonopole. Lefort geht nun vor dem Hintergrund der konstitutiven Teilung der Gesellschaft davon aus, dass sich diese, sobald sie eine Form annimmt, auf irgendeine Weise als Ganze repräsentieren muss. Diese Selbst-Repräsentation jeder Gesellschaft geschieht ausgehend von einem „symbolischen Pol". Den „symbolischen Pol" der Selbstrepräsentation der Gesellschaft, der für Lefort außerhalb der Gesellschaft lokalisiert sein muss, um die Gesellschaft als Ganze repräsentieren zu können, bezeichnet Lefort als Macht. Der „revolutionäre" und beispiellose Zug der Demokratie und ihres symbolischen Dispositivs sei es nun allerdings, dass der Ort der Macht zu einer *Leerstelle* wird. Das symbolische Dispositiv des Ancien Régime hatte den symbolischen

---

8 Den Totalitarismus als äußere Gefahr darzustellen, erzeugt für Lefort einen „Obskurantismus, insofern der Prozess gegen den Totalitarismus den Angeklagten in ein fremdartiges Ungeheuer verwandelt, d.h. seine Entstehungsgeschichte auslöscht. Denn der Totalitarismus geht aus einer politischen Mutation hervor; er ist in einer Umkehrung des demokratischen Modells begründet, das er zugleich *in gewissen Zügen ins Phantastische verlängert.*" (Lefort 1990a: 47)

Ort der Macht und die Selbst-Repräsentation der Gesellschaft noch mit dem Körper des Königs besetzen und monopolisieren können. Das demokratische symbolische Dispositiv ändert dies historisch grundlegend und irreversibel; mit der Enthauptung des Königs kommt es zur Entkörperung und Entleerung der Macht. Von nun an bleibt die Legitimationsbasis der Gesellschaft radikal unbestimmt. Für Lefort erzeugt sich das symbolische Dispositiv der Demokratie gerade durch die permanente, institutionalisierte, legitime und konfliktuelle Infragestellung der Grundlagen der nunmehr autonomen Sphären der Politik, des Rechts und des Wissens.

Die „totalitäre Logik" avisiert nach Lefort in qualitativ neuer Weise die Aufhebung dieser gesellschaftlichen Konflikte, Autonomisierungs- und sozialen Differenzierungsprozesse von Lebensweisen und Denkformen. Jene Logik zielt darauf, den symbolischen Pol der Macht neu zu besetzen sowie die ausdifferenzierten Sphären wie den gesellschaftlichen Raum der Zivilgesellschaft zu homogenisieren und zu schließen. Insofern bildet die „totalitäre Logik" den Versuch, Gesellschaft und Macht wieder miteinander zu identifizieren und die komplexen sozialen Teilungsprozesse sowie ihre unbestimmten Legitimationsweisen zu leugnen bzw. aufzuheben. Staat, Partei und Bürokratie werden dergestalt zu Re-Inkarnationen jenes Gesellschafts-Körpers, der in der Geburtsstunde des demokratischen symbolischen Dispositivs enthauptet wurde: „Es wird eine Logik der Identifikation durchgesetzt, die der Vorstellung einer verkörpernden Macht (*pouvoir incarnateur*) gehorcht. Proletariat und Volk, Partei und Proletariat, Politbüro und Partei und schließlich die Partei und der *Egokrat* fallen in eins. Indem sich die Vorstellungen einer homogenen und für sich selbst durchsichtigen Gesellschaft, des *einen* Volkes ausbreitet, wird die gesellschaftliche Teilung in allen Formen geleugnet." (287) Die totalitäre Logik ist die Logik einer umfassenden Leugnung, die sich mit permanenter Mobilmachung verbindet und, im Unterschied zum auf Unterwerfung zielenden Despotismus, „so herrscht, als gäbe es nichts außer ihr, als wäre sie gleichsam grenzenlos." (ebd.)

Eine demokratische und durch Konflikte generierte Gesellschaft, die sich ohne Rückgriff auf transzendente Legitimitationskriterien ständig autonom selbst „erzeugen" und repräsentieren muss, tendiert immanent zu einem solchen Phantasma totalitärer Beherrschung des gesellschaftlichen Raumes durch eine allwissende Macht (1990b: 288; 2003). Aufgrund ihrer Unbestimmtheit und Offenheit und ihrer spezifischen, fragilen Selbstrepräsentation läuft die Demokratie stets Gefahr, durch totalitäre Herrschaft ersetzt zu werden, die selbst als neue, „imaginäre" Ideologie erst mit der Demokratie möglich geworden ist. Denn es ist das spezifische Bestreben des Totalitarismus, die mit dem demokratischen Dispositiv entstandene, nach Lefort seither unhintergehbare Konfliktualität wieder verschmelzen zu wollen.

Marcel Gauchet hat diesen Gedanken einer „unhintergehbaren" konfliktuellen Verfasstheit der demokratischen Gesellschaft aufgegriffen und zugespitzt. Es ist der prinzipielle Konflikt, den die Demokratie nicht nur auszuhalten habe, sondern der sie laut Gauchet zugleich *integriert* (Gauchet 1990: 221ff.). Der totalitäre Staat richtet sich nach Gauchet gegen die Abtrennung und Entleerung der Macht sowie gegen die Konflikte und Teilungen, die in demokratischen Gesellschaftsformen institutionalisiert werden. Folgt der Totalitarismus der Logik der Reinkorporation der Macht und der Homogenisierung wie Totalisierung, so bestimmt sich die Logik der Demokratie aus Desakralisierung, Differenzierung und Konflikt sowie der konstitutiven Unmöglichkeit einer dauerhaften (normativen, politischen, sozialen etc.) Grundlegung.

Dekonstruktivistische Ansätze suchen einen ähnlichen Zugang zum Problem des Totalitarismus, insofern sie Diskurslogiken in den Blick nehmen und Totalitarismus als Problem diskursiver Homogenisierungsbestrebungen rekonstruieren. Diese erscheinen als ein Produkt der modernen (damit auch der demokratischen) „Episteme", soll heißen der dem modernen Denken zugrunde liegenden Wahrnehmungs- und Denkvoraussetzungen, und ihrer „Meta-Narrative", d.h. der für moderne Denkformen typischen säkularen Universalisierungsansprüche. Dadurch wird das Problem totalitärer Herrschaft zurückgespiegelt in die liberalen Demokratien und deren hegemoniale Vereinheitlichungs- und Assimilationszwänge. Im Zentrum der Dekonstruktion „totalitärer Denkformen" steht die permanente Infragestellung von ausschließenden Logiken und Narrativen. „Dekonstruktionen" stellen in den Augen von Jaques Derrida, „seit je her die zumindest notwendige Bedingung dar", um die „totalitäre Gefahr" in allen Formen „zu identifizieren und zu bekämpfen" (Derrida 1988:108). Allerdings führt die dekonstruktivistische Kritik des Totalitarismus potenziell zu einer inflationären Verwendung des Begriffs „totalitär". Das Emblem wird in der poststrukturalen Theorie tendenziell allen Ideen, sprachlichen Manifestationen und vereinheitlichenden „Groß-Erzählungen" angeheftet, die Identitäten konstruieren, „differenzunempfindlich" erscheinen oder universelle Geltungsansprüche anmelden, wie etwa der Humanismus und die Aufklärung. Anstatt einem *differenzsensiblen Universalismus* die Treue zu halten, der die potenziell totalitäre „Ausmerzung der Differenz" in der politischen Moderne kritisiert, ohne dabei kosmopolitische Ansprüche preiszugeben, laufen dergestalt dekonstruktivistische Ansätze mithin Gefahr, universalistische Normen *an sich* unter Totalitarismus-Verdacht zu stellen.

3. Zur Zukunft der Totalitarismus-Theorien

Die Renaissance von Totalitarismus-Theorien nach dem Ende des Kalten Krieges ist heute verebbt. Trotz zahlreicher, teils durchaus innovativer Wiederbelebungsversuche erscheinen vor allem herrschaftsstrukturelle Theorien totaler Herrschaft in ihrem Erkenntniswert und Potenzial für die empirische wie historische Forschung weitgehend erschöpft. Die Geltungskraft einer auf äußere Strukturmerkmale fixierten Analogie ist von der neueren historischen Forschung selbst für den Vergleich nationalsozialistischer und stalinistischer Herrschaftsformen zunehmend in Frage gestellt worden (vgl. Kershaw 1999). Jürgen Habermas hat entsprechende Verallgemeinerungen aus der Perspektive normativer politischer Theorie kritisiert. Er verweist u.a. auf die Größenordnung und das Wesen der politischen Kriminalität sowie auf konstitutive Differenzen zwischen einem versteinerten Marxismus und rassistischer Vernichtungsideologie und -praxis (Habermas 1995: 28ff.).

Jüngere Arbeiten fordern die Überwindung des normativ aufgeladenen Totalitarismusbegriffs als komparativer Kategorie und die Rückkehr zu einer empirisch vergleichenden Diktatur- und Autoritarismusforschung im Horizont des nüchterneren Konzepts nicht-demokratischer Regierungssysteme (vgl. u.a. Brooker 2000). Allein: Das qualitative Neue und Spezifische der *totalitären Herrschaft* (und der *totalitären Erfahrung* systematischer Verfolgung und Vernichtung) kann mit dem Begriff der modernen Diktatur nicht erfasst werden. Mit Arendt ist überdies eine begriffliche Gleichsetzung von Diktatur, Despotie und Totalitarismus in Frage zu stellen, die letzterem jede spezifische Qualität abspricht und damit den „intellektuelle Mehrwert" (Bosshart 1999: 253) des Begriffs entäußert.

Ein kritischer Begriff des Totalitären müsste bei jenen Formen von Ideologie und Terror seinen Ausgangspunkt nehmen, welche die gesellschaftliche Zerstörung der Bedingung der Möglichkeit menschlicher Freiheit zum Ziel haben. Sie finden in der Vernichtungsideologie und -praxis des Nationalsozialismus ihr Modell sui generis. Hierfür ist eine Dialektik von kollektivistischer (Selbst-) Homogenisierung und totaler Verdinglichung konstitutiv, mit denen totalitäre Massen sich selbst und ihre Opfer zum Objekt machen. Mit George Mosse (1984: 173ff) kann ergänzt werden, dass vor allem Formen eines modernen Rassismus und extremen Nationalismus (mitsamt der Glorifizierung prä-industrieller Vergangenheitsbilder) das totalitäre Erbe des jakobinischen Terrors angetreten haben.

Manch neuer Versuch der Re-Konzeptualisierung politischer Theorie „nach der Barbarei" ist situiert entlang jener Grenzerfahrung der gesellschaftlichen

Vernichtungsdrohung, die auf die potentiell totalitären Gefahren moderner Politik verweist (jüngst u.a. Halberstam 1999).[9] Zu fragen wäre u.a., ob theoretische Ansätze, die zentral auf jene Abgründe moderner politischer Gewaltformen (insbesondere genozidaler Verfolgung) rekurrieren, als Quelle kritischer Selbstreflexion auf die Grundlagen des Politischen im globalen modernen Zeitalter dienen könnten. Denn die Dialektik moderner Vergesellschaftungsmodi mit ihrem dichten Netz neuer Funktionsimperative sowie Macht- und Exklusionsverhältnisse zeigt sich so janusköpfig wie das in ihnen generierte politische Prinzip des Nationalstaats (vgl. Habermas 1998). Die komplexe, widersprüchliche Moderne zeitigt eben nicht nur die Durchsetzung liberaler demokratischer Rechtsordnungen und der institutionellen Verankerung universalistischer Normen und Verfahren, sondern *auch* deren Unterminierung: eine destruktive Produktivität sozialer Umwälzung, Ausgrenzung und Gewalt unvorstellbaren Ausmaßes, die nur *in* der Moderne möglich war (vgl. Bauman 1992).

Einige zeitgenössische Theoretiker konzeptualisieren die terroristischen radikal-islamistischen Bewegungen als neue Variation des Totalitarismus (vgl. Heller 2002): Jene können als anti-moderne und zugleich neue *globale* totalitäre Akteure und Politiken gedeutet werden. Islamistische Extremisten zielen auf die Zerstörung der Bedingungen der Möglichkeit von Freiheit, auf die Vernichtung ziviler „objektivierter Gegner" mittels schrankenloser terroristischer Gewalt. Allerdings nimmt dieser *nicht-staatliche Totalitarismus* im Zeitalter der Globalisierung heute, so Seyla Benhabib, eine gänzlich neue Form an: „Die neue Einheit des Totalitarismus ist die terroristische Zelle, nicht die Partei oder die Bewegung; das Ziel dieser neuen Form des Krieges ist nicht nur die Vernichtung des Feindes, sondern die Ausmerzung eines ‚way of life'," (Benhabib 2002: 37).[10] Dabei sind die post-industriellen Demokratien der Gegenwart einerseits robuster gegenüber neuen totalitären Gefahren, andererseits aber auch besonders verletzlich, da bereits wenige Individuen totalitären Terror ausüben und mit der Angst unter den potentiellen Opfern globale Politik beeinflussen können (Todorov 2003).

Ob Totalitarismus-Theorien angesichts jener neuen Herausforderungen eine Zukunft in der politischen Theorie haben, ist offen. Anson Rabinbach zum Beispiel verwehrt sich grundsätzlich gegen eine Übertragung dieser Theorien aus dem 20. Jahrhundert in die gegenwärtige Epoche – und damit gegen deren politische Instrumentalisierung (Rabinbach 2006). Es bleibt indes zu fragen, ob

---

9 Die Massenverbrechen des 20. Jahrhunderts haben die Grenzen des Vorstellbaren neu taxiert. Schon insofern bleibt die Analyse totalitärer Herrschaft und der mit ihr Realität gewordenen Drohung eine Herausforderung für die politische Theorie.

10 Wahdat-Hagh (2003) sichtet in den neuen Diktaturen des „politischen Islam" eine „dritte Form" des Totalitarismus.

nicht der Begriff totalitärer Herrschaft einen heuristischen intellektuellen Mehrwert für eine kritische kosmopolitische Theorie bereitstellen könnte (Benhabib 2006), die spezifische Erfahrungen präzedenzloser politischer Gewalt des vergangenen Jahrhunderts reflektiert und für künftige Gefahren sensibilisiert. Versuche der Re-Konzeptualisierung müssen sich freilich nicht nur neuen, nicht-staatlichen Formen des Totalitarismus im Kontext neuer politischer Ordnungsformen und Akteure stellen, sondern Neuansätze müssten sich auch von ideologischen Überfrachtungen der politischen Ideengeschichte des Begriffs lösen sowie mit einer zeitgenössischen Demokratietheorie fundiert werden. Empirisch genaue Differenzierungen zwischen totalitären Herrschaftsformen, fundamentalistischen Bewegungen, modernen Diktaturen, autoritären Regimes und Demokratien sind nötig, wobei normativ die universalistischen Ansprüche liberal-konstitutioneller Demokratien zu verteidigen sind. Totalitäre Gefahren sollten freilich auch nicht vorschnell dichotom als das *radikal Andere* veräußerlicht werden.

Literatur

Ackermann, Ulrike (2000): Sündenfall der Intellektuellen: Ein deutsch-französischer Streit von 1945 bis heute. Stuttgart: Klett-Cotta.

Arendt, Hannah (2001): Elemente und Ursprünge totaler Herrschaft. München: Piper.

Arnason, Jóhann P. (1998): Totalitarismus und Moderne. Franz Borkenaus Totalitarismustheorie als Ausgangspunkt für soziologische Analysen. In: Siegel, Achim (Hg.): Totalitarismustheorien nach dem Ende des Kalten Krieges. Köln – Weimar: Böhlau. 169-200.

Aron, Raymond (1970): Demokratie und Totalitarismus. Hamburg: Wegner.

Bast, Jürgen (1999): Totalitärer Pluralismus. Zu Franz L. Neumanns Analysen der politischen und rechtlichen Struktur der NS-Herrschaft. Tübingen: Mohr Siebeck.

Bauman, Zygmunt (1992): Dialektik der Moderne. Hamburg: Europäische Verlagsanstalt.

Bénéton, Philippe (1987): Introduction à la politique moderne. Démocratie et totalitarisme. Paris: Hachette.

Benhabib, Seyla (2002): Unholy Politics. In: Constellations 9(1). 34-45.

- (2003): The Reluctant Modernism of Hannah Arendt. Lanham, MD: Rowman & Littlefield.

- (2006): Another Cosmopolitanism. Oxford: UP.

Bosshart, David (1999): Die französische Totalitarismusdiskussion. In: Jesse, Eckhard (Hg.): Totalitarismus im 20. Jahrhundert. Baden-Baden: Nomos. 252-260.

Brooker, Paul (2000): Non-democratic regimes: Theory, Government and Politics. New York: St. Martin's Press.

Brumlik, Micha (1995): Geisteswissenschaftlicher Revisionismus – auch eine Verharmlosung des Nationalsozialismus. In: Faber, Richard/Funke, Hajo/Schoenberner, Gerhard (Hg.): Rechtsextremismus. Ideologie und Gewalt. Berlin: Edition Hentrich. 178-188.

Curtis, Michael (1999): Totalitarismus – eine monolithische Einheit? In: Jesse, Eckhard (Hg.): Totalitarismus im 20. Jahrhundert. Baden-Baden: Nomos. 277-285.

Derrida, Jacques (1988): Wie Meeresrauschen auf dem Grund einer Muschel. Paul de Mans Krieg. Mémoires 2. Wien: Edition Passagen.

Euben, Peter (2000): Arendt's Hellenism. In: Dana Villa (ed.): The Cambridge Companion to Hannah Arendt. Cambridge: UP.

Fraenkel, Ernst (1974): Der Doppelstaat (am. 1941). Frankfurt/M.: Europäische Verlagsanstalt.

Friedrich, Carl J./Brzezinski, Zbigniew K. (1965): Totalitarian Dictatorship and Autocracy. New York: Praeger.

Friedrich, Carl J./Brzezinski, Zbigniew K. (1968): Die allgemeinen Merkmale der totalitären Diktatur. In: Seidel, Bruno/Jenkner, Siegfried (Hg.): Wege der Totalitarismus-Forschung. Darmstadt: WBG. 600-617.

Gauchet, Marcel (1990): Die totalitäre Erfahrung und das Denken des Politischen. In: Rödel, Ulrich (Hg.): Autonome Gesellschaft und libertäre Demokratie. Frankfurt/M.: Suhrkamp. 207-238.

Gentile, Emilio (1996): The Sacralization of Politics in Fascist Italy. Cambridge/Mass.: Harvard UP.

Habermas, Jürgen (1995): Die Normalität einer Berliner Republik. Frankfurt/M.: Suhrkamp.

– (1998): Die postnationale Konstellation. Frankfurt/M.: Suhrkamp.

Halberstam, Michael (1999): Totalitarianism and the Modern Concept of Politics. New Haven: Yale UP.

Heller, Agnes (2002): 9/11, or Modernity and Terror. In: Constellations 9(1). 53–65.

Jesse, Eckhard (1999): Die Totalitarismusforschung im Streit der Meinungen. In: ders. (Hg.): Totalitarismus im 20. Jahrhundert. Baden-Baden: Nomos. 9-39.

Jones, William David (1999): The Lost Debate: German Socialist Intellectuals and Totalitarianism. Urbana: University of Illinois Press.

Kershaw, Ian (1999): Nationalsozialistische und stalinistische Herrschaft: Möglichkeiten und Grenzen des Vergleichs. In: Jesse, Eckhard (Hg.): Totalitarismus im 20. Jahrhundert. Baden-Baden: Nomos. 213-222.

Lefort, Claude (1990a) : Vorwort zu „Eléments d'une critique de la bureaucracie". In: Rödel, Ulrich (Hg.): Autonome Gesellschaft und Demokratie. Frankfurt/M.: Suhrkamp. 30-53.

– (1990b): Die Frage der Demokratie. In: Rödel, Ulrich (Hg.): Autonome Gesellschaft und libertäre Demokratie. Frankfurt/M.: Suhrkamp. 281-297.

– (2003): Thinking with and against Hannah Arendt. In: Grunenberg, Antonia (Hg.): Totalitäre Herrschaft und republikanische Demokratie. Frankfurt/M.: Peter Lang. 121-129.

Linz, Juan J. (2000): Totalitarian and Authoritarian Regimes. Boulder: Lynne Rienner.

Maier, Hans (1999): „Totalitarismus" und „Politische Religionen": Konzepte des Diktaturvergleichs. In: Jesse, Eckhard (Hg.): Totalitarismus im 20. Jahrhundert. Baden-Baden: Nomos. 118-134.

Mosse, George L. (1984): Political Style and Political Theory. Totalitarian Democracy Revisited. In: Arieli, Yehoshua et al. (ed.): Totalitarian Democracy and After. Jerusalem: The Magnes Press/Hebrew UP. 167-176.

Neumann, Franz L. (1977): Behemoth: Struktur und Praxis des Nationalsozialismus 1933-1944. Frankfurt/M.: Fischer.

Passerin d'Entrèves, Maurizio (1994): The Plitical Philosophy of Hannah Arendt. New York: Routledge.

Rabinbach, Anson (2006): Totalitarianism Revisited. In: Dissent 53 (3). 77-84.

Rensmann, Lars (2003): Das Besondere im Allgemeinen. Totale Herrschaft und Nachkriegs-
    gesellschaft in den politisch-theoretischen Narrativen von Arendt und Adorno. In:
    Auer, Dirk/Rensmann, Lars/Schulze Wessel, Julia (Hg.): Arendt und Adorno. Frank-
    furt/M.: Suhrkamp. 150-195.
– (2009): Der totale Staat als Un-Staat. Hannah Arendts und Franz Neumanns politische
    Theorien totalitärer Herrschaft. In: Samuel Salzborn (Hg.): Kritische Theorie des Staa-
    tes. Staat und Recht bei Franz L. Neumann. Baden-Baden: Nomos. 161-193.
Todorov, Tzvetan (2003): Hope and Memory. Lessons from the Twentieth Century. Prince-
    ton: UP.
Villa, Dana R. (1999): Politics, Philosophy, Terror. Essays on the Thought of Hannah
    Arendt. Princeton: UP.
– (2008): Public Freedom. Princeton: UP.
Wahdat-Hagh, Wahid (2003): Die Islamische Republik Iran. Die Herrschaft des politischen
    Islam als eine Spielart des Totalitarismus. Münster: LIT.
Walzer, Michael (1983): On „Failed Totalitarianism". In: Irving Howe (ed.): 1984 Revisited.
    Totalitarianism in Our Century. New York: Harper & Row. 103-121.
Wippermann, Wolfgang (1997): Totalitarismustheorien: Die Entwicklung der Diskussion von
    den Anfängen bis heute. Darmstadt: WBG.
Wolin, Richard (2010): The Wind from the East: French Intellectuals, the Cultural Revolu-
    tion, and the Legacy of the 1960s. Princeton: UP.

Vertrauen

Martin Hartmann

1. Abnehmendes Vertrauen?

Wenn in der Öffentlichkeit vom Vertrauen die Rede ist, dann wird diese Rede häufig von einem leicht alarmierten Tonfall getragen. Vertrauen ist eine Krisenkategorie. Es wird besonders dann zum Gegenstand der Diskussion, wenn man glaubt, dass es verloren geht oder schon gar nicht mehr vorhanden ist. So kämpfen Parteien in ihrer Wahlkampfwerbung um das Vertrauen der Wähler, weil sie die Umfragen kennen, in denen ihnen Jahr für Jahr bestätigt wird, dass ihnen immer weniger Bürger Vertrauen entgegenbringen. Nach jedem politischen Skandal ist man bemüht, mit Hilfe „vertrauensbildender Maßnahmen" den Schaden zu begrenzen, der gleichwohl schon eingestanden ist, wenn solche Maßnahmen nötig werden. Nach dem Anschlag vom 11. September sprach man in manchen Medien von einem Verlust des „Weltvertrauens" und spitzte damit den Zusammenhang von wahrgenommener Krise und thematisiertem Vertrauen dramatisch zu. Mit dem Einsturz des World Trade Centers schien eine bestimmte, sehr umfassende Weise des Vertrauens (in die Zivilisation, in die Sicherheit, in die Technik…) endgültig der Vergangenheit anzugehören (Augstein 2001: 15).

Aber auch in der Wissenschaft hat das Vertrauen zur Zeit Konjunktur, weil es angeblich zunehmend verloren geht.[1] Es sei nur ein sehr einflussreiches Forschungsfeld benannt, das diese Aussage stützen kann: die empirische Umfrageforschung. Im *Deutschland-TrendBuch* von 2001 heißt es: „Die Umfragen der vergangenen Jahre [zeigen], dass wir immer weniger bereit sind, anderen zu vertrauen. Wir wollen weder den Parteien noch den Kirchen, weder den Unternehmern noch unseren Nachbarn trauen. Heute sagen 54 Prozent, dass sie nichts und niemandem vertrauen können" (Korte/Weidenfeld 2001: 11). Deutschland definiert man in diesem Zusammenhang bündig als eine „Misstrauensgesellschaft" (ebd.). Ähnliche Diagnosen finden sich aber auch mit Blick auf andere Länder. So heißt es in einer Publikation aus den Vereinigten Staaten:

---

[1] Grundlegend, wenn auch sehr anspruchsvoll, ist immer noch Luhmanns Studie von 1968. Zahlreiche hilfreiche Unterscheidungen finden sich in Sztompkas Buch *Trust. A Sociological Theory* (1999), das trotz seines Untertitels auch für die Politikwissenschaft von Interesse ist. Wichtige Aufsätze aus Politikwissenschaft, Philosophie und Soziologie finden sich in Hartmann/Offe (2001). Siehe dort auch die Einleitung von Hartmann.

„Wir sind als Nation ebenso besorgt über das abnehmende Vertrauen zu Ärzten, Juristen, Unternehmern und Priestern wie über das abnehmende Vertrauen zu Politikern, Lehrern und Wissenschaftlern" (Cook 2001: XI). Beide Zitate legen ein *geschwundenes* Vertrauen nahe („immer weniger"; „abnehmendes Vertrauen"), gehen also davon aus, dass das Vertrauen in der Vergangenheit größer war. Darüber hinaus machen sich die Autoren offensichtlich Sorgen um den Zustand ihrer jeweiligen Gesellschaft. Politikern, Priestern, Unternehmern, Ärzten, Juristen, Lehrern, Wissenschaftlern oder der Kirche und Politik zu vertrauen gilt offensichtlich als gut oder als ein Gut, dessen Verlust weitreichende Folgen für die politische (und zivile) Kultur einer Gesellschaft hat. Weil Vertrauen in diesem Sinne als eine durchweg positive Ressource sozialen Handelns betrachtet wird, muss sein Verlust analysiert werden. Nur eine solche Analyse kann dann, so die explizite oder implizite Annahme vieler Ansätze, dazu beitragen, mögliche Auswege aus der konstatierten Krise anzudeuten.

So gängig derartige Diagnosen sind, so problematisch oder unklar sind doch einige der mit ihnen verbundenen Annahmen. Drei Aspekte werden im Folgenden genauer diskutiert: (1) Entspringt der Bedarf an Vertrauen immer einem vorausgegangenen Verlust von Vertrauen? (2) Lässt sich Vertrauen überhaupt messen? Viele Diagnosen nehmen ihren Ausgang bei den Ergebnissen statistischer Umfrageforschung. Vertrauen ist aber im eminenten Sinne eine Handlungskategorie, so dass offen bleibt, ob man es durch das Verfahren einer Fragebogenerhebung angemessen einfängt. (3) Können wir im gleichen Maße Personen und Institutionen vertrauen? Die zitierten Krisendiagnosen sprechen von einem Verlust des Vertrauens zu Personen (Unternehmern, Lehrern etc.), aber auch von einem Verlust des Vertrauens zu Institutionen (Kirchen, Parteien). In vielen Ansätzen zweifelt man aber daran, dass wir sinnvollerweise überhaupt von einem Vertrauen zu Institutionen sprechen können.

2. Krisen, Umfragen, Institutionen: Aspekte der Vertrauensforschung

Bevor diese Fragen in Angriff genommen werden, wird es hilfreich sein, eine Definition des Vertrauens zu formulieren. Es dürfte nicht überraschen, dass in der einschlägigen Literatur eine ganze Menge unterschiedlicher Vertrauensbegriffe auftauchen, so dass es schwierig, ja unmöglich ist, eine einheitliche Bestimmung des Begriffs durchzusetzen. Das gilt natürlich genau so für die Alltagssprache, in der wir ebenfalls vielfältige Verwendungsweisen des Vertrauensbegriffs kennen. Hier kann es nur um den Versuch gehen, eine sehr allgemeine Definition des Vertrauens anzubieten, in der einige Familienähnlichkeiten der vielfältigen Verwendungsweisen aufgehoben sind (vgl. Hartmann 2002: 379-383): *In Akten des Vertrauens gehen wir – optimistisch und in kooperativer Orientierung – davon aus, dass ein für uns wichtiges Ereignis oder eine für uns wichtige Handlung in Übereinstimmung mit unseren Wünschen und Absichten eintritt oder ausgeführt wird, ohne dass wir das Eintreten oder Ausführen dieses Ereignisses oder dieser Handlung mit Gewissheit vorhersagen können.* Diese Definition lässt offen, ob es sich beim Vertrauen um ein kognitives Phänomen handelt, das auf Überzeugungen beruht, die sich auf andere beziehen, oder ob es eher als ein Gefühl gefasst werden sollte. Sie lässt auch offen, wie Vertrauen zustande kommt und welche Eigenschaften es sind, die andere vertrauenswürdig machen. Schließlich wird nichts über den Gegenstandsbereich vertrauensvoller Akte gesagt. Können wir nur anderen Personen vertrauen oder kann sich unser Vertrauen auch auf Institutionen und leblose Dinge erstrecken? Alle diese Punkte sind umstritten, so dass es besser ist, vorerst von ihnen abzusehen. Hinzugefügt werden kann noch, dass wir natürlich auch auf das Nichteintreten oder Nichtausführen eines Ereignisses oder einer Handlung vertrauen können, sofern wir mit diesem Ereignis oder dieser Handlung schädlichen Konsequenzen für uns verbinden. In jedem Fall gilt: Vertrauen ist riskant und geht in allen Kontexten seiner Verwendung mit der Möglichkeit von Verletzungen und Enttäuschungen einher. Dass ihm eine letzte Gewissheit fehlt, impliziert nicht eine völlige Blindheit des Vertrauens (was angesichts der Tatsache, dass sich politisches Vertrauen in der Regel unter äußerst asymmetrischen Machtverhältnissen vollzieht, ohnehin eine riskante Strategie wäre). Im Vertrauen verfügen wir über bestimmte Anhaltspunkte, die die Vertrauenswürdigkeit einer anderen Person betreffen. Wir vertrauen ihr, weil wir sie nach unserer Erfahrung für vertrauenswürdig halten. Unser Vertrauen kann zudem selbstverstärkend wirken. Indem wir vertrauen, bieten wir einen Anreiz, dieses Vertrauen nicht zu enttäuschen; so können wir auch aktiv zur Vertrauenswürdigkeit anderer beitragen (McGeer 2008).

(1) Die erste Frage kann mit Hilfe der gegebenen Definition gleichsam ex negativo beantwortet werden. Entspringt der Bedarf an Vertrauen immer einem vorausgegangenem *Verlust* von Vertrauen, so dass die zeitdiagnostische These vom schwindenden Vertrauen Recht behielte? Die Definition hat die Quellen des Bedarfs an Vertrauen nicht thematisiert. Allerdings dürfte unstrittig sein, dass ein Bedarf an Vertrauen auch dann besteht, wenn man Bedingungen geschaffen hat oder plötzlich vorfindet, unter denen man auf die kooperative Unterstützung anderer angewiesen ist, ohne dass man diese Unterstützung als gegeben voraussetzen kann. Was das heißt, kann man an der Entwicklung des Internets ablesen. Das Kommunikationsmedium Internet schafft sich seinen eigenen Vertrauensbedarf, dem weder Misstrauensbestände noch alte Vertrauensressourcen vorausgegangen sein können.

Die Rede von einer Krise verliert deswegen allerdings nicht an Plausibilität, da eine Situation, in der ein hoher Vertrauensbedarf besteht, ohne dass dieser gedeckt werden könnte, tatsächlich krisenhafte Züge aufweist. So gehen manche davon aus, dass das Internet den Vertrauensbedarf, den es weckt, nicht decken kann, weil in ihm die Mittel fehlen, die uns off-line zur Verfügung stehen, um die Vertrauenswürdigkeit einer Person einzuschätzen (Pettit 2004). Unabhängig von diesem konkreten Problem aber kann man das Phänomen eines gewachsenen Vertrauensbedarfs aber auch positiv beschreiben: In dem Maße, in dem Bedingungen geschaffen werden, die es uns erlauben, mit entfernten Akteuren zu kommunizieren oder etwa im Rahmen neu geschaffener demokratischer Institutionen politisch zu partizipieren, erhöht sich der Bedarf an Vertrauen, der damit auf gewachsene Kompetenzen oder auf gesteigerte Erwartungen reagiert (Hardin 2001: 34). Und diese Kompetenzerweiterung ist genau so wenig als schlecht einzustufen wie ein Wandel der politisch relevanten Erwartungsstrukturen. Unklar ist nur, welche Krise psychologisch und politisch problematischer ist: die des geschwundenen Vertrauens oder die des nicht vorhandenen Vertrauens unter neuen Rahmenbedingungen des Handelns?

(2) Wir können nun zu einem konkreten Feld der Vertrauensforschung kommen, das etwas ausführlicher diskutiert werden soll. Die empirische Umfrageforschung ist nicht unerheblich daran beteiligt, Diagnosen über einen Schwund des Vertrauens zu streuen. Dass Deutschland eine „Misstrauensgesellschaft" sein soll, wurde schon erwähnt. Aber wie steht es um solche Umfragen? Anders gefragt: Lässt sich Vertrauen überhaupt messen? Nach der oben gegebenen Definition scheint einer positiven Antwort auf diese Frage nichts entgegenzustehen. Ich kann jemanden fragen, ob er einer Regierung vertraut und erhalte dann eine Antwort, die mir Auskunft über die regierungsrelevante Einstellung dieser Person gibt. „Ja, ich vertraue dieser Regierung"; „Nein, ich vertraue ihr nicht"; „Ich vertraue ihr in geringem Maße"; „Ich vertraue ihr im hohen Maße" etc. Die meisten Datenerhebungen, in denen es um das Ausmaß des Vertrauens in politische Institutionen oder Repräsentanten geht, durch das ein bestimmter Bevölkerungsausschnitt gekennzeichnet ist, gehen in der beschriebenen Weise vor. So fragt die Shell Jugendstudie regelmäßig nach dem Ausmaß des Vertrauens der Jugendlichen zu bestimmten Gruppen oder Organisationen. Die Formulierung des Interviews lautet: „Ich nenne Ihnen nun einige Gruppierungen oder Organisationen. Uns interessiert, wie viel Vertrauen Sie diesen Gruppen oder Organisationen entgegenbringen. 1 bedeutet ‚Sehr wenig Vertrauen' und 5 bedeutet ‚Sehr viel Vertrauen',‚‚ (Deutsche Shell 2002: 431). Zu den relevanten Organisationen gehören unter anderem die Bundesregierung, Gerichte, Kirchen, die Polizei, Umweltschutzgruppen und Tageszeitungen. Diese Formulierung und ihr methodischer Kontext implizieren, dass sich Ver-

trauen an verbalen Indikatoren messen lässt, an dem also, was man sagt. Nun ist aber Vertrauen in besonderem Maße eine Handlungskategorie: Es *zeigt* sich im Handeln und ist in der Regel implizit oder präreflexiv. Mit diesem letzten Punkt soll nur gesagt sein, dass unsere Vertrauensakte nicht ständig begleitet sind von bewussten Überlegungen. Manche Autoren gehen sogar davon aus, dass Vertrauen unsere Beziehungen zu anderen Menschen gerade deswegen vereinfacht, weil wir uns als vertrauende Subjekte über eine ganze Reihe von Dingen *keine* Gedanken machen müssen (Luhmann 1968).

Der handlungsbezogene Charakter und die präreflexive Natur des Vertrauens können den Wert empirischer Befragungen schmälern. Zum einen erfahren wir als Interviewer und Leser der Interviews auf der Basis solcher Umfragen nichts über das reale Verhalten der befragten Personen, obwohl sich gerade in diesem Verhalten das Vertrauen zeigt (oder eben nicht). Zum anderen könnte es sein, dass *die befragten Personen selbst* gar nicht wissen, wie viel Vertrauen sie haben, weil es sich „erst in gewissen Interaktionen und Konflikten manifestiert" (Offe 2001: 365). Es geht in diesem Zusammenhang um folgendes Problem: Wenn Vertrauen sich dadurch auszeichnet, dass es gerade nicht bewusst gewählt und reflexiv vergegenwärtigt wird, dann ist uns vielleicht gar nicht klar, wem wir im Einzelfall wirklich vertrauen. Um herauszufinden, wem wir auf welche Weise vertrauen, müssten wir unser Handeln in den Blick bekommen, um dann zu überlegen, ob wir dieses Handeln als vertrauensvoll charakterisieren wollen oder nicht.

Dies ist sicherlich ein schwerwiegender Einwand, aber er sollte nicht übertrieben werden. Zum einen können empirische Erhebungen ja zumindest dazu beitragen, uns unsere Einstellungen bewusst zu machen, so dass sie uns gleichsam dabei helfen, Genaueres über unser Vertrauen (oder sein Fehlen) in Erfahrung zu bringen. Zum anderen spricht vieles dafür, dass artikulierte Stimmungen in demokratischen Öffentlichkeiten mindestens ebenso einflussreich sind (wenn nicht einflussreicher) als das reale Verhalten. Mit Stimmungen wird, das ist mittlerweile kein Geheimnis mehr, Politik gemacht, und zwar auch und gerade dann, wenn unklar ist, ob diesen Stimmungen wirkliche Verhaltensweisen entsprechen. Da Vertrauensumfragen Stimmungen einfangen, lassen sie sich für unterschiedliche Interessen instrumentalisieren und können insofern reale Effekte haben.

Wie auch immer es sich hiermit verhält, Vertrauen bleibt eine Kategorie, die sich nicht leicht empirisch operationalisieren lässt. Das liegt auch daran, dass die erhobenen Daten jeweils so oder so interpretiert werden müssen. Was soll es denn heißen, wenn heute eine wachsende Zahl von Personen davon ausgeht, immer weniger anderen Personen vertrauen zu können? Robert D. Putnam hat erläutert, welche Deutungen hier im Spiel sein können:

„1) Die Antwort registriert sehr genau, dass Ehrlichkeit heutzutage seltener geworden ist; oder 2) Das Verhalten der anderen hat sich nicht wirklich gewandelt, aber wir sind paranoider geworden; oder 3) Weder unsere ethischen Standards noch das Verhalten der anderen hat sich gewandelt; wir haben jetzt lediglich mehr Informationen über ihre Unehrlichkeit, möglicherweise aufgrund von sensationsgierigeren Berichten in den Medien" (Putnam 2000: 137f.).

Es geht hier nicht darum zu entscheiden, welche dieser Deutungsvarianten richtig ist. Wichtig ist nur, dass die jeweils erhobenen Vertrauensdaten auf einen größeren Interpretationskontext angewiesen sind, der sich nicht in jedem Fall problemlos empirisch erheben lässt. Viele Analysen des Vertrauens verzichten auf einen solchen Interpretationskontext und sind deswegen wenig informativ.

Ein weiteres Problem empirischer Umfragen ist der je zugrunde gelegte Vertrauensbegriff. Was damit gemeint ist, lässt sich wiederum an der Shell Jugendstudie veranschaulichen. Sie kommt zu dem Ergebnis, dass die bundesdeutsche Jugend den Gerichten am meisten Vertrauen entgegenbringt; die Polizei, und das ist sicher überraschend, steht auf Platz zwei und rangiert damit noch vor den Menschenrechtsgruppen. Auf dem letzten Platz stehen die Parteien (Deutsche Shell 2002: 105). Diese Daten, das sei hier gleich angemerkt, verraten tatsächlich etwas über die Struktur des Vertrauens in der Bundesrepublik, aber darauf wird am Ende dieses Artikels einzugehen sein. Auffällig ist zunächst folgender Punkt: Wir wissen nicht, was die Jugendlichen angegeben hätten, wenn man ihnen keine Liste vorgelegt hätte. Wir wissen dementsprechend aber auch nicht, welche Institutionen und Organisationen in ihrem Alltagsleben überhaupt eine wichtige Rolle spielen. So heißt es im Text der Studie explizit, dass die Jugendlichen den Parteien oder der Bundesregierung „mit deutlichem Misstrauen begegnen" (ebd.). Fehlendes Vertrauen sollte aber nicht mit Misstrauen gleichgesetzt werden. Es hieß in der obigen Vertrauensdefinition, dass wir es in Akten des Vertrauens mit *für uns wichtigen* Ereignissen oder Handlungen zu tun haben. Wenn mir aber eine Institution gleichgültig ist, dann bringe ich ihr auch kein Vertrauen oder Misstrauen entgegen. Die Institution ist mir schlicht gleichgültig, ich beschäftige mich nicht mit ihr, verfolge ihre Entwicklung ohne oder nur mit geringem Interesse. An einer anderen Stelle hält die Shell Jugendstudie fest, dass das politische Interesse der Jugendlichen in den neunziger Jahren „spürbar weiter zurückgegangen ist" (Deutsche Shell 2002: 92). Da Vertrauen oder Misstrauen aber irgendeine Form des Engagements mit einer Person oder Institution voraussetzen, liest man die erhobenen Vertrauensdaten der Shell Jugendstudie entweder zu positiv oder zu negativ: Zu positiv, wenn man ihnen entnimmt, dass die Jugendlichen grundsätzlich politisch interessiert sind, aber im Rahmen dieses Interesses einzelnen Institutionen misstrauisch begegnen. Zu negativ, wenn man das im Misstrauen enthaltene Moment des Interesses übersieht. Misstrauen aber ist im Vergleich zur Gleichgültigkeit die engagiertere Haltung. Mit anderen Worten: Wäre Misstrauen tatsächlich die verbreitete Haltung unter Jugendlichen, dann wäre die Lage nicht so hoffnungslos wie manchmal behauptet. Diese Überlegungen verweisen auf einen Aspekt, der in der obigen Vertrauensdefinition nicht erwähnt worden ist: Vertrauen ermöglicht Handlungen, die ohne Vertrauen gar nicht oder anders ausgeführt werden; Misstrauen sollte aber nicht als Passivität oder Untätigkeit gedeutet werden. Ich kann einen Weg voller Misstrauen zurücklegen, was sich etwa daran zeigt, dass ich mich ständig umschaue und äußerst wachsam bin. Habe ich Vertrauen, dann verzichte ich auf diese Wachsamkeit und gehe einfach den Weg. In *beiden* Fällen habe ich ein Ziel, das ich erreichen möchte, so dass es in diesem Fall die Art und Weise ist, wie ich den Weg gehe, die über Vertrauen oder Misstrauen entscheidet. Ich behalte das Ziel aber auch dann, wenn ich mich entscheide, zu Hause zu bleiben, weil ich schlicht zu misstrauisch bin. In diesem Fall *wäre* ich den Weg gerne gegangen, und das unterscheidet Misstrauen noch immer von Gleichgültigkeit. Das Problem mit der Umfrageforschung ist, dass sie diesen elementaren Praxisbezug des Vertrauens (und des Misstrauens) nicht einfangen kann. Sie gibt uns keine Auskunft über das Ausmaß des Interesses und Engagements einer Person und ist auch in diesem Sinne wenig informativ.

(3) Können wir Institutionen vertrauen oder sollte man den Begriff des Vertrauens nur auf Personen anwenden? Es ist sinnvoll, die Frage in zwei Teilfragen zu spalten. Die erste Teilfrage lautet: Können Institutionen ein Vertrauen hervorbringen, das der Entwicklung demokratischer Systeme förderlich ist? Die zweite Teilfrage ist grundsätzlicher: Können wir überhaupt einer Institution Vertrauen entgegenbringen? Wird die zweite Teilfrage negativ beantwortet, erübrigt sich die erste Teilfrage nicht sofort; selbst wenn wir einräumen, dass Institutionen nicht direkt Vertrauen hervorbringen, könnte es sein, dass sie indirekt zur Schaffung einer Atmosphäre beitragen, in der Vertrauen gedeihen kann.

Damit können wir zur ersten Teilfrage kommen. Nachdem sich die kommunistischen Staaten Ende der achtziger Jahre zu demokratisieren begannen, verbanden nicht wenige Beobachter mit diesen Wandlungsprozessen die Hoffnung auf einen schnellen Wandel der politischen Einstellungen der Bürgerinnen und Bürger. Die neu errichteten demokratischen und rechtsstaatlichen Institutionen, so die Hoffnung, würden relativ schnell von oben nach unten wirken und so die Menge an undemokratischen Ansichten und Einstellungen transformieren, mit denen man noch als „Restbestand" aus der kommunistischen Ära zu rechnen hatte. Für eine gewisse Übergangsphase, so die Annahme, könnte zwar der Fall eintreten, dass die von den Institutionen vorgegebenen Verhaltensmuster und die inneren Einstellungen der Bürgerinnen und Bürger nicht übereinstimmen. In langfristiger Perspektive jedoch setzten die Anhänger eines institutionellen Demokratisierungsmodells auf die sozialisatorischen Wirkungen demokratischer Einrichtungen, in deren Funktionslogik eine Art Bildungsauftrag integriert ist.

Doch die großen Erwartungen wurden schnell enttäuscht. Der Wandel innerer Einstellungen, so schien es, ließ nicht nur lange auf sich warten, in manchen Staaten des ehemaligen Ostblocks ist er bis heute noch nicht vollzogen. Regelmäßig durchgeführte Analysen und Umfragen kommen zu dem Ergebnis, dass die Bürgerinnen und Bürger der neuen osteuropäischen Demokratien den neu errichteten Institutionen mit großem Misstrauen begegnen. Der Soziologe Piotr Sztompka etwa hat mit Blick auf Polen von einem „Syndrom des Misstrauens" gesprochen, das sich gerade nach dem Regimewechsel ausgedehnt habe (Sztompka 1995: 262). Sztompka nennt auch Indikatoren für mangelndes Vertrauen zu einer demokratischen Rechtsordnung. Zusätzlich zu den verbalen Indikatoren, die in den oben vorgestellten Umfragen grundlegend waren, beruft er sich auf *verhaltensorientierte Indikatoren des Misstrauens*, also auf Indikatoren, die sich im Verhalten von Personen zeigen (wobei „zeigen" hier nicht wörtlich verstanden werden sollte; es handelt sich zweifellos um Indikatoren, die einer *Interpretation* des menschlichen Verhaltens entspringen): Misstrauen äußert sich für Sztompka in der Bereitschaft, sein Heimatland zu verlassen; in Formen „innerer Emigration", wie etwa der Weigerung, am politischen Leben teilzunehmen (keine Beteiligung an Wahlen); in erhöhter Protestbereitschaft; in einer fehlenden Zukunftsorientierung (man spart kein Geld, studiert lange, gründet kein Unternehmen etc.; Polen als „Wartegesellschaft"); im Hoffen auf den Zufall (hohe Teilnahme an Lotterien; große Spiellaune); in der Bevorzugung von Privatschulen und in der Ausweitung der Überwachung des eigenen Hauses, des eigenen Viertels oder des eigenen Stadtteils. Zu diesen verhaltensorientierten Indikatoren kommen dann noch folgende verbalorientierte Indikatoren des Misstrauens hinzu: Explizites Misstrauen gegen Reformen; Nostalgie (in der Vergangenheit war alles besser; 50 % der Polen glauben, dass sie im Sozialismus zufriedener waren); Sorge um die Zukunft der eigenen Kinder und ein absolutes Misstrauen gegenüber dem politischen Personal (Sztompka 1995: 262-268).

Natürlich tauchen im Zusammenhang mit diesen Daten ähnliche Probleme auf, wie zuvor bereits benannt. Um nur ein Beispiel zu nennen: Die Bereitschaft zur Emigration wird mit einem Misstrauen gegenüber dem eigenen Herkunftsland in Verbindung gebracht. Richtig an diesem Beispiel ist, dass Misstrauen nicht mit Untätigkeit oder Passivität gleichgesetzt wird. Andererseits ist unklar, warum die Bereitschaft, das eigene Land zu verlassen, ausgerechnet Misstrauen ausdrücken soll. Warum nicht Enttäuschung? Oder Verzweiflung? Misstrauen, so hieß es oben, setzt noch immer ein gewisses Engagement voraus, ein gewisses Interesse an der Verfolgung eines Ziels. Wer sein Land verlässt, so könnte man sagen, kündigt sein Engagement im Herkunftsland vollständig auf (sofern alle Bande abgerissen werden), so dass von Vertrauen oder Misstrauen eigentlich gar nicht mehr gesprochen werden kann. Mit diesem Punkt soll nur noch einmal vor einer allzu laxen Verwendung des Vertrauens- und Misstrauensbegriffs gewarnt werden (siehe Hoffman 2002 für ähnliche methodische Überlegungen mit Blick auf internationale politische Beziehungen).

Wichtiger ist in diesem Zusammenhang eine andere Frage. Die von Sztompka genannten Daten zeigen, dass das Modell einer von oben organisierten Demokratisierung offenbar zu kurz greift. Nur wenn die Institutionen auf kulturell gewachsene Strukturen demokratischer Einstellungen treffen, können sie das in ihnen eingelagerte Ethos praktisch wirksam verbreiten. Dementsprechend bezieht man sich in der Literatur etwas vage auf „kulturelle Strategien" als einer zentralen Voraussetzung erfolgreicher Demokratisierungsprozesse. Um die amerikanische Politologin Anne Sa'adah zu zitieren, die sich in ihrem Buch *Germany's Second Chance* auf die Demokratisierungprozesse in Ostdeutschland bezieht: Die „kulturelle Strategie hält es für (...) wichtiger, eine Überzeugungsgemeinschaft (community of conviction) im Sinne eines selbstbewussten verfassungsförmigen Konsenses zu errichten, eines Konsenses, der sich auf eine demokratische politische Kultur stützt" (Sa'adah 1998: 3). Während Institutionen bestimmte Formen des äußerlich beobachtbaren Verhaltens erzwingen können (Sa'adah spricht von einer „community of behavior", ebd.), sind sie nicht in der Lage, die inneren Überzeugungen der ihnen unterworfenen Personen zu bestimmen. In Anlehnung an diese Feststellungen unterscheidet Sa'adah zwei Formen des Vertrauens: Dem institutionellen Demokratisierungsmodell entspricht ein Vertrauen, das sie als „trust-as-reliability" beschreibt: Vertrauen als Verlässlichkeit. Wenn wir demokratischen Institutionen gegenübertreten, so die These, dann können wir uns darauf verlassen, dass sie bestimmte Prinzipien einhalten werden, wir verlassen uns auf die Prozeduren des Rechtsstaates, auf die Gerechtigkeit des juristischen Apparates etc. Wir tun das, weil wir wissen, dass Zuwiderhandlungen bestraft werden können, dass die Repräsentanten dieser Institutionen also „egozentrische" Gründe haben, ihren Pflichten nachzukommen. Dem kulturellen Demokratisierungsmodell entspricht dagegen ein Vertrauen als Vertrauenswürdigkeit (trust-as-trustworthiness). Hier geht es darum, dass die neu errichteten demokratischen Institutionen von Personen geführt werden sollen, die gleichsam aus moralischen Gründen vertrauenswürdig sind, die, wie Sa'adah sagt, eine „verlässliche persönliche Disposition der Ehrlichkeit, des Mitgefühls und der Solidarität haben" (1998: 5). Die Repräsentanten vollziehen diesem Modell des Vertrauens nach ihre Pflichten nicht nur aus Angst vor Sanktionen, sondern weil sie es wollen, weil sie eingesehen haben, dass Phänomene wie Unehrlichkeit, Eigennutz, Korruption etc. den „Geist" der demokratischen Institutionen zerstören. Sie sind folglich auch dann vertrauenswürdig, wenn sie nicht damit rechnen müssen, für unehrliches oder ungerechtes Verhalten bestraft zu werden.

Mit diesen Überlegungen ist die Frage, ob Vertrauen zu Institutionen überhaupt möglich ist, noch gar nicht angerührt worden. Sa'adah macht nur deutlich, dass es sich beim Vertrauen zu Institutionen und dem Vertrauen zu Personen um *unterschiedliche* Typen des Vertrauens handelt. Und sie legt nahe, dass für umfassende Demokratisierungsprozesse mehr vonnöten ist als die Errichtung demokratischer Institutionen (also die Etablierung von Parlamenten, Gerichten, freien Medien etc.). Unklar ist vorerst allerdings noch, was genau das Problem mit den demokratischen Institutionen ist. Zwei Antworten bieten sich an: Zum einen kann sich ein Vertrauen zu den politischen Repräsentanten oder zu den Mitbürgern nicht einstellen, wenn die Motive der Vertrauenswürdigkeit im Dunkeln bleiben. Wenn ich mich darauf verlassen kann, dass ein Mitbürger gesetzestreu handelt, weiß ich noch nicht, warum er das tut. Ich weiß auch nicht, um bei Sa'adahs Thema zu bleiben, ob er in der Vergangenheit Mitglied der DDR-Staatssicherheit war oder nicht. Diese mangelnde Transparenz erschwert offenbar ein Vertrauen zu anderen genau dann, wenn man davon ausgeht, dass Annahmen über die genaueren Motive und Überzeugungen des potenziellen Vertrauensempfängers für das Entstehen von Vertrauen wichtig sind. In der obigen Definition ist zu diesem Punkt bewusst nichts gesagt worden, weil er in der Literatur eher umstritten ist. Wenn wir aber einmal einräumen, dass die Bereitschaft, anderen Vertrauen entgegenzubringen, auf Erfahrungen beruht, die wir in der Vergangenheit mit Akten des Vertrauens zu anderen gemacht haben (oder mit der Unmöglichkeit, anderen zu vertrauen), dann wird man von neu errichteten Institutionen kaum erwarten können, diese Erfahrungen über Nacht verblassen zu lassen (Williams 1998, Hartmann 2003). Diese Erfahrungen setzen sich darüber hinaus aus sedimentierten Annahmen über die vergangenen oder vermuteten zukünftigen Handlungsmotive anderer zusammen, so dass diesen – unterstellten – Motiven durchaus eine wichtige Rolle im Vertrauensbildungsprozess zukommt.

Das damit angesprochene Problem zielt auf die Grenzen dessen, was Institutionen leisten können. Sie können intersubjektive Verlässlichkeiten etablieren, aber sie sind nicht in der Lage, eine transparente politische Öffentlichkeit zu gewährleisten, in deren Rahmen die Bürgerinnen und Bürger offen ihre Erfahrungen austauschen können, um so die demokratischen Qualitäten ihrer Mitbürger zu „prüfen". Dieser Punkt führt zur zweiten der obigen Teilfragen. Sie fragt nach der grundsätzlichen Möglichkeit eines Institutionenvertrauens. Letztlich, so die Annahme, vertrauen wir darauf, dass die *Personen*, die in einer Institution agieren, ihre Aufgaben pflichtgemäß erfüllen. Gesetze müssen umgesetzt werden, müssen richtig interpretiert werden, müssen gegebenenfalls reformiert werden etc. – und all das machen Personen, nicht Institutionen (Offe 2001: 276, Göhler 2002: 226). Die Rede vom Vertrauen zu Institutionen ist dann nur abgeleitet oder quasi-metaphorisch: Sie steht für das Vertrauen, das wir in das Personal setzen, welches im Rahmen einer Institution agiert. Wenn das richtig ist, dann bedürfen Institutionen eines „guten" Personals, um selbst gut zu sein. Das Misstrauen der Polen in ihre Politiker wird dann nicht schon in dem Augenblick aufgehoben, in dem eine Verfassung oder ein Parlament eingesetzt wird. Es könnte erst dann in Vertrauen übergehen, wenn die Bürgerinnen und Bürger den Eindruck gewinnen, dass die mit den neuen Institutionen einhergehenden Regelungen und Vorschriften gut, fair oder im Interesse des Allgemeinwohls umgesetzt werden. Natürlich kann man sagen, dass Gesetze in ihrer Formulierung fair oder unfair sein können, unabhängig von der Frage ihrer praktischen Umsetzung. Autoren wie Offe schließen daraus, dass Institutionen „substantielle Qualitäten" besitzen, die sich wie in einem Bildungsprozess auf das Personal dieser Institutionen übertragen (Offe 2001: 277). Doch dieser Übertragungsprozess verläuft nicht automatisch; die gesetzlichen Vorgaben müssen interpretatorisch angeeignet werden, um handlungspraktisch wirksam zu werden, so dass persönliche Fähigkeiten oder Kompetenzen für die Generierung von Vertrauen maßgeblich bleiben.

3. Eine erweiterte Definition des Vertrauens

Wir können nun die vorangegangenen Überlegungen zusammenfassen. Im Mittelpunkt standen drei Fragen. (1) Entspringt der Bedarf an Vertrauen immer einem vorausgegangenen Verlust von Vertrauen? Wir haben gesehen, dass das nicht der Fall ist. Mehr noch: Mit Blick auf die Gesellschaften Osteuropas hat sich gezeigt, dass hier nicht von einem Vertrauensverlust gesprochen werden kann, sondern von der Notwendigkeit, bisher gar nicht benötigtes Vertrauen aufzubauen. Viele der Krisen, die gegenwärtig im Rahmen unterschiedlicher Vertrauensanalysen konstatiert werden, haben genau diesen Charakter. Wir haben es mit Krisen *fehlenden* Vertrauens zu tun, nicht mit Krisen *verlorenen* Vertrauens. (2) Lässt sich Vertrauen messen? Drei Kritikpunkte sind vorgebracht wurden: a) Als Handlungskategorie lässt sich Vertrauen nur schwer aus verbalen Äußerungen ableiten. b) Die erhobenen Daten müssen interpretiert werden, was nur im Rahmen einer größeren Theorie geschehen kann. Diese Theorie fehlt häufig in einzelnen Vertrauensanalysen. c) Viele Definitionen des Vertrauens setzen fehlendes Vertrauen mit Misstrauen gleich; dadurch gelangen Fehler in die Analysen, da fehlendes Vertrauen auch Gleichgültigkeit implizieren kann, was nicht mit Misstrauen zu verwechseln ist. (3) Können wir im gleichen Maße Personen und Institutionen vertrauen? Die These war, dass die Rede vom Institutionenvertrauen metaphorisch ist. Wir meinen letztlich das Vertrauen zum Personal, das im Rahmen der Institutionen agiert, so dass Vertrauen einen interpersonellen Kern behält. Deswegen können stärkere Formen des Vertrauens auch nicht umstandslos durch die Errichtung demokratischer Institutionen hervorgebracht werden. Die Haltung, auch dann vertrauenswürdig zu sein, wenn man nicht mit unmittelbaren Sanktionen zu rechnen hat, gedeiht im Rahmen einer demokratischen Kultur, die sich nicht am Reißbrett planen lässt.

Nun mag es sein, dass diese Kritik an der Rede vom Institutionenvertrauen nicht sehr überzeugend ist. Wir reden schließlich ganz selbstverständlich von einem Vertrauen zu Institutionen, und es ist in der Forschung üblich, das Ausmaß dieses Vertrauens empirisch zu erheben. Darüber hinaus wirkt die Rede vom Institutionenvertrauen wohl auch deswegen so plausibel, weil sie eine Antwort auf die zunehmende Komplexität und Anonymität moderner Gesellschaften anbietet. Wir begegnen den meisten Politikern nicht mehr persönlich, so dass ganz unklar ist, wie hier überhaupt Vertrauen entstehen soll. Tatsächlich gehen viele Autoren davon aus, dass Institutionen „funktionale Äquivalente" für persönliches Vertrauen sind (Cohen 1999: 222). Dennoch hieß es im Rahmen dieser Analyse, es sei sinnvoll, einen Begriff des Vertrauens zu verwenden, der über die durch gut funktionierende Institutionen gewährleistete Erwartungsstabilisierung hinausgeht (und auch diese benötigt ein Vertrauen zu jenen, die dazu beitragen müssen, die institutionellen Richtlinien praktisch umzusetzen). Nun ist unstrittig, dass unser Vertrauen zur Politik maßgeblich von den Erwartungen getragen wird, die wir an die Politik und an das politische Führungspersonal herantragen (Kaina 2002: 267). Und genau hier könnte einer der Gründe liegen, warum in vielen Umfragen politische Institutionen insgesamt doch bessere Werte erhalten als das politische Personal (Gabriel 1999). In der Wahrnehmung vieler Bürgerinnen und Bürger nimmt das politische Personal nur noch seine eigenen Interessen wahr, während Institutionen gewissermaßen neutraler oder gerechter verfahren. Man vertraut dem Grundgesetz, dem Bundesverfassungsgericht oder sogar der Polizei, man hält aber wenig von den Politikern und den Parteien. Dieser Sachverhalt verrät uns etwas über die normative Infrastruktur des Vertrauens. Offenbar wird unser Vertrauen immer dann brüchig, wenn dem Vertrauensempfänger allzu eigensüchtige Handlungsmotive unterstellt werden. Da Institutionen in dieser Perspektive sozusagen keine eigenen Interessen besitzen, gewinnen sie in dem Maße an Attraktivität, in dem sie symbolisch für ein Gemeinwesen stehen, das auf das Allgemeinwohl ausgerichtet ist. Die positive Bewertung der demokratischen Basisinstitutionen korreliert dann negativ mit den niedrigen Werten des politischen Personals.

Vor dem Hintergrund dieser These können wir die obige Definition des Vertrauens nun um die Dimension des potenziellen Vertrauensempfängers erweitern. Von diesem Vertrauensempfänger wird erwartet, dass er das in ihn gesetzte Vertrauen nicht nur aus strategischen oder egozentrischen Motiven heraus erfüllt. Eine allein strategische Erfüllung kann zwar erwartungsstabilisierend wirken, entspricht aber nicht der berechtigten Forderung, politisches Handeln müsse auch legitim sein, um Vertrauen beanspruchen zu können. Das Risiko des politischen Vertrauens besteht unter anderem darin, dass sich jenseits klar einklagbarer Rechtsverstöße eine positive Reaktion auf eingegangene Forderungen kaum sicherstellen lässt. Gerade deshalb aber legen die Bürgerinnen und Bürger an das politische Personal hohe moralische Maßstäbe an, denen de facto nur schwer nachzukommen ist. Wird dieses Vertrauen enttäuscht, dann bündeln die demokratischen Institutionen in abstrakter Weise all jene normativen Erwartungen, denen in der politischen Praxis kaum noch jemand zu entsprechen scheint. Man könnte diese Institutionen dann als das gute (oder schlechte) Gewissen einer zunehmend als negativ beurteilten politischen Praxis deuten. Das Vertrauen, das ihnen gilt, droht allerdings praktisch ins Leere zu laufen, da Vertrauen als kooperative Haltung auf die Unterstützung anderer Personen angewiesen ist, die den Anspruch des Vertrauenden wahrnehmen und angemessen darauf reagieren. Gerät die Möglichkeit *dieses* Vertrauens in die Krise, ob nun auf der Basis eines verlorenen oder noch nicht vorhandenen Vertrauens, dann gerät mit ihr auch die Demokratie in die Krise. Dies gilt zumindest dann, wenn wir unter Demokratie mehr verstehen als bloß ein Ausharren mangels besserer Alternativen.

Literatur

Augstein, Franziska (2001): Sie ziehen Gerechtigkeit an wie einen Panzer. In: Süddeutsche Zeitung. 13. September 2001. 15.

Cohen, Jean (1999): Trust, Voluntary Association and Workable Democracy: The Contemporary American Discourse of Civil Society. In: Warren, Mark (ed.): Democracy & Trust. Cambridge: UP. 208-248.

Cook, Karen S. (2001): Trust in Society. In: Cook, Karen S. (ed.): Trust in Society. New York: Russell Sage Foundation. XI-XXVIII.

Gabriel, Oscar W. (1999): Integration durch Institutionenvertrauen? Struktur und Entwicklung des Verhältnisses der Bevölkerung zum Parteienstaat und zum Rechtsstaat im vereinigten Deutschland. In: Friedrichs, Jürgen/ Jagodzinski, Wolfgang (Hg.): Soziale Integration. Wiesbaden: Westdeutscher Verlag. 199-235. (Sonderheft 39 der Kölner Zeitschrift für Soziologie und Sozialpsychologie)

Göhler, Gerhard (2002): Stufen des politischen Vertrauens. In: Schmalz-Bruns, Rainer/Zintl, Reinhard (Hg.): Politisches Vertrauen. Soziale Grundlagen reflexiver Kooperation. Baden-Baden: Nomos. 221-238.

Hardin, Russel (2001): Conceptions and Explanations of Trust. In: Cook, Karen S. (ed.): Trust in Society. New York: Russell Sage Foundation. 3-39.

Hartmann, Martin (2002): Aussichten auf Vorteile? Grenzen rationaler Vertrauensmodelle in der Politikanalyse. In: Österreichische Zeitschrift für Politikwissenschaft 31. 379-395.

– (2003): Die Kreativität der Gewohnheit. Grundzüge einer pragmatistischen Demokratietheorie. Frankfurt/M. – New York: Campus.

Hartmann, Martin/Offe, Claus (Hg.) (2001): Vertrauen. Die Grundlage des sozialen Zusammenhalts. Frankfurt/M. – New York: Campus.

Hoffman, Aaron M (2002): A Conceptualization of Trust in International Relations. In: European Journal of International Relations 8. 375-401.

Kaina, Viktoria (2002): Elitenvertrauen und Demokratie. Zur Akzeptanz gesellschaftlicher Führungskräfte im vereinten Deutschland. Wiesbaden: Westdeutscher Verlag.

Korte, Karl-Rudolf/Weidenfeld, Werner (2001): Die Deutschland-Trends: Einführung. In: dies. (Hg.): Deutschland-TrendBuch. Fakten und Orientierungen. Opladen: Leske + Budrich. 7-13.

Luhmann, Niklas (1968): Vertrauen. Ein Mechanismus der Reduktion sozialer Komplexität. Stuttgart: Ferdinand Enke.

McGeer, Victoria (2008): Trust, Hope and Empowerment. In: Australasian Journal of Philosophy 86. 237-254.

Offe, Claus (2001): Nachwort. In: Hartmann, Martin/Offe, Claus (Hg.): Vertrauen. Frankfurt/M. – New York: Campus. 364-369.

– (2001): Wie können wir unseren Mitbürgern vertrauen? In: Hartmann, Martin/Offe, Claus (Hg.): Vertrauen. Frankfurt/M. – New York: Campus. 241-294.

Pettit, Philip (2004): Trust, Reliance and the Internet. In: Analyse & Kritik 26. 108-121.

Putnam, Robert D. (2000): Bowling Alone. The Collapse and Revival of American Community. New York: Simon & Schuster.

Sa'adah, Anne (1998): Germany's Second Chance. Trust, Justice, and Democratization. Cambridge/Mass.: Harvard UP.

Shell, Deutsche (Hg.) (2002): Jugend 2002. Zwischen pragmatischem Idealismus und robustem Materialismus. Frankfurt/M.: Fischer TB.

Sztompka, Piotr (1995): Vertrauen: Die fehlende Ressource in der postkommunistischen Gesellschaft. In: Nedelmann, Birgitta (Hg.): Politische Institutionen im Wandel. Wiesbaden: Westdeutscher Verlag. 254-276. (Sonderheft 35 der Kölner Zeitschrift für Soziologie und Sozialpsychologie)

– (1999): Trust. A Sociological Theory. Cambridge: UP.

Williams, Melissa S. (1998): Voice, Trust, and Memory. Marginalized Groups and the Failings of Liberal Representation. Princeton: UP.

Autorinnen und Autoren

Katharina Beier, wissenschaftliche Mitarbeiterin an der Abteilung „Ethik und Geschichte der Medizin" der Georg-August-Universität Göttingen; arbeitet derzeit als Project Officer im Tiss.EU Projekt zu den ethischen und rechtlichen Aspekten der Forschung mit menschlichen Geweben und Zellen. Veröffentlichungen u.a.: Zwischen Beharren und Umdenken. Die Herausforderung des politischen Liberalismus durch die moderne Biomedizin. Frankfurt/M. – New York: Campus 2009; Human tissue research – A discussion of the ethical and legal challenges from a European perspective. Oxford: UP 2011 (hg. mit Christian Lenk, Nils Hoppe und Claudia Wiesemann).

Hubertus Buchstein, Professor für Politische Theorie und Ideengeschichte an der Universität Greifswald; arbeitet gegenwärtig besonders über institutionelle Mechanismen und Prozeduren in modernen Demokratien. Veröffentlichungen u.a.: Öffentliche und geheime Stimmabgabe. Baden-Baden: Nomos 2000; Demokratietheorien in der Kontroverse. Baden-Baden: Nomos 2009; Demokratie und Lotterie. Das Los als politisches Entscheidungsinstrument von der Antike bis zur EU. Frankfurt/M. – New York: Campus 2009.

Christian Bühler, ehem. wissenschaftlicher Mitarbeiter am Lehrstuhl für Politikwissenschaft, insb. die institutionelle Ordnung der Europäischen Union an der Europa-Universität Viadrina in Frankfurt (Oder); promoviert zum Thema Demokratie und Öffentlichkeit in der Europäischen Union am Beispiel des europäischen Migrationsdiskurses.

Gerhard Göhler, Professor für Politische Theorie und Ideengeschichte am Otto-Suhr-Institut der Freien Universität Berlin (bis 2006); arbeitet zur Theorie politischer Institutionen, zur Macht- und Steuerungstheorie und zur politischen Ideengeschichte. Veröffentlichungen u.a.: Institution – Macht – Repräsentation. Wofür politische Institutionen stehen und wie sie wirken. Baden-Baden: Nomos 1997; Weiche Steuerung. Studien zur Steuerung durch diskursive Praktiken, Argumente und Symbole. Baden-Baden: Nomos 2009 (hg. mit Ulrike Höppner und Sybille De La Rosa); ‚Power to' and ‚Power over'. In: Clegg, Stewart R./Haugaard, Mark (eds.): The Sage Handbook of Political Power. Los Angeles, London: Sage 2009. 27-39.

Martin Hartmann, Professor für Philosophie an der Universität Luzern; bereitet zur Zeit die Publikation seiner Habilitationsschrift über Vertrauen und eines Lexikons zur politischen Philosophie und politischen Theorie vor. Veröffentlichungen u.a.: Vertrauen. Die Grundlage des sozialen Zusammenhalts. Frankfurt/M. – New York: Campus 2001 (hg. mit Claus Offe); Die Kreativität der Gewohnheit. Grundzüge einer pragmatistischen Demokratietheorie. Frankfurt/M. – New York: Campus 2003; Gefühle. Wie die Wissenschaften sie erklären. Frankfurt/M. – New York: Campus 2010 (zweite, aktualisierte Auflage).

Kai-Uwe Hellmann, Privatdozent am Fachbereich Soziologie der Universität Duisburg-Essen; gegenwärtiger Forschungsschwerpunkt: Wirtschafts- und Konsumsoziologie. Veröffentlichungen u.a.: Die Politik der Gesellschaft. Beiträge zu Luhmanns Theorie des politischen Systems. Frankfurt/M.: Suhrkamp 2002; Das System der Politik. Niklas Luhmanns politische Theorie. Opladen: Westdeutscher Verlag 2003 (hg. mit Karsten Fischer und Harald Bluhm); Konsum, Konsument, Konsumgesellschaft. Die akademische Konsumforschung im Überblick. In: Beckert, Jens/Deutschmann, Christoph (Hg.): Wirtschaftssoziologie. Sonderband 49 der Kölner Zeitschrift für Soziologie und Sozialpsychologie. Wiesbaden: VS-Verlag 2010. 386-408.

Mattias Iser, Permanent Research Fellow und Direktoriumsmitglied der DFG-Kollegforschergruppe „Justitia Amplificata: Erweiterte Gerechtigkeit – konkret und global" an der Johann Wolfgang Goethe-Universität Frankfurt am Main; arbeitet derzeit an einer Theorie legitimer Gewalt. Veröffentlichungen u.a.: Empörung und Fortschritt. Grundlagen einer kritischen Theorie der Gesellschaft. Frankfurt/M. – New York: Campus 2008 (ausgezeichnet mit dem Nachwuchspreis der DVPW 2009); Jürgen Habermas zur Einführung. Hamburg: Junius 2010 (mit David Strecker); Honneth – Die Gewalt der Missachtung. In: Kuch, Hannes/Herrmann, Steffen K. (Hg.): Philosophien sprachlicher Gewalt. 21 Grundpositionen von Platon bis Butler. Weilerswist: Velbrück 2010. 387-407.

Ina Kerner, Juniorprofessorin für Diversity Politics am Institut für Sozialwissenschaften der Humboldt-Universität zu Berlin; arbeitet derzeit v.a. zu politiktheoretischen Aspekten postkolonialer Theorien, außerdem zur Geschlechtertheorie und zu Fragen der Intersektionalität. Veröffentlichungen u.a.: Differenzen und Macht. Zur Anatomie von Rassismus und Sexismus. Frankfurt/M. – New York: Campus 2009; Konstruktion und Dekonstruktion von Geschlecht. Perspektiven für einen neuen Feminismus. In: www.gender-politik-online.de

2007 (http://web.fu-berlin.de/gpo/ina_kerner.htm); Feminismus, Entwicklungszusammenarbeit und Postkoloniale Kritik. Eine Analyse von Grundkonzepten des Gender-and-Development Ansatzes. Hamburg: Lit 1999.

Matthias Kötter, wissenschaftlicher Mitarbeiter am Wissenschaftszentrum Berlin für Sozialforschung (WZB) und im SFB 700 Governance in Räumen begrenzter Staatlichkeit; Forschungsschwerpunkte im Öffentlichen Recht und bei den Grundlagen des Rechts, arbeitet derzeit an einer Habilitationsschrift über die vertraglichen Grundlagen von Kooperationen zwischen Privaten und der öffentlichen Hand. Veröffentlichungen u.a.: Pfade des Sicherheitsrechts. Begriffe von Autonomie und Sicherheit im Spiegel der sicherheitsrechtlichen Debatte der Bundesrepublik Deutschland. Baden-Baden: Nomos 2008; Normative Pluralität ordnen. Rechtsbegriffe, Normenkollisionen und Rule of Law in Kontexten dies- und jenseits des Staates. Baden-Baden: Nomos 2009 (hg. mit Gunnar Folke Schuppert).

Regina Kreide, Professorin für politische Theorie und Ideengeschichte am Institut für Politikwissenschaft der Justus Liebig-Universität Gießen; arbeitet zur Zeit an einer Studie zu Fragen ökologischer Gerechtigkeit. Veröffentlichungen u.a.: Globale Politik und Menschenrechte. Macht und Ohnmacht eines politischen Instruments. Frankfurt/M. – New York: Campus 2008; Habermas-Handbuch. Stuttgart: Metzler 2009 (hg. mit Hauke Brunkhorst und Cristina Lafont); Demokratie und Gerechtigkeit in Verteilungskonflikten. Baden-Baden: Nomos 2010 (hg. mit Claudia Landwehr und Katrin Toens).

Bernd Ladwig, Professor für Politische Theorie an der Freien Universität Berlin; arbeitet zur Zeit zum Verhältnis von Menschenrechten und Konsequentialismus. Veröffentlichungen u.a. Moderne politische Theorie. 15 Vorlesungen zur Einführung. Schwalbach/Ts: Wochenschau 2009; Politische Anthropologie. Geschichte. Gegenwart. Möglichkeiten. Baden-Baden: Nomos 2009 (hg. mit Dirk Jörke:); Gerechtigkeit und Verantwortung. Liberale Gleichheit für autonome Personen. Berlin: Akademie 2000.

Herfried Münkler, Professor für Theorie der Politik am Institut für Sozialwissenschaften der Humboldt-Universität zu Berlin. Veröffentlichungen u.a.: Die neuen Kriege. Reinbek bei Hamburg: Rowohlt 2002 (Taschenbuchausgabe 2004); Imperien. Die Logik der Weltherrschaft. Berlin: Rowohlt Berlin 2005; Die Deutschen und ihre Mythen. Berlin: Rowohlt Berlin 2009.

Jürgen Neyer, Professor für die institutionelle Ordnung der Europäischen Union an der Europa-Universität Viadrina und Direktor des Frankfurter Instituts für Transformationsstudien; arbeitet zu Fragen der Legitimität europäischer Politik und internationaler Politik. Veröffentlichungen u.a.: Political Theory of the European Union. Oxford: UP 2010 (hg. mit Antje Wiener); Postnationale politische Herrschaft. Verrechtlichung und Vergesellschaftung jenseits des Staates. Baden-Baden: Nomos 2004.

Andreas Niederberger, außerplanmäßiger Professor am Institut für Philosophie der Johann Wolfgang Goethe-Universität Frankfurt/M.; arbeitet zur Zeit an einer Studie zur Bedeutung von Recht und Rechten in der politischen Philosophie der Moderne. Veröffentlichungen u.a.: Kosmopolitanismus. Geschichte und Zukunft einer umstrittenen Idee. Weilerswist: Velbrück 2010 (hg. mit Matthias Lutz-Bachmann und Philipp Schink); Globalisierung. Ein interdisziplinäres Handbuch. Stuttgart, Weimar: Metzler 2010 (hg. mit Philipp Schink); Demokratie unter Bedingungen der Weltgesellschaft? Normative Grundlagen legitimer Herrschaft in einer globalen politischen Ordnung. Berlin – New York: de Gruyter 2009.

Martin Nonhoff, wissenschaftlicher Mitarbeiter am Zentrum für Sozialpolitik, Universität Bremen. Forschungsschwerpunkte: Politische Ideengeschichte, politische Theorien der Gegenwart, Demokratietheorie, Diskurstheorie und -analyse, Wirtschafts- und Sozialpolitik. Veröffentlichungen u.a.: Politischer Diskurs und Hegemonie. Bielefeld: transcript 2006; Diskurs, radikale Demokratie, Hegemonie. Bielefeld: transcript 2007; Zur Politisierung internationaler Institutionen. Der Fall G8. Zeitschrift für Internationale Beziehungen 16:2 (2009). 237-268 (mit Jennifer Gronau, Frank Nullmeier, Steffen Schneider).

Arnd Pollmann, Privatdozent am Institut für Philosophie der Universität Magdeburg; Mitbegründer der dortigen Arbeitsstelle Menschenrechte. Veröffentlichungen u.a.: Integrität. Aufnahme einer sozialphilosophischen Personalie. Bielefeld: transcript 2005; no body is perfect? Baumaßnahmen am menschlichen Körper. Bielefeld: transcript 2006 (hg. mit Johann S. Ach); Philosophie der Menschenrechte. Zur Einführung. Hamburg: Junius 2007 (mit Christoph Menke); Unmoral. Ein philosophisches Handbuch. Von Ausbeutung bis Zwang. München: C.H.Beck 2010.

Lars Rensmann, DAAD-Professor für Politikwissenschaft am Department of Political Science der University of Michigan in Ann Arbor; gegenwärtige Projekte: kosmopolitische und post-nationale Demokratie, Globalisierung, Menschenrechte und Anti-Kosmopolitismus, Hannah Arendt und Kritische Theorie. Veröffentlichungen u.a.: Der totale Staat als Un-Staat: Hannah Arendts und Franz Neumanns politische Theorien totalitärer Herrschaft. In: Salzborn, Samuel (Hg.): Kritische Theorie des Staates. Staat und Recht bei Franz L. Neumann. Baden-Baden: Nomos 2009. 161-193; Gaming the World. How Sports Are Reshaping Global Politics and Culture. Princeton: UP 2010 (mit Andrei S. Markovits); Arendt and Adorno. Political and Philosophical Questions. Stanford: UP 2010 (mit Samir Gandesha).

Edeltraud Roller, Professorin für Politikwissenschaft an der Johannes-Gutenberg-Universität Mainz. Forschungsgebiete: Performanz von Demokratien, Demokratische Konsolidierung, Wohlfahrtsstaatskulturen, Politische Partizipation. Veröffentlichungen u.a.: The Performance of Democracies. Political Institutions and Public Policy. Oxford: UP 2005; Lexikon Politik. 100 Grundbegriffe. Stuttgart: Reclam 2009 (hg. mit Dieter Fuchs); Einstellungen zur Demokratie im vereinigten Deutschland. Gibt es Anzeichen für eine abnehmende Differenz? In: Krause, Peter/Ostner, Ilona (Hg.): Leben in Ost- und Westdeutschland. Eine sozialwissenschaftliche Bilanz der deutschen Einheit 1990-2010. Frankfurt/M. – New York: Campus 2010.

Martin Saar, wissenschaftlicher Assistent am Arbeitsbereich Politische Theorie und Philosophie am Institut für Politikwissenschaft der Johann Wolfgang Goethe-Universität in Frankfurt/M.; gegenwärtiger Forschungsschwerpunkt: Spinoza und die politische Theorie. Veröffentlichungen u.a.: Michel Foucault: Zwischenbilanz einer Rezeption. Frankfurter Foucault-Konferenz 2001. Frankfurt/M.: Suhrkamp 2003 (hg. mit Axel Honneth); Genealogie als Kritik. Geschichte und Theorie des Subjekts nach Nietzsche und Foucault. Frankfurt/M. – New York: Campus 2007; Sozialphilosophie und Kritik. Frankfurt/M.: Suhrkamp 2009 (hg. mit Rainer Forst, Martin Hartmann und Rahel Jaeggi).

Birgit Sauer, Univ.-Professorin am Institut für Politikwissenschaft der Universität Wien. Forschungsschwerpunkte: Politik der Geschlechterverhältnisse, Gender und Governance/Critical Governance-Studies, Staats-, Demokratie- und Institutionentheorien sowie vergleichende Policy-Forschung. Veröffentlichungen u.a.: Politikwissenschaft und Geschlecht. Konzepte – Verknüpfungen – Perspektiven. Wien: UTB/WUV 2004 (hg. mit Sieglinde Rosenberger); Gendering the State in the Age of Globalization. Lanham: Rowman and Littlefield 2007 (hg. mit Melissa Hausmann); Staat und Geschlecht. Grundlagen und aktuelle Herausforderungen feministischer Staatstheorie. Baden-Baden: Nomos 2009 (hg. mit Gundula Ludwig und Stefanie Wöhl).

Sandra Seubert, Professorin für Politische Theorie am Institut für Politikwissenschaft der Johann Wolfgang Goethe-Universität Frankfurt/M. Gegenwärtige Projekte: Politische Bürgerschaft unter Bedingungen der De-Nationalisierung, Grenzverschiebungen zwischen Privatheit und Öffentlichkeit. Veröffentlichungen u.a.: Das Konzept des Sozialkapitals. Eine demokratietheoretische Analyse. Frankfurt/M. – New York: Campus 2009; Die Grenzen des Privaten. Baden-Baden: Nomos 2010 (hg. mit Peter Niesen); Gerechtigkeit und Wohlwollen. Bürgerliches Tugendverständnis nach Kant. Frankfurt/M. – New York: Campus 1999.

Tine Stein, Professorin für Politikwissenschaft mit dem Schwerpunkt Politische Theorie an der Christian-Albrechts-Universität zu Kiel; gegenwärtige Forschungsschwerpunkte: Verfassung jenseits des Staates, Religion in der Weltgesellschaft, politisches Denken in der Bundesrepublik Deutschland. Veröffentlichungen u.a.: Souveränität – Recht – Moral. Die Grundlagen politischer Gemeinschaft. Frankfurt/M. – New York: Campus 2007 (hg. mit Hubertus Buchstein und Claus Offe); Himmlische Quellen und irdisches Recht. Religiöse Voraussetzungen des freiheitlichen Verfassungsstaates. Frankfurt/M. – New York: Campus 2007.

David Strecker, wissenschaftlicher Mitarbeiter am Institut für Soziologie der Friedrich-Schiller-Universität Jena; Associate Editor der Zeitschrift *Time & Society* (Sage); gegenwärtiger Forschungsschwerpunkt: Sklaverei. Die soziale Organisation der Unfreiheit in Vergangenheit und Gegenwart. Veröffentlichungen u.a.: Logik der Macht. Zum Ort der Kritik zwischen Theorie und Praxis. Weilerswist: Velbrück 2012; Jürgen Habermas zur Einführung. Hamburg: Junius 2010 (mit Mattias Iser); Soziologische Theorien. Konstanz: UVK (UTB basics) 2007 (mit Hartmut Rosa und Andrea Kottmann).

Personen und Sachregister

Personenregister

Sachregister

Neu im Programm
Politikwissenschaft

Gerhard Bäcker / Gerhard Naegele /
Reinhard Bispinck / Klaus Hofemann /
Jennifer Neubauer

Sozialpolitik und soziale Lage in Deutschland

Band 1: Grundlagen, Arbeit, Einkommen und Finanzierung
5., durchges. Aufl. 2010. 622 S. Geb.
EUR 34,95
ISBN 978-3-531-17477-8

Band 2: Gesundheit, Familie, Alter und Soziale Dienste
5., durchges. Aufl. 2010. 616 S. Geb.
EUR 34,95
ISBN 978-3-531-17478-5

Das zweibändige Hand- und Lehrbuch bietet einen breiten empirischen Überblick über die Arbeits- und Lebensverhältnisse in Deutschland und die zentralen sozialen Problemlagen. Im Mittelpunkt der Darstellung stehen Arbeitsmarkt, Arbeitslosigkeit und Arbeitsbedingungen, Einkommensverteilung und Armut, Krankheit und Pflegebedürftigkeit sowie die Lebenslagen von Familien und von älteren Menschen.
Das Buch gibt nicht nur den aktuellen Stand der Gesetzeslage wieder, sondern greift auch in die gegenwärtige theoretische und politische Diskussion um die Zukunft des Sozialstaates in Deutschland ein. Es wendet sich an Studierende und Lehrende an Hochschulen, Schulen, Bildungseinrichtungen sowie an Experten in Verwaltungen, Verbänden und Gewerkschaften.

Schmidt, Manfred G.

Demokratietheorien

Eine Einführung
5. Aufl. 2010. 571 S. Br. EUR 19,95
ISBN 978-3-531-17310-8

Dieses Buch führt in klassische und moderne Demokratietheorien ein. Es schlägt einen Bogen von der Staatsformenlehre des Aristoteles bis zu den Demokratietheorien der Gegenwart und erörtert dabei auch den neuesten Stand der international vergleichenden Demokratieforschung. Der Band stellt zudem die wichtigsten Demokratietypen und die leistungsfähigsten Demokratiemessungen vor. Ferner erkundet er die Funktionsvoraussetzungen der Demokratie, klärt die Bedingungen für erfolgreiche und erfolglose Demokratisierungsvorgänge und geht der Frage nach, ob die Europäische Union an einem strukturellen Demokratiedefizit laboriert. Überdies handelt das Werk sowohl von den Stärken der Demokratie wie auch von ihren Schwächen. Außerdem prüft es die Leistungskraft der Demokratie im Vergleich mit Nichtdemokratien. Auf diesen Grundlagen wird abschließend die Zukunft der Demokratie prognostiziert. Das vorliegende Werk ist die fünfte – mittlerweile mehrfach erweiterte – Auflage des erstmals 1995 erschienenen Buches.

Erhältlich im Buchhandel oder beim Verlag.
Änderungen vorbehalten. Stand: Juli 2010.

www.vs-verlag.de

VS VERLAG

Abraham-Lincoln-Straße 46
65189 Wiesbaden
Tel. 0611.7878-722
Fax 0611.7878-400

Neu im Programm
Politikwissenschaft